Internationales Marketing-Management

Ralph Berndt
Claudia Fantapié Altobelli
Matthias Sander

Internationales Marketing-Management

Dritte, überarbeitete und erweiterte Auflage
mit 180 Abbildungen

Springer

Professor Dr. Ralph Berndt
Universität Tübingen
Wirtschaftswissenschaftliche Fakultät
Abteilung BWL, insb. Absatzwirtschaft
Nauklerstraße 47, 72074 Tübingen

Professor Dr. Claudia Fantapié Altobelli
Helmut-Schmidt-Universität
Universität der Bundeswehr Hamburg
Fachbereich Wirtschafts- und Organisationswissenschaften
Institut für Marketing
Holstenhofweg 85, 22043 Hamburg

Professor Dr. Matthias Sander
Universität Konstanz
Fachbereich Wirtschaftswissenschaften
Lehrstuhl für ABWL mit dem Schwerpunkt Marketing
Universitätsstraße 10, 78464 Konstanz

Bibliografische Information Der Deutschen Bibliothek
Die Deutsche Bibliothek verzeichnet diese Publikation in der Deutschen National-
bibliografie; detaillierte bibliografische Daten sind im Internet über *http://dnb.ddb.de*
abrufbar.

ISBN-10 3-540-25801-9 3. Auflage Springer Berlin Heidelberg New York
ISBN-13 978-3-540-25801-8 3. Auflage
ISBN 3-540-00209-X 2. Auflage Springer Berlin Heidelberg New York

Dieses Werk ist urheberrechtlich geschützt. Die dadurch begründeten Rechte,
insbesondere die der Übersetzung, des Nachdrucks, des Vortrags, der Entnahme
von Abbildungen und Tabellen, der Funksendung, der Mikroverfilmung oder der
Vervielfältigung auf anderen Wegen und der Speicherung in Datenverarbeitungs-
anlagen, bleiben, auch bei nur auszugsweiser Verwertung, vorbehalten. Eine Vervielfältigung dieses Werkes oder von Teilen dieses Werkes ist auch im Einzelfall
nur in den Grenzen der gesetzlichen Bestimmungen des Urheberrechtsgesetzes der
Bundesrepublik Deutschland vom 9. September 1965 in der jeweils geltenden
Fassung zulässig. Sie ist grundsätzlich vergütungspflichtig. Zuwiderhandlungen
unterliegen den Strafbestimmungen des Urheberrechtsgesetzes.

Springer ist ein Unternehmen von Springer Science+Business Media
springer.de

© Springer Berlin Heidelberg 1999, 2003, 2005
Printed in Germany

Die Wiedergabe von Gebrauchsnamen, Handelsnamen, Warenbezeichnungen usw.
in diesem Werk berechtigt auch ohne besondere Kennzeichnung nicht zu der
Annahme, dass solche Namen im Sinne der Warenzeichen- und Markenschutz-
Gesetzgebung als frei zu betrachten wären und daher von jedermann benutzt
werden dürften.

Umschlaggestaltung: Erich Kirchner
Herstellung: Helmut Petri
Druck: Strauss Offsetdruck

SPIN 11423812   Gedruckt auf säurefreiem Papier – 43/3153 – 5 4 3 2 1 0

Vorwort zur 3. Auflage

Ein systematisch betriebenes internationales Marketing-Management ist für nahezu alle Unternehmen, insbesondere vor dem Hintergrund einer in vielen Ländern derzeit zu beobachtenden schwachen Binnennachfrage, unabdingbar zur nachhaltigen Sicherung ihrer Existenz. Das vorliegende Buch zeigt umfassend die einzelnen Bereiche des internationalen Marketing-Management auf.

Da auch die 2. Auflage dieses Buches nach recht kurzer Zeit vergriffen war, scheint sich die Konzeption dieses Buches am Markt bewährt zu haben. Der strukturelle Aufbau des Buches wurde daher beibehalten. Aktualisiert wurden allerdings sämtliche Daten, welche in den Teilen 1 und 2 verwendet wurden. Soweit möglich, wurde hier auch auf Daten aus dem Internet zurückgegriffen unter Angabe der Internet-Adresse. Auf diese Weise hat der Leser die Möglichkeit, individuell auch zu späteren Zeitpunkten diese Daten aktuell abzurufen. Aktualisierungen haben auch die Ausführungen zur internationalen Marktforschung in Teil 2 sowie zur internationalen Marketing-Planung in Teil 3 erhalten. Teil 2 wurde u.A. um Ausführungen zur qualitativen internationalen Marktforschung ergänzt; in Teil 3 wurden Ergebnisse aktueller empirischer Untersuchungen eingebunden.

Die Ausführungen im Teil 5 zur internationalen Marketing-Organisation wurden schließlich um virtuelle Unternehmen als Koordinationskonzepte in internationalen Unternehmen sowie um prozessorganisatorische Ansätze in länderübergreifend tätigen Unternehmen ergänzt.

Danken möchten wir wiederum den vielen fleißigen Mitarbeiterinnen und Mitarbeitern an den Lehrstühlen in Hamburg, Tübingen und Konstanz, welche auch an dieser Neuauflage mitgewirkt haben. Ebenso gebührt unser Dank erneut Frau Dr. Martina Bihn vom Springer-Verlag in Heidelberg, welche sich wiederum gewissenhaft um die Drucklegung des Buches gekümmert hat.

Tübingen, Hamburg und Konstanz, im Mai 2005

Ralph Berndt

Claudia Fantapié Altobelli

Matthias Sander

Vorwort zur 2. Auflage

Immer mehr Unternehmen müssen sich den Herausforderungen internationaler Märkte stellen. Um eine erfolgreiche internationale Marktbearbeitung gewährleisten zu können, ist eine systematische Vorgehensweise notwendig. Dies gilt insbesondere vor dem Hintergrund **komplexer Umwelten**, welche u.a. gekennzeichnet sind durch weltumspannende Medien (z. B. Internet), Hyperwettbewerb und sich veränderndes Konsumentenverhalten.

Da die 1. Auflage dieses Buches nach kurzer Zeit am Markt vergriffen war, wurde in der vorliegenden 2. Auflage das Konzept dieses Buches beibehalten. Nach wie vor wendet sich dieses Buch an alle Personen, welche sich im Rahmen ihrer Ausbildung bzw. ihrer beruflichen Tätigkeit mit Problemen des internationalen Marketing konfrontiert sehen. Gegenüber der 1. Auflage wurden allerdings einige z.T. erhebliche **Veränderungen** vorgenommen:

- Sämtliche verwendeten Daten wurden **aktualisiert** und dem neuesten Stand der Dinge angepasst. In einigen Bereichen werden Internet-Adressen angegeben, welche es ermöglichen, tagesaktuelle Informationen abzurufen.

- Seit Erscheinen der 1. Auflage dieses Buches erschienene Literatur wurde angemessen berücksichtigt. Sofern auf deutsche und internationale Standardwerke zurückgegriffen wurde, werden die jeweils **neuesten Auflagen** verwendet. Des Weiteren wurden zentrale **empirische Ergebnisse** aus den zahlreichen in diesem Zeitraum erschienenen Studien eingearbeitet.

- Inhaltlich wurden in einigen Teilen umfangreiche **Erweiterungen** vorgenommen. So wird das Internet als Marktforschungsinstrument im Rahmen der internationalen Marktforschung berücksichtigt (Teil 2). Gegenüber der 1. Auflage wurden die Marketing-Instrumente im Rahmen der taktisch-operativen internationalen Marketing-Planung deutlich umfangreicher behandelt (Teil 3). Auch wurde der erhöhten Unsicherheit bei Betätigung auf internationalen Märkten durch Berücksichtigung der Risikoanalyse bei der internationalen Marketing-Planung Rechnung getragen (Teil 3). Bei dem internationalen Marketing-Controlling wurde die zwischenzeitlich erfolgte Umstellung auf den Euro entsprechend berücksichtigt (Teil 4). Schließlich wurde das Human Resource Management in internationalen Unternehmen gegenüber der 1. Auflage deutlich erweitert (Teil 6).

Auch zur Erstellung der 2. Auflage konnten wir wieder auf die **tatkräftige Unterstützung** vieler Personen zurückgreifen. Unser Dank gebührt den Sekretärinnen Frau Herta Kopp (Universität Konstanz), Frau Barbara Naziri (Universität der Bundeswehr Hamburg) sowie Frau Inge Schmollinger (Universität Tübingen). Für die kritische Durchsicht des Manuskripts und zahlreiche Anregungs- und Verbesserungsvorschläge bedanken wir uns herzlich bei den Mitarbeitern an den Marketing-Lehrstühlen der o.g. Universitäten. Eine besondere Unterstützung fanden wir wieder durch die wissenschaftlichen Hilfskräfte, welche gewissenhaft und umsichtig Abbildungen aktualisiert und neue Abbildungen erstellt haben. Schließlich gebührt unser Dank wieder einmal Frau Dr. Martina Bihn vom Springer-Verlag Heidelberg, welche sich gewissenhaft um die Drucklegung dieses Buches kümmerte.

Tübingen, Hamburg und Konstanz, im September 2002

Ralph Berndt

Claudia Fantapié Altobelli

Matthias Sander

Vorwort zur 1. Auflage

Die **Internationalisierung der Wirtschaft** ist in vielen Bereichen nicht mehr aufzuhalten. Eine Konzentration auf den Heimatmarkt ist zunehmend auch für mittelständische Unternehmen nicht mehr ausreichend, um eine nachhaltige Existenz des Unternehmens am Markt sicherzustellen. Neben dem Aspekt der Existenzsicherung spielt darüber hinaus das enorme Gewinn- und Wachstumspotential, welches eine Betätigung auf ausländischen Märkten zur Verfügung stellt, eine bedeutende Rolle im Rahmen betrieblicher Entscheidungen. Zielorientierte Entscheidungen des **internationalen Marketing-Management** sollen dabei der Abschöpfung dieser Potentiale dienen.

In dem vorliegenden Buch werden die klassischen **Management-Teilfunktionen** „Planung, Controlling, Organisation und Human Resource Management" eingehend behandelt. Konsequent wird dabei den Besonderheiten einer internationalen Marktbearbeitung Rechnung getragen. Gleichzeitig wird durchgängig aus einer Marketing-Orientierung heraus argumentiert, wobei unter „Marketing" nicht nur eine betriebliche Teilfunktion verstanden wird, sondern eine marktorientierte Unternehmensphilosophie, welche das gesamte Unternehmen betrifft. Darüber hinaus werden die Informationsgrundlagen des internationalen Marketing-Management aufgezeigt. Konkret werden die Bereiche, aus denen Informationen für eine länderübergreifende Marktbearbeitung entnommen werden können, sowie deren jeweilige aktuelle Entwicklung aufgezeigt; auch wird in diesem Zusammenhang auf die Besonderheiten der internationalen Marktforschung eingegangen. Damit stellt das vorliegende Buch eine konsequente Weiterführung der bereits erschienenen Monographie „**Internationale Marketing-Politik**" dar, in welcher die einzelnen Marketing-Instrumente „Produkt-, Sortiments- und Servicepolitik, Kontrahierungspolitik, Kommunikationspolitik und Distributionspolitik" detailliert vor einem internationalen Hintergrund analysiert werden.

Mit dieser wie auch mit der bereits erschienenen Monographie wenden wir uns an alle Personen, welche sich im Rahmen ihrer Ausbildung bzw. im Rahmen ihrer beruflichen Tätigkeit mit Problemen des internationalen Marketing auseinandersetzen müssen. Kennzeichen beider Bücher ist dabei die eindeutige informationswissenschaftliche, verhaltenswissenschaftliche sowie methodisch fundierte Ausrichtung. **Zielgruppen** sind damit sowohl Studenten als auch Entscheidungsträger in der Wirtschaft.

Zur Fertigstellung dieses Buches haben wir eine enorme **tatkräftige Unterstützung** erfahren. Unser Dank gehört den Sekretärinnen Frau Justine Overall (Universität Konstanz), Frau Barbara Naziri (Universität der Bundeswehr Hamburg) sowie Frau Inge Schmollinger (Universität Tübingen). Mit unermüdlichem Einsatz haben sie die Manuskripte erstellt und in eine druckreife Form umgesetzt. Des weiteren bedanken wir uns bei den Mitarbeitern an den Marketing-Lehrstühlen der o.g. Universitäten, welche mit konstruktiven Vorschlägen positiv auf den Inhalt des Buches eingewirkt haben. Mit der Erstellung der zahlreichen Abbildungen waren die wissenschaftlichen Hilfskräfte beschäftigt, denen unser besonderer Dank gilt. Schließlich bedanken wir uns bei Frau Dr. Martina Bihn, Springer Verlag Heidelberg, für die wieder einmal reibungslose Zusammenarbeit bei der Drucklegung dieses Buches.

Tübingen, Hamburg und Konstanz, im September 1999

                                          Ralph Berndt

                                          Claudia Fantapié Altobelli

                                          Matthias Sander

Inhaltsverzeichnis

Abbildungsverzeichnis XVII

TEIL 1: EINFÜHRUNG 1

A. **Internationalisierung und internationales Marketing-Management** 1
    I. Entwicklung der internationalen Geschäftstätigkeit 1
    II. Begriff und Bedeutung des internationalen Marketing-Management 5
    III. Motive der Internationalisierung 7
    IV. Teilbereiche des internationalen Marketing-Management 8

B. **Grundorientierungen des internationalen Marketing-Management** 10

TEIL 2: INFORMATIONSGRUNDLAGEN DES INTERNATIONALEN MARKETING-MANAGEMENT 14

A. **Rahmenbedingungen des internationalen Marketing** 14
    I. Überblick 14
    II. Globale Rahmenbedingungen 14
        1. Ökonomische Faktoren 16
        2. Politisch-rechtliche Faktoren 24
        3. Soziokulturelle Faktoren 28
        4. Geographische Faktoren 32
    III. Branche und Wettbewerb 33
        1. Branchenstruktur 33
        2. Wettbewerber 34
        3. Lieferanten 34
        4. Abnehmer 35
            a. Endverbraucher 35
            b. Handel 37
    IV. Unternehmensspezifische Faktoren 38
        1. Unternehmensziele und Unternehmenskultur 39
        2. Finanzkraft 39
        3. Produktmerkmale 40
        4. Personal 40
        5. Produktionskapazität 41

B. **Internationale Marktforschung** 41
    I. Grundlagen 41
        1. Aufgaben und Formen der internationalen Marktforschung 41
        2. Besonderheiten der internationalen Marktforschung 42
        3. Anforderungen an internationale Marktforschungsinformationen 44
        4. Äquivalenzbedingungen der internationalen Marktforschung 45
            a. Äquivalenz der Untersuchungssachverhalte 46
            b. Äquivalenz der Untersuchungsmethoden 47

		c. Äquivalenz der Untersuchungseinheiten	48
		d. Äquivalenz der Untersuchungssituationen	49
		e. Äquivalenz der Untersuchungsdatenaufbereitungen	50

II. Internationale Sekundärforschung 50
    1. Charakterisierung der internationalen Sekundärforschung 50
    2. Prozess der internationalen Sekundärforschung 51
    3. Quellen der internationalen Sekundärforschung 54
    4. Anwendungsmöglichkeiten und Grenzen der internationalen Sekundärforschung 59

III. Internationale Primärforschung 64
    1. Charakterisierung der internationalen Primärforschung 64
    2. Prozess der internationalen Primärforschung 65
    3. Auswahl der Erhebungseinheiten 67
        a. Entscheidung über Voll- oder Teilerhebung 67
        b. Festlegung des Auswahlplans 67
    4. Internationale Datenerhebung 69
        a. Operationalisierung, Messung und Skalierung der Variablen ... 69
        b. Bestimmung der Erhebungsmethode 70
            (1) Befragung 70
            (2) Beobachtung 77
            (3) Experiment 78
        c. Durchführung und Kontrolle der Erhebung 80
    5. Datenanalyse 81
        a. Überblick 81
        b. Verfahren der Datenreduktion 82
            (1) Univariate Verfahren der Datenreduktion 82
            (2) Multivariate Verfahren der Datenreduktion - Faktorenanalyse ... 82
        c. Verfahren der Klassifikation 83
            (1) Clusteranalyse 83
            (2) Diskriminanzanalyse 83
            (3) Multidimensionale Skalierung 84
        d. Verfahren zur Messung von Beziehungen 84
            (1) Verfahren der Dependenzanalyse 84
            (2) Verfahren der Interdependenzanalyse 85
        e. Verfahren zur Messung von Präferenzen 85

IV. Organisation der internationalen Marktforschung 86
    1. Überblick 86
    2. Zentralisierte internationale Marktforschung 87
    3. Dezentralisierte internationale Marktforschung 88
    4. Koordinierte internationale Marktforschung 88

TEIL 3: INTERNATIONALE MARKETING-PLANUNG 91

A. Der Planungsprozess des internationalen Marketing 91
    I. Situationsanalyse und -prognose 91
    II. Strategische internationale Marketing-Planung 93
    III. Planung der internationalen Marketing-Politik 94
    IV. Realisation der Auslandsaktivitäten 95
    V. Kontrolle der Auslandsaktivitäten 95

B. Strategische internationale Marketing-Planung 96
  I. Strategische internationale Zielplanung 96
      1. Das internationale Zielsystem 96
      2. Allgemeine Internationalisierungsziele 97
      3. Marktziele 100
      4. Marketingziele 101
  II. Die Auswahl von Auslandsmärkten 102
      1. Die Vorauswahl relevanter Länder 102
      2. Länderselektion 103
          a. Kriterien der Länderselektion 103
              (1) Überblick 103
              (2) Länderattraktivität 104
              (3) Marktbarrieren 104
              (4) Länderrisiken 105
          b. Methoden zur Länderselektion 112
              (1) Checklist-Verfahren 113
              (2) Scoring-Modelle 113
              (3) Portfolio-Analyse 115
          c. Empirische Befunde 117
      3. Marktselektion 120
          a. Internationale Marktsegmentierung 120
              (1) Intranationale Marktsegmentierung 121
              (2) Integrale Marktsegmentierung 124
          b. Methoden zur internationalen Marktselektion 130
              (1) Portfolio-Analyse 130
              (2) Wirtschaftlichkeitsanalyse 134
  III. Strategien des Auslandsmarkteintritts 139
      1. Formen des internationalen Markteintritts 139
          a. Überblick 139
          b. Export 141
          c. Lizenzvergabe 144
          d. Direktinvestitionen 147
          e. Sonderformen des Markteintritts 149
      2. Timing des Auslandsmarkteintritts 154
          a. Länderübergreifende Timingstrategien 154
          b. Länderspezifische Timingstrategien 157
      3. Die Wahl der Markteintrittsstrategie 158
          a. Theoretische Erklärungsansätze zum internationalen Markteintritt 158
          b. Die Grobauswahl der Markteintrittsstrategie 161
          c. Die Feinauswahl der Markteintrittsstrategie 163
      4. Empirische Befunde 167
  IV. Internationale Marktbearbeitungsstrategien 170
      1. Elemente einer internationalen Marktbearbeitungsstrategie 170
      2. Grundsätzliche strategische Ausrichtung 171
      3. Basisstrategien des internationalen Marketing 173
          a. Überblick 173
          b. Standardisierung vs. Differenzierung von Marketing-Inhalten 173
          c. Standardisierung vs. Differenzierung von Marketing-Prozessen 178
          d. Empirische Befunde 180

  4. Internationale Geschäftsfeldstrategien 185
   a. Überblick 185
   b. Strategie-Variation 187
   c. Strategie-Stil 189
   d. Strategie-Substanz 192
   e. Strategie-Feld 198
  5. Die Wahl der Marktbearbeitungsstrategie 201

C. Taktisch-operative internationale Marketing-Planung 202
 I. Die Umsetzung strategischer Pläne in taktische und operative Maßnahmen 202
 II. Internationale Marketing-Politik 205
  1. Internationale Produkt- und Programmpolitik 205
   a. Ziele der internationalen Produkt- und Programmpolitik 205
   b. Handlungsalternativen der internationalen Produkt- und Programmpolitik 206
    (1) Überblick 206
    (2) Internationale Produktentwicklung 207
    (3) Internationale Leistungsprogrammpolitik 210
    (4) Internationale Markenpolitik 212
    (5) Internationale Servicepolitik 213
  2. Internationale Kontrahierungspolitik 214
   a. Ziele der internationalen Kontrahierungspolitik 214
   b. Handlungsalternativen der internationalen Kontrahierungspolitik 215
    (1) Überblick 215
    (2) Internationale Preispolitik 215
    (3) Internationale Konditionenpolitik 219
  3. Internationale Kommunikationspolitik 221
   a. Ziele der internationalen Kommunikationspolitik 221
   b. Handlungsalternativen der internationalen Kommunikationspolitik 223
    (1) Überblick 223
    (2) Internationale Corporate-Identity-Policy 224
    (3) Internationale Werbung 225
    (4) Internationales Sponsoring und internationales Product Placement 227
    (5) Internationale Sales Promotions 228
    (6) Internationale Direct Communications 228
  4. Internationale Distributionspolitik 229
   a. Ziele der internationalen Distributionspolitik 229
   b. Handlungsalternativen der internationalen Distributionspolitik 230
    (1) Überblick 230
    (2) Internationale Vertriebspolitik 230
    (3) Internationale Verkaufspolitik 232
    (4) Internationale Distributionslogistik 233

TEIL 4: INTERNATIONALES MARKETING-CONTROLLING 234

A. Controlling im Rahmen des internationalen Marketing-Management 234
 I. Der Planungs- und Kontrollprozess des internationalen Marketing 234
 II. Integriertes internationales Marketing-Controlling 235
 III. Organisatorische Einbindung des internationalen Marketing-Controlling 237

B.	Internationale Marketing-Audits	239
	I. Kontrolle des internationalen Marketing-Planungssystems	239
	II. Internationales Marketing-Strategien-Audit	242
	III. Internationales Marketing-Politiken-Audit	245
C.	Ergebnisorientierte internationale Marketing-Kontrolle	245
	I. Ökonomische Zielgrößen	245
	II. Image als Zielgröße	253

TEIL 5: INTERNATIONALE MARKETING-ORGANISATION 256

A. Grundlagen 256

B. Determinanten der internationalen Marketing-Organisation 257

C. Organisatorische Einbindung der Auslandsaktivitäten in ein internationales Unternehmen 264
    I. Unspezifische Organisationsformen 265
    II. Segregierte Organisationsformen 267
    III. Integrierte Organisationsformen 271
        1. Eindimensionale Modelle 271
        2. Mehrdimensionale Modelle 276
    IV. Empirische Befunde 279

D. Organisationsformen der Marketing-Abteilung eines internationalen Unternehmens 281
    I. Funktionsorientierte Marketing-Abteilung 281
    II. Objektorientierte Marketing-Abteilung 283
        1. Produktorientierte Marketing-Abteilung 283
        2. Regionenorientierte Marketing-Abteilung 286
        3. Kundenorientierte Marketing-Abteilung 287
    III. Mehrdimensionale Organisationsstrukturen 289
        1. Marketing-Abteilung als Matrixorganisation 290
        2. Marketing-Abteilung als Tensororganisation 291
    IV. Sekundärorganisationsformen im internationalen Marketing 292
        1. Projektorganisationsformen 292
        2. Weitere Sekundärorganisationsformen 296

E. Zentralisierung versus Dezentralisierung von Entscheidungskompetenzen in internationalen Unternehmen 297

F. Koordinationskonzepte in internationalen Unternehmen 301
    I. Regelmäßige Konferenzen 301
    II. Globale Koordinationsgruppen 302
    III. Lead-Country-Konzept 304
    IV. Profit-Center-Prinzip 307
    V. Netzwerkkonzepte und virtuelle Unternehmen 308

G. Organisationsentwicklung in internationalen Unternehmen 311
   I. Notwendigkeit der Organisationsentwicklung 311
   II. Hemmnisse der Organisationsentwicklung und Ansätze zu ihrer Umgehung.... 316

H. Prozessorganisatorische Ansätze in internationalen Unternehmen 319
   I. Charakterisierung prozessorganisatorischer Ansätze 319
   II. Arten von Prozessen 320
   III. Beurteilung prozessorganisatorischer Ansätze 321
   IV. Total Quality Management als Beispiel für eine prozessorganisatorische
       Betrachtung internationaler Unternehmen 322

TEIL 6: HUMAN RESOURCE MANAGEMENT IN INTERNATIONAL TÄTIGEN UNTERNEHMEN 325

A. Grundlagen 325
   I. Human Resource Management im Rahmen des strategischen
      Management 325
   II. Internationale Personalmanagementstrategien 327

B. Personalbedarfsplanung in international tätigen Unternehmen 329
   I. Der Prozess der Personalbedarfsplanung 329
   II. Qualitative Bedarfsermittlung 329
   III. Quantitative und zeitliche Bedarfsermittlung 331

C. Stellenbesetzungsstrategien, Entlohnungssysteme und Planung von
   Auslandseinsätzen in international tätigen Unternehmen 332
   I. Stellenbesetzungsstrategien 332
   II. Entlohnungssysteme 334
   III. Personaleinsatz im Ausland 339

D. Personalführung in international tätigen Unternehmen 341
   I. Grundlagen der Führung 341
   II. Die alternativen Führungsstile 342
   III. Situative Ermittlung optimaler Führungsstile im europäischen Vergleich 344

E. Personalentwicklung in international tätigen Unternehmen 347
   I. Personalentwicklung im europäischen Vergleich 347
   II. Das Konzept der multikulturellen Personalentwicklung 349
   III. Die alternativen Personalentwicklungsmethoden 349

Literaturverzeichnis 352

Sachverzeichnis 367

Abbildungsverzeichnis

Abb. 1.1:	Entwicklung der Weltausfuhr von 1975 - 2003 (in Mrd. US-$)	2
Abb. 1.2:	Anteile am globalen Welthandel im internationalen Vergleich (2002)	3
Abb. 1.3:	Deutsche Im- und Exporte 1990 - 2004	3
Abb. 1.4:	Pro-Kopf-Exporte im internationalen Vergleich 2003 (in US-$)	4
Abb. 1.5:	Zu- und Abflüsse von ausländischen Direktinvestitionen von 1994-2003 (in Mrd. US-$)	5
Abb. 1.6:	Motive der Internationalisierung	7
Abb. 1.7:	Vier Arten der Managementorientierung in multinationalen Unternehmen	12
Abb. 2.1:	Rahmenbedingungen des internationalen Marketing	15
Abb. 2.2:	Entwicklung der Bevölkerung in den Industrieländern (in Millionen)	16
Abb. 2.3:	Entwicklung des Bruttoinlandsprodukts der EU-15-Länder sowie der EU-Beitrittsländer (in %)	17
Abb. 2.4:	Reale Veränderung des Bruttoinlandsprodukts 2003 verschiedener Länder (in %)	18
Abb. 2.5:	Bruttosozialprodukt pro Kopf im europäischen Vergleich in EUR (2003)	19
Abb. 2.6:	Jährliche Veränderung der Verbraucherpreise (in %)	19
Abb. 2.7:	Kaufkraft des Euro in ausgewählten Ländern	20
Abb. 2.8:	Langfristige Realzinsen in den G7-Ländern (in %)	21
Abb. 2.9:	Entwicklung der Euro-Wechselkurse ausgewählter Währungen	21
Abb. 2.10:	Arbeitskosten je geleistete Stunde in der Verarbeitenden Industrie in Euro (2002)	22
Abb. 2.11:	Arbeitslosigkeit in verschiedenen Ländern (in % aller Erwerbspersonen)	23
Abb. 2.12:	Der WTO gemeldete und in Kraft befindliche Handelsabkommen 1948-2002	24
Abb. 2.13:	Durch Arbeitskämpfe verlorene Arbeitstage je 1.000 Beschäftigte (Jahresdurchschnitt 2000-2002)	25
Abb. 2.14:	Einkommensteuer und Körperschaftsteuer im internationalen Vergleich (Höchstsätze 2003 in % inkl. aller Zuschläge)	26
Abb. 2.15:	Mehrwertsteuersätze (2003) im internationalen Vergleich (in %)	27

Abb. 2.16:	Farbsymboliken im internationalen Marketing	30
Abb. 2.17:	Durchschnittliche Haushaltsgröße in ausgewählten Ländern	31
Abb. 2.18:	Kommunikations-Infrastruktur je 100 Einwohner bzw. Haushalte (2003)	33
Abb. 2.19:	Ausstattung privater Haushalte mit langlebigen Gebrauchsgütern in ausgewählten Ländern	36
Abb. 2.20:	Konzentration im europäischen Lebensmitteleinzelhandel	38
Abb. 2.21:	Kultur- und nationenbezogene Typologie der internationalen Marktforschung	42
Abb. 2.22:	Der weltweite Marktforschungsmarkt 2003	43
Abb. 2.23:	Äquivalenzbedingungen in der internationalen Marktforschung	46
Abb. 2.24:	Kaufabsichts-Indizes im internationalen Vergleich	49
Abb. 2.25:	Prozess der internationalen Sekundärforschung	52
Abb. 2.26:	Unternehmensinterne Informationsquellen	54
Abb. 2.27:	Unternehmensexterne Informationsquellen	55
Abb. 2.28:	Ausgewählte deutsche nicht-kommerzielle bzw. halb-kommerzielle Informationsquellen	56
Abb. 2.29:	Ausgewählte internationale nicht-kommerzielle bzw. halb-kommerzielle Informationsquellen	57
Abb. 2.30:	Qualitätskriterien internationaler Sekundärforschung	61
Abb. 2.31:	Äquivalenzprobleme internationaler Sekundärforschung	62
Abb. 2.32:	Prozess der internationalen Primärforschung	66
Abb. 2.33:	Organisationsformen der internationalen Marktforschung	87
Abb. 3.1:	Planungsprozess des internationalen Marketing	92
Abb. 3.2:	Das internationale Zielsystem	98
Abb. 3.3:	Ziele der Internationalisierung	100
Abb. 3.4:	Länderrisikobeurteilungskonzepte	106
Abb. 3.5:	Beispiel für ein Risikoprofil	107
Abb. 3.6:	Struktur und Gewichtungsschema des Operation Risk Index (ORI)	109
Abb. 3.7:	Kriterien des PRI-Index	110
Abb. 3.8:	Scoring-Modell zur Bestimmung des R-Faktors	111
Abb. 3.9:	Die Struktur des BERI-Informationssystems	112
Abb. 3.10:	Beispielhafte Kriterienskalierung im Rahmen der Länderselektion	114
Abb. 3.11:	Scoring-Modell zur Länderselektion	115
Abb. 3.12:	Ländermarkt-Portfolio	116

Abb. 3.13:	Relevante Dimensionen der Länderattraktivität	118
Abb. 3.14:	Relevante Dimensionen des Länderrisikos	119
Abb. 3.15:	Kriterien einer Länderselektionsentscheidung	120
Abb. 3.16:	Segmentierungskriterien	122
Abb. 3.17:	Life-Style-Dimensionen	123
Abb. 3.18:	Die Fragebogenstruktur der Euro-Socio-Styles-Studie	125
Abb. 3.19:	Charakterisierung der Euro-Socio-Styles 2002	126
Abb. 3.20:	Die Landkarte der Euro-Socio-Styles 2002	127
Abb. 3.21:	Euro-Socio-Styles im Kaffeemarkt	128
Abb. 3.22:	Exemplarische Anwendung der Euro-Socio-Styles für das Marketing	129
Abb. 3.23:	Lebenswelt-Segmente in Westeuropa	130
Abb. 3.24:	Gewichtung von Kriterien zur Bewertung der Marktattraktivität und der Wettbewerbsposition	132
Abb. 3.25:	Internationales Chancen-Portfolio für bestimmte Produkte/Produktgruppen	133
Abb. 3.26:	Matrix zur Marktauswahl im strategischen internationalen Marketing	134
Abb. 3.27:	Beispielhafte Chancenprofile für drei Auslandsprojekte	138
Abb. 3.28:	Entwicklung der erwarteten Kapitalwerte von Auslandsprojekten im Planungszeitraum	139
Abb. 3.29:	Systematik möglicher Formen des Auslandsmarkteintritts	140
Abb. 3.30:	Arten des Lizenzentgelts	145
Abb. 3.31:	Arten von Kompensationsgeschäften	151
Abb. 3.32:	Wichtigste Merkmale der einzelnen Formen von Kompensationsgeschäften im Überblick	153
Abb. 3.33:	Die Wasserfall-Strategie	155
Abb. 3.34:	Die Sprinkler-Stategie	155
Abb. 3.35:	Einflussfaktoren der Wahl der länderübergreifenden Timingstrategie	157
Abb. 3.36:	Transaktionskostenspezifische Vorteilsanalyse der Markteintrittsformen	159
Abb. 3.37:	Übersicht der Bestimmungsfaktoren der internationalen Markteintrittsstrategie	162
Abb. 3.38:	Bausteine einer internationalen Marktbearbeitungsstrategie	170
Abb. 3.39:	Leistungsprogramm-Portfolios für zwei Länder	171
Abb. 3.40:	Objektbereiche der Marketing-Standardisierung	173
Abb. 3.41:	Kontinuum der Prozessstandardisierung	179

Abb. 3.42:	Konzeption internationaler Marketingstrategien	181
Abb. 3.43:	Ausmaß an Standardisierung des Marketing-Instrumentariums	182
Abb. 3.44:	Standardisierung der einzelnen Marketing-Instrumente in der Industriegüterbranche	182
Abb. 3.45:	Globale Produkt- und Marketingstrategien von globalisierenden internationalen Unternehmen und globalen Unternehmen	183
Abb. 3.46:	Elemente einer internationalen Geschäftsfeldstrategie	186
Abb. 3.47:	Marketingstrategie auf Geschäftsfeldebene	186
Abb. 3.48:	Erfolgsrelevante Kontextdimensionen	187
Abb. 3.49:	Preis- und Kostenverlauf des Pioniers und des Folgers	191
Abb. 3.50:	Merkmale der Präferenz- und Preis-Mengen-Strategie	193
Abb. 3.51:	Die Erfahrungskurve	195
Abb. 3.52:	Das Wertketten-Modell nach Porter	196
Abb. 3.53:	Gegenüberstellung von strategischer Planung und Durchführungsplanung	203
Abb. 3.54:	Der Zusammenhang zwischen strategischer und operativer Planung	204
Abb. 3.55:	Internationale produktpolitische Strategien	206
Abb. 3.56:	Planungs- und Entwicklungsprozess internationaler Produktinnovationen	210
Abb. 3.57:	Einflussfaktoren auf die Standardisierung und Differenzierung von Marken	213
Abb. 3.58:	Von international agierenden Unternehmen verfolgte preispolitische Ziele	214
Abb. 3.59:	Ausmaß und Formen von Sonderangeboten in verschiedenen europäischen Ländern auf zwei ausgewählten Märkten	216
Abb. 3.60:	Kalkulationsschema für ein zu exportierendes Produkt (Überseegeschäft)	218
Abb. 3.61:	Überblick über die 1990 neugefassten International Commercial Terms (INCOTERMS)	220
Abb. 3.62:	Zieldimensionen der Werbung im Produktlebenszyklus	222
Abb. 3.63:	Instrumente der internationalen Kommunikationspolitik	223
Abb. 3.64:	Überblick über den Gesamtprozess der internationalen Werbeplanung, -realisation und -kontrolle	225
Abb. 3.65:	Alternative Absatzwege im internationalen Marketing	231
Abb. 3.66:	Vor- und Nachteile des Einsatzes von Verkäufern unterschiedlicher Herkunft	232
Abb. 4.1:	Das Controlling-System der Unternehmung	235

Abb. 4.2:	Planungs- und kontroll- sowie informationsbezogene Probleme in der international tätigen Unternehmung	236
Abb. 4.3:	Anforderungen an ein Controlling-System in einer international tätigen Unternehmung	237
Abb. 4.4:	Controlling in einer multinationalen Unternehmung (Einlinien-Organisation, produktorientierte Divisionalisierung)	238
Abb. 4.5:	Konvergenz der elektronischen Medien	242
Abb. 4.6:	Matrix zur Identifikation von Planungs- und Kontrollinstrumenten für die Bewertung strategischer Entscheidungsprobleme im internationalen Marketing	243
Abb. 4.7:	Ist-, Plan- und Prognosewechselkurse	246
Abb. 4.8:	Plan- und Währungsabweichungen im Rahmen von internationalen Soll-Ist-Vergleichen	247
Abb. 4.9:	Wechselkurskombinationen im Rahmen von Soll-Ist-Vergleichen	247
Abb. 4.10:	Umsatz-Soll-Werte nach Ländern und Kundenklassen (in 1000 Euro und in 1000 Geldeinheiten ausländischer Währung zu Prognosekursen)	248
Abb. 4.11:	Umsatz-Ist-Werte nach Ländern und Kundenklassen in ausländischen Währungen und in Euro (Basis: Prognosekurse bzw. Ist-Kurse in t_1)	249
Abb. 4.12:	Ergebnisänderungen nach Ländern und Kundenklassen in ausländischen Währungen, Wechselkursänderungen und Ergebnisänderungen in inländischer Währung	250
Abb. 4.13:	Produkt- und länderbezogene internationale Deckungsbeitragsanalyse	252
Abb. 4.14:	Imagedifferenziale für reale und ideale Marken im Rahmen einer globalen Strategie	253
Abb. 4.15:	Imagedifferenziale für reale und ideale Marken im Rahmen einer non-globalen Strategie	254
Abb. 5.1:	Determinanten der Organisationsstruktur internationaler Unternehmen	258
Abb. 5.2:	Unspezifische Organisationsformen	266
Abb. 5.3:	Alternative segregierte Organisationsstrukturen bei geringer Auslandsaktivität	268
Abb. 5.4:	Einordnung einer internationalen Division in einer Spartenorganisation	269
Abb. 5.5:	Übersicht über die integrierten Organisationsformen	271
Abb. 5.6:	Integrierte Funktionalstruktur	272
Abb. 5.7:	Integrierte Produktstruktur	274
Abb. 5.8:	Integrierte Regionalstruktur	275

Abb. 5.9:	Integrierte Matrixstruktur	277
Abb. 5.10:	Hybride Organisationsstruktur	278
Abb. 5.11:	Relevante Fits zwischen Strategieelementen und Formen der Organisationsstruktur	280
Abb. 5.12:	Ergebnisse der empirischen Untersuchungen von Stopford und Wells sowie Egelhoff zum Strategie-Struktur-Zusammenhang	281
Abb. 5.13:	Funktionsorientierte Marketing-Abteilung bei differenzierter und integrierter Unternehmensstruktur	282
Abb. 5.14:	Produktmanager bei integrierter und differenzierter Unternehmensstruktur	284
Abb. 5.15:	Produkt-Manager als Stäbe bei integrierter Unternehmensstruktur	285
Abb. 5.16:	Regionenorientierte Marketing-Abteilungen	287
Abb. 5.17:	Regionale Verkaufs- bzw. Vertriebsorganisation	288
Abb. 5.18:	Markt-Manager als Stäbe der Marketing-Abteilung bei differenzierter Unternehmensstruktur	289
Abb. 5.19:	Marketing-Abteilung als Matrixorganisation bei differenzierter Unternehmensstruktur	290
Abb. 5.20:	Marketing-Abteilung als Tensororganisation bei differenzierter Unternehmensstruktur	292
Abb. 5.21:	Stab-Projektorganisation	293
Abb. 5.22:	Matrix-Projektorganisation	294
Abb. 5.23:	Reine Projektorganisation	295
Abb. 5.24:	Determinanten für das Ausmaß der Entscheidungszentralisierung im internationalen Marketing	298
Abb. 5.25:	Zentralisierungsgrade ausgewählter Funktionen und Unternehmen	299
Abb. 5.26:	Zentralisierungsgrad von Marketingentscheidungen	300
Abb. 5.27:	Einsatzmöglichkeiten globaler Koordinationsgruppen	303
Abb. 5.28:	Beispielhafte Umsetzung des Lead-Country-Konzeptes	305
Abb. 5.29:	Globale Netzwerkstruktur	309
Abb. 5.30:	Erweiterte Netzwerkstruktur	310
Abb. 5.31:	Ausgewählte Anlässe für organisatorische Änderungen und deren Auswirkungen auf das internationale Marketing	312
Abb. 5.31:	(Forts.)	313
Abb. 5.32:	Zeitliche Entwicklung von Organisationsstrukturen international tätiger Unternehmen	314

Abb. 5.33:	Entwicklung der Organisationsstrukturen von kontinentaleuropäischen und amerikanischen multinationalen Unternehmen (MNU)	316
Abb. 5.34:	Phasenschema zur Umsetzung von Organisationsentwicklungsmaßnahmen	318
Abb. 5.35:	Verschiedene Prozessarten	321
Abb. 5.36:	Von der Qualitätskontrolle zum Total Quality Management	322
Abb. 5.37:	Qualitätsdimensionen im Rahmen des TQM einer internationalen Unternehmung	323
Abb. 6.1:	Integration von Unternehmensstrategie, Unternehmensstruktur und Personal	326
Abb. 6.2:	Ausprägungen der fünf Kulturdimensionen in ausgewählten Ländern	327
Abb. 6.3:	Idealtypische Gestaltungsalternativen des Personalmanagement in multinationalen Unternehmen	328
Abb. 6.4:	Ablauf der Personalbedarfsplanung	330
Abb. 6.5:	Alternative Stellenbesetzungsstrategien	332
Abb. 6.6:	Vor- und Nachteile einer ethno-, poly- und geozentrischen Besetzungspolitik nach Perlmutter	333
Abb. 6.7:	Idealtypische Karrieremuster im internationalen Vergleich	334
Abb. 6.8:	Nettovergleichsrechnung zur Ermittlung des Gehalts bei Auslandstätigkeit	335
Abb. 6.9:	Beispiel für eine Nettovergleichsrechnung in T € (Tausend Euro)	336
Abb. 6.10:	Häufigkeit und Höhe von variablen Vergütungen im europäischen Vergleich	337
Abb. 6.11:	Häufigkeit und Höhe von Zusatzleistungen im europäischen Vergleich	338
Abb. 6.12:	Erfolgs- und Kapitalbeteiligung von Führungskräften in international tätigen Unternehmen	339
Abb. 6.13:	Phasen- und Einflussfaktoren des internationalen Personaleinsatzes	340
Abb. 6.14:	Das Motivationsmodell von Porter/Lawler	341
Abb. 6.15:	Kontinuum der Führungsstile nach dem Kriterium „Entscheidungsspielraum"	342
Abb. 6.16:	Führungsstilpräferenzen in unterschiedlichen Kulturen	343
Abb. 6.17:	Der Entscheidungsbaum von Vroom/Yetton	345
Abb. 6.18:	Häufigkeiten der Führungsstile (in %) im europäischen Vergleich	347
Abb. 6.19:	Personalentwicklung im europäischen Vergleich	348

Abb. 6.20:	Ganzheitliches Konzept multikultureller Führungskräfte-entwicklung	350
Abb. 6.21:	Die Top 12 MBA Programme in Europa	351

Teil 1: Einführung

A. Internationalisierung und internationales Marketing-Management

I. Entwicklung der internationalen Geschäftstätigkeit

Länderübergreifende Aktivitäten stellen für viele Unternehmen eine Notwendigkeit dar, um einerseits vorgegebene Wachstumsziele erreichen zu können, andererseits wird häufig erst durch die Ausweitung der Unternehmensaktivitäten auf internationale Märkte die Wettbewerbsfähigkeit von Unternehmen und damit deren nachhaltige Existenz gesichert. Die Vernetzung von Volkswirtschaften wird dabei u.a. durch den Aufbau von Wirtschafts- und Währungsunionen (z.B. EWWU), sinkende Handelszölle bzw. die Errichtung von Freihandelszonen (z.B. NAFTA, EFTA), höhere Mobilität der Marktteilnehmer sowie durch neue Kommunikationsmedien wie bspw. das Satellitenfernsehen und das Internet, welche die internationale Kommunikation erleichtern, gefördert. Hinzu kommt damit als weitere wichtige Managementaufgabe die Koordination der Unternehmensaktivitäten auf den einzelnen Märkten bzw. in den einzelnen Ländern, da infolge der Interdependenz der Ländermärkte eine unabhängige Marktbearbeitung im Sinne einer länderspezifischen Optimierung der Unternehmensaktivitäten häufig nicht mehr möglich ist. Von der Internationalisierung selbst sind zunehmend auch mittelständische Unternehmen betroffen; Kenntnisse im Hinblick auf die Bearbeitung ausländischer Märkte werden daher auch von diesen Unternehmen gefordert. Vor diesem Hintergrund ist es nicht verwunderlich, dass sich der **Welthandel** als Indikator für die Bedeutung der internationalen Geschäftstätigkeit von 1975 bis 2003 fast verzehnfacht hat (vgl. Abb. 1.1).

Deutschland nimmt im Welthandel – sowohl beim Import als auch beim Export – seit Jahren Platz zwei hinter den Vereinigten Staaten und vor Japan ein. Im Jahre 2002 betrug der Anteil Deutschlands an den globalen Ausfuhren immerhin fast 9%. Abb. 1.2 zeigt im internationalen Vergleich auf, welches Land welche Anteile am Welthandel erreicht.

Die Entwicklung des deutschen Im- und Exports von 1990 bis 2004 lässt Abb. 1.3 erkennen. Im- und Exporte haben sich in diesem Zeitraum in etwa verdoppelt. Die europäischen Länder, insbesondere die Partnerländer der Europäischen Union (EU), sind dabei seit geraumer Zeit die wichtigsten ausländischen Abnehmer für deutsche Produkte. Im Jahre 2003 ging über die Hälfte der Exporte in die Länder

der EU (55,5%). Spitzenreiter war Frankreich mit einem Anteil von 10,6%, gefolgt von Großbritannien und Nordirland mit 8,4% sowie Italien (7,4%) und den Niederlanden (6,2%). Im selben Zeitraum gingen 9,3% der Exporte in die Vereinigten Staaten und nach Japan lediglich 1,8% (vgl. *Institut der deutschen Wirtschaft* 2004, S. 41).

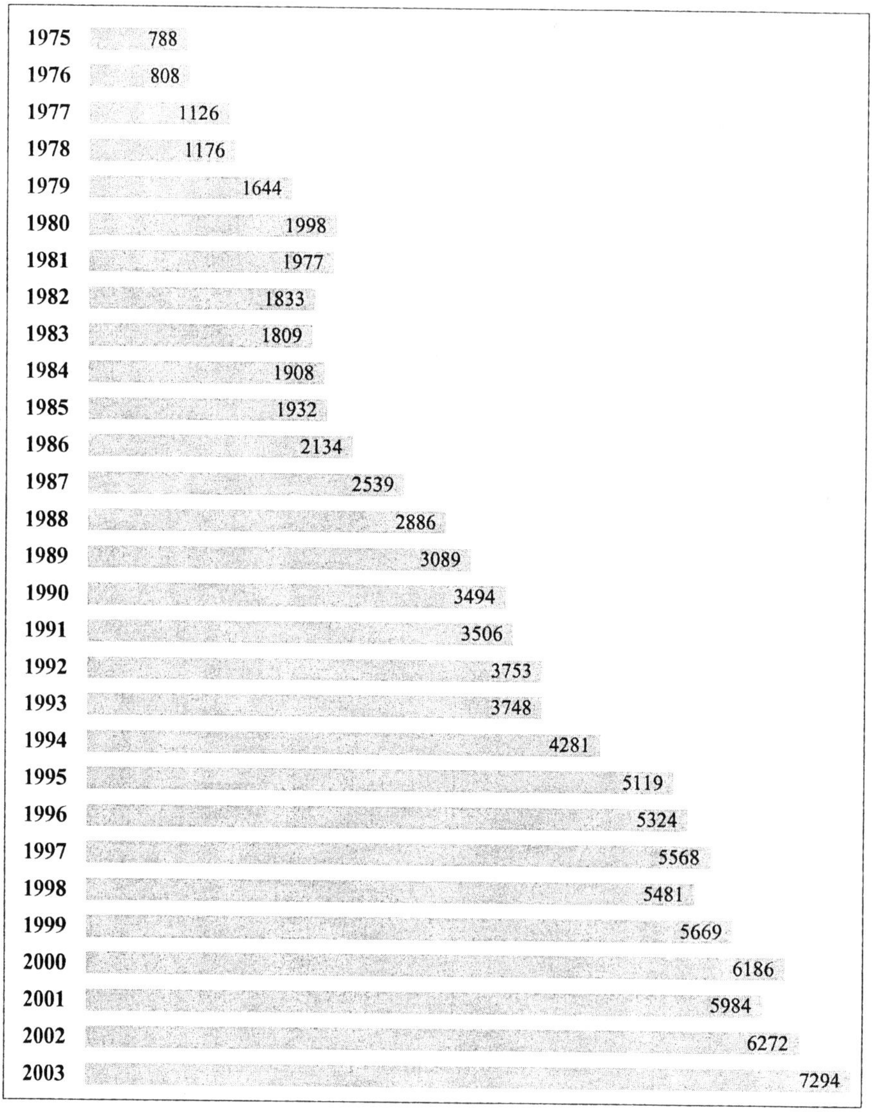

Jahr	Wert
1975	788
1976	808
1977	1126
1978	1176
1979	1644
1980	1998
1981	1977
1982	1833
1983	1809
1984	1908
1985	1932
1986	2134
1987	2539
1988	2886
1989	3089
1990	3494
1991	3506
1992	3753
1993	3748
1994	4281
1995	5119
1996	5324
1997	5568
1998	5481
1999	5669
2000	6186
2001	5984
2002	6272
2003	7294

Quelle: http://www.wto.org/english/res_e/statis_e/its2004_e/its2004_e.pdf
Abb. 1.1: Entwicklung der Weltausfuhr von 1975-2003 (in Mrd. US-$)

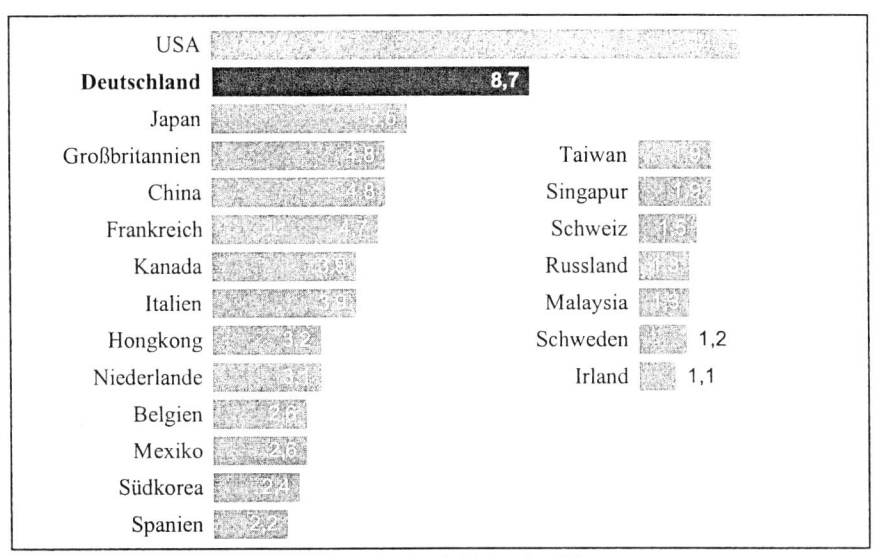

Land	Anteil	Land	Anteil
USA			
Deutschland	**8,7**		
Japan			
Großbritannien	4,8	Taiwan	1,9
China	4,8	Singapur	1,9
Frankreich		Schweiz	1,5
Kanada		Russland	
Italien		Malaysia	
Hongkong		Schweden	1,2
Niederlande		Irland	1,1
Belgien			
Mexiko			
Südkorea			
Spanien	2,2		

Quelle: Institut der deutschen Wirtschaft 2004, S. 133.
Abb. 1.2: Anteile am globalen Warenhandel im internationalen Vergleich (2002)

Einfuhr (Mill. €)	Jahr	Ausfuhr (Mill. €)
293.215	1990	348.117
329.228	1991	340.425
325.972	1992	343.089
289.644	1993	321.289
315.444	1994	353.084
339.617	1995	383.232
352.995	1996	403.377
394.794	1997	454.342
423.452	1998	488.371
444.797	1999	510.008
538.311	2000	597.440
542.774	2001	638.268
518.532	2002	651.320
531.970	2003	661.613
575.400*	2004	731.000*

* vorläufig

Quelle: http://www.destatis.de/download/aussh/aussh_d/gesamt.pdf;
http://www.bundesbank.de/de/monatsbericht/bericht03/textteil/02/zabi2001.pdf
Abb. 1.3: Deutsche Im- und Exporte von 1990-2004

Ein ähnliches Bild zeigt sich auch in umgekehrter Richtung; die Hälfte der deutschen Ausgaben für Importe (50,4%) floss im Jahre 2003 in die Staaten der EU. Frankreich hielt dabei die Spitzenposition (9,2%), gefolgt von den Niederlanden (8,3%) und Italien (6,3%). Der Importanteil der Vereinigten Staaten lag bei 7,3%, aus Japan wurden insgesamt Waren und Dienstleistungen im Wert von 3,6% der gesamten deutschen Importe bezogen.

Bezieht man die absoluten Export- bzw. Importwerte auf die Anzahl der Einwohner im jeweiligen Land, so wird die Bedeutung des internationalen Handels aus Sicht eines einzelnen Landes deutlich. Abb. 1.4 zeigt, dass insbesondere kleine Länder erhebliche Exportwerte pro Kopf erzielen. Deutschland liegt hier lediglich im Mittelfeld.

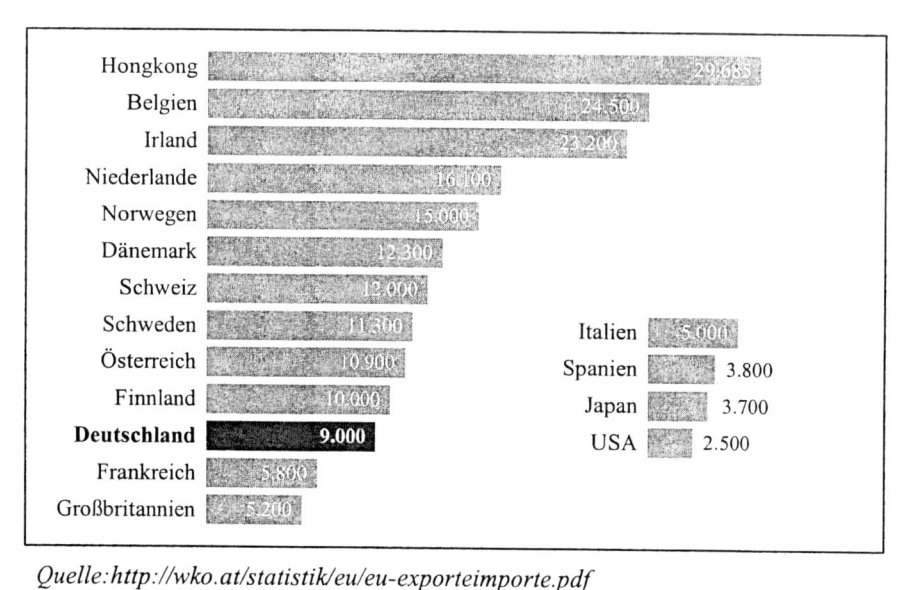

Land	Wert	Land	Wert
Hongkong	29.685		
Belgien	24.500		
Irland	23.200		
Niederlande	16.100		
Norwegen	15.000		
Dänemark	12.300		
Schweiz	12.000		
Schweden	11.300	Italien	5.000
Österreich	10.900	Spanien	3.800
Finnland	10.000	Japan	3.700
Deutschland	**9.000**	USA	2.500
Frankreich	5.800		
Großbritannien	5.200		

Quelle: http://wko.at/statistik/eu/eu-exporteimporte.pdf
Abb. 1.4: Pro-Kopf-Exporte im internationalen Vergleich 2003 (in US-$)

Neben dem internationalen Handel in Form von Ex- bzw. Importen spielen auch die Direktinvestitionen im Ausland eine Rolle, wenn das Ausmaß der Internationalisierung verdeutlicht werden soll. Diese haben sich immerhin über einen Zeitraum von 15 Jahren seit 1985 mehr als verdreizehnfacht (vgl. *Institut der deutschen Wirtschaft* 2001, S. 20). Abb. 1.5 zeigt, dass im Hinblick auf den Saldo von Direktinvestitionen aus deutscher Sicht für den Zeitraum 1994 bis 2003 mehr Investitionen ab- als zugeflossen sind. Eine Rolle dürften in diesem Zusammenhang die im internationalen Vergleich relativ hohe Steuerbelastung von Unternehmen sowie die hohen Löhne – insbesondere die Lohnnebenkosten – spielen (vgl. hierzu auch Abschnitt A.II. im 2. Teil). Ein ähnliches Bild zeigt sich auch in anderen Ländern. Die Vereinigten Staaten hingegen konnten in diesem Zeitraum per Saldo mehr Auslandsinvestitionen attrahieren als sie abgegeben haben.

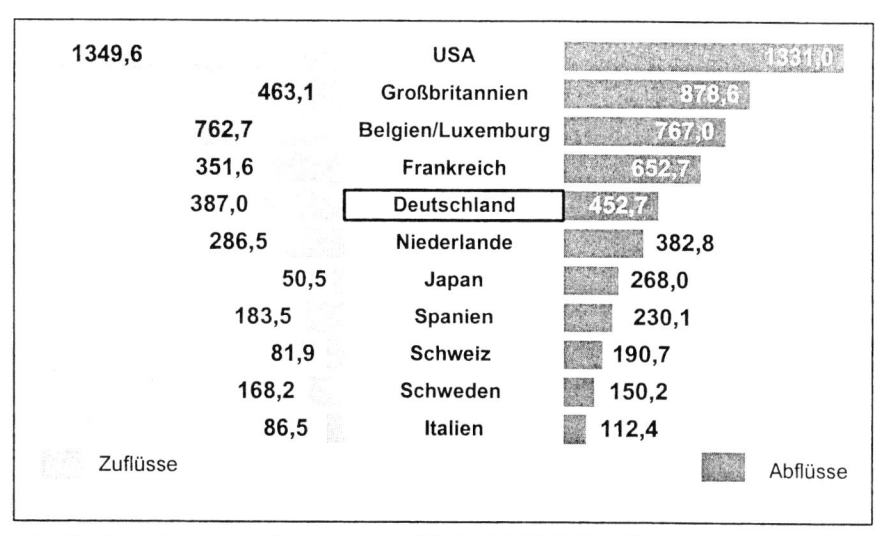

Zuflüsse		Land	Abflüsse
1349,6		USA	1331,0
	463,1	Großbritannien	878,6
762,7		Belgien/Luxemburg	767,0
351,6		Frankreich	652,7
387,0		Deutschland	452,7
286,5		Niederlande	382,8
	50,5	Japan	268,0
183,5		Spanien	230,1
	81,9	Schweiz	190,7
168,2		Schweden	150,2
	86,5	Italien	112,4

Quelle: http://www.oecd.org/dataoecd/37/39/32230032.pdf
Abb. 1.5: Zu- und Abflüsse von ausländischen Direktinvestitionen von 1994-2003 (in Mrd. US-$)

Auch in einzelwirtschaftlicher Hinsicht ist die Internationalisierung für viele Unternehmen von entscheidender Bedeutung. Viele deutsche bzw. in Deutschland ansässige Unternehmen erwirtschaften mehr als die Hälfte ihres Umsatzes im Ausland; insbesondere in der Chemie- und Pharmaindustrie finden sich Exportquoten von z.T. über 80% (vgl. *Hermanns/Wißmeier* 1995, S. 5 ff.).

II. Begriff und Bedeutung des internationalen Marketing-Management

Im Hinblick auf den Begriff „Management" ist zwischen dem institutionalen Ansatz und dem funktionalen Ansatz zu unterscheiden (vgl. *Sander* 2004, S. 13). In institutionalem Sinne wird unter Management eine Gruppe von Personen verstanden, welche in einer Organisation mit Anweisungsbefugnissen betraut ist und damit Träger von Managementaufgaben ist. Management in funktionaler Hinsicht hingegen beschäftigt sich mit Prozessen und Funktionen wie Planung, Organisation, Kontrolle und Führung in arbeitsteiligen Systemen. Diesem Begriffsverständnis wird hier gefolgt (vgl. auch Abschnitt A.IV. in diesem Teil). Allgemein stehen hier also diejenigen Aufgaben im Vordergrund, welche erfüllt werden müssen, damit das System bzw. das Unternehmen seine Ziele erreicht (zu den im Rahmen des internationalen Marketing-Management verfolgten Zielen bzw. Motiven vgl. auch den nachfolgenden Abschnitt A.III. in diesem Teil sowie Abschnitt B.I. im 3. Teil).

Folgt man der Sichtweise, dass unter „Marketing" nicht nur eine bloße betriebliche Funktion zu verstehen ist, sondern vielmehr eine marktorientierte Unternehmensführung, welche sich in sämtlichen Funktionsbereichen des Unternehmens nieder-

schlagen soll, so kann unter **internationalem Marketing-Management** die Planung, Organisation, Koordination und Kontrolle aller auf die aktuellen und potenziellen internationalen Absatzmärkte bzw. den Weltmarkt gerichteten Unternehmensaktivitäten verstanden werden (vgl. *Hermanns* 1995, S. 25 f.). Zur Abgrenzung vom nationalen Marketing-Management sind dabei folgende **Charakteristika** hervorzuheben (vgl. *Wißmeier* 1992, S. 47 ff.):
– Bearbeitung von mindestens zwei Ländermärkten,
– besondere Bedeutung der Entscheidungsvorbereitung,
– erschwerte Informationsbeschaffung,
– Berücksichtigung des Gesamtzusammenhanges im Unternehmen beim Treffen von Entscheidungen und damit explizite Beachtung der länderübergreifenden Koordination von Entscheidungen,
– hohe Komplexität der Marketingentscheidungen aufgrund der Heterogenität der Ländermärkte.

Das internationale Marketing-Management stellt einen Teilbereich des übergeordneten **internationalen Management** dar. Gegenüber dem internationalen Marketing-Management umfasst das internationale Management die Bewältigung von weiteren Aufgaben wie z.B. das internationale Finanzmanagement, das internationale Forschungs- und Entwicklungsmanagement sowie das internationale Produktionsmanagement.

In inhaltlicher Hinsicht ändert sich die eigentliche Marketing-Aufgabe durch die Ausweitung der Aktionen über das Heimatland hinaus auf weitere (Auslands-) Märkte nicht. **Internationales Marketing** kann damit definiert werden als Planung und Gestaltung von Maßnahmen, durch welche gewünschte Austauschprozesse zwischen einem Unternehmen und seinen Auslandsmärkten realisiert werden sollen (vgl. *Berndt/Fantapié Altobelli/Sander* 1997, S. 6). Offensichtlich gilt in diesem Zusammenhang, dass ein systematisches und zielgerichtetes internationales Marketing um so bedeutender ist, je stärker sich die Auslandsmärkte und die vom Unternehmen im Ausland angebotenen Produkte von den inländischen Produkten bzw. Marktsegmenten unterscheiden. Im Hinblick auf die konkrete Ausgestaltung von Marketingentscheidungen spielt dabei die Grundorientierung des Management eine bedeutende Rolle (vgl. auch Kapitel B. in diesem Teil).

Die **Bedeutung** des internationalen Marketing-Management wird offensichtlich, wenn man sich die inzwischen auf vielen Märkten beobachtbaren Phänomene wie Preisverfall, sich verkürzende Produktlebenszyklen, Zersplitterung von Marktsegmenten, hybrides Konsumentenverhalten usw. anschaut. Jedes Phänomen für sich verlangt eine Antwort seitens des Unternehmens in Form adäquater Marketingentscheidungen. Dabei ist zu beachten, dass insbesondere multinationale Konzerne, welche weltweit operieren und einen Großteil ihrer Wirtschaftsleistung im Ausland bzw. in verschiedenen Ländern erbringen, in besonderer Weise von diesen Marktentwicklungen betroffen sind; sie müssen als „Global Player" den Heterogenitäten der Vielzahl der von ihnen bedienten Länder gerecht werden und gleichzeitig eine Integration aller Unternehmensaktivitäten in ein zusammenhängendes Gesamtsystem leisten. Konkret steht bei diesen Unternehmen nicht die länderspezifische Optimierung der Aktivitäten im Vordergrund der Bemühungen, sondern die Erzielung eines Gesamtoptimums über alle Länder hinweg durch Verpflichtung sämtlicher Tochtergesellschaften zur weltweiten Arbeitsteilung und Spezialisierung und damit zur (weitgehenden) Aufgabe ihrer Unabhängigkeit. Die Bedeutung des internationalen Marketing-Management bzw. allgemein des internationalen Management wird auch dadurch offensichtlich, wenn man sich vergegenwärtigt, welche Wirtschaftsmacht hinter einzelnen multinationalen bzw. globalen Konzernen steht. Derartige Konzerne beschäftigen nicht selten mehrere Hunderttausend Mitarbeiter und erzielen Umsätze im dreistelligen Milliardenbereich. Beispielsweise erwirtschaftete die DaimlerChrysler AG im Jahre 2003 einen Gesamtumsatz von 136,4 Mrd. Euro und beschäftigte weltweit insgesamt 362.063 Mitarbeiter (vgl. *DaimlerChrysler* 2004, S. 2). Damit liegt dieser Konzern allerdings noch deutlich hinter seinem Konkurrenten General Motors als weltweit größter Automobilhersteller.

III. Motive der Internationalisierung

Die Motive für eine Internationalisierung von Unternehmensaktivitäten können sehr vielfältig sein (vgl. zur internationalen Zielplanung auch die Ausführungen in Abschnitt B.I. im 3. Teil). Grundsätzlich lassen sich die Motive internationaler Unternehmenstätigkeit gliedern nach (vgl. *Macharzina* 1999, S. 683 f.)
– ökonomischen versus nicht-ökonomischen Motiven,
– defensiven versus offensiven Motiven sowie
– ressourcenorientierten, produktionsorientierten und absatzorientierten Motiven.

Motive für eine offensive Internationalisierung	Motive für eine defensive Internationalisierung
– Existenz von Produkten mit einer unique selling proposition (USP) – technologische Vorsprünge vorhanden – besondere Managementqualifikation im Unternehmen für eine internationale Marktbearbeitung – Steuervorteile im Ausland – economies of scale durch Internationalisierung – Informationsvorsprung bzgl. Auslandsmärkten gegenüber der Konkurrenz	– hoher Wettbewerbsdruck im Inland – Überkapazitäten – sinkende Marktattraktivität des Inlandsmarktes bzw. schrumpfender Inlandsmarkt – hohe Lagerbestände – geringe geographische Distanz zu Auslandsmarkt bzw. -märkten

Quelle: In Anlehnung an Czinkota/Ronkainen 2004, S. 226.
Abb. 1.6: Motive der Internationalisierung

Typische **ökonomische** Motive bestehen im Streben nach Gewinnerzielung, wobei im Hinblick auf das internationale Geschäft insbesondere ein Ausgleich negativer inländischer Konjunkturentwicklungen angestrebt wird, sowie in sicherheits- und wachstumsorientierten Motiven. Letztere manifestieren sich häufig in Form von

Umsatz- oder Marktanteilszielen. **Nicht-ökonomische** Motive sind z.B. Imageziele oder liegen in der Verfolgung von Macht- und Einflussbedürfnissen begründet.

Die Internationalisierungsbestrebungen von Unternehmen haben **offensiven** Charakter, wenn Wettbewerbsvorteile – z.b. aufgrund von Technologie- oder allgemeinen Qualitätsvorteilen – bestehen, welche auch auf internationalen Märkten ausgenutzt werden sollen; ausländische Märkte werden in diesem Fall systematisch und zielgerichtet erschlossen, um Gewinnpotenziale auch in diesen Ländern abzuschöpfen. **Defensive** Motive liegen vor, wenn die Auslandsproduktion der Stabilisierung einer gefährdeten Inlandsposition dient oder wenn Konkurrenzunternehmen, welche bereits im Ausland ansässig sind, aus Wettbewerbsgründen gefolgt wird. Allgemein formuliert gilt: „...proactive firms go international because they want to, while reactive ones go international because they have to." (*Czinkota/Ronkainen* 2002, S. 227). Abb. 1.6 zeigt wesentliche Motive der Internationalisierung von offensiv und defensiv orientierten Unternehmen auf.

Ressourcenorientierte Motive der Internationalisierung liegen vor, wenn die (kostengünstige) Versorgung des Unternehmens mit bestimmten Rohstoffen durch die Internationalisierung nachhaltig gesichert werden soll. **Produktionsorientierte** Motive hingegen implizieren einen komparativen Kostenvorteil des Auslands gegenüber dem Inland mit der Folge der Produktionsverlagerung in das Ausland. Typische **absatzorientierte** Motive beziehen sich konkret auf im Ausland erwirtschaftbare Mengen oder Werte durch den Verkauf der Produkte. Übergeordnetes Ziel ist in diesem Fall die Erhaltung bzw. der Ausbau der Marktposition im Ausland. Im weiteren Sinne liegen auch absatzorientierte Motive vor, wenn eine Internationalisierung von Zulieferbetrieben aus Gründen des „Going international" eines Hauptabnehmers erfolgt; hier wird eine räumliche Nähe zur Produktionsstätte des Kunden gewünscht – oder z.T. vom Kunden zur Ermöglichung von Just-in-Time-Lieferungen und einer damit einhergehenden Verringerung von Lagerbeständen sogar gefordert. Empirische Untersuchungen haben gezeigt, dass insbesondere absatzorientierte Motive eine besondere Bedeutung für Internationalisierungsentscheidungen haben (vgl. *Macharzina* 1999, S. 683 f. sowie die Ausführungen in Abschnitt B.I.2 im 3. Teil). Gleichzeitig ist darauf hinzuweisen, dass im Regelfall mehrere Motive gleichzeitig den Ausschlag zur Internationalisierung geben, wenn auch mit jeweils unterschiedlichem Gewicht.

IV. Teilbereiche des internationalen Marketing-Management

Die Teilbereiche des internationalen Marketing-Management ergeben sich aus den Funktionen bzw. Aufgaben, welche die Entscheidungsträger im Unternehmen zu erfüllen haben (vgl. hierzu auch Abschnitt A.II. in diesem Teil). Die Management-Teilbereiche bestehen daher aus
– der Planung,
– der Kontrolle,
– der Organisation und Koordination sowie

– der Personaleinsatzplanung und der Führung von Personen im Rahmen des Human Resource Management

innerhalb von international tätigen Unternehmen.

Die internationale **Marketing-Planung** ist von besonderer Bedeutung, weil hier Handlungsweisen im Rahmen des internationalen Marketing gedanklich durchgespielt werden und versucht wird, deren Wirkung auf verfolgte Zielgrößen zu antizipieren. Schließlich muss auch eine Entscheidung im Hinblick auf durchzuführende Aktivitäten erfolgen. Die Planung stellt damit den logischen Ausgangspunkt des klassischen Management-Prozesses dar (vgl. *Steinmann/Schreyögg* 2000, S. 9). Im internationalen Marketing-Management umfasst die Planung so wichtige strategische Entscheidungen wie

– die Aufstellung eines strategischen Zielsystems, aus welchem taktische und operative Ziele für das international tätige Unternehmen abzuleiten sind,
– die Bestimmung zu bearbeitender Ländermärkte und zugehöriger Marktsegmente,
– die Auswahl einer Markteintrittsstrategie für die ausländischen Ländermärkte,
– die Art der Marktbearbeitung i.S. einer Kosten- oder Qualitätsführerschaft bzw. einer Nischenstrategie.

Darüber hinaus hat neben der strategischen internationalen Marketing-Planung die taktisch-operative Planung zu erfolgen; diese mündet in der Bestimmung der konkreten internationalen Marketing-Politik (vgl. hierzu i.E. *Berndt/Fantapié Altobelli/Sander* 1997). Gegenstand der Marketing-Politik ist die Ausgestaltung der einzelnen Marketing-Instrumente (zur internationalen Marketing-Planung vgl. i.E. Teil 3 dieses Buches). Angewiesen ist die internationale Marketing-Planung auf Informationen aus der Unternehmensumwelt in den einzelnen Ländern. Die Sammlung und Analyse von unternehmensrelevanten Informationen in den einzelnen Ländern ist dabei besonders wichtig, weil im Regelfall wenig(er) Kenntnisse über diese Länder vorliegen; diese Aufgaben werden im Rahmen der internationalen Marktforschung abgewickelt (zu den Rahmenbedingungen im internationalen Marketing-Management und der Marktforschung auf internationalen Märkten vgl. i.E. Teil 2 dieses Buches).

Das internationale **Marketing-Controlling** hängt eng mit der internationalen Marketing-Planung zusammen. Wesentlicher Teilbereich des internationalen Marketing-Controlling ist die eigentliche Kontrolle als betriebliche Funktion. In der klassischen ergebnisorientierten Marketing-Kontrolle werden die Zielgrößen, welche im Rahmen der internationalen Marketing-Planung festgelegt wurden, auf deren Erfüllungsgrad überprüft. Im Rahmen von Marketing-Audits hingegen werden das Unternehmensleitbild bzw. die Unternehmensphilosophie, die Planungsprämissen sowie die Organisation der Marketing-Planung überprüft. Der enge Zusammenhang zwischen Planung und Kontrolle liegt darin begründet, dass Planung ohne Kontrolle sinnlos ist und Kontrolle ohne Planung nicht möglich ist (zum internationalen Marketing-Controlling vgl. i.E. Teil 4 in diesem Buch).

Gegenstand der **internationalen Marketing-Organisation** ist die Erstellung eines Handlungsgefüges, welches alle notwendigen Aufgaben spezifiziert und so anein-

ander anschließt, dass eine Realisierung der Pläne innerhalb des internationalen Unternehmens gewährleistet ist (vgl. *Steinmann/Schreyögg* 2000, S. 9). Konkret steht hier die Schaffung von überschaubaren plangerechten Aufgabeneinheiten (Stellen und Abteilungen) mit Zuweisung von entsprechenden Kompetenzen und Weisungsbefugnissen sowie die horizontale und vertikale Verknüpfung der Stellen und Abteilungen im Mittelpunkt der Betrachtung. Vor dem Hintergrund einer internationalen Marktbearbeitung ist dabei zu entscheiden, wie die internationalen Aktivitäten organisatorisch in das Unternehmen integriert werden sollen. Darüber hinaus sind so wichtige Fragen zu beantworten wie
– die Einbindung der Marketing-Abteilung in das international tätige Unternehmen,
– die organisatorische Ausrichtung der Marketing-Abteilung selbst,
– das Ausmaß der Zentralisierung bzw. Dezentralisierung von Entscheidungsbefugnissen bei der Muttergesellschaft im Stammland bzw. den Tochtergesellschaften „vor Ort",
– mögliche Konzepte zur Koordination der Aktiviäten in einem international tätigen Unternehmen,
– Möglichkeiten der organisatorischen Weiterentwicklung des Unternehmens sowie
– Die Gestaltung von Prozessen in international tätigen Unternehmen
(zur internationalen Marketing-Organisation vgl. i.E. Teil 5 in diesem Buch).

Wesentliche Bereiche des **internationalen Human Resource Management** sind neben der Etablierung eines geeigneten Führungsstils die Personalbedarfs- und -einsatzplanung innerhalb des länderübergreifend tätigen Unternehmens. Hier steht also die anforderungsgerechte Besetzung der in der internationalen Organisation geschaffenen Stellen im Mittelpunkt der Betrachtung. Darüber hinaus ist im Rahmen des internationalen Human Resource Management zu entscheiden, welche Personalentwicklungsmaßnahmen durchzuführen sind. Letztendlich soll sicher gestellt werden, dass die Qualifikation der Mitarbeiter ein bestimmtes Niveau erreicht und vorhandene Qualifikationen effektiv eingesetzt werden, um eine nachhaltige Sicherung des Unternehmens am Markt zu gewährleisten (zum internationalen Human Resource Management vgl. i.E. Teil 6 in diesem Buch).

B. Grundorientierungen des internationalen Marketing-Management

Die Grundorientierung des Management von Unternehmen ist von entscheidender Bedeutung hinsichtlich der inhaltlichen Ausgestaltung von Marketing-Entscheidungen. Im Kern bestimmt die Grundorientierung des Management die Art der Bearbeitung der einzelnen Ländermärkte. Nach *Heenan/Perlmutter* (1979, S. 15 ff.) ist zu unterscheiden zwischen einer
– **ethno**zentrischen,
– **poly**zentrischen,
– **regio**zentrischen sowie
– **geo**zentrischen

Orientierung des Management (EPRG-Konzept). **Ethnozentrische** Unternehmen orientieren sich bei ihren internationalen Aktivitäten an ihrem Heimatmarkt. Es wird versucht, ein im Inland erfolgreiches Produkt bzw. Marketing-Konzept weitgehend unverändert auf ausländischen Märkten anzubieten bzw. durchzuführen. Die bearbeiteten Märkte sind dabei strukturell zumeist sehr ähnlich im Vergleich mit dem Inlandsmarkt. Generell werden die Auslandsaktivitäten als untergeordnet gegenüber den Inlandsaktivitäten angesehen (vgl. *Keegan/Schlegelmilch* 2001, S. 18); es findet schwerpunktmäßig eine Konzentration auf das Inland statt. Typisch für derartige Unternehmen ist dabei der Markteintritt per Exportstrategie (zu den einzelnen Markteintrittsstrategien vgl. auch Abschnitt B.III. im 3. Teil). Systematische Marktforschungsarbeit im Ausland unterbleibt aufgrund der als insgesamt gering angesehenen Bedeutung des Auslandsmarktes. Eine derartige Ausrichtung des Management findet sich im Anfangsstadium der Internationalisierung von Unternehmen. Ziel dieses **internationalen Marketing** ist die Sicherung des inländischen Unternehmensbestandes durch die Wahrnehmung lukrativer Auslandsgeschäfte (vgl. *Meffert/Bolz* 1998, S. 25).

Eine **polyzentrische** Orientierung liegt vor, wenn sich die internationalen Aktivitäten eines Unternehmens an den Besonderheiten und Bedürfnissen der einzelnen Ländermärkte ausrichten. Dieser Ansatz geht von der Verschiedenartigkeit der Länder aus, welche folglich auch differenziert bearbeitet werden müssen. Typisch für diese Orientierung ist die Marktbearbeitung durch Tochtergesellschaften, welche „vor Ort" angesiedelt sind und eine vergleichsweise hohe Entscheidungsautonomie besitzen (zur Problematik der Entscheidungszentralisierung bzw. –dezentralisierung im internationalen Marketing vgl. auch Kapitel E im Teil 5). Die Leitung dieser Tochtergesellschaften obliegt im Regelfall lokalen Managern, welche nicht aus der Muttergesellschaft im Inland stammen (vgl. *Heenan/Perlmutter* 1979, S. 20). Diese Manager verfügen aufgrund ihrer Verbundenheit mit dem jeweiligen Land über ausgeprägte, detaillierte Marktkenntnisse. Eine derartige polyzentrische Orientierung korreliert dabei mit dem Begriff **des multinationalen Unternehmens bzw. Marketing** (vgl. *Keegan/Schlegelmilch* 2001, S. 19).

Die Zusammenfassung mehrerer Länder zu übergeordneten Gebieten, welche als zusammengehörig anzusehen sind, stellt den Kern des **regiozentrischen** Ansatzes dar. Ziel ist hier die Entwicklung einer integrierten, länderübergreifenden Marktbearbeitungsstrategie. Gefördert wird diese Haltung durch die Bildung gemeinsamer Märkte z.B. in Form von Freihandelszonen oder Wirtschafts- und Währungsunionen (z.B. EU, NAFTA, Mercosur). Eine regiozentrische Orientierung kann dabei die Vorstufe zur geozentrischen Orientierung darstellen.

Unternehmensspezifische Kriterien	Orientierung			
	Ethnozentrisch	Polyzentrisch	Regiozentrisch	Geozentrisch
Komplexität der Organisation	komplex im Heimatland, einfach bei den Tochterunternehmen	variabel und unabhängig	stark interdependent auf regionaler Basis	zunehmend komplex und stark interdependent auf weltweiter Basis
Autorität; Entscheidungsfindung	hoch beim Stammsitz	relativ gering beim Stammsitz	hoch bei den regionalen Stammsitzen und/oder enge Zusammenarbeit zwischen den Tochtergesellschaften	weltweite Zusammenarbeit des Stammsitzes mit den Tochtergesellschaften
Evaluierung und Kontrolle	Inlandsstandards bezogen auf Personen und Leistung	lokal bestimmt	regional bestimmt	Standards sind universal
Kommunikation; Informationsfluss	große Anzahl von Anweisungen, Befehlen, Ratschlägen an Tochterunternehmen	wenig zu und vom Stammsitz; wenig unter den Tochtergesellschaften	wenig von und zu dem Stammsitz, kann aber hoch sein zwischen regionalen Firmensitzen und zwischen den Ländern	zwischen Stammsitzen und Tochtergesellschaften und unter Tochtergesellschaften weltweit
Belohnungen und Bestrafungen; Anreize	hoch beim Stammsitz; gering bei den Tochterunternehmen	große Unterschiede; hohe oder niedrige Prämien für die Leistung der Tochterunternehmen	Prämien für den Beitrag zur Erreichung regionaler Ziele	Prämien für internationale und lokale Manager für die Erreichung lokaler und weltweiter Ziele
geographische Identifikation	Nationalität der Eigentümer	Nationalität des Gastlandes	regionales Unternehmen	weltweites Unternehmen, aber Identifikation mit nationalen Interessen
Rekrutierung, Stellenbesetzung, Entwicklung	Personen des Heimatlandes ausgebildet für Schlüsselpositionen in der ganzen Welt	Personen der lokalen Nationalität ausgebildet für Schlüsselpositionen im eigenen Land	regionale Personen ausgebildet für Schlüsselposition überall in der Region	die besten Personen aus der ganzen Welt ausgebildet für Schlüsselpositionen in der ganzen Welt

Quelle: In Anlehnung an Heenan/Perlmutter 1979, S. 17 f.
Abb. 1.7: Vier Arten der Managementorientierung in multinationalen Unternehmen

Kennzeichen einer **geozentrischen** Ausrichtung ist die Auffassung, dass der relevante Markt für das betrachtete Unternehmen der Weltmarkt ist. Ziel von Unternehmen mit einer derartigen Orientierung ist die Verbesserung der internationalen Wettbewerbsfähigkeit durch Integration aller Unternehmensaktivitäten in ein zusammenhängendes Gesamtsystem (vgl. *Meffert/Bolz* 1998, S. 26). Nationale Wünsche und Bedürfnisse stehen zugunsten der Erzielung von Kostenvorteilen infolge einer standardisierten Massenproduktion nicht im Vordergrund der Marktbearbeitung. Als Konsequenz hieraus können die ausländischen Tochtergesellschaften nicht mehr unabhängig voneinander agieren, sondern müssen sich dem Primat der weltweiten Arbeitsteilung und Spezialisierung unterordnen. Eine derartige geozentrische Ausrichtung ist Kennzeichen von Unternehmen, welche ein **globales Marketing** betreiben. Abb. 1.7 fasst die vier Grundorientierungen des EPRG-Schemas anhand wesentlicher Kriterien zusammen.

Im Hinblick auf die **zeitliche Abfolge** der einzelnen Grundorientierungen existieren zwei typische Pfade der Globalisierung (vgl. *Meffert/Bolz* 1998, S. 27 f.): Europäische und amerikanische Unternehmen entwickelten in der Vergangenheit häufig multinationale Landesgesellschaften, bevor eine zunehmende Globalisierung eingeschlagen wurde; nach einer Phase des Ethnozentrismus schloss sich also eine polyzentrische Orientierung an, bevor zum globalen Unternehmen mit einer geozentrischen Orientierung übergegangen wurde. Japanische Unternehmen hingegen übersprangen häufig die Phase des Polyzentrismus und richteten ihre Aktivitäten nach einer ethnozentrischen Phase unmittelbar am Weltmarkt aus.

Teil 2: Informationsgrundlagen des internationalen Marketing-Management

A. Rahmenbedingungen des internationalen Marketing

I. Überblick

Die besondere Schwierigkeit internationaler Marketing-Entscheidungen im Vergleich zu einer rein nationalen Betätigung liegt in der länderspezifisch teilweise sehr unterschiedlichen Ausgangssituation für die unternehmerische Betätigung. Während bei nationalen Marketing-Entscheidungen ein Großteil der Rahmenbedingungen bereits bekannt bzw. vergleichsweise einfach zu ermitteln ist, müssen im internationalen Marketing zahlreiche entscheidungsrelevante Daten erst erhoben werden, wobei hinsichtlich Aktualität und Vergleichbarkeit der Informationen erhebliche Probleme auftreten können. Abb. 2.1 stellt die für internationale Marketing-Entscheidungen relevanten Faktoren im Überblick dar. Grundsätzlich können die einzelnen Determinanten in globale Rahmenbedingungen, Branchen- und Wettbewerbsfaktoren sowie unternehmensspezifische Faktoren unterteilt werden (vgl. *Sander* 1998, S. 42 f.); welche Faktoren im Einzelfall von Relevanz sind, ist von der konkreten Situation des Unternehmens abhängig.

II. Globale Rahmenbedingungen

Globale Rahmenbedingungen beschreiben die allgemeine Situation einer Volkswirtschaft unabhängig von der Branche, in der ein Unternehmen tätig ist. Gerade solche globalen Rahmenbedingungen variieren häufig sehr stark von Land zu Land und können nicht nur den Handlungsspielraum im internationalen Marketing erheblich einschränken, sondern gar eine Betätigung auf einzelnen Auslandsmärkten von vornherein als unratsam erscheinen lassen; dies gilt insbesondere für politisch und wirtschaftlich instabile Volkswirtschaften bspw. der Dritten Welt. Die globalen Rahmenbedingungen können unterteilt werden in
– ökonomische Faktoren,
– politisch-rechtliche Faktoren,
– soziokulturelle Faktoren und
– geographische Faktoren
(vgl. ausführlich z.B. *Cateora/Graham* 2005, S. 56 ff.; *Czinkota/Ronkainen* 2004, S. 56 ff.).

	Faktoren	Beispiele
Globale Rahmenbedingungen	• Ökonomische Faktoren	• Marktgröße • Bruttosozialprodukt • Pro-Kopf-Einkommen • Kaufkraft • Zinsentwicklung • Wechselkursentwicklung • Lohnkosten
	• Politisch-rechtliche Faktoren	• Heimat- und Gastlandrecht • Internationales Recht • politische Stabilität • Arbeitskämpfe • Wirtschaftsabkommen • tarifäre und nichttarifäre Handelshemmnisse
	• Soziokulturelle Faktoren	• Sprache und Religion • Werte und Normen • Gepflogenheiten • Bildungsstand • soziale Institutionen und soziales Verhalten
	• Geographische Faktoren	• Klima • Topographie • Ressourcen • Infrastruktur
Branche und Wettbewerb	• Branchenstruktur	• Marktform • Eintrittsbarrieren • Kapitalintensität der Branche • Wertschöpfung innerhalb der Branche • technischer Wandel innerhalb der Branche
	• Wettbewerber	• Art, Anzahl und Größe der Konkurrenten • Wettbewerbsintensität • Leistungsprogramm der Konkurrenten • Marktanteile
	• Lieferanten	• Konzentrationsrate der Lieferanten • Art, Anzahl und Größe der Lieferanten • Qualität von Rohstoffen und Vorprodukten • Angebot an Arbeitskräften und Nominalgütern
	• Abnehmer	*Endverbraucher* *Handel* • Nachfrageverhalten • Nachfragemacht des Handels • Bedürfnisstruktur • Einkaufsvolumen der Händler • Beschaffenheit und Größe • Konzentrationsrate des Handels der Marktsegmente dels • Preisbereitschaft • Distributionsstrukturen • Stellung der Produkte im PLZ
Unternehmensspezifische Faktoren	• Unternehmensziele	• oberste Unternehmensziele / Unternehmensphilosophie • länderspezifische Marketing-Ziele
	• Finanzkraft	• Kapitalstruktur • Liquidität • Kreditwürdigkeit
	• Produktmerkmale	• Standardisierbarkeit • Produktqualität • Nebenleistungen
	• Personal	• Qualifikation • Auslandserfahrung
	• Produktionskapazität	• vorhandene Kapazität • Kapazitätsauslastung

Quelle: Berndt/Fantapié Altobelli/Sander 1997, S. 24.
Abb. 2.1: Rahmenbedingungen des internationalen Marketing

1. Ökonomische Faktoren

Ökonomische Faktoren sind heranzuziehen, um zum einen die Größe und die Eigenschaften der verschiedenen Auslandsmärkte erfassen zu können; von der Größe des Marktes kann wiederum auf Marktpotenzial und Marktvolumen geschlossen werden, was für die Beurteilung der Marktchancen der eigenen Produkte von zentraler Bedeutung ist. Solche Faktoren umfassen u.a. (vgl. z.B. *Czinkota/Ronkainen* 2004, S. 94 ff.; *Meffert/Bolz* 1998, S. 49 ff.):
- Bevölkerungsentwicklung,
- Bruttoinlandsprodukt insgesamt und pro Kopf,
- Pro-Kopf-Einkommen und Einkommensverteilung,
- Inflation,
- Kaufkraft
- Zinsentwicklung und
- Arbeitslosenquote.

	1970	1980	1985	1990	1997	1999	2000	2003
Belgien	9,7	9,8	9,9	10,0	10,2	10,2	10,3	10,33
Dänemark	4,9	5,1	5,1	5,1	5,3	5,3	5,3	5,39
Deutschland	60,7	61,6	61,0	63,3	82,1	82,1	82,0	82,52
Finnland	4,6	4,8	4,9	5,0	5,1	5,2	5,2	5,2
Frankreich	50,8	53,9	55,3	56,7	58,6	59,1	58,9	60,18
Griechenland	8,8	9,6	9,9	10,1	10,5	10,6	10,0	10,63
Irland	3,0	3,4	3,5	3,5	3,7	3,8	3,8	3,92
Italien	53,7	55,7	56,5	56,7	57,5	57,5	57,5	58,0
Japan	103,7	116,8	120,8	123,5	125,6	126,7	126,9	127,21
Kanada	21,3	24,6	25,9	27,8	30,0	30,5	30,8	32,21
Niederlande	13,0	14,2	14,5	15,0	15,6	15,8	15,9	16,22
Österreich	7,5	7,5	7,6	7,7	8,1	8,1	8,1	8,16
Portugal	8,7	9,8	10,0	9,9	9,8	9,9	10,0	10,1
Schweden	8,0	8,3	8,4	8,6	8,9	8,9	8,9	8,97
Schweiz	6,3	6,4	6,5	6,7	7,1	7,1	7,2	7,41
Spanien	33,9	37,4	38,4	38,9	39,3	39,4	39,5	40,22
USA	205,1	227,7	238,5	249,9	267,9	272,7	281,4	290,34
Großbritannien	55,6	56,3	56,6	57,4	59,0	59,5	59,2	60,09

Stand: jeweils zur Jahresmitte; Deutschland: bis 1990 Westdeutschland
Quelle: Institut der deutschen Wirtschaft 2001, S. 74 und 2004, S.125.
Abb. 2.2: Entwicklung der Bevölkerung in den Industrieländern (in Millionen)

Unmittelbar von Bedeutung für die Absatzchancen ist zunächst die **Bevölkerungsentwicklung**. Während es weltweit noch ein deutliches Wachstum der Bevölkerung gibt, sind in den Industrieländern kaum noch Zuwächse zu verzeichnen. Die Industrieländer sind aufgrund ihres hohen Pro-Kopf-Einkommens besonders attraktiv für die anbietenden Unternehmen. Abb. 2.2 zeigt die Bevölkerungsentwicklung in den Industrieländern seit 1970 auf.

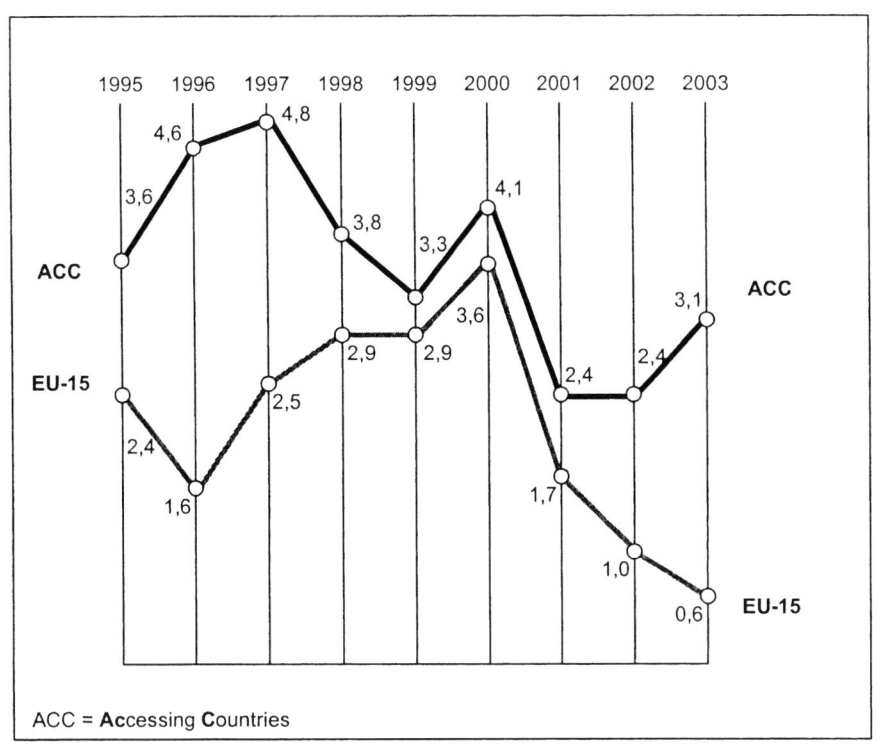

Quelle: Metro AG 2004, S. 28.
Abb. 2.3: Entwicklung des Bruttoinlandsprodukts der EU-15-Länder sowie der EU-Beitrittsländer (in %)

Aus Abb. 2.3 lässt sich die jährliche Veränderung des **Bruttoinlandsproduktes** der EU-15-Länder sowie der EU-Beitrittsländer entnehmen. Ersichtlich sind die höheren Zuwachsraten des Bruttoinlandsproduktes bei den Beitrittsländern, allerdings ausgehend von einem deutlich niedrigeren Niveau des Bruttoinlandsproduktes im Vergleich zu den EU-15-Ländern. Abb. 2.4 zeigt ergänzend die reale Veränderung des Bruttoinlandsproduktes einzelner Länder auf. Auffällig ist insbesondere die negative Entwicklung des realen Bruttoinlandsproduktes in einigen europäischen Ländern; hier ist in der jüngsten Vergangenheit z.T. sogar ein Rückgang der realen Wirtschaftsleistung zu verzeichnen.

Weitere Erkenntnisse ergeben sich, wenn die Größe eines Landes, gemessen an der Einwohnerzahl, berücksichtigt wird. Selbst innerhalb Europas bestehen in diesem Zusammenhang große Unterschiede; so erreicht Norwegen immerhin fast das doppelte **Pro-Kopf-Einkommen** wie Italien. Gegenüber armen Ländern wie der Ukraine ist dieses nahezu der 50-fache Wert (vgl. Abb. 2.5).

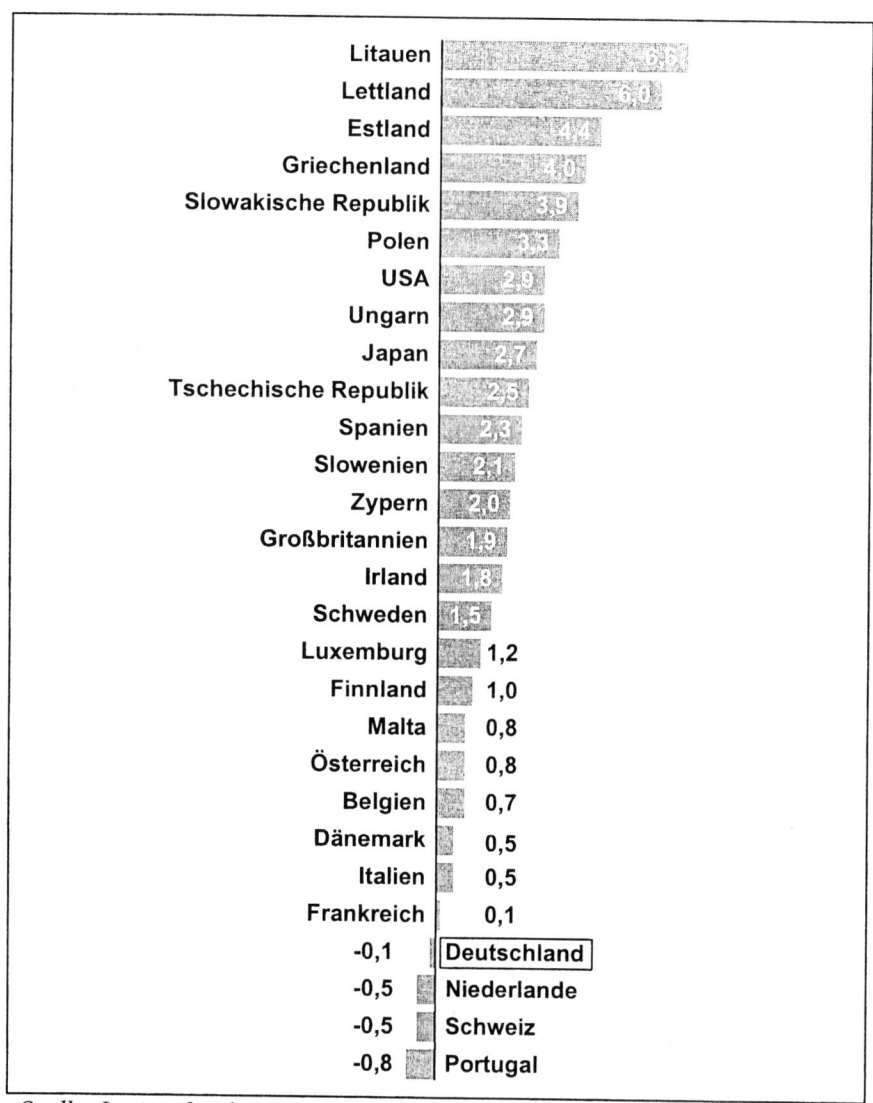

Land	Wert
Litauen	6,6
Lettland	6,0
Estland	4,4
Griechenland	4,0
Slowakische Republik	3,9
Polen	3,3
USA	2,9
Ungarn	2,9
Japan	2,7
Tschechische Republik	2,5
Spanien	2,3
Slowenien	2,1
Zypern	2,0
Großbritannien	1,9
Irland	1,8
Schweden	1,5
Luxemburg	1,2
Finnland	1,0
Malta	0,8
Österreich	0,8
Belgien	0,7
Dänemark	0,5
Italien	0,5
Frankreich	0,1
Deutschland	-0,1
Niederlande	-0,5
Schweiz	-0,5
Portugal	-0,8

Quelle: Institut der deutschen Wirtschaft 2004, S.131.

Abb. 2.4: Reale Veränderung des Bruttoinlandsprodukts 2003 verschiedener Länder (in %)

Eine erfreuliche Entwicklung ist im Hinblick auf das Ziel der Preisstabilität zu verzeichnen. In den führenden Industriestaaten (G 7) werden für 2003 **Inflationsraten** zwischen 1,0% und 2,9% erwartet, Japan weist sogar eine negative Inflationsrate (Deflation) auf. Abb. 2.6 zeigt die Entwicklung der Inflationsraten in den G 7-Ländern im Zeitablauf auf.

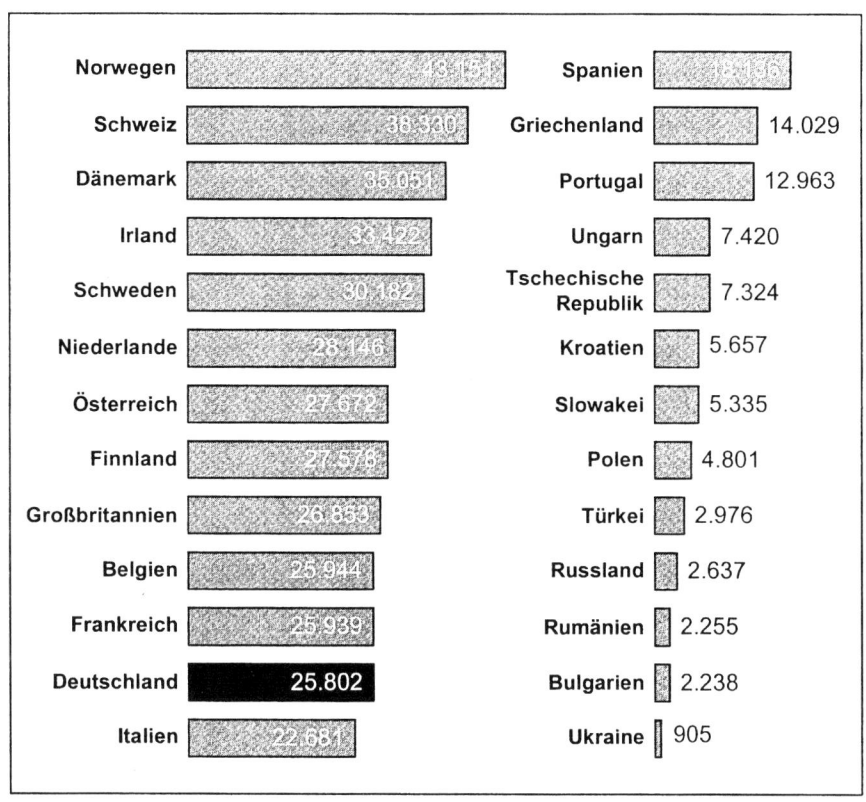

Land	BIP pro Kopf (EUR)	Land	BIP pro Kopf (EUR)
Norwegen	43.151	Spanien	18.136
Schweiz	36.530	Griechenland	14.029
Dänemark	35.051	Portugal	12.963
Irland	33.422	Ungarn	7.420
Schweden	30.182	Tschechische Republik	7.324
Niederlande	28.146	Kroatien	5.657
Österreich	27.672	Slowakei	5.335
Finnland	27.576	Polen	4.801
Großbritannien	26.653	Türkei	2.976
Belgien	25.944	Russland	2.637
Frankreich	25.939	Rumänien	2.255
Deutschland	25.802	Bulgarien	2.238
Italien	22.681	Ukraine	905

Quelle: Metro AG 2004, S. 27.
Abb. 2.5: Bruttoinlandsprodukt pro Kopf im europäischen Vergleich in EUR (2003)

	USA	Japan	Deutschland	Frankreich	Italien	Großbritannien	Kanada
1971 - 1980	7,9	9,1	5,1	9,7	14,0	13,8	8,1
1981 - 1990	4,7	2,1	2,6	6,4	9,7	6,6	6,0
1991 - 2000	2,8	0,8	2,4	1,7	3,7	3,0	2,0
2000	3,4	-0,7	1,9	1,7	2,5	3,0	2,7
2001	2,8	-0,7	2,5	1,7	2,7	1,8	2,6
2002	1,5	-1,0	1,4	1,9	2,5	1,6	2,2
2003	2,3	-0,2	1,0	2,1	2,7	2,9	2,8
Deutschland: bis 1990 Westdeutschland							

Quelle: Institut der deutschen Wirtschaft 2001, S. 49 und 2004, S. 140.
Abb. 2.6: Jährliche Veränderung der Verbraucherpreise (in %)

Von entscheidender Bedeutung für den internationalen Handel ist auch die **Kaufkraft** von Währungen im Ausland. Neben den Inflationsraten spielt insbesondere die Wechselkursentwicklung – mit Ausnahme des Euro-Raumes - eine Rolle für die Veränderung der Kaufkraft. Abb. 2.7 zeigt die Kaufkraft des Euro in ausgewählten Ländern.

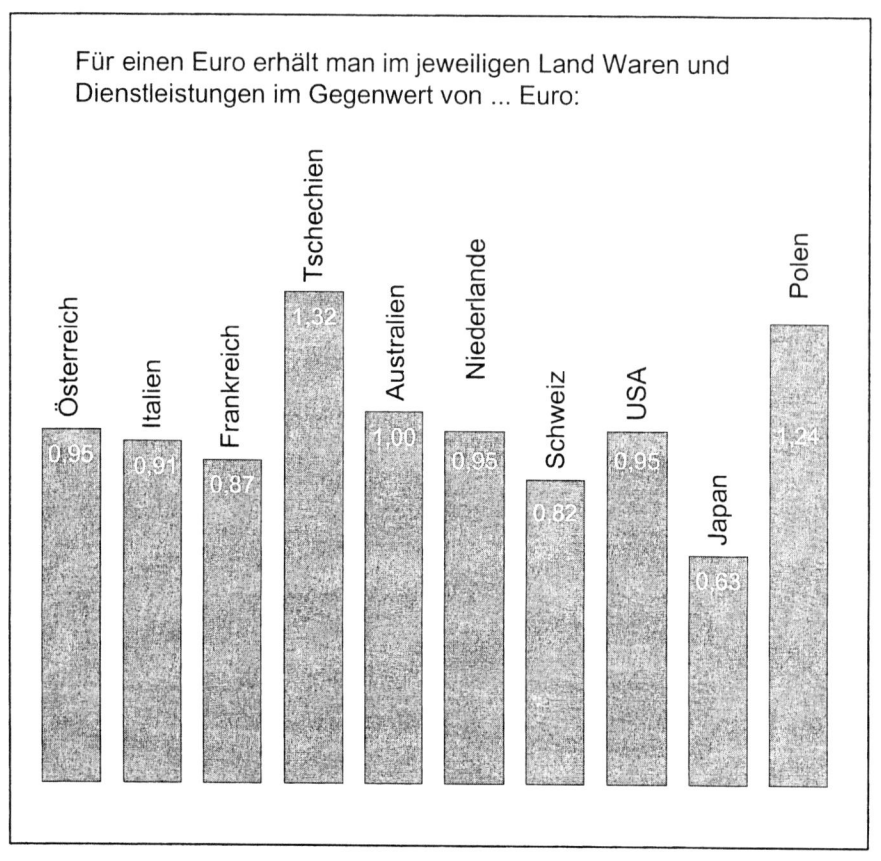

Für einen Euro erhält man im jeweiligen Land Waren und Dienstleistungen im Gegenwert von ... Euro:

Land	Wert
Österreich	0,95
Italien	0,91
Frankreich	0,87
Tschechien	1,32
Australien	1,00
Niederlande	0,95
Schweiz	0,82
USA	0,95
Japan	0,63
Polen	1,24

Quelle: http://www.destatis.de/basis/d/ausl/auslkkr1.htm
Abb. 2.7: Kaufkraft des Euro in ausgewählten Ländern

Neben den bisher beschriebenen Faktoren, welche als Indikatoren für die Marktgröße herangezogen werden können, sind auch solche Determinanten zu beachten, die direkt die finanzielle Seite berühren. Dazu gehört zum einen die Entwicklung der **Zinsen**, insbesondere der Fremdkapitalzinsen; diese bestimmen die Kapitalkosten in den einzelnen Ländern und damit die Attraktivität eines Landes für Direktinvestitionen. Wie Abb. 2.8 zeigt, sind die langfristigen Realzinsen in den führenden Industrienationen seit den 90er Jahren ausnahmslos zurückgegangen und bewegen sich derzeit auf niedrigem Niveau. Zum anderen spielt die Entwicklung der **Wechselkurse** eine bedeutende Rolle, da diese im Falle einer Exportstrategie die Höhe der Exporterlöse, im Falle von Direktinvestitionen die Höhe der von den ausländischen Tochtergesellschaften an die Muttergesellschaft transferierten Gewinne beeinflussen. Im Hinblick auf die USA, Japan, Schweiz, Kanada und Großbritannien zeigt sich diesbezüglich kein einheitliches Bild (vgl. Abb. 2.9). Insgesamt hat sich der Euro in der jüngeren Vergangenheit aber als sehr stabile Währung erwiesen.

	USA	Japan	Deutschland	Frankreich	Italien	Großbritannien	Kanada
1995	6,6	3,4	6,9	7,5	12,2	8,2	8,1
2000	6,0	1,7	5,3	5,4	5,6	5,3	5,9
2003	4,0	1,1	4,1	4,1	4,3	4,4	4,8
Jährliche Rendite 10-jähriger Staatsanleihen oder ähnlicher Finanzinstrumente; Durchschnitte täglicher Werte oder von Monatsendwerten.							

Quelle: Institut der deutschen Wirtschaft 2004, S.142.
Abb. 2.8: Langfristige Realzinsen in den G7-Ländern (in %)

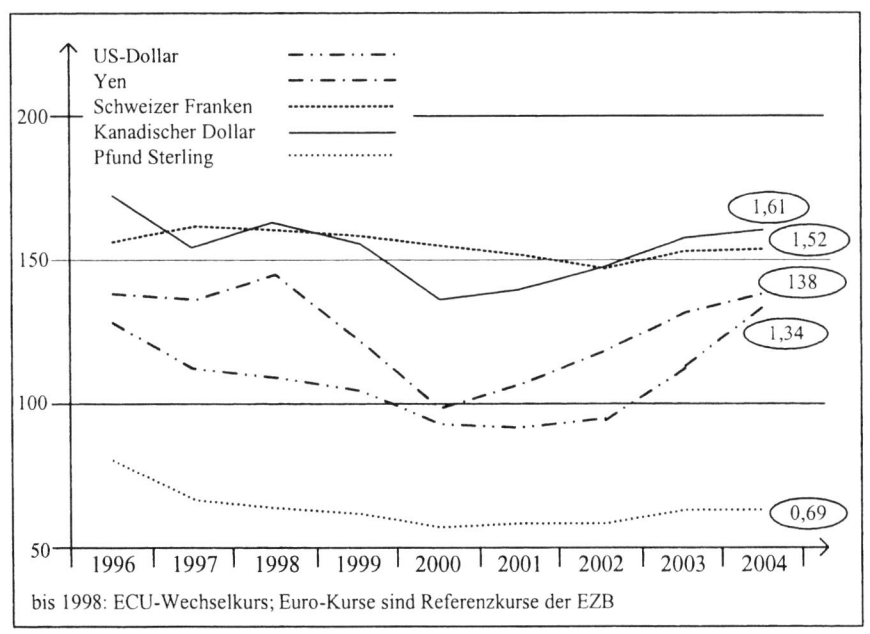

Quelle: Institut der deutschen Wirtschaft 2004, S. 45.
www.oanda.com (Stand Dezember 2004)
Abb. 2.9: Entwicklung der Euro-Wechselkurse ausgewählter Währungen

Auch die **Arbeitskosten**, welche besonders in lohnintensiven Branchen u.U. eine Produktionsverlagerung in das Ausland zur Folge haben können, sind für Internationalisierungsentscheidungen von großer Bedeutung. Gerade die Arbeitskosten - insbesondere auch die Lohnnebenkosten - lassen die Diskussion um den Standort

	insgesamt	davon: Direktengelt	Personal-zusatz-kosten	Zusatz-kosten-quote
Westdeutschland	26,36	14,74	11,62	79
Schweiz	26,24	17,20	9,03	53
Dänemark	25,73	19,64	6,09	31
Belgien	23,35	12,22	11,12	91
Finnland	23,20	13,05	10,15	78
Niederlande	22,64	12,63	10,01	79
USA	22,44	16,18	6,26	39
Schweden	21,86	12,90	8,97	70
Österreich	21,64	11,19	10,45	93
Japan	20,18	12,06	8,12	67
Großbritannien	19,89	13,76	6,14	45
Frankreich	19,50	10,20	9,30	91
Irland	17,17	12,29	4,88	40
Italien	16,60	8,53	8,08	95
Ostdeutschland	16,43	9,96	6,47	65
Spanien	15,37	8,42	6,96	83
Griechenland	9,47	5,64	3,82	68
Zypern	9,06	6,36	2,70	43
Slowenien	9,01	5,38	3,63	67
Portugal	6,59	3,74	2,84	76
Tschechische Republik	4,17	2,28	1,89	83
Ungarn	3,97	2,22	1,75	79
Polen	3,61	2,28	1,33	58
Estland	3,19	2,09	1,11	53
Slowakische Republik	2,91	1,70	1,21	71
Litauen	2,83	1,86	0,96	52
Lettland	2,29	1,59	0,69	44

Gesamte Arbeitskosten je geleistete Stunde; weibliche und männliche Arbeiter; z.T. vorläufige Zahlen; Umrechnung: Jahresdurchschnitt der amtlichen Devisenkurse; Zusatzkostenquote: Personalzusatzkosten in Prozent des Direktentgelts

Quelle: Institut der deutschen Wirtschaft 2004, S. 137.
Abb. 2.10: Arbeitskosten je geleistete Stunde in der Verarbeitenden Industrie in Euro (2002)

Deutschland immer wieder neu aufleben. Ein großes Gefälle besteht diesbezüglich auch innerhalb der Europäischen Union (EU 25); so betrugen die gesamten Arbeitskosten pro Stunde im verarbeitenden Gewerbe im Jahre 2002 in Lettland weniger als 9% der Arbeitskosten in Westdeutschland (vgl. Abb. 2.10). Auch divergiert das Ausmaß an Personalzusatzkosten; während Dänemark mit weitem Abstand mit 31% am unteren Ende rangiert, liegen in Italien die Zusatzkosten sogar nahezu auf gleichem Niveau wie das direkte Arbeitsentgelt. Die **Arbeitslosenquote** hingegen gibt Auskunft einerseits über das zur Verfügung stehende Ressourcenpotenzial im Hinblick auf neu einzustellende Arbeitskräfte, andererseits lässt sie auf das zur Verfügung stehende Haushaltseinkommen und damit auf die Kaufkraft der Bevölkerung schließen. Abb. 2.11 zeigt die international stark divergierenden Arbeitslosenquoten; gleichzeitig deutet sie darauf hin, dass Arbeitslosigkeit nach wie vor ein aktuelles Problem ist.

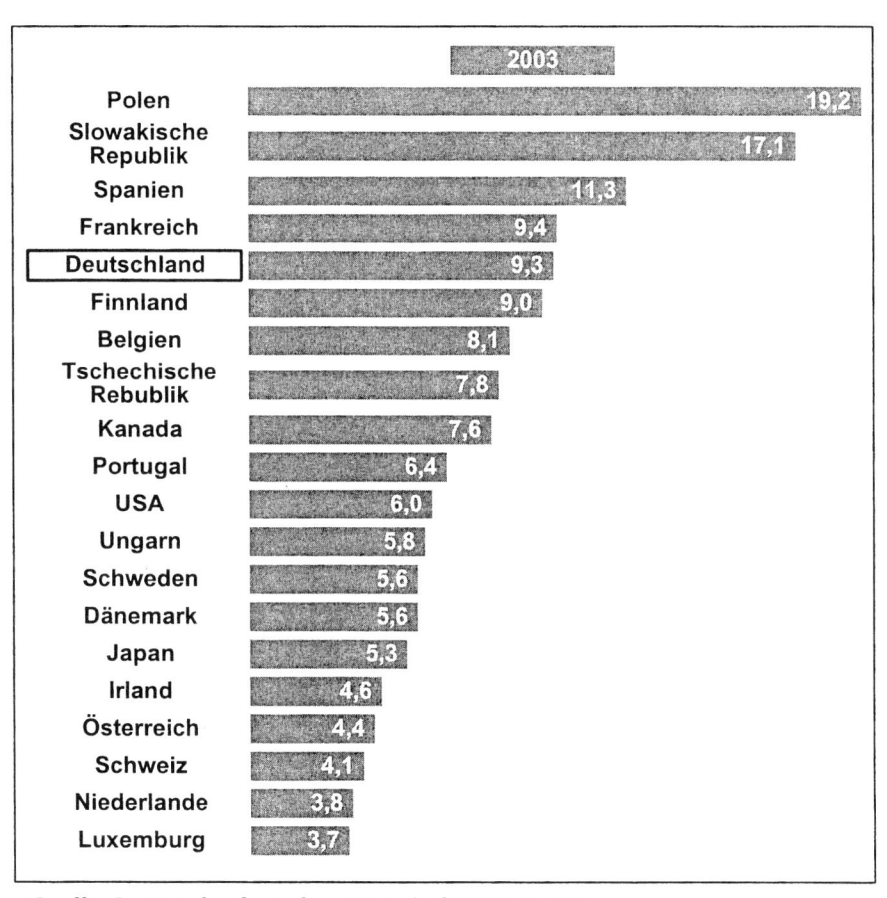

Land	2003
Polen	19,2
Slowakische Republik	17,1
Spanien	11,3
Frankreich	9,4
Deutschland	9,3
Finnland	9,0
Belgien	8,1
Tschechische Rebublik	7,8
Kanada	7,6
Portugal	6,4
USA	6,0
Ungarn	5,8
Schweden	5,6
Dänemark	5,6
Japan	5,3
Irland	4,6
Österreich	4,4
Schweiz	4,1
Niederlande	3,8
Luxemburg	3,7

Quelle: Institut der deutschen Wirtschaft 2004, S. 127.
Abb. 2.11: Arbeitslosigkeit in verschiedenen Ländern (in % aller Erwerbspersonen)

2. Politisch-rechtliche Faktoren

Politische Rahmenbedingungen beschreiben die politische Lage und insbesondere auch die politische Stabilität eines Landes; dazu gehören u.a. (vgl. *Czinkota/Ronkainen* 2002, S. 130 ff.):
- politische Konflikte (z.B. Bürgerkriege),
- Souveränitätsbestrebungen,
- Rolle des Militärs,
- politische Interventionen (Enteignung, Konfiszierung),
- Wirtschaftssystem und Wirtschaftsordnung,
- tarifäre und nichttarifäre Handelshemmnisse.

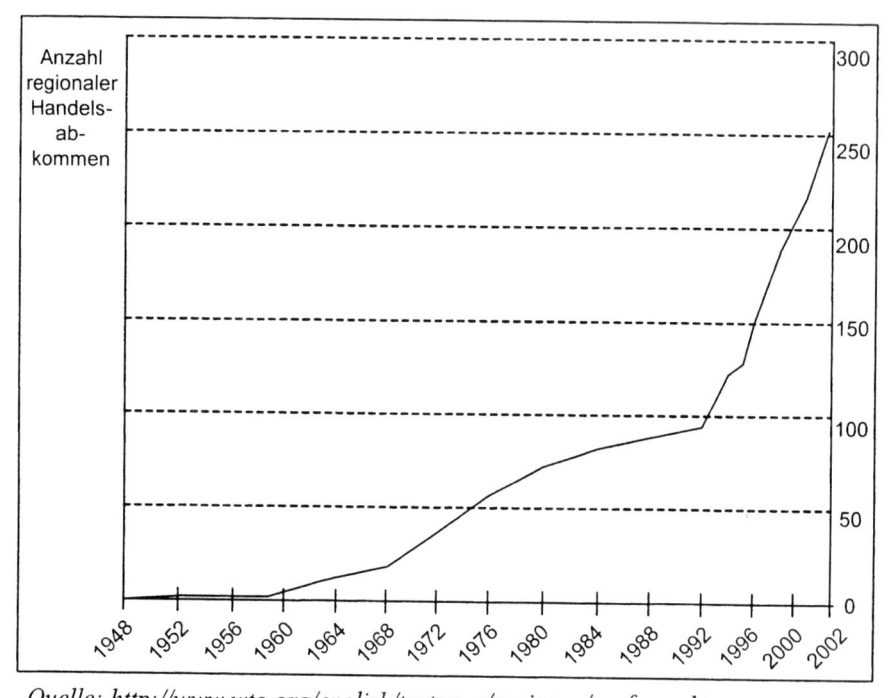

Quelle: http://www.wto.org/english/tratop_e/region_e/regfac_e.htm
Abb. 2.12: Der WTO gemeldete und in Kraft befindliche Handelsabkommen 1948-2002

Solche politischen Faktoren können u.U. ein erhebliches **Auslandsrisiko** begründen (zu den einzelnen Auslandsrisiken vgl. z.B. *Meissner* 1995, S. 78 ff. und *Zimmermann* 1992 sowie Abschnitt B.II.2 im 3. Teil). Bürgerkriege wie im ehemaligen Jugoslawien, Unruhen und militärische Auseinandersetzungen im Kosovo, Souveränitätsbestrebungen in Russland oder auf Korsika, Militärdiktaturen etc. führen zu einem politisch und als Folge auch wirtschaftlich instabilen Klima, welches ein Engagement in einzelnen Ländern unattraktiv macht oder gar verbietet (zu den Markteintrittsstrategien vgl. Abschnitt B.III. im 3. Teil).

Auch **protektionistische Maßnahmen**, wie z.B. Importkontrollen und Einfuhrzölle zum Schutz der heimischen Wirtschaft, können erhebliche Markteintrittsbarrieren darstellen. So verlagern die deutschen Automobilhersteller die Montage oder gar die gesamte Produktion in Länder wie Indonesien, wo die hohen Einfuhrzölle für fertige Pkws den Export in diese Länder geradezu verbieten. Andererseits sind in vielen Teilen der Welt **Liberalisierungsbestrebungen** zu beobachten; dazu gehören Zollunionen und Handelsabkommen wie z.B. die Europäische Union, NAFTA in Nordamerika, Mercosur in Südamerika und ASEAN in Südostasien. Abb. 2.12 zeigt die Entwicklung der dem GATT bzw. der WTO gemeldeten regionalen Handelsabkommen im Zeitraum 1948 – 2002, welche derzeit noch Gültigkeit besitzen. Während bis zu den 60er Jahren des vergangenen Jahrhunderts weniger als 5 Handelsabkommen gemeldet waren, begann die Anzahl der Abkommen ab den 70er Jahren zu steigen. Besonders hinzuweisen ist auf die hohe Zahl der erst kürzlich geschlossenen Handelsabkommen.

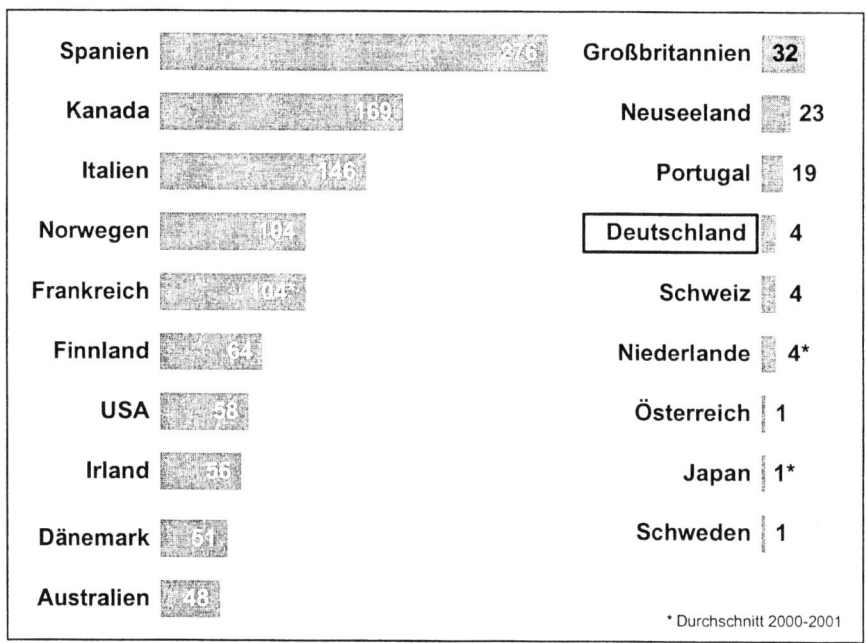

Land	Tage	Land	Tage
Spanien	276	Großbritannien	32
Kanada	169	Neuseeland	23
Italien	146	Portugal	19
Norwegen	104	Deutschland	4
Frankreich	104	Schweiz	4
Finnland	64	Niederlande	4*
USA	58	Österreich	1
Irland	56	Japan	1*
Dänemark	51	Schweden	1
Australien	48		

* Durchschnitt 2000-2001

Quelle: Institut der deutschen Wirtschaft 2004, S. 139.
Abb. 2.13: Durch Arbeitskämpfe verlorene Arbeitstage je 1.000 Beschäftigte (im Jahresdurchschnitt 2000-2002)

Für Direktinvestitionen bedeutsam ist auch die Neigung zu Streiks und **Arbeitskämpfen** in den verschiedenen Ländern. In Industrieländern rangierte die Bandbreite verlorener Arbeitstage je 1000 Arbeitnehmer von einem Tag in Schweden, Japan und Österreich bis zu 276 Tagen in Spanien im Jahresdurchschnitt 2000 – 2002 (vgl. Abb. 2.13).

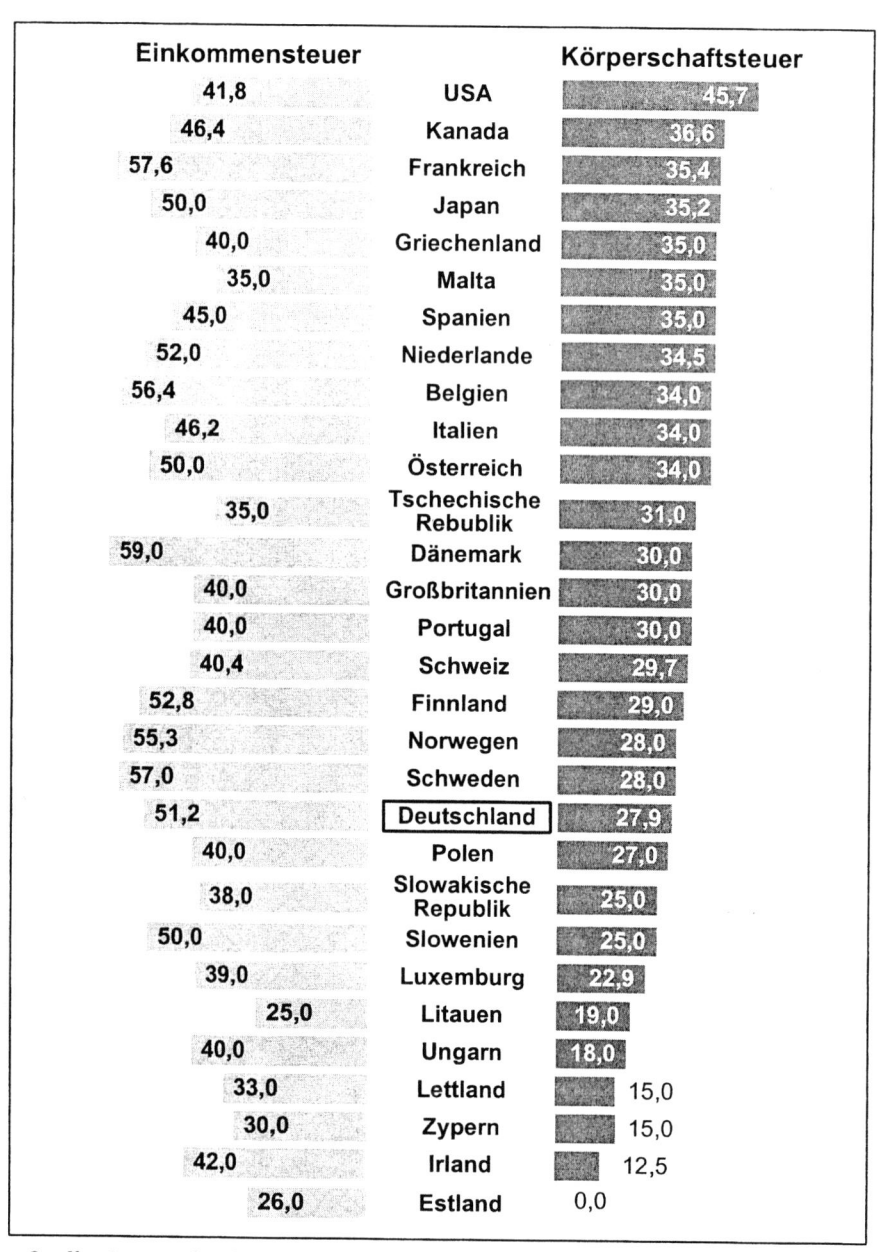

Einkommensteuer	Land	Körperschaftsteuer
41,8	USA	45,7
46,4	Kanada	36,6
57,6	Frankreich	35,4
50,0	Japan	35,2
40,0	Griechenland	35,0
35,0	Malta	35,0
45,0	Spanien	35,0
52,0	Niederlande	34,5
56,4	Belgien	34,0
46,2	Italien	34,0
50,0	Österreich	34,0
35,0	Tschechische Rebublik	31,0
59,0	Dänemark	30,0
40,0	Großbritannien	30,0
40,0	Portugal	30,0
40,4	Schweiz	29,7
52,8	Finnland	29,0
55,3	Norwegen	28,0
57,0	Schweden	28,0
51,2	Deutschland	27,9
40,0	Polen	27,0
38,0	Slowakische Republik	25,0
50,0	Slowenien	25,0
39,0	Luxemburg	22,9
25,0	Litauen	19,0
40,0	Ungarn	18,0
33,0	Lettland	15,0
30,0	Zypern	15,0
42,0	Irland	12,5
26,0	Estland	0,0

Quelle: Institut der deutschen Wirtschaft 2004, S. 141.

Abb. 2.14: Einkommensteuer und Körperschaftsteuer im internationalen Vergleich (Höchstsätze 2003 in % inkl. aller Zuschläge)

Auch **steuerliche Aspekte** spielen für Markteintrittsentscheidungen in Auslandsmärkten eine bedeutende Rolle. Betrachtet man die Einkommen- und Körperschaftsteuer in verschiedenen Ländern (vgl. Abb. 2.14), so wird ersichtlich, dass diese international nicht unbeträchtlich variieren. Im Hinblick auf das Konsumklima spielt darüber hinaus die Mehrwertsteuer eine besondere Rolle. Auch hier ist die Spannweite sehr groß (vgl. Abb. 2.15). Weitere eintrittshemmende Wirkungen gehen schließlich auch von **nichttarifären Handelshemmnissen** wie Subventionen, Ausgleichzöllen, restriktiven Devisenbestimmungen, Mindestpreisfestsetzungen u.Ä. aus (vgl. z.B. *Cateora/Graham* 2005, S. 165 f.).

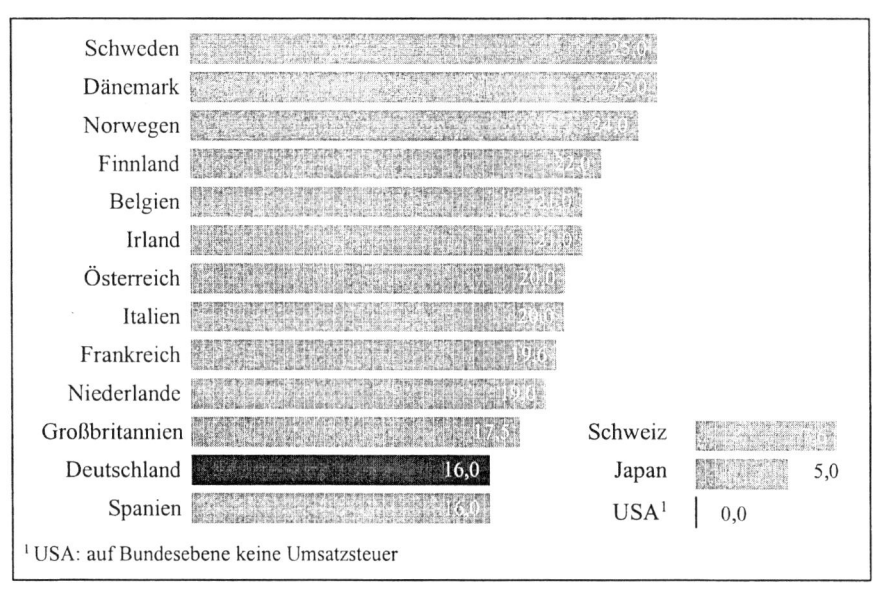

Land	%	Land	%
Schweden	25,0		
Dänemark	25,0		
Norwegen	24,0		
Finnland	22,0		
Belgien	21,0		
Irland	21,0		
Österreich	20,0		
Italien	20,0		
Frankreich	19,6		
Niederlande	19,0		
Großbritannien	17,5	Schweiz	7,6
Deutschland	16,0	Japan	5,0
Spanien	16,0	USA[1]	0,0

[1] USA: auf Bundesebene keine Umsatzsteuer

Quelle: Institut der deutschen Wirtschaft 2004, S. 141.
Abb. 2.15: Mehrwertsteuersätze (2003) im internationalen Vergleich (in %)

Rechtliche Rahmenbedingungen umfassen (vgl. z.B. *Cateora/Graham* 2005, S. 178 ff.):
– das Rechtssystem,
– das Heimat- und das Gastlandrecht sowie
– das internationale Wirtschaftsrecht.

Das **Rechtssystem** beschreibt die allgemeine Rechtsordnung eines Staates; grundsätzlich ist dabei zwischen Common Law und Code Law zu unterscheiden (vgl. *Jain* 1990, S. 279 ff.). Während **Common Law** auf Tradition und Praktiken der Vergangenheit basiert und insbesondere für den angelsächsischen Raum typisch ist (Großbritannien, USA, Australien, Indien, Ägypten), beruht **Code Law** auf umfassenden Katalogen von Rechtsvorschriften, wie z.B. in Deutschland, Italien, Frankreich und der Schweiz. Darüber hinaus haben andere Länder eigene, stark religionsgeprägte Rechtssysteme, wie z.B. die meisten islamischen Länder. Unterschiede im Rechtssystem können für das Marketing erhebliche Konsequenzen haben: So würde in den USA (Common Law) das Recht auf ein Warenzeichen demjenigen Unternehmen zugesprochen werden, das es als erstes genutzt hat, in Deutschland (Code Law) demjenigen, welches es zuerst angemeldet hat.

Neben dem **Heimatlandrecht** ist bei internationalen Marketing-Entscheidungen insbesondere das **Gastlandrecht** zu beachten, hier vor allem
- Recht des Währungs- und Kreditwesens,
- Steuerrecht,
- Wettbewerbsrecht,
- Arbeits- und Sozialrecht usw.

Einen besonderen Stellenwert nimmt hier das Wettbewerbsrecht ein; hier finden sich bspw. Regulierungen im Hinblick auf die Werbung (Werbebeschränkungen für bestimmte Produkte wie Alkohol, Tabak, Arzneimittel; Beschränkungen im Hinblick auf die einsetzbaren Medien und Tageszeiten, Verbot vergleichender Werbung usw.), anzuwendende Maß- und Gewichtseinheiten, bestimmte Produkteigenschaften (z.B. Sicherheitsvorschriften) usw. Darüber hinaus sind freiwillige Selbstbeschränkungsabkommen z.B. im Bereich der Werbung oder technische Normen, welche als bindend anzusehen sind, dieser Gruppe von Rahmenbedingungen zuzurechnen.

Das **internationale Recht** umfasst solche supranationale rechtliche Regelungen, welche dazu dienen, einen internationalen Rechtsrahmen für den grenzüberschreitenden Waren-, Dienstleistungs- und Informationsverkehr zu schaffen (vgl. *Meffert/Bolz* 1998, S. 48 f.). Sie beinhalten Regelungen und Abkommen, welche von bestimmten Ländern respektiert werden und können freiwilligen Charakter haben oder rechtlich bindend sein.

Da gerade unterschiedliche rechtliche Bestimmungen in den einzelnen Zielländern den Handlungsspielraum für internationale Marketing-Entscheidungen erheblich einschränken können, ist ihre genaue Kenntnis unentbehrlich. Darüber hinaus sind auch die in den einzelnen Ländern gegebenen Möglichkeiten der **Rechtsdurchsetzung** von Bedeutung, da diesbezüglich teilweise sehr unterschiedliche Praktiken vorherrschen.

3. Soziokulturelle Faktoren

Kultur beinhaltet alle Errungenschaften im sozialen Leben eines Menschen; sie wird gelernt, geteilt und von einer Generation zur anderen übertragen. Da kulturelle Faktoren die Art und Weise, wie auf Marketing-Maßnahmen reagiert wird, mitbestimmen, ist eine Berücksichtigung kultureller Besonderheiten in den anvisierten Ländermärkten von zentraler Bedeutung. Kultur umfasst dabei folgende Elemente (vgl. *Czinkota/Ronkainen* 2002, S. 56 ff.):
- Sprache (verbal und nonverbal),
- Religion,
- Werte und Normen,
- Gepflogenheiten,
- Ästhetik,
- Bildung,

– soziale Institutionen und Sozialverhalten.

Die **Sprache** stellt eine der größten Barrieren für internationale Marketing-Entscheidungen dar; dies gilt vor allem für die Kommunikationspolitik, aber auch für die Markierung und Verpackung von Produkten. Problematisch ist zum einen die Sprachenvielfalt, teilweise sogar in einem einzelnen Land, wie z.B. in der Schweiz, Belgien, Kanada (vgl. *Meffert/Bolz* 1998, S. 42). Selbst in Ländern mit gleicher Sprache werden bestimmte Begriffe unterschiedlich aufgefasst, oder aber es werden für denselben Sachverhalt unterschiedliche Begriffe verwendet: So heißt „Staubsaugen" in Großbritannien „to hoover", in den USA „to vacuum". Darüber hinaus sind auch semantische, syntaktische und phonetische Aspekte zu beachten; so können wörtliche Übersetzungen oftmals unerwünschte Assoziationen herbeiführen, etwa der Slogan von Eastern Air Lines „We earn our wings daily", dessen Übersetzung in Lateinamerika nahelegte, dass Passagiere oftmals „in den Himmel fliegen" und damit den Flug nicht überleben (vgl. *Manguel* 1991, S. 30). Zur Überwindung von Sprachbarrieren ist daher in den meisten Fällen lokale Unterstützung erforderlich.

In vielen Ländern wird die Kultur sehr stark von der **Religion** geprägt, was für internationale Marketing-Entscheidungen erhebliche Konsequenzen nach sich ziehen kann. Für den Export von Produkten in islamische Länder müssen beispielsweise darin enthaltene tierische Fette durch pflanzliche ersetzt werden; des Weiteren hat Anheuser-Busch speziell für den islamischen Markt ein alkoholfreies Bier entwickelt.

Werte und Normen entscheiden darüber, ob ein Produkt in einem Land auf Akzeptanz stößt oder abgelehnt wird. Internationales Marketing ist zum einen dann problematisch, wenn die Kultur im Zielland Produkte ablehnt, die nicht im eigenen Land hergestellt wurden. So ist in Japan vielfach die Meinung verbreitet, dass der Kauf ausländischer Produkte „unpatriotisch" ist (vgl. *Czinkota/Ronkainen* 2002, S. 68). Ähnliche Haltungen finden sich auch in Großbritannien („Buy British").

Andererseits kann das Herkunftsland den Verkauf fördern, wenn dadurch Prestige, Status oder Luxus suggeriert werden; so ist der „American way of life" in vielen westlichen, aber auch asiatischen Ländern ein starkes Verkaufsargument (z.B. Coca Cola, Levi's). Derartige Made-in-Images können einen durchaus starken kaufentscheidenden Einfluss haben (vgl. *Keegan/Schlegelmilch* 2001, S. 384). So werden deutsche Produkte, insbesondere im technischen Bereich, häufig mit guter Qualität assoziiert. Andererseits können Produkte aus anderen Ländern auch ein eher schlechtes Qualitätsimage besitzen. Dies ist insbesondere der Fall, wenn der technologische und wirtschaftliche Status eines Landes als niedrig einzuschätzen ist (z.B. Entwicklungsländer). Darüber hinaus können Made-by-Images, d.h. die Einstellungen bzgl. bestimmter Hersteller, die Kaufentscheidung wesentlich mitbestimmen.

Farbe \ Land	Österreich	Brasilien	Dänemark	Finnland	Frankreich	Italien	Pakistan	Portugal	Schweden	Schweiz
Schwarz	Trauer	Trauer Tod Geheimnis	Trauer Sorge	Sorge Eifersucht	Sorge Trunkenheit Eifersucht Pessimismus	Depression	Trauer Hilflosigkeit	Trauer Sorge Hunger	Depression Sorge	Pessimismus illegal
Weiß	Unschuld	Friede Sauberkeit Reinheit	Unschuld Reinheit	Unschuld Sauberkeit	Reinheit Jung	Unschuld Furcht erfolglos Liebesaffäre	Trauer Nüchternheit Eleganz	Friede Unschuld Reinheit	Güte	Reinheit Unschuld
Rot	Ärger Liebe Leidenschaft Feuer	Wärme Leidenschaft Hass Feuer Ärger Gewalt	Liebe Gefahr Feuer	Ärger Liebe Leidenschaft Feuer	Ärger Hitze Vergnügen Schüchternheit	Ärger Gefahr Feuer	Ärger Heiratszusage (Frauen)	Krieg Blut Leidenschaft Feuer	Ärger Wut Feuer	Ärger Feuer
Grün	Hoffnung	Hoffnung Freiheit unreif Krankheit	Hoffnung Langeweile Gesundheit	Hoffnung Neid	jugendlich Furcht	Neid Jugend Geldknappheit depressiver Ärger	Glück Frömmigkeit Ewiges Leben	Hoffnung Neid	Neid unerfahren Güte	unwohl unreif
Blau	Treue	Ruhe Kälte Gleichgültigkeit	Qualität	Kälte ohne Geld unschuldig	Ärger Furcht	Furcht	(kein besonderer Ausdruck)	Eifersucht Schwierigkeit, Probleme zu lösen	blauäugig leichtgläubig gefroren kalt	Wut Ärger Romanze
Gelb	Eifersucht	Freude Sonne Glück Neid Krankheit	Gefahr Falschheit Neid	(kein besonderer Ausdruck)	Krankheit	Ärger	Jungfräulichkeit Schwäche Ärger	Verzweiflung Plage	ohne Geld (slang)	Neid

Quelle: Wilkes 1977, S. 122.
Abb. 2.16: Farbsymboliken im internationalen Marketing

Zu den **Gepflogenheiten** gehört zum einen die Art und Weise, wie Produkte verwendet werden. Während beispielsweise Orangensaft in den USA zum Frühstück getrunken wird, zählt er in Frankreich und Italien zu den Erfrischungsgetränken. Der zu kommunizierende Produktnutzen ist damit länderspezifisch unterschiedlich und erfordert eine andere kommunikative Positionierung. Zu den Gepflogenheiten gehört auch das Geschäftsgebaren; insbesondere in asiatischen Ländern verläuft die Anbahnung und Abwicklung von Geschäften teilweise völlig unterschiedlich zu den im Westen herrschenden Usancen.

Zur **Ästhetik** gehört die Wahrnehmung von einzelnen Wörtern, Objekten und Symbolen. So ist in moslemischen Ländern das Zeigen lebender Objekte unerwünscht bzw. verboten; in manchen Kulturkreisen werden bestimmte Tiere - wie z.B. die Kuh in Indien - als heilig oder aber als unrein empfunden. Auch Farben haben teilweise sehr unterschiedliche symbolische Werte: Während die Farbe Weiß in Europa mit Reinheit assoziiert wird, symbolisiert sie in Pakistan Trauer (vgl. Abb. 2.16).

Vom **Bildungsniveau** hängen oft die Konsumgewohnheiten ab, z.B. die Nachfrage nach Klassik-CDs, Büchern, Theater- und Museenbesuchen; darüber hinaus bestimmt das Bildungsniveau, welche Medien von den Rezipienten genutzt werden. In Ländern mit hoher Analphabetenquote sind Kampagnen in Printmedien daher eher ungeeignet; vielmehr sollte die Ansprache über TV und insbesondere Hörfunk erfolgen.

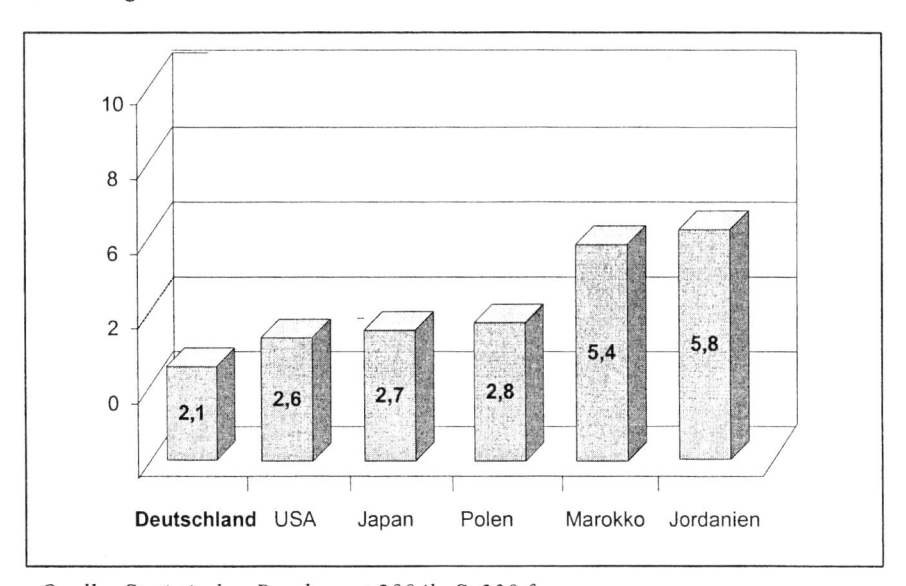

Quelle: Statistisches Bundesamt 2004b, S. 230 f.
Abb. 2.17: Durchschnittliche Haushaltsgröße in ausgewählten Ländern

Soziale Institutionen beeinflussen die Art und Weise, wie Personen in einem sozialen Umfeld miteinander verbunden sind. Für das Marketing bedeutsam ist zum einen die Familiengröße; Abb. 2.17 gibt einen Überblick über die durchschnittliche Haushaltsgröße in ausgewählten Ländern. Aber auch die Familienzusammensetzung ist für Marketing-Entscheidungen von Bedeutung: Während im Westen eine Familie typischerweise aus Eltern und Kindern besteht, umfasst sie in weniger entwickelten Ländern auch Großeltern und sonstige Verwandte, welche einen z.T. erheblichen Einfluss auf die Kaufentscheidungen ausüben.

Die **soziale Struktur** hängt von der sozialen Schichtzugehörigkeit ab und ist häufig auf die Religion zurückzuführen, z.B. in Indien. Von der sozialen Struktur, d.h. dem Anteil der oberen, mittleren und unteren Schicht in der Bevölkerung, hängt die Auswahl der relevanten Marktsegmente in den verschiedenen Ländern ab.

4. Geographische Faktoren

Zu den geographischen Faktoren gehören (vgl. *Meffert/Bolz* 1998, S. 52):
– Klima,
– Topographie,
– Ressourcenausstattung und
– Infrastruktur.

Klimatische Bedingungen wie Höhe, Feuchtigkeit und Temperatur beeinflussen zum einen die Nachfrage nach bestimmten Produkten, zum anderen auch deren Funktionsfähigkeit. Beispielsweise können viele technische Geräte in tropischen oder staubigen Umgebungen nur durch entsprechende Modifikationen ihre Funktionstüchtigkeit beibehalten (vgl. *Cateora/Graham* 2005, S. 65 ff.). Zur **Topografie** zählen natürliche Barrieren wie Urwälder, Berge u.Ä. Länder mit vielen derartigen Barrieren, wie z.B. in Südamerika, werden allein durch die Geografie in Marktsegmente aufgeteilt, welche nur wenige Beziehungen untereinander unterhalten und teilweise sogar auch unterschiedliche Sprachen sprechen. Darüber hinaus ist die Bedienung solcher Märkte mit erheblichen logistischen Problemen verbunden.

Die Ausstattung mit **Ressourcen**, d.h. die Verfügbarkeit von Bodenschätzen und die Möglichkeit zur Herstellung von Energie, bildet die Grundlage für jede moderne Technologie; das Vorkommen wertvoller Bodenschätze in einzelnen Ländern lässt eine rasche wirtschaftliche Entwicklung und damit das Aufkommen neuer Märkte erwarten.

Infrastrukturelle Bedingungen umfassen Faktoren wie Größe und Entwicklungsstand der Verkehrsnetze, vorhandene Transportmittel und Verkehrsknotenpunkte (z.B. Häfen), aber auch die Kommunikationsinfrastruktur (z.B. Medienstruktur, Telefondichte, Postsystem) wie auch die Möglichkeit der Energieversorgung (vgl. *Meffert/Bolz* 1998, S. 53 f.). Die verkehrsmäßige Infrastruktur hängt sehr stark von der Topografie ab und stellt einen entscheidenden Faktor für die Wahl der Distributionswege dar. Gerade in weniger entwickelten Ländern mit z.T. hohen geographischen Barrieren ist es häufig nicht möglich, auf entwickelte Transportrouten zurückzugreifen; darüber hinaus sind oft mehrere Distributionszentren in ein und demselben Land erforderlich, um den Markt flächendeckend bedienen zu können. Des Weiteren hat die Kommunikationsinfrastruktur erhebliche Auswirkungen auf die Möglichkeiten von Marketing-Kommunikation und Marktforschung. Abb. 2.18 zeigt die Ausstattung ausgewählter Länder mit Kommunikationseinrichtungen.

	Internet-Nutzer	Mobil-Telefone	ISDN-Kanäle	DSL-Anschlüsse
Deutschland	49	78	31	11
Japan	55	63	26	19
Frankreich	39	66	9	12
Großbritannien	57	85	7	7
Italien	43	94	12	9
USA	61	54	5	9
Spanien	32	91	6	8
Osteuropa[1]	8	24	1	0,3
[1] EU-Beitrittsländer und andere osteuropäische Staaten			

Quelle: Institut der deutschen Wirtschaft 2004, S. 148.
Abb. 2.18: Kommunikations-Infrastruktur je 100 Einwohner bzw. Haushalte (2003)

III. Branche und Wettbewerb

Branchen- und Wettbewerbsfaktoren betreffen nur Unternehmen, die in der jeweiligen Branche tätig sind. Neben der allgemeinen Branchenstruktur sind Faktoren zu analysieren, welche die Wettbewerber, die Lieferanten und die Abnehmer betreffen (vgl. *Sander* 1998, S. 52 ff.). Gerade solche Faktoren können von Land zu Land sehr stark variieren und erfordern eine detaillierte Analyse.

1. Branchenstruktur

Die Branchenstruktur beschreibt die allgemeinen Charakteristika des Industriesektors, in dem das Unternehmen tätig ist, und bestimmt im hohen Maße die Art des Wettbewerbs, mit dem das betreffende Unternehmen konfrontiert wird. Dazu gehört zum einen die **Marktform** (z.B. oligopolistisch oder polypolistisch); zum anderen stellen **Markteintrittsbarrieren**, wie etwa Nationalismus und Patriotismus, aber auch Subventionen für heimische Anbieter, Importzölle für bestimmte Güter etc., wesentliche Restriktionen des internationalen Marketing dar.

Ein weiterer Faktor ist die **Konkurrenzintensität** innerhalb einer Branche; gerade vor dem Hintergrund der Binnenmarktharmonisierung in Europa ist - aufgrund des daraus resultierenden erleichterten Marktzugangs - von einer Erhöhung der Konkurrenzintensität auszugehen. Die **Kapitalintensität der Branche** spielt insb. für die Errichtung ausländischer Produktionsstätten eine Rolle; so sind arbeitsintensive Technologien für den Einsatz in Niedriglohnländern eher geeignet als kapitalintensive. Als weitere Branchenstrukturfaktoren sind die **Wertschöpfung** innerhalb einer Branche sowie der **technische Wandel** zu nennen.

2. Wettbewerber

Eine Wettbewerbsanalyse umfasst zum einen die Identifikation der Konkurrenten, zum anderen auch deren Evaluierung. Im Rahmen einer **Identifikation** der Konkurrenten gilt es festzustellen, ob das eigene Unternehmen auf den einzelnen Ländermärkten eher mit lokalen Anbietern oder mit international tätigen Unternehmen im Wettbewerb steht. Generell lässt sich ein zunehmender Trend zur Globalisierung des Wettbewerbs feststellen, d.h. eine Tendenz von Unternehmen, die Planung ihrer Aktivitäten zunehmend auf länderübergreifender Ebene vorzunehmen und eine Profilierung vornehmlich gegenüber anderen internationalen Wettbewerbern anzustreben (vgl. *Meffert/Bolz* 1998, S. 60).

Eine **Evaluierung** der Wettbewerber sollte u.a. die Marktmacht, die strategische Ausrichtung sowie die Marktabdeckung der einzelnen Konkurrenten in Betracht ziehen (vgl. *Hünerberg* 1994, S. 49). Die **Marktmacht** der Konkurrenten resultiert aus deren Größe und Marktanteil, aber auch aus den Ressourcen und Potenzialen, über die die einzelnen Wettbewerber verfügen, z.B. Finanzkraft, Personal, Zugang zu Beschaffungsquellen und Gewinnsituation. Die **strategische Ausrichtung** der Konkurrenten kann zum einen durch die generelle Marktbearbeitungsstrategie (Kostenführerschaft, Differenzierung oder Nischenstrategie), zum anderen durch die grundlegende Marketingstrategie (globale oder polyzentrisch orientierte Strategie) beschrieben werden; darüber hinaus ist das Ausmaß an vertikaler und lateraler Integration von Bedeutung. Die **Marktabdeckung** resultiert schließlich aus dem angebotenen Leistungsprogramm wie auch aus dem Distributionsgrad der angebotenen Produkte.

3. Lieferanten

Die Analyse der Lieferanten ist insbesondere für solche Unternehmen von Bedeutung, welche Direktinvestitionen in bestimmten Ländern planen oder bereits mit eigenen Niederlassungen präsent sind. Aber auch für Unternehmen, die eine Exportstrategie verfolgen, spielt die Analyse internationaler Lieferanten im Hinblick auf eine Global Sourcing-Strategie eine wichtige Rolle. Solche Lieferantenfaktoren umfassen (vgl. *Berndt* 1995b, S. 29):
– Anzahl und Größe der Lieferanten,
– Konzentration und Marktmacht,
– Qualität von Rohstoffen und Vorprodukten,
– Arbeitsangebot und
– Angebot an Nominalgütern,

d.h. sie betreffen sämtliche Beschaffungsmärkte des Unternehmens. Insbesondere die **Marktmacht** der Lieferanten kann erhöhte Kosten für die Beschaffung von Inputgütern nach sich ziehen; die **Qualität** von Rohstoffen und Vorprodukten beeinflusst hingegen die Qualität der Endprodukte und damit deren Durchsetzbarkeit auf dem Weltmarkt. Von Bedeutung sind darüber hinaus auch Local-content-Vorschriften, welche vorsehen, dass ein bestimmter Anteil der Wertschöpfung durch Heranziehung lokaler Zulieferer zu realisieren ist; solche Bestimmungen finden sich vielfach in den Schwellenländern Südostasiens wie Indonesien und Malaysia und dienen vornehmlich der Stützung der heimischen Wirtschaft (vgl. *Fantapié Altobelli* 1994a, S. 28 f.). Derartige Vorschriften haben die Konsequenz, dass das Unternehmen in der Wahl seiner Lieferanten teilweise erheblich eingeschränkt ist.

4. Abnehmer

a. Endverbraucher

Bei einer Analyse der **Endverbraucher** sind u.a. die nachfolgend angeführten Faktoren von Bedeutung (vgl. *Berndt* 1995b, S. 29):

Nachfragerverhalten auf den einzelnen Ländermärkten
Zum Nachfragerverhalten gehören z.B. Kaufkriterien, Bedarfshäufigkeit, spezifische Produktanforderungen und Markenwahlverhalten. Unterschiedliche Produktanforderungen in den einzelnen Ländern führen i.d.R. zu einer differenzierten Produktpolitik, unterschiedliche Kaufkriterien zu einer Differenzierung u.a. der Kommunikationspolitik; das Markenwahlverhalten ist insbesondere für solche Unternehmen wichtig, welche auf den ausländischen Märkten mit etablierten lokalen Marken konkurrieren.

Entwicklung der Bedürfnisstruktur
Produkte, die in manchen Ländern zu den Grundnahrungsmitteln gehören, stellen in anderen Ländern oftmals Luxusgüter dar. Für internationale Marketing-Entscheidungen ist zu beachten, dass gehobene Gebrauchsgüter eher in entwickelten Ländern nachgefragt werden, während in weniger entwickelten Ländern breite Bevölkerungsschichten vor allem eine Deckung der Grundbedürfnisse anstreben. Eine Ausnahme bilden Luxusgüter der oberen Klasse (z.B. Automobile der Luxusklasse, teurer Schmuck), welche gerade in den ärmsten Ländern von der dortigen Oberschicht verstärkt nachgefragt werden. Von Bedeutung ist in diesem Zusammenhang auch die Ausstattung privater Haushalte mit bestimmten Gütern des gehobenen Bedarfs; dies kann Hinweise auf Nachfragepotenziale bzgl. anderer Güter liefern. Abb. 2.19 zeigt die Haushaltsausstattung mit einzelnen langlebigen Gebrauchsgütern in ausgewählten Ländern.

Einstellungen und Präferenzen
Einstellungen und Präferenzen werden sehr stark von der Kultur geprägt; typische Beispiele sind Einstellungen zu Sauberkeit, Erotik, Humor, materiellen Werten etc., aber auch zu konkreten Produkten wie beispielsweise Kosmetika, alkoholischen Getränken oder Tabakwaren.

Beschaffenheit und Größe der Marktsegmente
Beschaffenheit und Größe der Marktsegmente können mit Hilfe einer Marktsegmentierung festgestellt werden; diese kann auf der Grundlage soziodemografischer Merkmale, Life-Style-Typologien oder der Nutzenerwartungen der Konsumenten (Benefit-Segmentierung) erfolgen. Eine zentrale Aufgabe des internationalen Mar-

keting besteht dabei in der Identifikation länderübergreifender Segmente mit ähnlicher Bedürfnisstruktur, welche mit einer weitgehend standardisierten Marketing-Politik bearbeitet werden können (vgl. hierzu Abschnitt B.II.3.a. im 3. Teil).

Länder	PKW[1]	Telefon	PC[5]
Deutschland	541	658	432
Frankreich	489	567	348
Großbritannien	495[2]	591[5]	406
Italien	591	463	228
Portugal	373	410	134
USA	k.A.	618	653
Japan	k.A.	558[5]	382
Polen	289	322	107
Slowenien	438	407	301
Ägypten	k.A.	121	14[6]
Mexiko	106[3]	147[5]	82
Malaysia	197[4]	187	150
Indien	7	46	7

Angabe je 1000 Einwohner
[1] überwiegend Jahresende   [2] ohne Nordirland
[3] 2000   [4] einschließlich dreirädriger Fahrzeuge
[5] 2002   [6] 2001

Quelle: Statistisches Bundesamt 2004b, S. 299, 309.

Abb. 2.19: Ausstattung privater Haushalte mit langlebigen Gebrauchsgütern in ausgewählten Ländern

Preisbereitschaft der Konsumenten
Die Preisbereitschaft der Konsumenten hängt i.W. von deren ökonomischer Situation ab (Haushaltseinkommen, Kaufkraft usw.). Aufgrund der länderspezifisch sehr unterschiedlichen Kaufkraft ist in vielen Fällen eine internationale Preisdifferenzierung durchzuführen (vgl. *Berndt/Fantapié Altobelli/Sander* 1997, S. 182 ff.), um die unterschiedliche Zahlungsbereitschaft der Konsumenten in den einzelnen Ländern angemessen berücksichtigen zu können.

Produktlebenszyklus
Die Stellung der Produkte im Lebenszyklus der einzelnen Ländermärkte ist für internationale Marketing-Entscheidungen von erheblicher Bedeutung, da sich im Laufe des Lebenszyklus eine Vielzahl von Faktoren wie Umsatz, Gewinn sowie

Anzahl und Verhalten von Wettbewerbern und Abnehmern ändert; als Konsequenz resultiert auch die Notwendigkeit eines phasenspezifischen Einsatzes des Marketing-Instrumentariums (vgl. *Hummel* 1994, S. 65 ff.). Ein und dasselbe Produkt kann sich in Abhängigkeit verschiedener Faktoren wie Einführungszeitpunkt, internationaler Wettbewerb, Entwicklungsstand der einzelnen Nationen zum selben Zeitpunkt in verschiedenen Phasen des Produktlebenszyklus befinden. Aus diesem Grunde muss das Unternehmen die Lebenszyklen in den einzelnen Ländern miteinander vergleichen, um eine adäquate Ressourcenallokation vornehmen zu können.

b. **Handel**

Die Bedeutung des **Handels** als Rahmenbedingung des internationalen Marketing wird deutlich, wenn die **Konzentrationsrate** insbesondere im Lebensmittelhandel betrachtet wird (vgl. *Lausenmeyer* 2002a, o.S. und 2002b, o.S.). Während die fünf größten Handelsunternehmen im Jahre 1991 einen Marktanteil in Europa von 15,8% hatten, konnte in 2000 bereits ein Marktanteil von 25,6% erwirtschaftet werden. Für 2005 wird erwartet, dass der Marktanteil der fünf größten Handelsunternehmen in Europa auf 40% anwachsen wird. Bezogen auf einzelne Länder können sich noch weitaus größere Konzentrationsraten ergeben. So beträgt der Marktanteil der Top 5 im Lebensmitteleinzelhandel in Schweden fast 96% (vgl. Abb. 2.20).

Die zunehmende Konzentration und die damit verbundene Nachfragemacht des Handels hat zu einer Verstärkung der Akquisitionsbemühungen seitens der Hersteller geführt, was u.a. organisatorische Aktivitäten wie z.B. die Einführung eines Key-Account-Management mit sich brachte. Gerade bei großen Handelsketten bzw. Einkaufskooperationen lässt sich auch ein zunehmender Trend zur **Internationalisierung** feststellen, welcher sich nicht nur in der Gründung von Auslandsniederlassungen niederschlägt, sondern auch in Akquisitionen und Kooperationen (vgl. *Meffert/Bolz* 1998, S. 58 f.).

Die **Struktur** des Handels in den einzelnen bearbeiteten Ländermärkten hat eine erhebliche Bedeutung für distributionspolitische Entscheidungen, da bei einer indirekten Vertriebsstrategie auf bereits vorhandene Distributionskanäle in den einzelnen Ländern zurückgegriffen werden muss (vgl. i.E. *Berndt/Fantapié Altobelli/Sander* 1997, S. 340 ff.); auch die Marketing-Aktivitäten gegenüber dem Handel sind den spezifischen Strukturen in den einzelnen Ländern anzupassen. Darüber hinaus sind auch unterschiedliche **Gepflogenheiten** des Handels in den einzelnen Ländern zu beachten; beispielsweise erwarten japanische Händler volles Rückgaberecht - auch mängelfreier Waren - an den Hersteller wie auch umfangreiche Finanzierungshilfen.

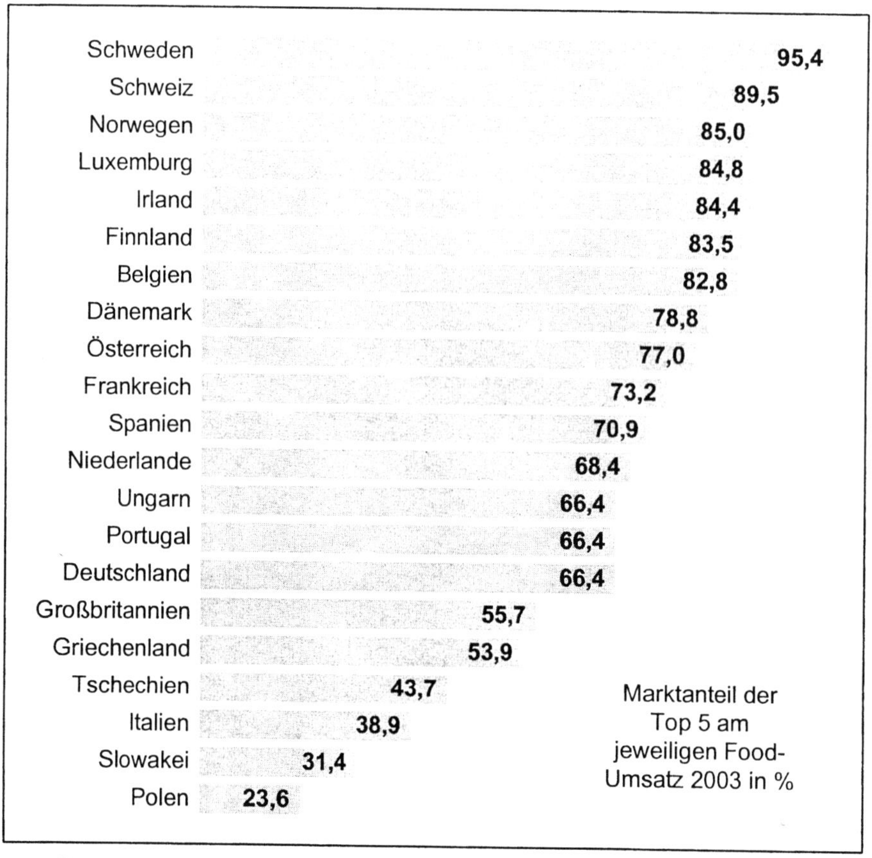

Land	Marktanteil
Schweden	95,4
Schweiz	89,5
Norwegen	85,0
Luxemburg	84,8
Irland	84,4
Finnland	83,5
Belgien	82,8
Dänemark	78,8
Österreich	77,0
Frankreich	73,2
Spanien	70,9
Niederlande	68,4
Ungarn	66,4
Portugal	66,4
Deutschland	66,4
Großbritannien	55,7
Griechenland	53,9
Tschechien	43,7
Italien	38,9
Slowakei	31,4
Polen	23,6

Marktanteil der Top 5 am jeweiligen Food-Umsatz 2003 in %

Quelle: Metro AG 2004, S. 35.
Abb. 2.20: Konzentration im europäischen Lebensmitteleinzelhandel

IV. Unternehmensspezifische Faktoren

Während die globalen Rahmenbedingungen wie auch die Faktoren der Branche und des Wettbewerbs das Umfeld beschreiben, in denen das Unternehmen auf den einzelnen Auslandsmärkten agiert und damit Chancen und Risiken der Auslandsmarktbearbeitung zum Ausdruck bringen, dient die Analyse unternehmensspezifischer Faktoren der Evaluierung der eigenen Stärken und Schwächen in Bezug auf das Auslandsengagement (vgl. *Sander* 1998, S. 59 ff.). Im Einzelnen handelt es sich um folgende Faktoren:
– Unternehmensziele,
– Finanzkraft,
– Produktmerkmale,
– Personal und
– Produktionskapazität.

Da unternehmensspezifische Faktoren naturgemäß von Unternehmen zu Unternehmen nach Art und relativer Bedeutung variieren, soll im Folgenden nur ein Überblick über die wichtigsten unternehmensinternen Rahmenbedingungen gegeben werden.

1. Unternehmensziele und Unternehmenskultur

Der Handlungsspielraum internationaler Marketing-Entscheidungen wird von den verfolgten Zielen bestimmt. Solche **Ziele** umfassen sowohl die globalen Unternehmensziele als auch die Marktziele bzgl. der verschiedenen Ländermärkte (vgl. ausführlich Abschnitt A.III. im 1. Teil sowie Abschnitt B.I. im 3.Teil).

Eng verbunden mit den Unternehmenszielen ist die **Unternehmenskultur**. Die Unternehmenskultur umfasst Grundsätze, welche in einem Unternehmen vorherrschen und sich auf das Unternehmen selbst, seine Beziehungen zur natürlichen, technischen und sozialen Umwelt wie auch die Beziehungen zwischen Individuen und Gruppen im Unternehmen beziehen (vgl. *Hünerberg* 1994, S. 73).

Unternehmenskultur und Unternehmensziele beeinflussen zum einen die grundsätzliche Haltung zu Auslandsaktivitäten, die Risikobereitschaft wie auch die generelle Einstellung zu bestimmten Ländern bzw. Ländergruppen (vgl. *Meissner* 1995, S. 68 f.); zum anderen determinieren sie die grundsätzliche strategische Ausrichtung eines Unternehmens, d.h. ob eine ethnozentrische, polyzentrische oder geozentrische Orientierung vorherrscht und - damit eng verbunden - ob eine eher standardisierte oder eher differenzierte Marketing-Strategie realisiert wird (vgl. auch Kapitel B. im 1. Teil sowie Abschnitt B.IV.3. im 3. Teil).

2. Finanzkraft

Die Aufnahme von Auslandsaktivitäten erfordert häufig hohe Anfangsinvestitionen, vor allem bei Markteintrittsstrategien mit Kapitalbeteiligung wie der Gründung von Tochtergesellschaften oder Joint Ventures (zu den einzelnen Markteintrittsstrategien vgl. Abschnitt B.III. im 3. Teil); dem finanziellen Spielraum eines Unternehmens kommt daher eine hohe Bedeutung zu. Die Finanzkraft eines Unternehmens wird u.a. bestimmt durch (vgl. *Berndt* 1995b, S. 58):
– Eigenkapitalausstattung,
– Höhe des finanziellen Überschusses,
– Möglichkeiten der Eigen- und Fremdfinanzierung,
– Waren-, Forderungs- und Verbindlichkeitsbestand,
– Beziehungen zu Banken.

Ein ausreichender finanzieller Spielraum ist aber auch für laufende internationale Geschäftsaktivitäten erforderlich, da zum einen Auslandsprojekte häufig vom Auftragnehmer - zumindest teilweise - vorfinanziert werden müssen, zum anderen im Auslandsgeschäft auch ein erhöhtes Zahlungsrisiko besteht, d.h. das Risiko des Forderungsausfalls aufgrund der Zahlungsunfähigkeit oder -unwilligkeit eines ausländischen Schuldners.

3. Produktmerkmale

Die Merkmale der angebotenen Produkte haben einen starken Einfluss auf den gesamten internationalen Marketing-Mix, da sich preis-, kommunikations- und distributionspolitische Aktivitäten an den Eigenschaften des Produkts zu orientieren haben. So ist eine erste wesentliche Determinante die **Produktqualität**; in diesem Zusammenhang ist insbesondere zu überprüfen, ob die akquisitorische Wirkung einer hohen Produktqualität auch auf weniger zahlungskräftigen Auslandsmarktsegmenten vergleichsweise hohe Preise erzielen lässt oder aber für solche Märkte eine qualitativ minderwertigere, aber preisgünstige Produktvariante angeboten werden sollte.

Im Hinblick auf die strategische Ausrichtung ist auch die **Standardisierbarkeit** der Produkte zu überprüfen; die Standardisierbarkeit hängt zum einen von der Bedürfnisstruktur in den einzelnen Auslandsmärkten ab, zum anderen auch von den dort vorherrschenden technischen und rechtlichen Normen (vgl. i.E. *Berndt/ Fantapié Altobelli/Sander* 1997, S. 56 ff.). Schließlich spielen auch die angebotenen **Nebenleistungen** eine Rolle, insbesondere in solchen Ländern, in denen bestimmte Nebenleistungen üblich sind und einen integrativen Bestandteil des Angebots darstellen. Eine Profilierung gegenüber dem Wettbewerb ist in diesem Falle nur dann möglich, wenn Serviceleistungen über das übliche Niveau hinaus angeboten werden.

4. Personal

Qualifikation und Auslandserfahrung des Personals sind für international tätige Unternehmen wichtige Rahmenbedingungen, aber auch zentrale Erfolgsfaktoren. Das Internationalisierungs-Know-how eines Unternehmens umfasst folgende Elemente (vgl. *Hünerberg* 1994, S. 75 f.):
– generelle Kenntnisse internationaler **Abwicklungstechniken** wie z.B. internationale Vertragsgestaltung, Finanzierungsabwicklung mit dem Ausland, Versendung und Verzollung;
– konkrete Kenntnisse über die einzelnen **Auslandsmärkte** wie z.B. potenzielle Geschäftspartner, Distributionswege, Förderungsmöglichkeiten, Markt- und Konkurrenzverhältnisse;
– praktische **Erfahrungen** aus laufenden oder abgeschlossenen Geschäften im Ausland.

Aufgrund der Bedeutung des Internationalisierungs-Know-hows für international tätige Unternehmen ist der **Personalpolitik** ein hoher Stellenwert beizumessen; hierzu gehören alle Maßnahmen der Rekrutierung, Schulung und Weiterbildung des mit Auslandsaktivitäten befassten Personals (vgl. i.E. Teil 6 in diesem Buch). Entscheidend ist dabei, dass die internationale Ausrichtung des Unternehmens in Unternehmenskultur und Unternehmensgrundsätzen verankert und dem Personal in adäquater Weise vermittelt wird.

5. Produktionskapazität

Eine wesentliche Rahmenbedingung insbesondere für Ausmaß und Intensität der internationalen Aktivitäten ist durch die vorhandene Produktionskapazität und die Kapazitätsauslastung gegeben. So können gerade nicht ausgelastete Kapazitäten im Inland den ersten Anstoß für Exportaktivitäten liefern; die mit der Mengenausweitung verbundene Stückkostenreduktion einerseits wie auch die resultierende Marktanteilssteigerung andererseits können die Wettbewerbsfähigkeit eines Unternehmens erheblich fördern.

Ist die vorhandene Produktionskapazität für die Aufnahme von Auslandsaktivitäten nicht ausreichend, die Rahmenbedingungen für das eigene Engagement in bestimmten Ländern jedoch günstig, so kann ein Unternehmen Lizenzverträge mit ausländischen Lizenznehmern abschließen; alternativ besteht die Möglichkeit, die Produktionskapazität im Inland auszuweiten und Exportaktivitäten einzuleiten oder aber von vornherein Produktionsstätten im Ausland zu errichten (vgl. i.E. Abschnitt B.III. im 3. Teil).

B. Internationale Marktforschung

I. Grundlagen

1. Aufgaben und Formen der internationalen Marktforschung

Ein erfolgreiches Agieren auf Auslandsmärkten setzt die Kenntnis der jeweiligen Rahmenbedingungen voraus (vgl. das vorangegangene Kapitel A.). Die Gewinnung von Informationen über die verschiedenen Auslandsmärkte ist die Aufgabe der internationalen Marktforschung. Die internationale Marktforschung hat dabei folgende **Funktionen** zu erfüllen (vgl. *Bauer* 1995, S. 23 ff.; *Meffert/Bolz* 1998, S. 40):
– Frühzeitiges Erkennen von Chancen und Risiken auf internationalen Märkten,
– Bereitstellung von Informationen zur Unterstützung von internationalen Marketing-Entscheidungen auf strategischer, taktischer und operativer Ebene,
– Bereitstellung von Informationen zur Unterstützung der internationalen Marketing-Kontrolle.

Im Wesentlichen hat die internationale Marktforschung die Aufgabe, die bei internationalen Marketing-Entscheidungen gegebene Unsicherheit zu reduzieren. Dabei ist zu beachten, dass es sich um Marketingprobleme handelt, die mindestens zwei geographisch abgegrenzte nationale Märkte betreffen; da ein nationaler Markt zudem verschiedene kulturelle Gruppen mit dementsprechend unterschiedlichen Bedürfnissen aufweist, lässt sich die in Abb. 2.21 dargestellte Typologie grenzüberschreitender Marktforschung erstellen (vgl. *Holzmüller* 1986, S. 45). Feld 1.1. umfasst Forschungsansätze, die im binnenstaatlichen Rahmen stattfinden und nicht auf ethnische Differenzierungen abstellen, wohingegen Untersuchungsansätze, die dem Feld 1.2. zuzuordnen sind, kulturelle Besonderheiten unterschiedlicher ethnischer Gruppen innerhalb eines Staates berücksichtigen. Untersuchungen im Feld 2.1. stellen den häufigsten Fall grenzüberschreitender Marktforschung dar: Ausgewählte Gruppen aus einem Staat werden mit adäquaten Gruppen aus einem oder mehreren anderen Staaten verglichen ohne Berücksichtigung jeweils nationaler Subkulturen. Die Einbeziehung unterschiedlicher ethnischer Subkulturen führt zu Forschungsansätzen der Gruppe 2.2. Während Untersuchungen vom Typ 2.1. und 2.2. in der Literatur unter dem Begriff „cross-national research" subsumiert werden, gehören zur „cross-cultural research" Ansätze des Typs 1.2, 2.1. und 2.2.

	ein Kulturkreis	mehrere Kulturkreise
eine Nation	1.1. binnenstaatliche Untersuchungen	**Cross-cultural-research** 1.2. binnenstaatliche Subkulturforschung
mehrere Nationen	**Cross-national-research** 2.1 internationaler Vergleich einer Untersuchungsgruppe	2.2 internationaler Vergleich mehrerer Subkulturen

Quelle: In Anlehnung an Holzmüller 1986, S. 46; Schopphoven 1991, S. 29.
Abb. 2.21: Kultur- und nationenbezogene Typologie der internationalen Marktforschung

2. Besonderheiten der internationalen Marktforschung

Die wichtigsten Besonderheiten, welche die internationale Marktforschung im Vergleich zu nationalen Untersuchungen kennzeichnen, können wie folgt charakterisiert werden (vgl. z.B. *Czinkota/Ronkainen* 2004, S. 188 f.):

– **Neue Parameter**
Internationalisierung bedeutet, dass das Unternehmen mit einer Vielzahl von Faktoren konfrontiert wird, die bei rein nationalen Aktivitäten nicht gegeben sind, wie z.B. Zölle, Wechselkurse u.a.

– **Neues Umfeld**
Umfeldbedingungen wie Kultur, politisches System, Rechtsordnung divergieren von Land zu Land und unterscheiden sich teilweise erheblich von den Gegebenheiten des Heimatlandes.

– **Breitere Definition des Wettbewerbs**
Die Abgrenzung des relevanten Marktes kann von Land zu Land sehr unterschiedlich ausfallen; für dasselbe Produkt sind in den verschiedenen Ländern u.U. völlig unterschiedliche Wettbewerbsstrukturen zu berücksichtigen.

- **Hoher zeitlicher und finanzieller Aufwand der Primärforschung**
Aufgrund begrenzter Budgets und der hohen Kosten internationaler Untersuchungen liegt der Schwerpunkt internationaler Marktforschung oftmals auf der Auswertung von sekundärstatistischem Material. Zudem sind die erforderlichen Forschungsdesigns komplexer als bei nationalen Untersuchungen; hinzu kommen das Problem der Vergleichbarkeit und Aktualität der erhobenen Informationen wie auch die erforderliche länderübergreifende Koordination der Forschungsaktivitäten (vgl. Abschnitt B.III. in diesem Teil).

- **Unzuverlässigkeit der sekundärstatistischen Daten**
Veraltetes Datenmaterial, nicht vergleichbare Untersuchungsdesigns bis hin zu politisch bedingter „Verschönerung" der Ergebnisse machen sekundärstatistisches Datenmaterial vielfach unbrauchbar (vgl. Abschnitt B.II. in diesem Teil).

Aufgrund der genannten methodischen und technischen Schwierigkeiten, die im nationalen Bereich nicht in diesem Ausmaß vorliegen, wird das Marktforschungsinstrumentarium für internationale Marktanalysen vereinfacht und häufig auch standardisiert.

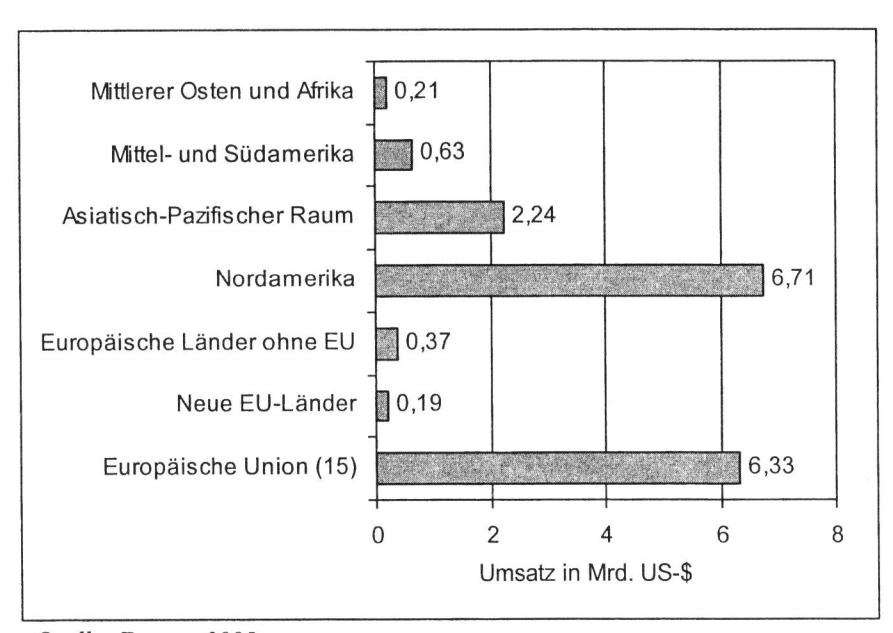

Region	Umsatz in Mrd. US-$
Mittlerer Osten und Afrika	0,21
Mittel- und Südamerika	0,63
Asiatisch-Pazifischer Raum	2,24
Nordamerika	6,71
Europäische Länder ohne EU	0,37
Neue EU-Länder	0,19
Europäische Union (15)	6,33

Quelle: Esomar 2005.
Abb. 2.22: Der weltweite Marktforschungsmarkt 2003

Die zunehmende Bedeutung der internationalen Marktforschung wird anhand der Entwicklung des Volumens des Marktforschungsmarkts deutlich. Das weltweite Marktforschungsvolumen betrug im Jahr 2003 über 16 Mrd. US-Dollar und konnte sich gegenüber 1995 mehr als verdoppeln (vgl. *ESOMAR* 2005); die Triade-Märkte EU, USA und Japan machen dabei zusammen über 80 % des weltweiten

Marktforschungsvolumens aus (vgl. Abb. 2.22). Innerhalb Europas steht Großbritannien mit knapp 2 Mrd. US-Dollar an der Spitze, gefolgt von Deutschland mit 1,8 Mrd. US-Dollar und Frankreich mit rd. 1,6 Mrd. US-Dollar (vgl. *ESOMAR 2005*). In Deutschland wurden im Jahr 2003 bereits 53 % der Marktforschungsumsätze im Ausland erzielt. Betrachtet man die Pro-Kopf-Ausgaben, so steht Großbritannien mit 33,80 US-Dollar an der Spitze, gefolgt von Schweden (30,82) und Frankreich (26,40). Schlusslicht ist Luxemburg mit 8,33 US-Dollar pro Kopf. (vgl. *ADM Arbeitskreis Deutscher Markt- und Sozialforschungsinstitute e.V. 2004*).

3. Anforderungen an internationale Marktforschungsinformationen

Sowohl sekundärstatistisch als auch primärstatistisch gewonnene Daten haben verschiedene **Anforderungen** zu erfüllen, damit sie als Grundlage internationaler Marketing-Entscheidungen herangezogen werden können (vgl. *Bauer* 1995, S. 27 ff.):
– Aktualität,
– Güte,
– Vergleichbarkeit,
– Entscheidungsrelevanz und
– Wirtschaftlichkeit.

Die **Aktualität** der Daten spielt insb. bei sekundärstatistischen Untersuchungen eine Rolle, da das rechtzeitige Erkennen von Trends und Strukturbrüchen nur auf Grundlage aktueller Informationen möglich ist. Die **Güte** von Marktforschungsinformationen umfasst Kriterien wie Objektivität, Reliabilität (Zuverlässigkeit) und Validität (Gültigkeit) der erhobenen Daten (vgl. hierzu *Berekoven/ Eckert/Ellenrieder* 2004, S. 88 ff.). Untersuchungen aus unterschiedlichen Ländern differieren teilweise erheblich im Hinblick auf die Güte des erhobenen Datenmaterials.

Die meisten internationalen Untersuchungen haben vergleichenden Charakter; dem Kriterium der **Vergleichbarkeit** kommt daher eine entscheidende Rolle zu. Ein standardisierter Marktforschungsplan für alle Länder ist nur bei Primärerhebungen möglich; oft ist eine Standardisierung jedoch nicht sinnvoll, da die zu erhebenden Konstrukte länderspezifisch inhaltlich anders definiert werden müssen (vgl. *Holzmüller* 1986, S. 54; *Craig/Douglas* 2002, S. 157 ff.). Die damit angesprochene **Äquivalenzproblematik** wird ausführlich im nachfolgenden Abschnitt 4 behandelt.

Entscheidungsrelevanz des Datenmaterials beinhaltet, dass die internationale Marktforschung keine breite, enzyklopädische Datensammlung über alle Länder zur Aufgabe hat, sondern sich auf solche Aspekte konzentrieren muss, die für Entscheidungsvorbereitung und -findung bedeutsam sind.

Die **Wirtschaftlichkeit** von Marktforschungsinformationen ist im Zusammenhang mit deren Qualität und Relevanz zu sehen. So ist eine vergleichsweise teure Primäruntersuchung, im Rahmen derer aktuelle, valide und relevante Daten erhoben werden, einer kostengünstigen Sekundäranalyse, welche die o.g. Anforderungen nicht erfüllt, grundsätzlich vorzuziehen; allerdings gilt aufgrund der hohen Kosten internationaler Primäruntersuchungen grundsätzlich das Prinzip, dass zunächst kostengünstige Informationsquellen auszuschöpfen sind und Primäruntersuchungen lediglich für solche Sachverhalte durchzuführen sind, die aus Sekundärquellen nicht in erforderlicher Qualität zu erheben sind.

Im Zusammenhang mit den Anforderungen an Marktforschungsinformationen spielen dabei **internationale Qualitätsstandards** eine entscheidende Rolle. Zur Qualitätssicherung der Marktforschung in Europa hat z.B. die EFAMRO (European Federation of Associations of Market Research Organisations), der europäische Dachverband der nationalen Marktforschungsverbände, die sog. „Market Research Quality Standards" festgelegt, an die sich die Mitglieder zu halten haben (zu den Einzelheiten vgl. *Wiegand* 2002).

4. Äquivalenzbedingungen der internationalen Marktforschung

Wie bereits in Abschnitt I.3. angesprochen, kommt dem Kriterium der **Vergleichbarkeit** der international erhobenen Daten aufgrund des i.d.R. vergleichenden Charakters länderübergreifender Untersuchungen eine zentrale Rolle zu. Anzumerken ist jedoch, dass die Erfüllung dieses Kriteriums dem Streben nach Entdeckung kultureller Unterschiede in der internationalen Marktforschung entgegensteht (vgl. *Simmet-Blomberg* 1998, S. 164).

Das Kriterium der Vergleichbarkeit ist zumeist nicht durch ein standardisiertes Vorgehen in den zu untersuchenden Ländern zu realisieren, sondern oftmals ist eine länderspezifische Adaption verschiedener Elemente der internationalen Erhebung notwendig (vgl. *Bauer* 1995, S. 51). Das Ausmaß dieser Differenzierung sollte jedoch begrenzt bleiben, da andernfalls die Eignung des Untersuchungsgegenstandes für eine länderübergreifende Untersuchung zu hinterfragen ist (vgl. *Simmet-Blomberg* 1998, S. 164).

Um eine Gesamtäquivalenz der international zu erhebenden Daten zu gewährleisten, muss zunächst eine Gleichwertigkeit der einzelnen Komponenten des Untersuchungsdesigns erzielt werden, d.h. es ist die Äquivalenz
– der nationalen Untersuchungssachverhalte,
– der nationalen Untersuchungsmethoden,
– der nationalen Untersuchungseinheiten,
– der nationalen Untersuchungssituationen und
– der nationalen Datenaufbereitungen
jeweils unter Berücksichtigung mehrerer Teilaspekte sicherzustellen (vgl. z.B. *Bauer* 1995, S. 51 f.;). Die Realisierung der Gesamtäquivalenz stellt somit eine komplexe Aufgabe mit zahlreichen Interdependenzen und Rückkopplungswirkungen dar (vgl. hierzu Abb. 2.23). Den einzelnen Äquivalenzproblemen wird dabei ein unterschiedliches Gewicht beigemessen (vgl. *Simmet-Blomberg* 1998, S. 292).

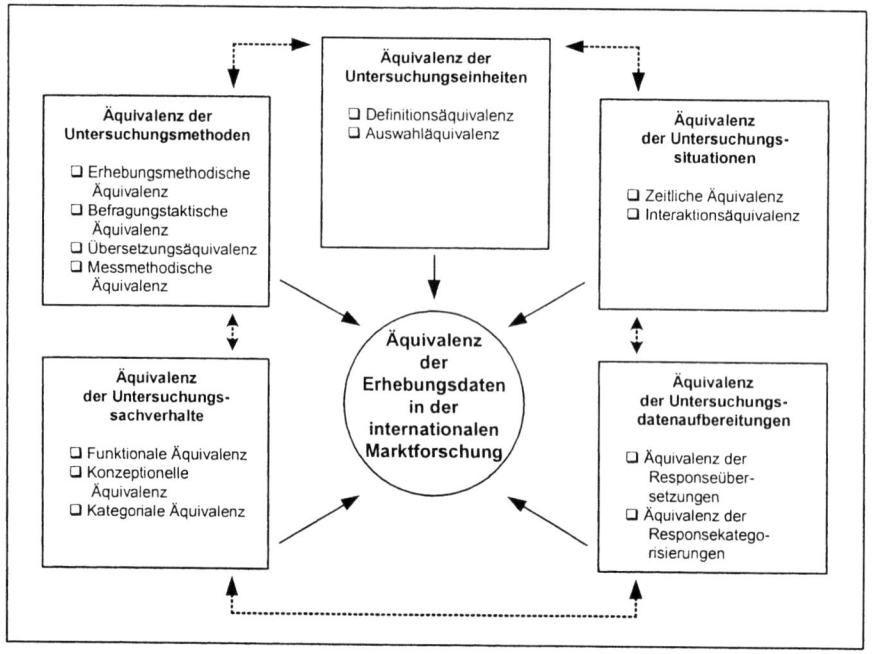

```
                    ┌─────────────────────────┐
         ┌─────────>│  Äquivalenz der         │<─────────┐
         ┆          │  Untersuchungseinheiten │          ┆
         ┆          │  ❏ Definitionsäquivalenz│          ┆
┌────────┴────────┐ │  ❏ Auswahläquivalenz    │ ┌────────┴─────────┐
│  Äquivalenz der │ └─────────────────────────┘ │  Äquivalenz      │
│ Untersuchungs-  │                             │  der Untersuchungs-│
│  methoden       │                             │  situationen     │
```

(Schematische Darstellung – Abb. 2.23)

Quelle: *Bauer 1995, S. 52.*
Abb. 2.23: Äquivalenzbedingungen in der internationalen Marktforschung

Die Äquivalenzproblematik der internationalen Marktforschung wird in der Literatur breit diskutiert (vgl. z.B. *Douglas/Craig* 1984; *Pope* 1991). Es existiert eine Vielzahl verschiedener Terminologien und Konzepte; insb. sei hier auf Klassifikationen der Äquivalenzbedingungen hingewiesen, die in der kulturvergleichenden Psychologie, Soziologie, Politologie sowie in der Kulturanthropologie Anwendung finden (vgl. hierzu u.a. *Bauer* 1995, S. 53; *Holzmüller* 1986, S. 54).

a.   Äquivalenz der Untersuchungssachverhalte

Die Äquivalenz der Untersuchungssachverhalte ist unter Beachtung der folgenden Teilaspekte sicherzustellen:

Funktionale Äquivalenz

Hierbei wird gefordert, dass die zu erhebenden objekt- oder verhaltensbezogenen Daten funktional identische Sachverhalte abbilden (vgl. z.B. *Usunier* 2000, S. 215 f.). Insbesondere sind differierende Funktionen gleicher bzw. ähnlicher Untersuchungsobjekte in den einzelnen Ländern zu beachten. Als anschauliches Beispiel sei auf die unterschiedliche Funktion des Fahrrads in verschiedenen Ländern - einerseits als wichtiges Transportmittel, andererseits als reiner Freizeitgegenstand - hingewiesen (vgl. *Holzmüller* 1986, S. 55).

Konzeptionelle Äquivalenz

Konzeptionelle Äquivalenz ist erreicht, wenn die Operationalisierungen der zu erforschenden theoretischen Konstrukte in einer äquivalenten Relation zu diesen Konstrukten stehen, d.h. also, wenn in jedem Land die interessierenden Konstrukte durch geeignete Variablen wiedergegeben werden (vgl. u.a. *Bauer* 1995, S. 53).

Aufgrund der Forderung nach internationaler Vergleichbarkeit der zu erhebenden Daten ist es oftmals nicht möglich, theoretische Konstrukte, wie z.B. Einstellungen oder Motivationen, für alle zu untersuchenden Länder identisch zu operationalisieren. Daher erfolgt die Messung zumeist auf Basis länderspezifischer Indikatoren. Zur Unterstützung der Festlegung dieser Indikatoren werden häufig explorative Voruntersuchungen durchgeführt (vgl. *Bauer* 1995, S. 54 f.).

Kategoriale Äquivalenz

Eine kategoriale Äquivalenz ist sichergestellt, wenn die Kategorisierungen von Objekten, Stimuli oder Verhaltensweisen allen nationalen Besonderheiten Rechnung tragen. Hierbei werden Probleme berücksichtigt, die sich aus differierenden bzw. einzigartigen Definitionen und Abgrenzungen in den verschiedenen Ländern ergeben. So werden beispielsweise gleiche Produkte international unterschiedlichen Produktkategorien zugeordnet, oder es treten Probleme aufgrund unterschiedlicher Kategorisierungen von sozio-ökonomischen Merkmalen auf (z.B. differierende Einkommensklassen oder Berufsklassifikationen). Oftmals ist dann eine Bildung von Ersatzindikatoren notwendig, um die Vergleichbarkeit der Daten sicherzustellen (vgl. *Schopphoven* 1991, S. 34 f.).

b. Äquivalenz der Untersuchungsmethoden

Die Äquivalenz der Untersuchungsmethoden wird durch die Realisierung der Teilaspekte erhebungsmethodische, befragungstaktische und messmethodische Äquivalenz sowie die Übersetzungsäquivalenz sichergestellt.

Erhebungsmethodische Äquivalenz

Hierbei wird die Kulturgebundenheit der verschiedenen Untersuchungsmethoden berücksichtigt, die i.d.R. länderspezifische Anpassungen der Erhebungsmethodik erforderlich macht (vgl. *Simmet-Blomberg* 1998, S. 301). Diese Adaptionen sind jedoch so zu gestalten, dass sowohl eine äquivalente Repräsentanz der einzelnen nationalen Stichproben als auch eine äquivalente interne Validität der nationalen Erhebungsergebnisse erzielt wird (vgl. u.a. *Bauer* 1995, S. 56).

Befragungstaktische Äquivalenz

Je nach Untersuchungsgegenstand ist es darüber hinaus oftmals notwendig, länderspezifische Anpassungen der Frageformen und Frageformulierungen sowie auch z.B. der Befragungsdauer vorzunehmen. Ziel ist es, ländertypische Verzerrungen der Untersuchungsergebnisse (z.B. durch Höflichkeitsbias oder sozial erwünschte Antworten) zu verhindern oder deren Ausmaß möglichst gering zu halten (vgl. u.a. *Schopphoven* 1991, S. 41, *Simmet-Blomberg* 1998, S. 309).

Übersetzungsäquivalenz

Hierbei wird eine bedeutungsinvariante Übersetzung der Begründung des Forschungsvorhabens, der Forschungsinstruktionen, der Fragebögen bzw. nonverbaler Vorgaben sowie der Ergebnisse der Datenaufbereitungen angestrebt. Zur Sicherstellung der Übersetzungsäquivalenz werden insb. bei standardisierten Befragungen verschiedene Methoden der Rückübersetzung eingesetzt (vgl. *Schopphoven* 1991, S. 44). Bei qualitativ ausgerichteten Untersuchungen wird hauptsächlich auf muttersprachliche Mitarbeiter zurückgegriffen (vgl. *Simmet-Blomberg* 1998, S. 310 f.).

Messmethodische Äquivalenz

Messmethodische Äquivalenz erfordert den Einsatz entweder kulturspezifischer Messmethoden (z.B. international differenzierter Rating-Skalen) oder aber kulturfreier Messmethoden. Beispielsweise hat sich das Semantische Differential als vergleichsweise kulturfreies Messverfahren erwiesen (vgl. *Malhotra* 2004, S. 271). Die Anzahl und der Anwendungsbereich der kulturfreien Messmethoden ist jedoch beschränkt. Probleme bereiten u.a. die international äquivalente Messung psychografischer Variablen wie auch die verbale Umschreibung von Rating-Skalenpunkten (zur messmethodischen Äquivalenz vgl. ausführlich *Craig/Douglas* 2002, S. 160 ff.).

Wie stark kulturelle Unterschiede die Äquivalenz gefährden können, zeigt folgendes Beispiel (vgl. *Pope* 1991): Im Rahmen eines kontrollierten Experiments untersuchte das Institut Custom Research, ob im Hinblick auf die Neigung, auf einer Skala extreme Positionen anzukreuzen, länderspezifische Unterschiede zu verzeichnen seien. Die Ergebnisse waren teilweise verblüffend (vgl. Abb. 2.24): So wurde z.B. festgestellt, dass in den Philippinen und in Italien die Bereitschaft, bei der Frage nach der Kaufabsicht die oberste Antwortkategorie anzukreuzen, viermal so groß war wie etwa in Japan.

c. Äquivalenz der Untersuchungseinheiten

Bei der Stichprobengenerierung für länderübergreifende Untersuchungen ist einerseits die internationale Vergleichbarkeit, andererseits aber auch die Repräsentativität der Erhebungen sicherzustellen (vgl. *Schopphoven* 1991, S. 39 f.). Die adäquate Ermittlung der Stichproben umfasst dabei folgende Teilaspekte:

Definitionsäquivalenz

Grundvoraussetzung internationaler Untersuchungen ist es, dass in den zu untersuchenden Ländern jeweils Informationen über funktional identische Untersuchungseinheiten, etwa die Käufer eines bestimmten Produktes, gewonnen werden. Die funktionale Identität schließt jedoch nicht aus, dass sich die Untersuchungseinheiten z.B. hinsichtlich sozio-demografischer Merkmale oder der Einwirkungsmöglichkeiten bei Kaufentscheidungsprozessen unterscheiden können. Die Definitionsäquivalenz fordert eine gleichwertige empirische Definition der Untersuchungseinheiten bei Total- oder Teilerhebungen. Die Festlegung der Untersuchungseinheiten muss somit unter Berücksichtigung funktionsäquivalenter Merkmale oder Merkmalsausprägungen erfolgen. Auch hier bietet sich die Durchführung explorativer Voruntersuchungen an (vgl. *Bauer* 1995, S. 58 f.).

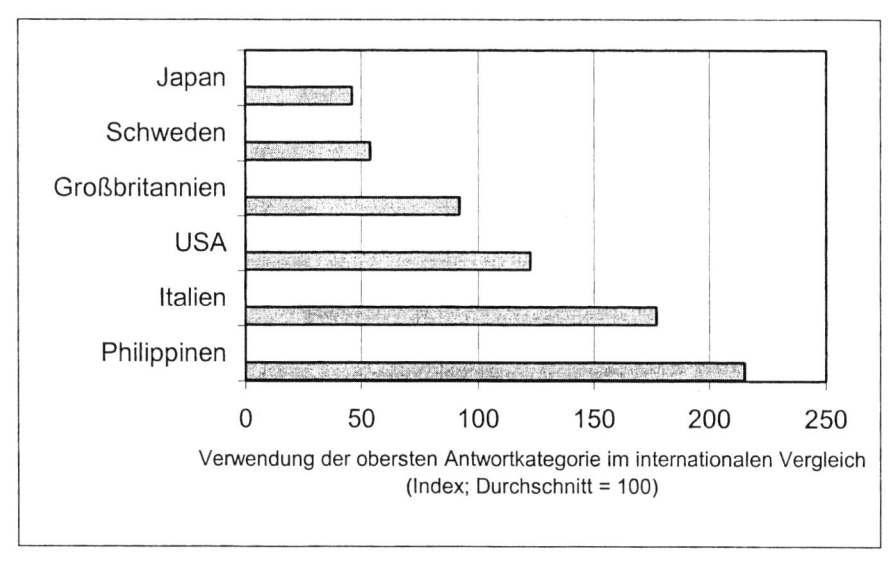

Quelle: In Anlehnung an Pope 1991.
Abb. 2.24: Kaufabsichts-Indizes im internationalen Vergleich

Auswahläquivalenz

Aufgrund unterschiedlicher Umweltbedingungen ist es häufig notwendig, in den zu untersuchenden Ländern bei der Stichprobenermittlung differenzierte Auswahlprinzipien sowie Auswahlverfahren und -techniken einzusetzen, um eine äquivalente Repräsentanz der nationalen Stichproben zu erzielen (vgl. *Holzmüller* 1986, S. 61). So sind z.B. Zufallsstichproben in einigen Ländern aufgrund unzureichender Sekundärquellen (z.B. Volkszählungen, Adressbüchern) kaum realisierbar; hier wird dann i.d.R. auf Verfahren der bewussten Auswahl zurückgegriffen (vgl. *Craig/Douglas* 2002, S. 163).

d. Äquivalenz der Untersuchungssituationen

Die Äquivalenz der Untersuchungssituationen wird von verschiedenen zeitpunkt- und zeitablaufbezogenen Faktoren sowie den Interaktionen der an der Erhebung beteiligten Personen bestimmt.

Zeitliche Äquivalenz

Hierbei wird gefordert, dass die Feldarbeit in den zu untersuchenden Ländern so durchgeführt wird, dass sowohl zeitablaufbezogene Einflussfaktoren (insb. gesellschaftliche, politische und wirtschaftliche Entwicklungen) als auch zeitpunktbezogene Einflüsse (natürlicher, politischer, religiöser oder wirtschaftlicher Art) kontrolliert werden können (vgl. *Bauer* 1995, S. 60).

Interaktionsäquivalenz

Neben der Kontrolle zeitlicher Einflüsse wird auch die Berücksichtigung von Interviewer- und Drittpersoneneinflüssen auf die Untersuchungssituation gefordert. Personen- und Umwelteinflüsse wirken sich sowohl auf das verbale als auch das nonverbale Verhalten aus. Daneben sind bei länderübergreifenden Erhebungen u.a. auch geschlechtsspezifische und statusbedingte Interaktionseinflüsse sowie kulturspezifische Reaktionsmuster zu berücksichtigen (vgl. *Holzmüller* 1986, S. 62 f.).

e. Äquivalenz der Untersuchungsdatenaufbereitungen

Eine Äquivalenz der Untersuchungsdatenaufbereitungen ist sichergestellt, wenn bei der Auswertung der nationalen Teilerhebungen die **semantische Äquivalenz** zwischen den originären und den übersetzten Antworten sowie die Äquivalenz notwendiger Antwortkategorisierungen (**Äquivalenz der Responsekategorisierungen**) gegeben ist (vgl. *Bauer* 1995, S. 61).

II. Internationale Sekundärforschung

1. Charakterisierung der internationalen Sekundärforschung

Im Rahmen einer **internationalen sekundärstatistischen Datengewinnung** wird auf bereits existierendes, für andere oder ähnliche Bezugsrahmen erhobenes Datenmaterial, wie z.B. erstellte Analysen oder veröffentlichte Studien zurückgegriffen. Gemäß dem jeweiligen internationalen Marketingproblem werden die Sekundärdaten unabhängig von ihrem ursprünglichen Zweck länderübergreifend zusammengetragen, aufbereitet, analysiert und interpretiert, um Implikationen für eine problemadäquate Entscheidung ableiten zu können. (Zum allgemeinen Begriff der Sekundärforschung vgl. beispielsweise *Berndt* 1996, S. 165). Für die Auslandsmarktforschung allgemein und insbesondere für das strategische internationale Marketing stellt die Sekundärforschung die wesentliche informatorische Voraussetzung dar, um die Zukunft von Märkten und die Potenziale und Risiken einzelner Strategien bewerten zu können (vgl. *Meissner* 1995, S. 108).

In der Regel verfügen alle Vorgehensweisen der internationalen Informationsbereitstellung über ein Pendant in der nationalen Marktforschung, jedoch werden die Fragestellungen insgesamt komplexer. Dadurch werden teilweise sogar neuartige Problemstellungen generiert. Die größere Vielschichtigkeit der internationalen Sekundärforschung wird beispielsweise durch die Umweltvielfalt, länderübergreifende Sachverhalte, geographische und kulturelle Distanzen, neuartige bzw. erhöhte Risiken, mangelnde Verfügbarkeit von Institutionen oder Instrumenten sowie erhöhte Anforderungen an den Ressourceneinsatz verursacht (vgl. *Hünerberg* 1994, S. 346).

Vielfach wird die größere **Bedeutung der internationalen Sekundärforschung** gegenüber der internationalen Primärforschung betont (vgl. beispielsweise *Simmet-Blomberg* 1998, S. 253). Die Möglichkeiten der internationalen Sekundäranalyse sind in den letzten Jahren und Jahrzehnten deutlich gewachsen. Einen wesentlichen Faktor zur Vereinfachung und Förderung der Sekundärforschung auf internationaler Ebene stellen die Errungenschaften der **Informations- und Kommunikationstechnologie** dar. Immer größere und komplexere Datenmengen können in kürzester Zeit weltweit versandt und verarbeitet werden. Die Zahl der elektronischen Datenbanken zur internationalen Recherche steigt kontinuierlich an, und Fortschritte in der Kommunikationstechnologie erlauben eine schnelle und kostengünstige Interaktion. Im Zusammenhang mit den Möglichkeiten der neuen Technologien sowie dem Trend zu Internationalisierung und Globalisierung wird eine immer größer werdende Menge an Informationsmaterial zu Regionen, Ländern, Ländermärkten und -teilmärkten erhältlich. Die Anzahl an unternehmensexternen Datenbanken und -archiven sowie an von den verschiedensten Organisationen und Institutionen veröffentlichten Studien und Statistiken nimmt rasant zu (vgl. *Clark/Maynard* 1998, S. 58 ff.). Im Rahmen dieser Entwicklungen kann davon ausgegangen werden, dass die Bedeutung internationaler Sekundärforschung weiter ansteigen wird. Es wird dabei verstärkt Wert auf eine fundierte Überprüfung bereits vorhandener Quellen gelegt, bevor eine zumeist kosten- und zeitintensivere internationale Primärforschung in die Überlegungen mit einbezogen wird.

2.   Prozess der internationalen Sekundärforschung

Die internationale Marktforschung ist eng verbunden mit den supranationalen Entscheidungsprozessen innerhalb des Unternehmens. Der den Entscheidungsprozess in Gang setzende Faktor ist die Erkenntnis, dass in einer international relevanten Problemstellung Aktionen erforderlich sind, für die ein Informationsdefizit besteht. Zur detaillierten Problemdefinition und zur Problemlösung dienen hierbei Erkenntnisse der Marktforschung. Abb. 2.25 bietet einen Überblick über **den Prozess der internationalen Sekundärforschung**.

Der Ablauf der internationalen Sekundärforschung beginnt mit der **Formulierung von Forschungsproblem und Forschungsziel**. Dabei erfolgt idealerweise eine Abstimmung zwischen der Unternehmenszentrale und den Auslandsiederlassungen. Vielfach wird auf die Unterstützung internationaler Marktforschungsinstitute zurückgegriffen bzw. die Arbeit von nationalen Martforschungsinstituten koordinierend vereinheitlicht. Zunächst ist auf dieser Stufe der Informationsbedarf festzustellen. Im Gegensatz zu den monokulturellen Fragestellungen der nationalen Sekundärforschung werden bei der internationalen Sekundärforschung multikulturelle Sachverhalte, z.B. kulturabhängige Charakteristika des Kaufverhaltens, untersucht. Den internationalen Forschungsprozess initiierende Überlegungen sind beispielsweise Hypothesen zu internationalen Unterschieden bei Konsumentenbedürfnissen und -wünschen und bei der unternehmerischen Umwelt (Vertriebskanäle, Medien, Werbebestimmungen etc.). An dieser Stelle ist auch der Forschungsnutzen zu bewerten, d.h. die (voraussichtlichen) Kosten der Sekundärforschung sind den aus einem Informationsdefizit resultierenden Risiken gegenüberzustellen, um eine Entscheidung über die Durchführung der Marktforschungsmaßnahme treffen zu können. Anschließend erfolgt eine detaillierte Festlegung des Forschungsziels, wobei zu berücksichtigen ist, dass verschiedene Gruppen innerhalb eines international tätigen Unternehmens evtl. differierende Forschungsziele anstreben können.

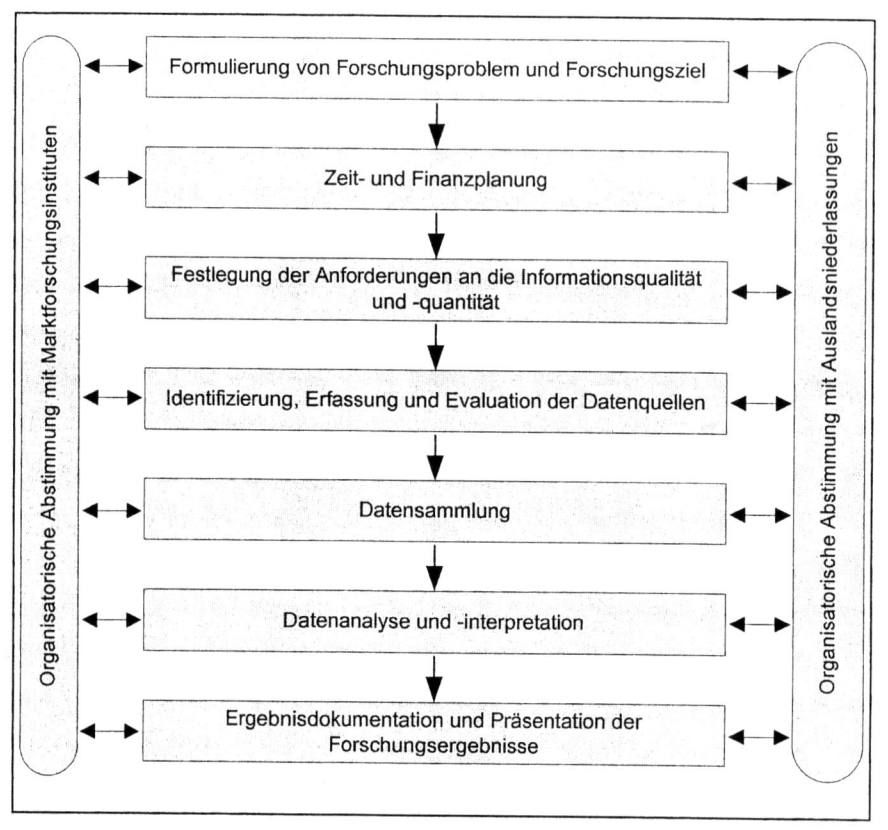

Abb. 2.25: Prozess der internationalen Sekundärforschung

In einem weiteren Schritt erfolgt die **Zeit- und Finanzplanung**, d.h. die Terminierung des Projekts wie auch die Festlegung der zur Verfügung zu stellenden finanziellen Ressourcen für die Marktforschungsmaßnahme. Des Weiteren ist in dieser Stufe die organisatorische Abwicklung des Projekts zu bestimmen.

An die von den zeitlichen und finanziellen Ressourcen determinierte **Festlegung der Anforderungen an die Informationsqualität und -quantität** schließt sich die **Identifizierung, Erfassung und Evaluation** der Datenquellen an. Es existiert bei der internationalen Sekundärforschung in aller Regel ein so breites Angebot prinzipiell nutzbarer Informationsquellen und -materialien, dass dieses aus zeitlichen und finanziellen Gründen gar nicht vollständig ausgeschöpft werden kann. Es bedarf daher einer planvollen Selektion und Überprüfung der Datenquellen und -qualität. Dabei sind Informationen zur Seriosität der primärerhebenden Institution sowie Forschungsdesign und -durchführung zu bewerten, um eine geeignete Auswahl der Sekundärquellen treffen zu können.

Nach der Auswahl der Datenquellen erfolgt die konkrete **Datensammlung**, d.h. die Erhebung der interessierenden Sachverhalte aus dem sekundärstatistischen Material. Im Anschluss daran findet die international äquivalente **Datenanalyse und –interpretation** statt. Neben der Quellenrecherche liegt hier die wesentliche Aufgabe der internationalen Sekundärforschung. Besonders relevant für internationale Sekundäranalysen ist die Fusionierung verschiedener länderspezifischer Quellen von gleicher und verschiedener Art, die jedoch bestimmte Probleme aufweist. Da die auszuwertenden Informationen i.d.R. in einem nicht direkt mit der aktuellen Forschungsfrage verknüpften Zusammenhang erhoben wurden, können Qualitätsdefizite durch mangelnde Datenaktualität sowie fehlende Objektivität, Genauigkeit und Vergleichbarkeit der Informationsmaterialien auftreten. Die Äquivalenzbedingung ist bei der internationalen Sekundärforschung insbesondere auch aufgrund der Sprachunterschiede deutlich schwieriger zu erfüllen als bei einer Primärerhebung. Auf Basis der **Präsentation der Forschungsergebnisse** können abschließend fundierte Entscheidungen zu den länderübergreifenden Marketingfragestellungen getroffen werden, welche den Forschungsprozess veranlasst haben (vgl. *Czinkota/Ronkainen* 2004, S. 208; *Bauer* 1995, S. 79 ff.).

Der Erfolg einer internationalen Sekundärforschung wird wesentlich von der sorgsamen Auswahl und Nutzung der Sekundärquellen bestimmt. Die jeweilige Informationsquelle dient insofern auch als wesentliches **Differenzierungskriterium** bei der Charakterisierung der internationalen Sekundärforschung. Je nach Art sowie Herkunft der Informationsmaterialien lassen sich verschiedene Varianten der internationalen Sekundärforschung unterscheiden. Es können drei unterschiedliche **Arten von Informationsunterlagen** identifiziert werden, die sich wie folgt systematisieren lassen:
- statistische Daten (z.B. Daten der amtlichen bzw. halbamtlichen Statistik der verschiedenen Länder oder betriebliche Datenbanken),
- empirisch fundierte Studien, in denen bereits Interpretationen zu bestimmten Sachverhalten vorliegen, wie Länder(markt)analysen, Verbraucheranalysen, Konkurrentenanalysen, Mediaanalysen etc. sowie
- Berichte, Mitteilungen und ähnliche Publikationen (z.B. Zeitungsartikel, Geschäftsberichte, Außendienstberichte, Kataloge, Nachschlagewerke) (vgl. *Bauer* 1995, S. 79 f.).

Je nach Art des Informationsmaterials bedient man sich unterschiedlicher Auswertungsmethoden. Zur Analyse statistischer Daten können in Abhängigkeit vom Skalenniveau der Daten verschiedene statistisch-mathematische Datenanalyseverfahren eingesetzt werden (vgl. Abschnitt B.III.5. in diesem Teil). Das Datenmaterial vorliegender Analysen und Studien wird, i.d.R. unter etwas anderem Blickwinkel, erneut untersucht und interpretiert. Rein textlich vorliegende Informationen können inhaltsanalytisch standardisiert aufbereitet werden.

Nach der **Herkunft des Informationsmaterials** kann in unternehmensinterne und unternehmensexterne Quellen differenziert werden. Der folgende Abschnitt 3 beschäftigt sich mit der Darstellung von für das internationale Marketing relevanten Informationsquellen, wobei aufgrund der Vielfalt und Vielzahl der Quellen keine Gesamtschau möglich ist, sondern einzelne Kategorien aufgeführt und beispielhafte Quellen genannt werden sollen.

```
┌─────────────────────────────────────────────────────────────┐
│         Unternehmensinterne Informationsquellen              │
│                                                              │
│   • Umsatz- und Absatzzahlen                                 │
│   • Auftrags- und Bestellstatistiken                         │
│   • Kunden- und Lieferanteninformationen aus Korrespondenzen │
│     und Dateien                                              │
│   • Absatz- und Beschaffungsmittlerdateien                   │
│   • Allgemeine Mitarbeiterbefragungen, Betriebliches         │
│     Vorschlagswesen                                          │
│   • Außendienstberichte                                      │
│   • Beschwerdeberichte aus Call Center und Kundenkorrespon-  │
│     denz, Kundendienstprotokolle                             │
│   • Einkäuferberichte                                        │
│   • Managementberichte                                       │
│   • Vorhandene oder fremdbezogene Marketingstudien           │
│   • Messe-, Ausstellungs- und Tagungsberichte                │
└─────────────────────────────────────────────────────────────┘
```

Quellen: Bauer 1995, S. 84 f.; Simmet-Blomberg 1998, S. 254.
Abb. 2.26: Unternehmensinterne Informationsquellen

3. Quellen der internationalen Sekundärforschung

Sowohl unternehmensintern als auch außerhalb eines Unternehmens existiert weltweit eine Vielzahl an unterschiedlichsten, für die Sekundärforschung zur Verfügung stehenden Informationsquellen.

Unternehmensinterne Informationsquellen zeichnen sich durch leichte und kostengünstige Erhältlichkeit aus, weshalb ihnen insbesondere in der Frühphase der Sekundärforschung eine große Bedeutung zukommt. Daten und Kennzahlen aus der Absatz- und Vertriebsstatistik, dem Rechnungswesen und dem Controlling bieten eine Fülle an Informationen für das internationale Marketing (vgl. Abb. 2.26).

Unternehmensexterne Informationsquellen
• Ministerien, Behörden
• Statistische Ämter
• Handelskammern
• Wirtschaftsverbände
• Wirtschaftsforschungsinstitute
• Botschaften und Konsulate
• Nationalbanken und Banken
• Beratungsunternehmen
• Werbeagenturen
• Marktforschungsinstitute
• Verlage (Nachschlagewerke etc.)
• Repräsentanten internationaler Organisationen
• Elektronische Datenbanken
• Handelsförderungsstellen, Ländervereine
• Informationsangebote von Hilfsbetrieben der Sekundärforschung
• internationale Messen und Ausstellungen (Kataloge und Berichte)

Quellen: Stahr/Backes 1995, S. 87; Meffert/Bolz 1998, S. 86.
Abb. 2.27: Unternehmensexterne Informationsquellen

Numerische Informationen mit vorwiegend operativem und vergangenheitsbezogenem Charakter wie Absatzzahlen können durch verbale Daten wie Außendienstberichte und Beschwerdeberichte ergänzt werden, um kulturelle Differenzierungen von Konsumentenbedürfnissen und -verhaltensweisen sowie anderweitige marketingrelevante Umweltfaktoren aufzudecken; dementsprechend erfolgt meist auch eine systematische Erschließung verbaler Informationsquellen (vgl. *Simmet-Blomberg* 1998, S. 255 f.). Der unternehmensweiten Vergleichbarkeit der Quellen dient sowohl bei den quantitativen als auch bei den qualitativen Daten eine unternehmensweit einheitliche Informationssammlung und -speicherung. So können in einem internationalen Informations-Management-System die Daten standardisiert gesammelt und überall schnell verfügbar gemacht werden (vgl. *Stahr/Backes* 1995, S. 69 ff.).

Das aus unternehmensinternen Quellen gewonnene Informationsmaterial bedarf in der Regel der Ergänzung und Relativierung durch **unternehmensexterne Informationsquellen**. Externe Quellen können dem Unternehmen insbesondere für Märkte mit hohem Fremdheitsgrad von Kultur und Unternehmensumfeld wesentliche Impulse geben sowie neuartige Sichtweisen und Erkenntnisse fördern. Zudem liegen international weit über interne Möglichkeiten hinausgehende Daten- und Informationsmaterialien in einer immensen Vielfalt vor.

Afrika-Verein e.V. www.afrikaverein.de	Der Afrika-Verein stellt seinen Mitgliedern eine Vielzahl von Informationen über die afrikanischen Märkte zur Verfügung und unterstützt die Mitgliedsunternehmen beim Auf- und Ausbau von Geschäftsverbindungen in Afrika.
Außenhandelskammern (AHK) www.ahk.de	In über 80 Ländern rund um den Globus betreuen rd. 120 AHK-Büros Unternehmen mit Interesse am bilateralen Wirtschaftsverkehr mit und aus Deutschland. In Ländern mit weniger starkem unternehmerischen Interesse und dort, wo eine AHK-Gründung nach deutschem Autonomieverständnis nicht möglich ist, exisitieren Delegationen bzw. Repräsentanzen der Deutschen Wirtschaft. Der Basis-Leistungskatalog der AHK-Büros beinhaltet kommerzielle Auskunftsdienste, legislative und administrative Dienste, Markt- und Wirtschaftsanalysen, Informationen zu Technologietransfer und Umweltschutz sowie Handels- und Investitionsförderung.
Auswärtiges Amt (AA) www.auswaertiges-amt.de	Über das Auswärtige Amt erhält man neben außenwirtschaftlichen Informationen auch Adressen von Botschaften, Auslandshandelskammern etc.
Bundesstelle für Außenhandels-Informationen (BfAI) www.bfai.de	Die BfAI ist eine dem Bundeswirtschaftsministerium nachgeordnete Bundesbehörde. Ein Netz von Auslandskorrespondenten und Mitarbeitern in Deutschland forscht und publiziert zu Märkten, Trends und Geschäftschancen im Ausland. Die BfAI bietet (Online-) Datenbanken zu ihren Publikationen an. Zu der Vielzahl an Sammelwerken, Merkblättern und wöchentlichen Veröffentlichungen gehören beispielsweise Branchenstudien, Länderanalysen, Informationen zu Zoll-, Steuer- und Rechtsbestimmungen sowie Serien zu Werbung, Messeauftritt, Marktforschung, Vertrieb und Niederlassungsgründung für die verschiedensten Länder.
Industrie- und Handelskammern (IHK) www.ihk.de	Die IHK geben mit ihrem Zentralorgan Deutscher Industrie- und Handelstag (DIHT) eine Reihe von Publikationen heraus, die neben Informationen zu bestimmten Wirtschaftsräumen auch über Förderungsmöglichkeiten unterrichten. Die Kammern beraten Mitglieder kostenlos und individuell zu Möglichkeiten und Problemen der Auslandstätigkeit.
Ostasiatischer Verein e.V. www.oav.de	Neben Beratung und Unterstützung seiner Mitglieder beim Auf- und Ausbau von Geschäftsbeziehungen zur Asien-Pazifik-Region stellt der Ostasiatische Verein seinen Mitgliedern eine Vielzahl an Informationen und Publikationen zur Verfügung.
Statistisches Bundesamt (Stat. BA) www.destatis.de	Neben dem "Statistischen Jahrbuch für das Ausland" publiziert das Stat. BA u.a. die nach Warengruppen und Ländern differenzierte jährliche Außenhandelsstatistik sowie einzelne Länderberichte als vierteljährlich und monatlich erscheinende Veröffentlichungen.
Wissenschaftliche Institutionen	Bei den verschiedenen wissenschaftlichen Einrichtungen sind Auslandsinformationen erhältlich. Neben der Sammlung, Aufbereitung und Archivierung werden auch eigene Primärerhebungen zu Auslandsmärkten durchgeführt. Zu nennen sind u.a. das Deutsche Institut für Wirtschaftsforschung in Berlin, das HWWA-Institut für Wirtschaftsforschung in Hamburg, das Institut der deutschen Wirtschaft in Köln, das Institut für Weltwirtschaft an der Universität Kiel, das Ifo-Institut für Wirtschaftsforschung in München, das Rheinisch-Westfälische Institut für Wirtschaftsforschung in Essen, das Institut für Wirtschaftsforschung in Halle, das Zentrum für europäische Wirtschaftsforschung in Mannheim, die Forschungsstelle für den Handel in Berlin.

Abb. 2.28: Ausgewählte deutsche nicht-kommerzielle bzw. halb-kommerzielle Informationsquellen

Eine der arbeitsintensivsten Aufgaben der Sekundärforschung ist die auf die Forschungsproblematik spezifisch zugeschnittene Sammlung und Bewertung der zahlreichen externen Informationsquellen. Allgemein kann auf Veröffentlichungen, Archivmaterial und Informationsdienste der in Abb. 2.27 dargestellten **inländi-**

schen bzw. ausländischen unternehmensexternen Quellen zurückgegriffen werden, die in Existenz, Ausprägungen und Qualität von Land zu Land stark differieren können.

Beratungsstellen der Europäischen Union, Brüssel (EU) Statistisches Amt der Europäischen Union, Luxembourg (Eurostat) www.europa.eu.int	Die EU bietet verschiedenste Informationsdienstleistungen an; von Interesse kann beispielsweise die EUR-OP Datenbank sein, die u.a. Informationen zu EU-Kontakten, Öffentlichen Ausschreibungen, Statistiken, Bibliografien und universitären Forschungen anbietet. Wichtige Publikationen sind das Eurostat Yearbook, die Demographic Statistics und die Europroms. Dem Eurostat obliegt innerhalb der europäischen Kommission die Aufgabe des Aufbaus eines Systems von europaweit vergleichbaren Informationen. Die den Veröffentlichungen zu Grunde liegenden Informationen sind in Datenbanken gespeichert. Die wichtigsten Datenbanken sind CRONOS (Zeitreihen aus allen statistischen Bereichen), COMTEXT (Statistik des Außenhandels der Gemeinschaft und des innergemeinschaftlichen Handels), REGIO (Regionaldaten der Mitgliedsländer). Die Datenbanken sind für nichtbehördliche Nutzer größtenteils über Online-Informationsanbieter wie beispielsweise WEFA in Frankfurt zugänglich.
European Investment Bank (EIB) www.eib.org	Die EIB publiziert online ein breites Spektrum an Broschüren zu verschiedenen Themen, etwa Strategien, Länderberichte, technische Studien, ökonomische Analysen u.a. Der Zugang zu den Publikationen ist kostenlos.
International Bank for Reconstruction and Development (Weltbank), Washington www.worldbank.org	Neben regelmäßig erscheinenden Periodika und Zeitungen gibt die Weltbank auch Forschungsstudien heraus. Wichtige Publikationen sind World Tables, Trends in Developing Countries und The World Bank Atlas. Über die Website besteht Zugang zu einer Vielzahl von Informationen und statistischem Material (z.T. gebührenpflichtig).
International Monetary Fund (Internationaler Währungsfond) (IMF) www.imf.org	Zusätzlich zu den vom Internationalen Währungsfond herausgegebenen Schriften wie International Financial Statistics und World Economic Outlook können auch Publikationen der Mitgliedsstaaten eingesehen werden.
Internationale Handelskammer www.iccwbo.org	Die Internationale Handelskammer gibt Publikationen unter Anderem zu den Bereichen Banken und Finanzen, Internationaler Handel und Verträge, wie z.B. Key Words in International Trade und The Law of International Trade, heraus.
Organisation for Economic Cooperation and Development, Paris (OECD) www.oecd.org	Die OECD veröffentlicht eine Vielzahl an Publikationen, beispielsweise OECD Economic Outlook, Monthly Statistics for Foreign Trade, The OECD Member Countries. Darüber hinaus stellt die OECD – teilweise gegen Gebühr – zahlreiche Berichte, Länderstudien usw. zu den verschiedensten Themen zur Verfügung.
Vereinte Nationen (UN), New York www.un.org	Die UN veröffentlicht mit ihren Unterorganisationen eine Vielzahl von Publikationen wie Statistical Yearbook of the United Nations, World Economic Survey, World Trade Annual. Online sind zahlreiche Publikationen und Statistiken verfügbar.
World Trade Organisation (WTO) www.wto.org	Die WTO veröffentlicht beispielsweise The WTO Annual Report und World Trade in Commercial Services. Darüber hinaus besteht über die Website Zugang zu zahlreichen Publikationen zu verschiedenen Themen wie Wirtschaft, Recht, Umwelt usw.

Abb. 2.29: Ausgewählte internationale nicht-kommerzielle bzw. halbkommerzielle Informationsquellen

Inländische unternehmensexterne Informationsquellen besitzen i.d.R. die Vorteile größerer Bekanntheit, besserer und schnellerer Erhältlichkeit sowie den Wegfall eventueller sprachlicher Barrieren gegenüber entsprechenden ausländischen Informationsquellen. Sie sind aber meist nicht in ausreichendem Umfang verfügbar. Zudem besitzen sie nicht die kulturelle Nähe von Informationsmaterialien, die von Institutionen erstellt werden, die direkt vor Ort marktforscherisch tätig sind. Als **deutsche nicht-kommerzielle Quellen** für das internationale Marketing sind die in Abb. 2.28 dargestellten besonders hervorzuheben.

Neben den nationalen Institutionen der jeweiligen Länder gibt es auch eine große Zahl an **internationalen Organisationen**, die Informationen zu außenwirtschaftlichen Fragen liefern. Exemplarisch werden in Abb. 2.29 einige Organisationen genannt. Die in den Abb. 2.28 und 2.29 genannten Quellen bieten (teilweise kostenpflichtige) Online-Zugriffe auf eine Vielzahl an Länderinformationen, Statistiken und Berichte.

Als **kommerzielle Anbieter** auslandsbezogener Informationen sind beispielsweise international bzw. national tätige Marktforschungsunternehmen wie GfK, Nielsen oder NFO Infratest zu nennen. Beispielsweise bietet NFO Infratest (www.nfoeurope.com) den Dienst „InfraSearch" an, im Rahmen dessen ein internationales Expertennetzwerk mit Zugang zu mehreren Tausend internationalen Datenbanken, Verbänden, Universitäten, Forschungsinstituten usw. dem Auftraggeber international relevante Informationen zusammenstellt und „aus einer Hand" anbietet. Weiterhin können über Auskunfteien und Informationsbroker sowie Informationsdienste von Verlagen (z.B. der FAZ-Informationsdienst, der Financial Times Service oder das Schnellinformationssystem Maria des Gruner & Jahr Verlages) Sekundärdaten bezogen werden (vgl. *Hünerberg* 1994, S. 379). Sekundärdaten aus kommerziellen Quellen werden einer fundierten Überprüfung unterzogen, bei der Motive und Hintergründe der originären Datenerhebung betrachtet werden sollten.

Ein zunehmend wichtiger werdendes Instrument zur Recherche und Übermittlung von Sekundärinformationen sind **Online-Datenbanken** (vgl. *Fantapié Altobelli/Sander* 2001, S. 71 f.). Die Nutzung externen Informationspotenzials mit Hilfe von Telekommunikationstechnologie über Datenbanken eröffnet neue Dimensionen der Sekundärforschung. Durch Online-Zugriff auf die gewünschten Daten und Datenfernübertragung entsteht ein deutlich geringerer Zeit- und Personalaufwand als bei einer traditionellen Recherche.

Als ein wichtiger kommerzieller Anbieter in Deutschland ist GENIOS (www.genios.de) zu nennen. GENIOS beinhaltet verschiedenste Datenbanken, beispielsweise zu BfAI-Daten, und bietet den Gateway-Zugriff auf Informationsdienste, wobei datenbankübergreifende Recherchen möglich sind. Weitere Datenbankzugriffe sind zum Beispiel möglich über GBI - Gesellschaft für Betriebswirtschaftliche Information mbH (www.gbi.de), FIZ-Technik (www.fiz-technik.de), den Bundesverband deutscher Banken: Datenbank für Wirtschaftsdaten (www.bdb.de), Dialog Information Services (www.dialog.com) oder Questel (www.questel.orbit.com).

Den Unternehmen stehen auch Datenbanken von Marktforschungsinstituten, wie z.B. Nielsen (www.acnielsen.com), GfK (www.gfk.de), Emnid (www.emnid.de) sowie NFO Infratest (www.nfoeurope.com), zur Verfügung. So bietet NFO Infratest den (kostenpflichtigen) Zugang zur Datenbank FAKT (www.faktonline.de), welche sekundärstatistische Branchen- und Marktdaten zu den veschiedensten Themen (Informationstechnologie und Telekommunikation, Medienforschung, Werbung, Finanzen u.v.A.m.) enthält. 50% der Daten beziehen sich auf das internationale Ausland mit Schwerpunkt Europa. Über den Web-Auftritt der Weltbank (www.worldbank.org) besteht ein (gebührenpflichtiger) Zugang zu den Datenbanken WDI (World Development Indicators) und GDF (Global Development Finance).

4. Anwendungsmöglichkeiten und Grenzen der internationalen Sekundärforschung

Aufgrund der im Normalfall umfangreicheren Aufgabenstellung und insbesondere der größeren Anzahl an Untersuchungseinheiten bei der Marktforschung auf internationaler Ebene sind die Vorteile der Sekundärforschung im Vergleich zur Primärforschung bedeutender als bei einer Marktforschung auf nationaler Ebene. Die Durchführung primärstatistischer Erhebungen in vielen Ländern ist sehr kosten- und zeitintensiv; oftmals existieren die gewünschten Informationen jedoch bereits und können im Rahmen eines „desk research" zusammengetragen, aufbereitet, analysiert und interpretiert werden. Somit weist die internationale Sekundärforschung im Vergleich zur Primärforschung zunächst einmal deutliche **technische Vorteile** auf, da die aufwändige Planung und Durchführung der internationalen Feldarbeit entfällt (vgl. *Bauer* 1995, S. 142 f.). Insbesondere bei der Ermittlung von Vergleichsdaten vieler verschiedener Länder und Marktregionen stellt die Sekundäranalyse die einzige Möglichkeit zur Informationsgewinnung dar, da internationale Primärerhebungen den Budgetrahmen i.d.R. überziehen würden.

Internationale Sekundärforschung kann auch in Form einer **Vor- oder Nachstudie zu einer primärstatistischen Hauptanalyse** sinnvoll sein. Finden im Rahmen einer Primärforschung gleichzeitig mehrere, teilweise sehr heterogene Märkte und Kulturen Betrachtung, so ist es für diese schwieriger, grundlegende Hypothesen aufzustellen, als für einen bekannten Binnenmarkt. Dadurch bietet es sich an, elementare Sachverhalte vorab durch Sekundärforschung zu ermitteln und zu untersuchen, bevor internationale, kulturübergreifende Primärerhebungen durchgeführt werden. Häufig wird ein Zwei-Stufen-Ansatz gewählt, bei dem eine Grobauswahl von Alternativen – z.B. von Distributionsmöglichkeiten – durch Sekundärforschung und eine nachfolgende Feinauswahl – z.B. die Bestimmung eines spezifischen Absatzweges – über eine Primärforschung realisiert wird (vgl. *Hünerberg* 1994, S. 373).

Sekundärdaten ergeben auch ein geeignetes **Vergleichsinstrument** zur Überprüfung von Primärerhebungen. Neue Daten können mit bestehenden verglichen werden, um Unterschiede oder Trends zu untersuchen. Sie können ebenfalls eine Basis bilden für die Bestimmung, ob neue Daten als repräsentativ für die Gesamtpopulation gelten können (vgl. *Stewart/Kamins* 1993, S. 5).

Die **Anwendungsschwerpunkte** der internationalen Sekundärforschung liegen bei den folgenden drei Fragestellungen:
- Marktauswahl,
- Strategiekontrolle sowie
- Entwicklungsprognosen und Frühwarninformationen.

In der Anfangsphase der Internationalisierung werden insb. die Erfordernisse eines erfolgreichen Markteintritts und einer schnellen Marktdurchdringung untersucht. Dabei beinhaltet die primäre Aufgabe der Marktforschung die **Identifikation, Bewertung und den Vergleich von potenziellen Auslandsmärkten** (zur Marktauswahl vgl. die Ausführungen in Abschnitt B.II. im 3. Teil). Zu Beginn des Auswahlprozesses werden Regionen aus der weiteren Analyse ausgeschlossen, die bestimmten sachlogischen Bedingungen wie klimatischen Produktvoraussetzungen, politisch stabiler Situation sowie Mindestanforderungen an wirtschaftliche Indikatoren (z.B. Kaufkraft und Marktgröße) nicht entsprechen. Mittels Scoringverfahren bzw. gruppierenden Verfahren der multivariaten Datenanalyse können interessante Ländermärkte anhand von Kriterien wie Konsumentenverhalten, Wettbewerb, politische Voraussetzungen und weitere Umweltmerkmale identifiziert werden. Problemkomplexe der Marktforschung sind in der Phase der Markterkundung insb. die Ermittlung der relevanten Rahmenbedingungen, die Erforschung des potenziellen Marktes für vorhandene oder für neue Produkte des Unternehmens sowie das Auffinden geeigneter Absatzmittler (vgl. *Meissner* 1995, S. 106). Zur endgültigen Entscheidung über die Bearbeitung eines Länder(teil)marktes werden in der Regel auch primärstatistische Daten hinzugezogen.

Im Anschluss daran werden die jeweiligen Marketing-Mixes für das entsprechende Land gewählt und durch kontinuierliche Überprüfung verbessert. Die internationale Sekundärforschung dient in der Kontrollphase der **Prämissenüberprüfung und strategischen Überwachung**. Befinden sich die Annahmen über landesspezifische marketingrelevante Merkmale und Entwicklungen nicht in Übereinstimmung mit den aktuellen sekundärstatistischen Ergebnissen, ist Anlass zur Revision der strategischen Planung gegeben.

Mittels internationaler Sekundärforschung kann sich das Management auch Auslandsmarktkenntnisse verschaffen, die es ermöglichen, internationale Veränderungen vorherzusehen und **Entwicklungsprognosen** zu erstellen, um sich rechtzeitig an globale Veränderungen anpassen zu können. Internationales Sekundärmaterial wird dabei regelmäßig unter einer nur grob festgelegten Forschungszielsetzung gesichtet. Intention ist dabei die Gewinnung grundsätzlicher Erkenntnisse über zukünftig erfolgversprechende Regionen, das Ausfindigmachen von im Ausland für den Heimatmarkt adaptierbaren Innovationen und Marktnischen sowie die Identifizierung und Beobachtung potenzieller Wettbewerber vor dem Hintergrund der zunehmenden Globalisierung (vgl. *Bauer* 1995, S. 147 ff.).

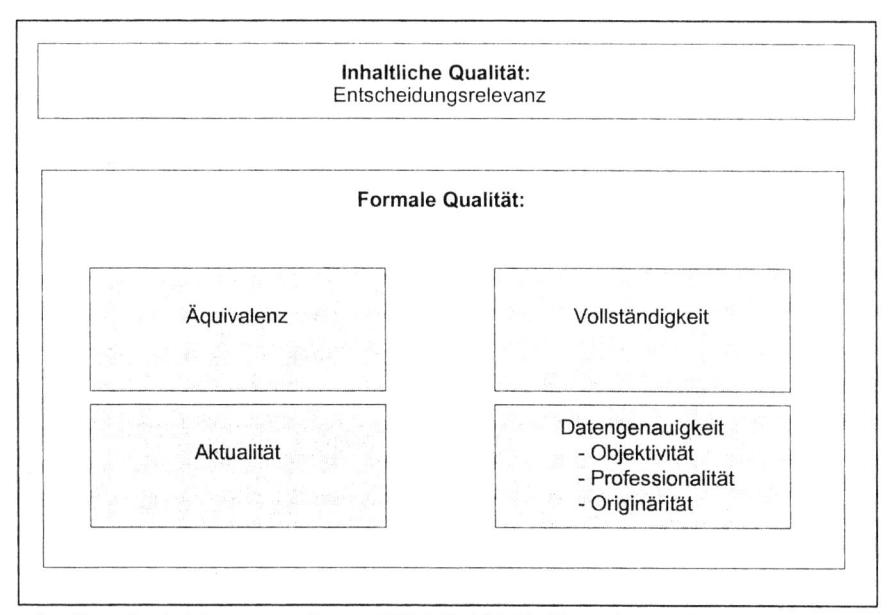

```
┌─────────────────────────────────────────────────────────────┐
│          Inhaltliche Qualität:                              │
│          Entscheidungsrelevanz                              │
└─────────────────────────────────────────────────────────────┘

┌─────────────────────────────────────────────────────────────┐
│          Formale Qualität:                                  │
│                                                             │
│   ┌──────────────────┐        ┌──────────────────────┐     │
│   │   Äquivalenz     │        │   Vollständigkeit    │     │
│   └──────────────────┘        └──────────────────────┘     │
│                                                             │
│   ┌──────────────────┐        ┌──────────────────────┐     │
│   │                  │        │  Datengenauigkeit    │     │
│   │   Aktualität     │        │  - Objektivität      │     │
│   │                  │        │  - Professionalität  │     │
│   │                  │        │  - Originärität      │     │
│   └──────────────────┘        └──────────────────────┘     │
└─────────────────────────────────────────────────────────────┘
```

Quellen: In Anlehnung an Bauer 1995, S. 123 ff.; Hünerberg 1994, S. 373.
Abb. 2.30: Qualitätskriterien internationaler Sekundärforschung

Im Rahmen der internationalen Sekundärforschung gewinnt die sog. **Meta-Analyse** an Bedeutung. Hierunter versteht man die vergleichende Analyse empirischer Untersuchungen aus der Vergangenheit, um länderübergreifende Gemeinsamkeiten bzw. länderspezifische Unterschiede in relevanten Marketing-Parametern herauszufiltern, etwa Preiselastizitäten, Werbeelastizitäten, Carry-over-Koeffizienten u.Ä. (vgl. ausführlich *Farley/Lehmann* 2001). Beispielsweise zeigten Meta-Analysen, dass die Werbeelastizität in Europa etwas höher ausfällt als in den USA; als kaum unterschiedlich erwiesen sich hingegen im internationalen Vergleich die Parameterwerte verschiedener Kaufverhaltensmodelle und die Werte der Carry-over-Koeffizienten der Werbung. Eingeschränkt wird die Anwendung von Meta-Analysen dadurch, dass fundierte Studien i.d.R. nur für Industrienationen vorliegen, sodass keine verallgemeinerbaren Aussagen für Entwicklungs- und Schwellenländer gewonnen werden können.

Internationale Sekundärforschung ist ein unverzichtbares Instrument zur Schaffung fundierter Planungsgrundlagen für das kulturenübergreifende Marketing. Sie ist jedoch mit verschiedenen **methodeninhärenten Schwierigkeiten** verbunden, die eine fundierte Evaluation der Sekundärquellen und -materialien notwendig machen. Wichtige Qualitätskriterien internationaler Sekundärforschung sind in Abb. 2.30 schematisiert.

Zu Beginn der Evaluierung von Sekundärmaterialien und -quellen wird die inhaltliche Qualität, d.h. die **Entscheidungsrelevanz der Quelle** begutachtet. Wenn die

Informationsmaterialien tatsächlich zur Marketingproblemlösung beitragen, werden die weiteren Qualitätskriterien überprüft.

Der zentrale Gesichtspunkt im Rahmen der internationalen Sekundärforschung ist die Vergleichbarkeit von Daten aus verschiedenen Untersuchungen (zur Äquivalenzproblematik vgl. ausführlich Abschnitt B.I.4. in diesem Teil). **Mangelnde Äquivalenz** von Daten tritt als typische internationale Fehlerquelle bei der Aggregation von Daten aus verschiedenen Quellen – speziell unterschiedlicher Länder – auf. Unterschiede bei den Ermittlungsgrundlagen entstehen dabei vor allem aufgrund verschiedener Forschungstraditionen in bestimmten Ländern, technisch-organisatorischer Gründe sowie Schwierigkeiten der sprachlichen Übersetzung. Die formale Vergleichbarkeit als grundsätzliche Problematik der länder- und kulturenübergreifenden Marktforschung wird bei der Sekundärauswertung dadurch erschwert, dass kein Einfluss auf das Forschungsdesign der bereits erhobenen Daten genommen werden kann. Mangelnde formale Vergleichbarkeit der Sekundärinformationen kann durch vielfältige Ursachen hervorgerufen sein. Beispiele für Äquivalenzprobleme bei sekundärstatistischem Datenmaterial sind in Abb. 2.31 aufgeführt.

Äquivalenzprobleme
- begriffliche Unterschiede, linguistische Lücken
- kategoriale/klassifikatorische Unterschiede
- unterschiedliche Strukturdaten
- differierende Messeinheiten
- unterschiedliche Grundgesamtheiten (räumlich, demographisch)
- divergente Stichprobenziehungen
- unterschiedliche Erhebungszeiträume/-stichtage/-rhythmen
- Unterschiede bei den Auswertungsmethoden

Quelle: In Anlehnung an Hünerberg 1994, S. 374.
Abb. 2.31: Äquivalenzprobleme internationaler Sekundärforschung

Bei der ausgiebigen Recherche kann sich ergeben, dass für bestimmte Länder bzw. bestimmte Unterfragestellungen keine ausreichenden Informationen vorliegen, d.h. es bestehen **Informationslücken** bei problemadäquaten Sekundärinformationen. Grundsätzlich sind die Intensität der Erfassung von Daten staatlicher und nichtstaatlicher Institutionen und die Bereitschaft zur Veröffentlichung amtlicher Statistiken von Land zu Land sehr verschieden. In sozioökonomisch weniger entwickelten Ländern werden wichtige statistische Daten oftmals nicht erhoben. Ein Großteil der erhältlichen Länderstatistiken konzentriert sich auf makroökonomische Daten für volkswirtschaftliche Analysen. Sekundärmaterialien zu marketingrelevanten Größen wie Marktstrukturen bestimmter Branchen sind häufig nicht in ausreichendem Umfang und Detailliertheit erhältlich.

Ein weiteres Problem der internationalen Sekundärforschung besteht in der **Datenungenauigkeit** der zur Verfügung stehenden statistischen Sekundärinformationen. Die Qualität der verschiedenen Informationsquellen und -materialien kann deutliche Unterschiede aufweisen. Die wichtigsten Qualitätsprobleme bei Informationsquellen liegen in mangelnder Objektivität und Professionalität der forschenden Institution, evtl. verstärkt durch mangelnde Originärität der Informationsquelle (vgl. *Bauer* 1995, S. 129 f.).

Die Intention, die hinter der ursprünglichen Sammlung und Auswertung der Daten stand, bestimmt in hohem Maß die **Objektivität** der Informationsquelle. Bei gesetzlich vorgeschriebenen und kontrollierten Aufgaben, wie z.B. publizitätspflichtigen Geschäftsberichten, oder bei der Informationssammlung als eigentlicher Zielsetzung wie bei Informationsdiensten, wissenschaftlichen Arbeiten oder staatlicher Statistik, wird i.d.R. von einer hinreichenden Objektivität und Neutralität ausgegangen. Werden Informationen von einer Institution mit der Absicht veröffentlicht, Ressourcen zu gewinnen oder Einstellungen und Verhaltensweisen zu verändern, so sind sie nur unter starken Vorbehalten zu verwenden. Politischer Hintergrund für eine Manipulation von Daten kann es z.B. sein, ein Land attraktiver für Investoren zu machen oder sich für (internationale) Hilfsmaßnahmen zu qualifizieren (vgl. *Hünerberg* 1994, S. 373).

Eine weitere Problematik liegt in fehlender **Professionalität** und Unzulänglichkeit einer forschenden Institution. Indikatoren für qualitativ hochwertiges Informationsmaterial sind das Vorliegen ausreichender finanzieller und personeller Ressourcen sowie der nötigen Sachkenntnis zur Erfüllung der jeweiligen marktforscherischen Aufgabe. So verfügen die statistischen Ämter vieler Entwicklungsländer nicht über die notwendigen quantitativen und qualitativen Kapazitäten, um einen den Industrieländern entsprechenden Standard erfüllen zu können (vgl. *Schopphoven* 1991, S. 34).

Wurden die Daten von der Forschungsinstitution nicht selbst erhoben, sondern Sekundärdaten neu analysiert bzw. verschiedene Sekundärdaten zusammengefasst, so sind die Problemstellungen der Objektivität und Professionalität der Quelle deutlich schwerer zu untersuchen. Somit ist die **Originärität** der Informationsquelle zu berücksichtigen, d.h. ob es sich um eine Primär-, Sekundär- oder gar eine noch weiter nachgelagerte Informationsquelle handelt. Insbesondere aggregierte Sekundärdaten sind schwierig auf die Qualität der Originalquellen hin zu überprüfen. Ursprüngliche Informationen, die direkt auf einer Erhebung basieren, sind daher prinzipiell vorzuziehen.

Kriterien zur Überprüfung von objektivem und professionellem Vorgehen sind Validitäts- (inhaltliche Dimension) und Reliabilitätsmaße (formale Dimension). Eine Überprüfung des Sekundärmaterials anhand dieser Kriterien ist jedoch nicht immer möglich, da häufig wesentliche Informationen zum Forschungsdesign und insbesondere zum methodischen Vorgehen nicht gegeben sind. Die Beurteilung kann sich auch aufgrund des kulturellen Abstandes zu den Messobjekten, der Sprachbarriere sowie der organisatorischen Komplexität schwerer gestalten als bei nationalen Quellen (vgl. *Hünerberg* 1994, S. 349).

Im länder- und kulturenübergreifenden Kontext können unvorhersehbare Wandlungsprozesse und eine Akzeleration der Trendentwicklungen vermehrt zu einer sehr schnellen Veralterung der Daten, d.h. zu **Aktualitätsmängeln** führen. Informationsmaterialien sind grundsätzlich qualitativ höherwertig, je aktuellere Daten sie beinhalten. Daten, die im Zeitablauf relativ konstant bleiben, können jedoch auch einige Zeit nach der Primärerhebung in die internationale Sekundärforschung einfließen. Die Aktualität von Informationen wird nicht allein von der Länge des Zeitraumes bestimmt, der zwischen originärer Erhebung und sekundärer Nutzung liegt, sondern auch von der Dynamik des zu untersuchenden Umfeldes (vgl. *Bauer* 1995, S. 129).

Da eine Nutzung von Informationen mit Qualitätsdefiziten zu schwerwiegenden Fehlentscheidungen führen kann, ist der Evaluierung der Datenquellen im Prozess der internationalen Sekundärforschung eine große Bedeutung beizumessen. Ist die inhaltliche oder formale Qualität des zu einer Fragestellung des internationalen Marketing existierenden Sekundärmaterials nicht in hinreichendem Maße gegeben, so sind eigene Datenerhebungen in die Überlegungen einzubeziehen. Der nachfolgende Abschnitt B.III. befasst sich mit der Darstellung der Primärforschung auf internationaler Ebene.

III. Internationale Primärforschung

1. Charakterisierung der internationalen Primärforschung

Können die für das jeweilige Forschungsproblem relevanten Informationen nicht oder nur unvollständig durch bereits vorhandenes Datenmaterial erschlossen werden, so ist die Durchführung internationaler Primärforschung erforderlich. Die Primärforschung geht insofern über die Sekundärforschung hinaus, als in ihrem Rahmen für das anstehende Marktforschungsproblem spezifisches neues (primäres) Datenmaterial beschafft wird. Vorgehensweise und Methoden der internationalen Primärforschung unterscheiden sich nicht grundlegend von nationalen Projekten, es sind jedoch länderspezifische methodische Besonderheiten zu berücksichtigen. Auch die Vorbereitung und Durchführung internationaler Forschungsprojekte erweist sich meist als komplexer und aufwändiger, da die Vergleichbarkeit der Erhebungssachverhalte und Ergebnisse gewährleistet werden muss (siehe hierzu auch Abschnitt B.I.4. in diesem Teil zur Äquivalenzproblematik). Insbesondere ist zu berücksichtigen, dass in vielen weniger entwickelten Ländern eine geeignete Marktforschungsinfrastruktur fehlt; auch müssen Konstrukte, Stimuli und Forschungsdesigns teilweise neu entwickelt werden, da eine direkte Übertragung des in westlichen Industrieländern gebräuchlichen Marktforschungsinstrumentariums häufig nicht möglich ist (vgl. *Craig/Douglas* 2001, S. 84 f.) Ein interkulturell besetztes Forscherteam kann dazu beitragen, das Gleichgewicht zwischen den Erfordernissen an lokalem Input und Anpassung des Forschungsdesigns an lokale Gegebenheiten einerseits sowie der Notwendigkeit der Vergleichbarkeit und Äquivalenz der Untersuchung andererseits zu gewährleisten (vgl. *Craig/Douglas* 2001, S. 86).

Einen wichtigen Einsatzbereich der Primärforschung im Rahmen des internationalen Management stellt die strategische Marketingplanung dar. So werden beispielsweise Primärerhebungen vermehrt durchgeführt, um auf Basis ihrer Ergebnisse internationale Marktsegmentierungen vorzunehmen. Wurden früher häufig Makrovariablen wie Einkommensniveaus oder Ausgaben der Konsumenten für bestimmte Produktgruppen als Kriterien der Marktsegmentierung herangezogen, so spielen heute vermehrt Konstrukte wie Einstellungen oder Life Styles in den einzelnen Ländern eine wichtige Rolle. Die hierfür relevanten länder-, markt- und produktspezifischen Daten können nur durch speziell für diesen Zweck durchgeführte Primärerhebungen gewonnen werden (vgl. *Czinkota/Ronkainen* 2004, S. 409 ff.).

2. Prozess der internationalen Primärforschung

Der genaue Ablauf einer internationalen Primärerhebung hängt zum einen von unternehmensstrukturellen Gegebenheiten ab – etwa ob unternehmenseigene ausländische Tochtergesellschaften vorhanden sind, welche einen Teil der Marktforschungsaufgaben übernehmen können; zum anderen wird er dadurch beeinflusst, ob Marktforschungsaufgaben vom Unternehmen selbst oder von externen Marktforschungsinstituten wahrgenommen werden (vgl. Abschnitt B.IV. in diesem Teil). Die ggf. resultierende Delegation von Marktforschungsaufgaben an ausländische Unternehmenseinheiten bzw. Marktforschungsinstitute bewirkt einen höheren Koordinationsbedarf als bei rein nationalen Primäruntersuchungen und – damit einhergehend – zahlreiche Abstimmungsprozesse.

Wie bei einer nationalen Erhebung sind im Rahmen einer internationalen Primärerhebung zunächst das Forschungsproblem zu definieren und die Forschungsziele zu formulieren (vgl. Abb. 2.32). Bereits hier ist ggf. eine Abstimmung mit den Auslandsniederlassungen vorzunehmen, da diese u.U. abweichende Zielsetzungen verfolgen. Im Anschluss daran ist ein Zeit- und Finanzplan aufzustellen, der mit den Auslandsniederlassungen und dem (den) beauftragten Marktforschungsinstitut(en) abzustimmen ist. In einem weiteren Schritt ist die Grundgesamtheit zu definieren (z.B. Konsumenten, Unternehmen, Außendienstmitarbeiter). Gerade Außendienstmitarbeiter werden bei internationalen Primärerhebungen häufig herangezogen, da sie über fundiertes Wissen über die einzelnen Auslandsmärkte verfügen und vergleichsweise kostengünstig verfügbar sind. Im Zusammenhang mit der Definition der Grundgesamtheit ist auch festzulegen, welche Merkmale bzw. Variablen zu erheben sind.

Abb. 2.32: Prozess der internationalen Primärforschung

Im Anschluss daran ist eine Entscheidung über Voll- oder Teilerhebung zu treffen; im Falle einer Teilerhebung ist der Auswahlplan festzulegen, d.h. es ist darüber zu befinden, welche Elemente der Grundgesamtheit nach welchem Verfahren in die Untersuchung gelangen sollen (Stichprobenbildung). Des Weiteren ist die Erhebungsmethode festzulegen (Befragung, Beobachtung oder Experiment), wobei gleichzeitig das Messniveau der Daten zu bestimmen ist. Die daran anschließende Durchführung der Feldarbeit in den einzelnen Ländern ist mit Marktforschungsinstituten und Auslandsniederlassungen abzustimmen. Die gewonnenen Daten werden im Rahmen der Datenanalyse ausgewertet, länderspezifische Unterschiede werden auf Signifikanz hin überprüft. Es werden Länderberichte erstellt, welche ggf. zu einem Gesamtbericht zusammengefasst werden. Anschließend erfolgt eine Kontrolle der Erhebung, insb. dahingehend, ob eine Äquivalenz der Ergebnisse erzielt wurde. Im Folgenden sollen die wichtigsten Prozessschritte eines internationalen Primärforschungsprojekts näher betrachtet werden.

3. Auswahl der Erhebungseinheiten

Auf Basis des internationalen Forschungsproblems ist festzulegen, bei welcher Grundgesamtheit (z.B. Konsumenten eines bestimmten Produktes in ausgewählten Ländern oder bei Marketingdirektoren aller internationalen Niederlassungen eines Unternehmens) die gewünschten Informationen zu beschaffen sind. In diesem Zusammenhang muss im ersten Schritt darüber befunden werden, ob eine Voll- oder Teilerhebung vorgenommen werden soll.

a. Entscheidung über Voll- oder Teilerhebung

Während bei einer **Vollerhebung** grundsätzlich alle Elemente der definierten Grundgesamtheit in die Erhebung eingehen, d.h. untersucht bzw. befragt werden, wird im Rahmen einer **Teilerhebung** aus der Grundgesamtheit lediglich eine Stichprobe gezogen. In der Praxis scheidet aus finanziellen, organisatorischen sowie zeitlichen Gründen eine Vollerhebung fast immer aus. Eine Ausnahme bilden Projekte, bei denen die interessierende Grundgesamtheit relativ klein ist. Ein Beispiel hierfür sind unternehmensinterne Befragungen von Mitarbeitern eines weltweit präsenten Unternehmens. Sollen jedoch beispielsweise Konsumenten in verschiedenen Ländern befragt werden, so ist die Grundgesamtheit i.d.R. zu groß, um alle enthaltenen Elemente zu untersuchen. Aus diesem Grund erfolgen die meisten internationalen Primäruntersuchungen als Teilerhebungen und damit auf Stichprobenbasis. Aus den bei dieser untersuchten Stichprobe erzielten Ergebnissen schließt man dann auf die Verhältnisse in der Grundgesamtheit. Als Vorteile von Teilerhebungen gelten insbesondere zum einen Zeit- und Kostenaspekte, zum anderen die erhöhte Genauigkeit der Erhebung. So müssten z.B. bei einer (sehr großen) Vollerhebung viele Interviewer sowie Personen zum Eingeben und Codieren der Fragebögen eingesetzt werden, wodurch der systematische Fehler größer ausfallen würde als bei einer (kleineren) Teilerhebung (vgl. *Böhler* 2004, S. 131).

b. Festlegung des Auswahlplans

Unter einem **Auswahlplan** versteht man die Methode, welche zur Auswahl der Erhebungseinheiten der zu untersuchenden Stichprobe herangezogen wird. Dabei sind nationale Besonderheiten der einzelnen Länder zu berücksichtigen. Bei der Erstellung des Auswahlplans muss entschieden werden, welche Elemente der Grundgesamtheit nach welchem Verfahren in die Erhebung einbezogen werden sollen, d.h. nach welchem Prinzip die Stichprobe zu bilden ist. Grundsätzlich wird hierbei zwischen Verfahren der Zufallsauswahl und Verfahren der bewussten Auswahl unterschieden (zu den einzelnen Auswahlverfahren vgl. ausführlich *Cochran* 1972 und *Pokropp* 1996).

Die **Zufallsauswahl** ist dadurch gekennzeichnet, dass die Bestimmung der Stichprobenelemente durch einen Zufallsprozess gesteuert wird. Dabei hat jedes Element der Grundgesamtheit die gleiche Chance, in die Stichprobe zu gelangen. Der Zufallsfehler (Stichprobenfehler) kann somit rechnerisch bestimmt werden. Je größer der Stichprobenumfang ist, desto größer ist die Wahrscheinlichkeit, dass die

Stichprobe die Grundgesamtheit korrekt repräsentiert; die Wahrscheinlichkeit von (zufälligen) Unterschieden zwischen Stichprobe und Grundgesamtheit verringert sich. Bekannte Verfahren der Zufallsauswahl sind z.B. die einfache Zufallsstichprobe, die geschichtete Zufallsstichprobe, die Klumpenstichprobe sowie die mehrstufige Stichprobe. Sind in den Zielländern Personenlisten vorhanden (z.B. Melderegister, Telefon- und Adressenverzeichnisse), so ist eine Zufallsauswahl grundsätzlich möglich.

Bei der **bewussten Auswahl** hingegen wirkt bei der Stichprobenbildung kein Zufallsprozess. Somit ist auch eine statistische Berechnung des Stichprobenfehlers nicht möglich. Die Stichprobe wird vielmehr unter Berücksichtigung sachrelevanter Merkmale gezielt konstruiert, wodurch eine Repräsentativität der Stichprobe für die interessierende Grundgesamtheit angestrebt wird. Zu den Verfahren der bewussten Auswahl zählen die Auswahl aufs Geratewohl, die Quotenauswahl sowie die Auswahl nach dem Konzentrationsprinzip. Eine bewusste Auswahl wird i.d.R. dann erforderlich, wenn in den Zielländern keinerlei Personenverzeichnisse vorhanden oder erhältlich sind.

Im Hinblick auf die **Stichprobengröße** ist zu beachten, dass eine statistisch fundierte Ermittlung des erforderlichen Stichprobenumfangs in vielen Ländern dadurch erschwert wird, dass hierzu erforderliche Informationen – hier insb. Schätzungen der Varianz in der Grundgesamtheit – nicht vorhanden oder nicht zugänglich sind; der erforderliche Stichprobenumfang wird daher von qualitativen Kriterien bestimmt wie z.B. Wichtigkeit der Entscheidung, Stichprobengröße bei ähnlichen Studien, Art des Forschungsansatzes, Zahl der Variablen u.Ä. (vgl. *Malhotra* 2004 S. 358). Wird dennoch eine Schätzung der Varianz vorgenommen, ist davon auszugehen, dass diese von Land zu Land variiert; aus diesem Grunde wird in den einzelnen Ländern die notwendige Stichprobengröße auch unterschiedlich ausfallen.

Bei internationalen Befragungen von Konsumenten ist ferner zu berücksichtigen, dass aus einer nicht oder nur schlecht dokumentierten Auswahlbasis **Fehler** resultieren können (vgl. z.B. *Schopphoven* 1991, S. 39 f.; *Holzmüller* 1986, S. 61 f.): Mögliche Ursachen sind fehlende bzw. unterschiedlich konzipierte Melderegister, Wählerlisten oder Telefonverzeichnisse. Bei sehr heterogenen Voraussetzungen hinsichtlich dieser Auswahlgrundlagen in den einzelnen Ländern können nichtzufällige Auswahlverfahren zu zuverlässigeren Ergebnissen führen als eine reine Zufallsauswahl. Es ist weiterhin zu beachten, dass bei der Auswahl der Versuchs- bzw. Auskunftspersonen deren Rollen bzw. Funktionen je nach soziokulturellem Umfeld variieren können. Dies kommt beispielsweise bei Untersuchungsgegenständen wie Kaufentscheidungen in Familien oder Unternehmen zum Tragen. Eine weitere Fehlerquelle im Rahmen der Stichprobenbildung entsteht durch unterschiedlich hohe Rücklaufquoten von postalisch versendeten Fragebögen. Eine wichtige Rolle kann zudem der gewählte Erhebungszeitraum spielen. So beeinflussen Ferienzeiten, religiöse Feste und auch die unterschiedliche Gestaltung des Tagesablaufs in den verschiedenen Ländern die Erreichbarkeit der zu untersuchenden Personen. In islamischen Ländern ist es Frauen beispielsweise untersagt, Fremde ins Haus zu lassen, wenn sie sich dort alleine aufhalten, sodass ein Interviewer bei Nichtbeachtung dieses Tatbestands mit hohen Ausfallquoten rechnen muss (weibliche Interviewer sind hingegen erlaubt).

Um im Rahmen internationaler Primärforschungen zu repräsentativen Ergebnissen zu gelangen, sollten in den einzelnen untersuchten Ländermärkten möglichst identische, vorzugsweise zufallsbasierte Auswahlverfahren eingesetzt werden. Diese angestrebte Repräsentativität kann jedoch in einem Spannungsverhältnis zur interkulturellen Vergleichbarkeit der Ergebnisse stehen. Finden nämlich länderspezifische Besonderheiten im Rahmen des Auswahlplans keine ausreichende Berücksichtigung, kommen den Elementen der Grundgesamtheit in den einzelnen Ländern möglicherweise unterschiedliche Wahrscheinlichkeiten zu, in die Stichprobe zu gelangen. Die Stichproben sind nicht mehr miteinander vergleichbar; ein länderübergreifender Vergleich der Ergebnisse wird dadurch problematisch oder gar unmöglich (vgl. *Meffert/Bolz* 1998, S. 93 und *Simmet-Blomberg* 1998, S. 329 ff.)

4.   Internationale Datenerhebung

a.   Operationalisierung, Messung und Skalierung der Variablen

Nachdem im Rahmen des Auswahlplans bestimmt wurde, welche Untersuchungseinheiten in der Erhebung berücksichtigt werden sollen und wie sie zu selektieren sind, sind im nächsten Schritt die Probleme der Operationalisierung und Messung zu lösen. Es muss entschieden werden, in welcher Art und Weise die relevanten Merkmalsausprägungen der einzelnen Untersuchungseinheiten operational zu definieren sind. Typische zu untersuchende Merkmale stellen z.B. soziodemographische Eigenschaften wie Alter, Bildungsstand, Geschlecht und Einkommen dar, weiterhin Konstrukte wie Image oder Bekanntheit von Produkten sowie Einstellungen und Kaufverhalten bzw. -gewohnheiten von Konsumenten.

Im Rahmen der **Operationalisierung** der zu untersuchenden Merkmale bzw. Eigenschaften ist zunächst eine präzise theoretische Beschreibung und Formulierung der betreffenden Merkmale erforderlich. In einem zweiten Schritt ist festzulegen, mit Hilfe welcher Indikatoren diese theoretischen Konstrukte in den zu untersuchenden Ländermärkten zu messen sind. Das Ergebnis einer **Messung** dieser operationalisierten Merkmale ist die systematische Zuordnung von Symbolen (dies sind meist Werte bzw. Zahlen) zu den beobachteten Merkmalsausprägungen. Im Rahmen der Messung ist dabei die Frage des **Messniveaus** zu klären (Nominal-, Ordinal-, Intervall- oder Verhältnisskala; vgl. z.B. *Böhler* 2004, S. 108 ff.). Im internationalen Kontext ist dabei zu berücksichtigen, dass Skalen höheren Niveaus die Befragten überfordern können (vgl. *Malhotra* 2004, S. 247 f.). Während in entwickelten Industrieländern die Verwendung metrischer Skalen aufgrund des im Allgemeinen höheren Bildungsniveaus und differenzierter Konsumerfahrungen problemlos möglich ist, ist in weniger entwickelten Ländern die Fähigkeit, metrische Urteile abzugeben, oftmals nicht vorhanden. Aus diesem Grunde wird dort häufig auf Ordinalskalen oder gar auf dichotome Skalen zurückgegriffen („ja –

nein", „stimme zu – stimme nicht zu"), um dem fehlenden Diskriminierungsvermögen der Befragten entgegenzukommen.

Die konkrete Messung der Variablenwerte setzt eine **Skalierung** der interessierenden Variablen voraus, d.h. die Entwicklung einer Vorschrift zur Zuordnung von Werten zu Eigenschaften von Objekten (vgl. *Berekoven/Eckert/Ellenrieder* 2004, S. 74). Dabei kann zwischen Verfahren der vergleichenden Skalierung, bei welchen die zu bewertenden Objekte miteinander verglichen werden, und Verfahren der nichtvergleichenden Skalierung, im Rahmen derer jedes Objekt einzeln beurteilt wird, unterschieden werden. Im internationalen Kontext gilt dabei, dass der nichtvergleichenden Skalierung dann der Vorzug zu geben ist, wenn die Befragten wenig Erfahrung mit Marktforschung überhaupt oder mit der speziellen Produktkategorie haben, da vergleichende Verfahren (mit Ausnahme von Paarvergleichen) eine simultane Erfassung multipler Stimuli beinhalten und damit leichter zur Überforderung der Probanden führen können (vgl. *Malhotra* 2004, S. 248).

Die Qualität der bei der Messung gewonnenen Daten hängt in hohem Maße von der **Güte des Messvorgangs** ab. Als Anforderungen an Messmethoden gelten dabei Objektivität, Reliabilität sowie Validität (vgl. *Berndt* 1996, S. 162 ff.). **Objektiv** ist eine Messung dann, wenn die Messergebnisse frei von subjektiven Einflüssen des Untersuchungsleiters sind. Wenn unterschiedliche Forscher mit derselben Messmethode unter identischen Messbedingungen zum gleichen Ergebnis gelangen, ist die Messung als objektiv anzusehen. **Reliabilität** impliziert, dass erneute Messungen unter gleichen Messbedingungen dieselben Messwerte erzeugen, d.h. dass die Messungen reproduzierbar sind. Die Reliabilität ist eine notwendige, jedoch nicht hinreichende Bedingung für die Validität. **Validität** bedeutet schließlich, dass die gemessenen Resultate den Sachverhalten entsprechen, die der Operationalisierung zufolge gemessen werden sollten. Die gemessenen numerischen Werte sollten die Verhältnisse in der Realität abbilden. Entscheidend ist hierbei, dass Operationalisierung und Messung der interessierenden Konstrukte **Äquivalenz** gewährleisten (vgl. Abschn. B.I.4. in diesem Teil).

b. *Bestimmung der Erhebungsmethode*

Bei internationalen Forschungsprojekten ergibt sich die grundsätzliche Problematik bei der Auswahl geeigneter Erhebungsmethoden aus der Kulturgebundenheit der einzelnen Instrumente. Es hat sich gezeigt, dass bei Nichtbeachtung länderspezifischer kultureller Besonderheiten identische Vorgehensweisen und Erhebungsmethoden in den Ländern zu sehr unterschiedlichen Reaktionen der zu untersuchenden Personen führen können. Dies wirkt sich letztlich auf die Ergebnisstruktur aus (vgl. *Holzmüller* 1986, S. 56). Als Erhebungsmethoden kommen die Instrumente der Beobachtung, der Befragung sowie des Experiments in Frage.

(1) Befragung

Die Befragung gilt als die wichtigste und am weitesten verbreitete Form der Primärforschung im Rahmen des internationalen Marketing. Man unterscheidet verschiedene Formen der Befragung, deren Gemeinsamkeit darin besteht, dass die befragten Testpersonen selbst durch Stimuli (z.B. schriftliche Fragen, Abbildungen) zu Aussagen über den Untersuchungsgegenstand veranlasst werden. Sehr unterschiedlich sind dabei die einzelnen Befragungsarten, welche nach einer Vielzahl von Kriterien klassifiziert werden können (vgl. *Böhler* 2004, S. 85).

Nach dem Kriterium „**Art der Kommunikation**" kann grundsätzlich zwischen einer schriftlichen, mündlichen und Computerbefragung unterschieden werden. Im Rahmen einer **schriftlichen Befragung** werden die Fragen den Auskunftspersonen in geschriebener Form vorgelegt und von diesen ebenfalls schriftlich beantwortet. In der Regel werden hierzu standardisierte Fragebögen eingesetzt, welche ausgelegt, ausgehändigt oder postalisch bzw. per Telefax zugestellt werden. Als **Vorteile** dieser Erhebungsform sind bei internationalen Forschungsprojekten die niedrigen Durchführungskosten sowie die hohe geographische Reichweite zu nennen. Schriftliche Befragungen lassen sich auch in solchen Ländern verwirklichen, in denen vor Ort auf keine eigene Feldorganisation zurückgegriffen werden kann. Als **Nachteil** der schriftlichen Befragung ist zu nennen, dass durch die fehlende Interaktion der Befragten mit dem Forscher komplexe Ursache-Wirkungs-Zusammenhänge und damit viele kulturspezifische Phänomene nicht erfasst werden können (vgl. *Simmet-Blomberg* 1998, S. 303). Eine wichtige **Voraussetzung** für die Durchführbarkeit internationaler schriftlicher Befragungen ist das Vorhandensein vergleichbarer, vollständiger und aktueller Auswahlgrundlagen (z.B. Einwohnermelderegister, Adressenverzeichnisse) in den einzelnen Ländern. Ein ebenfalls wichtiges Erfordernis stellen zuverlässige, effiziente Postdienste in den untersuchten Ländermärkten sowie eine ausreichende Lese- und Schreibkundigkeit der zu befragenden Personen dar. Insbesondere in Ländern Afrikas, Asiens, Süd- und Mittelamerikas kann nicht grundsätzlich mit dem Vorhandensein dieser strukturellen Voraussetzungen gerechnet werden. Hinzu kommt die offensichtlich kulturbedingte unterschiedliche Bereitschaft, Fragebögen auszufüllen, sodass die erzielten Rücklaufquoten von Land zu Land sehr unterschiedlich ausfallen können (vgl. *Bauer* 1995, S. 168 ff.).

Bei **mündlichen, persönlichen Befragungen** werden Interviewer eingesetzt, d.h. die Äußerungen der Probanden werden im Wege direkter Kommunikation mit den Erhebungspersonen erfasst und mit Hilfe eines Speichermediums in schriftlicher oder akustischer Form festgehalten (vgl. *Hammann/Erichson* 2000, S. 96). Als vorteilhaft für die Erfassung interkultureller Besonderheiten erweist sich bei dieser Erhebungsmethode die interaktive Kommunikationssituation. Grundsätzlich kann eine mündliche Befragung Face-to-face oder telefonisch erfolgen; gerade Telefoninterviews werden dabei in zunehmendem Maße computergestützt durchgeführt. Computergestützte Telefoninterviews (CATI) sind in Europa, den USA und Kanada mittlerweile stark verbreitet; in Afrika, Südamerika, Japan und dem Mittleren Osten dagegen bieten nur wenige Marktforschungsinstitute diese Dienstleistung an. In Europa haben sich einige Anbieter auf die zentrale Durchführung harmonisierter europäischer CATI-Untersuchungen spezialisiert. Zudem kann auf Netzwerke und Marktforscherverbände zurückgegriffen werden, um für dezentral organisierte internationale Forschungsprojekte geeignete Anbieter zu identifizieren (vgl. *Bauer* 1995, S. 183 ff.). Bei der Durchführung telefonischer Repräsentativ-Umfragen ist ebenfalls auf vollständige und aktuelle Auswahlgrundlagen in allen untersuchten Ländern zu achten. Sofern diese nicht vorhanden sind, sollte auf das Verfahren der Zufalls-Ziffern-Auswahl (Random Digit Dialing) zurückgegriffen werden.

Die Durchführung internationaler persönlicher Befragungen erfordert eine leistungsfähige Feldorganisation in allen zu untersuchenden Ländermärkten. Die Kosten dieser Erhebungsform sind, insbesondere bei Face-to-face-Interviews, meist erheblich höher als bei schriftlichen Befragungen. Dies gilt insbesondere für Umfragen in Privathaushalten, oft aber auch für Befragungen unter den Mitarbeitern von Unternehmen. Im Einzelfall sind bei der Entscheidung für die geeignete Erhebungsform sowohl die anfallenden Kosten als auch die Kontaktierbarkeit/Erreichbarkeit der Probanden (telefonisch bzw. direkt) zu berücksichtigen, welche länderspezifisch sehr unterschiedlich ausfallen können. Bei Face-to-face-Befragungen ist darüber hinaus zu beachten, dass die Selektion, Schulung und Steuerung der Feldorganisation im internationalen Kontext Probleme aufwerfen kann (vgl. *Malhotra* 2004, S. 395). Zwar ist aufgrund der kulturellen Nähe der Einsatz lokaler Interviewer wünschenswert; in vielen Ländern ist jedoch keine leistungsfähige Feldorganisation vorhanden, sodass entweder umfassende Schulungen durchgeführt oder aber Interviewer aus dem Stammland eingesetzt werden müssen.

Nicht zu verwechseln mit einer computergestützten Befragung ist die **Computerbefragung i.e.S.** Hierbei handelt es sich um eine Form der unpersönlichen Kommunikation, bei welcher der Befragte den Fragebogen direkt am Computer beantwortet – z.B. im Studio oder via Internet. Häufig erfolgen Computerbefragungen dabei im Online-Betrieb, d.h. in ständiger Verbindung mit einem Zentralcomputer, welcher die eingehenden Fragebögen permanent erfasst und sofort verarbeitet (vgl. *Hammann/Erichson* 2000, S. 97 f.).

Gerade **Online-Befragungen** sind für den Einsatz in der internationalen Marktforschung besonders geeignet, da sie keine räumlichen und zeitlichen Restriktionen aufweisen. Die einfachste Variante stellen E-Mail-Befragungen dar; diese sind mit einer schriftlichen postalischen Befragung zu vergleichen, da der Fragebogen an vorab ausgewählte Teilnehmer versendet wird. Prinzipiell sind auch Befragungen in Newsgroups des Usenet möglich, etwa als Aufruf zur Teilnahme an einer Befragung oder durch Veröffentlichung eines Fragebogens. Die heutzutage gängigste Variante stellen jedoch WWW-Befragungen dar; die mittlerweile ausgereiften technischen Möglichkeiten erlauben z.B. eine automatisierte Filterführung sowie die Unterstützung durch Bild und Ton (zu den Einsatzmöglichkeiten und Grenzen des Internet für die Marktforschung vgl. ausführlich *Fantapié Altobelli/Sander* 2001, S. 71 ff. sowie *Theobald/Dreyer/Starsetzki* 2003). **Vorteilhaft** sind an Online-Befragungen neben der Raum-Zeit-Unabhängigkeit die hohe geographische Reichweite und der vergleichsweise geringe zeitliche und finanzielle Aufwand. **Nachteilig** ist insbesondere die Einschränkung der Grundgesamtheit auf Untersuchungseinheiten mit Internet-Zugang: Während in den USA, Deutschland und Großbritannien die Internet-Penetration die 50 %-Marke überschritten hat, steckt die Diffusion des Internet in vielen anderen Ländern noch in den Kinderschuhen. Weitere Probleme resultieren aus der Tatsache, dass das Ziehen repräsentativer Stichproben i.d.R. nicht möglich ist; hinzu kommt, dass die Stichprobe in den meisten Fällen selbstselektierend ist, was die Validität der Ergebnisse zusätzlich einschränkt.

Mittlerweile werden Online-Befragungen von einer Vielzahl von Marktforschungsinstituten, Agenturen und Unternehmensberatungen angeboten; international führend sind Jupiter Media Metrix, Harris Interactive und NetRatings. Das Umsatzvolumen für Online-Umfragen ist weltweit zwar noch vergleichsweise gering, jedoch mit steigender Tendenz (vgl. *ESOMAR* 2005): So ist in Deutschland z.B. der Anteil von Online-Befragungen an den Befragungen insgesamt von 1 % im Jahre 1998 auf ca. 10 % im Jahre 2003 gestiegen. Die bislang umfassendste webbasierte internationale Umfrage war Planet Project. 1,2 Mio. Menschen aus 250 Ländern beteiligten sich an der vom Netzwerkanbieter 3Com initiierten Internet-Meinungsumfrage Ende des Jahres 2000 zu den verschiedensten Themengebieten wie Erotik, Gesundheit und Religion (vgl. *tecChannel.DE* 2000 und *o.V.* 2001).

Nach dem Kriterium „**Standardisierungsgrad der Fragen**" unterscheidet man zwischen standardisierten und nichtstandardisierten, freien Interviews. Im Rahmen einer **standardisierten Befragung** werden die Fragen vorab festgelegt und sämtlichen Auskunftspersonen mit dem gleichen Wortlaut und in derselben Reihenfolge gestellt. Hingegen erhält der Interviewer im Rahmen eines **freien Interviews** lediglich einen Leitfaden; Ablauf und Wortlaut der Fragen werden nach freiem Ermessen des Interviewers in Abhängigkeit der konkreten Befragungssituation fallweise bestimmt. Während standardisierte Interviews Vorteile im Hinblick auf Vergleichbarkeit und Auswertbarkeit der Antworten haben, bieten freie Interviews bessere Anpassungsmöglichkeiten an individuelle Situationen; allerdings erfordern sie einen gut geschulten Interviewerstab und bergen darüber hinaus die Gefahr von Verzerrungen aufgrund eines erhöhten Interviewereinflusses. Bei internationalen Forschungsprojekten kann eine zu strikte Vorgabe standardisierter Antwortmöglichkeiten und eine mangelnde Überprüfung der Häufigkeit von Primärassoziationen bei den Probanden aus den einzelnen Ländern zu verzerrten Ergebnissen führen. Der normative Zwang auf die befragten Personen lässt somit möglicherweise relevante kulturspezifische Besonderheiten unentdeckt (vgl. *Simmet-Blomberg* 1998, S. 324).

Nach dem **methodischen Ansatz** wird zwischen qualitativer und quantitativer Befragung unterschieden. **Quantitative Methoden** richten sich insb. auf objektiv mengenmäßig messbare Größen. Die Datenerhebung erfolgt im Normalfall auf der Grundlage repräsentativer Stichproben mit dem Ziel, verallgemeinbare Aussagen zu gewinnen. Typischerweise erfolgt die Datenauswertung unter Einsatz statistischer Verfahren. **Qualitative Methoden** stützen sich hingegen auf vergleichsweise kleine Fallzahlen und produzieren relativ weiche Daten; die Gewinnung von Erkenntnissen erfordert im Allgemeinen eine erhebliche Interpretationsleistung seitens des Forschers (vgl. *Müller* 2000, S. 131). Auf eine Vorstrukturierung des Untersuchungsgegenstands wird verzichtet, um eine möglichst große Unvoreingenommenheit des Forschers zu gewährleisten. Die Interaktion zwischen Auskunftsperson und Forscher ist dabei integratives Merkmal qualitativer Methoden (vgl. *Kepper* 2000, S. 181 f.). Angestrebt wird weniger eine (statistische) Repräsentativität; vielmehr wird versucht, charakteristische Inhalte in Bezug auf das vorliegende Forschungsproblem herauszufiltern. Da im Rahmen internationaler Marktforschung der Forscher mit den Gegebenheiten des ausländischen Marktes häufig nicht vertraut ist, sind qualitative Untersuchungen im Vorfeld von Repräsentativbefragungen von zentraler Bedeutung. Im Anfangsstadium internationaler Forschung kann qualitative Forschung insb. zur Strukturierung des Forschungsproblems beitragen und bei der Generierung von Forschungsfragen und Forschungshypothesen sowie bei der Modellbildung eine entscheidende Hilfe leisten. So konnte die Firma Whirlpool im Rahmen qualitativer Studien feststellen, dass im Hinblick auf Kühlgeräte für britische Konsumenten die Stabilität ein wichtiges Kaufkriterium darstellt, wohingegen Franzosen auf frisches Obst und Gemüse und Spanier auf frisches Fleisch Wert legen. Bei Herden ist in Italien die Kindersicherheit ein entscheidendes Kriterium, in Lateinamerika werden Gasherde Elektroherden vorgezogen (vgl. *Malhotra* 2004, S. 158)

Gebräuchliche Verfahren im Rahmen qualitativer internationaler Befragungen sind Fokusgruppen, Tiefeninterviews und projektive Verfahren (zu den einzelnen Verfahren vgl. z.B. *Kepper* 2000). Der Einsatz von **Fokusgruppen** muss in jedem Falle internationale Besonderheiten berücksichtigen (vgl. *Malhotra* 2004, S. 158 f.). Im Mittleren und Fernen Osten sind Befragte z.B. wenig geneigt, ihre Gefühle öffentlich zu diskutieren; in anderen Ländern, wie z.B. Japan, gilt es als unhöflich, jemandem öffentlich zu widersprechen. In solchen Fällen empfiehlt es sich daher, **Tiefeninterviews** einzusetzen. Bei der Anwendung **projektiver Verfahren** ist darauf zu achten, dass bei der Darbietung verbaler oder bildlicher Stimuli Äquivalenz gewährleistet ist. Weitere Schwierigkeiten, welche beim internationalen Einsatz verstärkt auftreten, entstehen bei der Rekrutierung qualifizierter Moderatoren wie auch bei der Kodierung, Analyse und vergleichenden Interpretation der Daten.

Im Hinblick auf das Kriterium „**Frageart**" lassen sich u.a. offene und geschlossene Fragen unterscheiden (zu den verschiedenen Arten von Fragen vgl. ausführlich z.B. *Hüttner/Schwarting* 2002, S. 99 ff.). Im Rahmen **offener Fragen** existieren keine festen Antwortkategorien, d.h. die Antwort der Auskunftsperson wird im Wortlaut notiert. Anwendung finden offene Fragen insbesondere bei persönlichen, freien Interviews. Bei **geschlossenen Fragen** werden hingegen die möglichen Antwortkategorien vorgegeben; die Auskunftsperson muss aus den vorgegebenen Antwortkategorien eine oder mehrere auswählen. Eine Sonderform geschlossener Fragen stellen dabei Skalafragen dar, bei welchen die Befragten ihre Urteile anhand einer Skala abgeben können. Vorteilhaft an offenen Fragen ist die Möglichkeit der Gewinnung eines breiten Spektrums an Meinungen; im Hinblick auf die Auswertbarkeit der Antworten sind allerdings geschlossene Fragen vorzuziehen. Offene Fragen werden häufig im Vorfeld einer quantitativen Befragung durchgeführt, um Hinweise für die Entwicklung des Fragebogens zu gewinnen; bei internationalen Marktforschungsprojekten kann ihre Anwendung z.B. neue, unterschiedliche Gebrauchsmöglichkeiten bzw. Produktbedeutungen offen legen (vgl. *Schopphoven* 1991, S. 42 f.). Offene Fragen können sich im Rahmen internationaler Studien als geeignet erweisen, wenn dem Forscher Kaufkriterien, Hintergründe usw. gar nicht oder kaum bekannt sind; auch wird durch offene Fragen der kulturelle Bias reduziert, da keine Antwortkategorien vorgegeben sind. Andererseits setzen offene Fragen beim Befragten eine hohe Artikulationsfähigkeit voraus, was in Ländern mit geringerem Bildungsstand nicht unbedingt vorausgesetzt werden kann; auch sind die Anforderungen an den Interviewer höher als bei geschlossenen Fragen, was das Problem der Qualifikation des Interviewerstabs aufwirft.

Des Weiteren ist zwischen **direkten und indirekten Fragen** zu unterscheiden. Während **direkte Befragungen** den (unproblematischen) Untersuchungsgegenstand geradlinig und ohne Umschweife ermitteln, wird durch **indirekte Frageformulierungen** versucht, die Auskunft zu sensiblen Sachverhalten mittelbar, d.h. „auf Umwegen" bzw. durch einen erweiterten Antwortspielraum zu erzielen (vgl. *Hammann/Erichson* 2000, S. 101 f.). Bei internationalen Forschungsprojekten hat es sich als ratsam erwiesen, bei sensiblen Fragestellungen zunächst eine indirekte Frageform zu wählen. So führt die Frage nach dem Einkommen – anders als in den USA – in Deutschland häufig zu Antwortverweigerungen; alternativ können jedoch Fragen zu Besitzstand, Mietkosten, Urlaubshäufigkeit u.Ä. gestellt werden, welche zusammen als Indikatoren für das Einkommensniveau gelten können (vgl. *Schopphoven* 1991, S. 41). Beispiele für spezielle Methoden indirekter Befragungen sind Wortassoziations- und Satzergänzungstests sowie das Einkaufslistenverfahren.

Nach dem Kriterium „**Befragungsgegenstand**" lassen sich Einthemen- und Mehrthemenbefragungen unterscheiden. Eine **Einthemenbefragung** erfolgt zu einem einzigen Befragungsgegenstand; dagegen werden die Auskunftspersonen im Rahmen einer **Mehrthemenbefragung** (Omnibusbefragung) zu unterschiedlichen Erhebungsgegenständen befragt. Mehrere Anbieter wickeln heute bereits regelmäßig europaweite Omnibus-Befragungen ab, in deren Rahmen die erwachsene Bevölkerung der jeweiligen Länder repräsentativ zu verschiedenen Themen befragt wird. Eine Omnibusbefragung wird meist im Auftrag mehrerer Auftraggeber durchgeführt, wodurch die für das einzelne Unternehmen anfallenden Kosten relativ gering ausfallen. Allerdings ist die Zahl der Fragen pro Thema eingeschränkt; auch müssen Zielgruppenkongruenz wie auch Überschneidungsfreiheit der einzelnen Befragungsthemen gewährleistet werden. Zudem sollte darauf geachtet werden, ob der Omnibus von einem einzigen Institut oder einem Verbund von Anbietern durchgeführt wird. Im letzteren Fall ist darauf zu achten, dass die demografischen Strukturmerkmale international harmonisiert sind, in den einzelnen Ländern identische Auswahl- und Auswertungsmethoden eingesetzt werden und die Datenanalyse zentral erfolgt (vgl. *Bauer* 1995, S. 187).

Nach dem Merkmal „**Anzahl der Teilnehmer an ein und demselben Interview**" kann zwischen Einzel- und Gruppeninterviews differenziert werden. Während bei **Einzelinterviews** jeweils nur eine Auskunftsperson befragt wird, werden bei

Gruppeninterviews mehrere Personen gleichzeitig interviewt. Ziel von Gruppeninterviews ist die Gewinnung eines möglichst breiten Spektrums von Meinungen und Ideen in relativ kurzer Zeit; Anwendungsbereiche sind u.a. die Motiv- bzw. Einstellungsforschung sowie die Ideengewinnung. Durch Effekte der Gruppendynamik erhofft man sich den Abbau von Antworthemmungen sowie die Auslösung spontaner Reaktionen und Assoziationen. Im Rahmen internationaler Forschungsvorhaben stellt diese Form der Befragung hohe Anforderungen an die Sprachkenntnisse des Interviewers bzw. Diskussionsleiters. Sie ist insbesondere bei der (qualitativen) Untersuchung und Aufdeckung kulturbedingter Unterschiede hinsichtlich der Einstellungen, Motive und Gefühle von Konsumentengruppen verschiedener Länder relevant (vgl. *Craig/Douglas* 2001, S. 87).

Im Hinblick auf das Kriterium „**Häufigkeit der Befragung**" lassen sich einmalige und mehrmalige Befragungen unterscheiden. Im Rahmen einer **einmaligen Befragung** wird der interessierende Sachverhalt nur einmal erhoben, wohingegen bei **mehrmaligen Befragungen** derselbe Sachverhalt im Zeitablauf wiederholt erhoben wird. Dadurch eignen sich mehrmalige Befragungen insbesondere zur Erfassung von Entwicklungen im Zeitablauf. Eine Sonderform mehrmaliger Befragungen stellen **Panelbefragungen** dar, im Rahmen derer derselbe Personenkreis wiederholt zum selben Sachverhalt befragt wird. Panelerhebungen werden besonders häufig in der Markenartikelindustrie zur Erfassung von Absatz- und Marktanteilsentwicklungen angewendet. Zumindest in den meisten westeuropäischen Ländern existieren nationale Verbraucherpanels (Haushalts- und Individualpanels), sodass hier auch international harmonisierte Panelbefragungen grundsätzlich möglich sind. Um die Harmonisierung eines länderübergreifenden Panels sicherzustellen, sollte das Projekt entweder von einem einzigen Marktforschungsinstitut oder aber von einem gut organisierten Instituts-Netzwerk durchgeführt werden. Beispielsweise betreibt das Institut MediaTransfer AG Netresearch & Consulting (www.mediatransfer.de) mit Sitz in Hamburg seit 1996 ein internationales Online-Access-Panel (Interaktives Dynamisches Online-Panel IDOP®) mit derzeit ca. 85.000 Teilnehmern sowie weitere branchen- oder kundenspezifische Panels. Die Rekrutierung der Panel-Mitglieder erfolgt in den angeschlossenen europäischen Ländern (Frankreich, Irland, Italien, Luxemburg, Österreich, Schweden, Schweiz und Spanien) bzw. in den USA, Kanada und Australien über verschiedene Online- und Offline-Maßnahmen, u.a. über Printanzeigen, Bannerwerbung, Newsletter, redaktionelle Beiträge, Einladungen per Telefon, Empfehlungen, Links und Suchmaschinen. Der Umfang des Basis-Panels wird weitgehend konstant gehalten, um zu gewährleisten, dass jeder Teilnehmer nicht häufiger als 2-3 mal pro Jahr zu Befragungen hinzugezogen wird und somit keine „Panel-Müdigkeit" entsteht. Mithilfe von materiellen Incentives in Form von virtuellen Bonuspunkten, welche bei Partnern gegen Prämien eingetauscht werden können, oder in Form von Gewinnspielen wird die Attraktivität der Teilnahme permanent gewährleistet. Zur Stichprobenauswahl aus den vorhandenen Datenbanken kommt das Tool e-milieus® zum Einsatz, welches eine Online-Adaption des qualitativen Zielgruppenmodells der Sinus-Milieus darstellt. Somit finden nicht nur demografische Merkmale eine Berücksichtigung, sondern auch Lebenswelt und Lebensstil der Befragten verbunden mit Erkenntnissen aus früheren Online-Erhebungen.

(2) Beobachtung

Unter einer Beobachtung versteht man die zielgerichtete, planmäßige Erfassung von sinnlich wahrnehmbaren Sachverhalten im Zeitpunkt ihres Auftretens (vgl. *Berndt* 1996, S. 187). Grundsätzlich eignet sie sich zur Gewinnung sowohl von Umwelt- als auch von Marktinformationen. Auch Beobachtungen lassen sich anhand verschiedener Kriterien klassifizieren.

Nach der **Person des Beobachters** lassen sich die Selbst- und die Fremdbeobachtung unterscheiden. Den Regelfall bildet die **Fremdbeobachtung**, im Rahmen derer die Beobachtung durch unabhängige Dritte erfolgt, ggf. unter Verwendung technischer/apparativer Hilfsmittel. In den meisten Industrienationen bieten Marktforschungsinstitute entsprechende Tools bzw. Dienstleistungen an. Im Rahmen der **Selbstbeobachtung** erfolgt die Beobachtung durch die Auskunftsperson selbst (z.B. durch Tagebuch-Aufzeichnungen); aufgrund der mangelnden Objektivität der Ergebnisse stellt die Selbstbeobachtung in der Praxis jedoch einen Ausnahmefall dar.

Nach dem **Bewusstseinsgrad des Beobachteten** lassen sich die offene, die nicht durchschaubare, die quasi-biotische und die biotische Beobachtungssituation unterscheiden. Mit Ausnahme der biotischen und – in Grenzen – der quasi-biotischen Situation ist in der Regel ein Beobachtungseffekt zu erwarten, d.h. eine Verhaltensänderung der Probanden aufgrund des Wissens um die Beobachtung (vgl. *Fantapié Altobelli* 1998, S. 319).

In engem Zusammenhang mit dem Bewusstseinsgrad des Beobachteten steht das Kriterium **Partizipationsgrad des Beobachters**. Bei der **teilnehmenden Beobachtung** wirkt der Beobachter am Geschehen mit. Soll dabei seine Rolle als Beobachter unbekannt bleiben, ist eine Tarnung erforderlich, was die zeitgleiche Erfassung der zu beobachtenden Sachverhalte erschwert (vgl. *Berekoven/Eckert/Ellenrieder* 2004, S. 152). Im Rahmen einer **nichtteilnehmenden Beobachtung** wird der Beobachter hingegen nicht aktiv in das Geschehen mit einbezogen; diese Variante hat Vorteile im Hinblick auf Objektivität der Messung sowie Nicht-Durchschaubarkeit der Beobachtungssituation.

Nach dem Kriterium der **Wahrnehmungs- bzw. Registrierungsform** kann zwischen manueller, apparativer und automatischer Erfassung unterschieden werden. Im Zuge der Fortschritte der Mikroelektronik haben **elektronische Beobachtungsverfahren** auch im internationalen Bereich an Bedeutung gewonnen; zu den wichtigsten zählen das Telemeter zur Beobachtung der TV-Nutzung, Film- und Videoaufzeichnungen des Verhaltens von Probanden, Blickaufzeichnungsgeräte, die Hautwiderstandsmessung, Scanning bzw. an Warenwirtschaftssysteme gekoppelte Scannerkassen sowie Schnellgreifbühnen. Es gibt bereits Marktforschungsinstitute, die in verschiedenen Ländern methodisch identische Beobachtungen durchführen. So führen diese Institute z.B. länderübergreifend vergleichbare Haushalts- und Handelspanels sowie In-Store-Beobachtungen durch. Die Fernsehzuschauerpanels der einzelnen Länder hingegen weisen noch eine mangelhafte Harmonisierung auf, was auf die verwendeten Technologien einerseits sowie auf unterschiedliche Strukturmerkmale und Operationalisierungen andererseits zurückzuführen ist.

Die **Vorteile** der Beobachtung liegen in deren vergleichsweisen Einfachheit und Kostengünstigkeit; zudem kann sie zum Teil unabhängig von Sprachbarrieren und der Auskunftsbereitschaft der Testpersonen erfolgen. Letzteres kann allerdings u.U. rechtliche Probleme zur Folge haben, sofern die Aufzeichnung ohne Einverständnis des Beobachteten erfolgt. **Nachteilig** ist insbesondere die Tatsache, dass nur das äußere Verhalten erfasst werden kann; psychologische Größen wie Motive und Einstellungen sind durch eine Beobachtung nicht messbar (vgl. *Fantapié Altobelli* 1998, S. 321).

(3) Experiment
Im Rahmen eines Experiments wird der zu untersuchende Sachverhalt mit Hilfe einer planmäßig beeinflussten Versuchsanordnung analysiert. Anwendungsgebiet von Experimenten ist der empirische Test von Reaktionshypothesen mit dem Ziel, Ursache-Wirkungs-Beziehungen aufzudecken. Damit eignen sich Experimente insbesondere für die Gewinnung von Informationen über Absatzmärkte. In der Regel erfolgt die Messung im Rahmen eines Experiments mit Hilfe von Befragungen bzw. Beobachtungen. Experimente lassen sich unterscheiden nach dem experimentellen Umfeld, dem zeitlichen Einsatz der Messung sowie der Versuchsanordnung.

Nach dem **experimentellen Umfeld** kann zwischen Feld- und Laborexperimenten unterschieden werden. Im Rahmen eines **Feldexperiments** wird der Versuch unter realen Bedingungen durchgeführt. Vorteilhaft ist hier das Vorhandensein eines realen Umfelds; auch brauchen die Testpersonen nicht zu erfahren, dass sie an einem Experiment teilnehmen. Nachteilig sind in der Regel die hohen Kosten, der erhebliche Zeitaufwand sowie die Tatsache, dass Umwelteinflüsse nicht kontrollierbar sind. Bedeutende Varianten eines Feldexperiments sind der regionaler Testmarkt, Store-Tests sowie der Mini-Testmarkt. **Laborexperimente** werden in einem eigens dafür ausgestatteten Studio durchgeführt; dadurch lässt sich der Test unter kontrollierten Bedingungen durchführen. Als nachteilig erweisen sich die häufig geringe Realitätsnähe wie auch der in der Regel eintretende Beobachtungseffekt. Ausführliche Beschreibungen der einzelnen Testmarktalternativen finden sich z.B. in *Meffert* 1992, S. 236 ff.; *Hammann/Erichson* 2000, S. 210 ff.

Im internationalen Kontext ist zu beachten, dass Feldexperimente nicht immer möglich sind. In vielen Ländern sind wichtige Umfeldbedingungen (z.B. Technologie oder Infrastruktur) nicht ausreichend entwickelt, um Feldexperimente zu ermöglichen (vgl. *Malhotra* 2004, S. 226 ff.):
- In vielen Ländern umfasst die Fernsehlandschaft lediglich öffentlich-rechtliche Sender, was die Einbeziehung von Werbemaßnahmen in Testmarktuntersuchungen extrem erschwert.

− In manchen Ländern – z.B. in den baltischen Staaten – fehlen größere Supermärkte, sodass der Test von Handelspromotions – wenn überhaupt – nur unter großem Aufwand zu realisieren ist.
− In vielen Ländern Asiens, Afrikas und Südamerikas ist die Infrastruktur so unterentwickelt, dass ein zu Testzwecken akzeptabler Distributionsgrad nicht erreichbar ist.

Im Hinblick auf den **zeitlichen Einsatz der Messung** kann zwischen projektiven und Ex-post-facto-Experimenten unterschieden werden (vgl. *Berekoven/Eckert/ Ellenrieder* 2004, S. 158). Bei einem **projektiven Experiment** wird ein Vorgang vom Zeitpunkt der Änderung einer unabhängigen Variablen bis auf die erfolgte Wirkung auf die abhängige Variable untersucht. Beispiel: Einer Testgruppe wird ein Werbespot für ein bestimmtes Produkt gezeigt, einer Kontrollgruppe nicht. Anschließend werden im Rahmen eines Labor-Tests die Kaufmengen beider Gruppen registriert. Im Rahmen eines **Ex-post-facto-Experiments** werden selbstständig zustande gekommene Experimentalbedingungen ausgesucht, d.h. die unabhängigen Variablen sind bereits eingetreten, deren Wirkung (abhängige Variable) wird jedoch in der Gegenwart gemessen. Beispiel: Per Befragung wird zunächst festgestellt, welche Personen mit einem Werbespot Kontakt hatten und welche nicht. Anschließend werden die Kaufmengen der beiden Personengruppen getrennt erfasst. Offensichtlich ist bei Ex-post-facto-Experimenten die Ermittlung von Ursache und Wirkung problematisch, zumal Störeinflüsse unbekannt sind.

Nach dem Kriterium „**Versuchsanordnung**" wird schließlich zwischen informalen und formalen Experimenten unterschieden. Im Rahmen **informaler Experimente** wird darauf verzichtet, Zufallseinflüsse durch Anwendung statistischer Verfahren zu erfassen; die Wirkung einer unabhängigen Variablen auf eine abhängige Variable wird lediglich durch Differenzbildung ermittelt (vgl. *Berndt* 1996, S. 191). In Abhängigkeit davon, ob neben der Testgruppe auch eine Kontrollgruppe herangezogen wird und zu welchen Zeitpunkten die Messungen erfolgen, lassen sich unterschiedliche Versuchsanordnungen konstruieren. Bei **formalen Experimenten** werden Störgrößen explizit erfasst, d.h. das Ergebnis des Experiments wird nach Wirkung der Versuchsanordnung und Wirkung von Störeinflüssen differenziert (vgl. *Hüttner/Schwarting* 2002, S. 176 ff.). Der Vorteil formaler Experimente liegt darin, dass mehr als ein Testfaktor berücksichtigt werden kann; des Weiteren können die Wirkungen auf ein bestimmtes Signifikanzniveau abgesichert werden.

Bei einer **Gesamtbeurteilung** von Experimenten ist darauf hinzuweisen, dass sie insbesondere in der Absatzmarktforschung wertvolle Hinweise über die Konsumentenreaktionen auf Marketingmaßnahmen liefern; als nachteilig gelten die häufig hohen Kosten sowie der zum Teil erhebliche Zeitaufwand. Vor diesem Hintergrund werden sie in der internationalen Marktforschung nur verhältnismäßig selten eingesetzt. Experimente, die sich auf mehrere Ländermärkte beziehen, werden häufig nicht in allen relevanten Märkten durchgeführt, sondern lediglich in ausgewählten Schlüsselländern. Dieses Vorgehen eignet sich jedoch nicht für alle Forschungsvorhaben. Geht es beispielsweise um das Testen einzelner Produktkomponenten und -merkmale, sind Informationen aus allen Ländermärkten erforderlich, um herauszufinden, ob bzw. wie bestimmte Produktmerkmale zu variieren sind, um den länderspezifischen Konsumentenpräferenzen Rechnung zu tragen. Auch Experimente, die auf Werbemitteltests oder Marktanteilsüberprüfungen/Positionierungsanalysen für Produkte abzielen, sollten in sämtlichen relevanten Ländermärkten durchgeführt werden (vgl. *Bauer* 1995, S. 202 ff.). Darüber hinaus ist zu beachten, dass die zeitliche Ordnung von Stimulus und Wirkung wie auch die Konstanz weiterer Einflussfaktoren – zwei wesentliche Bedingungen für die Kausalität – bei international geführten Experimenten nur schwer kontrollierbar sind, sodass sowohl die interne als auch die externe Validität generell niedriger ausfallen als bei vergleichbaren nationalen Untersuchungen (vgl. Malhotra 2004, S. 227).

c. Durchführung und Kontrolle der Erhebung

Bei der **Durchführung** einer internationalen Primärerhebung ist – unabhängig von der eingesetzten Erhebungsmethode – eine spätere Vergleichbarkeit und Äquivalenz der Ergebnisse sicherzustellen. Das bedeutet, dass die situativen Rahmenbedingungen der Datenerhebung vergleichbar sein müssen: Dies betrifft zum einen Makro-Bedingungen wie das adäquate, abgestimmte Timing der Erhebungszeiträume (simultane vs. sukzessive Durchführung), zum anderen die Befragungssituation beeinflussende Mikro-Bedingungen wie Befragungsorte und -tageszeiten, eingesetzte Interviewer oder die optische Gestaltung von Fragebögen (vgl. *Bauer* 1995, S. 267).

Nach Abschluss der Feldarbeiten erfolgt die **Kontrolle und Aufbereitung** der erhobenen Daten, um diese für die Datenanalyse und Ergebnisdokumentation vorzubereiten.

Wie auch im Rahmen nationaler Forschungsprojekte sind bei internationalen Primärerhebungen zunächst die eingehenden Fragebögen bzw. Daten zu kontrollieren. Hierbei sind Aspekte wie die erzielten Rücklaufquoten, mögliche Interviewerfehler sowie Vollständigkeit, Lesbarkeit und Plausibilität von Bedeutung. Gegebenenfalls ist die Codierung der Antworten auf offene Fragen sowie die Erstellung entsprechender Codepläne erforderlich. Hierbei spielt auch die Übersetzung eine wesentliche Rolle. Um ein konsistentes, vergleichbares Vorgehen bei der Durchführung der Kontrollmaßnahmen sicherzustellen, ist es empfehlenswert, diese zentral von einem Institut durchführen zu lassen. Vorteile der Zentralisierung dieser Aufgaben stellen zudem Kosten- und Zeitaspekte dar. Als nachteilig kann sich hingegen die begrenzte Kontrollmöglichkeit der Arbeiten dieses einzigen Instituts erweisen. Auch ist es nicht ausgeschlossen, dass bei der Codierung und Übersetzung offener Antworten nationale kulturbedingte Besonderheiten nicht ausreichend bzw. nur aus der subjektiven Sicht einer Nation berücksichtigt werden (vgl. *Bauer* 1995, S. 276 ff.).

5. Datenanalyse

a. Überblick

Nach Abschluss aller Vorbereitungsarbeiten im Rahmen der Kontrolle der erhobenen Daten beginnt die Phase der Datenanalyse. Hierfür stehen eine Reihe von Statistik- und Datenanalyseprogrammen zur Verfügung, mit deren Hilfe die verschiedensten Auswertungen durchgeführt werden können. Aufgrund der bestehenden Methodenvielfalt in der Datenanalyse kann dieser Abschnitt lediglich einen Überblick zu den einzelnen Analyseverfahren vermitteln. Hinzu kommt, dass die Methoden als solche keine spezifischen internationalen Besonderheiten aufweisen. Zudem können dass aufgrund der häufig bescheidenen Qualität internationaler Daten anspruchsvolle Datenanalyseverfahren oftmals nicht eingesetzt werden. Für das vertiefende Studium der Datenanalysemethoden sei daher auf die Fachliteratur verwiesen (siehe hierzu z.B. *Backhaus et al.* 2003 sowie *Bortz* 2005).

Im Rahmen internationaler Studien ist vor Durchführung der Datenanalyse zunächst zu gewährleisten, dass die Einheiten bzw. Dimensionen der Messung länderübergreifend vergleichbar sind (z.B. bei Währungs-, Maß- und Gewichtseinheiten). Des Weiteren müssen die Daten häufig normiert oder standardisiert werden, um sinnvolle internationale Vergleiche anstellen zu können. Die Art der Datenanalyse selbst variiert dabei in Abhängigkeit davon, ob es sich um intrakulturelle oder interkulturelle Untersuchungen handelt (vgl. *Malhotra* 2004, S. 419). Bei **intrakulturellen Studien** werden die relevanten Sachverhalte innerhalb der einzelnen Länder untersucht, vergleichende Betrachtungen mit anderen Ländern werden nicht angestrebt. In diesem Fall erfolgt die Datenanalyse ausschließlich isoliert für die einzelnen Länder (z.B. im Rahmen einer intranationalen Marktsegmentierung, vgl. hierzu die Ausführungen in Abschnitt B.II.3.a.(1) im 3. Teil). Im Rahmen **interkultureller Untersuchungen** erfolgt hingegen eine simultane Betrachtung der einbezogenen Länder; dabei sind zwei verschiedene Ansatzpunkte möglich. Bei sog. pankulturellen Untersuchungen werden die einbezogenen Länder als Gesamtheit betrachtet; demzufolge werden die erhobenen Daten zunächst über alle Länder hinweg aggregiert und anschließend analysiert (z.B. Ermittlung von Marktsegmenten innerhalb Europas als Ganzes). Bei länderübergreifenden Analysen werden die Daten hingegen lediglich auf Länderebene aggregiert, aber länderübergreifend analysiert (z.B. Ermittlung von Mittelwerten auf Landesebene und länderübergreifender statistischer Mittelwertvergleich). Ziel ist hier die länderübergreifende Ermittlung von Gemeinsamkeiten und Unterschieden.

Um die im Rahmen internationaler Forschungsprojekte gewonnenen Daten in geeigneter Weise zu verarbeiten und einer Interpretation zugänglich zu machen, können mehrere Verfahren der Datenanalyse zum Einsatz kommen, welche sich nach verschiedenen Kriterien einteilen lassen, z.B.:
– nach dem **Skalenniveau** der Variablen: Verfahren für nominal-, ordinal-, intervall- oder verhältnisskalierte Variablen;
– nach der **Anzahl** der in die Auswertung einbezogenen Variablen: univariate, bivariate und multivariate Analyseverfahren;

– nach dem **Ziel** der Auswertung: Verfahren zur Datenreduktion, Verfahren zur Klassifikation, Verfahren zur Messung von Beziehungen und Verfahren zur Messung von Präferenzen.

In den folgenden Ausführungen wird die letztgenannte Einteilung der Verfahren – nach dem Ziel der Analyse – zu Grunde gelegt.

b. *Verfahren der Datenreduktion*

Verfahren der Datenreduktion haben die Aufgabe, die Vielzahl der erhobenen Rohdaten zu komprimieren, um das Datenmaterial auf einige wenige überschaubare Größen zu reduzieren; dadurch können Strukturen erkannt werden.

Univariate Verfahren der Datenreduktion umfassen einerseits die Bildung von Häufigkeitsverteilungen sowie andererseits Lokalisations- und Streuungsmaße. Zu den multivariaten Verfahren der Datenreduktion zählt insbesondere die Faktorenanalyse.

(1) Univariate Verfahren der Datenreduktion

Ausgangspunkt der Datenreduktion ist die Bildung einer Häufigkeitsverteilung der interessierenden Variablen. Die typische Fragestellung lautet: „Wie häufig treten bestimmte Ausprägungen der Variable in der Stichprobe auf?" Häufigkeitsverteilungen können unabhängig vom Skalenniveau ermittelt werden; bei einer großen Zahl an Ausprägungen (z.B. Einkommen der Auskunftsperson) empfiehlt sich dabei die Bildung von Klassen, um überschaubare Ergebnisse zu erhalten.

Oft ist es empfehlenswert, die Verteilung anhand von Lokalisations- und Streuungsmaßen zu charakterisieren. **Lokalisationsmaße** geben die mittlere Lage einer Verteilung an, während **Streuungsmaße** angeben, wie stark die Beobachtungswerte von ihrem Mittelwert abweichen (vgl. *Fantapié Altobelli* 1998, S. 327).

Univariate Verfahren der Datenreduktion werden in der internationalen Marktforschung herangezogen, um Unterschiede bzgl. der Merkmalsausprägungen der interessierenden Variablen in den einzelnen Ländern aufzudecken.

(2) Multivariate Verfahren der Datenreduktion – Faktorenanalyse

Das Grundprinzip der Faktorenanalyse besteht darin, aus einer Vielzahl von – teilweise miteinander korrelierenden – Variablen eine geringere, begrenzte Anzahl unkorrelierter Variablen zu extrahieren (zur Faktorenanalyse vgl. z.B. *Backhaus et al.* 2003, S. 259 ff.; *Bortz* 2005, S. 511 ff.). Diese sog. **Faktoren** sind Variablen, welche als solche nicht direkt beobachtbar sind, jedoch latent der Gesamtheit der untersuchten Variablen zu Grunde liegen. In der Marketingpraxis wird dieses Datenanalyseverfahren häufig eingesetzt, um zahlreiche Objekteigenschaften auf wenige zentrale Einflussfaktoren zu verdichten: Z.B. könnten die unzähligen Merkmale eines Automobils zu den Faktoren Sicherheit, Leistung und Umweltfreundlichkeit zusammengefasst werden. Oder das Ergebnis einer Faktorenanalyse kann ergeben, dass die Bewertung der Entwürfe eines neuen Produkts im Wesentlichen von drei Faktoren abhängt: „Design" (als Stellvertreter für die Variablen Farbe, Verpackung, Geschmack), „Produktverwendung" (mit den Variablen Handling,

Haltbarkeit) und „Gesundheit" (mit den Variablen Kaloriengehalt und Vitamingehalt). Anwendung findet die Faktorenanalyse im internationalen Kontext beispielsweise in der vergleichenden Erfolgsfaktorenforschung.

c. Verfahren der Klassifikation

Verfahren der Klassifikation dienen dem Zweck, eine Gesamtheit von Objekten in Gruppen aufzuteilen; insofern dienen sie in gewisser Weise ebenfalls der Datenreduktion, da eine Vielzahl von Aussagen über Einzelobjekte auf Aussagen über Gruppen von Objekten komprimiert wird. Zu den gebräuchlichsten Verfahren der Klassifikation zählen die multivariaten Verfahren Clusteranalyse, Diskriminanzanalyse und Multidimensionale Skalierung.

(1) Clusteranalyse
Ziel der Clusteranalyse ist es, eine heterogene Gesamtheit von Objekten (z.B. Konsumenten, Produkte) anhand geeigneter Merkmale in – in sich möglichst homogene, untereinander aber heterogene – Gruppen (Cluster) einzuteilen (vgl. ausführlich *Bortz* 2005, S. 565 ff.). In einem ersten Schritt sind die für die Unterscheidung der Objekte relevanten Merkmale nach Inhalt, Art und Skalierung festzuhalten (z.B. Alter, Einkommen und Geschlecht von Konsumenten); anschließend sind für die einzelnen Objekte in der Stichprobe die einzelnen Merkmalsausprägungen zu erheben.

Anhand der Merkmalsausprägungen der Objekte lassen sich dann die Ähnlichkeiten zwischen den Objekten mit Hilfe sogenannter Proximitätsmaße (Ähnlichkeitsbzw. Distanzmaße) ermitteln. Die damit gemessene Ähnlichkeit bzw. Distanz zwischen den Objekten bildet das Kriterium zur Gruppenbildung; innerhalb der einzelnen Gruppen sollen die Objekte möglichst geringe Distanzen (bzw. möglichst große Ähnlichkeiten) zueinander aufweisen; untereinander sollen sich die einzelnen Gruppen besonders deutlich unterscheiden, also große Distanzen aufweisen. In einem letzten Schritt sind schließlich die einzelnen ermittelten Cluster zu beschreiben und zu interpretieren. So könnten z.B. Marktsegmente gebildet werden, welche durch die Untersuchung nachfragerelevanter Merkmale von Konsumenten (und deren Zusammenfassung in Clustern) identifiziert werden können. Eine zentrale Rolle spielt die Clusteranalyse bei der internationalen Marktsegmentierung (vgl. ausführlich Abschnitt B.II.3. im 3. Teil).

(2) Diskriminanzanalyse
Auch die Diskriminanzanalyse dient der Klassifikation von Objekten. Während aber die oben skizzierte Clusteranalyse auf Ähnlichkeiten zwischen Objekten beruht, basiert die Diskriminanzanalyse auf Abhängigkeiten einer nominalskalierten Variablen von zwei oder mehr metrisch skalierten unabhängigen Variablen. Eine exemplarische Fragestellung könnte lauten: „Anhand welcher Merkmale können erfolgreiche und nicht erfolgreiche Unternehmen am besten klassifiziert werden?" Wird vereinfachend von zwei Gruppen ausgegangen, deren Mitglieder anhand der Ausprägungen von jeweils zwei Variablen charakterisiert werden können, und sind Überschneidungen der Gruppen bezüglich beider Variablen vorhanden, so ver-

sucht die Diskriminanzanalyse, eine Diskriminanzachse zu bestimmen, die beide Gruppen vollständig trennt. Auch neue Objekte lassen sich hinsichtlich ihrer Gruppenzugehörigkeit überprüfen (vgl. hierzu *Berndt* 1996, S. 222 ff.).

(3) Multidimensionale Skalierung

Den wichtigsten Anwendungsbereich der Multidimensionalen Skalierung (MDS) stellen sog. Positionierungsanalysen dar. Es wird untersucht, wie bestimmte Objekte (z.B. Produkte) im subjektiven Wahrnehmungsraum von Probanden (z.B. Konsumenten) positioniert sind. Die typische Fragestellung, die dieser Analyseform zu Grunde liegt, ist dabei die Beurteilung der Ähnlichkeiten von Objekten durch die Befragten. Eine mögliche Fragestellung könnte z.B. lauten: „Gibt es länderspezifische Unterschiede in der Beurteilung der Ähnlichkeit zwischen verschiedenen Produktmarken?" Die wahrgenommenen (Un-)Ähnlichkeiten bzw. Proximitäten der Objekte bilden die Basis für die Positionierung und grafische Darstellung der Objekte. Ziel ist die Konfiguration der wahrgenommenen Relationen zwischen den Objekten in einem möglichst niedrig dimensionierten metrischen Raum. Dabei sollen die Objekte im Raum so zueinander positioniert werden, dass die Distanz zwischen je zwei Punkten gerade der Ähnlichkeit zwischen den zugehörigen Objekten entspricht (zur Multidimensionalen Skalierung vgl. z.B. *Berndt* 1996, S. 232 ff.).

d. Verfahren zur Messung von Beziehungen

Verfahren zur Messung von Beziehungen versuchen, Zusammenhänge zwischen den Variablen festzustellen. Bei einseitigen Zusammenhängen spricht man von Dependenzanalyse, bei wechselseitigen Zusammenhängen von Interdependenzanalyse.

(1) Verfahren der Dependenzanalyse

Verfahren der Dependenzanalyse messen die Abhängigkeit einer oder mehrerer abhängiger Variablen von einer oder mehreren unabhängigen Variablen; insofern kann die zuvor beschriebene Diskriminanzanalyse auch den Verfahren der Dependenzanalyse zugeordnet werden (bei einer nominalskalierten abhängigen Variablen und zwei oder mehr metrisch skalierten unabhängigen Variablen). Weitere gebräuchliche Verfahren sind:

– Regressionsanalyse (bei metrisch skalierten abhängigen und unabhängigen Variablen) sowie
– Varianzanalyse (bei einer metrisch skalierten unabhängigen Variable und einer oder mehreren nominalskalierten unabhängigen Variablen).

Mit Hilfe der Regressionsanalyse werden Art und Richtung des Zusammenhangs zwischen metrisch skalierten Variablen untersucht; speziell am Modell der einfachen linearen Regressionsanalyse wird die lineare Abhängigkeit zwischen einer abhängigen und einer unabhängigen Variablen analysiert, z.B. die Abhängigkeit der Absatzmenge vom Produktpreis. Im Rahmen der Varianzanalyse wird hingegen die Abhängigkeit einer metrisch skalierten Variable (z.B. Umsatzrentabilität) von einer oder mehreren nominalskalierten unabhängigen Variablen geprüft (z.B.

Organisationsstruktur); ein typisches Anwendungsgebiet der Varianzanalyse ist die Auswertung von Experimenten.

Verfahren der Dependenzanalyse werden grundsätzlich zur Gewinnung von Marktreaktionsfunktionen herangezogen. Im internationalen Kontext stellt sich z.b. die Frage, ob in den einzelnen Ländern unterschiedliche Preisabsatz- oder Werbeerfolgsfunktionen gelten; ist dies der Fall, so ist eine Differenzierung der Marketing-Programme zu erwägen (vgl. Abschnitt B.IV.2. im 3. Teil).

(2) Verfahren der Interdependenzanalyse
Verfahren der Interdependenzanalyse untersuchen die wechselseitigen Beziehungen zwischen Variablen; insofern lassen sich auch die Clusteranalyse, die Faktorenanalyse, die Multidimensionale Skalierung und die Conjoint-Analyse dieser Klasse von Verfahren zuordnen (zu dieser Einteilung vgl. z.B. *Berekoven/Eckert/ Ellenrieder* 2004, S. 209.). Da die typischen Fragestellungen der o.g. Verfahren jedoch nicht vorrangig bzw. nicht nur auf die Untersuchung wechselseitiger Beziehungen i.e.S. ausgerichtet sind, sollen an dieser Stelle lediglich die
– Kontingenzanalyse und die
– Korrelationsanalyse
als „typische" Verfahren der Interdependenzanalyse erwähnt werden.

Im Rahmen der Kontingenzanalyse wird die wechselseitige Abhängigkeit zweier oder mehrerer nominalskalierter Variablen untersucht, wie z.B. Geschlecht und Führungsverhalten (zur Kontingenzanalyse vgl. z.B. *Backhaus et al.* 2003, S. 229 ff.). Allerdings liefert die Kontingenzanalyse lediglich einen Hinweis auf das Bestehen eines Zusammenhangs – sie erlaubt keine Aussagen über die Richtung dieses Zusammenhangs; dieser ist mit Hilfe von Plausibilitätsüberlegungen festzustellen. Bei den Variablen „Geschlecht" und „Führungsverhalten" wäre etwa davon auszugehen, dass das Geschlecht das Führungsverhalten beeinflusst, nicht jedoch umgekehrt.

Verfahren der Korrelationsanalyse sind grundsätzlich für verschiedene Skalenniveaus einsetzbar (vgl. ausführlich *Bortz* 2005, S. 224 ff.). Am gebräuchlichsten sind der Produkt-Moment-Korrelationskoeffizient (bei metrisch skalierten Variablen) sowie der Spearman'sche Rangkorrelationskoeffizient (bei ordinal skalierten Variablen).

e. **Verfahren zur Messung von Präferenzen**

Um Hinweise darauf zu erhalten, welche Objekte (z.B. Produkte, Marken) von den befragten Personen (z.B. Konsumenten) bevorzugt werden, sind die Präferenzen der relevanten Personengruppe zu untersuchen. Unter den Verfahren zur Präferenzforschung hat insbesondere die Conjoint-Analyse große Bedeutung erlangt (Präferenzen können darüber hinaus auch mit Hilfe der multidimensionalen Skalierung wie auch des Analytic Hierarchy Process ermittelt werden). Der Grundgedanke der Conjoint-Analyse besteht darin, aus Gesamtnutzenurteilen bezüglich zu bewertender Objekte auf die relative Bedeutung einzelner Objekteigenschaften zu schließen (ausführliche Darstellungen der Conjoint-Analyse finden sich z.B. bei *Backhaus et al.* 2003, S. 543 ff. und *Green/Srinivasan* 1990). Beispielsweise können Testpersonen gebeten werden, alternative Produktentwürfe in eine Rangfolge zu bringen; aus den globalen Urteilen wird dann auf die relative Bedeutung einzelner Produkteigenschaften geschlossen. Ein wichtiger Anwendungsbereich dieses Verfahrens ist die Entwicklung bzw. Gestaltung neuer Produkte. Gerade im Bereich der internationalen Produktpolitik kann mittels Conjoint-Analysen festgestellt werden, in welchen Ländern welche Produktmerkmale bzw. Merkmalsausprägungen präferiert werden; dies kann Hinweise auf die Notwendigkeit einer internationalen Produktdifferenzierung liefern (vgl. hierzu *Berndt/Fantapié Altobelli/Sander* 1997, S. 75 f. sowie Abschnitt C.II.1.b.(2) im 3. Teil).

IV. Organisation der internationalen Marktforschung

1. Überblick

Die organisatorische Gestaltung der internationalen Marktforschung wird grundsätzlich dadurch bestimmt, in welcher Form Entscheidungskompetenzen und Ausführungsaufgaben entweder im Unternehmen verbleiben oder an extern beauftragte Marktforschungsinstitute delegiert werden (vgl. *Bauer* 1995, S. 293). Dabei sind sowohl auf die Zuteilung von Entscheidungskompetenzen als auch bei der Zuteilung der Ausführungsaufgaben folgende Organisationsprinzipien anwendbar (vgl. 2002, S. 45 ff.):
- die Entscheidungskompetenzen und Ausführungsaufgaben verbleiben zentral im Unternehmen (zentralisierte internationale Marktforschung);
- ihre Zuteilung erfolgt dezentral im Unternehmen, d.h. Planung und Realisation des Marktforschungsvorhabens wird den Auslandsniederlassungen übertragen (unternehmensinterne Delegation);
- es werden (inländische oder ausländische) externe Marktforschungsinstitute in unterschiedlichem Umfang beauftragt, welche in Eigenregie die Erhebung vornehmen (koordinierte internationale Marktforschung).

Werden diese Organisationsprinzipien jeweils für die Delegation von Entscheidungen und Ausführungsaufgaben miteinander kombiniert, ergeben sich neun theoretisch mögliche Organisationsformen für die internationale Marktforschung, von denen jedoch nur drei Kombinationen tatsächlich von praktischer Relevanz sind (vgl. hierzu Abb. 2.33). Hier hat in den letzten Jahren insb. das teilweise oder vollständige „Outsourcing" der eigenen Marktforschungsabteilungen in einer Vielzahl von Unternehmen dazu geführt, dass sich die Zuteilung der Ausführungsaufgaben nunmehr fast vollständig auf die Form der externen Delegation an beauftragte Marktforschungsinstitute reduziert hat. Organisatorische Variationsmöglichkeiten bestehen somit lediglich in der unterschiedlichen Zuordnung der Entscheidungskompetenzen (vgl. *Bauer* 1995, S. 295).

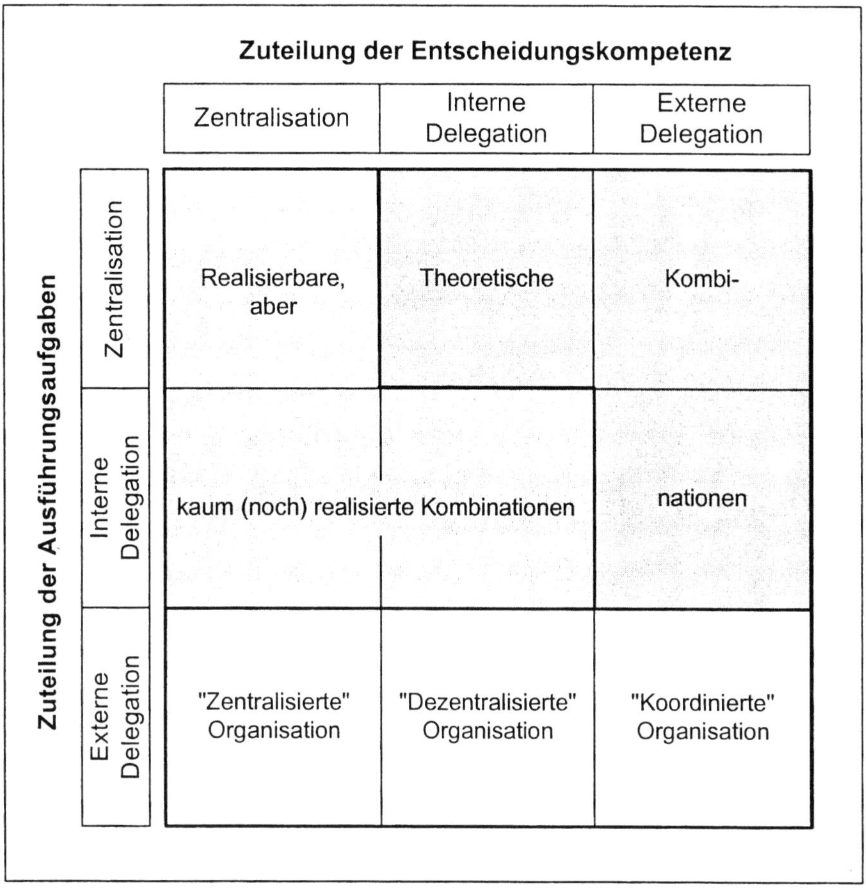

	Zuteilung der Entscheidungskompetenz		
	Zentralisation	Interne Delegation	Externe Delegation
Zuteilung der Ausführungsaufgaben — Zentralisation	Realisierbare, aber	Theoretische	Kombi-
Interne Delegation	kaum (noch) realisierte Kombinationen		nationen
Externe Delegation	"Zentralisierte" Organisation	"Dezentralisierte" Organisation	"Koordinierte" Organisation

Quelle: Bauer 1995, S. 294.

Abb. 2.33: Organisationsformen der internationalen Marktforschung

Bei der externen Delegation von Marktforschungsaufgaben an eines oder mehrere Marktforschungsinstitute ist allgemein anzumerken, dass sich die Auswahlalternativen auf jene Institute beschränken sollten, welche sich dem „Code of Conduct" einer oder mehrerer anerkannter nationaler bzw. internationaler Berufsorganisationen verpflichtet fühlen und sich darüber hinaus in regelmäßigen Abständen unabhängigen Qualitätskontrollen unterziehen (vgl. *Bauer* 1995, S. 296).

2. **Zentralisierte internationale Marktforschung**

Bei einer **zentralisierten internationalen Marktforschung** verbleiben die Entscheidungskompetenzen im Unternehmen bzw. in der internationalen Unternehmenszentrale, während sämtliche Ausführungsaufgaben – Schwerpunkt sind hier zumeist die Feldarbeiten – in genau abgegrenzter Form an externe Marktforschungsinstitute delegiert werden. Von einer externen Delegation ausgeschlossen sind dagegen Analyse- und Interpretationsaufgaben; diese werden von dem Unternehmen selbst erfüllt (vgl. *Czinkota/Ronkainen* 2004, S. 198).

Diese Organisationsform ermöglicht eine weitgehende internationale Vergleichbarkeit der Untersuchungsergebnisse. Zudem bieten sich dem auftraggebenden Unternehmen umfangreiche Kontrollmöglichkeiten, und letztlich können hiermit auch die Kosten der internationalen Marktforschung erheblich reduziert werden. Häufig sind jedoch die unternehmensinternen Kapazitäten nicht ausreichend, um umfangreiche, internationale Untersuchungen in einer zentralisierten Organisationsform durchführen zu können. Auch gilt, dass erforderliche Anpassungen des Untersuchungsdesigns an die kulturellen Erfordernisse verschiedener Länder mangels entsprechender Länderkenntnisse häufig nicht vorgenommen werden können. Daher sind die Anwendungsbereiche der zentralisierten internationalen Marktforschung i.d.R. auf internationale Untersuchungen mit einfacherer Strukturierung und geringerem Umfang beschränkt. Des Weiteren ist kritisch anzumerken, dass durch die Zentralisierung zwar die Vergleichbarkeit der Ergebnisse gewährleistet ist, aber die Gefahr besteht, dass diese durch eine stark ethnozentrisch geprägte Sichtweise des Unternehmens teilweise wieder aufgehoben wird (vgl. *Bauer* 1995, S. 297).

3. Dezentralisierte internationale Marktforschung

Bei einer Organisation der internationalen Marktforschung in **dezentralisierter** Form legt die internationale Unternehmenszentrale lediglich die Zielsetzungen der internationalen Marktforschung fest. Den jeweiligen Auslandsniederlassungen in den an der Untersuchung beteiligten Ländern wird dann vollständig die Gestaltung und das lokale Management des Forschungsvorhabens übertragen (vgl. *Czinkota/Ronkainen* 2004, S. 199).

Von Vorteil ist hierbei, dass jede der nationalen Teiluntersuchungen mit hoher Flexibilität optimal an die jeweiligen Bedingungen in den Ländern angepasst werden kann. Darüber hinaus eröffnet die Dezentralisierung den Auslandsniederlassungen ein hohes Maß an Eigenverantwortung bei der Planung und Durchführung der nationalen Teiluntersuchungen. Dieses Vorgehen birgt jedoch die Gefahr einer mangelnden internationalen Vergleichbarkeit der Untersuchungsergebnisse (vgl. u.a. *Bauer* 1995, S. 318; *Simmet-Blomberg* 1998, S. 377). Dieser Gefahr kann i.d.R. jedoch mit verschiedenen Standardisierungsmaßnahmen im Verlaufe des Marktforschungsprozesses entgegengewirkt werden. Unterstützend werden zudem internationale oder länderregionale Koordiationstreffen veranstaltet oder Koordinationskomitees eingerichtet. Insgesamt ist festzuhalten, dass sich die Organisationsform der dezentralisierten Marktforschung vorrangig für die Lösung operativer Marketing-Probleme eignet.

4. Koordinierte internationale Marktforschung

Bei der **koordinierten internationalen Marktforschung** entscheidet das auftraggebende Unternehmen lediglich über die Art, den Inhalt, den Umfang und die Zeitpunkte des Informationsbedarfs. Sämtliche Ausführungsaufgaben sowie die

Analyse und Interpretation der erhobenen Daten werden dagegen an die dafür ausgewählten Marktforschungsinstitute übertragen. Somit verfügen die Institute bei der Auftragserfüllung über einen hohen Grad an Eigenständigkeit. Die Zusammenarbeit des Unternehmens mit den Instituten erfordert jedoch einen permanenten Austausch- und Koordinationsprozess (vgl. *Czinkota/Ronkainen* 2004, S. 198 f.).

Bei der externen Delegation von Entscheidungskompetenzen und Ausführungsaufgaben kommen unterschiedliche **Lösungen** zum Einsatz (vgl. *Bauer* 1995, S. 299 ff.):

- **Variante 1:** In allen an der Untersuchung beteiligten Ländern wird jeweils ein dort ansässiges Institut ausgewählt. Diesem werden dann national abgegrenzte Entscheidungskompetenzen und Teilaufgaben übertragen. Daraus ergibt sich der Vorteil, dass die ausgewählten Institute mit den jeweiligen Landesgegebenheiten bestens vertraut sind. Jedoch wirkt sich der mit zunehmender Anzahl zu untersuchender Länder steigende Abstimmungsaufwand zwischen den Länderinstituten negativ auf den Gesamtablauf der Untersuchung aus. Hierbei sind insb. Koordinationsprobleme bei der Festlegung der anzuwendenden Methoden, bei der Untersuchungsdurchführung, aber auch unterschiedliche Interpretationsweisen zu nennen.

- **Variante 2:** Alternativ besteht die Möglichkeit, die Zuteilung von Entscheidungskompetenzen auf ein inländisches Marktforschungsinstitut zu beschränken, welchem zudem sämtliche Ausführungsaufgaben im Rahmen der Untersuchung übertragen werden. Dieses Inlandsinstitut delegiert seinerseits die in den einzelnen Ländern durchzuführenden Feldarbeiten oder auch weitergehende Aufgaben, z.B. Teile der anschließenden Datenaufbereitung, an entsprechende Auslandsinstitute. Durch die Federführung des Inlandsinstituts können mehrere positive Effekte gegenüber Variante 1 erzielt werden. Zum einen können die o.g. Abstimmungsprobleme zwischen den Instituten erheblich verringert werden. Zum anderen verfügt das auftraggebende Unternehmen über einen zentralen Ansprechpartner und Verantwortlichen im Inland und kann darüber hinaus auch möglicherweise bestehende Sprachbarrieren umgehen. Daher sollte die Auswahl des Inlandsinstituts verschiedenen Anforderungen genügen. Neben sprachlichen und landeskundlichen Kompetenzen für die zu untersuchenden Länder sollte das federführende Institut über hinreichende Kapazitäten verfügen, um die zentralen Planungs-, Analyse- und Interpretationsaufgaben erfüllen und darüber hinaus seine Koordinations- und Kontrollfunktionen in vollem Umfang ausüben zu können.

- **Variante 3:** Alternativ zu der zuvor beschriebenen Form der externen Delegation von Entscheidungen und Aufgaben kann ein Inlandsinstitut beauftragt werden, welches selbst international tätig ist, d.h. über eigene Auslandsniederlassungen oder Beteiligungen an Auslandsinstituten verfügt bzw. selbst eine Niederlassung eines ausländischen Instituts ist. Auch sind solche Inlandsinstitute von Interesse, die eng mit ausländischen Partnerinstituten kooperieren oder Mitglied in einem internationalen Marktforschungs-Netzwerk sind. Eine Auswahlentscheidung für diese Institute orientiert sich insb. an der Form und Stärke der Austauschbeziehungen in den Partnerschaften und Netzwerken.

- **Variante 4:** Letztlich kann eine externe Entscheidungs- und Aufgabendelegation auch in der Form erfolgen, dass ein ausländisches, jedoch nicht im Inland vertretenes Institut mit der Untersuchung beauftragt wird und seinerseits in den einzelnen Ländern Tochter-, Partner-, Netzwerk- oder Fremdinstitute an der Untersuchung beteiligt. Die Aufgabendelegation beschränkt sich hierbei im einfachsten Fall auf die durchzuführenden Feldarbeiten, kann aber auch z.B. die Aufbereitung der erhobenen Daten beinhalten.

Die Einflussmöglichkeiten des auftraggebenden Unternehmens auf die Auswahl sämtlicher an der internationalen Untersuchung zu beteiligenden Marktforschungsinstitute ist also abhängig von der Wahl einer der o.g. Koordinationsformen. Werden die zu beteiligenden Auslandsinstitute von einem federführenden In- oder Auslandsinstitut bestimmt, besteht dennoch für das auftraggebende Unternehmen die Möglichkeit einer indirekten Einflussnahme, und zwar durch eine entsprechende Auswahlentscheidung, die sich an der Zugehörigkeit des Instituts zu Verbänden, Netzwerken u.a. orientiert (vgl. *Bauer* 1995, S. 311 f.).

Verbleibt die Koordinationsaufgabe bei dem auftraggebenden Unternehmen, sind die Kriterien für die Auswahl der Marktforschungsinstitute identisch mit jenen, welche bei nationalen Untersuchungen zur Anwendung kommen (vgl. hierzu u.a. *Berekoven/Eckert/Ellenrieder* 2004, S. 40). Bei einer Übertragung der Auswahlentscheidung an das federführende Institut sind diese Kriterien entsprechend zu modifizieren (vgl. *Bauer* 1995, S. 312 f.). Ausschlaggebend sind dann zusätzlich u.a. bisherige Kenntnisse und Erfahrungen in Bezug auf die Durchführung internationaler Untersuchungen, deren Häufigkeit sowie Referenzen aus abgeschlossenen internationalen Marktforschungsprojekten.

Die koordinierte Marktforschung stellt heute die vorherrschende Organisationsform bei internationalen Untersuchungen dar. Zum einen kann dadurch eine erhebliche Entlastung des auftraggebenden Unternehmens von Planungs- und Ausführungsaufgaben erreicht werden. Darüber hinaus wird das Unternehmen – je nach gewählter Umsetzungsform – auch von Koordinationsaufgaben entbunden. Zum anderen kann das Unternehmen über die meist eher begrenzten Möglichkeiten der betrieblichen Marktforschung hinaus auch das methodische, organisatorische und landeskundliche Spezialwissen der Institute nutzen; zudem ist die Gefahr einer ethnozentrisch geprägten Untersuchung eher als gering einzuschätzen, insb. dann, wenn eine hohe Beteiligung der ausländischen Institute realisiert werden kann. Jedoch kann sich die Einschränkung der direkten Kontrolle der beteiligten Institute durch das auftraggebende Unternehmen als problematisch erweisen (vgl. *Bauer* 1995, S. 316 f.).

Teil 3: Internationale Marketing-Planung

A. Der Planungsprozess des internationalen Marketing

Aufgrund der höheren Komplexität internationaler Marketing-Entscheidungen im Vergleich zu nationalen ist ein systematisches, planvolles Vorgehen von zentraler Bedeutung. Der Planungsprozess des internationalen Marketing umfasst eine Vielzahl aufeinander folgender Phasen (vgl. Abb. 3.1), die sich zu folgenden **Stufen** zusammenfassen lassen:
– Situationsanalyse und -prognose,
– strategische internationale Marketingplanung,
– taktisch-operative internationale Marketing-Planung (internationale Marketing-Politik),
– Realisation und
– Kontrolle der Auslandsaktivitäten.

Zu beachten ist, dass die Phasenabfolge nicht zwingend ist; auch sind zahlreiche Rückkopplungen wie auch Interdependenzen zwischen den einzelnen Entscheidungsfeldern gegeben.

I. Situationsanalyse und -prognose

Die erste Stufe der internationalen Marketing-Planung besteht in der **Situationsanalyse und -prognose**; die Sammlung und Aufbereitung von Informationen ist somit der Ausgangspunkt der Marketing-Planung. Gerade die Vielzahl an länderspezifischen Rahmenbedingungen für die internationale Geschäftstätigkeit erfordert eine besondere Aufmerksamkeit bei der Beschaffung und Verarbeitung der relevanten Informationen. Im Einzelnen umfasst die Situationsanalyse und -prognose (vgl. Kapitel A. im 2. Teil)
– die Analyse der **globalen Rahmenbedingungen**, d.h. solcher Determinanten, welche branchenunabhängig eine Volkswirtschaft als Ganzes betreffen. Wesentliche Informationsbereiche stellen hier die ökonomische, die politisch-rechtliche, die soziokulturelle sowie die geographische Umwelt dar;
– die Analyse von **Branche und Wettbewerb**, d.h. solcher Faktoren, welche nur Unternehmen einer bestimmten Branche berühren; hierzu gehören eine allgemeine Analyse der Branchenstruktur wie auch der Wettbewerber, Lieferanten und Abnehmer;
– die **Unternehmensanalyse**, welche die Aufdeckung der eigenen Stärken und Schwächen in den einzelnen Bereichen des Unternehmens zum Gegenstand hat.

Situationsanalyse

Globale Rahmenbedingungen	Branche und Wettbewerb	Unternehmensanalyse
- ökonomische Faktoren - politisch-rechtliche Faktoren - soziokulturelle Faktoren - geographische Faktoren	- Branchenstruktur - Wettbewerber - Lieferanten - Abnehmer	- Unternehmensziele und Unternehmenskultur - Finanzkraft - Produktmerkmale - Personal - Produktionskapazität

Prognose

Strategische internationale Marketing-Planung

- Strategische Zielplanung
- Marktsegmentierung und Marktselektion
- Planung der Markteintrittsstrategie
- Planung der Marktbearbeitungsstrategie

Planung der internationalen Marketing-Politik

Taktisch-operative Zielplanung

Internationale Maßnahmenplanung

Internationale Produkt- und Leistungsprogrammpolitik	Internationale Kontrahierungspolitik	Internationale Kommunikationspolitik	Internationale Distributionspolitik

Internationaler Marketing-Mix

Realisation der Auslandsaktivitäten

Organisation	Koordination	Steuerung

Kontrolle der Auslandsaktivitäten

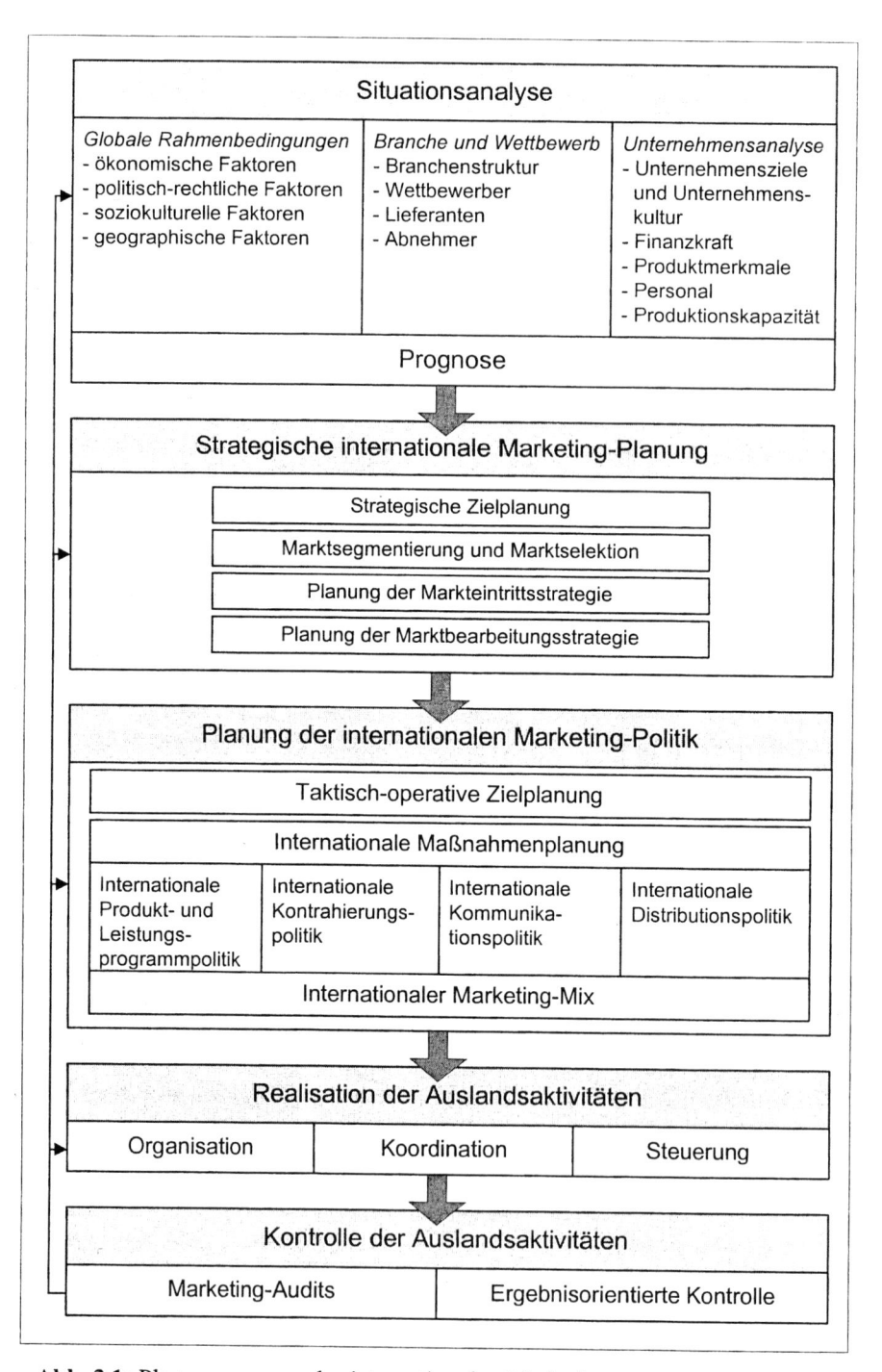

Marketing-Audits	Ergebnisorientierte Kontrolle

Abb. 3.1: Planungsprozess des internationalen Marketing

Ergebnis der Situationsanalyse und -prognose sind zum einen Chancen und Risiken des Auslandsengagements, zum anderen auslandsmarktspezifische Stärken und Schwächen des Unternehmens. Die Bereitstellung der Informationsgrundlagen für die internationale Marketing-Planung ist Aufgabe der **internationalen Marktforschung** (vgl. zur internationalen Marktforschung z.B. *Craig/Douglas* 2002; *Punnett/Shenkar* 2004 sowie die Ausführungen in Kapitel B. im 2. Teil). Aufgrund der gegenüber dem nationalen Marketing wesentlich höheren Komplexität der Aufgabenstellungen im internationalen Marketing wie auch der i.d.R. geringeren Vertrautheit mit den Verhältnissen auf den einzelnen Auslandsmärkten liegt dabei ein erhöhter Informationsbedarf vor; der internationalen Marktforschung kommt damit ein hoher Stellenwert zu, da ihr die wichtige Aufgabe der Reduktion der Unsicherheit bei Betätigung auf ausländischen Märkten zufällt (vgl. *Sander* 1997a, S. 5 f.). Ein besonderes Gewicht erhält auch die **Prognose** der Entwicklung der einzelnen Variablen, da ein Auslandsengagement i.d.R. langfristig bindend ist.

II. Strategische internationale Marketing-Planung

Liegen fundierte Informationen und Prognosen über die einzelnen Auslandsmärkte vor, so kann auf deren Grundlage eine strategisch orientierte Rahmenplanung erfolgen. Gegenstand der strategischen internationalen Marketing-Planung ist die Festlegung des langfristigen Handlungsrahmens für taktische und operative Marketing-Aktivitäten auf den bearbeiteten bzw. zu bearbeitenden Auslandsmärkten (zum strategischen internationalen Marketing vgl. insbesondere *Meissner* 1995). Ziel ist die Erstellung von produkt-marktbezogenen Strategien zur langfristigen Erfolgssicherung des Unternehmens. Im Einzelnen umfasst die strategische internationale Marketing-Planung folgende Stufen (vgl. z.B. *Meffert/Bolz* 1998, S. 97 ff.):

- **Strategische Zielplanung**
  Im Rahmen der strategischen Zielplanung werden aus den übergeordneten Gesamtunternehmenszielen die langfristigen, globalen Marketing-Ziele festgelegt (vgl. Abschnitt B.I. in diesem Teil). Diese sind bei der taktisch-operativen Marketing-Planung (Marketing-Politik) zu konkretisieren und zu präzisieren und mit den Zielen der anderen betrieblichen Funktionsbereiche (F&E, Beschaffung, Produktion, Finanzen, Personal) abzustimmen.
- **Marktsegmentierung** und **Marktselektion**
  Ziel der Marktsegmentierung und Marktselektion ist das Auffinden erfolgversprechender Ländermarktsegmente. Hierzu empfiehlt sich ein mehrstufiges Vorgehen: Nach einer groben Vorselektion (Ausschluss von Ländern, die bestimmte K.O.-Kriterien nicht erfüllen) wird zunächst im Rahmen einer Grobauswahl eine Reihe von Ländern herausgefiltert, die für eine Marktbearbeitung grundsätzlich in Frage kommen. Anschließend erfolgt in den einzelnen Ländern eine Marktsegmentierung, d.h. die Bildung unterschiedlicher, aber jeweils in sich homogener Segmente; dies kann innerhalb der einzelnen Länder (intranationale Marktsegmentierung) oder länderübergreifend (integrale Marktsegmentierung) erfolgen. Schließlich erfolgt eine Feinanalyse der identifizierten Ländermarktsegmente, um die vielversprechendsten herauszufiltern. Der Problematik der Auswahl von Auslandsmärkten ist Abschnitt B. II. in diesem Teil gewidmet.

– **Planung der Markteintrittsstrategie**
Im Rahmen der Planung der Markteintrittsstrategie soll zunächst über die **Form** des Markteintritts entschieden werden. Zum einen geht es um die Grundsatzentscheidung „Inlands- vs. Auslandsproduktion"; im Rahmen einer Inlandsproduktion kann z.B. zwischen direktem und indirektem Export gewählt werden, im Rahmen einer Auslandsproduktion zwischen Lizenzvergabe und Direktinvestition. Neben der Form ist auch das **Timing** des Markteintritts von Bedeutung - zum einen die länderübergreifende Abfolge des Markteintritts (Wasserfall- oder Sprinkler-Strategie), zum anderen die länderspezifische (Pionier- oder Folgerstrategie). Mit der Planung der Markteintrittsstrategie befasst sich Abschnitt B.III. in diesem Teil.

– **Planung der Marktbearbeitungsstrategie**
Die Marktbearbeitungsstrategie legt den Rahmen für den Einsatz des Marketing-Instrumentariums fest. Im Einzelnen ist über die Elemente **Strategie-Variation** (Beibehaltung der Positionierung, Um- oder Neupositionierung), **Strategie-Stil** (offensives vs. defensives und innovatives vs. konventionelles Wettbewerbsverhalten), **Strategie-Substanz** (Präferenz- vs. Preis-Mengen-Strategie) und **Strategie-Feld** (Gesamtmarkt vs. Nische) zu befinden (vgl. *Kuß/Tomczak* 2004, S. 172 ff. sowie die Ausführungen in Abschnitt B. IV. in diesem Teil). Des Weiteren steht auch die Entscheidung über die **Basisstrategie** des internationalen Marketing an, welche die Optionen „Standardisierung" bzw. „**Differenzierung**" des internationalen Marketing umfasst.

III. Planung der internationalen Marketing-Politik

Im Rahmen der Planung der internationalen Marketing-Politik werden die entwickelten Strategien in konkrete taktisch-operative Maßnahmen umgesetzt. Hierbei ist zunächst für jedes einzelne Instrument die Grundsatzentscheidung „Standardisierung vs. Differenzierung" zu treffen, da selbst eine „insgesamt" standardisierte Marketing-Strategie beim einen oder anderen Marketing-Instrument durchaus länderspezifische Anpassungen erfordern kann. Gegenstand der taktisch-operativen Marketing-Planung sind darüber hinaus

– die taktisch-operative **Zielplanung**, in welcher die strategischen Marketing-Ziele für die einzelnen Marketing-Instrumente präzisiert und operationalisiert werden;
– die Planung des Einsatzes der einzelnen **Marketing-Instrumente** (internationale Produkt- und Programmpolitik, internationale Kontrahierungspolitik, internationale Kommunikationspolitik, internationale Distributionspolitik) für die einzelnen Auslandsmärkte sowie die Einbettung der Einzelmaßnahmen in einen konsistenten Marketing-Mix. Die Maßnahmenplanung erfolgt in Abstimmung mit der strategischen Rahmenplanung, insbesondere mit der Festlegung der Marktbearbeitungsstrategie. Neben derartigen vertikalen Interdependenzen sind auch die horizontalen Interdependenzen im Rahmen des Marketing-Mix zu beachten, da nur durch einen stimmigen Einsatz aller Marketing-Instrumente eine entsprechende Positionierung des Leistungsangebots in den einzelnen Ländermarktsegmenten gelingen kann (vgl. *Sander* 1997a, S. 9). Ein Überblick über die internationale Marketing-Politik findet sich in Kapitel C. in diesem Teil; für eine

ausführliche Auseinandersetzung mit den zentralen Fragen der internationalen Marketing-Politik vgl. *Berndt/Fantapié Altobelli/Sander* 1997.

IV. Realisation der Auslandsaktivitäten

Im Rahmen der Realisationsphase werden die strategischen und taktisch-operativen Pläne implementiert. Eine reibungslose Umsetzung der Pläne setzt dabei eine effiziente internationale Organisation wie auch die Existenz funktionsfähiger Koordinationsmechanismen voraus; insbesondere in multinationalen Unternehmen mit ihrer Vielzahl an teilweise stark verselbstständigten ausländischen Tochtergesellschaften können verstärkt Konflikte auftreten, welche eine reibungslose Durchsetzung der geplanten Maßnahmen erschweren. Der Organisation, Koordination und Steuerung von Auslandsaktivitäten kommt demnach eine besondere Bedeutung zu (vgl. auch Teil 5).

Von entscheidender Bedeutung für die Realisationsphase ist die Grundorientierung des Managements und - damit verbunden - der **Internationalisierungsgrad** des Unternehmens (vgl. *Sander* 1997a, S. 9). So erfordert eine globale Orientierung völlig andere organisatorische Strukturen und Koordinationsmechanismen als ein ethnozentrisch orientiertes Unternehmen, das die im Ausland erzielten Umsätze bzw. Gewinne lediglich als Zusatzgeschäft zu den Inlandsaktivitäten betrachtet. Des Weiteren ist hier auch die Frage von Bedeutung, in welchem Ausmaß Entscheidungskompetenzen zentralisiert oder dezentralisiert werden sollen, d.h. ob Entscheidungen durch die inländische Unternehmenszentrale oder durch organisatorische Einheiten im Ausland zu treffen sind.

V. Kontrolle der Auslandsaktivitäten

Im Rahmen der Kontrollphase wird überprüft, ob und inwieweit die gesteckten strategischen und taktisch-operativen Zielvorgaben in den einzelnen Ländermärkten erfüllt wurden (**ergebnisorientierte Marketing-Kontrolle**); darüber hinaus sind auch die Elemente des Marketing-Planungssystems, d.h. Unternehmensleitbild, Planungsprämissen, Organisation der Marketing-Planung, laufend zu überwachen (**Marketing-Audits**). Dem Soll-Ist-Vergleich schließt sich eine Ursachenanalyse an wie auch - darauf aufbauend - die Planung von Anpassungsmaßnahmen; diese können sowohl die Ziele als auch die strategischen und taktisch-operativen Pläne betreffen (vgl. *Meffert/Bolz* 1998, S. 38). Aufgrund der Komplexität internationaler Marketing-Entscheidungen sollten Kontrollaktivitäten in den Auslandsniederlassungen und in der Zentrale zu einem internationalen Controlling-System integriert werden (vgl. hierzu ausführlich Teil 4 in diesem Buch).

B. Strategische internationale Marketing-Planung

I. Strategische internationale Zielplanung

1. Das internationale Zielsystem

Ausgangspunkt des strategischen internationalen Marketing-Managements ist die Formulierung strategischer internationaler Marketing-Ziele. Die „klassischen" Zieldimensionen „Zielinhalt", „Zielausmaß" und „zeitlicher Bezug" sind dabei um die geographische Komponente „Ländermarkt" zu ergänzen, da in verschiedenen Ländermärkten i.d.R. auch unterschiedliche Ziele verfolgt werden (vgl. *Berndt/ Fantapié Altobelli/Sander* 1997, S. 10 f.). Abb. 3.2 zeigt das internationale Zielsystem im Überblick; zu beachten ist, dass die angeführten Ziele sowohl auf strategischer als auch auf taktisch-operativer Ebene zu formulieren sind.

Grundlage für die Formulierung strategischer Marketing-Ziele sind die Gesamtunternehmensziele; hierzu gehören (vgl. *Hünerberg* 1994, S. 93)
– Gewinn- und Rentabilitätsziele
– Sicherheitsziele sowie
– Macht- und Prestigeziele.

Aus den Gesamtunternehmenszielen sind die **allgemeinen Internationalisierungsziele** abzuleiten, d.h. diejenigen Ziele, die die allgemeinen Anlässe und Motive für die Aufnahme bzw. Ausweitung der internationalen Aktivitäten zum Gegenstand haben. Die strategischen internationalen Marketing-Ziele beziehen sich zunächst auf mehrere Ländermärkte; im Zuge der Segmentierung und Auswahl von Auslandsmärkten (vgl. Kapitel B.II. in diesem Teil) sind sie für jeden Ländermarkt zu spezifizieren. Soll z.B. in den nächsten fünf Jahren ein Weltmarktanteil von 30% erreicht werden, so muss dieser Anteil volumenmäßig auf die einzelnen Ländermarktsegmente aufgeteilt werden (vgl. *Wißmeier* 1995, S. 111). In diesem Zusammenhang spricht man von **Marktzielen**, d.h. von Zielen für die einzelnen Länder wie auch für die jeweils bearbeiteten Geschäftsfelder (Produkt-Markt-Kombinationen); dies bedeutet, dass ein internationales Zielportfolio erstellt werden soll, in welchem festgelegt wird, in welchen Ländern mit welchen strategischen Geschäftsfeldern welche Zielvorstellungen zu realisieren sind. Die auf diese Weise spezifizierten Marktziele sind anschließend für die einzelnen **Funktionsbereiche** (Beschaffung, Produktion, Marketing) zu konkretisieren (vgl. *Berndt/Fantapié Altobelli/Sander* 1997, S. 11). Die Entwicklung des internationalen Zielsystems beinhaltet dabei sowohl eine strategische als auch eine taktisch-operative Dimension.

Zu beachten sind bei der Festlegung länderbezogener Ziele die **Interdependenzen** der Zielvorgaben in den einzelnen Ländermärkten (vgl. *Backhaus/Büschken/Voeth* 2003, S. 69 f.). So hängt die Zielwirkung in den einzelnen Ländern von den unternehmensweit investierten Ressourcen und deren Allokation ab: Selbst bei polyzentrisch orientierten Unternehmen mit weitgehend selbstständig agierenden Tochtergesellschaften sind die Ländermarktziele im Hinblick auf die Gesamtunternehmensziele abzustimmen; bei geozentrisch orientierten Unternehmen werden die

Ziele ohnehin global für den Weltmarkt formuliert. Aus diesen Interdependenzen resultiert die Notwendigkeit von Rückkopplungen, welche im Vergleich zu einer rein nationalen Betätigung eine höhere Komplexität und einen höheren Koordinationsbedarf erzeugen.

2. Allgemeine Internationalisierungsziele

Allgemeine Internationalisierungsziele leiten sich aus den Gesamtunternehmenszielen ab und geben die wesentlichen Motive für eine Internationalisierung wieder. Sie lassen sich grundsätzlich in folgende Kategorien einteilen (vgl. z.B. *Meffert/Bolz* 1998, S. 98 f.; *Becker* 2001, S. 16 ff.):

- **Marktstellungsziele**
  Typischerweise werden im Rahmen von Marktstellungszielen Zielinhalte wie Umsatz- oder Marktanteile in Verbindung mit der Erschließung neuer Märkte verfolgt. Während sich bei ethnozentrisch orientierten Unternehmen die Marktstellung primär auf den Heimatmarkt bezieht, verfolgen polyzentrisch orientierte Unternehmen Marktstellungsziele auf den einzelnen Ländermärkten; die Bezugsebene geozentrisch orientierter Unternehmen ist hingegen in erster Linie der Weltmarkt.
  Marktstellungsziele beinhalten das aktive Erschließen von Marktpotenzial im Ausland als Grundlage für eine langfristige Wachstumsstrategie; als Beispiele hierfür zählen Märkte wie Osteuropa, Südostasien, China und Südamerika, denen große Wachstumschancen eingeräumt werden. Auch kann für bestimmte Produkte eine Verlängerung des Produktlebenszyklus erreicht werden: So gelang es VW, durch die Produktion eines veralteten Jetta-Modells und des alten Audi 100 in China einen Marktanteil von 61,5% zu erzielen (vgl. *o.V.* 1997a und *o.V.* 1997b).

- **Kostenziele**
  Internationalisierungsaktivitäten können erheblichen Einfluss auf die Kostenkomponente entfalten. So ist ein wichtiges Internationalisierungsziel der Zugang zu kostengünstigen Ressourcen, Finanzmitteln und Arbeitskräften. Lagen 1994 die Kosten für eine Arbeitsstunde in der Automobilindustrie in Westdeutschland zwischen 50-55 DM, betrugen sie in der Tschechei 5-7 DM. Aus diesem Grunde haben sich viele westliche Automobilfirmen in Osteuropa engagiert (vgl. *Heckel* 1997, S. 22; *Pues* 1993, S. 34). Des Weiteren können ggf. staatliche Förderungsprogramme und Vergünstigungen genutzt werden: So erhielt Audi in Ungarn eine 10jährige Steuerbefreiung, Dr. Oetker eine Steuerbefreiung bis zur Höhe der eingebrachten Investitionen (vgl. *Störmer* 1993, S. 350 f.). Schließlich können Internationalisierungsaktivitäten über die damit verbundene Erhöhung der Ausbringungsmenge zu einer besseren Kapazitätsauslastung wie auch zur Nutzung von Economies of Scale und Erfahrungskurveneffekten führen.

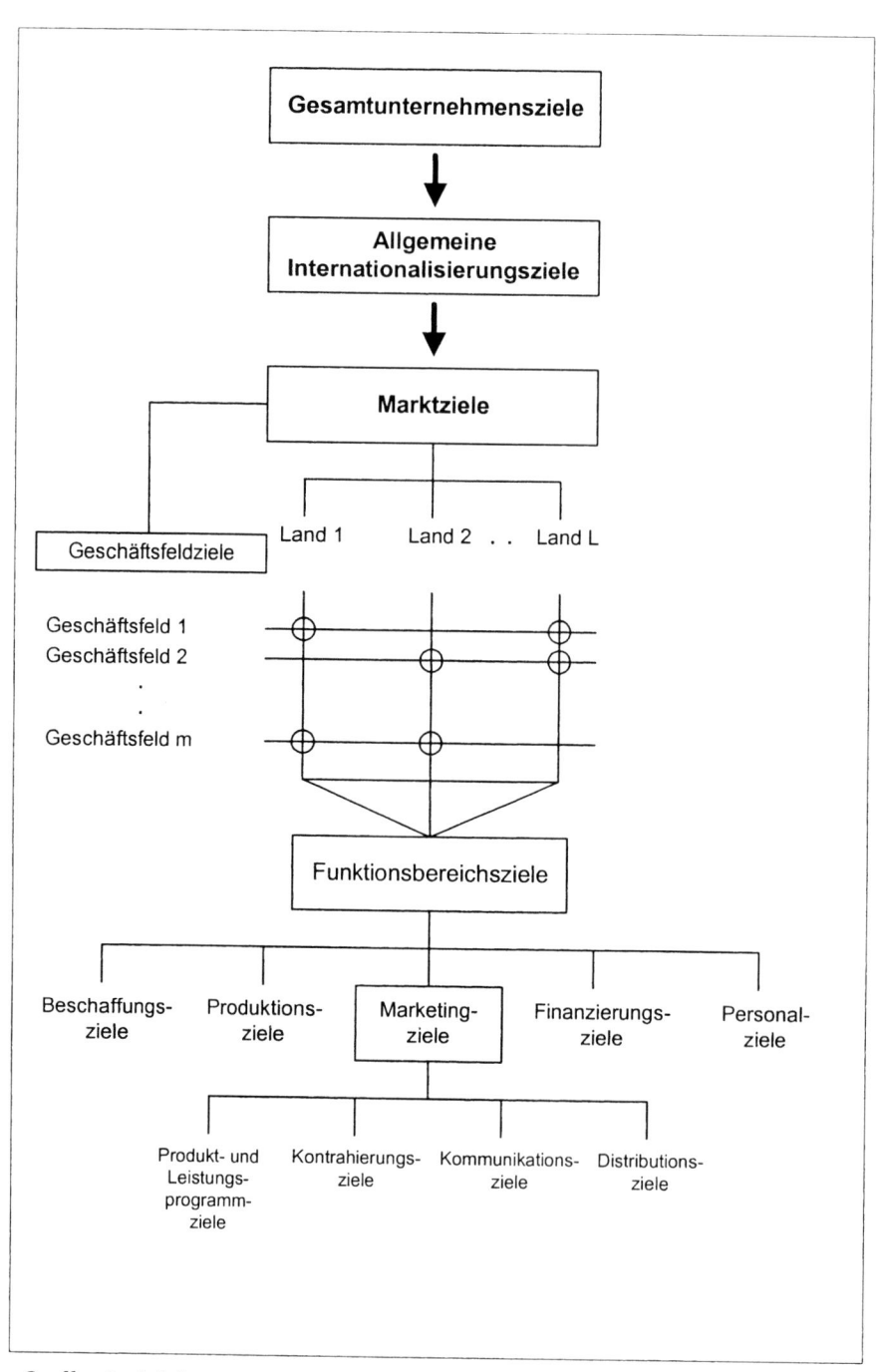

Quelle: In Anlehnung an Hünerberg 1994, S. 93.
Abb. 3.2: Das internationale Zielsystem

- **Rentabilitätsziele**
Rentabilitätsziele umfassen Zielinhalte wie Gewinn sowie Umsatz- und Kapitalrentabilität. Die Rentabilität hängt i.W. von der Erreichung von Marktstellungs- und Kostenzielen ab, welche für Rentabilitätsziele Unterzielcharakter haben. Im Zusammenhang mit der Kapitalrentabilität ist auch die Kapitalnutzung zu nennen. So besteht in einigen Ländern die Möglichkeit, 24 Stunden am Tag zu produzieren; neben der bereits erwähnten Steuerbefreiung war dies mit ein Grund, warum sich Audi zur Errichtung eines Werks in Ungarn entschloss (vgl. *o.V.* 1997d, S. 22).

- **Finanzziele**
Typische Inhalte von Finanzzielen sind Kreditwürdigkeit, Liquidität, Verschuldungsgrad u.a. Die Bedeutung von Finanzzielen wird deutlich, wenn man sich vergegenwärtigt, dass die Finanzlage eines Unternehmens einen wesentlichen Einflussfaktor für die Beschaffung von Eigen- und Fremdkapital darstellt (vgl. *Berndt/Fantapié Altobelli/Sander* 1997, S. 13).

- **Sicherheitsziele**
Zu den typischen Sicherheitszielen gehört die Risikostreuung, d.h. die Senkung des Gesamtrisikos durch die Ausdehnung der Aktivitäten auf weitere Märkte. Dadurch wird die Abhängigkeit von einem einzigen oder wenigen Märkten verringert; auch kann der Gesamtumsatz stabilisiert werden, wenn mehrere Märkte beliefert werden, die unterschiedlichen Konjunkturzyklen unterliegen. Weitere Ziele wie die Sicherung der Rohstoffversorgung und die Sicherung des wirtschaftlichen Potenzials sind den Sicherheitszielen zuzurechnen. Dies kann z.B. für Zulieferbetriebe der Anlass sein, dem Hauptabnehmer ins Ausland zu folgen.

- **Soziale Ziele**
Im Blickpunkt sozialer Ziele stehen insbesondere die Mitarbeiter. Zu den wichtigsten Zielinhalten zählen Arbeitszufriedenheit, Motivation, soziale Sicherheit. Entscheidend ist in diesem Zusammenhang das Ziel der Beschäftigungssicherung. Als Beispiel hierfür kann die A-Klasse von Mercedes herangezogen werden:
30% der Wertschöpfung der in Brasilien gebauten A-Klasse kommt in Form von Komponentenlieferungen aus Deutschland; die Mercedes Benz AG erzielt also neuen Absatz, der durchaus positiven Einfluss auf die deutsche Beschäftigung hat (vgl. *o.V.* 1997c). Gerade Beschäftigungsziele stehen jedoch häufig mit Kostenzielen in Konflikt: So führt die Produktionsverlagerung in Billiglohnländer i.d.R. zu negativen Beschäftigungseffekten im Inland.

- **Macht- und Prestigeziele**
Macht- und Prestigeziele zielen auf das Erreichen und Festigen einer Einflussposition gegenüber Lieferanten, Konkurrenten, Abnehmern und der Öffentlichkeit ab und werden durch internationale Aktivitäten tendenziell begünstigt. Auch Imageziele spielen in diesem Zusammenhang eine Rolle: Zum einen führt die Präsenz auf prestigeträchtigen Auslandsmärkten, z.B. Paris und Mailand für Modehersteller, zu einem Imagegewinn; zum anderen haben viele Konsumenten zu internationalen Marken ein größeres Vertrauen als zu rein nationalen.

Abb. 3.3 zeigt die Ergebnisse zweier empirischer Untersuchungen zu den von international tätigen Unternehmen verfolgten Zielen.

Generelle Internationalisierungsziele	Wichtigkeit der Internationalisierungsziele
	1. Exportmarkt 24,06% 2. strategische Position 21,25% 3. lokale Präsenz 15,63% 4. Produktionskosten 10,31% 5. Markteintritt 7,50% 6. Standort 6,25% 7. Synergien 5,94% 8. Beschaffung 5,94% 9. Währung 3,13% Prozentangaben geben die Häufigkeit der Nennungen an.
Motive für die Errichtung von Produktionsstätten und Verkaufsniederlassungen im Ausland	1. Sicherung des Absatzes (70%) 2. Lohnvorteile im Ausland (64%) 3. Transportkosten-Vorteile (42%) 4. Umgehung von Importbeschränkungen (40%) 5. Unsicherheit bezüglich der Devisenkurse (37%) 6. Investitionsförderung im Ausland (25%) 7. Steuervorteile (17%) 8. niedrige Grundstückskosten (7%) 9. geringer/ gar kein Umweltschutz (4%) Prozentangaben geben die Häufigkeit der Nennungen an. Mehrfachnennungen waren möglich.

Quelle: Walldorff 1987, S. 23; Funke/de Haen 1994, S. B 3; zitiert nach Hünerberg 1994, S. 96.
Abb. 3.3: Ziele der Internationalisierung

3. Marktziele

Die angeführten Internationalisierungsziele sind in einer weiteren Stufe zu Marktzielen zu konkretisieren, d.h. zu produktmarktbezogenen Zielen für die einzelnen Ländermarktsegmente. Folgende Zielgrößen können angeführt werden (vgl. *Hünerberg* 1994, S. 93 f.):

- **Marktdurchdringung**, d.h. die Verbesserung der Marktstellung in bereits bearbeiteten Ländermarktsegmenten durch Intensivierung der Absatzbemühungen für bereits angebotene Produkte. Dieses Ziel kann dazu führen, dass ein Übergang von einer reinen Exportstrategie zu einer Direktinvestition stattfindet. So wurde z.B. festgestellt, dass deutsche Unternehmen in Osteuropa häufig die Aktivitäten als direkte Exporte ohne eigene Repräsentanz beginnen, anschließend zu einer eigenen Repräsentanz und schließlich zu einem Joint-Venture übergehen (vgl. *Engelhardt/Eckert* 1993 und *Engelhardt/Blei* 1996).
- **Marktentwicklung:** Marktentwicklung bedeutet die Erschließung neuer Auslandsmärkte mit bereits vorhandenen Produkten. Gerade ein im Inland erfolgreiches Produkt bildet häufig den ersten Anlass für die Aufnahme von Auslandsak-

tivitäten, meist in Form des Exports in Länder, die dem Heimatmarkt besonders ähnlich sind.
- **Leistungsentwicklung:** Auf bereits bearbeiteten Ländermärkten wird das Leistungsangebot durch Aufnahme neuer Produkte in das jeweilige Ländersortiment erweitert. Insbesondere polyzentrisch orientierte Unternehmen mit selbstständig handelnden Tochtergesellschaften können auf diese Weise ländermarktspezifischen Besonderheiten entgegenkommen.
- **Diversifikation:** Im Rahmen einer Diversifikation werden neue Produkte für bisher nicht bearbeitete Auslandsmärkte entwickelt. Eine Diversifikation kann u.a. durch kooperative Formen des Markteintritts erreicht werden, insbesondere durch vertikale und laterale Kooperationen (vgl. *Mengele* 1994, S. 22 f.).
- **Rückzug:** Ein Rückzug beinhaltet solche Aktivitäten, welche von der Eliminierung eines Produkts aus einem Ländersortiment bis zum vollständigen Austritt aus einem Ländermarkt reichen. Ein Rückzug ist angeraten, wenn die Erreichung der übergeordneten Marktstellungs- und Rentabilitätsziele nicht mehr gewährleistet ist oder aber auch Imageziele gefährdet erscheinen (z.B. aufgrund von Menschenrechtsverletzungen in bestimmten Ländern).

Im Allgemeinen werden die Marktziele für die einzelnen Ländermärkte differenziert; dies hängt u.a. auch mit der Phase im Produktlebenszyklus zusammen, in welcher sich die im Unternehmen angebotene Leistung in den einzelnen Ländermärkten befindet (vgl. *Berndt/Fantapié Altobelli/Sander* 1997, S. 16). So dominiert in der Einführungs- und Wachstumsphase das Ziel der Marktdurchdringung, während für solche Unternehmen, deren Produkte sich auf den angestammten Märkten bereits etabliert haben, die Marktentwicklung an Bedeutung gewinnt. Gegen Ende des Produktlebenszyklus ist schließlich ein selektiver oder vollständiger Rückzug angebracht; dieser kann jedoch mit einer gleichzeitigen Marktentwicklung einhergehen, wie das Beispiel des VW-Käfers zeigt, dessen Produktion nach einer Elimination auf dem bundesdeutschen Markt erfolgreich nach Mexiko verlagert werden konnte.

4. Marketingziele

Die Realisierung der Marktziele in den einzelnen Ländermarktsegmenten setzt voraus, dass diese auf die Ebene der einzelnen Funktionsbereiche (Beschaffung, Fertigung, Marketing, Finanzen, Personal usw.) „heruntergebrochen" werden, wobei zwischen den Zielen der einzelnen Funktionsbereiche zahlreiche Interdependenzen zu beachten sind. Innerhalb der Marketingziele werden üblicherweise
- ökonomische,
- psychologische und
- streutechnische
Marketingziele unterschieden.

Ökonomische Marketingziele leiten sich insbesondere aus Marktstellungs-, Kosten- und Rentabilitätszielen ab; hingegen beziehen sich **psychologische Marketingziele** auf nicht beobachtbare Phasen des Kaufentscheidungsprozesses und beinhalten Zielgrößen wie Aufmerksamkeit, Bekanntheit, Image, Kaufabsicht. Gerade für psychologische Marketingziele sind kulturelle Aspekte von zentraler Bedeutung, da in unterschiedlichen Kulturräumen einzelne Marketing-Maßnahmen völlig unterschiedlich wahrgenommen werden können. **Streutechnische Marketingziele** haben schließlich insbesondere für Kommunikation und Distribution Bedeutung; sie zielen zum einen auf die Zahl der erreichten Kontakte mit aktuellen und potenziellen Konsumenten, zum anderen auf die Zahl der erreichten Personen ab.

Streutechnische Ziele - z.B. Kontakt mit einer Werbemaßnahme - sind dabei Voraussetzung für die Erreichung psychologischer Ziele - z.B. positive Einstellung zum beworbenen Produkt -, diese wiederum bestimmen die Erreichung ökonomischer Ziele (Kauf des Produkts, vgl. *Sander* 1993, S. 272 f.). Eine solche Komplementarität muss jedoch nicht zwangsläufig eintreten: So kann ein Übermaß an Kontakten zu Reaktanz beim Konsumenten führen und damit zur Produktablehnung und zum Nichtkauf.

Marketingziele können grundsätzlich sowohl auf strategischer als auch auf taktisch-operativer Ebene formuliert werden; je weiter sie für die einzelnen Marketing-Instrumente spezifiziert und operationalisiert werden, um so mehr beziehen sie sich auf die taktisch-operative Ebene. Die taktisch-operativen Marketingziele für die einzelnen Marketing-Instrumente werden eingehend in Abschnitt C.II. in diesem Teil beschrieben.

II. Die Auswahl von Auslandsmärkten

Die Auswahl von Auslandsmärkten gehört zu den strategischen Basisentscheidungen des internationalen Marketing-Management. Für die Auswahlentscheidung ist dabei ein mehrstufiges Vorgehen zweckmäßig (vgl. *Köhler/Hüttemann* 1989, Sp. 1428 ff.): Durch Anwendung von Ausschlusskriterien ist die Gesamtheit der Länder zunächst auf eine überschaubare Anzahl relevanter Länder zu reduzieren. Im Rahmen einer Grobanalyse sind anschließend diejenigen Länder herauszufiltern, die als besonders attraktiv erscheinen (Länderselektion); im Rahmen einer Detailanalyse sind schließlich die in den einzelnen Ländern zu bearbeitenden Marktsegmente auszuwählen (Marktselektion). Zu diesem Zweck ist eine internationale Marktsegmentierung vorzunehmen.

1. Die Vorauswahl relevanter Länder

Ziel dieser Auswahlstufe ist der Ausschluss derjenigen Länder aus der weiteren Betrachtung, welche gewisse Erfordernisse nicht erfüllen bzw. nicht mit unternehmenspolitischen Grundsätzen vereinbar sind. Dazu gehören beispielsweise (vgl. *Köhler/Hüttemann* 1989, Sp. 1431)

- **sachliche Gründe**, etwa das Fehlen eines Bedarfs für das Leistungsangebot des Unternehmens;
- **spezifische Werthaltungen des Management**, z.B. Vorlieben oder Abneigungen gegenüber bestimmten Ländern aus ethischen oder weltanschaulichen Gründen;

- **strategische Vorentscheidungen**, etwa die Beschränkung auf die Triade-Länder;
- festgelegte **Höchst- oder Mindestanforderungen** an bestimmte Beurteilungskriterien, z.B. Pro-Kopf-Einkommen, Marktvolumen u.a.

Auf diese Weise wird es möglich, das gesamte Spektrum der zur Verfügung stehenden Länder - immerhin über 200 - auf eine überschaubare Anzahl zu reduzieren, die anschließend einer detaillierteren Betrachtung unterzogen werden.

2. Länderselektion

Im Rahmen der Länderselektion werden die verbleibenden Länder einer genaueren Analyse unterzogen, um diejenigen Länder herauszufiltern, die für einen Markteintritt in Frage kommen. Dies geschieht unter Heranziehung entscheidungsrelevanter **Kriterien** und unter Anwendung geeigneter **Verfahren**.

a. *Kriterien der Länderselektion*

(1) Überblick

Die Länderselektion erfolgt auf der Grundlage entscheidungsrelevanter Kriterien, welche vom Unternehmen situationsspezifisch festzulegen sind. Folgende Faktoren beeinflussen die unternehmensspezifische Kriterienformulierung (vgl. *Stahr* 1993, S. 43; *Schuh/Trefzger* 1991, S. 124; *Stegmüller* 1995a, S. 372):

- **Branche und Produktart**
  Die bei der Länderauswahl zu berücksichtigenden Kriterien sind immer unter Beachtung der jeweiligen Branche und Produktart auszuwählen; protektionistische Marktbarrieren besitzen etwa nur für die betreffende(n) Branche(n) Relevanz.
- **Unternehmensspezifische Faktoren**
  Die Kriterienformulierung sollte die Stärken und Schwächen des Unternehmens berücksichtigen. Für ein kleineres Unternehmen mit nur geringen Ressourcen bietet sich etwa insbesondere das geographisch nähere Ausland an; ein mögliches Kriterium „geographische Entfernung" müsste entsprechend definiert werden.
- **Orientierungssystem**
  Das Orientierungssystem des Managements (vgl. hierzu die Ausführungen in Kap. B. des 1. Teils) beeinflusst ebenfalls die Kriterienauswahl. Ethnozentrisch orientierte Unternehmen werden beispielsweise das Kriterium „Ähnlichkeit mit dem Heimatmarkt" heranziehen; für geozentrisch orientierte Unternehmen ist hingegen das Kriterium „Möglichkeit zur Standardisierung" von entscheidender Bedeutung (vgl. ausführlich *Backhaus/Büschken/Voeth* 2003, S. 158 ff.).
- **Form des Markteintritts**
  Die Länderselektionsentscheidung ist grundsätzlich im Zusammenhang mit der Markteintrittsform zu sehen (vgl. *Köhler/Hüttemann* 1989, Sp. 1435). Im Rahmen einer Exportstrategie ist das Vorhandensein eines etablierten Distributionskanals beispielsweise von entscheidender Bedeutung.

Die im Rahmen einer Länderselektion heranzuziehenden **Kriterien** lassen sich grundsätzlich in folgende Gruppen einteilen:
- Länderattraktivität,
- Marktbarrieren und
- Länderrisiko.

Die in den einzelnen Ländern vorhandenen Kriterienausprägungen lassen sich aus der Analyse der **Rahmenbedingungen** ermitteln (vgl. ausführlich Kap. A. im 2. Teil); aus diesem Grunde sollen im Folgenden nur die wichtigsten Beurteilungskriterien angeführt werden.

(2) Länderattraktivität

Die **Attraktivität von Ländermärkten** beschreibt die in den einzelnen Ländern möglichen Ertragschancen (vgl. *Backhaus/Büschken/Voeth* 2003, S. 126). Zu den wichtigsten Kriterien gehören (vgl. *Stahr* 1993, S. 31 f.; *Hinterhuber* 2004a, S. 150 f.):
- **Marktvolumen**, d.h. die Gesamtheit der auf einem Ländermarkt absetzbaren Produkte (mengen- und wertmäßig) in einer bestimmten Periode;
- **Marktwachstum**, d.h. die (prozentuale) Steigerung des Marktvolumens innerhalb eines bestimmten Zeitraums;
- **Abnehmerstruktur** als Anzahl, Größe, Bedarf und Kaufkraft potenzieller Kunden in den einzelnen Ländern;
- **Versorgung** mit Energie, Rohstoffen, Komponenten und Halbfertigfabrikaten;
- **erzielbare Preise** in den einzelnen Ländern,
- allgemeine **Umweltsituation**.

(3) Marktbarrieren

Marktbarrieren bezeichnen die Gesamtheit aller Bedingungen, deren Erfüllung zum Markteintritt in ein bestimmtes Land und zur bedarfsgerechten Marktbearbeitung erforderlich ist. Dazu gehören zum einen **ökonomische Marktbarrieren**. Diese umfassen (vgl. *Backhaus/Büschken/Voeth* 2003, S. 129 f.):
- **Betriebsgrößenvorteile**
  Etablierte Unternehmen befinden sich auf der Stückkosten- bzw. Erfahrungskurve u.U. bereits weit unten (vgl. auch Abschnitt B.IV. in diesem Teil). Aus diesem Grund besitzt das Unternehmen, das den Markteintritt erwägt, größenbedingte Kostennachteile.
- **Größenunabhängige Kostenvorteile**
  Hier können sich Kostendifferenzen aus der Unvollkommenheit der Faktormärkte - insbesondere im Hinblick auf die Markttransparenz - bilden.
- **Präferenzvorteile**
  Einheimische Anbieter haben i.d.R. bereits Käuferpräferenzen geschaffen, die von dem am Markteintritt interessierten Unternehmen durch erhöhte Marketingaufwendungen oder Preiszugeständnisse überwunden werden müssen.
- **Kapitalbedarf**

Das am Auslandsmarkt interessierte Unternehmen muss hohe Investitionen in F&E, Kundenakquisition, bei Direktinvestitionen ggf. für Produktionsstätten u.a. tätigen.
- **Zugang zu den Vertriebskanälen**
  Die einheimischen Anbieter halten i.d.R. die Vertriebskanäle besetzt. Die Aufnahme des eigenen Leistungsangebots durch die lokalen Absatzmittler erfordert i.d.R. große akquisitorische Bemühungen.

Eine weitere Gruppe von Markteintrittsschranken sind **protektionistische Barrieren** (vgl. *Backhaus/Büschken/Voeth* 2003, S. 130 f.). Diese beruhen auf tarifären (z.B. Zölle) und nichttarifären Handelshemmnissen wie Importbeschränkungen und Subventionen. Ziel protektionistischer Barrieren ist der Schutz der heimischen Wirtschaft gegenüber ausländischen Anbietern.

Schließlich sind noch **verhaltensbedingte Barrieren** zu nennen, etwa ein ausgeprägter Konsumpatriotismus seitens der Nachfrager oder eintrittssperrende Verhaltensweisen der Konkurrenten.

(4) Länderrisiken

Das Länderrisiko wirkt sich einerseits als eine bedeutende Marktbarriere aus, andererseits bestimmt es in hohem Maße die Länderattraktivität. Dabei können Länderrisiken definiert werden als (*Meffert/Bolz* 1998, S. 68)
- die mit der unternehmerischen Tätigkeit verbundenen und
- aus dem Gastland resultierenden Verlustgefahren bzw. Gefahren der Beeinträchtigung oder Nichterreichung unternehmerischer Zielsetzungen,
- die aus der gesamtwirtschaftlichen, politischen und soziokulturellen Situation eines Landes resultieren.

Dabei können
- politische und
- wirtschaftliche Risiken

unterschieden werden.

Politische Risiken entstehen aus der Gefahr, dass sich nicht vorhersehbare Veränderungen politischer Strukturen und Rechtsgepflogenheiten ergeben. Dazu zählen (vgl. *Meffert/Bolz* 1998, S. 69 f.; *Meissner* 1995, S. 96)
- **Enteignungsrisiko**, d.h. die Gefahr der teilweise oder vollständigen Enteignung des Unternehmens z.B. durch Verstaatlichung oder Nationalisierung;
- **Transferrisiko**, welches dann eintritt, wenn ein Land nicht mehr in der Lage bzw. gewillt ist, seine Zahlungsverpflichtungen wie Zinsen, Tilgungen usw. zu erfüllen;
- **Dispositionsrisiko**, d.h. die Einschränkung des unternehmerischen Handlungsspielraumes aufgrund staatlicher Auflagen, sozialer Unruhen, Kriege;
- **Substitutionsrisiko**, wenn sich das Gastland veranlasst sieht, bisherige Importe durch lokale Produktionen zu ersetzen;
- **Fiskalisches Risiko**, welches aus der Fiskal- und Geldpolitik eines Landes resultiert;

- **Sicherheitsrisiko** i.S. der Gefährdung von Leben, Gesundheit und Freiheit der Mitarbeiter und deren Angehörigen im Gastland;
- **rechtliches Risiko**, welches aus unterschiedlichen Rechtsnormen sowie aus Schwierigkeiten bei der Rechtsverfolgung und Rechtsdurchsetzung in den einzelnen Ländern resultiert.

Wirtschaftliche Risiken entstehen aus nicht vorhersehbaren Veränderungen ökonomischer Variablen. Dazu gehören
- **Zahlungsrisiko**, bedingt durch die Insolvenz des ausländischen Partners;
- **Währungsrisiko**, d.h. die Gefahr von Gewinneinbußen aufgrund von Wechselkursschwankungen;
- **Transportrisiko**, d.h. die Gefahr, dass die Ware gar nicht, verspätet oder am falschen Zielort eintrifft sowie die Gefahr von Schwund und Verderb während des Transports.

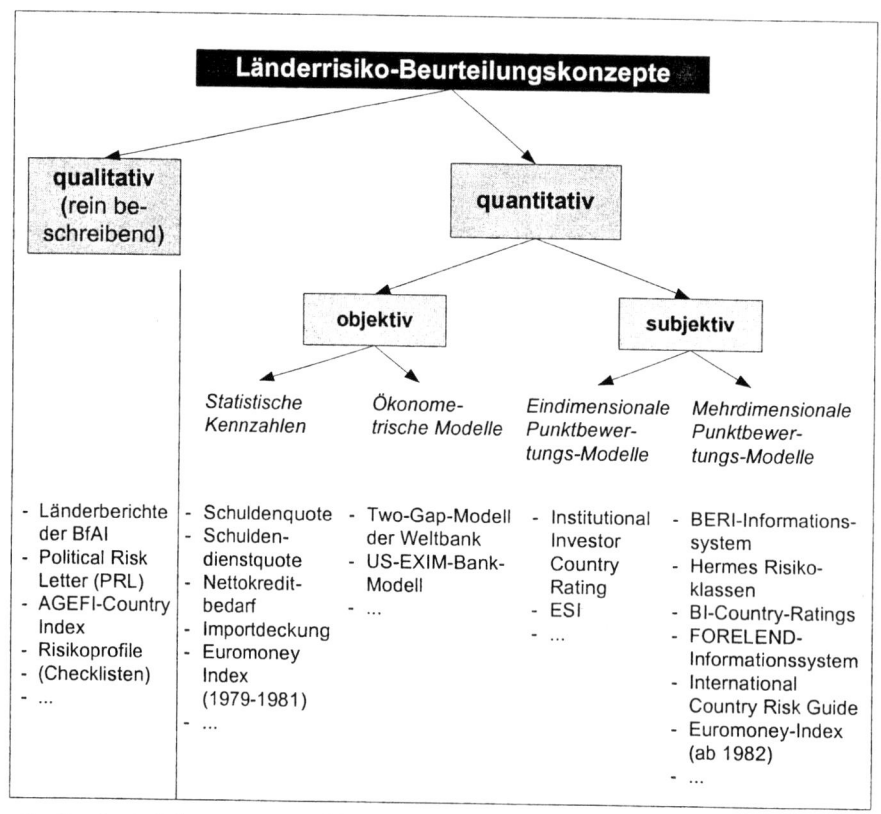

Länderrisiko-Beurteilungskonzepte				
qualitativ (rein beschreibend)	**quantitativ**			
	objektiv		**subjektiv**	
	Statistische Kennzahlen	Ökonometrische Modelle	Eindimensionale Punktbewertungs-Modelle	Mehrdimensionale Punktbewertungs-Modelle
- Länderberichte der BfAI - Political Risk Letter (PRL) - AGEFI-Country Index - Risikoprofile - (Checklisten) - ...	- Schuldenquote - Schuldendienstquote - Nettokreditbedarf - Importdeckung - Euromoney Index (1979-1981) - ...	- Two-Gap-Modell der Weltbank - US-EXIM-Bank-Modell - ...	- Institutional Investor Country Rating - ESI - ...	- BERI-Informationssystem - Hermes Risikoklassen - BI-Country-Ratings - FORELEND-Informationssystem - International Country Risk Guide - Euromoney-Index (ab 1982) - ...

Quelle: In Anlehnung an Backhaus/Büschken/Voeth 2003, S. 139.
Abb. 3.4: Länderrisikobeurteilungskonzepte

Zur **Beurteilung des Länderrisikos** sind zahlreiche Konzepte vorgeschlagen worden (vgl. den Überblick in Abb. 3.4), welche sich in qualitative und quantitative Methoden einteilen lassen. **Qualitative Verfahren** sind dadurch gekennzeichnet, dass sie ohne vorgegebene Kriterienkataloge die für den Interessenten relevanten Risikokomponenten beschreiben und zu Empfehlungen zusammenfassen (vgl. *Backhaus/Meyer* 1986, S. 44). Im Rahmen von **Checklisten** wird für die einzelnen Länder lediglich das Vorhandensein einzelner Risikofaktoren ermittelt, wohingegen bei **Risikoprofilen** auch eine Bewertung der Intensität des Risikos erfolgt (vgl. Abb. 3.5). Die Ausprägungen der einzelnen Länder bzgl. der einzelnen Risikofaktoren werden durch Linienzüge verbunden.

Art des Risikos \ Intensität des Risikos	nicht vorhanden 1	gering 2	spürbar 3	beachtlich 4	extrem 5
Politische Risiken					
• Enteignungsrisiko					
• Transferrisiko					
• Dispositionsrisiko					
• Substitutionsrisiko					
• Fiskalisches Risiko					
• Sicherheitsrisiko					
• Rechtliches Risiko					
Wirtschaftliche Risiken					
• Zahlungsrisiko					
• Währungsrisiko					
• Transportrisiko					

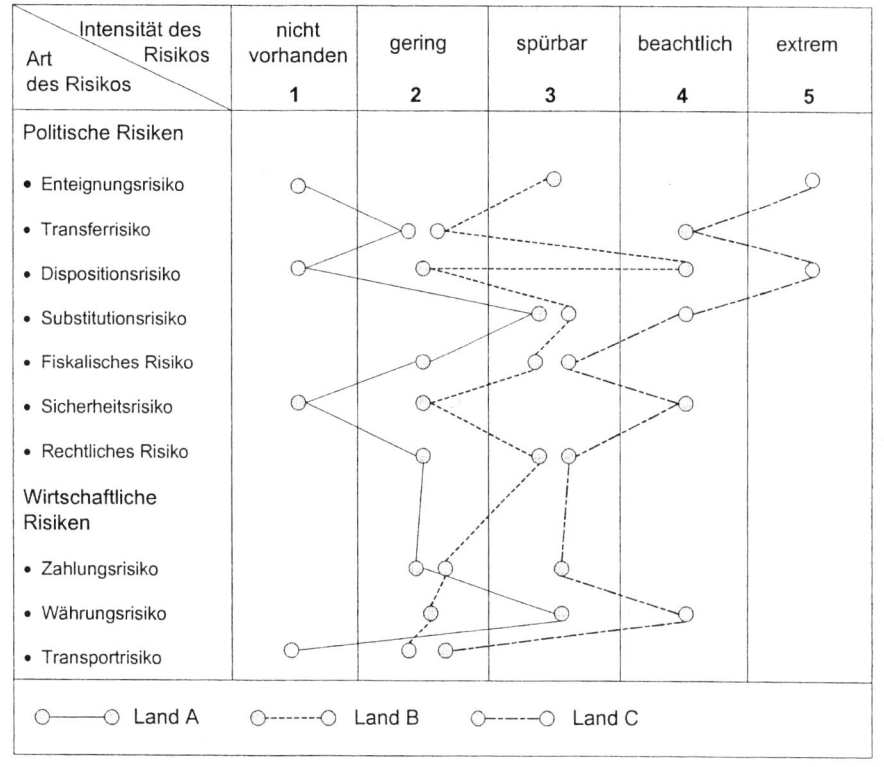

○────○ Land A   ○------○ Land B   ○— — —○ Land C

Abb. 3.5: Beispiel für ein Risikoprofil

Quantitative Verfahren basieren ganz oder teilweise auf statistischen Kennzahlen (objektive Verfahren) bzw. auf Punktbewertungsmodellen (subjektive Verfahren). Dazu gehören u.a. folgende Methoden (vgl. *Backhaus/Meyer* 1984, S. 68):
- **BI-Country Ratings**
  Die Business International Corporation erstellt seit 1976 Ratings, in denen alle Länderrisiken erfasst werden. Die Ratings beziehen sich auf die aktuelle Lage, haben aber auch Prognose-Charakter. Unter Zuhilfenahme von Scoring-Modellen, welche sowohl qualitative als auch quantitative Kriterien umfassen, werden

für 57 Länder politische, rechtliche und gesellschaftliche Entwicklungen, die Wirtschafts-, Finanz- und Währungssituation sowie die Energieversorgung erfasst. Abgerundet wird die Darstellung durch ein abschließendes Gesamturteil über die einzelnen Länder.

- **FORELEND-Informationssystem**
Zielgruppe dieses Konzepts sind insbesondere Banken. Es wird seit 1978 dreimal jährlich erstellt und beinhaltet Ein- und Fünfjahresprognosen bzgl. der Zahlungsfähigkeit ausgewählter Länder (ca. 50). Das zugrundeliegende Scoring-Modell umfasst 29 qualitative und 20 quantitative Kriterien.

- **Institutional Investor Country Rating**
Mit Hilfe dieses Konzepts wird für über 100 Länder die Bonitätslage in der nächsten Zukunft ermittelt. Das Konzept basiert auf einer Expertenbefragung von ca. 75-100 Banken und wird seit 1979 zweimal jährlich erstellt.

- **ESI**
Der ESI (Economic Survey International) wird zweimal jährlich für ca. 50 Länder mittels Expertenbefragung erstellt. Obwohl acht Kriterien erhoben werden, erfolgt ein Ländervergleich nur eindimensional. Der ESI erfasst alle Länderrisiken und ist deshalb insbesondere für Exporteure und Investoren von Interesse.

- **Schuldendienstquote**
Die Schuldendienstquote wird z.B. von der Weltbank bei der Beurteilung der Kreditwürdigkeit von Entwicklungsländern herangezogen. Die Schuldendienstquote errechnet sich als Quotient aus dem Schuldendienst (Zins- und Tilgungszahlungen auf öffentliche und öffentlich garantierte Schulden) und den Exporterlösen.

- **Euromoney-Index**
Der Euromoney-Index erfasst seit 1979 die Bonität einer Vielzahl von Ländern und richtet sich damit überwiegend an Banken. Der Index wird zweimal jährlich veröffentlicht und basiert seit 1982 auf einem Scoring-Modell.

Allen Verfahren ist gemeinsam, dass sie zu einem großen Teil auf der Erfassung und Prognose relevanter ökonomischer Indikatoren beruhen. Die Validität der Ergebnisse hängt somit in hohem Maße von der Zuverlässigkeit der herangezogenen Datenquellen. So wurde beispielsweise das Bruttoinlandsprodukt der Russischen Föderation für das Jahr 1996 im „Report on Development of Human Potential in the Russian Federation" mit 850 Mrd. US-Dollar beziffert; hingegen gab Goskomstat einen Wert von ca. 338 Mrd. US-Dollar an. Ähnliche Diskrepanzen zeigten sich für andere wichtige ökonomische Kennziffern wie Pro-Kopf-Einkommen, Inflation, Zahlungsbilanz, Schuldenquote usw. (vgl. *Soussanov* 2002). Daraus wird deutlich, dass die herangezogenen Informationsquellen sorgfältig zu prüfen sind, um Fehlentscheidungen zu vermeiden.

Den wohl bekanntesten Ansatz innerhalb der Risiko-Beurteilungskonzepte stellt der BERI-Index (Business Environment Risk Information-Index) dar (vgl. *Meyer* 1987, S. 91 ff.; *Meffert/Bolz* 1998, S. 75 ff.; *Backhaus/Büschken/Voeth* 2003, S. 142 ff.). Der BERI-Index ist i.W. ein zweistufiges Scoring-Modell, welches neben einer Risikobewertung auch eine Empfehlung bzgl. der zu wählenden Markteintrittsstrategie beinhaltet. Der BERI-Index besteht aus den drei Subindizes:

- Operation Risk Index (ORI),
- Polical Risk Index (PRI) und
- Rückzahlungsfaktor (R-Faktor).

Er wird vom Business Environment Risk Information-Institute seit 1973 erstellt und basiert auf der Befragung eines Panels von ca. 100 Führungskräften aus Industrieunternehmen, Politologen und Soziologen überwiegend in den Triade-Regionen USA, Japan und Europa. Der Index enthält jeweils Ein- und Fünfjahresprognosen und wird dreimal jährlich für 45 Länder und 5 Regionen erstellt.

Der **ORI** beurteilt das Geschäftsklima eines Landes. Jedes Land wird durch 10-15 Experten anhand von 15 Kriterien bewertet, z.B. politische Stabilität, Einstellung gegenüber ausländischen Investoren, bürokratische Hemmnisse; hierbei wird eine Skala von 0 = inakzeptable Bedingungen bis 4 = sehr gute Bedingungen verwendet. Die Bewertung erfolgt auf der Grundlage einer Delphi-Befragung. Dabei werden die Kriterien gewichtet; die Summe der Gewichte beträgt 25, sodass der maximale ORI-Wert eines Landes, welcher aus der gewichteten Gesamtpunktzahl resultiert, 100 Punkte beträgt. Als allgemeine Empfehlung wird der Markteintritt als zu riskant angesehen, wenn ein Land weniger als 40 Punkte erreicht. Abb. 3.6 zeigt die Kriterien und die Kriteriengewichte des ORI-Index.

Kriterien	**Gewichte**
1. Politische Stabilität	3,0
2. Einstellung gegenüber ausl. Investoren und Gewinnen	1,5
3. Expropriation	1,5
4. Inflation	1,5
5. Zahlungsbilanz	1,5
6. Bürokratische Hemmnisse	1,0
7. Wirtschaftswachstum	2,5
8. Währungskonvertibilität	2,5
9. Durchsetzbarkeit von Verträgen	1,5
10. Lohnkosten/Produktivität	2,0
11. Verfügbarkeit örtlicher Fachleute und Lieferanten	0,5
12. Nachrichten/Transport	1,0
13. Ortsansässiges Management und Partner	1,0
14. Verfügbarkeit kurzfristiger Kredite	2,0
15. Verfügbarkeit langfristiger Kredite und Eigenkapital	2,0

max ⟶ 25 * 4 = 100 Punkte

Quelle: Meyer 1987, S. 92.

Abb. 3.6: Struktur und Gewichtungsschema des Operation Risk Index (ORI)

Analog aufgebaut ist der **PRI**, welcher der Beurteilung der langfristigen politischen Stabilität eines Landes dient. Als Kriterien werden Zersplitterung und Macht politischer Parteien, soziale Konflikte, Unterdrückungsmaßnahmen u.a. verwendet;

auch hier können pro Land maximal 100 Punkte erreicht werden. Die Kriterien des PRI-Index sind aus Abb. 3.7 ersichtlich.

Der **R-Faktor** soll schließlich die Zahlungsfähigkeit eines Landes in harter Währung wie auch die Möglichkeit, Gelder in das Heimatland zu transferieren, widerspiegeln. Im Gegensatz zu den beiden erstgenannten Subindizes beruht der R-Faktor auf quantitativen Daten (finanzwirtschaftliche Analysen von Import- und Exportstatistiken, Zahlungs- und Kapitalbilanzen); auch hier werden die Daten mit Hilfe eines Scoring-Modells verdichtet, wobei wiederum 100 Punkte erreicht werden können. Abb. 3.8 zeigt das dem R-Faktor zugrundeliegende Scoring-Modell.

Kriterien

- **Interne Ursachen für politische Risiken**
    1. Fraktionalisierung des politischen Spektrums
    2. Fraktionalisierung durch Sprache, Religion etc.
    3. Unterdrückungsmaßnahmen zur Aufrechterhaltung der Macht
    4. Mentalität: Fremdenfeindlichkeit, Nationalismus etc.
    5. Soziale Lage, Bevölkerungsdichte und Wohlstandsverteilung
    6. Organisation und Stärke der radikalen Linken

- **Externe Ursachen für politische Risiken**
    7. Abhängigkeit von und/oder Bedeutung für eine(r) feindliche(n) Großmacht
    8. Negative Einflüsse von regionalen politischen Kräften

- **Symptome für politische Risiken**
    9. Soziale Konflikte: Streiks, Aufruhr etc.
    10. Merkmale für Instabilität, z.B. Putschversuche, politische Morde etc.

Quelle: In Anlehnung an Hünerberg 1994, S. 386 f.
Abb. 3.7: Kriterien des PRI-Index

Durch einfaches Aufsummieren der drei Subindizes erhält man den Profit Opportunity Recommendation Index **(POR)**, auf dessen Basis grundsätzliche Markteintrittsstrategien vorgeschlagen werden (vgl. Abb. 3.9). Folgende Stufen werden dabei unterschieden (vgl. *Meyer* 1987, S. 97 f.):
- I. Stufe (180-300 Punkte): für Direktinvestitionen uneingeschränkt geeignet;
- II. Stufe (160-180 Punkte): nur für Engagements mit dividendenlosen, ertragsunabhängien Zahlungen (z.B. Lizenz- oder Managementverträge);
- III. Stufe (120-160 Punkte): nur einzelne, kurzfristige geschäftliche Transaktionen ohne Kapital- und Management-Transfer (Exporte);
- IV. Stufe (0-120 Punkte): keine geschäftlichen Transaktionen.

Kriterien	Merkmals-ausprägung (a_i)	Gewich-tung (g_i)	Oberkriterien	
A1. Formelle Vorschriften für Transfer von Erträgen u. Dividenden	0 - 5	4		
A2. Formelle Vorschriften für Lizenz-gebühren, Royalties usw.	0 - 5	3		
A3. Formelle Vorschriften für Rück-führung von Kapital	0 - 5	3		
A4. Praktische Durchführung für Dividenden und Royalties	0 - 5	4		
A5. Praktische Durchführung für Kapitaltransfer	0 - 5	3	Merkmals-ausprägung (a_j)	Gewich-tung (g_j)
A6. Termingeschäfte	0 - 5	3		
A. Behördliche Vorschriften	max Σ $a_i * g_i$ = 100		0 - 100	0,2
B1. Leistungsbilanz	0 - 50			
B2. Kapitalbilanz	0 - 30			
B3. Kapitalzuflüsse als Folge hoher Zinsen	0 - 10			
B4. Kapitalanziehende Fluchtwährung	0 - 10			
B. Deviseneinnahmen	max Σ a_i = 100		0 - 100	0,3
C1. $\dfrac{\text{Devisenreserven}}{\text{monatliche Importe (Waren und Diensteistungen)}}$	0 - 50			
C2. $\dfrac{\text{Devisenreserven + Goldreserven}}{\text{Staatsschulden im Ausland}}$	0 - 50			
C. Währungsreserven	max Σ a_i = 100		0 - 100	0,3
D1. $\dfrac{\text{Brutto-Inlandsprodukt}}{\text{Auslandsverschuldung}}$	0 - 40			
D2. $\dfrac{\text{Schuldendienst}}{\text{Deviseneinnahmen}}$	0 - 40			
D3. $\dfrac{\text{Schuldendienst + Ölimporte}}{\text{Deviseneinnahmen}}$	0 - 20			
D. Auslandsverschuldung	max Σ a_i = 100		0 - 100	0,2
Rückzahlungs- bzw. R-Faktor			max Σ $a_j * g_j$ = 100	

Quelle: In Anlehnung an Meyer 1987, S. 95.
Abb. 3.8: Scoring-Modell zur Bestimmung des R-Faktors

Trotz seiner großen Verbreitung in der Praxis unterliegt der BERI-Index zahlreichen **Kritikpunkten** (vgl. *Meyer* 1987, S. 118 ff.; *Berndt* 1991, S. 6):
– Manche Kriterien weisen nur ordinales Skalenniveau auf, werden jedoch als intervallskaliert behandelt.
– Verschiedene Kriterien sind teilweise hochkorreliert.
– Die Kriteriengewichte sind fest vorgegeben und sind damit nicht in der Lage, die Bedeutungsunterschiede der in einem Unternehmen gleichzeitig verfolgten Ziele zu repräsentieren.
– Die Einteilung der Skala in Bereiche, für die in einem genau abgegrenzten Punkteschema Handlungsempfehlungen abgegeben werden, ist völlig willkürlich und kann damit keine allgemeine Gültigkeit erlangen.
– Es wird nicht berücksichtigt, dass dem Unternehmen mit Internationalisierungsbestrebungen z.T. Gegenmaßnahmen zur Risikobegrenzung zur Verfügung stehen, etwa Abschluss einer Exportkreditversicherung oder eines Devisentermin- bzw. Devisenoptionsgeschäfts.

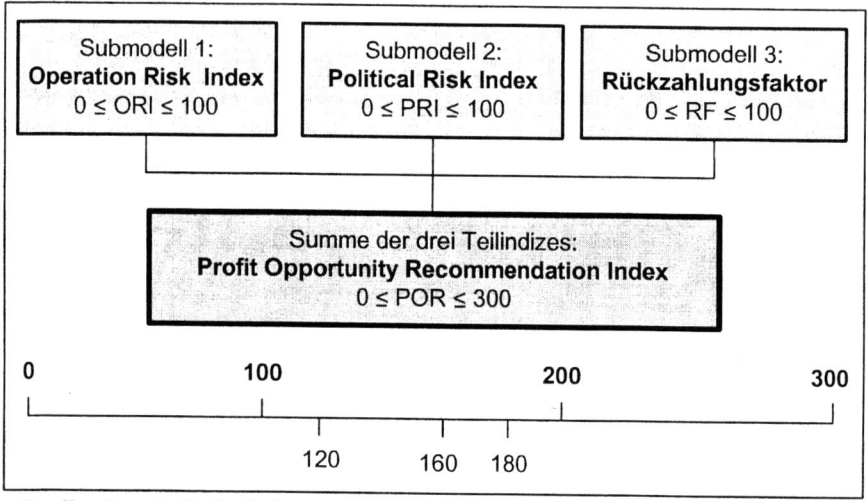

Quelle: *Berndt 1991, S. 6*.
Abb. 3.9: Die Struktur des BERI-Informationssystems

b. Methoden zur Länderselektion

Länderselektions-Modelle haben die Aufgabe, den Entscheidungsprozess bei der Ländermarktwahl zu strukturieren und zu systematisieren; in diesem Sinne handelt es sich um normative Entscheidungsverfahren, die die Auswahl der zu bearbeitenden Auslandsmärkte einem logisch-rationalen Entscheidungskalkül unterziehen (vgl. *Schuh/Trefzger* 1991, S. 111). Gebräuchlich sind dabei folgende Verfahren (vgl. auch den Überblick bei *Swoboda/Schwarz* 2004):
– Checklist-Verfahren,
– Scoring-Modelle und
– Portfolio-Analysen.

(1) Checklist-Verfahren

Checklist-Verfahren sind aufgrund ihrer einfachen Handhabung weit verbreitet; sie dienen insbesondere dazu, diejenigen Länder auszusondern, die für eine weitergehende Analyse nicht mehr in Frage kommen. Es sollen Mindestkriterien auf ihre Erfüllung hin in jedem Land überprüft werden, die als Mindestvoraussetzung für ein weiteres Marktengagement gegeben sein müssen (vgl. *Stahr* 1993, S. 31). Auf diese Weise soll gewährleistet sein, dass zeit- und kostenaufwändige Marktforschungsmaßnahmen auf eine begrenzte Zahl an relevanten Ländern beschränkt werden. Der Ablauf des Vorgehens sieht dabei im Allgemeinen wie folgt aus:
– Aufstellung einer Reihe relevanter Kriterien,
– Überprüfung der Kriterienerfüllung für jedes einzelne Land,
– Ausschluss solcher Länder, die bestimmte Kriterien nicht erfüllen, von der weiteren Analyse.

Die **Vorteile** des Verfahrens liegen in der einfachen Handhabbarkeit, Schnelligkeit und Kostengünstigkeit; als **nachteilig** erweisen sich die häufig subjektive Kriterienauswahl sowie die Gefahr, dass die Kriterien nicht überschneidungsfrei auftreten. Des Weiteren wird Sicherheit bzgl. der jeweiligen Kriterienausprägungen in den einzelnen Ländern unterstellt, was aufgrund des häufig unzureichenden Informationsstandes bzgl. einzelner Länder als äußerst fragwürdig erscheint. Aus diesen Gründen kann das Verfahren nur zu einer groben Vorauswahl der in Frage kommenden Länder genutzt werden.

(2) Scoring-Modelle

Scoring-Modelle stellen eine Weiterentwicklung des Checklist-Verfahrens dar, da sie eine Berücksichtigung der unterschiedlichen Bedeutung der jeweiligen Kriterien zulassen. Wie beim Checklist-Verfahren werden zunächst die relevanten Kriterien ermittelt; diese werden anschließend gemäß ihrer relativen Bedeutung gewichtet. Die einzelnen Länder werden anschließend im Hinblick auf ihre jeweilige Kriterienerfüllung bewertet; dies geschieht unter Heranziehung einheitlicher Skalen durch Vergabe eines Punktwertes pro Land und Kriterium. Die Gesamtbewertung eines Landes erfolgt mit Hilfe der gewichteten Gesamtpunktzahl

$$GGPZ_l = \sum_{i=1}^{n} g_i \cdot w_{il}$$

mit
l = Länderindex (l = 1, ... L)
i = Kriterienindex (i = 1, ... n)
g_i = Gewicht des Kriteriums i
w_{il} = Punktwert des Landes l bzgl. Kriterium i.

Dies erlaubt die Ermittlung einer Rangfolge der einzelnen in Frage kommenden Länder. Abb. 3.10 enthält ein Beispiel für die Kriterienskalierung; eine exemplarische Bewertung zweier hypothetischer Länder ist in Abb. 3.11 enthalten.

Bewertung / Bewertungskriterien	sehr gut (5)	gut (4)	befriedigend (3)	schlecht (2)	unzureichend (1)
1. Importbedingungen					
- Außenhandelssystem	völlig genehmigungsfreie Einfuhr	weitgehend liberalisierte Einfuhr	teilliberalisierte Einfuhr	staatliches Außenhandelsmonopol	Außenhandelsmonopol bei Autarkiestreben des Landes
- tarifäre Handelshemmnisse	keine	geringe Belastung mit Zöllen und/oder Steuern	mittlere Belastung mit Zöllen und/oder Steuern	hohe Importabgaben und/oder Steuern	Prohibitivzölle, diskriminierende Steuern auf Einfuhren
- nichttarifäre Handelshemmnisse	keine	problemlose Erteilung von Importlizenzen	befriedigend hohe Einfuhrkontingente	zu geringe Einfuhrkontingente	Importverbote
2. Absatzbedingungen					
- gesetzliche Vorschriften für die Produktgestaltung	keine	bereits durch die Inlandsprodukte erfüllt	leicht erfüllbare Anforderungen	kostspielige Produktvariationen erforderlich	unerfüllbare Voraussetzungen
- Beschränkungen bei der Wahl der Distributionsstrategie	keine	begrenzt eingeschränkte Entscheidungsfreiheit	staatlich regulierter Vertrieb	staatlicher Vertrieb	Vertriebsverbot
- Preisniveau für die eigenen Produkte	erheblich höher als die eigenen Endabnehmerpreise	wenig höher als die eigenen Endabnehmerpreise	etwa gleich hoch wie die eigenen Preise	niedriger als die eigenen Preise	erheblich niedriger als die eigenen Preise
- Werbebedingungen	freie Werbung möglich	begrenzt freie Werbemöglichkeiten	eingeschränkte Werbefreiheit	staatlich regulierte Werbung	keine Werbemöglichkeiten
3. Absatzchancen					
- Exportanteile des jeweiligen Landes	sehr hoch	hoch	mittel	gering	keine
- Marktvolumen	sehr niedrig im Vergleich zum latenten Marktpotenzial	niedrig im Vergleich zum latenten Marktpotenzial	ausgewogenes Verhältnis von Marktvolumen und Marktpotenzial	das potenzielle Marktvolumen übersteigt das Marktpotenzial	der Markt ist gesättigt
- Importanteil	sehr hoch	hoch	mittel	gering	kein
- Selbstversorgungsgrad	sehr niedrig	niedrig	mittel	hoch	vollständige Selbstversorgung
- Marktpotenzial	im Vergleich zu Ländern mit gleichem Entwicklungsstand sehr hoch	im Vergleich zu Ländern mit gleichem Entwicklungsstand hoch	etwa gleich hoch wie in vergleichbaren Ländern	im Vergleich zu Ländern mit gleichem Entwicklungsstand niedrig	im Vergleich zu Ländern mit gleichem Entwicklungsstand sehr niedrig
- Absatzpotenzial	sehr hoch	hoch	durchschnittlich		
4. Risiken aus dem Umfeld im Ausland					
- politische Risiken	äußerst niedrig	niedrig	durchschnittlich	relativ hoch	äußerst hoch
- wirtschaftliche Risiken	äußerst niedrig	niedrig	durchschnittlich	relativ hoch	äußerst hoch
5. Marktdynamik					
- Zuwachsraten des Bruttosozialprodukts (real)	sehr hoch	hoch	durchschnittlich	niedrig	kaum - negativ
- Zuwachsrate des Marktpotenzials	sehr hoch	hoch	durchschnittlich	niedrig	kaum - negativ
- Zukünftiges Absatzpotenzial	äußerst hoch	hoch	durchschnittlich	gering	kaum - negativ

Quelle: Stahr 1979a, S. 152.

Abb. 3.10: Beispielhafte Kriterienskalierung im Rahmen der Länderselektion

Im Beispiel wäre ein Eintritt in Land B vorzuziehen. Bei dem im vorangegangenen Abschnitt B.II.2.a.(4) dargestellten BERI-Index handelt es sich somit im Grunde auch um ein Scoring-Modell zur Länderselektion, da als Ergebnis des BERI-Index eine gewichtete Gesamtpunktzahl für die einzelnen Länder resultiert; gleichzeitig liefert der BERI-Index auch Empfehlungen für die jeweils geeignete Markteintrittsstrategie.

Bei einer Beurteilung von Scoring-Modellen ist auf folgende **Vorteile** hinzuweisen:
- Das Verfahren ist vergleichsweise einfach zu handhaben.
- Die Beurteilungskriterien werden offengelegt.
- Die Entscheidung wird strukturiert.

Bewertungs-kriterien	Gewichtungs-faktoren	Land A		Land B	
		Bewertung	gewichtete Bewertung	Bewertung	gewichtete Bewertung
1. Importbedingungen	0,15	4	0,60	3	0,45
2. Absatzbedingungen	0,30	2	0,60	5	1,50
3. Absatzchancen	0,20	2	0,40	2	0,40
4. Risiken aus dem Umfeld im Ausland	0,20	2	0,40	1	0,20
5. Marktdynamik	0,15	5	0,75	3	0,45
Summe	1		2,75		3,00

Abb. 3.11: Scoring-Modell zur Länderselektion

Andererseits beinhaltet das Verfahren auch diverse **Nachteile**:
- Kriterienauswahl und -gewichtung unterliegen subjektiven Einflüssen.
- Eine objektive Ermittlung der Ausprägungsgerade der jeweiligen Kriterien für alle Länder ist aufgrund der Schwierigkeiten bei der Informationsbeschaffung problematisch.
- Es findet eine Kompensation „guter" und „schlechter" Kriterienerfüllungsgrade statt.
- Es besteht die Gefahr, dass sich die Kriterien inhaltlich überschneiden.

(3) Portfolio-Analyse

Die Portfolio-Analyse bietet im internationalen Marketing zahlreiche Einsatzmöglichkeiten. Eingesetzt als Methode der Länderselektion ist das Ziel der Portfolio-Analyse, aus einer Vielzahl möglicher Auslandsmärkte ein optimales Länderbündel zu bestimmen. Eine zweidimensionale grafische Darstellung soll die Selektion erleichtern. Abb. 3.12 zeigt exemplarisch ein Länderportfolio mit den Dimensionen „Attraktivität des Marktes" und „Risikopotenzial des Landes". Mit Hilfe der

Kreisgröße kann z.B. das Marktpotenzial eines jeweiligen Landes abgebildet werden. Eine andere Variante von Portfolio-Modellen zur Länderselektion basiert auf der Gegenüberstellung der Dimensionen „Marktattraktivität" und „Marktbarrieren" (vgl. hierzu *Papadopoulos/Chen/Thomas* 2002).

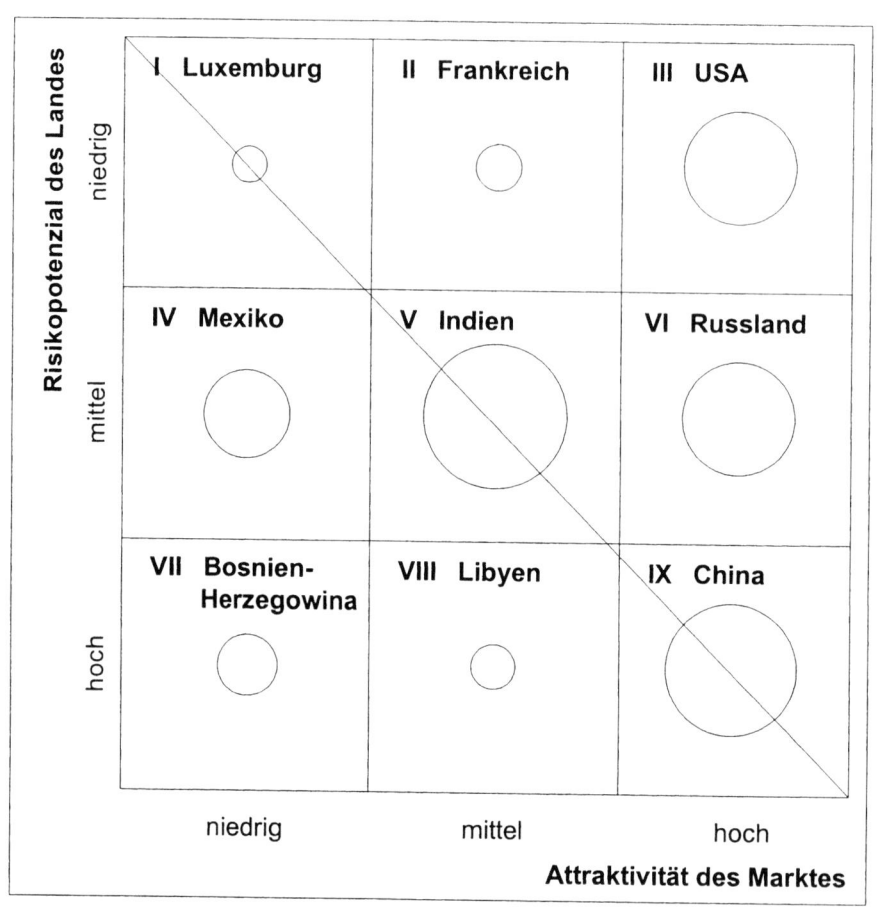

Abb. 3.12: Ländermarkt-Portfolio

Zu beachten ist, dass es sich bei beiden Dimensionen um mehrdimensionale Konstrukte handelt, d.h. sowohl das Risikopotenzial als auch die Marktattraktivität können durch verschiedene Variablen charakterisiert werden (vgl. die Ausführungen im vorangegangenen Abschnitt a.). Ihre Verdichtung kann mit Hilfe eines Scoring-Modells erfolgen. Als Entscheidungskriterium kann beispielsweise folgende Regel herangezogen werden: Länder mit mittlerem bis hohem Risiko **und** mit mittlerer bis niedriger Marktattraktivität sollen nicht bearbeitet werden (Felder IV, VII, VIII). Länder auf der Diagonale sollen vor einer endgültigen Entscheidung anhand zusätzlicher Kriterien überprüft werden (Felder I, V, IX); Länder mit mittlerer bis hoher Marktattraktivität **und** mit geringem bis mittlerem Risiko (Felder II, III, VI) kommen für einen Markteintritt in Frage.

Vorteilhaft an der Portfolio-Analyse sind die übersichtliche Darstellung durch die Visualisierung der Marktattraktivität und des Länderrisikos; des Weiteren ist die einfache Handhabbarkeit hervorzuheben. Da das Verfahren auf der Scoring-Methode beruht, besitzt es jedoch die Scoring-Modellen zuzurechnenden Nachteile; außerdem sind die Portfolio-Dimensionen „Marktattraktivität" und „Länderrisiko" nicht völlig überschneidungsfrei (vgl. *Stegmüller* 1995b, S. 180 f.).

Bei einer Gesamtbeurteilung der dargestellten Ansätze zur Länderselektion ist darüber hinaus zu beachten, dass die meisten Ansätze auf einer Outside-In-Perspektive beruhen; die internationale Marktwahl ist jedoch auch sehr stark von Unternehmenszielen, Unternehmensstrategien und situativen Faktoren im Sinne einer Inside-Out-Perspektive geprägt (vgl. *Swoboda/Schwarz* 2004, S. 273). So wird ein exportorientiertes Unternehmen andere Selektionskriterien zu Grunde legen als ein Unternehmen, das eine Direktinvestition plant; oder aber Unternehmen, die in der Lage sind, auf differenzierte Bedürfnisse der Märkte einzugehen, werden eine andere Wahl treffen als solche, die eine standardisierte Marktbearbeitung planen. Die Entscheidungsfindung sollte daher in jedem Falle durch eine Analyse der unternehmensinternen Ressourcen und Wettbewerbsvorteile unterstützt werden.

c. ***Empirische Befunde***

Untersuchungen zeigen, dass Unternehmen zur Bewertung von Auslandsmärkten i.d.R. eine Vielzahl an Kriterien heranziehen. Im Rahmen der Untersuchung von *Müschen* (1998), welche Markterschließungsstrategien in den Ländern Mittel- und Osteuropas zum Gegenstand hatte, konnten zur Beurteilung der **Länderattraktivität** vier zentrale Faktoren identifiziert werden (vgl. Abb. 3.13):
- Produktionskostenvorteile,
- Marktattraktivität,
- unternehmenseigene Wettbewerbsvorteile und
- Internalisierung.

Die Werte in Klammern geben die durchschnittliche Bedeutung der einzelnen Variablen an (1 = sehr wichtig, 5 = unwichtig). Es zeigt sich, dass die zum Faktor „Marktattraktivität" gehörenden Kriterien als besonders wichtig eingestuft wurden (vgl. *Müschen* 1998, S. 277). Als weniger bedeutsam wurden Produktionskostenvorteile eingestuft; die Bewertung dürfte jedoch sehr stark von der geplanten Erschließungsform abhängen: Während dieser Faktor für exportorientierte Unternehmen einen nur geringen Stellenwert innehat, spielen Produktionskostenvorteile für Direktinvestitionen eine zentrale Rolle.

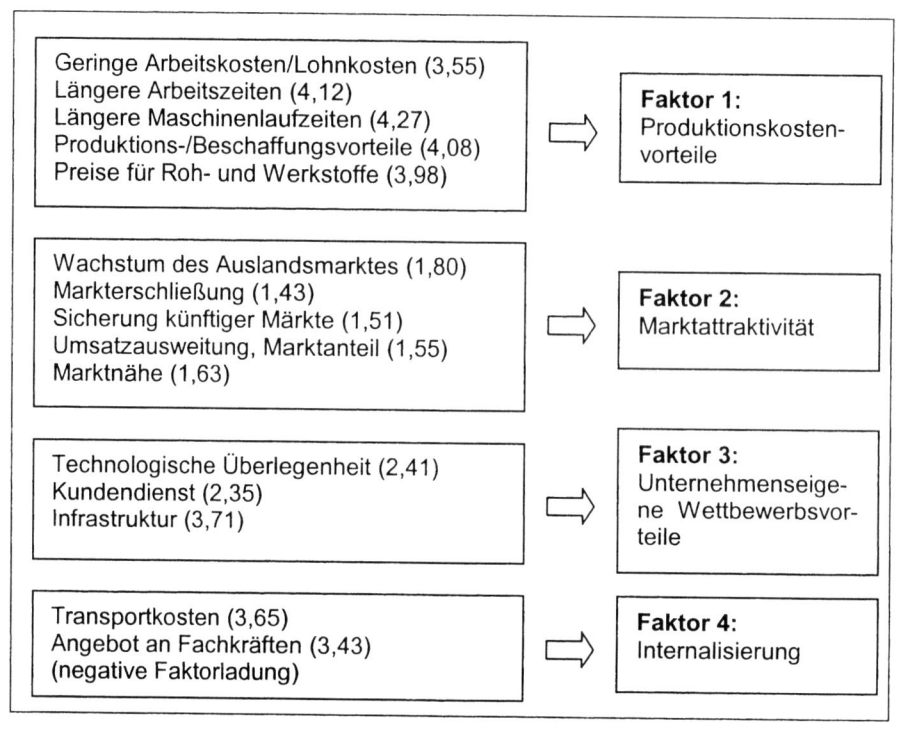

```
┌─────────────────────────────────────────────────────────────────────┐
│  ┌──────────────────────────────────────────┐      ┌─────────────┐  │
│  │ Geringe Arbeitskosten/Lohnkosten (3,55)  │      │ Faktor 1:   │  │
│  │ Längere Arbeitszeiten (4,12)             │      │ Produktions-│  │
│  │ Längere Maschinenlaufzeiten (4,27)       │  ⇨   │ kosten-     │  │
│  │ Produktions-/Beschaffungsvorteile (4,08) │      │ vorteile    │  │
│  │ Preise für Roh- und Werkstoffe (3,98)    │      │             │  │
│  └──────────────────────────────────────────┘      └─────────────┘  │
│                                                                     │
│  ┌──────────────────────────────────────────┐      ┌─────────────┐  │
│  │ Wachstum des Auslandsmarktes (1,80)      │      │             │  │
│  │ Markterschließung (1,43)                 │      │ Faktor 2:   │  │
│  │ Sicherung künftiger Märkte (1,51)        │  ⇨   │ Marktattrak-│  │
│  │ Umsatzausweitung, Marktanteil (1,55)     │      │ tivität     │  │
│  │ Marktnähe (1,63)                         │      │             │  │
│  └──────────────────────────────────────────┘      └─────────────┘  │
│                                                                     │
│  ┌──────────────────────────────────────────┐      ┌─────────────┐  │
│  │                                          │      │ Faktor 3:   │  │
│  │ Technologische Überlegenheit (2,41)      │      │ Unternehmens│  │
│  │ Kundendienst (2,35)                      │  ⇨   │ eigene Wett-│  │
│  │ Infrastruktur (3,71)                     │      │ bewerbsvor- │  │
│  │                                          │      │ teile       │  │
│  └──────────────────────────────────────────┘      └─────────────┘  │
│                                                                     │
│  ┌──────────────────────────────────────────┐      ┌─────────────┐  │
│  │ Transportkosten (3,65)                   │      │ Faktor 4:   │  │
│  │ Angebot an Fachkräften (3,43)            │  ⇨   │ Internali-  │  │
│  │ (negative Faktorladung)                  │      │ sierung     │  │
│  └──────────────────────────────────────────┘      └─────────────┘  │
└─────────────────────────────────────────────────────────────────────┘
```

Quelle: In Anlehnung an Müschen 1998, S. 277 und 281.
Abb. 3.13: Relevante Dimensionen der Länderattraktivität

Als relevante Dimensionen des **Länderrisikos** resultierten (vgl. Abb. 3.14)
– Dispositionsrisiken,
– Mitarbeiter,
– Enteignungs- und Transferrisiken,
– Qualitäts- und Logistikanforderungen sowie
Kommunikation und Kultur.

Auch hier geben die Werte in Klammern die durchschnittliche Bedeutung der einzelnen Variablen an (1 = sehr wichtig, 5 = unwichtig). Als besonders relevante Risikodimensionen wurden offensichtlich die zum Faktor „Dispositionsrisiken" gehörenden Variablen bewertet (vgl. *Müschen* 1998, S. 263). Offensichtlich wird der Stabilität der Rahmenbedingungen seitens der befragten Unternehmen ein besonders hoher Wert beigemessen. Dies ist insofern nicht verwunderlich, als Markteintrittsentscheidungen langfristigen Charakter haben und die Unternehmen daher auf verlässliche Rahmenbedingungen angewiesen sind.

Stabilität der Gesetzeslage (2,53) Stabilität der Wirtschaftsreformen (2,67) Bürokratische Hemmnisse (2,18) Informations- und Kommunikationsstrukturen (2,61) Staatliche Restriktionen/politische Stabilität (2,88)	**Faktor 1:** Dispositionsrisiken
Mitarbeitermotivation (3,20) Zuverlässigkeit der Mitarbeiter (3,20) Produktivität (2,88) Qualifikation der Arbeitskräfte (3,18)	**Faktor 2:** Mitarbeiter in Mittel- und Osteuropa
Enteignungsrisiken (4,00) Wechselkursrisiken (2,71) Zahlungsfähigkeit der Gastgeberlandes (2,67) Gesamtwirtschaftliche Lage (2,71)	**Faktor 3:** Enteignungs- und Transferrisiken
Verkehrsinfrastruktur (2,90) Qualitäts- und Hygieneanforderungen (3,84) Logistische Strukturen, Vertriebswege (2,88)	**Faktor 4:** Qualitäts- und Logistikanforderungen
Kriminalität, Korruption (2,90) Verständigungsschwierigkeiten (3,00) Kulturelle Unterschiede (3,71)	**Faktor 5:** Kommunikation und Kultur

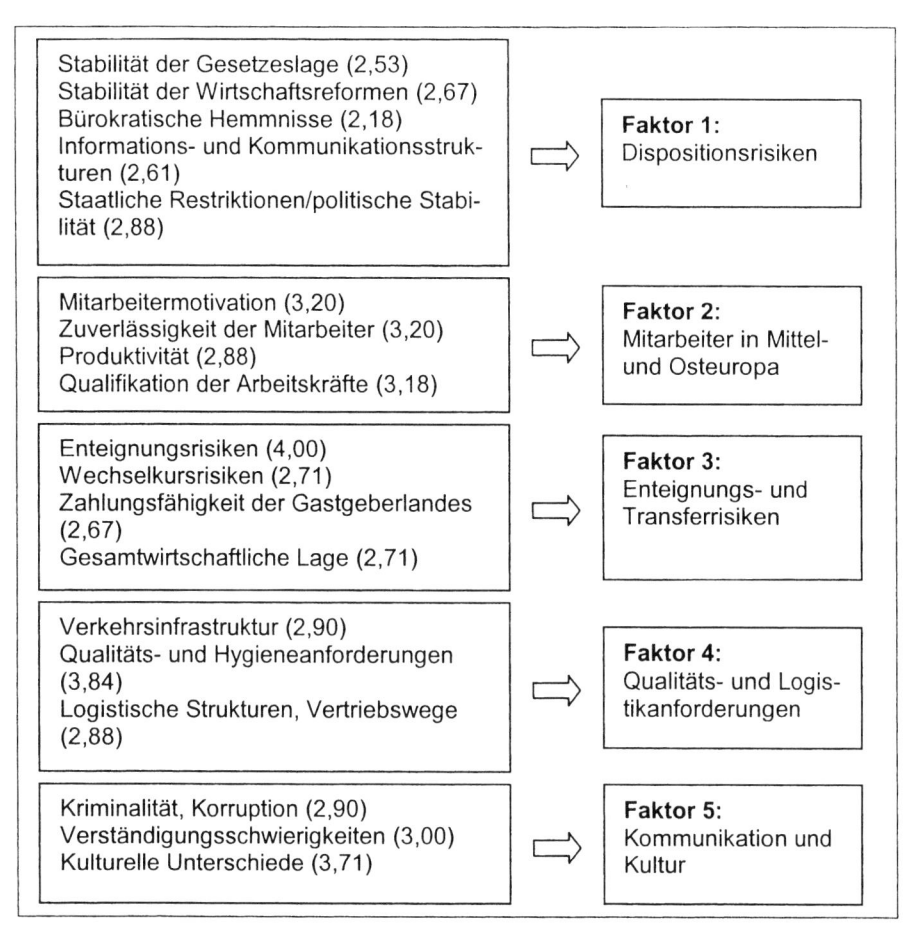

Quelle: In Anlehnung an Müschen 1998, S. 263 und 270.
Abb. 3.14: Relevante Dimensionen des Länderrisikos

Im Rahmen der Untersuchung von *Scharrer* (2001) wurden u.a. Kriterien der Länderselektion mittelständischer Unternehmen in Bayern untersucht. Abb. 3.15 zeigt die Wichtigkeit der verschiedenen Kriterien (Mittelwerte; 1 = sehr wichtig, 5 = unwichtig). Bedeutsamster Faktor ist die grundsätzliche Eignung der Unternehmensprodukte; als wichtigster Risikofaktor wird das Zahlungsrisiko angesehen. Im Hinblick auf die Marktattraktivität spielen Marktpotenzial und Marktwachstum die wichtigste Rolle.

Im Hinblick auf die **Verfahren**, welche von Unternehmen zur Länderselektion herangezogen werden, dominieren gemäß der Untersuchung von *Scharrer* eindeutig Checklist-Verfahren und klassische Entscheidungsregeln. Nutzwertanalyse, Punktbewertungsverfahren und Profilmethode sind hingegen weniger beliebt (vgl. *Scharrer* 2001, S. 198 f.).

Länderattrakti- vität	Mittel- wert	Länderrisiko	Mittel- wert	Unternehmens- interne Faktoren	Mittel- wert
Marktpotenzial/ Wachstum	2,17	Zahlungsrisiko	2,14	Eignung der Pro- dukte	2,05
Nachfrageverhal- ten	2,38	Politische Stabili- tät	2,63	Angebotsstruktur	2,55
Wettbewerbsbe- dingungen	2,40	Währungsstabili- tät	2,73	Marktanteil/Wett- bewerbsposition	2,63
Anzahl und Stär- ke von Mitbe- werbern	2,52	Transferrisiko	2,86	Eigenes Marken- /Produktimage	2,71
Haushaltsein- kommen/Kauf- kraft	3,00	Grenzformalitä- ten/Handels- hemmnisse	2,89		
Kommunikati- onssysteme	3,11	Beeinträchtigung der Geschäftsak- tivitäten	2,99		
Bruttosozialpro- dukt	3,23	Enteignungsri- siko	3,80		
Bevölkerungs- zahl/-wachstum	3,29				

Quelle: In Anlehnung an Scharrer 2001, S. 189.
Abb. 3.15: Kriterien einer Länderselektionsentscheidung

3. Marktselektion

Nachdem erfolgsversprechende Ländermärkte ausgewählt wurden, ist es nun er- forderlich, innerhalb der einzelnen Länder attraktive Marktsegmente zu identifizie- ren und auszuwählen. Ein Marktsegment lässt sich dabei definieren als eine Kom- bination von Abnehmeranforderungen bzw. Produkteigenschaften und Abnehmern, die bestimmte Charakteristika aufweisen; es sollte in sich vergleichsweise homo- gen sein und sich von anderen Marktsegmenten signifikant unterscheiden.

a. Internationale Marktsegmentierung

Eine zieladäquate Auswahl von Auslandsmärkten wie auch eine effiziente Bearbei- tung der einzelnen Ländermarktsegmente setzen eine Identifikation von Länder- marktgruppen mit ähnlichen Charakteristika, welche mittels spezifischer Marke- ting-Maßnahmen zu bedienen sind, voraus. Eine solche **internationale Markt- segmentierung** kann dabei nach zwei Ansatzpunkten erfolgen:
- **intranationale Marktsegmentierung**, d.h. die Identifikation von Marktsegmen- ten innerhalb der einzelnen Länder und
- **integrale Marktsegmentierung**, d.h. die Bildung länderübergreifender Ziel- gruppen mit ähnlichen Merkmalen.

(1) Intranationale Marktsegmentierung

Aufgabe der intranationalen Marktsegmentierung ist die Identifikation und Auswahl von Zielgruppen **innerhalb** der anvisierten Länder. Die grundsätzliche Problemstellung entspricht damit einer nationalen Marktsegmentierung; auch die Methodik unterscheidet sich von der nationalen Vorgehensweise nicht (vgl. z.B. *Bernd/Fantapié Altobelli/Sander* 1997, S. 48 ff.):
- Auswahl der relevanten Segmentierungsmerkmale,
- Feststellung der Merkmalsausprägungen in der Stichprobe des jeweiligen Landes,
- Gruppenbildung z.B. mit Hilfe der Clusteranalyse.

Zu beachten ist allerdings, dass trotz gleicher Methodik die Anforderungen an die Segmentierungskriterien im Vergleich zu einer rein nationalen Vorgehensweise aufgrund der zusätzlichen internationalen Dimension höher sind; darüber hinaus können bei der Datenerhebung erhebliche Probleme auftreten. Insbesondere ist in diesem Zusammenhang auf die **Vergleichbarkeit** der Kriterien in den einzelnen Ländern zu achten, da die Ergebnisse einer intranationalen Marktsegmentierung nur dann eine sinnvolle länderübergreifende Planung des Marketing-Instrumentariums erlauben, wenn die in den verschiedenen Ländern definierten Zielgruppen einander gegenübergestellt werden können (vgl. *Stegmüller* 1995a, S. 377 ff.). Ein vergleichbares Ergebnis geht jedoch nicht zwangsläufig mit identischen Techniken und Bedingungen einher; es ist sogar möglich, dass gerade erst die Anwendung unterschiedlicher Verfahren in bestimmten Situationen die Vergleichbarkeit ermöglicht. Die übrigen Anforderungen an Kriterien der intranationalen Marktsegmentierung (Kaufverhaltensrelevanz, Aussagefähigkeit für den Einsatz der Marketinginstrumente, Zugänglichkeit, Messbarkeit, zeitliche Stabilität und Wirtschaftlichkeit) entsprechen denjenigen nationaler Marktsegmentierungen; durch die internationale Dimension steigt jedoch die Komplexität des Untersuchungsdesigns (vgl. ausführlich *Stegmüller* 1995a, S. 378 ff.).

Folgende **Ansatzpunkte** einer intranationalen Marktsegmentierung können herangezogen werden:
- die klassische Segmentierung anhand von herkömmlichen Segmentierungskriterien,
- die Segmentierung auf der Grundlage der Nutzenerwartungen der Konsumenten (Benefit-Segmentierung) sowie
- die Segmentierung auf der Grundlage von Life-Style-Typologien.

Im Rahmen einer **klassischen Segmentierung** werden typischerweise folgende Kriterien zu Grunde gelegt (vgl. z.B. *Böhler* 1977, S. 63; *Freter* 1983, S. 46; *Stegmüller* 1995b, S. 164):
- soziodemographische Merkmale,
- psychologische Merkmale,
- Kauf-, Verhaltens- und Kommunikationsmerkmale sowie
- Merkmale des Mediennutzungsverhaltens.

Konsumentenmerkmale

Soziodemographische Merkmale

demographische Merkmale
- Alter
- Geschlecht
- Familienstand
- Phase im Familienlebenszyklus
- Haushaltsgröße

soziographische Merkmale
- Einkommen
- Beruf
- Bildung
- soziale Schicht
- Haushaltseinkommen
- Branche

Psychologische Merkmale

psychologische Persönlichkeitsmerkmale
- Intelligenz
- Selbständigkeit
- Innovationsfreudigkeit
- Freizeitinteressen
- Wertvorstellungen
- Lebensstil
- Führungsverhalten
- Motive

produktbezogene psychologische Merkmale
- Produktinteresse
- Einstellung gegenüber Produkt
- Meinungen
- Bekanntheit
- Wissen
- Markenpräferenz

geografische Merkmale
- Wohnort
- Wohngebiet
- Kaufkraftbezirk
- Kaufzone
- Stadt/Land
- Größe Wohnort

Kauf-, Verhaltens- und Kommunikationsmerkmale

Besitz- und Konsummerkmale

Kommunikationsmerkmale
- Funktionen im Entscheidungsprozess (Berater/Entscheider/Akteur)
- Beeinflusser im Kommunikationsprozess (Meinungsführer/Multiplikator/Leitbild/Spezialist)

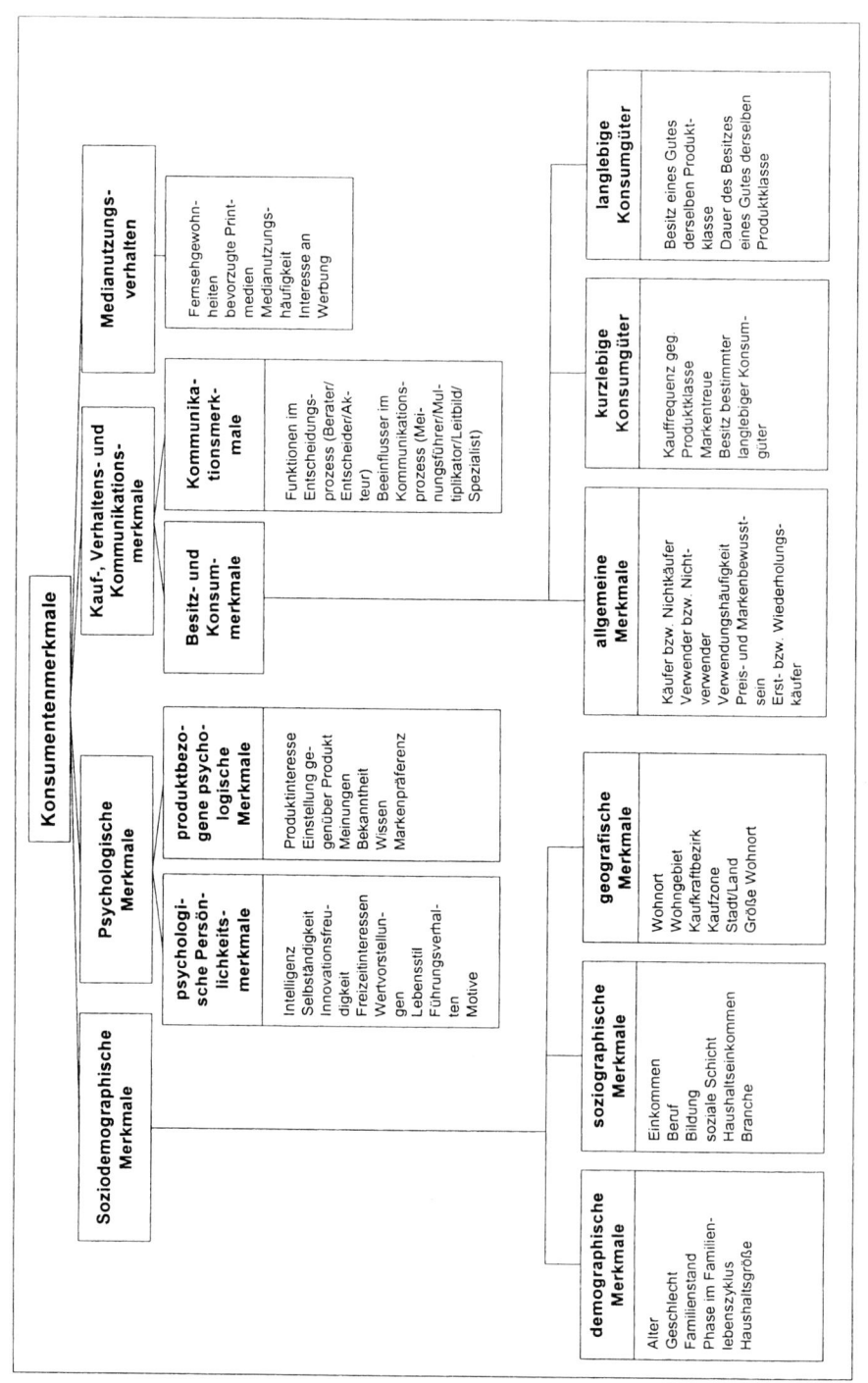

allgemeine Merkmale
- Käufer bzw. Nichtkäufer
- Verwender bzw. Nichtverwender
- Verwendungshäufigkeit
- Preis- und Markenbewusstsein
- Erst- bzw. Wiederholungskäufer

kurzlebige Konsumgüter
- Kauffrequenz geg. Produktklasse
- Markentreue
- Besitz bestimmter langlebiger Konsumgüter

langlebige Konsumgüter
- Besitz eines Gutes derselben Produktklasse
- Dauer des Besitzes eines Gutes derselben Produktklasse

Mediennutzungsverhalten
- Fernsehgewohnheiten
- bevorzugte Printmedien
- Mediennutzungshäufigkeit
- Interesse an Werbung

Abb. 3.16: Segmentierungskriterien

Einen Überblick über die wichtigsten klassischen Segmentierungskriterien liefert Abb. 3.16.

Nachteilig an einer klassischen Segmentierung ist die im Vergleich zu den beiden nachfolgend dargestellten Ansätzen insgesamt geringe Kaufverhaltensrelevanz der einbezogenen Kriterien; insbesondere fehlt bei den meisten Typologien auf der Grundlage soziodemografischer Merkmale ein Bezug zum konkreten Produkt. **Vorteilhaft** sind vor allem die hohe Vergleichbarkeit, die länderübergreifende Zugänglichkeit und Messbarkeit sowie die Wirtschaftlichkeit der Erhebung.

Eine intranationale Marktsegmentierung auf der Basis von **Nutzenerwartungen** (vgl. z.B. *Stegmüller* 1995b, S. 221 ff.) beruht darauf, dass die Auskunftspersonen beurteilen sollen, welches Maß an Bedürfnisbefriedigung sie sich von der Verwendung oder dem Verbrauch eines Produktes bzw. der Inanspruchnahme einer Dienstleistung versprechen. Die Gruppenbildung erfolgt auf der Basis gleichartiger Strukturen bei den Nutzenerwartungen; dabei werden die einzelnen nutzenstiftenden Komponenten und deren subjektive Wichtigkeit aus der Sicht der Konsumenten erhoben. Die **Messung** des Nutzens kann zum einen auf kompositioneller Basis (direkte Befragung unter Zuhilfenahme von Rating-Skalen) oder auf dekompositioneller Basis (indirekte Befragung und Anwendung der Conjoint-Analyse) erfolgen (zur Vorgehensweise einer Conjoint-Analyse vgl. *Backhaus et al.* 2003, S. 543 ff.). Ergebnis einer Benefit-Segmentierung sind intranationale Zielgruppen mit jeweils ähnlichen Nutzenerwartungen bzgl. der angebotenen Leistung. Der große **Vorteil** einer Benefit-Segmentierung liegt in der hohen länderübergreifenden Kaufverhaltensrelevanz; die Datenerhebung ist jedoch komplexer.

Aktivitäten	Interessen	Meinungen
Arbeit	Familie	über sich selbst
Hobbies	Heim	gesellschaftliche Probleme
gesellschaftliche Ereignisse	Beruf	Politik
Urlaub	Gemeinde	Handel
Unternehmung	Erholung	Wirtschaft
Vereine	Mode	Erziehung
Gemeinde	Essen	Produkte
Einkaufen	Medien	Zukunft
Sport	Leistung	Kultur

Quelle: Kramer 1991, S. 41.
Abb. 3.17: Life-Style-Dimensionen

Eine Segmentierung auf der Basis von **Life-Style-Typologien** basiert auf der Annahme, dass Menschen nach etablierten Einstellungs- und Verhaltensmustern leben, die identifizier- und messbar sind und Rückschlüsse auf das Kaufverhalten erlauben (vgl. *Becker* 2001, S. 257). Der Lebensstil umfasst dabei die Aktivitäten, Interessen, Meinungen und Werte der Menschen; einen Überblick über die wichtigsten Life-Style-Dimensionen liefert Abb. 3.17. Grundsätzlich kann dabei zwischen persönlichkeitsbezogenen und produktartspezifischen Lebensstilen unterschieden werden. Während **persönlichkeitsbezogene Lebensstile** Variablen wie Preis- oder Modebewusstsein, Sportlichkeit etc. umfassen und eher allgemeiner Natur sind, beziehen **produktartspezifische Lebensstile** speziell auf die Produktart zugeschnittene Kriterien in die Untersuchung mit ein; letztere besitzen daher eine höhere Kaufverhaltensrelevanz (vgl. *Böhler* 1977, S. 112 f.). Wichtig für eine Marktsegmentierung nach dem Kriterium „Lebensstil" ist es in jedem Fall, dass solche Zielgruppen bzw. Marktsegmente gefunden werden, bei denen der Lebensstil tatsächlich eine diskriminierende Funktion ausübt: Ist für zwei Personen mit demselben grundsätzlichen Lebensstil ein Auto ein schlichtes Fortbewegungsmittel für die eine, ein Prestigeobjekt für die andere, so wäre eine Life-Style-Segmentierung zumindest für das Produkt „Automobil" völlig unbrauchbar.

(2) Integrale Marktsegmentierung

Im Rahmen einer integralen Marktsegmentierung wird versucht, über Staatsgrenzen hinweg Konsumenten mit ähnlichen Bedürfnissen und Konsumstrukturen zu berücksichtigen. Beispielsweise haben Jugendliche häufig den gleichen Musikgeschmack, unabhängig von ihrer Nationalität; in diesem Sinne werden im Rahmen integraler Segmentierungsansätze kulturelle Zusammengehörigkeiten festgestellt. Dabei gilt, dass eine Marktauswahl auf der Grundlage einer integralen Marktsegmentierung eine geozentrische Grundorientierung des Managements impliziert und eine standardisierte Marktbearbeitung im Sinne einer globalen Strategie nahe legt.

Solche länderübergreifende Zielgruppen lassen sich in zwei Kategorien einteilen (vgl. *Kreutzer* 1991, S. 5). Von **transkulturellen Zielgruppen** (Cross-Cultural-Groups) ist dann die Rede, wenn die darin befindlichen Personen nicht nur unterschiedlicher Nationalität sind, sondern auch aus unterschiedlichen Kulturkreisen stammen, etwa ein deutscher Handwerker und ein griechischer Arzt mit demselben musikalischen Geschmack. Bei **transnationalen Zielgruppen** (Cross-National-Groups) stammen die Gruppenmitglieder hingegen aus denselben Kulturkreisen, wenn auch aus verschiedenen Nationen. Beide Formen länderübergreifender Zielgruppen gleichen sich darin, dass sich diejenigen Personen, welche sich in ein und derselben supranationalen Zielgruppe befinden, i.d.R. mehr ähneln als Personen unterschiedlicher Zielgruppen aus demselben Bezugsraum.

Grundsätzlich kann auch eine integrale Marktsegmentierung auf der Basis klassischer Segmentierungskriterien oder Nutzenerwartungen erfolgen; typischerweise werden jedoch für die integrale Marktsegmentierung **Life-Style-Typologien** herangezogen. Das wohl bekannteste Beispiel einer supranationalen Verbrauchertypologie ist **Euro-Socio-Styles**; die Studie ist durch Zusammenarbeit des französischen CCA - Centre de Communication Avancé - und EUROPANEL entstanden, wobei EUROPANEL einen Zusammenschluss verschiedener Marktforschungsinstitute aus 15 Ländern Europas darstellt. Deutschland ist durch die GfK Nürnberg vertreten (vgl. *Mahefa* 1998, S. 509). Die umfassende Basisstudie wurde 1989 durchgeführt; erhoben wurde dabei ein Datenkranz mit 3.500 Einzelinformationen aus den Bereichen Kultur, Politik, Geschäftsleben, Privatleben, Berufsleben, gesellschaftliches Leben und Verbraucherverhalten; der Schwerpunkt lag dabei in der Informationsgewinnung über Konsum, Einkaufs- und Mediagewohnheiten der

Befragten, deren Besitzstand und schließlich in ihrer Einstellung zur Werbung und Verpackung (vgl. *o.V.* 1989a, S. 109; *GfK* 1997, S. 1 ff.). Der im Rahmen der Euro-Socio-Styles erhobene Datenkranz ist aus Abb. 3.18 ersichtlich. Als Grundlage von Euro-Socio-Styles stehen dabei 24.000 schriftliche Befragungen zur Verfügung, die sich aus einer mehrfach geschichteten Personen-Stichprobe in Europa zusammensetzen. Die befragte Personengruppe ist repräsentativ für die Erwachsenenbevölkerung aus 15 europäischen Ländern und deren Regionen; die Daten werden in allen Ländern mit einheitlichen Methoden erhoben. Die Auswertung der Daten erfolgt mit Hilfe der Cluster-Analyse. Die Basisstudie wird regelmäßig auf der Grundlage eines Kurzfragebogens, der die am stärksten diskriminierenden Variablen umfasst, aktualisiert (vgl. *GfK* 1997, 1998 und 2002a).

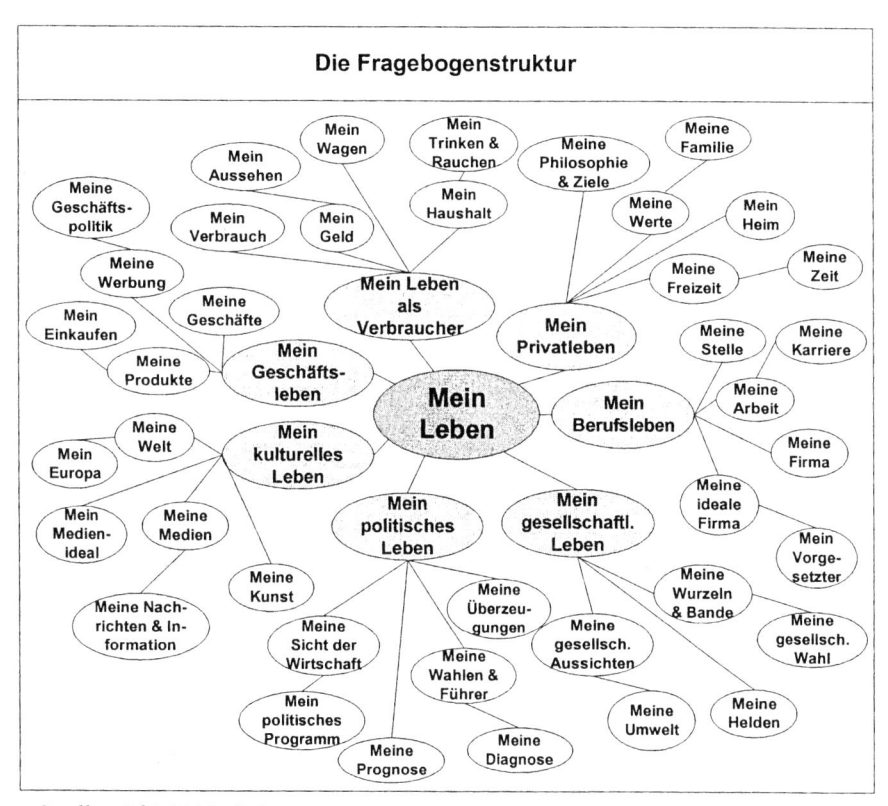

Quelle: GfK 1997, S. 2.
Abb. 3.18: Die Fragebogenstruktur der Euro-Socio-Styles-Studie

Das Konzept von Euro-Socio-Styles basiert darauf, dass sich Weltanschauungen, Verhaltensweisen, der Besitz von Gütern, der Kauf von bestimmten Produkten oder die Inanspruchnahme von Dienstleistungen häufig in charakteristischer Art und Weise bei bestimmten Gruppen verdichten lassen (vgl. *o.V.* 1989a, S. 106). Ergebnis der 2002er Studie waren acht Konsumententypen, deren Kurzcharakterisierung in Abb. 3.19 enthalten ist.

Crafty World	Junge, dynamische und opportunistische Leute einfacher Herkunft auf der Suche nach Erfolg und materieller Unabhängigkeit
Magic World	Intuitive junge materialistische Leute mit Kindern und geringem Einkommen, die einem Platz an der Sonne hinterherjagen und ihrem guten Stern vertrauen
Secure World	Konformistische, hedonistische Familien aus einfachen Kreisen, die sich abkapseln, von einem einfacheren Leben träumen und sich den traditionellen Rollen verbunden fühlen
Cosy Tech World	Aktive moderne Paare mittleren Alters mit meist überdurchschnittlicher Haushaltsausstattung, die auf der Suche nach persönlicher Entfaltung sind
Steady World	Traditionsorientierte, konformistische Senioren mit mittlerem Lebensstandard, die ihren Ruhestand voll und ganz ausschöpfen
New World	Hedonistische tolerante Intellektuelle mit gehobenem Lebensstandard auf der Suche nach persönlicher Harmonie und sozialem Engagement
Authentic World	Rationale, moralische Cocooner-Familien mit gutem Einkommen, die engagiert und auf der Suche nach einem harmonischen und ausgeglichenen Leben sind
Standing World	Kultivierte, pflichtbewusste und vermögende Staatsbürger, die ihren Überzeugungen treu bleiben und an Traditionen ausgerichtet sind

Quelle: GfK 2002a, S. 5.

Abb. 3.19: Charakterisierung der Euro-Socio-Styles 2002

Aus der Vielzahl der Variablen wurden in einem zweiten Schritt mit Hilfe der Faktorenanalyse zwei Faktoren extrahiert, anhand derer die einzelnen Euro-Socio-Styles in den zweidimensionalen Raum positioniert werden konnten. Das Ergebnis der Positionierung ist in Abb. 3.20 enthalten.

Das Charakteristische der Euro-Socio-Styles liegt in ihrer einheitlichen Definition für Europa. Es gibt keinen Unterschied mehr zwischen den jeweiligen Ländern bzgl. der Euro-Socio-Styles. Es ist bspw. unerheblich, ob eine Person der „Steady World" aus Deutschland oder aus England kommt. Ihr „Style" ist in Bezug auf Einstellungen, Verhalten und Meinungen für beide Länder eindeutig festgelegt. Unterschiede treten nur noch in der prozentualen Besetzung der verschiedenen Euro-Socio-Styles in den Ländern auf.

Mit Hilfe der Euro-Socio-Styles lassen sich wesentliche Anhaltspunkte für die Marketing-Aktivitäten gewinnen. Am Beispiel des Kaffeemarktes (vgl. Abb. 3.21) wird z.B. deutlich, dass die Zielgruppe der Magic World einfachen, preisgünstigen Kaffee vorzieht, wohingegen die Authentic World höherwertigen Kaffee aus dem Kaffeegeschäft vorzieht (vgl. *GfK 2002a, S. 9*).

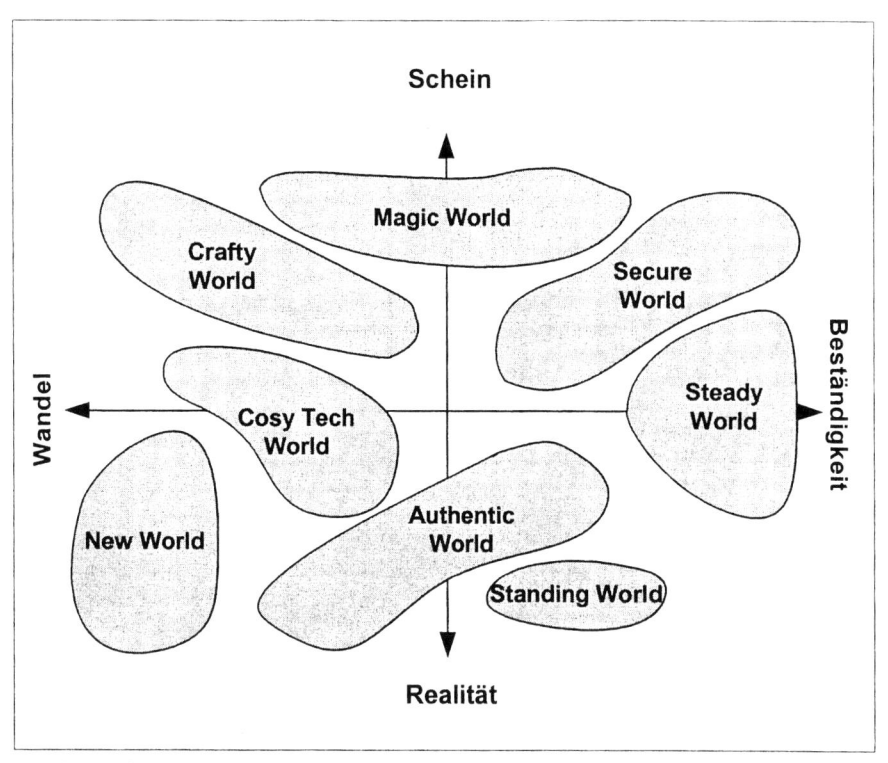

Quelle: GfK 2002a, S. 5.
Abb. 3.20: Die Landkarte der Euro-Socio-Styles 2002

Darüber hinaus kann die Analyse dazu beitragen, sog. „weiße Flecken" auf der Lebensstilkarte aufzudecken, d.h. Positionen, die weder durch eigene noch durch Konkurrenzprodukte besetzt sind. Hierzu soll ein Beispiel angeführt werden, das auf der Euro-Socio-Styles-Studie von 1995 beruht, im Rahmen derer 15 - statt wie 2002 acht - Styles identifiziert wurden (vgl. *GfK* 1997, S. 6 f.): Ein Hersteller von Waschmitteln bietet auf einem bestimmten Markt verschiedene Marken an; die jeweiligen Kernverwender sind aus Abb. 3.22 ersichtlich:
- Marke A1 ist neu, sowohl im Hinblick auf die Präsentation, als auch auf die Art der Werbung; die Kernverwender bestehen aus Style 7.
- Marke A2 spricht zwei völlig unterschiedliche Lebensstile an.
- Die Marken A2, A3 und A4 stehen in hausinterner Konkurrenz mit Marke A5.
- Marke A5 deckt das breiteste Spektrum von Lebensstilen ab. Die Positionierung auf der rechten Seite der Karte signalisiert ein eher konservatives, qualitativ hochwertiges Produktimage.

Kaffee-Verhaltensweisen

Einfacher Kaffee als Vorsorge

Reiz neuer Produkte

Industrieprodukt

Kaffee als stimulierender Peitschenhieb

Schnelles Leben

Zum Wachmachen

Physische Stimulanz

Menge
nicht teuer
Marken zum
günstigsten Preis
Supermarkt

Am Morgen

Familiäre Gastlichkeit

Gesundes Leben

Kaffee als praktisches Ritual der Kultur

Intellektuelle Stimulanz

Qualität
teuer
Originalprodukt
Kaffeegeschäft

Lebensqualität

Aus Genuss

Aus Treue

Rückkehr zum Rösten nach altem Rezept

Edler Kaffee des anspruchsvollen Kenners

Markentreue hinsichtlich Prestigemarken

Kaffee-Geschmack

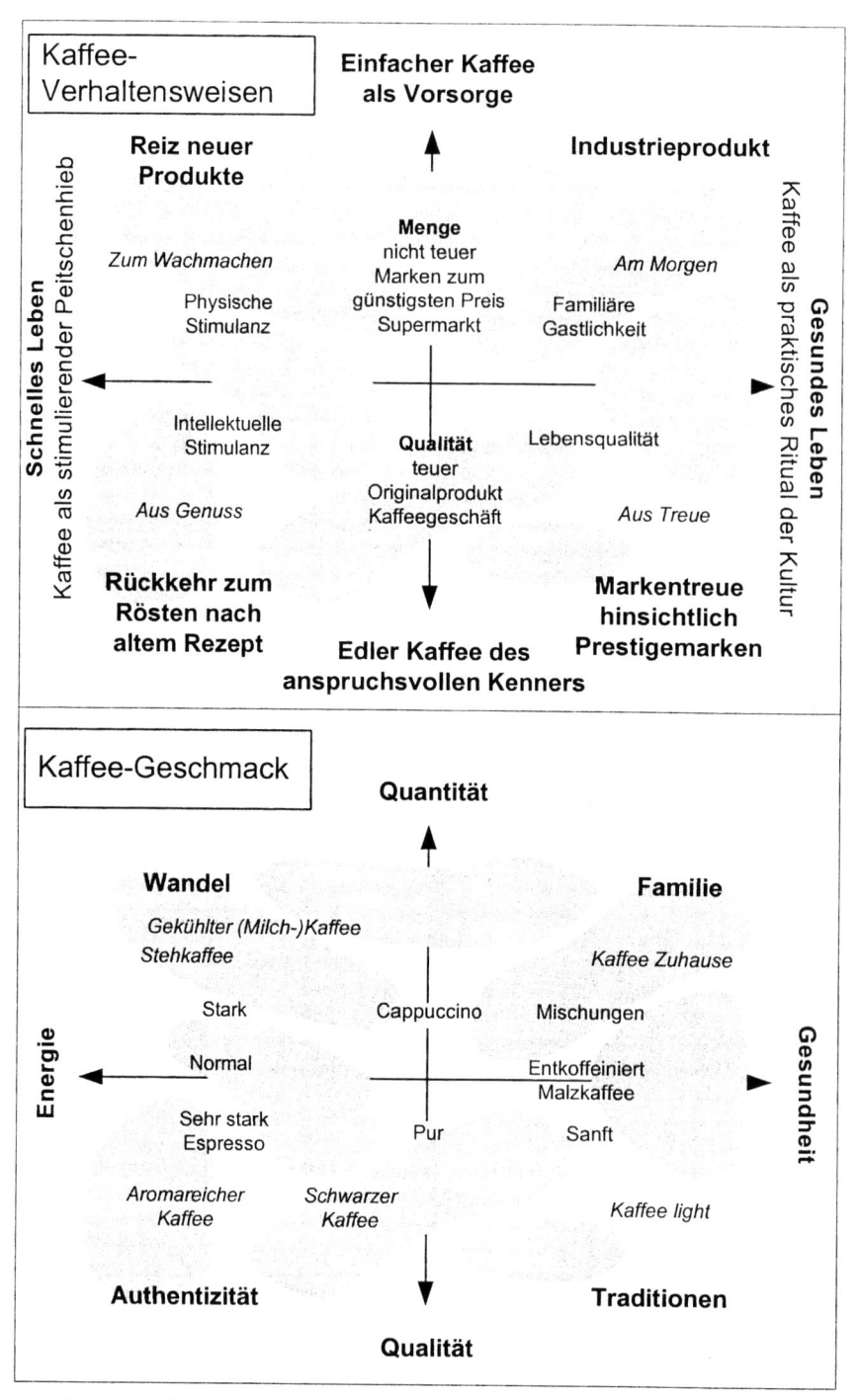

Quantität

Wandel

Familie

Gekühlter (Milch-)Kaffee
Stehkaffee

Kaffee Zuhause

Stark

Cappuccino

Mischungen

Energie

Normal

Entkoffeiniert
Malzkaffee

Gesundheit

Sehr stark
Espresso

Pur

Sanft

Aromareicher Kaffee

Schwarzer Kaffee

Kaffee light

Authentizität

Traditionen

Qualität

Quelle: In Anlehnung an GfK 2002b, o.S.
Abb. 3.21: Euro-Socio-Styles im Kaffeemarkt

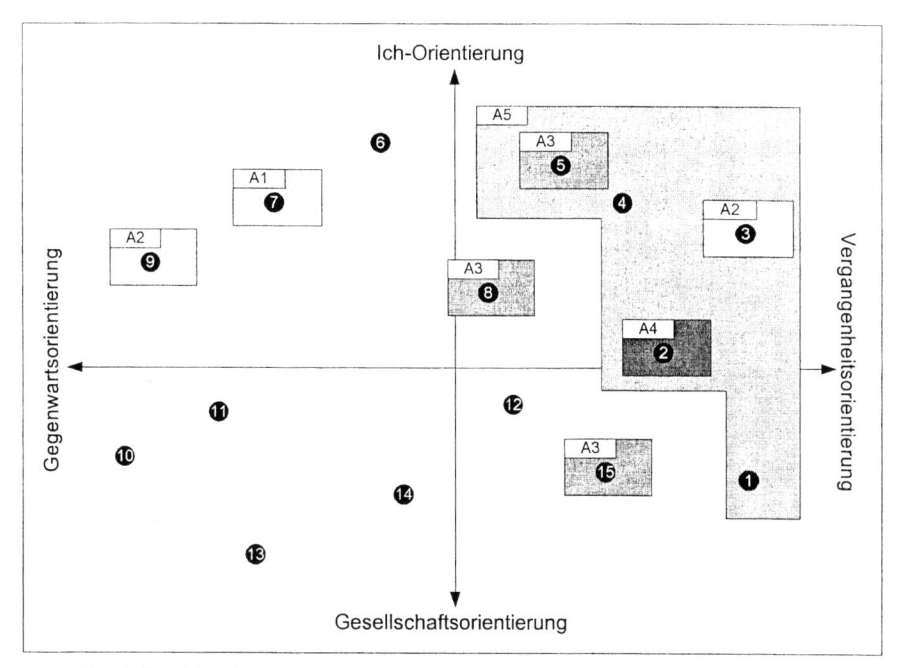

Quelle: GfK 1997, S. 7.
Abb. 3.22: Exemplarische Anwendung der Euro-Socio-Styles für das Marketing

In der linken unteren Ecke der Karte ist der Hersteller nicht präsent. Dieses Segment kann eine Zielgruppe für eine neue Marke sein, ohne dass Kannibalisierungseffekte mit den bereits angebotenen Marken entstehen. Eine Analyse der Motivationsstrukturen der Verbraucher in diesem Segment (Lebensstile 10, 11, 13, 14) zeigt, dass allen Styles ein hohes Umweltbewusstsein gemeinsam ist; entsprechend sollte die neue Marke positioniert werden.

Der **Vorteil** solcher länderübergreifender Zielgruppen liegt in der Möglichkeit einer standardisierten Marktbearbeitung der einzelnen Euro-Styles über Landesgrenzen hinweg; dadurch können die Kostenvorteile aus einer Standardisierungsstrategie mit den Vorteilen einer zielgruppenspezifischen Ansprache verbunden werden. **Nachteilig** sind die zeit- und kostenintensive Datenerhebung wie auch die Tatsache, dass es sich um allgemeine Typologien handelt, die also nicht für alle Produkte bzw. Dienstleistungen Relevanz besitzen. Spezifische unternehmensindividuelle Erhebungen sind vergleichsweise kostspielig.

Des Weiteren ist zu beachten, dass die Zugehörigkeit zum selben Life-Style-Typ nicht unbedingt mit vergleichbarem Konsumentenverhalten gleichgesetzt werden kann: So zeigte sich z.B., dass in Europa völlig unterschiedliche Life-Style-Typen zu den Intensivverwendern von Instant-Kaffee gehören. Beispielsweise bestehen zwischen belgischen und französischen Instant-Kaffee-Trinkern drei, zwischen belgischen und britischen eine, zwischen deutschen und britischen keine einzige Überschneidung; ein für diese Länder standardisiertes Konzept für die Vermarktung von Instant-Kaffee wäre somit wenig erfolgversprechend (vgl. *Müller/Kornmeier* 1996, S. 22 f.).

Einen alternativen Ansatz zur integralen Marktsegmentierung bietet *Sinus Sociovision* (2004) an. Die Positionierung der Lebensstile im zweidimensionalen Raum erfolgt hier im Gegensatz zur GfK-Methode anhand der beiden Dimensionen „Soziale Lage" und „Grundorientierung". Abb. 3.23 zeigt länderübergreifende Lebenswelt-Segmente in Westeuropa.

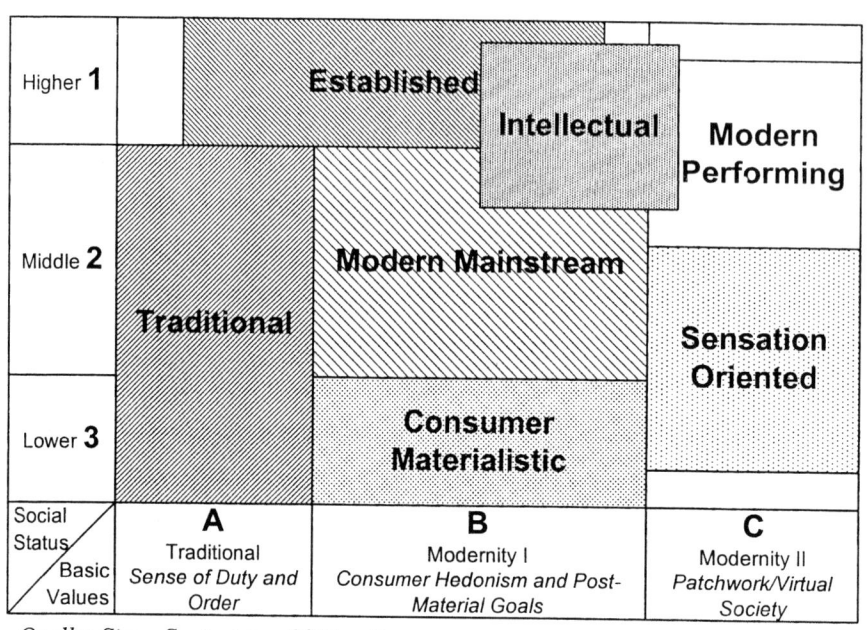

Social Status / Basic Values	A Traditional Sense of Duty and Order	B Modernity I Consumer Hedonism and Post-Material Goals	C Modernity II Patchwork/Virtual Society
Higher 1		Established	Intellectual / Modern Performing
Middle 2	Traditional	Modern Mainstream	Sensation Oriented
Lower 3		Consumer Materialistic	

Quelle: Sinus Sociovision 2004, o.S.
Abb. 3.23: Lebenswelt-Segmente in Westeuropa

b. Methoden zur internationalen Marktselektion

Sind die Marktsegmente in den einzelnen anvisierten Ländern identifiziert worden, geht es in einem zweiten Schritt darum, vielversprechende Marktsegmente auszuwählen. Dabei ist jeweils mit zu entscheiden, welches Leistungsspektrum in den einzelnen Ländern anzubieten ist, da – in Abhängigkeit der Bedingungen auf den einzelnen Ländermärkten – u.U. unterschiedliche Leistungen für unterschiedliche Märkte in Frage kommen. Exemplarisch sollen im Folgenden die Portfolio-Analyse als Verfahren der Grobauswahl wie auch die Wirtschaftlichkeitsanalyse als Verfahren der Feinauswahl dargestellt werden.

(1) Portfolio-Analyse

Im Rahmen der internationalen Marktauswahl soll die Portfolio-Methode dazu beitragen herauszufinden, mit welchen Produkten oder Dienstleistungen ein Unternehmen auf welchen Märkten aktiv werden will; dabei basiert sie auf der bereits vorgenommenen Länderselektion des Abschnitts B.II.2. Die Portfolio-Analyse vollzieht sich in mehreren Schritten:

1. Schritt: Bildung strategischer Geschäftsfelder
Strategische Geschäftsfelder (SGF) bilden jeweils einen Ausschnitt aus dem gesamten Betätigungsfeld eines Unternehmens und sind mit den Marktsegmenten gleichzusetzen, in denen ein Unternehmen tätig ist. Sie sind gekennzeichnet durch eine selbstständige Marktaufgabe, eine klare Abgrenzung gegenüber den Produkten oder Produktgruppen anderer SGF und einen eindeutig identifizierbaren Kreis von Anbietern (vgl. *Hinterhuber* 2004b, S. 149) und lassen sich z.B. nach Produkten, Produktgruppen und Produkt-Markt-Kombinationen differenzieren. Organisatorisch finden sie ihre Entsprechung in den sog. Strategischen Geschäftseinheiten (SGE). SGE können mehrere Produkte betreuen, es kann aber auch vorkommen, dass dasselbe Produkt mehreren SGE zugeordnet wird, etwa für verschiedene Zielgruppen oder Märkte.

2. Schritt: Festlegung der Portfolio-Dimensionen
Die Grundvoraussetzung, welche für die Erstellung einer Portfolio-Matrix erfüllt sein muss, ist die Festlegung der Kriterien, mit deren Hilfe
– die Aussicht einer SGE bzgl. ihres Wachstums bzw. Gewinnpotenzials als positiv oder negativ eingestuft und
– die Position einer SGE im Wettbewerb als stark oder schwach bewertet werden kann.
Die Marktaussichten lassen sich über die Marktattraktivität, die Wettbewerbsstärken über die relativen Wettbewerbsvorteile darstellen (vgl. *Hinterhuber* 2004a, S. 150 ff.).

Die **Marktattraktivität** kann z.B. anhand der in Abschnitt B.II.2.a. beschriebenen Kriterien
– Marktvolumen,
– Marktwachstum,
– Abnehmerstruktur,
– erzielbare Preise,
– Versorgung mit Energie, Rohstoffen, Komponenten, Halb- und Fertigerzeugnissen
beschrieben werden, wobei in diesem Falle produkt-, markt- bzw. produkt-marktspezifisch vorzugehen ist. Die **relative Wettbewerbsposition** bezeichnet hingegen die relevanten Wettbewerbsvorteile gegenüber dem stärksten Konkurrenten; da es sich in diesem Falle um eine Bewertung noch nicht bearbeiteter Märkte handelt, ist von **potenziellen Wettbewerbsvorteilen** auszugehen. Als Indikatoren der relativen Wettbewerbsposition können folgende Kriterien herangezogen werden (vgl. *Hinterhuber* 2004a, S. 153 ff.):
– relative Marktposition,
– relatives Produktionspotenzial,
– relatives F&E-Potenzial,
– relative Qualifikation der Führungskräfte und Kader,
– Kernkompetenzen des Unternehmens.

Auswertungsbogen zur Zusammenfassung der Ergebnisse der Analyse der Marktattraktivität und der Wettbewerbsposition

Zeitpunkt der Analyse...
Analysen für Produktbereich.../Leistungsbereich...
im Land...

A. Marktattraktivität

	sehr schlecht	schlecht	mittel	gut	sehr gut	Gewichtungsfaktor	Ergebnis (Bewertung* Gewichtung)
Marktgröße							
Marktwachstum							
Abnehmerstruktur							
Preisbandbreiten							
Kauffähigkeit							
Marktzugang							
Wettbewerbsintensität							
pol./wirtschaftl. Risiken							
Summe						100	

Marktattraktivität = Ergebnis: 100 =

B. Relative Wettbewerbsposition

	sehr schlecht	schlecht	mittel	gut	sehr gut	Gewichtungsfaktor	Ergebnis (Bewertung* Gewichtung)
Marktadäquate Produkte							
Preise und Konditionen							
Marktpräsenz							
Vertrieb							
Kommunikation							
Erreichbarer Marktanteil							
Finanzielle Ergebnisse							
usw.							
Summe						100	

Relative Wettberwerbsposition = Ergebnis: 100 =

Quelle: Stahr 1993, S. 38.
Abb. 3.24: Gewichtung von Kriterien zur Bewertung der Marktattraktivität und der Wettbewerbsposition

Gerade den Kernkompetenzen kommt eine besondere Bedeutung zu. Grundsätzlich sollten die eigenen Ressourcen bevorzugt dort eingesetzt werden, wo vorhandene Kompetenzen auf ein möglichst großes Marktpotenzial treffen (vgl. *Kuß/Tomczac 2004, S. 148).

3. Schritt: Positionierung der SGE in die Portfolio-Matrix
Zur konkreten Positionierung der SGE in die Portfolio-Matrix ist es zunächst erforderlich, die einzelnen SGE bzgl. der beiden Dimensionen zu bewerten, d.h. mit konkreten Zahlenwerten zu versehen (z.B. auf einer Skala von 0-100). Zu diesem Zweck

kann ein Auswertungsbogen verwendet werden, welcher als Grundlage für ein Scoring-Modell dient (vgl. Abb. 3.24). Die Positionierung der SGE in die Portfolio-Matrix sollte dabei für die einzelnen aus der Länderselektion gewählten Länder erfolgen; als Ergebnis erhält man die in Abb. 3.25 dargestellten Portfolio-Matrizen. Die äußeren Kreise repräsentieren dabei die gegenwärtige Marktgröße, die mittleren die grob geschätzten eigenen Marktchancen, die kleineren die jeweiligen Gewinnpotenziale. Auf dieser Grundlage kann zunächst grob entschieden werden, in welchen Ländern welche Produkte anzubieten sind (etwa die mit mittlerer bis hoher Marktattraktivität und einer mittleren bis guten Wettbewerbsposition).

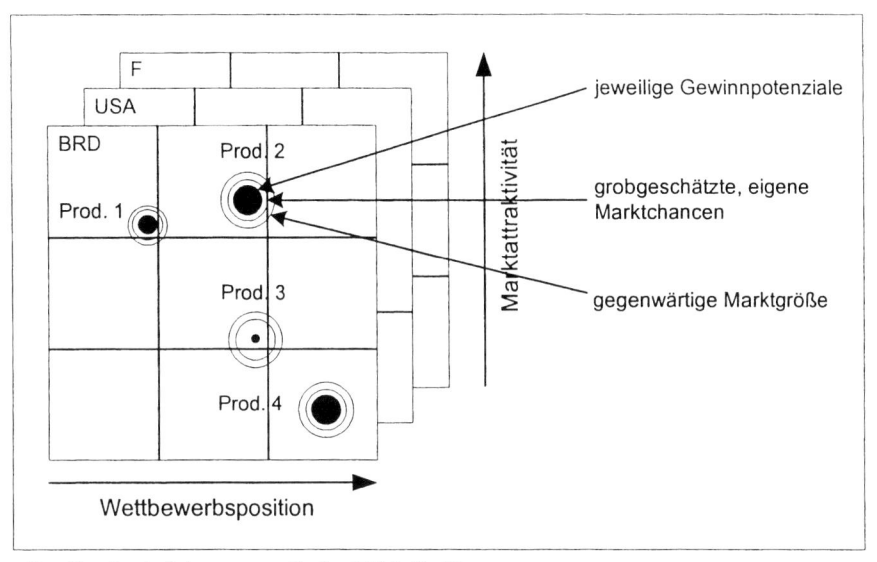

Quelle: In Anlehnung an Stahr 1993, S. 41.

Abb. 3.25: Internationales Chancen-Portfolio für bestimmte Produkte/Produktgruppen

In einer weiteren Auswahlstufe sind die Informationen aus der Marktsegmentierung in die Analyse einzubinden, da in verschiedenen Ländern u.U. auch verschiedene Marktsegmente zu bearbeiten sind. Die schematische Vorgehensweise ist in Abb. 3.26 dargestellt: Zunächst werden auf der Basis der Produktländer-Matrix die geeigneten Aktionsfelder ausgewählt; innerhalb dieser Aktionsfelder werden auf der Basis der Marktsegmentierung die geeigneten Marktsegmente pro Land und Produkt ausgewählt (vgl. *Meissner* 1995, S. 146 f.).

Die im Zusammenhang mit der Länderselektion geäußerte **Kritik** an der Portfolio-Analyse hat auch hier Gültigkeit. Zu betonen ist insbesondere die Schwierigkeit, die Gewinnpotenziale der einzelnen SGE in den verschiedenen Ländermarktsegmenten zuverlässig zu ermitteln.

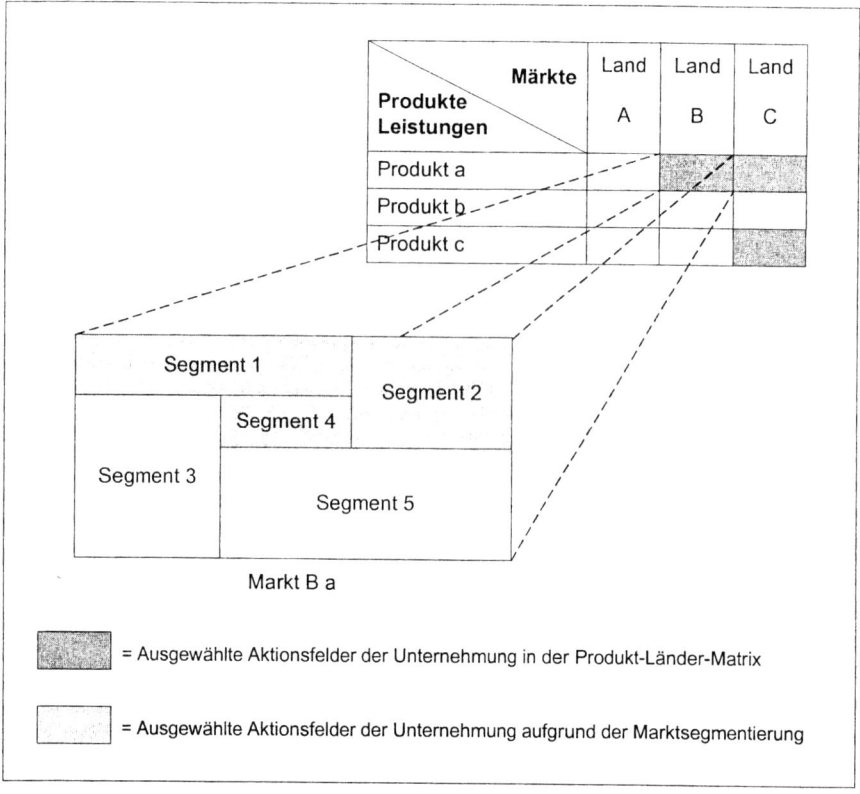

Quelle: Meissner 1995, S. 147.

Abb. 3.26: Matrix zur Marktauswahl im strategischen internationalen Marketing

(2) Wirtschaftlichkeitsanalyse

Die mittels Grobanalyse herausgefilterten Ländermarktsegmente sollen in einem weiteren Schritt einer detaillierten Wirtschaftlichkeitsanalyse unterzogen werden, um deren ökonomische Tragfähigkeit bewerten zu können. Aufgrund des i.d.R. langfristigen Charakters eines Auslandsengagements und des z.T. erheblichen Investitionsbedarfs für die Aufnahme von Auslandsaktivitäten empfiehlt sich dabei die Heranziehung kapitaltheoretischer Modelle.

Die Grundform eines kapitaltheoretischen Modells für die Auswahl von Ländermarktsegmenten kann wie folgt beschrieben werden (vgl. u.a. *Seidel* 1977, S. 145; *Perlitz* 2004, S. 190):

$$C_{0l} = -\sum_{t=0}^{T} I_{tl} \cdot (1+i)^{-t} + \sum_{t=1}^{T} (E_{tl} - A_{tl}) \cdot (1+i)^{-t} + L_{Tl}(1+i)^{-T}$$

mit

C_{0l} = Kapitalwert des Ländermarktsegmentes l (l = 1, ... L),
I_{tl} = Finanzmittelbedarf für das Engagement in Ländermarktsegment l in der Periode t,
E_{tl} = Einzahlungen aus dem Engagement in Ländermarktsegment l in der Periode t (t = 1, ... T),
A_{tl} = Auszahlungen für das Engagement in Ländermarktsegment l in der Periode t,
L_{Tl} = Liquidationserlös für den Austritt aus dem Auslandsmarktsegment l am Ende des Planungszeitraums T,
i = Kalkulationszinsfuß.

Am vorteilhaftesten ist dasjenige Marktsegment, dessen zugehöriger Zahlungsstrom in Abhängigkeit seines zeitlichen Anfalls und gemessen an einer alternativen Handlungsmöglichkeit, die sich zum Kalkulationszins i anbietet, den höchsten Wert annimmt. Ländersegmente mit negativem Kapitalwert sind aus der weiteren Betrachtung auszuschließen.

Die Zahlungsströme des Kapitalwerts hängen i.W. von der gewählten Markteintrittsstrategie ab; im Grunde sind daher die Entscheidungen über den Eintritt in ein bestimmtes Ländermarktsegment, die Form und das Timing des Markteintritts **simultan** zu treffen. Diesem Tatbestand soll in Abschnitt B.III. in diesem Teil Rechnung getragen werden, in welchem detaillierte kapitaltheoretische Modelle für verschiedene Markteintrittsformen dargelegt werden. Zudem ist zu berücksichtigen, dass die Höhe der Zahlungsströme wesentlich von der gewählten Marktbearbeitungsstrategie abhängt (vgl. hierzu Abschnitt B. IV. in diesem Teil), sodass die Schätzung der künftigen Rückflüsse alternativer Auslandsprojekte die erwogene(n) Marktbearbeitungsstrategie(n) mit einbeziehen sollte. Weiterhin ist darauf hinzuweisen, dass kapitaltheoretische Modelle zur Bewertung von Auslandsmarktsegmenten u.a. folgende **Einflussfaktoren** zu berücksichtigen haben, welche bei lediglich nationaler Betätigung keine Rolle spielen:
– unterschiedliche Steuersätze, Zölle und Abgaben in den einzelnen Ländern,
– unterschiedliche Wechselkurse,
– die Möglichkeit einer Enteignung im Falle von Direktinvestitionen.

Wie solche auslandsmarktspezifischen Faktoren berücksichtigt werden können, wird in Abschnitt B.III. gezeigt.

Kritisch an der Kapitalwertmethode als Verfahren der Wirtschaftlichkeitsanalyse ist Folgendes anzumerken:
– alle Ein- und Auszahlungen fallen jeweils am Ende der Periode an;
– eine zuverlässige Ermittlung der eingehenden Inputdaten ist äußerst schwierig.

Gerade aufgrund der Komplexität und der Unsicherheit der benötigten Informationen bietet sich daher der Einsatz von Sensitivitätsanalysen wie auch der Übergang zu Wahrscheinlichkeitsschätzungen im Rahmen einer **Risikoanalyse** an. Eine Ri-

sikoanalyse vollzieht sich grundsätzlich in folgenden Schritten (vgl. *Berndt* 2005, S. 96 ff.):
- Konstruktion eines Erklärungsmodells, das die Beziehung zwischen den (teilweise stochastischen) Inputgrößen und der Zielvariable aufzeigt,
- Ermittlung der Wahrscheinlichkeitsverteilungen der stochastischen Inputgrößen,
- Ermittlung der Wahrscheinlichkeitsverteilung der Zielgröße aus den Wahrscheinlichkeitsverteilungen der stochastischen Inputgrößen und den Werten der deterministischen Variablen,
- Darstellung und Interpretation der Ergebnisse.

Das kapitaltheoretische Grundmodell kann folgendermaßen auf die speziellen Gegebenheiten des Auslandsgeschäft angepasst werden (vgl. *Seidel* 1977, S. 145 ff.):

Steuern wirken sich auf die Attraktivität eines Ländersegments aus; daher werden die Zahlungsüberschüsse um den Faktor (1 - s) (s = Steuersatz) vermindert. Jedoch werden Steuern nicht von der Bezugsgröße Einzahlungen - Auszahlungen ermittelt, sondern vom Gewinn. Daher müssen Positionen, die sich bzgl. Einzahlungsüberschuss und steuerlicher Gewinnermittlung unterscheiden, gesondert betrachtet werden. Jährliche Abschreibungsbeträge, die Aufwand aber keine Auszahlung darstellen, werden so berücksichtigt, dass der zugehörige Steuergewinn dem Einzahlungsüberschuss nach Steuern zugeschlagen wird.

Der Absatz einer Periode t in einem betrachteten Ländermarktsegment (auf den Index für die verschiedenen Ländermarktsegmente wird im Folgenden der Einfachheit halber verzichtet) ergibt sich als Produkt aus Marktvolumen M_t und Marktanteil a_t und bestimmt zusammen mit dem jeweils erzielbaren Stückpreis p_t die Einzahlungen E_t je Periode:

$$E_t = a_t \cdot M_t \cdot p_t.$$

Die Auszahlungen A_t in der Periode t setzen sich zusammen aus den auszahlungswirksamen Kosten der Periode:

$$A_t = a_t \cdot M_t (m_t + l_t + r_t) + K^F_t$$

mit

m_t = Materialkosten je Leistungseinheit
l_t = Lohnkosten je Leistungseinheit
r_t = sonstige variable Kosten je Leistungseinheit
K^F_t = fixe Kosten

Bei einer Kalkulation des Auslandsprojekts in Inlandswährung müssen die Periodenzahlungen mit dem Wechselkurs WK_t der jeweiligen Periode t auf Inlandswährung umgerechnet werden, um eine Vergleichbarkeit mit anderen Ländersegmenten zu ermöglichen. Zu berücksichtigen ist auch ein möglicher Liquidationserlös zum Ende des Planungszeitraums für den Fall des Austritts aus dem betreffenden Ländersegment L_t; dieser ist ebenfalls in Inlandswährung umzurechnen und auf t = 0 abzuzinsen.

Die Gefahren einer vollständigen oder teilweisen Enteignung werden im Modellansatz durch die Steuergröße u_t erfasst; diese dient dazu, sicherzustellen, dass Zahlungen nach erfolgter (Teil-)Enteignung nicht (oder nur teilweise) beachtet werden. Wird im Zusammenhang mit der Enteignung eine Entschädigung geleistet, ist diese Zahlung ebenfalls in die Kapitalwertberechnung aufzunehmen. Die **Modellgleichung** für ein bestimmtes Ländersegment sieht wie folgt aus:

$$C_0 = -A_0 \cdot WK_0 +$$

$$+ \sum_{t=1}^{T} \left\{ \underbrace{\left[\left(a_t \cdot M_t \cdot p_t - a_t \cdot M_t \cdot (m_t + l_t + r_t) - K_t^F\right)(1-s) + s \cdot D_t \right] \cdot WK_t \cdot (1+i)^{-t}}_{\text{Zahlungsüberschuss}} + \right.$$

$$\left. + \underbrace{L_T \cdot WK_t \cdot (1+i)^{-T}}_{\text{Liquidationserlös}} \right\} \cdot (1 - u_t) + u_t \cdot \underbrace{e \cdot V_t \cdot WK_t \cdot (1+i)^{-t}}_{\text{Entschädigung}}$$

mit

A_0	=	Zahlungsmittelbedarf für den Markteintritt
WK_0	=	Wechselkurs zum Zeitpunkt des Markteintritts
s	=	Steuersatz
D_t	=	Abschreibungsbetrag in der Periode t
WK_t	=	Wechselkurs in der Periode t
L_T	=	Liquidationserlös in T
T	=	Laufzeit des Auslandsengagements
u_t	=	Steuergröße mit $u_t = 0$ für alle t, wenn keine Enteignung stattfindet, $u_t = 0,5$ im Falle eines Equity Joint Venture, $u_t = 1$ im Falle einer Enteignung
e	=	Entschädigungssatz
V_t	=	Buchwert des Auslandsprojekts zum Enteignungszeitpunkt.

Im nächsten Schritt ist eine **Prognose der risikobehafteten Modellparameter** vorzunehmen (vgl. *Seidel* 1977, S. 151 ff.). Für die nahe Zukunft wird die Delphi-Methode oder eine einmalige Expertenbefragung eingesetzt; dabei wird eine Wahrscheinlichkeitsverteilung der Ausprägungen der betreffenden Inputgröße ermittelt. Für die ferne Zukunft werden exponentielle Glättung oder Regressionsanalyse herangezogen, ebenfalls unter Einbeziehung von Wahrscheinlichkeitsaussagen. Als Ergebnis erhält man für jede risikobehaftete Inputgröße eine Wahrscheinlichkeitsverteilung der Ausprägungen für jede Periode t.

Anschließend wird mit Hilfe der Monte-Carlo-Simulation eine **Wahrscheinlichkeitsverteilung des Kapitalwerts** beim Engagement in einem bestimmten Ländersegment ermittelt. Hierfür werden den verschiedenen Wertebereichen der Faktoren Zufallszahlen zugeordnet. Ergebnis ist eine Häufigkeitsverteilung des Kapitalwerts für ein bestimmtes Auslandsprojekt (vgl. *Seidel* 1977, S. 161 ff.). Durch Relativierung kann die Häufigkeitsverteilung als Wahrscheinlichkeitsverteilung interpretiert werden. Damit können Wahrscheinlichkeitsverteilungen des Kapitalwerts für die verschiedenen in Frage kommenden Länder-Marktsegmente ermittelt werden.

Durch Bildung der Verteilungsfunktionen des Kapitalwerts erhält man das sog. **Risikoprofil** (Wahrscheinlichkeit, dass ein bestimmter Kapitalwert unterschritten wird); die zugehörige Komplementärfunktion ist als **Chancenprofil** (Wahrscheinlichkeit, dass ein bestimmter Kapitalwert überschritten wird) zu interpretieren. Dadurch können die verschiedenen Länder-Marktsegmente verglichen werden.

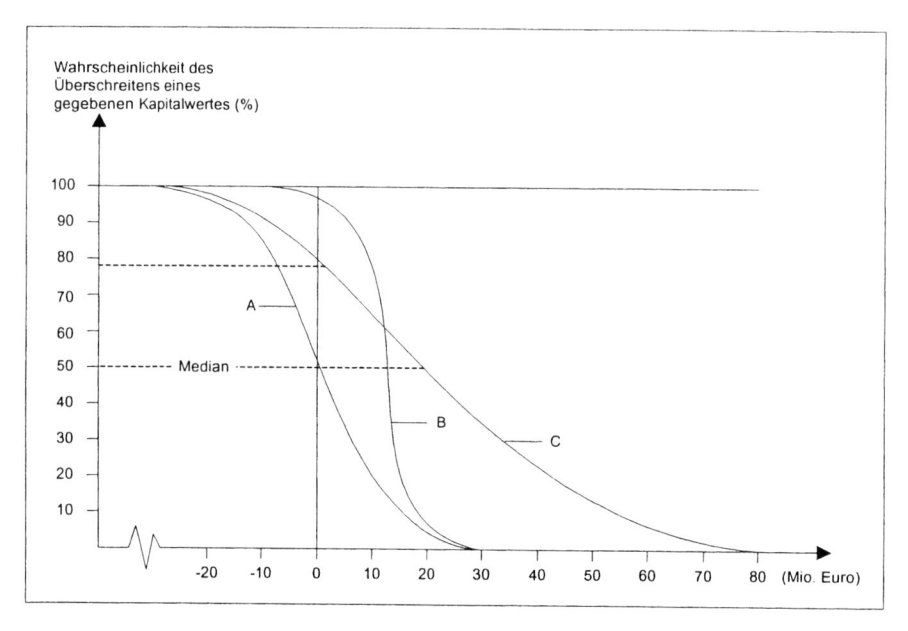

Quelle: Seidel 1977, S. 165.
Abb. 3.27: Beispielhafte Chancenprofile für drei Auslandsprojekte

Bei einem **Demonstrationsbeispiel** von *Seidel* (1977, S. 164 ff.) resultieren für die drei Auslandsprojekte A, B und C die in der Abb. 3.27 wiedergegebenen Chancenprofile. Offensichtlich ist, dass die Alternative A immer am schlechtesten abschneidet. B ist besser als C für Kapitalwerte ≤ 10 Mio.; für Kapitalwerte > 10 Mio. ist die Rangordnung umgekehrt. Daher ist es nötig, spezielle Entscheidungskriterien für Risikosituationen heranzuziehen, um eine eindeutige Vorteilhaftigkeit der Auslandsprojekte B und C zu ermitteln.

Zusätzlich kann der **Erwartungswert des Kapitalwertes** $E(C_0)$ als Funktion des Planungshorizontes dargestellt werden. Dies ist deshalb ratsam, weil die Ertragserwartungen der einzelnen Alternativen von der Dauer der Betätigung auf einem ausländischen Markt abhängen. In dem Demonstrationsbeispiel (vgl. Abb. 3.28) schneidet die Alternative A immer am schlechtesten ab; ob B oder C vorteilhaft ist, hängt von der Dauer des erwogenen Auslandsengagements ab.

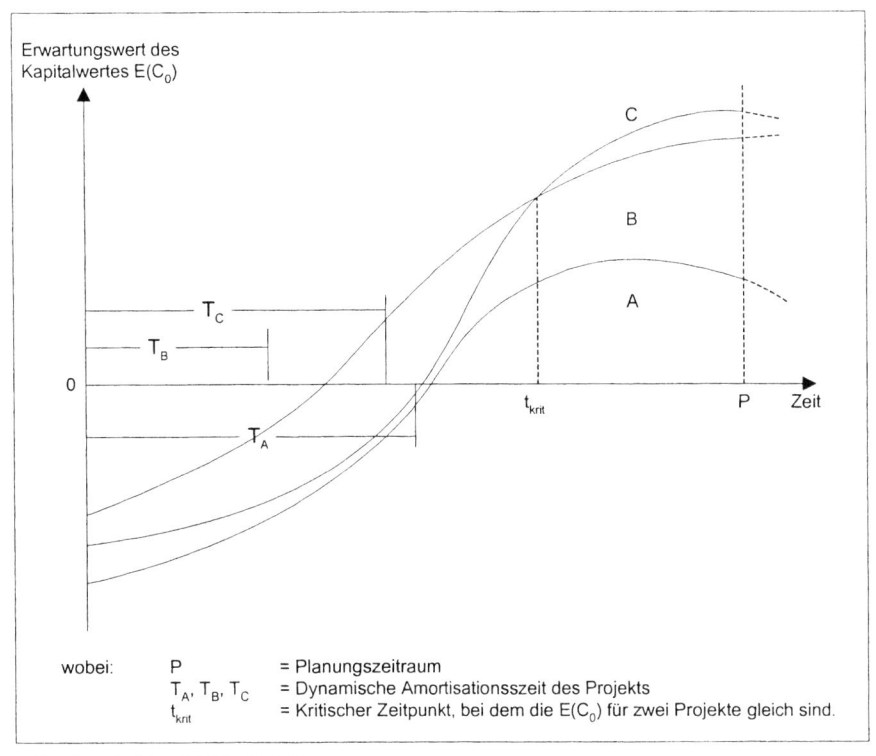

```
Erwartungswert des
Kapitalwertes E(C₀)
```

wobei:
P = Planungszeitraum
T_A, T_B, T_C = Dynamische Amortisationsszeit des Projekts
t_{krit} = Kritischer Zeitpunkt, bei dem die $E(C_0)$ für zwei Projekte gleich sind.

Quelle: Seidel 1977, S. 167.
Abb. 3.28: Entwicklung der erwarteten Kapitalwerte von Auslandsprojekten im Planungszeitraum

III. Strategien des Auslandsmarkteintritts

1. Formen des internationalen Markteintritts

a. Überblick

Hat sich ein Unternehmen dazu entschieden, auf einem Auslandsmarkt aktiv zu werden, so hat es die Wahl zwischen einem breiten Spektrum an Alternativen, welche von einfachen indirekten Exporten bis hin zur Errichtung eigener Tochtergesellschaften reichen können. Eine Systematik der Markteintrittsformen kann insbesondere nach folgenden Kriterien erfolgen (vgl. *Meffert/Bolz* 1998, S. 124, *Backhaus/Büschken/Voeth* 2003, S. 175 sowie die ausführliche Kriterienzusammenstellung bei *Kutschker/Schmid* 2004, S. 814 f.):

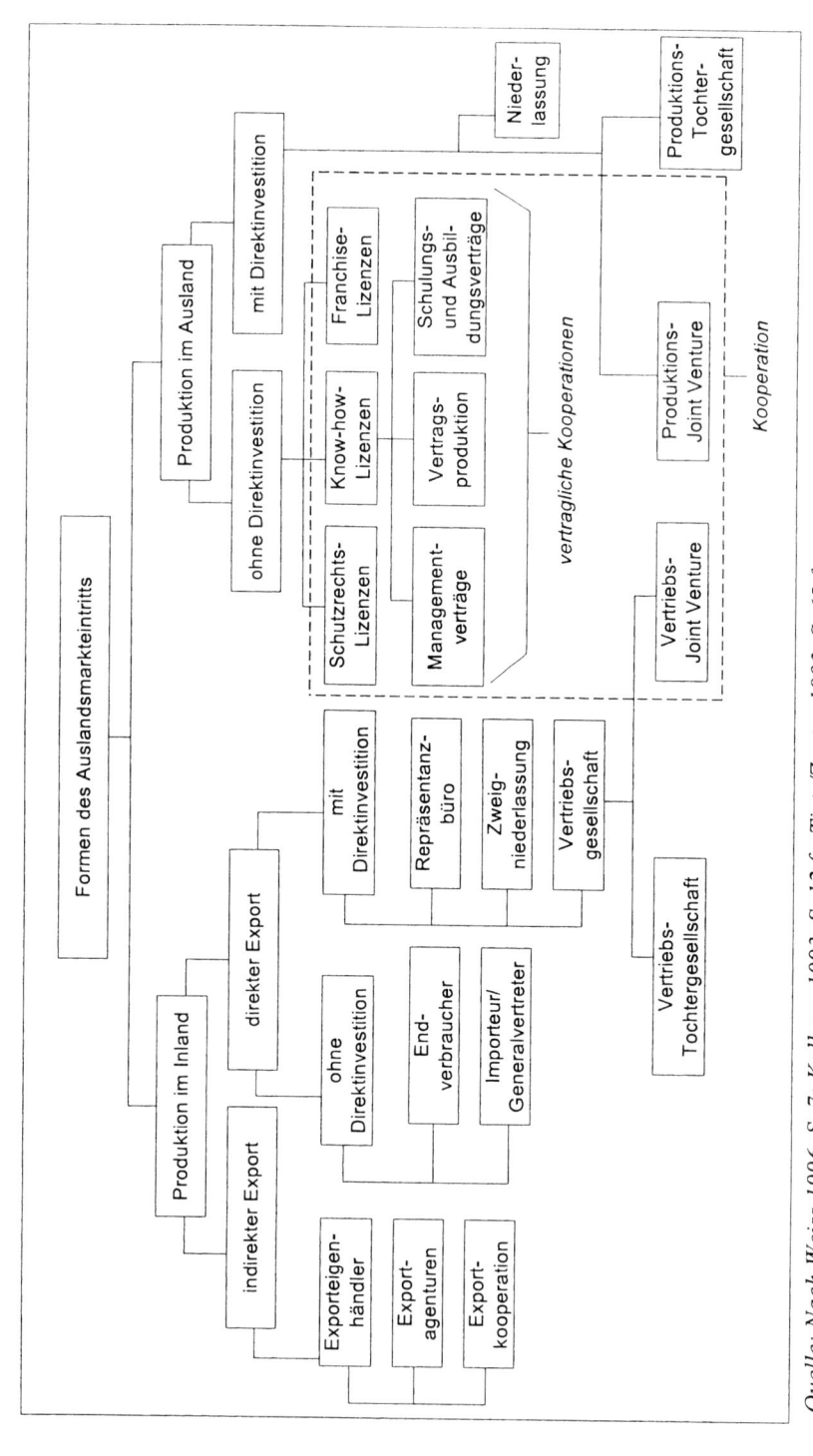

Quelle: Nach Weiss 1996, S. 7; Kulhavy 1993, S. 12 f.; Tietz/Zentes 1993, S. 65 f.
Abb. 3.29: Systematik möglicher Formen des Auslandsmarkteintritts

- Kapitaltransfer und -beteiligung,
- Höhe des Risikos,
- Wertschöpfungsschwerpunkt,
- Kontrolle,
- Ausmaß der Kooperation mit anderen Unternehmen,
- Transaktionskosten bei alternativen Markterschließungsformen.

Im Folgenden werden die einzelnen Markteintrittsformen zunächst danach unterschieden, ob die Produktion im Inland oder im Ausland erfolgt. Darüber hinaus wird berücksichtigt, ob der Markteintritt mit einer Direktinvestition verbunden ist oder nicht. Abb. 3.29 zeigt die daraus resultierende Systematik. In den folgenden Abschnitten werden Exporte, Lizenzverträge und Direktinvestitionen als die wichtigsten Formen dargestellt. Des Weiteren wird auch auf ausgewählte Sonderformen des Markteintritts eingegangen. Eine ausführliche Darstellung der verschiedenen Formen des Markteintritts findet sich bei *Kutschker/Schmidt* 2004, S. 814 – 895.

b. *Export*

Als **Export** bezeichnet man den Verkauf von Gütern außerhalb des Landes, in welchem sie hergestellt worden sind. Der Export ist die einfachste Möglichkeit, Beziehungen zu einem Markt im Ausland aufzunehmen: Der Einstieg ist häufig mit nur geringen Veränderungen der Produkte, der Unternehmensorganisation sowie der Unternehmensaufgabe verbunden, ermöglicht jedoch eine sofortige Umsatzerzielung. Häufig stellen dabei Überkapazitäten im Inland den Anlass für die Aufnahme von - in diesem Falle eher sporadischen – Exportaktivitäten dar; der Export kann aber auch durchaus Ausdruck einer aktiven Markterschließungsstrategie sein (vgl. *Czinkota/Ronkainen* 2004, S. 226 ff.).

Wesentliche Voraussetzungen, die für den Export vorliegen müssen, sind ein möglichst freier Güter- und Zahlungsverkehr sowie etablierte Distributionskanäle. Die **Vorteile** von Exporten liegen darin, dass sie auch bei geringer Auslandserfahrung und für kleine Unternehmen durchführbar sind, flexible Reaktionen auf Umweltveränderungen ermöglichen sowie keinen Kapital-, Management- und Personaltransfer erfordern; **ungeeignet** sind Exporte bei Vorhandensein tarifärer und nichttarifärer Handelshemmnisse, bei stark schwankenden Wechselkursen, hohem Zahlungsrisiko und schlecht transportierbaren Gütern (vgl. *Pues* 1993, S. 36; *Tietz/Zentes* 1993, S. 76). Grundsätzlich kann ein Unternehmen dabei zwischen zwei Grundformen des Exports wählen: dem indirekten und dem direkten Export.

Der indirekte Export

Beim indirekten Export wird der Inlandsproduzent nicht selbst auf dem Auslandsmarkt aktiv, sondern bedient sich unabhängiger, im Inland ansässiger Absatzorgane, welche Lieferung und Verkauf im Ausland in eigener Regie betreiben (vgl. *Berekoven* 1985, S. 41; *Quack* 1995, S. 109). Folgende Absatzorgane können zwischengeschaltet werden:

- **Exporteigenhändler**
Als Exporteigenhändler werden inländische Exporthändler bzw. Exporthäuser bezeichnet, die sich auf bestimmte Sortimente oder Länder spezialisiert haben, sowie Niederlassungen ausländischer Firmen, wie z.B. ausländische Warenhäuser oder Importfirmen, welche Einkaufsbüros bzw. Niederlassungen im Inland unterhalten (vgl. *Schanz* 1995, S. 18; *Waning* 1994, S. 180). Als Beispiel können die japanischen Exporthändler angeführt werden: So wickeln die drei größten Exporthändler in Japan (C. Hoh & Co., Mitsui & Co. und Mitsubishi Shoji Kaisha Ltd.) über 50% der japanischen Exporte und Importe ab (vgl. *Lamont* 1992, S. 87).
- **Exportagenten**
Unter Exportagenten versteht man Handelsvertreter, Handelsmakler und Kommissionäre, die im Inland des Produzenten angesiedelt sind und den Verkauf der Exportgüter in Eigenregie durchführen. Im Gegensatz zu den Exporteigenhändlern handeln sie jedoch nicht auf eigene Rechnung, sondern auf fremde Rechnung ihres Auftraggebers. Das Eigentum der Ware und die damit verbundenen Vertriebsrisiken verbleiben somit beim Produzenten (vgl. *Schanz* 1995, S. 18 f.).
- **Exportkooperationen**
Exportkooperationen stellen freiwillige Zusammenschlüsse exportierender Unternehmen dar, welche wirtschaftlich und rechtlich zwar selbstständig bleiben, jedoch einige oder alle Exportfunktionen an ein zentrales Exportorgan übertragen, das die Geschäfte im eigenen oder im Namen des jeweiligen Mitgliedbetriebs abwickelt (vgl. *Kulhavy* 1993, S. 15 f.).

Vorteilhaft ist der indirekte Export dann, wenn das exportierende Unternehmen über wenig Auslandserfahrung und geringe finanzielle und personelle Ressourcen verfügt und seine Absatzchancen mit möglichst geringen Risiken wahrnehmen möchte, da es auf die langjährigen Erfahrungen der zwischengeschalteten Exportorgane zurückgreifen kann (vgl. *Berekoven* 1985, S. 41; *Schanz* 1995, S. 19 f.). **Nachteile** bestehen darin, dass das Unternehmen auf direkte Kontakte zu den ausländischen Abnehmern und Verwendern verzichtet; damit wird es nahezu unmöglich, eine Kontrolle des Einsatzes des marketingpolitischen Instrumentariums beim lokalen Handel und beim Endkunden auszuüben.

Der direkte Export

Im Rahmen des direkten Exports wickelt das Unternehmen alle im Heimatmarkt im Zusammenhang mit dem Export der Güter anfallenden Tätigkeiten selbst ab; die Waren oder Dienstleistungen werden ohne Einschaltung von Absatzmittlern direkt im Ausland abgesetzt (vgl. *Root* 1987, S. 57 f.). Zu beachten ist, dass der direkte Export nicht mit dem direkten Vertrieb zu verwechseln ist, da im Rahmen des direkten Exports die Produkte sowohl an Endverbraucher als auch an ausländische Absatzmittler verkauft werden können, d.h. die Akquisition im Ausland muss nicht unbedingt durch den Produzenten erfolgen (vgl. *Berndt/Fantapié Altobelli/Sander* 1997, S. 348 f.).

Direkte Exporte können ohne und mit Direktinvestitionen verbunden sein. **Direktexporte ohne Direktinvestition** zeichnen sich dadurch aus, dass eigene Exportab-

teilungen des Unternehmens die Produkte vom Inland aus an die ausländischen Abnehmer verteilen (vgl. *Quack* 1995, S. 109). Dazu gehören folgende Varianten:
- **Direkte Exporte an einen ausländischen Endverbraucher**
  Hier handelt es sich um eine Form des Direktvertriebs; das Produkt wird direkt vom inländischen Produzenten an den ausländischen Endkunden vertrieben.
- **Direkte Exporte an einen ausländischen Importeur**
  Der Hersteller liefert seine Ware an einen selbstständigen ausländischen Importeur, der die Waren an die Endabnehmer weiterverkauft (vgl. *Waning* 1994, S. 180). Meist wird vom Hersteller ein ausländischer Generalvertreter eingesetzt, der als Alleinimporteur oder Provisionsvertreter auf eigene Rechnung oder gegen Provision arbeitet.

Direkte Exporte mit Direktinvestitionen beinhalten eine gewisse Kapitalbeteiligung im Ausland. Mit steigender Bedeutung des Exports für das produzierende Unternehmen wird letzteres versuchen, die fremden weisungsfreien Distributionsorgane im Ausland durch firmeneigene und damit weisungsabhängige zu ersetzen (vgl. *Quack* 1995, S. 110). In Abhängigkeit von der Höhe der Kapitalbindung und damit auch von der Intensität der Wirtschaftsverflechtung unterscheidet man dabei folgende Varianten:

- **Repräsentanzbüros**
  Repräsentanzbüros können als erste Stufe einer eigenen Vertretung im Auslandsmarkt angesehen werden: Das exportierende Unternehmen entsendet einen Geschäftsführer, der an Ort und Stelle mit meist nur wenigen Mitarbeitern ein Repräsentanzbüro gründet; dieses ist personell und organisatorisch ein Teil des Unternehmens (vgl. *Kulhavy* 1993, S. 19). Die Aufgaben des Repräsentanzbüros liegen in der Erschließung des Marktes, dem Aufbau und der Pflege von Geschäftsverbindungen und der Marktbeobachtung (vgl. *Brockmeyer* 1987, S. 25; *Reiter* 1995, S. 31).
- **Zweigniederlassungen**
  Zweigniederlassungen gehen häufig aus Repräsentanzbüros hervor und besitzen wie diese keine eigene Rechtspersönlichkeit; sie müssen jedoch in einem offiziellen Register - z.B. Handelsregister - eingetragen werden (vgl. *Brockmeyer* 1987, S. 26). Im Vergleich zu Repräsentanzbüros verfügen sie über mehr Personal, weitergehende Entscheidungsbefugnisse und sind mit den wichtigsten unternehmerischen Funktionen ausgestattet (vgl. *Reiter* 1995, S. 31 f.).
- **Vertriebsgesellschaften**
  Vertriebsgesellschaften stellen die kapital- und risikointensivste Form des direkten Exports dar. Diese übernehmen die Lagerung und den Verkauf der Produkte wie auch die Durchführung von Wartungs- und Serviceleistungen. Der Hersteller verfügt über weitreichende Kontrollmöglichkeiten der Aktivitäten vor Ort, der Markt kann aktiv und systematisch bearbeitet werden. Im Gegensatz zu Repräsentanzbüros und Zweigniederlassungen sind Vertriebsgesellschaften selbstständige juristische Personen, sind im Register einzutragen und können alleinverantwortlich Geschäfte abschließen. Vertriebsgesellschaften können durch Neugründung, Akquisition einer bereits bestehenden Vertriebsorganisation oder als

Vertriebs-Joint Venture mit einem Partnerunternehmen entstehen (vgl. *Weiss* 1996, S. 9).

Der **Vorteil** direkter Exporte im Vergleich zu den indirekten Exporten liegt in der größeren Marktnähe sowie der größeren Kontrollierbarkeit und Steuerbarkeit. Andererseits sind sie mit höheren Risiken verbunden, insbesondere dann, wenn sie Direktinvestitionen beinhalten.

c. Lizenzvergabe

Die Lizenzvergabe ist eine Form des Markteintritts bei Auslandsproduktion. Durch die Vergabe einer Lizenz gestattet ein inländischer Lizenzgeber einem ausländischen Lizenznehmer die Nutzung von Patenten, Gebrauchsmustern, Geschmacksmustern, Warenzeichen oder eines bestimmten ungeschützten Know-hows (z.B. Erfahrungen, Kenntnisse) gegen Entgelt für ein bestimmtes Gebiet und einen bestimmten Zeitraum (vgl. *Berndt/Sander* 2002, S. 603). Als Entgelt für die Lizenzvergabe erhält der Lizenzgeber vom Lizenznehmer in den meisten Fällen eine Pauschalgebühr zzgl. einer umsatzabhängigen Gebühr; es sind jedoch auch andere Arten des Lizenzentgelts möglich, welche in Abb. 3.30 aufgeführt sind.

Inländische Unternehmen entschließen sich häufig dann zur Vergabe von Lizenzen an ein ausländisches Unternehmen,
– wenn sie eine zu dünne Kapitaldecke haben, welche Direktinvestitionen in dem jeweiligen Auslandsmarkt nicht zulässt;
– wenn die Lizenzvergabe die einzige Möglichkeit darstellt, tarifäre oder nichttarifäre Handelshemmnisse zu überwinden;
– wenn das Risiko für Direktinvestitionen zu hoch ist oder
– wenn die Präferenzen der ausländischen Konsumenten erheblich von denen der inländischen Verbraucher abweichen.

Voraussetzung für die Lizenzvergabe ist allerdings, dass der Lizenzgeber dem Lizenznehmer einen Vorteil bietet, etwa einen technologischen Vorsprung bei Industrieprodukten oder das gute Image der Marke im Konsumgüterbereich (z.B. Boss, Jil Sander, Porsche) (vgl. *Quack* 1995, S. 110). Im Hinblick auf die Art des Lizenzgegenstandes kann man dabei folgende Formen der Lizenzvergabe unterscheiden:
– Schutzrechtslizenzen,
– Know-how-Lizenzen und
– Franchise-Lizenzen.

Schutzrechtslizenzen

Im Rahmen von Schutzrechtslizenzen werden gewerbliche Schutzrechte (z.B. Patente, Gebrauchsmuster oder Warenzeichen) lizenziert. Die in der Praxis am häufigsten anzutreffenden Formen stellen dabei die Patentlizenz und die Markenzeichenlizenz dar. Durch die Vergabe einer **Patentlizenz** gestattet der Lizenzgeber dem Lizenznehmer den Gebrauch einer Erfindung und das Anbieten von Erzeugnissen, die unter Verwendung der Erfindung produziert worden sind, während bei einer **Markenzeichenlizenz** der Lizenznehmer dazu berechtigt ist, die auf den

Namen des Lizenzgebers eingetragene Marke zur Kennzeichnung von Waren oder Dienstleistungen zu verwenden (vgl. *Schanz* 1995, S. 29 ff.).

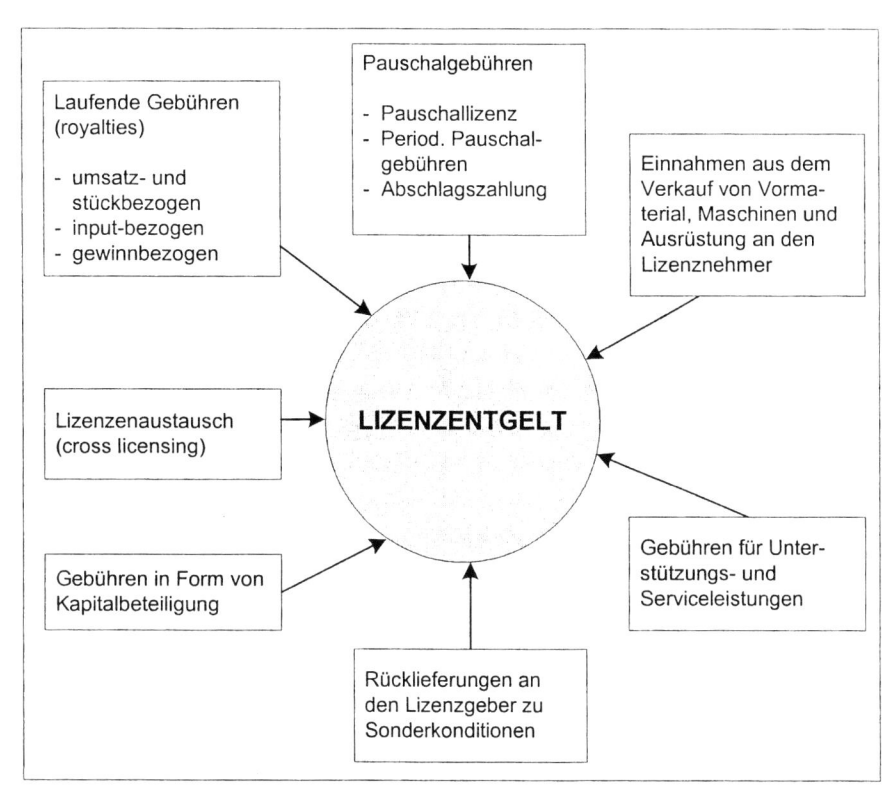

```
┌─────────────────────────────────────────────────────────────────────┐
│                          Pauschalgebühren                           │
│   Laufende Gebühren      - Pauschallizenz                           │
│   (royalties)            - Period. Pauschal-                        │
│                            gebühren           Einnahmen aus dem     │
│   - umsatz- und          - Abschlagszahlung   Verkauf von Vorma-    │
│     stückbezogen                              terial, Maschinen und │
│   - input-bezogen                             Ausrüstung an den     │
│   - gewinnbezogen                             Lizenznehmer          │
│                                                                     │
│                                                                     │
│                              ┌─────────────┐                        │
│   Lizenzenaustausch    ───▶  │LIZENZENTGELT│  ◀───                  │
│   (cross licensing)          └─────────────┘                        │
│                                                                     │
│                                                                     │
│                                               Gebühren für Unter-   │
│   Gebühren in Form von                        stützungs- und        │
│   Kapitalbeteiligung                          Serviceleistungen     │
│                                                                     │
│                          Rücklieferungen an                         │
│                          den Lizenzgeber zu                         │
│                          Sonderkonditionen                          │
└─────────────────────────────────────────────────────────────────────┘
```

Quelle: Berekoven 1985, S. 45.
Abb. 3.30: Arten des Lizenzentgelts

Know-how-Lizenzen

Im Rahmen von Know-how-Lizenzen werden keine gewerblichen Schutzrechte übertragen, sondern bestimmte technische oder betriebswirtschaftliche Kenntnisse und Erfahrungen, für die kein gewerbliches Schutzrecht erworben werden kann oder - z.B. aus Geheimhaltungsgründen - erworben werden soll (vgl. *Stumpf/Groß* 1998, S. 39 f.). Diese erlauben dem ausländischen Lizenznehmer Produktion und Vertrieb von Gütern, aber auch die Ausübung sonstiger betrieblicher Tätigkeiten wie Organisation und Verwaltung. Bei den übertragenen Kenntnissen und Erfahrungen handelt es sich meistens um Fabrikationsgeheimnisse (z.B. technische Lehren ohne Erfindungscharakter, Forschungsergebnisse) oder Geschäftsgeheimnisse (z.B. Kenntnisse über Bezugsquellen, Marketingkonzepte, Zukunftsperspektiven von Unternehmen und Märkten) (vgl. *Schanz* 1995, S. 30). Know-how-Lizenzen umfassen dabei folgende Varianten (vgl. *Oman* 1984, S. 15):

– **Managementverträge**

Managementverträge sind eine spezielle Form der Kooperation im Auslandsgeschäft. Ein inländisches Unternehmen (contract firm) stellt Management-Knowhow - ggf. auch Personal - zur Verfügung, während der Partner aus dem Ausland (managed firm) die Direktinvestition trägt. Am häufigsten finden Managementverträge im Anlagenbau statt.

– **Vertragsproduktion**

Im Rahmen einer Vertragsproduktion überträgt ein inländisches Unternehmen einem ausländischen Partner bestimmte Stufen der Herstellung eines Produkts durch den Abschluss eines Vertrages, der im Wesentlichen einem Werk- bzw. Werklieferungsvertrag entspricht (vgl. *Weiss* 1996, S. 10). Der Know-how-Transfer bezieht sich dabei lediglich auf die Vergabe entsprechender Produkt- bzw. Qualitätsvorstellungen; hierzu ist die Weitergabe von Informationen in Form von z.B. Blaupausen, Zeichnungen und technischen Normen an den ausländischen Vertragspartner notwendig. Die Produkte werden ausschließlich für das auftraggebende Unternehmen produziert, welches diese anschließend selbst vermarktet.

– **Schulungs- und Ausbildungsverträge**

Schulungs- und Ausbildungsverträge entsprechen ihrer Art nach Managementverträgen. Der wesentliche Unterschied liegt darin, dass kein Management-Know-how übertragen wird, sondern das Unternehmen in erster Linie Ausbildungs-Know-how für Lehrlinge und Arbeiter auf technischem und kaufmännischem Gebiet ins Ausland transferiert (vgl. *Kulhavy* 1993, S. 24; *Stroht* 1987, S. 103).

Franchise-Lizenzen

Franchise-Lizenzen zeichnen sich dadurch aus, dass sie Elemente beider erstgenannten Formen enthalten: Der Franchise-Geber überträgt dem Franchisenehmer Schutzrechte und Know-how in Form eines Technologie-Management-Pakets, ggf. unter Einbeziehung technischer und kaufmännischer Beratung. Der Franchisenehmer ist verpflichtet, sich nach der Geschäftsführung des Franchisegebers zu richten (Erscheinungsbild, Produkt-, Sortiments- und Kommunikationspolitik usw.), trägt das volle Risiko, partizipiert andererseits am Image des Franchise-Gebers (vgl. *Kulhavy* 1993, S. 22). Beispiele internationaler Franchisingvereinbarungen sind McDonald's, Benetton, Burger King, Holiday Inn (vgl. *Rentrop* 1996, S. 45 f.; *Morin* 1997, S. 46).

Bei einer **Beurteilung** von Lizenz-Vereinbarungen ist auf folgende Punkte hinzuweisen: Der größte **Vorteil** der Lizenzvergabe ist darin zu sehen, dass außer dem Know-how keine Vermögenswerte ins Ausland transferiert werden, was wiederum einen leichten und schnellen Einstieg in den ausländischen Markt ermöglicht. Im Falle des Misserfolgs ist ein schneller Marktaustritt möglich (vgl. *Berekoven* 1985, S. 43). Zu den **Nachteilen** zählt zum einen die Gefahr, dass der ausländische Lizenznehmer zum Konkurrenten für das eigene Unternehmen wird; zum anderen ist die Einhaltung der vom Lizenzgeber vorgeschriebenen Qualitätsstandards nicht immer gewährleistet (vgl. *Kulhavy* 1993, S. 21). Auch kann es zu Koordinierungsproblemen bei der Eingliederung in die eigene internationale Strategie kommen, und es können Geheimhaltungsprobleme i.S. der Gefahr der Technologiediffusion auftreten (vgl. *Stroht* 1987, S. 101 f.; *Berekoven* 1985, S. 43). Eine ausführliche Darstellung der wirtschaftlichen, rechtlichen und politischen Probleme internationaler Lizenzvereinbarungen findet sich bei *Berndt/Sander* 2002.

d. Direktinvestitionen

Direktinvestitionen sind dadurch charakterisiert, dass der Wertschöpfungsschwerpunkt im Ausland liegt und das inländische Unternehmen Kapital- und Managementleistungen ins Ausland transferiert. Folgende **Motive** für die Verlagerung der Produktion ins Ausland können angeführt werden (vgl. z.B. *Kulhavy* 1993, S. 25 f.; *Berekoven* 1985, S. 47 f.):
- Umgehung tarifärer und nichttarifärer Handelshemmnisse,
- Nutzung komparativer Kostenvorteile (billigere Rohstoffe oder Arbeitskräfte im Ausland),
- niedrigere Transportkosten,
- Umgehung eines im Ausland ggf. vorhandenen Konsumpatriotismus („buy national"),
- Nutzung von Investitionsanreizen seitens der ausländischen Regierung,
- intensivere Beziehungen zu Behörden, Kunden, einheimischen Zulieferern und Händlern,
- bessere Steuerung und Kontrolle der Geschäftstätigkeit „vor Ort".

Nachteile sind darin zu sehen, dass eine Auslandsproduktion einen hohen Kapital- und Managementaufwand nach sich zieht und das Unternehmen politischen und wirtschaftlichen Risiken stärker ausgesetzt ist. Direktinvestitionen können dabei nach verschiedenen Kriterien systematisiert werden:
- Nach dem **Umfang der vor Ort durchgeführten Leistungen** kann zwischen Vorproduktion, Konfektionierung, passiver Veredelung, Montage oder Komplettfertigung differenziert werden (vgl. *Berekoven* 1985, S. 47).
- Nach der **Art des Wachstums** unterscheidet man internes Wachstum (Neugründung) und externes Wachstum (Akquisition/Beteiligung).
- Nach der **Art der eingebrachten Mittel** differenziert man schließlich danach, ob Finanzmittel, Sachmittel oder Know-how transferiert werden (vgl. *Wesnitzer* 1993, S. 55; *Weiss* 1996, S. 11 ff.).

Im Folgenden wird auf die Höhe des investierten Kapitals abgestellt.

Joint Ventures

Joint Ventures sind Gemeinschaftsunternehmen, die von mindestens zwei rechtlich und wirtschaftlich selbstständigen Unternehmen gegründet und kontrolliert werden. Die beteiligten Unternehmen setzen ihre Ressourcen und Erfahrungen ein, deren Höhe vertraglich festgelegt wird. In Abhängigkeit von der Höhe der Einlagen erfolgt auch die Risiko- und Gewinnverteilung wie auch die Verteilung der Entscheidungsbefugnisse auf die Partnerunternehmen; weitere wichtige Bestandteile des Vertrags sind Zweck und Dauer der Zusammenarbeit, welche meist langfristig angelegt wird. Im Rahmen internationaler Joint Ventures gilt dabei, dass mindestens ein Vertragspartner seinen Sitz im Ausland hat oder aber dass die Geschäftsaktivitäten des Joint Venture überwiegend im Ausland stattfinden (vgl. *Hellwig* 1989, Sp. 1064 ff.).

Durch die Zusammenarbeit mit einem ausländischen Unternehmen in einem Joint Venture können dessen Markt- und Landeskenntnisse wie auch seine Kontakte zu Behörden, Lieferanten und Kunden genutzt werden; durch die finanzielle Beteiligung des ausländischen Partners sinkt das eigene Risiko des Markteintritts (vgl. *Stahr* 1979a, S. 165). Geeignet sind Joint Ventures auch für mittelständische Unternehmen, da eine Kapitalknappheit durch den ausländischen Partner ausgeglichen werden kann; dies gilt insbesondere dann, wenn das Unternehmen nur betriebswirtschaftliches oder technisches Know-how in das Joint Venture einbringt (vgl. *Steinmann/Kumar/Wasner* 1981, S. 118). Nachteilig sind Joint Ventures im Hinblick auf die Teilung des Gewinnes, die eingeschränkte Handlungsfreiheit des Investors und das hohe Konfliktpotenzial (unterschiedliche Auffassungen der Vertragspartner im Hinblick auf Unternehmensführung, Gewinnverwendung usw.).

Vollbeherrschte Unternehmen

Vollbeherrschte Unternehmen beinhalten uneingeschränktes Eigentum des inländischen Produzenten an dem ausländischen Betrieb. Interessenkonflikte können dadurch gar nicht erst entstehen, das Unternehmen behält die vollständige Kontrolle über die Auslandsaktivitäten; allerdings ist diese Form des Markteintritts von allen die risikoreichste.

Das ausländische Produktionsunternehmen kann zum einen als Niederlassung, zum anderen als Tochtergesellschaft geführt werden. Während bei einer **Niederlassung** die Haftung beim inländischen Unternehmen liegt und dieses die im Ausland entstehenden Gewinne im Inland zu versteuern hat, ist eine **Tochtergesellschaft** rechtlich selbstständig und haftet mit dem im Ausland investierten Kapital. Auch die Versteuerung der Gewinne - mit Ausnahme der an die inländische Muttergesellschaft transferierten Gewinne - erfolgt im Ausland. Im Vergleich zu einer Niederlassung ist der Einfluss der Muttergesellschaft i.d.R. geringer; auch umfassen die Tochtergesellschaften meist mehr Wertschöpfungsstufen der Leistungserstellung und benötigen daher einen höheren Kapitaleinsatz, wodurch das wirtschaftliche Risiko beträchtlich wird. Auch politische Risiken können sich auf die Tochtergesellschaft eher auswirken, da wegen ihrer rechtlichen Selbstständigkeit eine Enteignung leichter durchgeführt werden kann (vgl. *Stahr* 1979a, S. 164 f.). Vollbeherrschte Unternehmen können zum einen durch Neugründung, zum anderen durch Übernahme bereits bestehender Unternehmen entstehen. Gerade die Übernahme lokaler Unternehmen bietet den Vorteil, dass bereits bestehende Kontakte, technisches Know-how und eine etablierte Marktstellung genutzt werden können.

e. Sonderformen des Markteintritts

Sonderformen des Markteintritts sind solche, die sich nicht eindeutig den bisher dargestellten Grundformen zuordnen lassen, sondern vielmehr Elemente aus mehreren Strategien enthalten. Dazu zählen u.a.
– Kooperative Formen des Markteintritts und
– Kompensationsgeschäfte.

Kooperative Formen des Markteintritts

Steigende Dynamik im Wettbewerbsumfeld zwingt Unternehmen in zunehmendem Maße dazu, Bindungen zu Geschäftspartnern zu verstärken, internationale Allianzen zu schaffen und sich an komplexen multinationalen Unternehmensnetzwerken zu beteiligen. Unter einer **Kooperation** wird eine längerfristige Beziehung zwischen selbstständig handelnden Unternehmen verstanden, deren Entscheidungen auf bestimmten Geschäftsfeldern gemeinsam getroffen werden bzw. voneinander abhängig sind. Häufig handelt es sich hierbei um Kooperationen mit Partnern aus derselben Branche. Dabei unterscheidet man zwischen (vgl. *Mengele* 1994, S. 20 ff.)
– **horizontalen Kooperationen**, an welchen Partner aus derselben Branche beteiligt sind,
– **vertikalen Kooperationen**, d.h. die Zusammenarbeit mit Zulieferern, Kunden und distributiven Partnern,
– **konglomeraten** bzw. **diagonalen Kooperationen**, d.h. Vereinbarungen zwischen völlig branchenfremden Partnern.

Kooperative Formen des Markteintritts können dabei mit oder ohne Kapitalbeteiligung sowie mit oder ohne Beibehaltung der wirtschaftlichen und/oder rechtlichen Selbstständigkeit erfolgen; damit erstrecken sie sich von lockeren Vereinbarungen über den Austausch von Lizenzen bis hin zu Joint Ventures, strategischen Allianzen und Unternehmensnetzwerken.

Aktionsfelder der Kooperation können im Prinzip alle betrieblichen Funktionsbereiche sein; am häufigsten sind Kooperationsvereinbarungen in den Bereichen Beschaffung, F&E, Werbung, Produktion und Distribution anzutreffen. Ziele von Kooperationen sind dabei die Verbesserung der eigenen Wettbewerbsposition durch Nutzung der Stärken des Partners, Erzielung von Synergieeffekten und Senkung der Kostenbelastung. Die beteiligten Partner können sich beispielsweise auf bestimmte Teile des Gesamtsortiments spezialisieren; dadurch kann jeder höhere Ausbringungsmengen produzieren und damit Kosteneffekte wie Economies of Scale und Erfahrungskurveneffekte erzielen, wodurch die Stückkosten der Produktion sinken (vgl. *Mengele* 1994, S. 130 ff.).

Die **Vorteile** kooperativer Formen des Markteintritts liegen in der Möglichkeit der Nutzung fremden Know-hows, in der Aufteilung des Risikos auf mehrere Partner sowie in der Nutzung der Vorteile von Spezialisierung und Aufgabenteilung. Des Weiteren kann das Image des Partners auf dem ausländischen Markt genutzt werden; auch können bestehende Markteintrittsbarrieren überwunden bzw. Markteintrittsbarrieren gegenüber potenziellen Konkurrenten geschaffen werden. Die **Nachteile** liegen im tendenziell hohen Koordinationsaufwand sowie im Problem der langfristigen Stabilität strategischer Allianzen, da Zielkonflikte sowie die Gefahr einer individuellen Vorteilnahme zu Lasten der Koalition entstehen können (vgl. *Johnston/Lewin/Spekman* 1999, S. 260).

In jüngster Vergangenheit wird im Zusammenhang mit Kooperationen zunehmend das Thema **virtueller Unternehmen** diskutiert. Virtuelle Unternehmen sind eine Zusammenführung von realen Unternehmen bzw. Unternehmensbereichen mit dem Ziel, kurzfristig ein Geschäft zu realisieren, das von einem einzelnen (realen) Unternehmen nicht bewältigt werden kann (vgl. *Schuh/Katzy/Eisen* 1997, S. 9). Die Funktionsfähigkeit eines virtuellen Unternehmens setzt das Vorhandensein eines Kooperationsnetzwerkes als Plattform voraus. Nach der Beendigung des Auftrags wird das virtuelle Unternehmen aufgelöst, das Kooperationsnetzwerk bleibt jedoch stabil und steht für die Gründung weiterer virtueller Unternehmen zur Verfügung. Als Beispiel kann das Projekt Euregio Bodensee angeführt werden, das 1995 mit acht Partnerunternehmen startete und an welchem in kürzester Zeit über 30 Unternehmen beteiligt waren (vgl. *Schuh/Katzy/Eisen* 1997, S. 10). Vorteilhaft an virtuellen Unternehmen ist im Vergleich zu „klassischen" Kooperationsformen wie Zulieferverbund oder strategischen Allianzen insbesondere deren größere Flexibilität und kurzfristige Einsetzbarkeit.

Kompensationsgeschäfte

Kompensationsgeschäfte nehmen im Rahmen der Markteintrittsformen eine Sonderstellung ein, da sie - je nach Ausprägung - Elemente verschiedener Grundformen enthalten. Kompensationsgeschäfte - in der Literatur auch als Gegengeschäfte, Verbundgeschäfte oder Countertrade bezeichnet - umfassen alle jene Handelsformen, bei denen sich die Geschäftspartner verpflichten, Waren oder Dienstleistungen wechselseitig abzunehmen oder für ihre Abnahme zu vermitteln; es handelt sich somit um Transaktionen, bei denen das Angebot einer Leistung mit der Abnahme einer anderen Leistung verbunden ist, und zwar unabhängig davon, ob Zahlungsströme fließen oder nicht (vgl. *Fantapié Altobelli* 1994a, S. 5). Abgeschlossen werden solche Geschäfte meist mit solchen Ländern, welche durch Devisenknappheit bzw. durch ein chronisches Leistungsbilanzdefizit gekennzeichnet sind, wie z.B. Russland, Brasilien oder China.

Das wertmäßige Verhältnis von Gegenleistung und Hauptleistung - die sog. **Kompensationsquote** - kann dabei sehr unterschiedlich sein; in der Regel liegt sie zwischen 30% und 100%, sie kann jedoch bis zu 300% betragen. In manchen Ländern ist Kompensation bei öffentlichen Aufträgen sogar gesetzlich vorgeschrieben - so verlangt Malaysia z.B. Kompensation in Höhe von 40% des Auftragswerts. In solchen Fällen ist ein Markteintritt ohne Eingehen auf Kompensationsforderungen schlichtweg nicht möglich.

In der Praxis hat sich eine Vielzahl an Formen von Kompensationsgeschäften herausgebildet, welche sich in drei Hauptgruppen unterteilen lassen (vgl. Abb. 3.31):
– Handelskompensation,
– Industriekompensation und
– Finanzkompensation.

```
┌─────────────────────────────────────────────────────────────┐
│                   Kompensationsgeschäfte                     │
└─────────────────────────────────────────────────────────────┘
         │                    │                    │
┌──────────────────┐ ┌──────────────────┐ ┌──────────────────┐
│ Handelskompensation│ │Industriekompensation│ │ Finanzkompensation│
└──────────────────┘ └──────────────────┘ └──────────────────┘
- Barter-Geschäft        - Buy-Back-Geschäft     - Clearing-Geschäft
- Kompensation i.e.S.    - Offset-Geschäft       - Switch-Geschäft
- Parallelgeschäft
- Junktimgeschäft
```

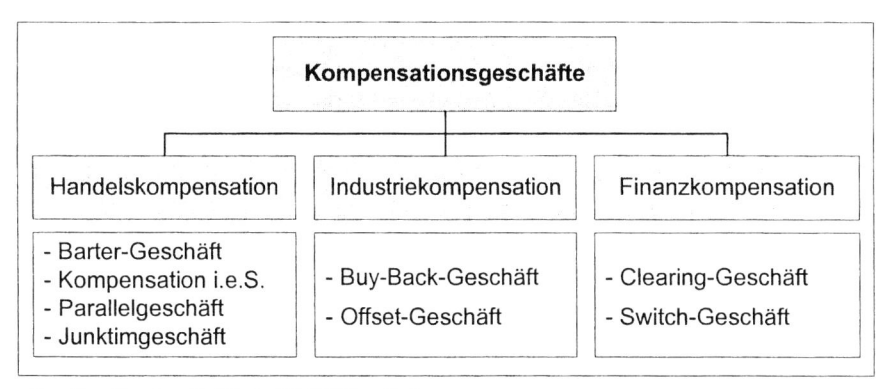

Quelle: Fantapié Altobelli 1994a, S. 9.
Abb. 3.31: Arten von Kompensationsgeschäften

Während die einzelnen Formen der **Handelskompensation** eher kurzfristig orientiert sind und den Handelstransaktionen zuzurechnen sind, umfasst die **Industriekompensation** langfristige Vereinbarungen mit Projektcharakter. Die **Finanzkompensation** beinhaltet schließlich zwischenstaatliche Abkommen mit dem Ziel, internationale Transferzahlungen zu erleichtern (vgl. *Jalloh* 1990, S. 20). Die einzelnen Formen lassen sich dabei wie folgt charakterisieren (vgl. z.B. *Schuster* 1988, S. 42 ff.; *Fantapié Altobelli* 2004, S. 90 ff.):

Beim **Barter-Geschäft** handelt es sich um einen reinen Warentausch ohne Zahlungsströme; aus diesem Grund beträgt die Kompensationsquote immer 100%, da sich Lieferung und Gegenlieferung wertmäßig entsprechen müssen. Die praktische Bedeutung des Barters ist jedoch gering und beschränkt sich i.d.R. auf meist ungeplante ad-hoc-Geschäfte.

Im Rahmen von **Kompensationsgeschäften i.e.S.** werden Lieferung und Gegenlieferung in einer vereinbarten Währung fakturiert; beide Transaktionen werden durch Zahlungen abgegolten, sodass die Kompensationsquote von 100% abweichen kann. Das Geschäft wird in einem einzigen Vertrag geregelt; dies kann Schwierigkeiten beim Erhalt von Exportkrediten oder staatlichen Kreditversicherungen verursachen, sodass diese Form von Kompensationsgeschäften stark an Bedeutung eingebüßt hat.

Aus diesem Grunde werden die meisten Kompensationsgeschäfte heutzutage als sog. **Gegengeschäfte** abgewickelt: Beim **Parallelgeschäft** werden Lieferung und Gegenlieferung in einer vereinbarten Währung fakturiert; im Unterschied zu Kompensationsgeschäften i.e.S. werden hier jedoch beide Teiltransaktionen in zwei unterschiedlichen Verträgen geregelt, welche durch ein Protokoll verbunden werden. Der Kompensationscharakter der Transaktion tritt somit nach außen hin nicht in Erscheinung. Parallelgeschäfte sind heute die gebräuchlichste Form der Handelskompensation. Wie bei Parallelgeschäften werden bei **Junktim-Geschäften** Lieferung und Gegenlieferung in einer vereinbarten Währung fakturiert und in unterschiedlichen Verträgen geregelt; die Besonderheit liegt darin, dass die Gegenlieferung zeitlich **vor** der Lieferung der Hauptleistung erfolgt, sodass diese Countertrade-Form zur Importfinanzierung besonders geeignet ist.

Innerhalb der Industriekompensation sind insbesondere Buy-back- und Offset-Geschäfte von Bedeutung. Im Rahmen von **Buy-back-Geschäften** liefert der Anbieter ein Produktivgut und verpflichtet sich, Produkte aus dem Abnehmerland, welche mit Hilfe der gelieferten Ausrüstung hergestellt werden, abzunehmen. In Osteuropa waren Buy-back-Geschäfte vor dem Umbruch die bedeutendste Form der Industriekompensation und wurden typischerweise mit dem Ziel der Importfinanzierung abgeschlossen; deren Bedeutung ist jedoch mittlerweile zurückgegangen. **Offset-Geschäfte** finden sich insbesondere im militärischen Bereich oder bei zivilen Großprojekten, z.B. der Luft- und Raumfahrtindustrie. Der Lieferant der Ausrüstung verpflichtet sich, zu einem bestimmten Anteil des Auftragswerts lokale Zulieferer als Unterlieferanten heranzuziehen. Charakteristisch für Offset-Geschäfte ist dabei, dass die vom inländischen Anbieter zu erbringenden Gegenleistungen in Abhängigkeit der Präferenzen des ausländischen Auftraggebers mit sog. **Multiplikatoren** bewertet werden; i.d.R. werden Leistungen, welche Technologietransfer beinhalten, höher bewertet als reine Gegenkäufe von Waren.

Innerhalb der Finanzkompensation spielen **Clearing-Geschäfte** eine zentrale Rolle. Clearing-Geschäfte werden zwischen Regierungen abgeschlossen; für einen festgelegten Zeitraum wird der wertmäßige Ausgleich zwischen Importen und Exporten der beteiligten Länder vereinbart. Zu einem **Switch-Geschäft** kommt es dann, wenn im Rahmen eines Clearing-Abkommens eines der beteiligten Länder am Ende des Abrechnungszeitraums ein Clearing-Guthaben aufzuweisen hat und das Abkommen es gestattet, das Guthaben gegen Zahlung einer Provision an einen Switch-Händler abzutreten. Die Finanzkompensation ist allerdings nicht mehr zu den Markteintrittsformen i.e.S. zu rechnen.

Eine zusammenfassende Übersicht über die wesentlichen Charakteristika der einzelnen beschriebenen Formen findet sich in Abb. 3.32. In der Praxis sind vielfach Mischformen anzutreffen, sodass einzelne Geschäfte den hier angeführten Grundformen nicht mehr eindeutig zuzurechnen sind. Eine Einordnung von Kompensationsgeschäften im Allgemeinen wie auch die Einordnung der einzelnen Formen von Kompensationsgeschäften in die in Abb. 3.29 dargestellte Systematik möglicher Formen des Auslandsmarkteintritts ist ohnehin kaum möglich: So stellt z.B. das Buy-back-Geschäft keinen Exporteintritt dar, sondern ist den vertraglichen Kooperationsformen ohne Kapitalbeteiligung zuzurechnen; bei Barter-Geschäften oder Kompensationsgeschäften im engeren Sinn handelt es sich zwar üblicherweise um indirekte Exporte, aber nicht ausschließlich, da die Unternehmen internationale Kompensationsabteilungen bis hin zu eigenen Tochtergesellschaften zu deren Abwicklung unterhalten und dementsprechend entweder ein indirekter Export (z.B. bei Exportabteilungen) oder ein direkter Export (z.B. bei Tochtergesellschaften) vorliegen kann (vgl. *Wesnitzer* 1993, S. 50 f.; *Fantapié Altobelli* 1994a, S. 2).

Gruppe	Formen	Gestaltungsmerkmale	Besonderheiten
Handelskompensation	Bartergeschäft	- ein einziger Vertrag für beide Teilgeschäfte - zeitgleiche Abwicklung von Kauf und Gegenkauf - reiner Gütertausch ohne Zahlungsströme - Vollkompensation - keine Einschaltung von Dritten	- keine HERMES-Absicherung möglich
	Kompensationsgeschäft i.e.S.	- ein einziger Vertrag für beide Teilgeschäfte - Fakturierung in einer vereinbarten Währung - getrennte Güter- und Zahlungsströme - Voll-, Teil- oder Überkompensation - Einschaltung von Dritten möglich	- keine HERMES-Absicherung möglich; u.U. Kreditversicherung oder Finanzierung durch Banken, da Geldforderungen vorliegen
	Parallelgeschäft	- zwei getrennte Verträge - Fakturierung in einer vereinbarten Währung - getrennte Güter- und Zahlungsströme - Voll-, Teil- oder Überkompensation - zeitgleiche Abwicklung oder nachgelagerter Gegenkauf - Einschaltung von Dritten möglich	- HERMES-Absicherung möglich - einfachere Abwicklung durch Unabhängigkeit der Verträge
	Junktimgeschäft	- wie Parallelgeschäfte mit dem Unterschied, dass der Gegenkauf zeitlich vorgezogen wird	- Versorgung des Geschäftspartners mit den erforderlichen Devisen
Industriekompensation	Buy-back-Geschäft	- zwei getrennte Verträge sowie weitere Ergänzungsverträge für Kredit-, Lieferungs-, Zahlungsbedingungen etc. - kann auf Barterbasis oder mit Zahlungsströmen erfolgen - zeitlich nachgelagerter Gegenkauf - Voll-, Teil- oder Überkompensation - Einschaltung von Dritten möglich	- Gegenlieferungen werden mit Hilfe der gelieferten Hauptleistung möglich
	Offset-Geschäft	- zwei getrennte Verträge sowie weitere Ergänzungsverträge für Kredit-, Lieferungs-, Zahlungsbedingungen etc. - beim direkten Offset zeitlich vorgelagerter Gegenkauf, beim indirekten Offset zeitgleiche oder zeitversetzte Abwicklung - Voll-, Teil- oder Überkompensation - getrennte Güter- und Zahlungsströme - i.d.R. keine Einschaltung von Dritten - häufig Zusatzklauseln (z.B. Additionality)	- Offset-Leistungen werden je nach Priorität des ausländischen Nachfragers mit spezifischen Multiplikatoren bewertet
Finanzkompensation	Clearing-Geschäft	- bilaterales Handelsabkommen zwischen Regierungen - gegenseitige Verpflichtung, während eines festgelegten Zeitraums zu einem bestimmten Wert Güter voneinander abzunehmen - Durchführung bleibt den in den beteiligten Ländern ansässigen Unternehmen überlassen - Abrechnung über Verrechnungskonten bei den jeweiligen Zentralbanken	- Partnerstaaten können voneinander Güter beziehen, ohne harte Devisen bereitstellen zu müssen
	Switch-Geschäft	- Abtretung etwaiger Clearing-Guthaben zum Ende des Verrechnungszeitraums an Dritte	

Quelle: Fantapié Altobelli 1994a, S. 23.

Abb. 3.32: Wichtigste Merkmale der einzelnen Formen von Kompensationsgeschäften im Überblick

Vorteile von Kompensationsgeschäften sind darin zu sehen, dass das Zahlungsrisiko gemindert und eventuelle währungspolitische Probleme umgangen werden können. Sie ermöglichen den Zugang zu Märkten, die sonst aufgrund von Handelsschranken verschlossen wären und bieten die Möglichkeit, Geschäfte abzuwickeln, die auf der Basis von Geld-gegen-Ware-Geschäften nicht zustande gekommen wären. Aber auch bei ansonsten zugänglichen Märkten sorgen Kompensationsgeschäfte für eine Begünstigung hinsichtlich der Zuschlagserteilung bei internationalen Ausschreibungen (vgl. *Fantapié Altobelli* 1994b, S. 171 ff.). **Probleme** sind darin zu sehen, dass neben Bewertungsproblemen für die angebotenen Waren aufgrund schwankender Wechselkurse, administrativen Hürden, unzureichenden Transportkapazitäten sowie unakzeptablen Fristen zur Erfüllung der Gegenlieferung häufig auch die geringe Qualität des Warenangebots zu beachten ist (*Pues* 1993, S. 36). Als Beispiel für die erfolgreiche Anwendung von Kompensationsgeschäften kann die Firma Pepsi angeführt werden, die sich auf diese Weise bereits vor der Öffnung Osteuropas dort ein umfangreiches Vertriebsnetz aufbauen konnte und so gegenüber Coca-Cola einen Wettbewerbsvorsprung erzielen konnte (vgl. *Pues* 1993, S. 36).

2. Timing des Auslandsmarkteintritts

Neben dem sachlichen Aspekt der Markteintrittsform muss ein Unternehmen im Rahmen der Markteintrittsstrategie auch über das **Timing** des Markteintritts befinden. Die Timingstrategie umfasst dabei folgende Teilentscheidungen (vgl. *Wesnitzer* 1993, S. 72):
- die Bestimmung der **länderübergreifenden Timingstrategie**, d.h. die Festlegung der zeitlichen Abfolge, in der mehrere als Zielländer definierte Auslandsmärkte angegangen werden sollen, sowie
- die Bestimmung der **länderspezifischen Timingstrategie**, d.h. die Entscheidung über das zeitliche Vorgehen beim Eintritt in einen Auslandsmarkt.

a. Länderübergreifende Timingstrategien

Die zeitliche Abfolge des Markteintritts kann grundsätzlich nach drei Mustern erfolgen: der Wasserfall-Strategie, der Sprinkler-Strategie und der Wassertropfen-Strategie. Eine **Wasserfall-Strategie** (vgl. Abb. 3.33) zeichnet sich dadurch aus, dass neue ausländische Absatzmärkte sukzessive erschlossen werden, d.h. sie werden jeweils nacheinander und erst nach einer ausgiebigen Informationssuche bearbeitet (vgl. *Quack* 1995, S. 81). Das Unternehmen erschließt hierbei am Anfang den Auslandsmarkt A, der am wichtigsten bzw. erfolgversprechendsten erscheint, und geht erst dann zur Bearbeitung des Marktes B über, wenn die Stellung in Markt A gesichert ist (vgl. *Wesnitzer* 1993, S. 73; *Schurawitzki* 1995, S. 26). Typischerweise werden zuerst solche Länder erschlossen, welche dem Heimatmarkt am ähnlichsten sind; mit jeder weiteren Stufe steigt die Heterogenität der bearbeiteten Auslandsmärkte.

Die **Sprinkler-Strategie** ist hingegen dadurch gekennzeichnet, dass das Unternehmen versucht, in einer kurzen Zeit in möglichst viele Auslandsmärkte mit einem gegebenem Budget einzutreten. Nicht selten dauert es dabei nicht mehr als ein bis zwei Jahre, bis auch der letzte der ausgewählten Auslandsmärkte erschlossen wurde (vgl. Abb. 3.34). Der Grund liegt vielfach in den hohen Entwicklungskosten und dem steigenden Wettbewerbsdruck in vielen Märkten (z.B. Halbleiter, Computer u.a.), welche Unternehmen zunehmend zwingen, ihre Produkte in möglichst vielen Märkten einzuführen; verstärkt wird dieser Trend durch die in vielen Branchen zu beobachtende Verkürzung der Produkt- und Technologiezyklen. Als Beispiel kann die Firma Dr. Oetker angeführt werden, die in der Zeit zwischen 1991 und 1993 die Märkte in Polen, Ungarn, Russland und der ehemaligen Tschechoslowakei erschlossen hat (vgl. *Störmer* 1993, S. 350 f.).

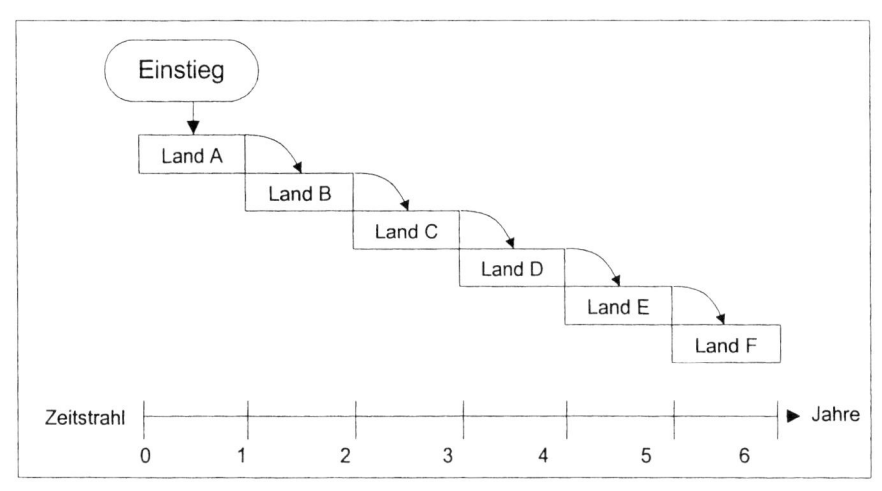

Quelle: Backhaus/Büschken/Voeth 2003, S. 164.
Abb. 3.33: Die Wasserfall-Strategie

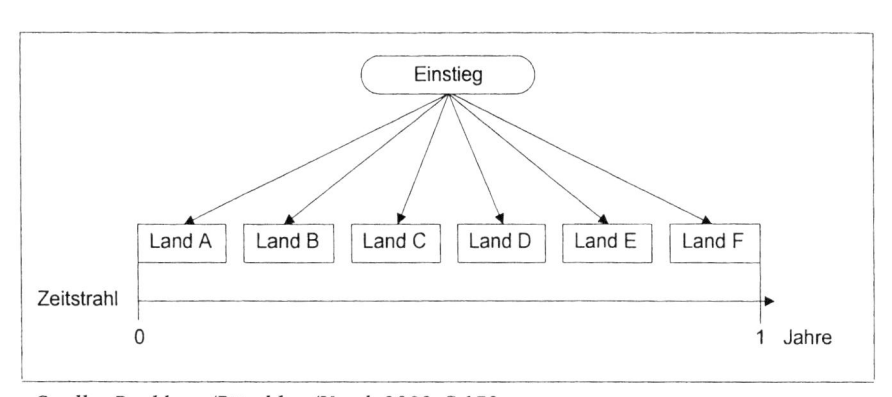

Quelle: Backhaus/Büschken/Voeth 2003, S.173.
Abb. 3.34: Die Sprinkler-Strategie

Im Rahmen der **Wassertropfen-Strategie** (vgl. *Heinemann et al.* 1997, S. 254 f.) entscheidet sich ein Unternehmen für eine bestimmte Region und vollzieht den Markteintritt zunächst in einem Land innerhalb der gewählten Region; anschließend wird das Auslandsengagement auf weitere Länder dieser Region ausgeweitet. In einem weiteren Schritt werden ggf. weitere Regionen in derselben Weise erschlossen.

Welche der genannten länderübergreifenden Timingstrategien gewählt wird, hängt von einer ganzen Reihe von **Einflussfaktoren** ab. Da die Eintrittszeitpunkte länderübergreifend aufeinander abgestimmt werden müssen, hängen die Timingstrategien in hohem Maße von der generell verfolgten **Internationalisierungsphilosophie** ab. So wird z.B. ein ethnozentrisch orientiertes Unternehmen tendenziell die Wasserfall-Strategie wählen, da es aufgrund mangelnder Ressourcen und aufgrund der begrenzten Zahl von Auslandsmärkten, die Ähnlichkeiten mit dem Heimatmarkt haben, eingeschränkt ist, während geozentrisch orientierte Unternehmen eher eine Sprinkler-Strategie bevorzugen. Eine Wassertropfen-Strategie ist für regiozentrisch orientierte Unternehmen geeignet.

Einen großen Einfluss auf die Timingstrategie übt auch die **Risikoneigung** des Unternehmens aus. Da ein Unternehmen, das auf Auslandsmärkten tätig wird, trotz umfangreicher Marktforschungsmaßnahmen ein Mindestmaß an Risiko nicht ausschließen kann, wäre es unter Risikogesichtspunkten sinnvoller, die Auslandsmärkte sukzessiv zu erschließen, da auf diese Weise Korrekturen vorgenommen werden können und das Floprisiko begrenzt werden kann; bei simultanem Vorgehen wird hingegen das Scheitern in einigen Auslandsmärkten von vornherein in Kauf genommen (vgl. *Meffert/Bolz* 1998, S. 137 f.).

Auch **produktbezogene Einflussfaktoren** bestimmen die Wahl der länderübergreifenden Timingstrategie. Unternehmen, die Produkte mit einer kurzen Produktlebensdauer anbieten, sollten diese in möglichst vielen Auslandsmärkten vertreiben, um die entstandenen F&E-Kosten schneller amortisieren zu können. Eine Sprinkler-Strategie bietet sich auch dann an, wenn die Gefahr besteht, dass die Konkurrenz in den unbesetzten Ländern Substitutionsprodukte einführt und Standards setzt. So wurde beispielsweise das Video 2000-System mit Hilfe einer Wasserfall-Strategie eingeführt; trotz technischer Überlegenheit unterlag das System dem VHS-System, da dieses im Rahmen einer Sprinkler-Strategie in allen wichtigen Schlüsselmärkten eingeführt wurde (vgl. *Quack* 1995, S. 83; *Waning* 1994, S. 17 ff.). Abb. 3.35 zeigt die verschiedenen Einflussfaktoren im Überblick. *Kalish/Mahajan/Muller* (1995) weisen unter Zuhilfenahme eines diffusions- und spieltheoretischen Ansatzes nach, dass eine Wasserfall-Strategie unter folgenden Bedingungen vorzuziehen ist:
- Der Produktionslebenszyklus ist lang,
- der ausländische Markt ist vergleichsweise klein,
- die Wachstumsrate des Auslandsmarktes ist relativ gering,
- der Auslandsmarkt ist wenig innovativ,
- die Wettbewerber auf dem Auslandsmarkt sind schwach,
- die Wettbewerber verhalten sich kooperativ,
- das eintretende Unternehmen hat auf dem Auslandsmarkt eine Monopolposition inne (vgl. *Kalish/Mahajan/Muller* 1995, S. 113 ff.).

Einflussfaktoren	Strategie	
	Wasserfall	Sprinkler
Unternehmensinterne Determinanten		
• geringe Ressourcenausstattung	+	-
• geringe Risikoneigung	+	-
• geringe Auslandserfahrung	+	-
• begrenzte zeitliche Stabilität eines Wettbewerbsvorteils	-	+
Unternehmensexterne Determinanten		
• Marktbezogene Einflussgrößen		
- hohe rechtliche Markteintrittsbarrieren	+	-
- hohe Markteintrittskosten	+	-
- geringe Homogenität der Nachfragebedürfnisse und der Marktstrukturen	+	-
Wettbewerbsbezogene Einflussfaktoren		
- hohe Wettbewerbsintensität in den einzelnen Ländermärkten	-	+
- hoher Globalisierungsgrad der Branche	-	+
- hohe Profitabilität einer Pionierstrategie (z.B. Etablierung eines Industriestandards)	-	+
- kurze Produktlebenszyklen	-	+
Legende: + Strategietyp geeignet - Strategietyp nicht geeignet		

Quelle: Nach Waning 1994, S. 172.
Abb. 3.35: Einflussfaktoren der Wahl der länderübergreifenden Timingstrategie

Zu beachten ist, dass die Wahl der Timingstrategie eng verbunden mit der Wahl der Markteintrittsform ist, diese sogar bestimmen kann. Eingeschränkt wird das Spektrum der einzuschlagenden Markteintrittsformen z.B. dann, wenn ein Unternehmen beabsichtigt, viele Auslandsmärkte durch eine Sprinkler-Strategie zu erschließen, da in diesem Falle kapitalintensive Markteintrittsformen aufgrund begrenzter finanzieller und personeller Ressourcen i.d.R. ausgeschlossen werden müssen; in diesem Falle sind Export und Lizenzvergabe eher geeignet (vgl. *Wesnitzer* 1993, S. 30).

b. ***Länderspezifische Timingstrategien***

Der zweite Aspekt einer Timingentscheidung bezieht sich auf das zeitliche Vorgehen beim Eintritt in die einzelnen Auslandsmärkte, d.h. im Mittelpunkt steht die Frage, ob das Unternehmen in Vergleich zu den internationalen Hauptkonkurrenten frühzeitig (**Pionier-Strategie**) oder spät (**Folger-Strategie**) in einen bestimmten Auslandsmarkt eintreten soll. Die Entscheidung hierüber lässt sich nur in Abhängigkeit der im spezifischen Einzelfall vorliegenden Umwelt- und Unternehmenssituation treffen, sie wird aber zum großen Teil aufgrund der Intuition und des Gespürs des Unternehmens erfolgen (vgl. *Weber* 1997, S. 211 ff.)

Welche der beiden Strategien vorzuziehen ist, ist strittig, da eine Pionier-Strategie nicht, wie früher vielfach angenommen wurde, unbedingt die bessere sein muss. So waren Unternehmen wie z.B. Hewlett-Packard im Laserdruckermarkt - die Xerox immer den Vortritt ließen - oder Matsushita (VHS-System) gegenüber den Pionieren erfolgreicher (vgl. *Oelsnitz/Heinecke* 1997, S. 36). Als **Vorteile** einer Pionierstrategie gelten allgemein die Schaffung von Markt-Know-how, die frühe Nutzung von Erfahrungskurveneffekten und den damit verbundenen strategischen Kostenvorteilen, der frühe Aufbau von Marktpositionen und damit die Erzeugung von Markentreue auf Seiten der Konsumenten sowie die Bindung des Handels. **Nachteile** liegen insbesondere in den hohen Kosten der Markterschließung und in der Tatsache, dass die Markterschließung auch den Folgern zugute kommt (vgl. *Dahm* 1995, S. 127). Einigkeit besteht jedoch darin, dass die Wahl der länderspezifischen Timingstrategie wie schon die Wahl der länderübergreifenden Timingstrategie die Anzahl der für den bevorstehenden Markteintritt zur Verfügung stehenden Optionen verringern kann. So kann z.B. in den ehemaligen Ostblockländern davon ausgegangen werden, dass für spätere Folger die Möglichkeit der Unternehmensakquisition weitgehend entfällt, da die vielversprechendsten nach der Öffnung zur Verfügung stehenden einheimischen Betriebe an die Pioniere verkauft wurden (vgl. *Heckel* 1997, S. 18).

3. Die Wahl der Markteintrittsstrategie

a. Theoretische Erklärungsansätze zum internationalen Markteintritt

Zur Ableitung prinzipiell möglicher Bestimmungsfaktoren, die eine Internationalisierung im Allgemeinen und die Wahl einer bestimmten internationalen Markteintrittsstrategie im Speziellen begründen, gibt es in der betriebswissenschaftlichen Literatur keine allgemeingültige Theorie der internationalen Geschäftstätigkeit; vielmehr entstand eine Vielfalt von teils konkurrierenden, teils sich ergänzenden Ansätzen. Im Folgenden sollen die wichtigsten Ansätze skizziert werden.

Die Theorie der internationalen Unternehmung

Aus der Theorie der internationalen Unternehmung können grundsätzlich zwei Beiträge hervorgehoben werden, die versuchen, die Entwicklung internationaler Unternehmen, deren Entstehung aus einem vermehrten Einsatz der Eintrittsform „Direktinvestition" resultiert, zu erklären, nämlich die Internalisierungstheorie und der Transaktionskostenansatz. Beide Beiträge basieren auf der Annahme, dass ein Unternehmen über Wettbewerbsvorteile verfügt - welche in der Internationalisierungstheorie in Form von Technologievorteilen und im Transaktionskostenansatz in Form von Transaktionskostenvorteilen berücksichtigt werden -, die es ihm ermöglichen, die beim Eintritt (via Investition) in einen Auslandsmarkt entstehenden hohen Kosten zu amortisieren. Umfangreiche Vorteile führen somit zu einem Einsatz von Direktinvestitionen, während geringe oder keine Vorteile zu Auslandsmarkteintritten in Form von Exporten und Lizenzen führen (vgl. *Wesnitzer* 1993, S. 155 f.).

Die **Internalisierungstheorie** beruht auf der Annahme, dass die Unternehmung ihren technologischen Wettbewerbsvorteil, d.h. ihr Wissen, auf dem firmenexternen Markt nicht zum wahren Wert absetzen kann, da der internationale Markt für technologisches Wissen unvollkommen ist. Daraus folgt, dass die Nutzung dieses Marktes für das Unternehmen zu aufwändig bzw. zu unrentabel werden kann. Um dies zu verhindern, wird es bestrebt sein, einen firmenexternen Markt zu erschließen, um daraus einen firmeninternen Markt zu erzeugen. Auf die Wahl der Eintrittsform angewandt, kann die Direktinvestition als Konkretisierung der unternehmensinternen Lösung - als Schaffen eines internen Marktes für den Wissenstransfer - interpretiert werden, wobei von der Ausprägung der 100%igen Tochter ausgegangen wird, da ein Joint Venture ähnliche Know-how-Schutzprobleme wie die Lizenzvergabe aufweist. Export und Lizenzvergabe entsprechen folglich der „Markt"-Lösung, dem Transfer über externe Partner (*Wesnitzer* 1993, S. 160).

Eigentumsstrategie ist ...			
... vorteilhaft wenn	100% Tochter	Joint Venture	Markt
Faktorspezifität der Investition	hoch	hoch	gering
Häufigkeit	hoch	niedrig	hoch
Unsicherheit (Umwelt, Rechtsrahmen)	hoch	mittel	hoch
Verhaltensrisiko	kaum beherrschbar	beherrschbar	gering
Komplementarität der Fähigkeiten	einseitige Abhängigkeit	wechselseitige Abhängigkeit	unproblematisch

Quelle: Kutschker 1992, S. 512.

Abb. 3.36: Transaktionskostenspezifische Vorteilsanalyse der Markteintrittsformen

Der **Transaktionskostenansatz** dagegen beruht auf dem Vergleich der bei einer ökonomischen Aktivität über den Markt anfallenden Transaktionskosten – welche sich aus den Aufwendungen, die in der Informations- und Verhandlungsphase eines Vertragsabschlusses anfallen sowie den später entstehenden Kontrollkosten zusammensetzen –, und den Kosten, die bei einer unternehmensinternen Durchführung (sog. Organisationskosten) anfallen. Liegen die Kosten einer unternehmensexternen Durchführung über denen einer unternehmensinternen Durchführung, so wird das Unternehmen versuchen, den Markt über eigene Direktinvestitionen zu erschließen. Die Form des Auslandsmarkteintritts wird also in diesem Fall wesentlich von der Höhe der anfallenden Transaktionskosten bestimmt, die z.B. bei Exporten oder Lizenzvergaben entstehen können (vgl. *Backhaus/Büschken/Voeth*

2003, S. 175 f.). Die Transaktionskosten hängen dabei von der Art der Transaktion ab; diese wird bestimmt durch verschiedene Faktoren wie
- Faktorspezifität der Investition,
- Häufigkeit der Transaktionen,
- Unsicherheit,
- Verhaltensrisiko und
- Komplementarität der Fähigkeiten.

Die nach der Transaktionskostentheorie jeweils vorteilhaften Markteintrittsformen sind aus Abb. 3.36 ersichtlich. Eine empirische Überprüfung am Beispiel der Maschinenbaubranche erfolgte u.a. durch *Hildebrand/Weiss* (1997). Zentrales Ergebnis war, dass die Wahl der Markteintrittsstrategie wesentlich von den Transaktionskosten des Transfers von technologischem und Marketing-Know-how abhängt; allerdings erfolgt eine Relativierung durch den Nutzen einer Kooperation. So führen strategisch relevante Werbe- und Vertriebsinvestitionen (Transfer von Marketing-Know-how) mit hoher Wahrscheinlichkeit zu einer Alleineigentumsstrategie; im Falle einer hohen kulturellen Distanz zum betreffenden Auslandsmarkt und eines hohen Risikos steigt jedoch der Nutzen einer Kooperation, was einen Markteintritt auf kooperativer Basis nahe legt (vgl. *Hildebrand/Weiss* 1997, S. 22 f.).

Die Theorie der strategischen Unternehmensführung

Die Theorie der strategischen Unternehmensführung orientiert sich im Gegensatz zur Theorie der internationalen Unternehmung nicht daran, wie Voraussetzungen, die im Unternehmen selbst begründet sind, die Wahl der Eintrittsform beeinflussen, sondern sie ist zielorientiert und berücksichtigt, inwieweit wettbewerbsstrategische Ziele des eintretenden Unternehmens die Formwahl mitbestimmen können. So kann z.B. der Markteintritt in einen Auslandsmarkt in Form von Direktinvestitionen erfolgen, obwohl ein Eintritt in Form von Exporten oder Lizenzen zweckmäßiger wäre, wenn das Ziel verfolgt wird, dadurch möglichst viele Ressourcen eines Konkurrenten in diesem Markt zu binden, um ihn so von anderen Märkten fernzuhalten (vgl. *Wimmer/Wesnitzer* 1993, S. 239).

Verhaltenswissenschaftliche Ansätze

Ebenso wie die Theorie der strategischen Unternehmensführung sind verhaltenswissenschaftliche Ansätze zielorientiert. Sie rücken aber die Motive und Merkmale der Entscheider selbst in den Mittelpunkt und beziehen dabei außerökonomische Entscheiderziele als Bestimmungsfaktoren für die Wahl einer speziellen internationalen Markteintrittsstrategie mit ein (vgl. *Wimmer/Wesnitzer* 1993, S. 239). In den vielen verschiedenen Ansätzen werden unterschiedliche Bestimmungsfaktoren, wie z.B. Risikobereitschaft, Prestigeziele oder internationale Erfahrung, berücksichtigt. Diese Bestimmungsfaktoren können zu einer subjektiv individuell unterschiedlichen Bewertung objektiv gleicher Ausgangssituationen führen und so unterschiedliche Entscheidungen in Bezug auf die Wahl der Form des Auslandsmarkteintritts nach sich ziehen. So wird z.B. die Form des Auslandsmarkteintritts stark von der internationalen Erfahrung des Entscheiders beeinflusst, da ein erfahrener Entscheider eher einen Auslandsmarkteintritt in Form von Direktinvestitionen angeht, während ein unerfahrener Entscheider in einem solchen Fall eher den Export vorzieht (vgl. *Wimmer/Wesnitzer* 1993, S. 239).

Der Principal-Agent-Ansatz

Im Rahmen des Principal-Agent-Ansatzes erfolgt eine Abkehr von einer totalen Integration mittels Eigentumsstrategien hin zu kooperativen Formen des Markteintritts wie z.B. strategische Allianzen. Argumentiert wird damit, dass bei einer Internationalisierung mittels Akquisition das Unternehmen an Größe und Komplexität gewinnt; dies hat zur Folge, dass das Geschehen im Unternehmen intransparenter wird, sodass beim Management zunehmend die Tendenz zu beobachten ist, dass Entscheidungen im eigenen Interesse statt im Unternehmensinteresse getroffen werden. Dadurch steigen die sog. „Agency costs"; als Konsequenz resultiert daraus ein Wertverlust des Eigenkapitals der Aktionäre. Bei einer strategischen Allianz tritt das Problem nur im geringeren Umfang auf: Der Grund liegt zum einen darin, dass eine solche Kooperation weniger kapitalintensiv ist und direkt auf Gewinnerzielung ausgerichtet ist; zum anderen dient der Partner als Kontrollorgan.

Diese und andere Theorien zur Internationalisierung haben den Nachteil, dass sie nur Partialaspekte des Markteintritts erklären, oder aber nur unter bestimmten Bedingungen Gültigkeit besitzen. In jüngerer Zeit wird daher zunehmend versucht, die einzelnen Theorien zu integrieren. Im Rahmen der sog. **Eklektischen Theorie** versucht *Dunning* (1995) Aspekte verschiedener Ansätze zu verbinden. Gemäß der eklektischen Theorie ist eine Direktinvestition dann erfolgreich, wenn die folgenden drei Bedingungen vorliegen: Eigentums- bzw. Wettbewerbsvorteile (Ownership Advantages), Standortvorteile (Location-specific Advantages) und Internalisierungsvorteile (Internalisation Advantages). Einen weitergehenden Schritt in Richtung Integration gehen *Malhotra/Agarwal/Ulgado* (2003), indem sie die verschiedensten Theorien – Theorie der Marktunvollkommenheit, Resource-based View, Transaktionskostentheorie, Theorie der strategischen Unternehmensführung, eklektische Theorie und Netzwerkökonomie – miteinender verbinden und einen ganzheitlichen konzeptionellen Bezugsrahmen entwickeln. Darüber hinaus berücksichtigen sie eine ganze Reihe moderierender Effekte wie Marktbedingungen, globale strategische Faktoren, transaktionsspezifische Faktoren und politisch-rechtliche Faktoren, welche Form und Timing des Markteintritts beeinflussen. Die Berücksichtigung o.g. Faktoren erlaubt eine Erklärung dafür, warum Unternehmen vom erwarteten Internationalisierungspfad abweichen.

b.   Die Grobauswahl der Markteintrittsstrategien

Die Grobauswahl der in Frage kommenden Markteintrittsstrategien beruht i.W. auf mehr oder weniger umfangreichen Kriterienkatalogen, anhand derer die einzelnen Eintrittsformen bewertet werden. Eine Übersicht der wichtigsten Bestimmungsfaktoren der Markteintrittsstrategie ist in Abb. 3.37 enthalten. Generell ist vor der Wahl einer internationalen Markteintrittsstrategie zu überprüfen, ob das Marktvolumen (marktbezogener Faktor) von vornherein die Anzahl der zur Verfügung stehenden Alternativen einschränkt. Besitzt der Zielmarkt nur ein geringes Marktvolumen und Wachstumspotenzial, so weisen vor allem strategische Allianzen aufgrund des geringen Investitionsvolumens Vorteile auf (*Waning* 1994, S. 237). Ist hingegen auf dem Auslandsmarkt eine hohe Wachstumsrate zu erwarten, wären der Aufbau einer Tochtergesellschaft oder die Unternehmensakquisition vorteilhaft. Bei einer hohen Wettbewerbsintensität und geringen Wachstumsraten auf dem Auslandsmarkt müsste wiederum die Akquisition vorgezogen werden, da durch den Aufbau eigener Produktionskapazitäten ein Überangebot (verbunden mit einem ruinösen Preiskampf) entstehen würde.

Unternehmensbezogene Faktoren		Produktbezogene Faktoren	Marktbezogene Faktoren				
Strategie	Kostensituation		Rechtliche Situation	Ökonom. Situation	Wettbew.- Situation	Handels- Situation	Konsumentensituation
• Internationalisierungsstrategie • zu bearbeitende Marktsegmente • Wettbewerbsstrategie • realisierte Marktstellung (Bekanntheitsgrad, Image etc.)	• Technologie • Standorte • Faktorkosten • Produktivität • Skalen- und Erfahrungskurveneffekte • Vertriebskosten • Kapazitätsauslastung	• Produktart • Phase im PLZ • Neuigkeitsgrad • Ausmaß der Produktdifferenzierung	• Ex- und Importbeschränkungen • Dumping- Bestimmungen • Steuern • Preiskontrollen • Local-Content-Vorschriften	• Marktvolumen • Marktstruktur • Wechselkurse • Inflation	• Anzahl und Wettbewerbsstärke der Konkurrenten • Substitutionsgüter	• Anzahl und Machtposition der Absatzmittler • Konditionenstruktur	• Einkommen • Preiselastizitäten • Nachfrageverhalten • Markttransparenz

Quelle: Meffert/Bolz 1998, S. 140.

Abb. 3.37: Übersicht der Bestimmungsfaktoren der internationalen Markteintrittsstrategie

Ein weiterer Bestimmungsfaktor für die Wahl einer internationalen Markteintrittsstrategie ist die Tatsache, dass bei dieser Entscheidung Investitionsform und Finanzierung nur in seltenen Fällen als voneinander unabhängig betrachtet werden können, da staatliche Stellen mit Anreizen, z.B. Steuervorteilen, Finanzhilfen etc., die Entscheidung stark mitbeeinflussen (vgl. *Waning* 1994, S. 238). So unterstützen viele Länder den Auf- und Ausbau ausländischer Tochterunternehmen finanziell, benachteiligen aber auch solche ausländische Unternehmen, die durch ein „unfriendly take over" ein inländisches Unternehmen übernommen haben, indem sie diese bei öffentlichen Auftragsvergaben bewusst übergehen. Auch Zölle und sonstige Einfuhrabgaben können das Entscheidungsfeld einschränken. So sind in China die Zollsätze und sonstige Abgaben für Konsumgüter immens hoch - z.B. 121% für Waschmittel und sogar 340% für Parfüm -, sodass sich eine Produktion vor Ort anbietet (vgl. *Haedrich/Holz* 1995, S. 48).

Die relevanten Einflussfaktoren können - wie bereits bei der Auswahl von Auslandsmärkten dargestellt - in Bewertungsprofile, Scoring-Modelle und Portfolio-Analysen Eingang finden. Da die jeweilige Methodik bereits in Abschnitt B.II.2.b. in diesem Teil eingehend dargestellt wurde, soll hier nicht näher darauf eingegangen werden. Als Beispiel für ein Scoring-Modell zur Grobauswahl von Markteintrittsstrategien kann der im Abschnitt B.II.2.a.(4) dargestellte BERI-Index angeführt werden, da als Ergebnis des BERI-Index nicht nur eine gewichtete Gesamtpunktzahl für die einzelnen Länder als Grundlage für die Länderselektion resultiert, sondern auch – je nach erreichter Punktzahl – Empfehlungen für die jeweils geeignete Markteintrittsstrategie gegeben werden.

c. *Die Feinauswahl der Markteintrittsstrategie*

Zur endgültigen Auswahl der im Rahmen der Grobanalyse herausgefilterten Markteintrittsalternativen ist eine detaillierte Wirtschaftlichkeitsanalyse durchzuführen. Aufgrund des strategischen Charakters der Markteintrittsentscheidung bietet sich dabei die Kapitalwertmethode an. Wie bereits in Abschnitt B.II.3. angeführt wurde, ist eine solche Wirtschaftlichkeitsanalyse genau genommen jeweils für eine bestimmte Kombination aus Auslandsmarktsegment und Eintrittsstrategie vorzunehmen; zur besseren Übersicht wird hier jedoch auf eine segmentspezifische Betrachtung verzichtet. Im Folgenden soll dargelegt werden, auf welche Weise für Exporte, Direktinvestitionen und Lizenzverträge die zugehörigen Kapitalwerte ermittelt werden können (vgl. hierzu ausführlich *Perlitz* 2004, S. 190 ff.).

Berechnung des Kapitalwertes von Exporten

Bei der Berechnung des Kapitalwertes von Exporten (vgl. *Perlitz* 2004, S. 190 ff.) muss unterschieden werden, ob die für den Export zu produzierenden Güter/Produkte auf schon vorhandenen, nicht ausgelasteten Kapazitäten produziert werden können oder ob zusätzliche Investitionen zum Aufbau von Kapazitäten getätigt werden müssen. Sind keine zusätzlichen Investitionen notwendig - d.h. erhöhen sich durch die zusätzliche Produktion nur die variablen Kosten -, kann die Bestimmung des Kapitalwertes von Exporten durch folgende Formel erfolgen:

$$C_{EX}^{l} = \sum_{j=1}^{Z} \sum_{t=1}^{T} \frac{\left(w_t \cdot p_{EX,t,j}^{A} - k_{v,t,j}^{I}\right) \cdot x_{EX,t,j}^{A}}{(1+i)^t} \cdot \left(1 - S_{EX,t}\right)$$

mit

C_{EX}^{l} = Kapitalwert des Exportes bei Unterbeschäftigung im Inland,

w_t = Wechselkurs zum Zeitpunkt t,

$p_{EX,t,j}^{A}$ = Nettopreis des Erzeugnisses im Ausland zum Zeitpunkt t für Güterart j,

$k_{v,t,j}^{I}$ = variable Kosten pro Mengeneinheit im Inland zum Zeitpunkt t für Güterart j,

$x_{EX,t,j}^{A}$ = Exportmenge ins Ausland zum Zeitpunkt t für Güterart j,

$S_{EX,t}$ = ertragsabhängige Steuern zum Zeitpunkt t,

j = Güterart des Exportes,

Z = Anzahl der zu exportierenden Güterarten,

T = Planungszeitraum,

i = Kalkulationszinsfuß.

Sind dagegen aufgrund mangelnder freier Kapazitäten Investitionen notwendig, d.h. erhöhen sich durch die zusätzliche Produktion neben den variablen auch die fixen Kosten, dann erfolgt die Bestimmung des Kapitalwertes von Exporten folgendermaßen:

$$C_{EX}^2 = -\sum_{t=0}^{T} \frac{I_{EX,t}^I}{(1+i)^t} + \sum_{t=1}^{T} \frac{\left[\sum_{j=t}^{Z}\left(w_t \cdot p_{EX,t,j}^A - k_{v,t,j}^I\right) \cdot x_{EX,t,j}^A - K_{F,t}^I - AFA_t^I\right] \cdot \left(1 - S_{EX,t}\right) + AFA_t^I}{(1+i)^t}$$

mit

C_{EX}^2 = Kapitalwert des Exportes bei Investition im Inland,

$I_{EX,t}^I$ = Investitionszahlungen im Inland zum Zeitpunkt t,

$K_{F,t}^I$ = Fixkosten im Inland zum Zeitpunkt t,

AFA_t^I = Abschreibungen im Inland zum Zeitpunkt t.

Bei beiden Varianten zur Berechnung des Kapitalwertes von Exporten wird davon ausgegangen, dass der Exportumsatz noch in derselben Periode zu einer Einzahlung führt.

Die Höhe des Kapitalwertes kann bei beiden Varianten durch unterschiedliche Beschränkungen und Fördermaßnahmen beeinflusst werden. So sorgen beispielsweise Exportfördermaßnahmen wie Steuervergünstigungen für höhere Umsätze im Exportgeschäft, Ausfuhrprämien, Krediterleichterungen, Subventionen, niedrigere Tarife im Gütertransport für die Exportindustrie etc. für eine Senkung der Kosten der Exporterzeugnisse und somit im Endeffekt zu einer Erhöhung des Kapitalwertes. Negativ wird der Kapitalwert dagegen durch tarifäre/nichttarifäre Handelshemmnisse wie z.B. Importhöchst- (bzw. -mindest-) Preisrestriktionen (die die Höhe der Nettopreise festlegen), Importhöchstmengenrestriktionen, Anti-Dumping-Maßnahmen ausländischer Staaten, Verpackungs-, Bezeichnungs-, Sicherheits-, Hygiene- und Kennzeichnungsnormen etc. beeinflusst, da durch sie die Höhe des Kapitalwertes entweder aufgrund geringerer Umsätze (durch tarifäre Handelshemmnisse) oder aufgrund höherer Kosten (durch nichttarifäre Handelshemmnisse) reduziert werden kann. Neben diesen aufgezeigten positiven und negativen Einflussfaktoren, die die Höhe des Kapitalwertes von Exporten maßgeblich beeinflussen können, existieren noch eine Reihe weiterer, sich schnell wandelnder Einflussfaktoren, die die Prognose der zukünftigen Einzahlungsüberschüsse und somit die Bestimmung des Kapitalwertes aus Exporten erschweren können.

Berechnung des Kapitalwertes von Direktinvestitionen

Die Berechnung des Kapitalwertes von Direktinvestitionen im Ausland (vgl. *Perlitz* 2004, S. 192 ff.) ist wesentlich umfangreicher als die Berechnung des Kapitalwertes von Exporten, da bei der Berechnung des Kapitalwertes von Direktinvestitionen im Ausland ggf. mehrere Kategorien von Einzahlungsüberschüssen aus Auslandsinvestitionen zu berücksichtigen sind, für die der jeweilige Kapitalwert zu bestimmen ist. Erst durch die Addition dieser einzelnen Kapitalwerte ergibt sich der Gesamtkapitalwert der untersuchten Direktinvestition, der einen Vergleich mit den Kapitalwerten anderer internationaler Markteintrittsstrategien (z.B. Exportstrategien) ermöglicht.

In jedem Fall ist der Kapitalwert aus dem laufenden Geschäft zu ermitteln; dieser errechnet sich wie folgt (vgl. *Perlitz* 2004, S. 194):

$$C_{GEW} = \sum_{t=1}^{T} w_t \frac{\alpha_t \cdot \left[\sum_{j=1}^{Z} x_{t,j}^A \cdot \left(p_{t,j}^A - k_{v,t,j}^A \right) + \sum_{a=1}^{A^*} \left(p_{t,j}^a \cdot w_t^a - k_{v,t,j}^a \right) \cdot x_{t,j}^a \right] - K_{F,t}^A \right] \cdot (1 - S_{DIA,t})}{(1+i)^t}$$

mit

C_{GEW} = Kapitalwert der Gewinne aus dem laufenden Geschäft,

α_t = Kapitalanteil des Stammhauses,

$x_{t,j}^A$ = Absatzmenge im Ausland zum Zeitpunkt t,

$x_{t,j}^a$ = Exportmenge in Drittland a zum Zeitpunkt t,

$p_{t,j}^A$ = Nettopreis im Ausland zum Zeitpunkt t,

$p_{t,j}^a$ = Exportpreise für Drittland a zum Zeitpunkt t,

$k_{v,t,j}^A$ = variable Kosten pro Mengeneinheit im Ausland zum Zeitpunkt t,

$k_{v,t,j}^a$ = variable Kosten pro Mengeneinheit im Drittland a zum Zeitpunkt t,

$K_{F,t}^A$ = Fixkosten im Ausland zum Zeitpunkt t,

w_t = Wechselkurs für Auslandswährung zum Zeitpunkt t,

w_t^a = Wechselkurs für Drittland a bezüglich der Auslandswährung zum Zeitpunkt t,

$S_{DIA,t}$ = Steuersatz unter Berücksichtigung der Auslandssteuer zum Zeitpunkt t,

A^* = Zahl der Drittländer.

Hierbei wird davon ausgegangen, dass die Umsätze in der Periode der Entstehung auch zu Einzahlungen führen und dass die zusätzlichen variablen und fixen Kosten (ohne Abschreibungen) auch zu Auszahlungen führen. Des Weiteren sind auch hier Beschränkungen zu berücksichtigen, die die Höhe des Kapitalwertes beeinflussen können, wie z.B. Kapital- und/oder Stimmrechtsbeteiligungsrestriktionen, Ausbringungs- und Absatzrestriktionen, Mindestpreis- bzw. Höchstpreisrestriktionen oder vorgegebene Exportquoten in Drittländer.

Zahlungsüberschüsse können darüber hinaus - dies ist jeweils im Einzelfall zu prüfen - aus folgenden Transaktionen entstehen:
- Synergieeffekte aus dem Kauf eines bestehenden Unternehmens,
- Export von Vormaterial und/oder anderen Erzeugnissen des Unternehmens,

– Technologieverträge mit Auslandsgesellschaften,
– Import von Erzeugnissen der Auslandsgesellschaft,
– Zahlungsüberschüsse, die ohne Direktinvestitionen im Ausland verloren gingen.
(Die Berechnung der zugehörigen Kapitalwerte ist ausführlich in *Perlitz* 2004, S. 195 ff. beschrieben.)

Berechnung des Kapitalwertes von Lizenzvergaben

Nachdem aufgezeigt wurde, wie die Kapitalwerte von Export- und Direktinvestitionsalternativen ermittelt werden können, wird im Folgenden dargestellt, wie der Kapitalwert von Lizenzvergaben berechnet werden kann, um abschließend durch einen Vergleich der Kapitalwerte Aussagen machen zu können, welche internationale Markteintrittsstrategie die wirtschaftlichste ist. Für die Berechnung des Kapitalwertes von Lizenzvergaben ist es unerheblich, ob es sich dabei um eine Schutzrechtslizenz, eine Know-how-Lizenz oder eine Franchise-Lizenz handelt. Entscheidend für die Berechnung des Kapitalwertes ist vielmehr die jeweils verwendete Gebührenart. So gelten für die Kapitalwertermittlung von Lizenzvergaben entsprechend der jeweils gewählten Gebührenart beispielsweise folgende Kapitalwertformeln, wobei hier jeweils nur ein Lizenzprodukt betrachtet werden soll (vgl. *Perlitz* 2004, S. 209 f.):

1) bei einer Pauschalvergütung (P)

$$C_{TECH}^{P} = \sum_{t=1}^{T} \frac{\left(w_t \cdot P_t - K_{L,t}^{I}\right) \cdot \left(1 - S_{TECH,t}\right)}{(1+i)^t};$$

2) bei einer Umsatz- (l_U) und Pauschalgebühr (P)

$$C_{TECH}^{U} = \sum_{t=1}^{T} \frac{\left(w_t \cdot P_t + w_t \cdot x_{U,t}^{A} \cdot p_{U,t}^{A} \cdot l_{U,t} - K_{L,t}^{I}\right) \cdot \left(1 - S_{TECH,t}\right)}{(1+i)^t}$$

mit

P_t = Pauschallizenzgebühr in Auslandswährung für die Periode t,
$S_{TECH,t}$ = für den Technologiegeber gültiger Steuersatz in der Periode t,
$l_{U,t}$ = Umsatzgebühr in Auslandswährung für die Periode t,
$K_{L,t}^{I}$ = dem Technologiegeber für die Lizenzvergabe anfallenden Kosten in der Periode t in Inlandswährung

(Kapitalwertformeln für weitere Gebührenarten finden sich bei *Perlitz* 2004, S. 209 f.).

Bei der Anwendung dieser Formeln wird unterstellt, dass die Technologiegebühren im Jahr der Entstehung vom Technologiegeber eingenommen und versteuert werden. Maßgeblichen Einfluss auf die Höhe des Kapitalwertes von Lizenzvergaben haben neben der Höhe der Lizenzgebühr auch Restriktionen des Lizenzgebers gegenüber dem Lizenznehmer, wie z.B. Gebietsbeschränkungen, Preisrestriktionen, Mengenrestriktionen, Bezugsverpflichtungen (z.B. von Grund- und Rohstoffen),

Exportverbote in Drittländer, Vertriebswegerestriktionen, Grant-back-Klauseln etc., die den Kapitalwert sowohl positiv als auch negativ beeinflussen können.

Hat ein Unternehmen, das im Ausland tätig werden will, für die nach der Grobanalyse noch relevant gebliebenen internationalen Markteintrittsformen die jeweiligen Kapitalwerte mit Hilfe der dargestellten Kapitalwertformeln ermittelt, so ist es in der Lage, eine Prioritätenliste für die unterschiedlichen internationalen Markteintrittsformen aufzustellen und Aussagen über deren jeweilige Wirtschaftlichkeit zu treffen. Eine Berücksichtigung unterschiedlicher Eintrittszeitpunkte für die einzelnen Länder in den jeweiligen Kapitalwertformeln erlaubt darüber hinaus Aussagen über die Vorteilhaftigkeit einzelner Timingstrategien.

Bei der Schätzung der Zahlungsströme als Inputdaten für die Kapitalwertberechnung ist allerdings zu berücksichtigen, dass die Höhe der Rückflüsse wesentlich von der gewählten Marktbearbeitungsstrategie abhängt (vgl. hierzu Abschnitt B. IV. in diesem Teil); bei der Prognose der künftigen Zahlungsströme sollten daher nicht nur alternative Markteintrittsstrategien, sondern auch alternative erwogene Marktbearbeitungsstrategien zu Grunde gelegt werden. Die Komplexität der Entscheidungssituation und die Vielzahl an zu schätzenden – teilweise risikobehafteten – Variablen legen es dabei nahe, die Entscheidungsfindung mit Hilfe von **Risikoanalysen** zu unterstützen (vgl. hierzu die Ausführungen in Abschnitt B.II.3.b.(2).).

4. Empirische Befunde

Welche Markteintrittstrategien unter welchen Bedingungen von Unternehmen gewählt werden, ist Gegenstand zweier aktueller empirischer Untersuchungen. Die Untersuchung von *Ferring* (2001) hat internationale Markteintrittsstrategien und Marktbearbeitungsstrategien von Handelsunternehmen zum Gegenstand; befragt wurden 150 führende international tätige Handelsunternehmen. Im Hinblick auf die **Strategiewahl** resultierten folgende zentrale Ergebnisse (vgl. *Ferring* 2001, S. 234 ff.):
- Die generell am häufigsten gewählte Form des Markteintritts ist die Direktinvestition in Form der Gründung von Filialen im Ausland; die übrigen Formen (Akquisition, Fusion, Beteiligung, Joint Venture und Franchising) spielen eine insgesamt eher untergeordnete Rolle.
- Die Bedeutung der Gründung von Filialen ist dabei in den USA, gefolgt von Osteuropa und Asien, am höchsten.
- Eine im regionalen Vergleich vergleichsweise hohe Bedeutung haben Akquisitionen in den USA, Westeuropa und Asien.
- Die größte Bedeutung hat Franchising in Asien, gefolgt von Westeuropa.

Für die Wahl der Markteintrittsstrategie wurden dabei folgende bedeutsame **Einflussfaktoren** identifiziert (vgl. *Ferring* 2001, S. 238 ff.):
- Für die Neugründung von Filialen sind insbesondere die Verfügbarkeit von Personal (60% der Nennungen „sehr entscheidungsrelevant", „entscheidungsrelevant") sowie erzielbare Zeitvorteile (60%) ausschlaggebend, gefolgt von der Vereinfachung der Steuerung (54,3%) und Kosten- bzw. Risikoreduktion (50%).

- Relevante Einflussfaktoren für Akquisitionen sind insbesondere Zeitvorteile (60%), Übernahme von Know-how (57,1%) sowie Kosten- und Risikoreduktion (42,8%).
- Für Beteiligungen sind insbesondere Zeitvorteile (45,5%), Übernahme von Know-how (41,2%) und Verfügbarkeit von Personal bzw. Partnern (28,1%) von Bedeutung.
- Wichtige Determinanten des Franchising sind die Verfügbarkeit von Franchise-Partnern (47%), die Übernahme von marktspezifischem Know-how (38,3%) und die Kosten- bzw. Risikoreduktion (35,3%).
- Für Joint Ventures (mit Neugründung bzw. auf rein vertraglicher Basis) spielen insbesondere die Übernahme von Know-how (54,3% bzw. 31,4%), die Erzielung von Zeitvorteilen (31,4% bzw. 25,7%) sowie gleichrangig die Verfügbarkeit von Kooperationspartnern und Kosten- bzw. Risikoreduktion (31,4% bzw. 25,7%) eine Rolle.

Gegenstand der Untersuchung von *Nienaber* (2002) waren Internationalisierungsstrategien mittelständischer Unternehmen; befragt wurden 650 deutsche mittelständische Unternehmen verschiedener Branchen und Größenklassen, allerdings nur mit einem auswertbaren Rücklauf von 12,6%. Die Untersuchung führte im Hinblick auf die **Strategiewahl** zu folgenden Ergebnissen (vgl. *Nienaber* 2002, S. 194 ff.):

- Am häufigsten werden von deutschen Mittelständlern Exportstrategien realisiert (55,1% der Nennungen), gefolgt von Direktinvestitionen (29,9% der Nennungen). Vertragliche Kooperationsstrategien wie Franchising, Lizenzen und Managementverträge spielen mit nur 15% der Nennungen eine eher untergeordnete Rolle.
- Weder die Branchenzugehörigkeit noch die Unternehmensgröße stehen dabei in einem signifikanten Zusammenhang mit der Strategiewahl.

Für die Wahl der einzelnen Markteintrittsstrategien wurden dabei folgende relevanten **Einflussfaktoren** identifiziert (Mittelwerte; 1 = geringe Bedeutung; 5 = hohe Bedeutung) (vgl. *Nienaber* 2002, S. 210 ff.):

- Für die Wahl des indirekten Exports spielen insbesondere die Erschließbarkeit neuer Märkte (3,13), eine hohe Wettbewerbsintensität im Ausland (2,96) sowie die Sicherung erschlossener Märkte eine Rolle (2,86).
- Begünstigt wird der direkte Export vom Vorhandensein hochentwickelter Produkte (4,08), von der Möglichkeit der Sicherung erschlossener Märkte (4,06) sowie vom Vorhandensein an unternehmensinternem Know-how (3,92).
- Für Exportkooperationen sind die Erschließbarkeit neuer Märkte (3,50), politische Stabilität (3,17) sowie unternehmensinternes Know-how (3,07) von überdurchschnittlicher Bedeutung.
- Politische Stabilität spielt auch für das Franchising eine große Rolle (3,55); allerdings werden die Gefahr des Know-how-Verlusts (3,49) und die Gefahr der Produktimitation (3,49) als bedeutende Hemmnisse angesehen. Dieselben Determinanten gelten in derselben Reihenfolge auch für Managementverträge (2,94; 2,78; 2,63).

- Die Gefahr der Produktimitation wird bei Lizenzverträgen als besonders bedeutsam angesehen (4,06), gefolgt von der Gefahr des Know-how-Verlusts (3,86). Auch für Lizenzverträge spielt die politische Stabilität eine wichtige Rolle (3,30).
- Wichtigster Faktor für Managementverträge ist die Gefahr der Produktimitation (3,56), gefolgt von politischer Stabilität (3,26) und Marktpotenzial im Ausland (3,21).
- Auch für Joint Ventures ist politische Stabilität ausschlaggebend (4,49); bedeutsam ist aber auch die Gefahr des Know-how-Verlusts (4,08). Eine große Rolle spielt dabei auch das Ausmaß an unternehmensinternem Know-how (3,86).
- Erwartungsgemäß ist politische Stabilität für vollbeherrschte Unternehmen mit 4,73 ein K.O-Kriterium; weitere wichtige Faktoren sind das Vorhandensein an unternehmensinternem Know-how (4,51) sowie das Vorhandensein hochentwickelter Produkte (4,42).

Weitere Untersuchungen zur empirischen Relevanz einzelner Einflussfaktoren finden sich z.B. bei *Chan Kim Hwang* (1992) und *Agarwal/Ramaswami* (1992). Eine theoretische Analyse unter simultaner Berücksichtigung von Form und Timing des Markteintritts findet sich bei *Pennings/Sleuwagen* 2004. Als relevante Einflussfaktoren des Markteintritts werden dabei
- Unsicherheit bzgl. künftiger Gewinne,
- Steuerliche Unterschiede zwischen Heimatland und Gastland,
- Komparative Kostenvorteile lokaler Unternehmen,
- Institutionelle Erfordernisse sowie
- Ausmaß an Kooperation zwischen den beteiligten Partnern bei einem Joint Vernture.

Hinsichtlich des **Timing** des Markteintritts zeigte die Untersuchung von *Nienaber* folgende Ergebnisse (Mittelwerte; 1 = geringe Bedeutung; 5 = hohe Bedeutung) (vgl. *Nienaber* 2002, S. 283 ff.)
- Deutsche mittelständische Unternehmen bevorzugen i.d.R. die Wasserfall-Strategie, d.h. den sukzessiven Markteintritt; dies gilt insbesondere für kleine Mittelständler (3,28); an zweiter Stelle steht die Wassertropfen-Strategie, die Sprinkler-Strategie (simultaner Markteintritt in alle Länder) wird als am wenigsten geeignet angesehen.
- Lediglich Unternehmen der Maschinenbaubranche weisen der Sprinkler-Strategie mit 2,57 eine vergleichsweise hohe Bedeutung zu.

Die meisten Untersuchungen zu **länderspezifischen Timingstrategien** zeigen, dass ein früher Markteintritt Pioniervorteile schafft (vgl. den Überblick bei *Lieberman/Montgomery* 1998), da dadurch frühzeitig Ressourcen und Fähigkeiten aufgebaut werden können. *Delios/Makino* (2003) untersuchen explizit die Ressourcen als moderierender Faktor für den Erfolg eines Auslandsmarkteintritts; im Gegensatz zu bisherigen Studien betrachten sie dabei auch explizit erfolglose Auslandsmarkteintritte. Die Autoren gelangen zu folgenden Hauptergebnissen:
- Unternehmen, die eine Pionierstrategie verfolgen, scheitern häufiger am Markt als Folger.

- Andererseits weisen Pioniere, die sich erfolgreich auf einem ausländischen Markt behaupten konnten, eine bessere Leistung auf als Folger.
- Das Ausmaß dieser Effekte variiert dabei in Abhängigkeit der Ressourcen des Unternehmens (F&E, Werbung, Distribution).

IV. Internationale Marktbearbeitungsstrategien

1. Elemente einer internationalen Marktbearbeitungsstrategie

Internationale Marktbearbeitungsstrategien legen den Rahmen für den Einsatz des Marketinginstrumentariums in den anvisierten Ländermarktsegmenten fest; sie bestimmen somit die langfristige Positionierung des Unternehmens bzw. seiner strategischen Geschäftseinheiten auf den bearbeiteten Auslandsmärkten. Eine internationale Marktbearbeitungsstrategie umfasst dabei Entscheidungen auf drei Ebenen:
- grundsätzliche strategische Ausrichtung,
- internationale Basis-Marketingstrategie und
- internationale Geschäftsfeldstrategie.

Internationale Marketingstrategie \ Geschäftsfeldstrategie	Strategie-Variation	Strategie-Stil	Strategie-Substanz	Strategie-Feld
Standardisierung				
Differenzierung				

Abb. 3.38: Bausteine einer internationalen Marktbearbeitungsstrategie

Die grundsätzliche strategische Ausrichtung basiert auf einer Portfolio-Analyse für die einzelnen Ländermarktsegmente und legt auf Unternehmensebene fest, welche **Normstrategien** für die einzelnen internationalen Geschäftsfelder einzuschlagen sind (vgl. Abschnitt B.IV.2.). Die **Basisstrategien des internationalen Marketing** bewegen sich zwischen den beiden Extremoptionen „Standardisierung" und „Differenzierung" und beinhalten das Ausmaß an länderübergreifender Vereinheitlichung von Marketing-Inhalten und Marketing-Prozessen (vgl. dazu Abschnitt B.IV.3.); diese Basisentscheidung fällt dabei i.d.R. ebenfalls auf Unternehmensebene. **Internationale Geschäftsfeldstrategien** legen hingegen das Verhalten strategischer Geschäftsfelder gegenüber Wettbewerbern, Abnehmern und Absatzmittlern im internationalen Kontext fest und beinhalten die Dimensionen „Strategie-Variation", „Strategie-Stil", „Strategie-Substanz" und „Strategie-Feld" (vgl. Abschnitt B.IV.4.). Im Rahmen einer internationalen Marktbearbeitung können grundsätzlich alle Dimensionen standardisiert oder differenziert werden, wenn auch einige Kombinationen sicherlich sinnvoller bzw. wahrscheinlicher sind als andere. Damit resultiert die Matrix der Abb. 3.38, welche die einzelnen Bausteine einer internationalen Marktbearbeitungsstrategie festlegt.

2. Grundsätzliche strategische Ausrichtung

Die Festlegung der grundsätzlichen strategischen Ausrichtung erfolgt auf Unternehmensebene. Grundlage hierfür ist die Positionierung der einzelnen Strategischen Geschäftseinheiten (SGE) in die Ländermarkt-Portfolios (vgl. Abschnitt B.II.2.b. in diesem Teil); auf dieser Grundlage können für die einzelnen Geschäftsfelder **Normstrategien** formuliert werden, welche im Rahmen der strategischen internationalen Geschäftsfeldplanung näher zu konkretisieren sind.

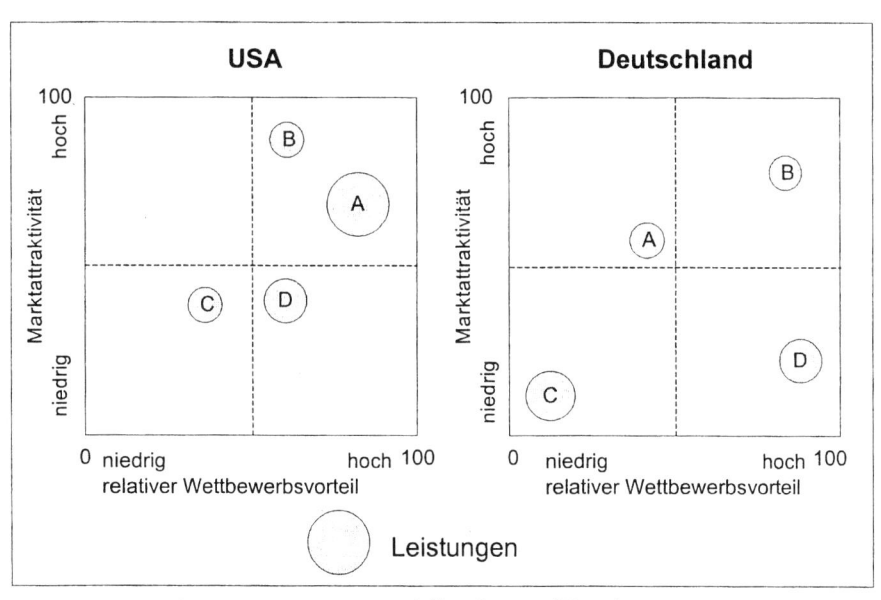

Abb. 3.39: Leistungsprogramm-Portfolios für zwei Länder

Abb. 3.39 zeigt beispielhafte Leistungsprogramm-Portfolios für zwei Länder. Die Positionierung der einzelnen Leistungen erfolgt im Beispiel anhand der mehrdimensionalen Konstrukte „Marktattraktivität" und „relativer Wettbewerbsvorteil" mit Hilfe einer gewichteten Summe der Ausprägungen der einzelnen Variablen der jeweiligen Dimension (vgl. *Hinterhuber* 2004a, S. 157 ff. und die entsprechenden Ausführungen in Abschnitt B.II.2.b). Die Größe der Kreise gibt z.B. den Umsatzanteil der betreffenden Leistung bzw. Strategischen Geschäftseinheit am Gesamtumsatz oder deren Beitrag zum Gesamtgewinn des Unternehmens an. Durch Gegenüberstellung der Portfolios der einzelnen Länder kann darüber entschieden werden, welche Leistungen in welchen Märkten ausgebaut, welche erhalten und welche abgebaut werden sollten. Im Einzelnen lassen sich folgende Normstrategien formulieren (vgl. *Berndt/Fantapié Altobelli/Sander* 1997, S. 121 ff. sowie *Berndt* 2005, S. 87 ff.):

- Im linken unteren Bereich der Portfolio-Matrix befinden sich SGEs mit geringer Marktattraktivität und schwacher Wettbewerbsposition (Dogs). Im Beispiel gilt dies für Leistung C auf beiden betrachteten Ländermärkten; diese Leistung sollte daher aus beiden Ländersortimenten eliminiert werden.
- Der rechte untere Matrix-Bereich enthält SGEs mit starker Wettbewerbsposition, aber niedriger Marktattraktivität. Üblicherweise werden sie als Cash-Cows bezeichnet, da sie Cash-Flow generieren, welcher zur Finanzierung des Wachstums anderer SGEs herangezogen werden kann. Im Beispiel betrifft das Leistung D in beiden Ländermärkten. Für Cash-Cows bietet sich eine Abschöpfungsstrategie an mit dem Ziel, ohne nennenswerten Ressourceneinsatz den Cash-Flow zu maximieren.
- Die zukünftige Entwicklung von SGEs mit schwacher Wettbewerbsposition auf einem attraktiven Markt („Question Marks" im linken oberen Bereich der Matrix) ist fraglich und hängt stark von den in sie investierten Ressourcen ab. Gelingt eine Um- oder Neupositionierung zu einem „Star", ist eine Investitions- und Wachstumsstrategie einzuschlagen; ist dies nicht möglich, empfiehlt sich ein strategischer Rückzug i.S. einer Desinvestitionsstrategie. Im Beispiel ist Leistung A auf dem deutschen Markt betroffen.
- SGEs mit starker Wettbewerbsposition auf attraktiven Märkten (im rechten oberen Bereich der Matrix) werden als „Stars" bezeichnet und stellen die künftigen Gewinnpotenziale des Unternehmens dar. Zur Finanzierung ihres Wachstums verbrauchen sie jedoch zunächst mehr Ressourcen, als sie selbst erzeugen; die erforderlichen Finanzmittel müssen daher von den Cash-Cows generiert werden. Im Beispiel hat Leistung B in beiden Ländermärkten die Position eines Stars und sollte weiter ausgebaut werden.

Die auf der Grundlage der Portfolio-Analyse formulierten Normstrategien geben lediglich die strategische Stoßrichtung für die einzelnen Geschäftsfelder aus Unternehmenssicht an; im Rahmen der Formulierung internationaler Geschäftsfeldstrategien (vgl. Abschnitt B.IV.4.) sind sie für die einzelnen Strategischen Geschäftseinheiten nach verschiedenen Kriterien (Strategie-Variation, Strategie-Stil, Strategie-Substanz und Strategie-Feld) zu präzisieren und zu konkretisieren. Des Weiteren ist das Portfolio nicht nur als Gesamtheit von strategischen Geschäftseinheiten zu betrachten, sondern auch als Portfolio von Kernkompetenzen, die verschiedenen SGEs dienen und letztlich deren Wettbewerbsvorteile mitbegründen (vgl. *Hinterhuber* 2004a, S. 192 f.). Bei der klassischen Portfolio-Analyse steht der Markt im Vordergrund; sinnvolles strategisches Handeln ist aber erst dann möglich, wenn die Ressourcenperspektive angemessen berücksichtigt wird. Die Formulierung von Strategien auf Geschäftsfeldebene hat darüber hinaus auch die gewählte Basis-Marketingstrategie (vgl. Abschnitt B.IV.3.) zu beachten, d.h. die Grundsatzentscheidung zwischen einer standardisierten und einer differenzierten internationalen Marktbearbeitung.

3. Basisstrategien des internationalen Marketing

a. Überblick

Bereits seit den 60er Jahren wird die Thematik des internationalen Marketing von der Diskussion über „Standardisierung vs. Differenzierung" geprägt (vgl. z.B. *Buzzell* 1968). Die mittlerweile entstandene Fülle an Veröffentlichungen zeigt, dass das Interesse nach wie vor ungebrochen ist; insbesondere zu Beginn der 80er Jahre wurde die Diskussion durch *Levitt* (1983) wiederbelebt. Das Entscheidungsproblem „Standardisierung oder Differenzierung" zählt immer noch zu den zentralen strategischen Aspekten des internationalen Marketing. Eng damit verbunden, jedoch nicht deckungsgleich, ist die Diskussion „Globalisierung vs. Lokalisierung".

	Strategie-Ebene	Instrumente-Ebene
Inhalte	- Marketing-Strategie	- Physisches Produkt - Markenpolitik - Kommunikationspolitik - Distributionspolitik - Preispolitik
Prozesse	- Marketing-Informationssysteme - Marketing-Planungssysteme - Marketing-Controllingsysteme - Marketing-Personalsysteme	- Produktplanung - Werbeplanung - Vertriebsplanung

Quelle: Bolz 1992, S. 10.
Abb. 3.40: Objektbereiche der Marketing-Standardisierung

Unter einer Standardisierungsstrategie versteht man die länderübergreifende Vereinheitlichung der Marketing-Aktivitäten; dabei sind zwei Stoßrichtungen zu unterscheiden, welche einzeln oder zusammen verfolgt werden können (vgl. *Sorenson/Wiechmann* 1975; *Kreutzer* 1985, S. 146; *Jain* 1989, S. 71):
– die Standardisierung der Marketing-Inhalte und
– die Standardisierung der Marketing-Prozesse.

Während die inhaltliche Standardisierung die generelle Marketing-Strategie sowie die einzelnen Marketing-Instrumente betrifft, umfasst die Prozessstandardisierung die Vereinheitlichung von Strukturen und Abläufen von Marketing-Entscheidungen (vgl. *Bolz* 1992, S. 9 ff.). Abb. 3.40 zeigt die verschiedenen Objektbereiche der Marketing-Standardisierung.

b. Standardisierung vs. Differenzierung von Marketing-Inhalten

Im Rahmen einer **inhaltlichen Standardisierung** werden die gesamte Marketingstrategie oder einzelne Elemente des Marketing-Mix weltweit einheitlich eingesetzt. Beispiele für eine – weitestgehend – standardisierte Gesamtstrategie sind Coca Cola, Levi's und Benetton. Eine inhaltliche Standardisierung wird dabei u.a.

von folgenden Faktoren begünstigt (vgl. z.B. *Jain* 1989, S. 71 ff.; *Kreutzer* 1985, S. 144 f.):
- Entstehung globaler Märkte durch Homogenisierung der Konsumentenbedürfnisse insbesondere in den Triade-Ländern,
- gleiche Phase des Produktlebenszyklus in den einzelnen Zielmärkten,
- geringe Kulturgebundenheit der Produkte,
- geringe Unterschiede in den wirtschaftlichen, soziokulturellen, rechtlichen und geographisch-infrastrukturellen Rahmenbedingungen in den Zielmärkten,
- ethnozentrische oder geozentrische Grundorientierung des Managements,
- zentralisierte Organisationsstrukturen,
- Verschärfung des Preiswettbewerbs auf vielen Märkten mit den daraus resultierenden Rationalisierungsbestrebungen,
- Globalisierungstendenzen im Medien- und Informationsbereich.

Eine Standardisierung der Marketing-Inhalte wird zum einen vielfach von solchen Unternehmen verfolgt, die eine sog. **internationale Marketingstrategie** als Ausdruck einer ethnozentrischen Grundorientierung verfolgen (vgl. *Meffert* 1985, S. 3). Charakteristisch ist dieses für ein frühes Stadium der Internationalisierung; die Aktivitäten konzentrieren sich auf den Heimatmarkt, das Auslandsengagement erfolgt überwiegend in Form einer Exportstrategie. Die Marketing-Konzeption wird weitgehend unverändert übertragen, und zwar zunächst auf solche Länder, die eine hohe Ähnlichkeit mit dem Heimatmarkt aufweisen. Zum anderen findet sich eine Standardisierung jedoch auch bei geozentrisch orientierten Unternehmen, welche eine **Globalisierungsstrategie** verfolgen (vgl. hierzu *Meffert* 1991). Hier wird die Marketing-Konzeption von vornherein für den Weltmarkt entwickelt, auf eine länderspezifische Optimierung wird zugunsten einer globalen Optimierung verzichtet (so hat Nissan auf den in vielen Ländern erfolgreich eingeführten Markennamen Datsun verzichtet, um eine weltweite einheitliche Nissan-Kampagne realisieren zu können; vgl. *Kreutzer* 1985, S. 144). Ziel dieser Strategie ist die Verbesserung der internationalen Wettbewerbsfähigkeit durch Integration und Koordination aller Unternehmensaktivitäten zu einem zusammenhängenden Gesamtsystem. Die Tochtergesellschaften operieren nicht mehr unabhängig auf nationaler Ebene, sondern sind weltweit zu Arbeitsteilung und Spezialisierung verpflichtet. Damit einhergehend ist eine Entkoppelung der Wertkette, d.h. in jedem internationalen Standort werden nur Teile des Wertschöpfungsprozesses realisiert – nämlich solche, bei denen im betreffenden Land entweder Kernkompetenzen oder komparative Kostenvorteile vorhanden sind (vgl. *Bridgewater/Egan* 2002, S. 87). Eine Globalisierungsstrategie geht dabei weiter als eine reine inhaltliche Standardisierung: Sie richtet sich nicht nur auf den Markt, sondern auch auf den Innenbereich des Unternehmens (vgl. *Kreutzer* 1987, S. 167 f.), d.h. sie umfasst nicht nur den Marketing-Bereich, sondern auch sämtliche Management-Funktionen.

Vorteilhaft an einer Standardisierungsstrategie sind (vgl. *Meffert* 1989, S. 447; *Hünerberg* 1994, S. 415; *Meffert/Bolz* 1995, S. 100 ff.):
- Kostenersparnisse durch Ausnutzung von Volumen-, Spezialisierungs- und Lerneffekten,

- Förderung eines international einheitlichen Erscheinungsbildes im Sinne einer Corporate Identity,
- Erleichterung einer globalen Optimierung der Marketing-Aktivitäten,
- Erhöhung des Kundennutzen durch einheitliche Standards (z.B. in der Computerindustrie).

Als **nachteilig** erweist sich insbesondere die mangelnde Berücksichtigung länderspezifischer Konsumentenbedürfnisse und - damit verbunden - Umsatzeinbußen infolge einer unzureichenden zielgruppenspezifischen Ansprache. Damit wird deutlich, dass einer völligen Standardisierung Grenzen gesetzt sind, die zum einen aus unterschiedlichen kulturellen, rechtlichen und technologischen Gegebenheiten resultieren, zum anderen aber auch aus organisatorischen Bedingungen wie z.B. dem Ausmaß an Entscheidungsdelegation in multinationalen Unternehmen (vgl. *Paliwoda/Thomas* 1998, S. 361 ff.; *Meffert/Bolz* 1998, S. 158 ff.). So kann bei Vorhandensein von vergleichsweise unabhängig operierenden Tochtergesellschaften die Durchsetzung einer Standardisierungsstrategie auf erhebliche Widerstände stoßen. Einer Studie von *Kashani* (1990) zufolge können solche Widerstände jedoch durch folgende Faktoren überwunden werden (vgl. *Kashani* 1990, S. 752 ff.):

- Vorhandensein von Promotoren im Management,
- Vorhandensein positiver Testergebnisse,
- Einbeziehung der Tochtergesellschaften bei der Entscheidungsfindung z.B. durch Bildung international besetzter Teams,
- Beibehaltung eines Mindestmaßes an Flexibilität zwecks Berücksichtigung länderspezifischer Besonderheiten.

Eine **inhaltliche Differenzierung** ist Ausdruck einer polyzentrischen Grundorientierung des Managements und beinhaltet eine länderspezifische Anpassung der Marketing-Konzeption. Eine völlige Differenzierungsstrategie impliziert, dass die einzelnen Ländermärkte weitestgehend unabhängig voneinander bearbeitet werden.

Eine Differenzierung wird vornehmlich in solchen Unternehmen vorgenommen, die eine sog. **multinationale Marketingstrategie** verfolgen (vgl. hierzu z.B. *Meffert* 1985, S. 4 und *Meffert* 1989). Eine weltweit optimale Strategie wird hier bewusst zugunsten unterschiedlicher national-optimaler Strategien zurückgestellt, der Markt wird sowohl international als auch intranational stark segmentiert. Die Tochtergesellschaften verfügen über weitgehende Entscheidungsbefugnisse, die Muttergesellschaft übernimmt überwiegend Koordinationsfunktionen im Hinblick auf die Erreichung der globalen Unternehmensziele (vgl. hierzu die Ausführungen in Kap. B des 1. Teils).

Vorteilhaft an einer Differenzierungsstrategie ist die gezielte Berücksichtigung länderspezifischer Faktoren und - damit einhergehend - die Möglichkeit, höhere Umsätze zu realisieren. **Nachteilig** sind die höheren Kosten der Marktbearbeitung, der höhere Abstimmungs- und Koordinationsaufwand wie auch die Gefahr, dass ein diffuses internationales Erscheinungsbild entsteht.

Die beiden Alternativen „Standardisierung" und „Differenzierung" stellen lediglich Extrempunkte auf einem Kontinuum dar und sind in reiner Form nur selten anzutreffen; in der Praxis herrschen vielfach **Mischstrategien** vor, wie z.B. (vgl. *Hummel* 1994, S. 6 ff.):
- eine segmentorientierte Standardisierung etwa nach Ländergruppen oder länderübergreifenden Zielgruppen oder
- eine Standardisierung von lediglich einem Teil der Marketing-Instrumente, z.B. Produkteigenschaften, Markenname, Distributionswege, Preise und Konditionen.

Objekt der inhaltlichen Standardisierung können im Prinzip alle Elemente des Marketing-Mix sein. Eine Standardisierung der **internationalen Produktpolitik** beinhaltet das Angebot derselben, bis auf geringfügige Anpassungen unmodifizierten Produkte auf allen bearbeiteten Ländermärkten; Voraussetzungen sind:
- die weltweite Existenz von ähnlichen Bedürfnissen,
- die geringe Kulturgebundenheit der Produkte sowie
- eine universelle Markenbekanntheit.

Eine **Produktstandardisierung** kann dabei zum einen als unmodifizierte Übertragung der Produktkonzeption auf die Auslandsmärkte erfolgen (bei ethnozentrischer Grundorientierung), zum anderen im Rahmen der Entwicklung globaler Produkte für den Weltmarkt bei geozentrischer Grundorientierung (vgl. hierzu ausführlich *Berndt/Fantapié Altobelli/Sander* 1997, S. 68 ff.).

Eine **differenzierte Produktstrategie** beinhaltet hingegen zum einen eine länderspezifische Anpassung der bisherigen Produktkonzeption (internationale Produktdifferenzierung), zum anderen die Entwicklung neuer, spezifischer Produkte für die bearbeiteten Auslandsmarktsegmente (länderspezifische Produktinnovation). Gerade durch eine Produktstandardisierung lassen sich erhebliche Kostenersparnisse in F&E und Produktion erzielen; durch modulare Bauweise i.S. einer Komponenten-Standardisierung können jedoch auch im Rahmen einer differenzierten Strategie Kostenersparnisse erzielt werden (vgl. *Kreutzer* 1985, S. 150).

Im Rahmen der **internationalen Preispolitik** bestehen grundsätzlich folgende Optionen (vgl. ausführlich *Berndt/Fantapié Altobelli/Sander* 1997, S. 169 ff.):
- Standardisierungsstrategie,
- duale Preisstrategie,
- Differenzierungsstrategie sowie
- Preiskorridorstrategie.

Eine **Standardisierungsstrategie** sieht einheitliche Preise in allen bearbeiteten Ländern vor; als Beispiel sei hier die Preisstrategie von Swatch angeführt. Dem Nachteil der Nichtberücksichtigung einer länderspezifisch unterschiedlichen Zahlungsbereitschaft stehen die Vorteile des Aufbaus eines länderübergreifend einheitlichen Preisimages, die Vermeidung einer Verunsicherung bzw. Verärgerung von Endabnehmern und Konsumenten wie auch eine Verringerung des unternehmensinternen Wettbewerbs und des Ausmaßes grauer Märkte gegenüber (vgl. *Kreutzer* 1990, S. 301 ff.).

Im Rahmen einer **dualen Preisstrategie** (vgl. *Czinkota/Ronkainen* 2004, S. 277.) erfolgt eine Kalkulation der Inlandspreise auf Vollkostenbasis; die Exportpreise werden hingegen auf Teilkostenbasis kalkuliert, sodass diese u.U. niedriger als die Inlandspreise ausfallen können. Offensichtlich ist hier die Gefahr einer Dumping-Klage; für ethnozentrisch orientierte Unternehmen, welche die Exporttätigkeit lediglich als Zusatzgeschäft auffassen, ist diese Strategie jedoch geeignet.

Eine **Differenzierungsstrategie** zielt i.S. einer regionalen Preisdifferenzierung auf eine Abschöpfung der Konsumentenrente in den einzelnen Ländern ab und entspricht somit einer nachfrageorientierten Preisbestimmung. Aufgrund der Interdependenz der Märkte stößt diese Strategie jedoch an Grenzen.

Die **Preiskorridorstrategie** beinhaltet schließlich eine Synthese aus Standardisierung und Differenzierung (vgl. *Kreutzer* 1990, S. 309; *Simon* 1992, S. 478 f.). Ausgehend von einem Referenzpreis (z.B. Inlandspreis) wird eine Bandbreite festgelegt, innerhalb derer sich die in den einzelnen Ländern geforderten Preise bewegen dürfen. Auf diese Weise wird eine gewisse Preisstandardisierung gewährleistet bei gleichzeitiger Flexibilität bzgl. der Berücksichtigung länderspezifischer Besonderheiten.

Auch im Rahmen der **Kommunikationspolitik** sind diverse Optionen gegeben (vgl. *Kanso* 1992; *Berndt/Fantapié Altobelli/Sander* 1995 und 1997, S. 271 f.). Im Rahmen einer **standardisierten Strategie** wird dasselbe Kommunikationskonzept - bis auf eine ggf. erforderliche sprachliche Anpassung - in allen bearbeiteten Ländermärkten eingesetzt. Zur Vermeidung sprachlicher Probleme wird dabei häufig auf Text verzichtet, wie z.B. bei der TV-Kampagne von Levi's. Voraussetzungen hierfür sind die Existenz globaler Märkte und einheitlicher Zielgruppen in den verschiedenen Ländern.

Bei einer **differenzierten Strategie** werden hingegen länderspezifische Kommunikationskonzepte realisiert; diese Strategie kann bei starken kulturellen Unterschieden zwischen den einzelnen Ländern geboten sein. Neben diesen beiden Extrempositionen existieren zahlreiche Abstufungen, z.B.
- die Vorgabe einer internationalen Dachkampagne, die länderspezifisch konkretisiert werden kann (diese Strategie findet sich z.B. bei Seife der Marke Lux), oder
- die Realisierung einer standardisierten Werbekampagne, die durch länderspezifische Sales-Promotions-Maßnahmen ergänzt wird (Beispiel: Swatch).

Die **Vorteile** einer Standardisierung liegen in geringeren Produktionskosten der Werbemittel, in der Einsatzmöglichkeit internationaler Medien und in der Erzielung eines international einheitlichen Image; **nachteilig** sind die mangelnde Berücksichtigung kultureller Unterschiede und unterschiedlicher Konsumgewohnheiten (vgl. z.B. *Meffert* et al. 1986).

Von allen Marketing-Instrumenten bietet die **Distributionspolitik** die geringsten Möglichkeiten zur Standardisierung; dies liegt insbesondere in teilweise starken Unterschieden der Distributionsstrukturen in den einzelnen Ländern wie auch in unterschiedlichen Einkaufsgewohnheiten seitens der Konsumenten. Eine Standardisierung lässt sich insbesondere beim direkten Vertrieb realisieren, aber auch im Rahmen vertraglicher Vertriebssysteme wie z.b. Franchise-Konzepten (vgl. *Meffert/Bolz* 1998, S. 229 f.).

c. Standardisierung vs. Differenzierung von Marketing-Prozessen

Die Bedeutung von Marketing-Prozessen wird deutlich, wenn man sich vergegenwärtigt, dass gerade multinationale Unternehmen mit vergleichsweise autonomen Tochtergesellschaften vor der Notwendigkeit stehen, die dadurch entstehenden Informations-, Planungs- und Kontrollprozesse länderübergreifend abzustimmen, um die gewählte Internationalisierungsstrategie zu implementieren. Aber auch Unternehmen mit weniger kapital- und managementintensiven Formen des Auslandsengagements stehen häufig vor der Frage, inwieweit eine Standardisierung von Marketing-Prozessen zu einer Effizienzsteigerung beitragen kann. Unter einer Prozessstandardisierung versteht man dabei die einheitliche Strukturierung und ablauforganisatorische Vereinheitlichung u.a. von Informations-, Planungs- und Kontrollprozessen (vgl. *Meffert/Bolz* 1998, S. 277). Solche Prozesse umfassen u.a. (vgl. *Kreutzer* 1987, S. 168):

– Strukturen und Ansätze zur Entwicklung, Durchsetzung und Kontrolle von Marketing-Konzeptionen,
– Informations- und Führungsprozesse,
– Personalauswahl- und Personalentwicklungsprozesse.

Wie bereits im Rahmen der Standardisierung von Marketing-Inhalten deutlich wurde, handelt es sich bei den Optionen „Prozessstandardisierung" und „Prozessdifferenzierung" um Extrempunkte auf einem Kontinuum (vgl. Abb. 3.41): Folgende **Intensitätsstufen einer Prozessstandardisierung** können unterschieden werden (vgl. *Kreutzer* 1987, S. 168):

– **Umfassende Prozessstandardisierung:** Die Marketing-Prozesse werden weitestgehend vereinheitlicht, der einzelne Mitarbeiter hat kaum Möglichkeit, selbst in die Aktivitätenabfolge und -ausgestaltung einzugreifen. Dadurch wird ein sog. **routiniertes Verhalten** erreicht.
– **Rahmenstandardisierung** („guidelines"): Es werden Richtlinien zur Prozessgestaltung vorgegeben, die konkrete Ausgestaltung wird jedoch dem Einzelnen überlassen; hierdurch soll ein sog. **adaptives Verhalten** erreicht werden.
– **Prozessdifferenzierung:** In diesem Falle wird weitestgehend auf eine Standardisierung verzichtet, um bei den Mitarbeitern **innovatives Verhalten** zu erzielen.

Betrachtet man die verschiedenen Arten von Marketing-Prozessen, so bestehen vielfältige Möglichkeiten der Standardisierung. Eine besondere Bedeutung kommt **Marketing-Informationssystemen** zu. Hierzu gehören sowohl interne als auch externe Informationsprozesse i.S. der internationalen Marktforschung (vgl. *Meffert/Bolz* 1998, S. 277 f.; *Kreutzer* 1987, S. 171). Eine Standardisierung interner Informationsprozesse setzt an Firmensprache, Form der Informationsvermittlung, Informationskanälen usw. an; von Bedeutung sind in diesem Zusammenhang neue Medien wie Business TV, Intranet und Extranet. Eine Standardisierung der externen Informationserhebung beinhaltet hingegen eine Vereinheitlichung von Erhebungsmethoden und Auswertungsverfahren, um eine länderübergreifende Vergleichbarkeit der Marktforschungsergebnisse zu erzielen (vgl. hierzu Kap. B im 2. Teil).

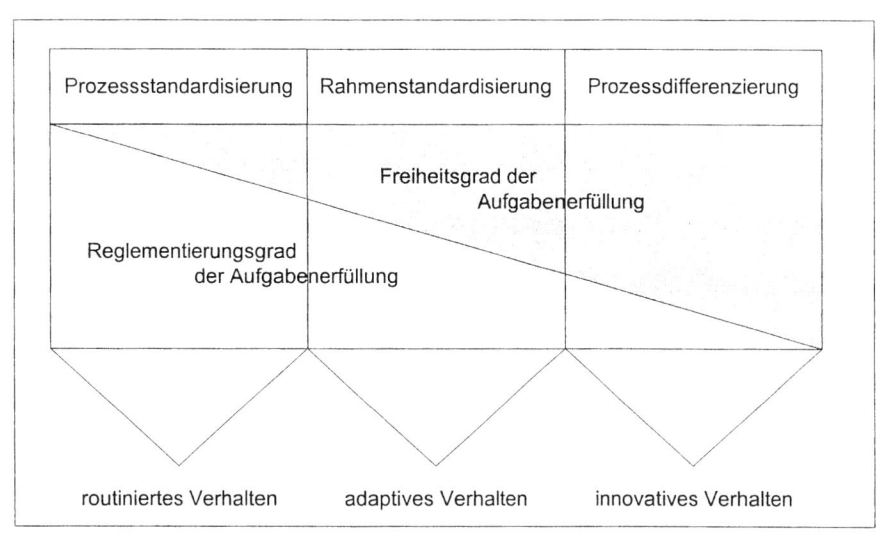

Quelle: Nach Kreutzer 1987, S. 168.
Abb. 3.41: Kontinuum der Prozessstandardisierung

Eine Standardisierung von **Marketing-Planungs- und Kontrollprozessen** findet ihren Ausdruck in der Vorgabe einheitlicher Planungs- und Kontrollrichtlinien zu den Bereichen der Strategiegenerierung sowie der Ziel-, Maßnahmen- und Realisationsplanung. Hierzu gehören z.B. eine Vereinheitlichung der Planungsverfahren, einheitliche Methoden zur Messung der Zielerreichung, eine Standardisierung von Verfahren der Instrumentebudgetierung, einheitliche Kontrollinstrumente wie Kennzahlen und Ergebnisrechnungen sowie einheitliche Toleranzgrenzen für Abweichungsanalysen (vgl. *Kreutzer* 1987, S. 171 f.). Ziel ist eine länderübergreifende Vorauskoordination von dezentralen Aktivitätenprogrammen.

Durch den Einsatz weltweit standardisierter Verfahren der **Personalauswahl und Personalentwicklung** kann ein international einheitliches Corporate Behavior erreicht werden (vgl. hierzu *Berndt/Fantapié Altobelli/Sander* 1997, S. 290 ff.). Dies gilt insbesondere für Führungskräfte, welche das Unternehmensleitbild weltweit propagieren müssen; zudem wird die internationale Zusammenarbeit dadurch erleichtert. Diese Strategie wird z.B. bei Procter & Gamble durch eine entsprechende Stellenbesetzungspolitik realisiert (vgl. *Kreutzer* 1987, S. 172). Unterstützt werden kann das internationale Corporate Behavior durch entsprechende Maßnahmen der Personalentwicklung, z.B. durch einheitliche Management- und Weiterbildungsprogramme, eine Global Job Rotation, institutionalisierte Gesprächskreise u.a.

Vorteilhaft sind an einer Prozessstandardisierung folgende Punkte (vgl. *Kreutzer* 1985, S. 173 ff.; *Meffert/Bolz* 1995, S. 100 ff.):
- die Realisierung von Economies of Scope durch die Nutzung gemeinsamer Ressourcen in verschiedenen Ländern, z.B. Planungs- und Kontrollkonzepte,
- Verbesserung von Koordination und Integration der Aktivitäten international verstreuter Unternehmensteile,
- Verbesserung des Know-how-Transfers durch Institutionalisierung und Standardisierung des Informationsflusses,
- schnellere Umsetzung neuer Konzepte und Strategien in den einzelnen Auslandsniederlassungen.

Nachteile der Prozessstandardisierung liegen vor allem
- in der Gefahr, dass sich Mitarbeiter durch starre Schemata in ihrer Entscheidungsfreiheit behindert fühlen und demotiviert reagieren;
- in einer geringen Flexibilität, welche z.B. bei der Entwicklung von neuen Produkten oder kommunikativen Kampagnen die Kreativität hemmt;
- in einer starken Konformität, welche sog. „produktive Konflikte" verhindert;
- in dem Aufkommen von „not-invented-here"-Problemen in den Auslandsniederlassungen aufgrund zu starrer Vorgaben durch die Unternehmenszentrale.

d. Empirische Befunde

Zum Ausmaß der **Standardisierung von Marketing-Inhalten** liegt eine Vielzahl empirischer Studien vor (vgl. den ausführlichen Überblick bei *Richter* 2002, S. 19 ff.). Bedingt durch unterschiedliche Forschungsziele, unterschiedliche Forschungsdesigns sowie unterschiedliche regionale Bezüge sind die Ergebnisse jedoch teilweise widersprüchlich. In der Tendenz findet sich das höchste Ausmaß an Standardisierung im Bereich der Produktpolitik, wohingegen die übrigen Marketing-Instrumente häufig den länderspezifischen Gegebenheiten angepasst werden (vgl. hierzu auch den Überblick bei *Theodosiou/Leonidou* 2003).

Eine Befragung von 125 deutschen Unternehmen der Investitionsgüterbranche ergab, dass nur eine Minderheit eine völlige inhaltliche Standardisierung betreibt; die meisten Unternehmen differenzieren zumindest teilweise, z.B. die Produktkonzeption und/oder die Werbekonzeption (vgl. *Langner* 1996, S. 9 f.). Abb. 3.42 zeigt die Ergebnisse der Untersuchung differenziert nach Unternehmensgrößenklassen.

Die Untersuchung von *Richter* (2002) unter den Top 500 deutschen Unternehmen ergab, dass die Produktpolitik am stärksten standardisiert wird. Abb. 3.43 zeigt das Ausmaß an Standardisierung der einzelnen Marketing-Instrumente.

Produktqualität und Markenname werden im Rahmen des Produktmix am häufigsten standardisiert; Nebenleistungen wie After Sales Service und Garantie werden hingegen stärker den lokalen Gegebenheiten angepasst. Die Instrumente im Rahmen des Kommunikationsmix weisen insgesamt ein mittleres Ausmaß an Standardisierung auf; die Verteilung von Produktproben und der Einsatz von Displays werden etwas stärker standardisiert, der Einsatz von Werbeagenturen ist eher lokal. Bei der Preispolitik fällt insgesamt auf, dass die eingesetzten Methoden zur Preisbestimmung – als Ausdruck einer Prozessstandardisierung – eher vereinheitlicht werden als die Preishöhe selbst. Im Rahmen der Distributionspolitik wird das höchste Ausmaß an Standardisierung bei den Aufgaben der Vertriebsmitarbeiter erreicht.

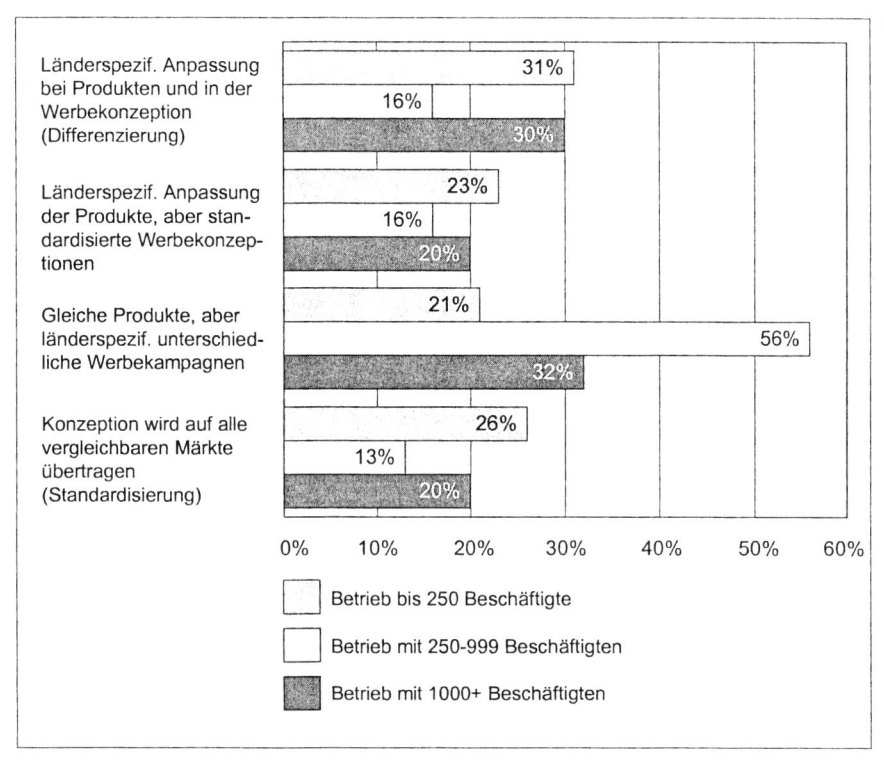

Quelle: Langner 1996, S. 10.
Abb. 3.42: Konzeption internationaler Marketingstrategien

Eine Standardisierung des Marketing-Mix bzw. einzelner Marketing-Mix-Elemente wird dabei von folgenden **Faktoren** begünstigt (vgl. *Richter* 2002, S. 193 ff.):
- Vergleichbare Konsumentenmerkmale und Konsumentenverhalten in Heimatland und Zielmärkten,
- ähnlich hoher Marktanteil in Heimatland und Zielmärkten,
- geringes Ausmaß an Rivalität unter den Wettbewerbern,
- Ähnlichkeit der Zielgruppen in Heimatland und Zielmärkten,
- ähnliche Produktpositionierung in Heimatland und Zielmärkten,
- Ähnlichkeit der jeweils vorhandenen Marketing-Infrastruktur.

Produktpolitik	Mittelwert*	Kommunikationspolitik	Mittelwert*
Qualität von Produkt/Service	2,01	Verteilung kostenloser Produktproben	2,40
Markenname	2,15	Einsatz von Displays	2,51
Design	2,17	Hörfunkwerbung	2,56
Merkmale von Produkt/Service	2,19	Fernsehwerbung	2,57
Verpackung	2,28	Events und Sponsoring	2,58
Etikettierung	2,31	Public Relations	2,58
Image von Produkt/Service	2,31	Kundenschulung	2,59
After Sales Service	2,50	Sales Promotions	2,59
Garantie	2,53	Persönlicher Verkauf	2,63
		Printwerbung	2,64
		Werbebotschaft	2,67
		Einsatz des Internet	2,69
		Allgemeine Rolle der Werbung	2,73
		Allokation des Werbebudgets	2,77
		Herangezogene Werbeagentur	3,00
Kontrahierungspolitik	**Mittelwert***	**Distributionspolitik**	**Mittelwert***
Methode zur Bestimmung des Endverbraucherpreises	2,60	Aufgaben der Vertriebsmitarbeiter	2,42
Zahlungsbedingungen für den Handel	2,64	Distributionskanäle	2,50
Methode zur Bestimmung des Abgabepreises an den Handel	2,71	Vertriebsmanagement	2,62
Zahlungsbedingungen für Endverbraucher	2,77	Geographische Konzentration von Distributionsstätten	2,73
Abgabepreis an den Handel	2,78	Regionale Vertriebsorganisation	2,74
Preisnachlässe für den Handel	2,80	Verhandlungsmacht des Handels	2,97
Preisnachlässe für Endverbraucher	2,87		
Endverbraucherpreis	2,87		

*: Mittelwerte des Ausmaßes an Standardisierung mit 1 = identisch, 5 = hochgradig unterschiedlich

Quelle: In Anlehnung an Richter 2002, S. 151 f.

Abb. 3.43: Ausmaß an Standardisierung des Marketing-Instrumentariums

Auch die explorative Untersuchung von *Belz/Müllner/Senn* (1999) unter führenden Industriegüteranbietern in 14 Ländern bestätigte, dass die Produktpolitik am stärksten standardisiert wird; hingegen wird der Preis am stärksten differenziert (vgl. Abb. 3.44.).

Marketing-Instrument	Hohe Standardisierung	Mittlere Standardisierung	Geringe Standardisierung
Produkt	69%	24%	7%
Service	58%	22%	20%
Distribution	54%	26%	20%
Kommunikation	50%	37%	13%
Preis	28%	28%	44%

Messung auf einer sechsstufigen Ratingskala mit 1 = gering standardisiert, 6 = hoch standardisiert. Bildung von drei Kategorien: Hoch = 6 + 5, Mittel = 4 + 3, Gering = 2 + 1.

Quelle: Belz/Müllner/Senn 1999, S. 23.

Abb. 3.44: Standardisierung der einzelnen Marketing-Instrumente in der Industriegüterbranche

Gabrielsson/Gabrielsson (2003) untersuchen die Marketingstrategien globaler Unternehmen in der Informations- und Kommunikationstechnologie-Branche; hierbei unterscheiden sie zwischen Unternehmen, die von Beginn an eine Globalisierungsstrategie verfolgten (Born Globals) und solchen, welche die Globalisierung erst als letzte Stufe im Internationalisierungsprozess erreicht haben (Globalising Internationals). Die Ergebnisse der Untersuchung sind in Abb. 3.45 zusammengefasst. Deutlich wird, dass globale Unternehmen von vornherein eine weltweite Standardisierungsstrategie verfolgen, wohingegen globalisierende internationale Unternehmen zunächst eine länderspezifische Anpassung der Strategie vornehmen und erst in einer späteren Phase zu einer Standardisierungsstrategie übergehen.

Phase im Internationalisierungsprozess	Internationaler Markteintritt und Marktdurchdringung		Globale Orientierung	
Strategischer Ansatz	*Globalisierende internationale Unternehmen (Globalising Internationals)*	*Globale Unternehmen (Born Globals)*	*Globalisierende internationale Unternehmen (Globalising Internationals)*	*Globale Unternehmen (Born Globals)*
Zentrale strategische Dimensionen	• Eintritt in und Durchdringung von internationalen Märkten • Marktausschöpfung • Ausnutzung vorhandener Ressourcen • Identifkation neuer Marktsegmente		• Globale Integration, Koordination und Ausrichtung • Focus auf Kernkompetenzen • Vertikale und zunehmend horizontale Integration durch Kooperation • Identifikation globaler Segmente	• Globale Ausrichtung • Focus auf Kernkompetenzen • Horizontale Integration durch Kooperation • Identifikation globaler Nischen
Standardisierung von Produkt- und Marketingstrategie	Adaption von Produkt- und Marketingprogrammen sowie von Managementprozessen in den einzelnen Zielländern	*Globale Unternehmen überspringen diese Phase und sind von Beginn an global orientiert*	Länderübergreifende Standardisierung von Produkt- und Marketingprogrammen sowie von Managementprozessen	Standardisierung von Produkt- und Marketingprogrammen sowie von Managementprozessen von Anfang an
Kooperation in strategischen Netzwerken	Vertikale Kooperationen in Produktmanagement und Marketing		Vertikale und zunehmend auch horizontale Kooperationen in Produktmanagement und Marketing	Horizontale Kooperationen in Produktmanagement und Marketing
Typische Unternehmen der IuK-Branche	Mittelgroße bis große diversifizierte Unternehmen mit häufig ethnozentrischer Orientierung		Großunternehmen die zunächst internationalisierten und anschließend globalisierten	Kleine Unternehmen die von Beginn an globalisierten

Quelle: Gabrielsson/Gabrielsson 2003, S. 141.

Abb. 3.45: Globale Produkt- und Marketingstrategien von globalisierenden internationalen Unternehmen und globalen Unternehmen

Etwas anders verhält es sich bei der Standardisierung von Marketing-Inhalten im Handel (vgl. *Ferring* 2001, S. 242 ff.). Ein vergleichsweise hohes Ausmaß an

Standardisierung findet nur im Hinblick auf Betriebstyp, Betriebstypenpositionierung, Standortpolitik und Preispositionierung im Vergleich zur Konkurrenz statt; das Marketing-Instrumentarium wird hingegen i.d.R. lokalen Gegebenheiten angepasst. Ausnahmen stellen die Warenpräsentation, die Verkaufsraumgestaltung und die formale Werbebotschaftsgestaltung dar. Als wichtigste Barrieren für eine umfassende Standardisierung von Marketingaktivitäten wurden dabei folgende genannt (Mittelwerte; 1 = stimme voll und ganz zu; 5 = stimme überhaupt nicht zu):
– unterschiedliche Kaufkraftverhältnisse (2,37),
– Unterschiede in den Rechtsvorschriften (2,49),
– unterschiedliche gesamtwirtschaftliche Entwicklungen (2,54),
– unterschiedliche Preis- bzw. Qualitätsvorstellungen der Nachfrager (2,65) sowie
– Unterschiede in den Nachfragestrukturen/-präferenzen (2,66).

Die Frage, welche Strategie - Standardisierung oder Differenzierung - den größeren Beitrag zum **Unternehmenserfolg** leistet, kann nicht eindeutig beantwortet werden. *Fraser* und *Hite* (1990) konnten einen tendenziell insgesamt positiven Zusammenhang zwischen Produktstandardisierung bzw. Standardisierung der Werbung und dem an Marktanteil und RoI gemessenen Erfolg feststellen - allerdings nur für europäische und englischsprachige Märkte (vgl. *Fraser/Hite* 1990, S. 249 ff.). Auch *Kotabe/Okoroafo* (1990) konnten für den US-amerikanischen Markt einen positiven Zusammenhang zwischen Produktstandardisierung und Erfolg nachweisen (vgl. *Kotabe/Okoroafo* 1990, S. 353 ff.). Einer Untersuchung von *Bolz* (1992) zufolge wirken sich insbesondere die Standardisierung der Produkt- und Distributionspolitik erfolgssteigernd aus, eine Standardisierung der Kommunikationspolitik beeinflusst den Unternehmenserfolg hingegen negativ; hinsichtlich einer Standardisierung der Preispolitik konnten keine eindeutigen Aussagen getroffen werden (vgl. *Meffert/Bolz* 1995, S. 104 f.). Der Untersuchung von *Richter* (2002) zufolge wird der finanzielle Erfolg durch ein hohes Maß an Standardisierung insgesamt begünstigt; die Hypothese, dass ein geringes Ausmaß an Standardisierung die Kundenzufriedenheit positiv beeinflusst, konnte hingegen nicht bestätigt werden (vgl. *Richter* 2002, S. 267). Die Studie von *Albaum/Tse* (2001) konnte keinen signifikanten Zusammenhang zwischen Differenzierung des Marketing-Instrumentariums und Unternehmenserfolg nachweisen. Diese teilweise widersprüchlichen Ergebnisse lassen sich nach *Özsomer/Prussia* (2000) darauf zurückführen, dass in den meisten Studien situative Variablen vernachlässigt wurden. In ihrer eigenen Untersuchung konnten sie nachweisen, dass eine differenzierte Marketing-Strategie in Verbindung mit dezentralisierten Strukturen einen signifikanten positiven Einfluss auf den Unternehmenserfolg hat.

Die Vielzahl an empirischen Studien der letzten 40 Jahre zu dieser Thematik hat die Standardisierungs-Differenzierungs-Debatte nicht befriedigend lösen können. *Ryans/Griffith/White* (2003) bemängeln, dass die wissenschaftliche Forschung in diesem Bereich durchweg ohne einen fundierten theoretischen Bezugsrahmen erfolgt ist – angefangen mit der Tatsache, dass die verschiedenen Autoren die Begriffe "Standardisierung" und „Unternehmenserfolg" unterschiedlich definieren. Auch *Theodosiou/Leonidou* (2003) führen die widersprüchlichen Ergebnisse in diesem Forschungsfeld auf ungeeignete Konzeptualisierungen, mangelhafte Forschungsdesigns und schwache Analysetechniken zurück. Auf der Grundlage einer Meta-Analyse von 36 empirischen Studien kommen die Autoren zum Ergebnis, dass die Entscheidung „Standardisierung vs. Differenzierung" und der damit zu erzielende Unternehmenserfolg sehr stark von spezifischen situativen Faktoren auf den einzelnen ausländischen Märkten abhängt (vgl. hierzu auch *Cavusgil/Zou* 1994).

Auch hinsichtlich der Erfolgswirksamkeit standardisierter **Marketing-Prozesse** liegen verschiedene empirische Studien vor, welche jedoch ebenfalls zu teilweise widersprüchlichen Ergebnissen führen. Tendenziell trägt ein höheres Ausmaß an Prozessstandardisierung und Formalisierung positiv zum Erfolg des Gesamtunternehmens bei, wohingegen der Erfolg einzelner Ländergesellschaften dadurch häufig beeinträchtigt wird; dies hängt jedoch auch von der Unternehmensgröße ab (vgl. *Meffert/Bolz* 1995, S. 102 f.). Aus der bereits zitierten Studie von *Bolz* (1992) resultiert, dass eine Prozessstandardisierung lediglich die Kostenkomponente des Marktbearbeitungserfolgs erklärt, auf den Umsatzerfolg hingegen kaum Einfluss hat. Einen insgesamt positiven Beitrag zum Erfolg leistet dabei lediglich die Standardisierung von Informationsprozessen; eine Standardisierung der Planungs- und Personalprozesse wirkt sich hingegen negativ auf den Kostenerfolg aus. Als Grund können steigende Koordinationskosten aufgrund von Flexibilitätsverlusten oder mangelnder Ressourcennutzung angeführt werden (vgl. *Meffert/Bolz* 1995, S. 105).

4. Internationale Geschäftsfeldstrategien

a. Überblick

Internationale Geschäftsfeldstrategien legen fest, wie die Strategischen Geschäftseinheiten eines international tätigen Unternehmens auf den einzelnen Ländermärkten agieren sollten, um einen Beitrag zur langfristigen Erreichung der Gesamtunternehmensziele zu leisten. Die internationale Basis-Marketingstrategie auf Unternehmensebene wird somit für die einzelnen Geschäftsfelder konkretisiert; dies geschieht durch die Festlegung folgender Bausteine (vgl. Abb. 3.46):
– Strategie-Variation,
– Strategie-Stil,
– Strategie-Substanz,
– Strategie-Feld
(vgl. *Kuß/Tomczak* 2004, S. 173).

Die **Strategie-Variation** legt das Ausmaß fest, in welchem die in den einzelnen Ländermarktsegmenten verfolgte Marketing-Strategie zu ändern ist; die Optionen reichen von der Beibehaltung der bisherigen Marktposition bis hin zur völligen Neupositionierung des betrachteten Geschäftsfelds. Der **Strategie-Stil** beschreibt das Verhalten gegenüber der internationalen und lokalen Konkurrenz auf den einzelnen Ländermärkten: einerseits, ob eher offensiv oder eher defensiv, andererseits, ob innovativ oder konventionell. Im Rahmen der **Strategie-Substanz** wird festgelegt, welcher Nutzen den Kunden angeboten werden soll - Leistungsvorteil vs. Preisvorteil. Schließlich bezeichnet das **Strategie-Feld** das Ausmaß der Marktabdeckung, d.h. ob der Gesamtmarkt oder eine oder mehrere Marktnischen bearbeitet werden sollen. Die gesamte Geschäftsfeldstrategie ergibt sich somit als Kombination der Ausprägungen der einzelnen Bausteine (vgl. Abb. 3.47).

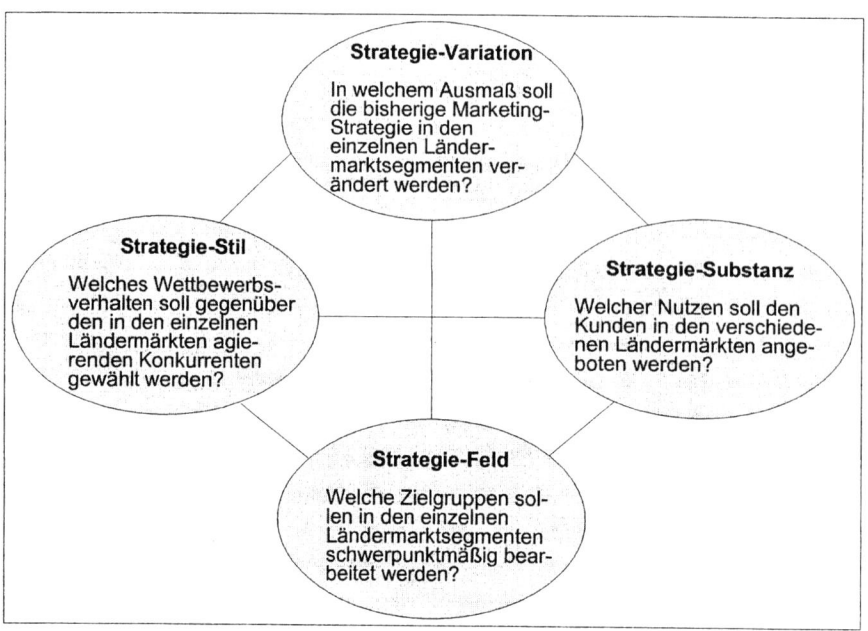

Quelle: In Anlehnung an Kuß/Tomczak 2004, S. 173.
Abb. 3.46: Elemente einer internationalen Geschäftsfeldstrategie

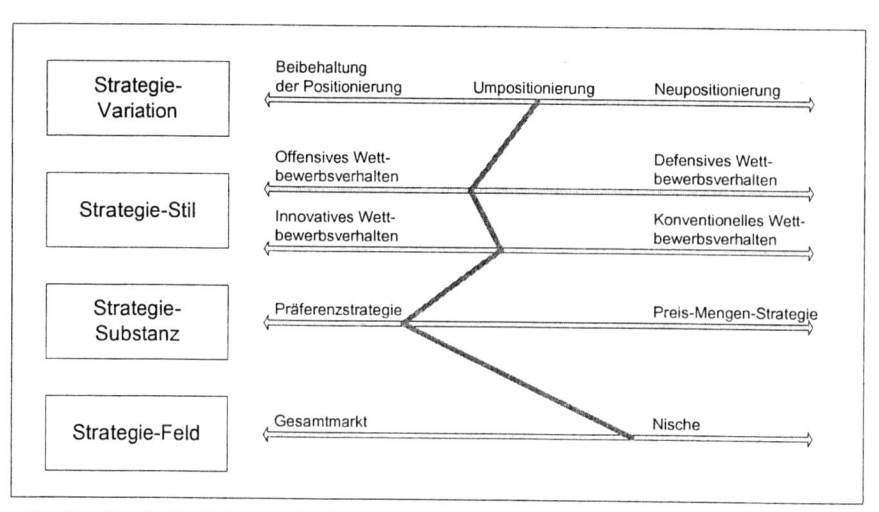

Quelle: Nach Kuß/Tomczak 2004, S. 201.
Abb. 3.47: Marketingstrategie auf Geschäftsfeldebene

Im Rahmen einer internationalen Geschäftsfeldstrategie können grundsätzlich alle o.g. Bausteine standardisiert oder differenziert werden. Einer empirischen Untersuchung von *Haedrich/Jenner* (1995) für die deutsche Konsumgüterindustrie zufolge hat die Standardisierung oder Differenzierung einzelner Bausteine keinen signifikanten Einfluss auf den Unternehmenserfolg, sodass keine allgemeingültige Empfehlung möglich ist. Aus diesem Grunde wurde im Rahmen eines situativen Ansatzes untersucht, welche Rolle die Ausgangssituation eines strategischen Geschäftsfelds auf den Erfolg einer standardisierten oder differenzierten Marktbearbeitung spielt. Es zeigte sich, dass die Konsumentensituation und die Wettbewerbsposition des strategischen Geschäftsfelds im Vergleich zum stärksten Wettbewerber das Standardisierungspotenzial internationaler Marktbearbeitungsstrategien am stärksten beeinflussen, wohingegen die Variablen „Produktkategorie", „Wettbewerbsintensität" und „Handelssituation" lediglich das Ausmaß der Marktabdeckung beeinflussen (vgl. *Jenner* 1996, S. 56). Abb. 3.48 zeigt die statistisch signifikanten Beziehungen (5%-Niveau) im Überblick.

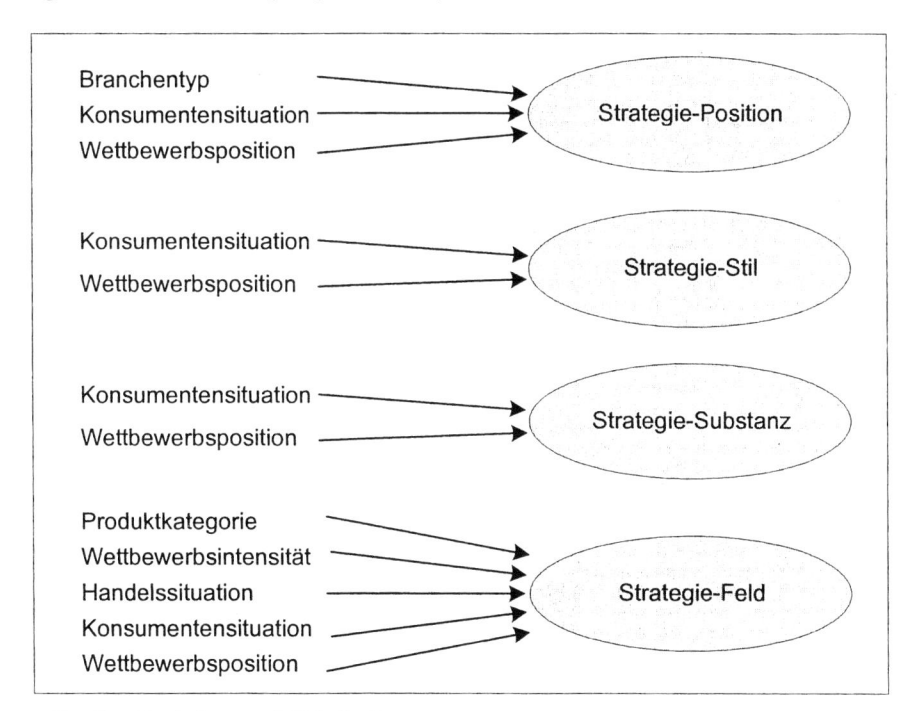

Quelle: Nach Jenner 1996, S. 56.
Abb. 3.48: Erfolgsrelevante Kontextdimensionen

b. Strategie-Variation

Eine Variation der bisherigen Marketingstrategie ist immer dann erforderlich, wenn Bedarfsverschiebungen, technischer Fortschritt oder Konkurrenzmaßnahmen den Erfolg der bisherigen Strategie beeinträchtigen. Im Einzelnen lassen sich drei

typische Verhaltensweisen unterscheiden (vgl. *Haedrich/Tomczak/Kaetzke 2003, S. 61 ff.*):
- Beibehaltung der Marktposition,
- Umpositionierung,
- Neupositionierung.

Eine **Beibehaltung der Marktposition** ist dann zu empfehlen, wenn die bisherige Strategie die Bedürfnisse der Zielgruppe ausreichend befriedigt und die Zielgruppe wirtschaftlich tragfähig ist. Zentrales Bestreben ist es in diesem Falle, die Kernzielgruppe(n) zu erhalten. Im Wesentlichen wird hier eine Marktdurchdringung angestrebt, d.h. eine Steigerung der Effizienz der Marktbearbeitung unter Beibehaltung der bisherigen Produkte und Märkte. Dies geschieht zum einen durch Intensivierung der Absatzbemühungen, zum anderen durch Rationalisierungsmaßnahmen z.B. im Fertigungsbereich. Veränderungen finden hier nur auf instrumentaler Ebene statt, z.B. Anpassung der Verpackung an modische Strömungen oder Aktualisierung der Werbekampagne (vgl. *Kuß/Tomczak 2004, S. 174 f*).

Eine Beibehaltung der Strategie-Position auf allen bearbeiteten Ländermarktsegmenten setzt voraus, dass auf keinem Markt gravierende Veränderungen stattgefunden haben, welche den Erfolg der bisherigen Strategie bedrohen. Zu beachten ist, dass eine unveränderte Positionierung auf allen Ländermärkten (Baustein-Standardisierung) durchaus mit einer Differenzierung auf Marketing-Mix-Ebene einhergehen kann, da aufgrund situativer Unterschiede in den einzelnen Ländermarktsegmenten eine bestimmte Positionierung auf unterschiedliche Art und Weise erreicht werden kann.

Im Rahmen einer **Umpositionierung** wird die bisherige Zielgruppe zwar ebenfalls i.W. erhalten, es erfolgt jedoch auch eine gewisse Zielgruppen-Verlagerung bzw. -Erweiterung. Als Gründe hierfür lassen sich Einstellungsänderungen bei der bisherigen Zielgruppe, eine zu geringe Größe des Marktsegments oder die Imitation der Strategie durch die Konkurrenz anführen. Als Konsequenz ist die Marketing-Strategie dahingehend zu modifizieren, dass auch die Bedürfnisse von Randzielgruppen befriedigt werden (vgl. *Tomczak 1989, S. 118*). Offensichtlich ist, dass der bisherige Marketing-Mix ebenfalls variiert werden muss, beispielsweise durch Produktdifferenzierung (ggf. in Verbindung mit einer Preisdifferenzierung), Erschließung neuer Distributionswege wie z.B. Vertrieb auch über Verbrauchermärkte, wenn bisher nur der Fachhandel beliefert wurde, usw.

Auf internationaler Ebene bedeutet eine Umpositionierung, dass in einem oder mehreren Ländermarktsegmenten eine Strategiemodifikation und/oder eine Zielgruppenerweiterung stattfindet. Im Rahmen einer standardisierten internationalen Basisstrategie kann dies zur Folge haben, dass ein gewisses Maß an länderspezifischer Differenzierung zugelassen wird, um in den einzelnen Ländermarktsegmenten flexibel reagieren zu können. In welcher Form neue Zielgruppen erschlossen werden, hängt dabei in hohem Maße von der Form der praktizierten internationalen Marktsegmentierung ab (vgl. Abschnitt B.II.3.a. in diesem Teil): Bei einer **intranationalen Marktsegmentierung** können von Land zu Land je nach der konkreten Situation völlig unterschiedliche Zielgruppen hinzugefügt werden, was den Trend zur internationalen Differenzierung verstärkt; im Falle einer **integralen Marktsegmentierung** bietet es sich hingegen an, eine oder mehrere weitere länderübergreifende Zielgruppen hinzuzufügen - beispielsweise solche Euro-Socio-Styles, die auf der Lebensstil-Karte eine benachbarte Position einnehmen (vgl. Abschnitt B.II.3.a.(2)).

Wenn auf der Basis der bisherigen Marketing-Strategie keine Marktchancen mehr bestehen, beispielsweise dann, wenn das Produkt am Ende seines Lebenszyklus angelangt ist, die Einstellungen der Zielgruppe sich grundlegend geändert haben, kein komparativer Konkurrenzvorteil mehr vorliegt oder die Zielgruppe stark geschrumpft ist, ist eine völlige **Neupositionierung** angeraten (vgl. *Kuß/Tomczak* 2004, S. 176 f.). Anzusprechen ist eine völlig neue Zielgruppe durch eine grundlegend neue Marketing-Strategie; Ziel ist die Vermittlung eines neuen, von der Konkurrenz bis dahin unbesetzten Produktnutzens, der auf kaufentscheidungsrelevante Bedürfnisse bei der Zielgruppe trifft. Auf instrumentaler Ebene ist an starken Qualitätsverbesserungen mit einhergehender Preiserhöhung zu denken, aber auch die umgekehrte Strategie des Wechsels von einer Präferenz- zu einer Preis-Mengen-Strategie (vgl. Abschnitt B.IV.4.d.). Des Weiteren kann eine Neupositionierung auf subjektiver Ebene durch Wechsel der Werbekampagne erreicht werden. Verfolgt ein Unternehmen eine konsequente Globalisierungsstrategie, so hat eine Neupositionierung auf allen bearbeiteten Ländermarktsegmenten zu erfolgen. Schwierigkeiten bei der Umsetzung resultieren offensichtlich dann, wenn sich das Produkt in verschiedenen Ländermärkten in unterschiedlichen Phasen des Produktlebenszyklus befindet: Eine Neupositionierung ist dann auf dem einen oder anderen Markt nicht nur nicht notwendig, sondern u.U. sogar kontraproduktiv. In diesem Fall ist zu erwägen, ob ein - teilweiser - Übergang zu einer differenzierten Strategie sinnvoller ist. So änderte Coca Cola die Positionierung von „Diet Coke" in Japan durch eine Umbenennung in „Cola Light" und einer flankierenden Werbekampagne, in welcher das Getränk nicht mehr als Diätgetränk positioniert wurde, sondern als Mittel zur Erhaltung einer guten/sportlichen Figur.

c.   Strategie-Stil

Die zweite Ebene, der Strategie-Stil, zielt auf die Rolle ab, welche ein Unternehmen im Vergleich zur aktuellen und potenziellen Konkurrenz einzunehmen beabsichtigt. Nach dem **Grad der Wettbewerbsintensität** kann zwischen offensivem und defensivem Wettbewerbsverhalten gewählt werden. **Offensives Verhalten** ist mit einem bestimmten Ausmaß an Aggressivität verbunden, welches vom reinen Markt-Wettbewerb bis zum Kampf gehen kann (unfreundliche Übernahmen, Marktverdrängung). Die Eroberung eines ausländischen Marktes kann beispielsweise durch Kooperation mit einem ausländischen Partner erfolgen (Koexistenz), aber auch durch Akquisition lokaler Wettbewerber (vgl. *Töpfer/Hünerberg* 1990, S. 82). **Defensives Verhalten** ist hingegen dadurch charakterisiert, dass das Unternehmen danach trachtet, seine Position insgesamt oder in bestimmten bearbeiteten Ländermarktsegmenten zu verteidigen. Dies kann auch zur Folge haben, dass aus einzelnen Ländermärkten ein strategischer Rückzug erfolgt, damit sich das Unternehmen auf solche Ländermarktsegmente konzentrieren kann, in welchen es über signifikante Wettbewerbsvorteile verfügt.

Offensives bzw. defensives Verhalten ist auch im Zusammenhang mit einer übergeordneten Globalisierungsstrategie zu sehen. Während eine **offensive Globalisierung** eine proaktive, einheitliche Integration aller Unternehmensfunktionen beinhaltet, bedeutet eine **defensive Globalisierung**, dass einzelne Unternehmensbereiche in Reaktion auf den Wettbewerb integriert werden (vgl. *Meffert* 1991, S. 402). In der Regel werden dabei zunächst solche Wertaktivitäten integriert, die durch eine vergleichsweise geringe Marktnähe wie auch durch hohe Kostendegressions- und Erfahrungskurvenpotenziale charakterisiert sind, wie z.B. F&E und Produktion; die Marketing-Funktionen werden hingegen erst später - und auch nur teilweise - integriert.

Nach dem Kriterium „**Umgang mit Wettbewerbsregeln**" kann zwischen innovativem und konventionellem Verhalten unterschieden werden. Im Wesentlichen handelt es sich hier um Timing-Überlegungen (vgl. Abschnitt B.III.2. in diesem Teil), welche sich in diesem Falle jedoch nicht auf den Markteintritt beziehen, sondern auf den Zeitpunkt des Ergreifens bestimmter Strategien und Maßnahmen in den einzelnen strategischen Geschäftsfeldern. Auch hier kann zwischen einer Pionier-Strategie und einer Folger-Strategie unterschieden werden. Eine **Pionierorientierung** beinhaltet eine starke Innovationsausrichtung, welche u.a. durch hohe F&E-Budgets, einen hohen Anteil neuer Produkte am Produktionsprogramm sowie durch eine Vorreiterrolle am Markt gekennzeichnet ist (vgl. *Meffert/Bolz* 1998, S. 145 ff.). Gerade im globalen Wettbewerb wird dabei der Innovationsorientierung ein besonderer Stellenwert zugewiesen. Der Grund liegt darin, dass globale Unternehmen vielfach mit anderen weltweit agierenden Wettbewerbern konkurrieren, welche hinsichtlich Größe und geographischer Ausdehnung vergleichbar sind; eine alleinige Ausrichtung der Wettbewerbsposition auf Economies of Scale, internationalen Ressourcenzugang und weltweiter Marktpräsenz ist daher nicht ausreichend, um dauerhafte Wettbewerbsvorteile zu erzielen. Angesichts kürzer werdender Produktlebenszyklen geht dabei eine innovative Ausrichtung der Wettbewerbsstrategie mit einer schnellen und möglichst zeitgleichen Umsetzung von Innovationen in den verschiedenen Ländermärkten einher (vgl. *Meffert* 1991, S. 409 f.). So ist es in vielen Branchen üblich, neue Modelle weltweit simultan einzuführen, etwa in der Automobil- und Computerbranche (vgl. *Berndt/Fantapié Altobelli/Sander* 1997, S. 112). **Vorteile** liegen insbesondere im Aufbau eines technologisch fortschrittlichen Image, in der Möglichkeit des Setzens von Industriestandards wie auch der frühzeitigen Entwicklung von Marketing-Know-how (vgl. *Meffert* 1991, S. 410). Hinzu kommt die Möglichkeit, Distributionskanäle wie auch den Zugang zu Ressourcen für Imitatoren zu blockieren. Des Weiteren kann der Pionier zu einem frühen Zeitpunkt Degressions- und Erfahrungskurveneffekte erzielen (vgl. auch Abschnitt B.IV.4.d.). Abb. 3.49 zeigt, wie sich eine Pionierorientierung auf die Kosten- und Preisentwicklung auswirken kann (vgl. hierzu *Bea/Beutel* 1992, S. 246 ff.):

- In der **Einführungsphase** liegt der Preis unter den Stückkosten, der Pionier strebt eine schnelle Marktdurchdringung an.

- Aufgrund des Erfahrungskurveneffekts sinken die Kosten laufend, der Preis wird jedoch zunächst weitestgehend konstant gehalten. Dem Pionier entstehen dadurch hohe Monopolgewinne, welche neue Wettbewerber anlocken (**Preis-Schirm**).
- Durch das Aufkommen der Folger kommt es zum **Preiseinbruch**; der Pionier hat seine Kosten jedoch mittlerweile soweit senken können, dass er trotz des niedrigen Marktpreises noch hohe Gewinne realisieren kann; der Folger muss hingegen höhere Stückkosten decken, da er auf der Erfahrungskurve noch nicht soweit fortgeschritten ist wie der Pionier.
- Schließlich kommt es zur Phase der **Stabilität**, in welcher sich der Preis parallel zur Erfahrungskurve entwickelt.

Eine **Folgerstrategie** ist dadurch charakterisiert, dass ein Unternehmen zunächst abwartet, ob sich die Innovation des Pioniers auf dem Markt durchsetzt, und erst später mit einem Imitationsprodukt den Pionier herausfordert. **Vorteile** einer Folgerstrategie liegen darin, dass das Risiko der Markteinführung geringer ausfällt, geringere F&E-Kosten erforderlich sind, Marktforschungsmaßnahmen u.U. entfallen können und das Imitat u.U. qualitativ besser („Vermeidung von Kinderkrankheiten") oder kostengünstiger angeboten werden kann.

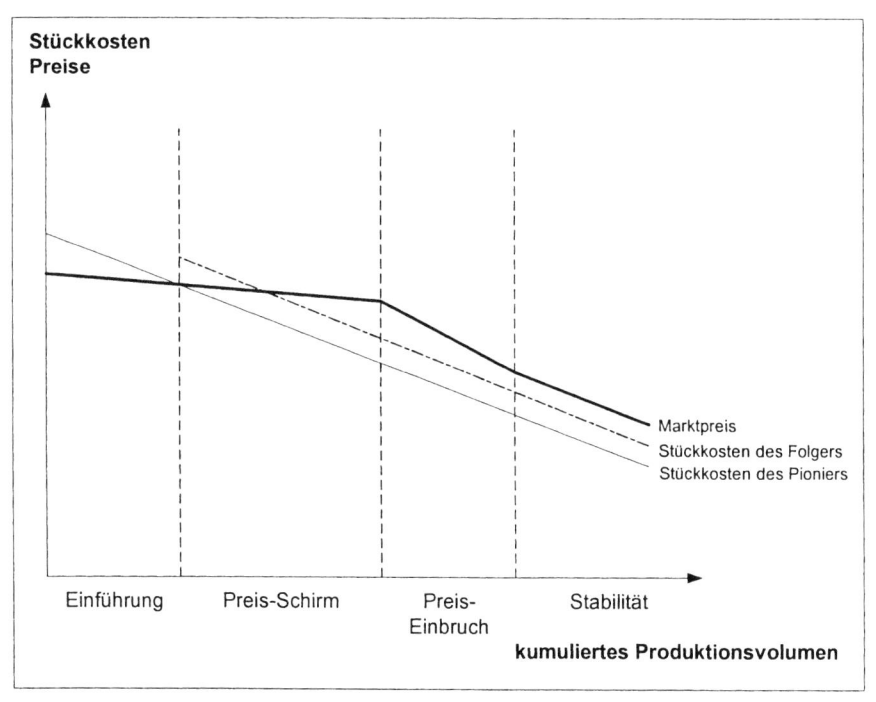

Quelle: In Anlehnung an Bea/Haas 2001, S. 130.
Abb. 3.49: Preis- und Kostenverlauf des Pioniers und des Folgers

Welchen Einfluss eine Innovationsorientierung auf die Prozess- und Inhaltsstandardisierung ausübt, wurde in der bereits zitierten Untersuchung von *Bolz* (1992) untersucht. So bewirkt eine hohe Innovationsorientierung vor allem eine hohe Produkt- und Marketingstandardisierung sowie ein hohes Ausmaß an Zentralisierung von F&E, Produktion und Marketing; hingegen ist der Einfluss auf eine Koordination durch Prozessstandardisierung negativ.

Die Kombination aus Grad der Wettbewerbsintensität und Umgang mit Wettbewerbsregeln führt zu folgenden wettbewerbsstrategischen Optionen (vgl. *Kuß/ Tomczak* 2004, S. 182 ff.):

- **Offensives und konventionelles Wettbewerbsverhalten**
  Das aggressive Verhalten äußert sich in einer Intensivierung der Marketingaktivitäten, aber unter Beibehaltung der angestammten Geschäftsfelder. Beispiele sind Coca Cola, Procter & Gamble, McDonald's. Typisch ist diese Strategie für **Marktführer**; sie ist aber auch für starke **Marktherausforderer** geeignet, welche die Position des Marktführers anzugreifen versuchen.
- **Defensives und konventionelles Wettbewerbsverhalten**
  Diese Strategie ist typisch für **Marktmitläufer**, d.h. solche Unternehmen, die sich dem Wettbewerb anpassen und sich lediglich bemühen, ihren Marktanteil zu halten.
- **Offensives und innovatives Wettbewerbsverhalten**
  Geeignet ist diese Strategie insbesondere für **Marktherausforderer**, welche den Auf- und Ausbau eigenständiger und dauerhafter Wettbewerbsvorteile anstreben. Typisches Beispiel hierfür ist das Möbelhaus IKEA. Auch Marktführer können diese Strategie erfolgreich einsetzen, wenn z.B. die eigene Position bedroht wird.
- **Defensives und innovatives Wettbewerbsverhalten**
  Diese Option verlangt die Suche nach **Marktnischen**, um den Wettbewerb auf dem Gesamtmarkt umgehen zu können. Als Beispiel kann die internationale Strategie von Body Shop angeführt werden (zur Nischen-Strategie vgl. ausführlich Abschnitt B.IV.4.e).

d. *Strategie-Substanz*

Der dritte Baustein einer Geschäftsfeldstrategie, die Strategie-Substanz, befasst sich mit der Festlegung des **Kundennutzens**; dieser kann definiert werden als die Relation zwischen der wahrgenommenen Leistung und dem wahrgenommenen Preis, also das subjektiv empfundene Preis-Leistungs-Verhältnis (vgl. *Kuß/Tomczak* 2004, S. 185). Demzufolge existieren grundsätzlich zwei Ansatzpunkte, um einen komparativen Konkurrenzvorteil zu erlangen:
- das Anbieten eines Leistungsvorteils im Rahmen einer **Präferenzstrategie** oder
- das Anbieten eines Preisvorteils im Rahmen einer **Preis-Mengen-Strategie**

(vgl. hierzu ausführlich *Becker* 2001, S. 180 ff.). Die typischen Merkmale beider Strategien sind in Abb. 3.50 enthalten.

Vom Blickwinkel des Unternehmens aus betrachtet stellt sich die Frage, ob das Unternehmen eher eine Kostenführer- oder eine Differenzierungsstrategie verfolgen sollte. Die Strategie der **Preis- bzw. Kostenführerschaft** zielt darauf ab, umfassende Kostenvorteile zu erzielen; dies ermöglicht das Anbieten der Leistung zu einem im Vergleich zur Konkurrenz günstigeren Preis oder aber - bei Vorhandensein eines Qualitätsvorsprungs - das Erzielen hoher Gewinne. Voraussetzung ist die Ausnutzung von Economies of Scale und Erfahrungskurveneffekten. Hohe Kostensenkungspotenziale finden sich dabei häufig in den Bereichen F&E, Service, Außendienst und Werbung; auch bei der Produktgestaltung können auf der Grundlage einer Wertanalyse Kosteneinsparungen realisiert werden (vgl. *Porter* 1980, S. 38 ff.).

Für international agierende Unternehmen beinhaltet eine Preis-Mengen-Strategie, durch produktivitätssteigernde Verfahrensinnovationen die eigenen Stückkosten unter das Niveau anderer international tätiger Anbieter zu senken. Diese Strategie geht i.d.R. mit einer standardisierten Marktbearbeitung einher, um sämtliche Kostensenkungspotenziale auszuschöpfen (vgl. *Meffert* 1991, S. 406).

	Präferenzstrategie	Preis-Mengen-Strategie
Art des Kundennutzens	Leistungsvorteile führen zu einer relativ besseren Bedürfnisbefriedigung	Preisvorteile führen zu einer relativen Kostenersparnis
Art des komparativen Konkurrenzvorteils	"Besser"-Prinzip: Im Vergleich zur Konkurrenz wird bei gleichem Preis eine bessere Leistung angeboten (Qualitätsorientierung)	"Billiger"-Prinzip: Im Vergleich zur Konkurrenz wird bei gleicher Leistung ein geringerer Preis verlangt (Kostenorientierung)
Einsatz des Marketing-Instrumentariums	Kombinierter und konsequenter Einsatz aller nichtpreislichen Marketing-Instrumente zur Beeinflussung der Kunden	Preis als zentrales Marketing-Instrument zur Beeinflussung der Kunden
Beispiele Handel: Automobil: Computer:	Body-Shop Mercedes Apple	Schlecker Lexus Pacomp

Quelle: Nach Kuß/Tomczak 2004, S. 187.
Abb. 3.50: Merkmale der Präferenz- und Preis-Mengen-Strategie

Gerade durch die Internationalisierung der Aktivitäten in Verbindung mit einer standardisierten Marktbearbeitung können verschiedene Kosteneffekte realisiert werden, die sich in Mengeneffekte und Lerneffekte unterteilen lassen (vgl. *Bea/Beutel* 1992, S. 246 ff.). Im Einzelnen lassen sich folgende Effekte unterscheiden:

Long-Run Economies of Scale
Dieser Effekt basiert darauf, dass größere Unternehmen i.d.R. geringere Stückkosten aufweisen. Da viele Formen der Internationalisierung zum Unternehmenswachstum beitragen, werden international tätige Unternehmen aus diesem Blickwinkel langfris-

tig geringere Stückkosten als rein national tätige Anbieter aufweisen. **Produktspezifische Economies of Scale** basieren auf der Erhöhung der Produktionsmenge eines bestimmten Erzeugnisses und resultieren z.b. aus einer Fixkostendegression, aus einer Änderung der Fertigungstechnologie oder aus einer höheren Spezialisierung der Mitarbeiter. Durch Internationalisierung, z.B. im Wege des Exports, kann die Produktionsmenge erheblich ausgeweitet werden, sodass produktspezifische Economies of Scale erzielt werden können. Ist die Internationalisierung mit einer Ausweitung der Kapazität verbunden, so können auch **anlagenspezifische Economies of Scale** realisiert werden, welche daraus resultieren, dass bei einer Erhöhung der Kapazität die Investitionsausgaben i.d.R. nur unterproportional zunehmen. Des Weiteren kann eine Internationalisierung der Unternehmensaktivitäten auch zur Erzielung sog. **unternehmensspezifischer Economies of Scale** führen. So können z.B. die Gemeinkosten in den Bereichen F&E, Rechnungswesen, Marketing auf mehrere Produktionsstätten verteilt werden; auch können bei steigenden Beschaffungsmengen Rabattvorteile wahrgenommen werden.

Erfahrungskurven-Effekte
Indikator für die Erfahrung eines Unternehmens ist die kumulierte Ausbringungsmenge. Die zentrale Aussage lautet, dass bei einer Verdoppelung der kumulierten Ausbringungsmenge die auf die Wertschöpfung bezogenen und in konstanten Geldeinheiten ausgedrückten Stückkosten um einen konstanten und prognostizierbaren Anteil sinken, welcher i.d.R. zwischen 10% und 30% liegt (vgl. *Lambin* 1987, S. 188). Die wichtigsten **Ursachen** für Erfahrungseffekte sind
– Lerneffekte in Produktion, Verwaltung, Vertrieb,
– Verbesserung von Arbeitsteilung und Spezialisierung,
– Verbesserungen in der Produktionstechnik, Rationalisierung.

Damit wird deutlich, dass sich Erfahrungseffekte nicht „automatisch" einstellen, sondern Ergebnis ständiger Bemühungen des Unternehmens darstellen, das vorhandene Rationalisierungspotenzial und Verbesserungsmöglichkeiten auszuschöpfen. Der funktionale Zusammenhang zwischen Stückkosten und kumulierter Ausbringungsmenge kann dabei wie folgt ausgedrückt werden (vgl. *Lambin* 1987, S. 150):

$$k[X(t)] = k_0 \cdot \left[\frac{X(t)}{X(t_0)}\right]^{-\beta}$$

$k[X(t)]$ = Stückkosten in Periode t,
k_0 = Stückkosten zu Beginn des Betrachtungszeitraums,
$X(t)$ = kumulierte Ausbringungsmenge in der Periode t,
$X(t_0)$ = kumulierte Ausbringungsmenge bis zu Beginn des Betrachtungszeitraums,
β = Kostenelastizität.

Grafisch sind die Zusammenhänge in Abb. 3.51 dargestellt.

Die konkreten Kostensenkungspotenziale im Rahmen einer Internationalisierung sind vielfältiger Natur (vgl. *Meffert* 1991, S. 406 f.):

- länderübergreifend integrierte und koordinierte Beschaffungsaktivitäten („global sourcing"),
- Reduzierung der Fertigungstiefe im Rahmen einer „globalen Rationalisierung",
- Just-in-Time-Konzepte mit Zulieferern,
- international integrierte und koordinierte Produktion,
- effizientes Kostenmanagement, z.B. durch länderübergreifendes, standardisiertes Kosten-Controlling.

Üblicherweise wird davon ausgegangen, dass Kostenvorteile nur durch eine standardisierte Strategie erzielt werden können. Relativiert werden muss diese Aussage im Hinblick auf den Einsatz flexibler Fertigungssysteme (CIM, CAM), da dadurch auch kleinere Lose im Rahmen einer internationalen Differenzierungsstrategie kostengünstig hergestellt werden können (vgl. *Meffert* 1989, S. 448).

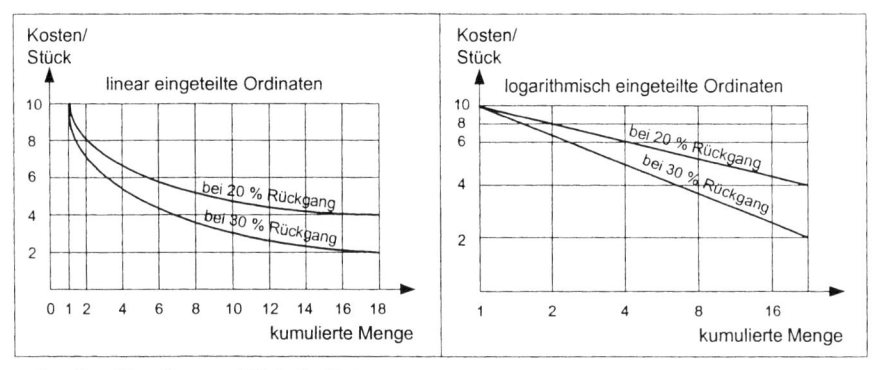

Quelle: Kreilkamp 1987, S. 336.
Abb. 3.51: Die Erfahrungskurve

Während eine Kostenführerstrategie darauf abzielt, einen Wettbewerbsvorsprung aufzubauen, der auf einem Kostenvorteil begründet ist, zielt eine Präferenzstrategie auf die **Differenzierung** des eigenen Angebots von der Konkurrenz. Das eigene Leistungsangebot soll von den Konkurrenzangeboten derart abgegrenzt werden, dass es von den Konsumenten als einzigartig wahrgenommen wird. Hierfür müssen die erforderlichen Voraussetzungen - sofern nicht bereits vorhanden - gezielt geschaffen werden. Eine Präferenzstrategie ruft Markentreue hervor und macht die Marktstellung weniger angreifbar; allerdings ist eine Erhöhung des Marktanteils dadurch nicht immer realisierbar: Maßnahmen zur Erzielung von Differenzierungsvorteilen erfordern hohe Investitionen z.B. für F&E, hochwertige Materialien, Service, Technologie, was sich entsprechend auf die Preise niederschlägt. Dadurch ist das Absatzpotenzial häufig auf kleine, exklusive Zielgruppen begrenzt (vgl. *Porter* 2000, S. 40 ff.).

Eine Präferenzstrategie beinhaltet eine starke **Qualitätsorientierung**, wobei Qualität nicht allein auf das Endprodukt beschränkt sein sollte: Im Sinne eines Total Quality Management setzt Qualität vielmehr an allen Wertaktivitäten innerhalb einer Wertkette an (zum Zusammenhang zwischen Wertkette, Schnittstellen-Mangement und

Total Quality Management vgl. ausführlich *Fantapié Altobelli* 1995). Eine **Wertkette** gliedert das Unternehmen in strategisch relevante Aktivitäten - sog. Wertaktivitäten - mit dem Ziel, aktuelle und potenzielle Wettbewerbsvorteile bei den einzelnen Tätigkeiten zu erkennen; der Begriff „Wert" bezeichnet dabei denjenigen Betrag, den die Abnehmer für das, was ein Unternehmen anbietet, zu zahlen bereit sind. Entscheidend ist dabei, dass Wettbewerbsvorteile nicht nur aus dem angebotenen Endprodukt erwachsen, sondern aus allen mit der Erstellung und Vermarktung des Produkts erforderlichen Aktivitäten (vgl. *Porter* 2000, S. 63). Abb. 3.52 zeigt das Wertketten-Modell nach *Porter* (2000).

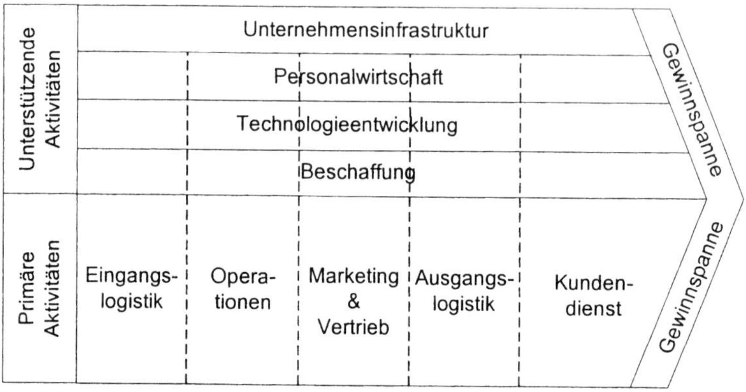

Quelle: Nach Porter 2000, S. 66.
Abb. 3.52: Das Wertketten-Modell nach Porter

Einmaligkeit führt damit nur dann zur Differenzierung, wenn sie vom Abnehmer als **Wert** empfunden wird. Demnach ist nicht nur von den objektiven Qualitätsmerkmalen, sondern auch von der subjektiven Qualitätswahrnehmung der aktuellen und potenziellen Konsumenten auszugehen. Damit wird deutlich, dass auch Merkmale wie Image und Markierung zur psychologischen Differenzierung gegenüber den Konkurrenten beitragen; somit spielt für die Qualitätswahrnehmung der Konsumenten die Kommunikationspolitik eine entscheidende Rolle. Den verschiedenen Wertaktivitäten sind dabei Kaufkriterien zuzuordnen, um feststellen zu können, welche Wertaktivitäten kaufentscheidungsrelevant sind und damit Differenzierungsvorteile bergen (vgl. *Fantapié Altobelli* 1995, S. 145). Jede Wertaktivität kann dabei zur Qualität beitragen - auch indirekte Aktivitäten wie Auftragsabwicklung, Form des Schriftverkehrs u.a. Insbesondere bei Low-Interest-Produkten kann z.B. durch eine hohe Service-Qualität ein Abstieg in ein Low-Price-Profil abgewehrt werden; auf diese Weise gelangte z.B. die Firma Wheelabrator, ein Hersteller von Strahlmitteln zur Oberflächenerzeugung, zu einer europaweit marktführenden Stellung (vgl. *Schulz* 1991, S. 80).

Qualität erwächst u.a. aus folgenden Faktoren (vgl. *Porter* 2000, S. 174):
– Produkteigenschaften (Grund- und Zusatznutzen),

- Breite und Tiefe des Leistungsprogramms,
- Angebot an Nebenleistungen,
- Prozesstechnologie,
- Qualität der eingesetzten Materialien,
- Qualifikation des Personals,
- eingesetzte Informationstechnologie.

Im Rahmen eines Total Quality Management ist das Augenmerk jedoch auf die gesamte Kette vom Rohstofflieferanten bis zum Endabnehmer zu richten: Die Kunden verlangen von der jeweils vorgelagerten Stufe den Nachweis der Qualitätsfähigkeit, da sie nur auf diese Weise ihren jeweiligen Abnehmern wiederum Qualität zusichern können (vgl. *Fantapié Altobelli* 1995, S. 149). Total Quality Management erfordert somit die konsequente Orientierung am Kunden und geht weit über die reine Qualitätskontrolle hinaus. Qualität wird zum Prinzip der Unternehmenskultur, sodass in allen Unternehmensbereichen Qualitätsbewusstsein entwickelt und realisiert werden muss. Dies setzt eine starke interfunktionale Kooperation zwischen F&E, Produktion und Marketing voraus: So hat z.B. McDonald's standardisierte Vorgaben für die Speisenzubereitung wie auch für die operative Führung der Restaurants entwickelt, die einen weltweit einheitlichen Qualitätsstandard gewährleisten sollen. Damit wird ersichtlich, dass eine starke Qualitätsorientierung bei international tätigen Unternehmen ein hohes Maß an Prozessstandardisierung erfordert (vgl. *Meffert/Bolz* 1998, S. 150).

Bei dynamischer Betrachtung lassen sich folgende **Strategien der Qualitätsorientierung** unterscheiden (vgl. *Meffert/Bolz* 1998, S. 150):
- Qualitätsverbesserungsstrategien, im Rahmen derer die aus Konsumentensicht wichtigsten Qualitätsdimensionen technisch und/oder wirtschaftlich verbessert werden,
- Veränderung des Qualitätsbewusstseins der Konsumenten, d.h. die Beeinflussung der Wahrnehmung und Wichtigkeit von Leistungsmerkmalen sowie
- expansive Qualitätsstrategien, im Rahmen derer nach Markteintritt mittels Angebot preiswerter Standardware nach und nach in höherpreisige Segmente expandiert wird. Typisch ist diese Strategie für japanische Anbieter.

Aufgrund der großen Bedeutung der subjektiven Qualitätswahrnehmung der Konsumenten ist bei internationaler Betätigung zu beachten, dass Wahrnehmung und relative Bedeutung von Qualitätsmerkmalen länderübergreifend stark divergieren können. Der Grund liegt insbesondere in kulturellen Faktoren wie Gepflogenheiten, Ästhetik, Werte und Normen u.a. (zur Bedeutung kultureller Faktoren vgl. die Ausführungen in Abschnitt A.II.3. des 2. Teils). Die Konsequenz ist häufig eine **Differenzierung von Marketing-Inhalten**, um unterschiedlichen Bedürfnissen in den einzelnen Ländermarktsegmenten gerecht werden zu können; des Weiteren ist häufig eine dezentralisierte Organisation der einzelnen Tochtergesellschaften vorzufinden, wobei jedoch i.S. einer Prozessstandardisierung eine länderübergreifende Koordination erfolgt, um einheitliche Qualitätsstandards zu realisieren.

Besonders erfolgreich im internationalen Wettbewerb sind dabei solche Unternehmen, denen es im Zuge sog. **Outpacing-Strategien** gelingt, sowohl eine günstige Kostenposition als auch einen Qualitätsvorsprung aufzubauen (vgl. *Gilbert/ Strebel* 1987, S. 28 ff.). Auch hier gilt jedoch, dass der Erfolg von einer eindeutigen Positionierung abhängt, da die Kunden ein Produkt **entweder** als relativ besser **oder** als relativ billiger wahrnehmen werden (vgl. *Kuß/Tomczak* 2004, S. 189 f.). Selbst Angebote, die - objektiv gesehen - **sowohl** besser **als auch** billiger als die Konkurrenzangebote sind, werden von den Kunden entweder deswegen gekauft, weil sie bei gleicher Leistung eine Kostenersparnis bieten, oder aber weil sie aus Leistungsgesichtspunkten als überlegen eingestuft werden. So werden japanische Automobile der Luxusklasse wie Lexus und Xedos aufgrund des relativen Preisvorteils im Vergleich zu entsprechenden Angeboten von Mercedes und BMW gekauft; evtl. vorhandene Leistungsvorteile werden zumeist nicht wahrgenommen.

e. Strategie-Feld

Die Wahl des Strategie-Feldes beinhaltet die **Definition der Geschäftstätigkeit** und ist somit eng verzahnt mit der Marktsegmentierung und Marktselektion auf Unternehmensebene (vgl. hierzu ausführlich Abschnitt B.II.3. in diesem Teil). Die Grenzen zwischen Segmentierungsentscheidungen auf Unternehmens- und Geschäftsbereichsebene verlaufen vielfach nicht eindeutig; im Grunde handelt es sich um eng verzahnte Entscheidungsfelder, welche zahlreiche Rückkopplungen zwischen Unternehmensleitung und Geschäftsfeld-Management erfordern. Gerade für international tätige Unternehmen sind die Abstimmungsprozesse komplexer, da zum einen eine Geschäftsfelddefinition und -auswahl auf Gesamtunternehmensebene stattfindet - z.B. aus Sicht der Muttergesellschaft -, zum anderen auf der Ebene des Managements der Tochtergesellschaft und schließlich auf der Ebene der einzelnen Strategischen Geschäftseinheiten, welche auf den verschiedenen Ländermarktsegmenten operieren. Damit wird auch deutlich, dass die Art und Weise der Geschäftsfeldwahl wie auch Umfang und Richtung der erforderlichen Abstimmungsprozesse sehr stark von organisatorischen Aspekten abhängen (vgl. hierzu Teil 5).

Auf Geschäftsfeldebene gilt es insbesondere, die aus Unternehmenssicht gewählten Ländermarktsegmente vor dem Hintergrund sich wandelnder Umfeldbedingungen zu überprüfen und ggf. zu modifizieren - beispielsweise durch Erschließung von Randzielgruppen, Konzentration auf Großkunden oder Intensivverwender, verstärkte Bearbeitung von Stammkunden, im Investitionsgüterbereich Fokussierung der Marktbearbeitung auf Machtpromotoren im Buying Center (vgl. *Kuß/ Tomczak* 2004, S. 199). Zentraler Bestandteil der Wahl des Strategie-Felds ist somit die Entscheidung, ob der Gesamtmarkt oder eine oder mehrere Nischen bearbeitet werden sollen. Für ein international tätiges Unternehmen stellt sich also die Frage, ob es als weltweiter Marktführer auftreten soll oder seine Aktivitäten auf eine oder mehrere globale Nischen beschränken soll. Die Entscheidung hängt dabei in hohem Maße von den verfügbaren Ressourcen ab.

Eine Strategie der **globalen Gesamtmarktabdeckung** beinhaltet, dass ein Unternehmen in allen bearbeiteten Ländermärkten sämtliche Marktsegmente abdeckt. Diese Strategie kann i.d.R. nur von den großen multinationalen Unternehmen einer

Branche verfolgt werden, da sie ein erhebliches Ausmaß an Ressourcen erfordert. Typischerweise wird sie dabei von solchen Unternehmen gewählt, welche als Hauptkonkurrenten andere international tätige Unternehmen im Blickfeld haben. Eine solche Strategie ermöglicht die Realisierung von Economies of Scope durch die Nutzung gemeinsamer Ressourcen, z.B. bei mehreren Produktlinien. So konnte IBM nach der Erweiterung des Produktionsprogramms von Großrechnern auf mittlere Systeme und PCs erhebliche Economies of Scope-Effekte nutzen (vgl. *Meffert* 1991, S. 405). Nachteilig ist häufig die Tatsache, dass durch eine zu breite Geschäftsfelddefinition die Intensität der Marktbearbeitung wichtiger Zielgruppen zu gering ausfällt und der Markt damit für solche Anbieter attraktiv wird, welche ihre Aktivitäten auf klar abgegrenzte Teilmärkte konzentrieren.

Eine **Nischenstrategie** bedeutet, dass in den verschiedenen Ländern ein begrenzter Marktausschnitt bearbeitet wird. Es wird also keine totale Marktabdeckung angestrebt, das Unternehmen konzentriert sich vielmehr auf ein oder wenige vielversprechende Marktsegmente. In der Regel handelt es sich dabei um solche Marktausschnitte, die wettbewerbsgeschützt bzw. wenig wettbewerbsintensiv sind, wodurch das Unternehmen eine weitgehende Alleinstellung bzw. Überlegenheit am Markt erreicht (vgl. *Hünerberg* 1993, S. 667). Folgende Nischentypen können dabei unterschieden werden (vgl. im Folgenden *Porter* 1980, S. 39 ff.; *Hünerberg* 1993, S. 668 ff.):
– Raum-Zeit-Nischen,
– Marktpartnernischen,
– Programmnischen,
– Kommunikationsnischen und
– Kontraktnischen.

Raum-Zeit-Nischen beinhalten zum einen eine **geographische Komponente**, d.h. eine Konzentration auf regional abgegrenzte Marktsegmente. Dies kann die Spezialisierung auf bestimmte Länder, auf ausgewählte grenzüberschreitende Regionen oder aber auf mehrere Regionen in einem oder mehreren Staaten bedeuten. Zum anderen umfasst dieser Nischentyp auch eine **zeitliche Dimension**. Diese zielt insbesondere auf die Dauer von Marktaktivitäten im Vergleich zur Konkurrenz ab, z.B. die Geschwindigkeit der Auftragsabwicklung. Effizientes Zeitmanagement, beispielsweise als Ergebnis von Reengineering-Maßnahmen, kann durchaus starke Wettbewerbsvorteile im Vergleich zur Konkurrenz begründen (vgl. z.B. *Fantapié Altobelli/Gaitanides* 1999).

Marktpartnernischen beinhalten die Konzentration auf bestimmte Abnehmergruppen (z.B. Großkunden, Privatkunden, Intensivverwender) oder auch auf Kooperationspartner, Absatzmittler, Dienstleister (z.B. Facheinzelhandel, Reisende). Als Beispiel sei AVON genannt, das weltweit den Direktvertrieb über eigene Absatzorgane praktiziert.

Programmnischen konzentrieren sich auf bestimmte Teile des Produktions- und Absatzprogramms. Die Abhebung von der Konkurrenz kann dabei grundsätzlich über sämtliche Marketinginstrumente erfolgen - Produktqualität, Design, Verpackung, Service. Gerade Servicekomponenten gewinnen in solchen Branchen an

Bedeutung, welche durch eine weitgehende Produkthomogenität charakterisiert sind. Als Beispiel für eine Programmnische kann Swatch angeführt werden.

Kommunikationsnischen resultieren aus einer unverwechselbaren Gestaltung der Kommunikationsmittel und/oder durch Konzentration auf bestimmte Kommunikationsträger. Als Beispiel ließe sich hier die - wenn auch umstrittene - Kampagne von Benetton anführen.

Kontraktnischen sind schließlich durch Besonderheiten der Vertragsgestaltung abgegrenzt - etwa Preis- und insbesondere Konditionengestaltung. So können umfassende Garantie- und Rückgaberechte, Finanzierungsbedingungen u.a. zur Abhebung gegenüber der auf dem Gesamtmarkt agierenden Konkurrenz beitragen.

Unabhängig davon, welchen Nischentyp ein Unternehmen auswählt, kann es innerhalb der Nische sowohl eine Präferenz als auch eine Preis-Mengen-Strategie verfolgen. Eine Kostenführerschaft kann im Rahmen einer Nischenstrategie z.B. dadurch erreicht werden, dass in allen bearbeiteten Ländermarktsegmenten ein standardisiertes Produkt angeboten wird; dieser Spezialisierungsvorteil schlägt sich in Kosteneffekten nieder, welche es dem Unternehmen ermöglichen, weltweit im Niedrigpreissegment anzubieten. Differenzierungsvorteile im Sinne einer Präferenzstrategie können hingegen erzielt werden, wenn die international tätigen Konkurrenten eine globale Strategie verfolgen; ein Nischenanbieter kann dann besonders interessante Marktsegmente in den einzelnen Ländern durch individuelle Lösungen bedienen. Generell gilt, dass das Verfolgen einer Nischenstrategie gerade für kleine und mittelständische Unternehmen geeignet ist, deren Ressourcen nicht ausreichen, den gesamten Weltmarkt zu bedienen. Als Beispiel für eine Präferenzstrategie lässt sich der Ansatz von Rolls Royce oder Rolex anführen, welche weltweit das Luxussegment ansprechen, oder die Strategie der mittelständischen Firma Stihl, welche sich weltweit erfolgreich im Segment der professionellen Nutzer positionieren konnte. Eine Preis-Mengen-Strategie wird derzeit von den koreanischen Automobilherstellern praktiziert, welche konzentriert das Niedrigpreissegment bearbeiten.

Die **Vorteile** einer globalen Nischenstrategie sind zahlreich (vgl. *Meffert* 1991, S. 405; *Hünerberg* 1993, S. 673 ff.):
- Die weltweite Besetzung einer Nische ermöglicht die Realisierung von Economies of Scale und Erfahrungskurveneffekten;
- zunehmende Marketing-Standardisierungstendenzen der „Global Players" lassen als Gegenreaktion das Bedürfnis nach individuellen Lösungen entstehen;
- viele Nischen sind durch eine geringere Preissensitivität der Nachfrager gekennzeichnet, sodass hohe Gewinnpotenziale gegeben sind;
- durch Konzentration auf eine globale Nische wird die länderübergreifende Koordination und Integration gefördert.

Dem gegenüber stehen jedoch einige **Nachteile**:
- Globale Marktführer können - im Wege einer Erweiterung der Zielgruppendefinition aufgrund einer notwendig gewordenen Umpositionierung - in die Marktsegmente der Nischenanbieter eindringen;

- das vielfach zu beobachtende länderübergreifende Zusammenwachsen bestimmter Abnehmergruppen kann ganze Nischen auflösen;
- globale Nischenanbieter sind zwar u.U. vor globalen Gesamtmarktanbietern geschützt, nicht jedoch vor der jeweils lokalen Konkurrenz, welche im betreffenden Ländermarkt möglicherweise dieselbe Nische bearbeitet.

Ob eine Nischenstrategie eher eine standardisierte oder differenzierte Marktbearbeitung nahe legt, kann nicht eindeutig beantwortet werden, da dies nicht nur von der Art der bearbeiteten Nische abhängt, sondern auch von der Art des in der Nische angestrebten Wettbewerbsvorteils. So konnte *Bolz* (1992) lediglich feststellen, dass sich das Ausmaß der Marktabdeckung nur auf den Zentralisierungsgrad auswirkt, nicht jedoch auf die Programmstandardisierung und kaum auf die Koordination.

5. Die Wahl der Marktbearbeitungsstrategie

Wie aus den vorangegangenen Ausführungen ersichtlich wurde, umfasst die Marktbearbeitungsstrategie mehrere Dimensionen (vgl. Abschnitt B.IV.1. in diesem Teil):
- die grundsätzliche strategische Ausrichtung,
- die internationale Basis-Marketingstrategie und
- die internationale Geschäftsfeldstrategie;

die Festlegung der internationalen Marktbearbeitungsstrategie beinhaltet daher eine Entscheidung über deren einzelnen Bausteine. Eine exemplarische Marktbearbeitungsstrategie könnte etwa lauten:
- Investitions- und Wachstumsstrategien für Produkt I in allen Ländern (grundsätzliche strategische Ausrichtung);
- weitestgehende Standardisierung der Marketing-Inhalte, im Rahmen der Prozessstandardisierung Vereinheitlichung von Planungs- und Informationssystemen (Basisstrategie);
- Beibehaltung der Marktposition in Land A, Umpositionierung in den Ländern B und C (Strategie-Variation);
- offensives konventionelles Wettbewerbsverhalten in Land A, offensives innovatives Verhalten in den Ländern B und C (Strategie-Stil);
- weltweite Präferenzstrategie (Strategie-Substanz) und
- Konzentration auf eine Programm-Nische (Strategie-Feld).

Zur Auswahl der geeigneten Marktbearbeitungsstrategie sind in einem ersten Schritt solche strategischen Optionen zu eliminieren, welche nicht im Einklang mit gegebenen **Rahmenbedingungen** stehen. Hohe kulturelle Distanz der Zielmärkte, das Fehlen supranationaler Zielgruppen mit ähnlichem Kaufverhaltensmuster, eine unterschiedliche Marketing-Infrastruktur in den Zielländern sowie eine polyzentrische Orientierung des Managements werden z.B. die Basisstrategie „Standardisierung" eher unwahrscheinlich machen. Rahmenbedingungen, welche die Wahl der internationalen Geschäftsfeldstrategie einschränken können, sind u.a.
- Größe und Kaufkraft der internationalen Zielgruppen,
- angestrebte internationale Positionierung,
- Wettbewerbsposition in den Zielmärkten,

- Verhalten der internationalen und lokalen Konkurrenz,
- Art der Wettbewerbsvorteile gegenüber der Konkurrenz,
- vorhandene Ressourcen,
- bisherige Auslandserfahrung.

Für die verbliebenen strategischen Optionen kann in einem nächsten Schritt eine **Grobauswahl** erfolgen; die zu Grunde zu legenden Kriterien sind aus dem internationalen Zielsystem abzuleiten. Beispiele für solche Kriterien sind
- Shareholder bzw. Stakeholder Value,
- Amortisationsdauer der Investitionen,
- Investitionsbedarf,
- Ausnutzung von Kernkompetenzen in den Zielmärkten,
- Beitrag zur Erzielung von Wettbewerbsvorteilen,
- Einklang mit der Unternehmenskultur,
- „Fit" mit der bisherigen Unternehmenspolitik,
- Anforderungen an Steuerung und Koordination,
- Risiko (i.S. einer Verlustgefahr),
- Kundenzufriedenheit und Kundenbindung.

Die Kriterien können in Checklisten, Scoring-Modellen oder Portfolio-Ansätzen Eingang finden (zur Methodik vgl. die Ausführungen in Abschnitt B.II.2.b. in diesem Teil).

Eine **Feinauswahl** der Marktbearbeitungsstrategien kann auf der Grundlage kapitaltheoretischer Modelle erfolgen. Die in den Abschnitten B.II.3.b.(2) und B.III.3.c. dargestellten kapitaltheoretischen Modelle sind entsprechend zu erweitern; hierzu sind die Rückflüsse in Abhängigkeit der gewählten Marktbearbeitungsstrategie zu schätzen – ggf. unter Einbeziehung von Wahrscheinlichkeitsaussagen. In der Regel sind solche Schätzungen nur unter Zuhilfenahme von Ländermarktexperten zu gewinnen. Die Komplexität der Entscheidungssituation und die große Anzahl an risikobehafteten Variablen legen auch hier die Anwendung einer **Risikoanalyse** nahe (zur allgemeinen Methodik und zu einer exemplarischen Anwendung für die internationale Marktselektion vgl. die Ausführungen in Abschnitt B.II.3.b.(2)).

C. Taktisch-operative internationale Marketing-Planung

I. Die Umsetzung strategischer Pläne in taktische und operative Maßnahmen

Die als Ergebnis der strategischen internationalen Marketing-Planung festgelegten Strategien sind im Rahmen der taktisch-operativen Marketing-Planung zu implementieren, d.h. in konkrete Maßnahmen umzusetzen. Die damit angesprochene **Durchführungsplanung** (vgl. hierzu *Hinterhuber* 2004b, S. 205 ff.) ist dahingehend von der strategischen Planung abzugrenzen, dass deren Ergebnisse konkrete Aktionsprogramme darstellen hinsichtlich des Was, Womit, Wie, Wann und Wo. Abb. 3.53 zeigt die wesentlichen Unterschiede zwischen der strategischen Planung

Strategische Planung	Durchführungsplanung
Ausrichtung - Auswahl der Produkt/Markt-Kombinationen unter langfristigen Gewinngesichtspunkten und Einhaltung von Randbedingungen - Entsprechende Zuteilung der insgesamt verfügbaren Ressourcen an die strategischen Geschäftseinheiten nach Maßgabe der Kernkompetenzen - Innovationsorientiert, ganzheitlich *Weitgehend qualitativ* - Beurteilung von Trends, Kernkompetenzen und Konkurrenzstrategien; "Erfinden der Zukunft" - Finanzdaten hauptsächlich zur Bewertung von Alternativen erforderlich - Rahmen für konkrete Aktionspläne (Durchführungsplanung) *Hauptinstrumente* - Portfolio-Matrix, Wertschöpfungskette, Konkurrentenanalyse, Szenario-Techniken, Kernkompetenzen, Wenn/Dann-Überlegungen *Art der Planung* - Wenig strukturiert - Kontinuierlich, problemorientiert - Auf Produktfunktionen ausgerichtet - Neuorientierung der Unternehmung - Absicherung der Unternehmung gegenüber strategischen Überraschungen, Entdecken neuer Möglichkeiten *Schwerpunkt auf Alternativen* - Infragestellung bestehender oder empfohlener Strategien ist erwünscht - Strategische Entscheidungen wechselseitig abhängig - Hauptverantwortung liegt bei Unternehmensleitung und bei den Führungskräften, die für strategische Geschäftseinheiten verantwortlich sind Entscheidungsorientiert	*Ausrichtung* - Realisierung des Gewinnpotenzials innerhalb der gewählten Produkt/Markt-Kombinationen - Budgetierung der Ressourcen nach Funktionsbereichen und regionalen Einheiten *Weitgehend quantitativ* - Zwingt Beteiligte, Programme zu erarbeiten - Sehr spezifische Details und Zahlen - Kreatives Problemlösen und "Führung durch Vereinbarung von Zielen" *Hauptinstrumente* - Kurz-, mittel- und langfristige Pläne - Netzplantechnik *Art der Planung* - Stark strukturiert, systematische Verfahren - Periodisch, organisationsorientiert - Auf Produktspezifikationen ausgerichtet - Planung, Koordination und Kontrolle aller Unternehmenstätigkeiten - Vorwiegend auf Extrapolation aufgebaut und somit wenig geeignet, Diskontinuitäten in bestimmten Bereichen aufzudecken *Schwerpunkt auf Verpflichtungen* - Linienführungskräfte vereinbaren sinnvolle, anspruchsvolle Ergebnisziele - Führungsleistung wird an eigenen Plänen gemessen - Unternehmensleitung prüft Pläne auf Durchführbarkeit, die von den Linienführungskräften erstellt werden - Hauptverantwortung liegt bei den Leitern der Funktionsbereiche und regionalen Tochtergesellschaften Ergebnisorientiert

Quelle: Hinterhuber 1997, S. 206.

Abb. 3.53: Gegenüberstellung von strategischer Planung und Durchführungsplanung

und der Durchführungsplanung. Zu beachten ist, dass die Durchführungsplanung einen kurz-, mittel und langfristigen Planungshorizont aufweisen kann.

Die Umsetzung einer Strategie in konkrete Pläne erfordert ein funktionsfähiges taktisch-operatives **Planungssystem**. Dieses gibt die Kontrolle des Unternehmens als Ganzes wie auch der einzelnen strategischen Geschäftseinheiten mit deren Funktions- und Zentralbereichen und Marktpartnern in Bezug auf den strategischen Plan an, d.h. es legt fest, welche Maßnahmen zu welchen Zeitpunkten mit welchen Ressourcen auf welche Weise und von welchen Unternehmenseinheiten zu realisieren sind, um die im Rahmen der Planung festgelegten Ziele zu erfüllen (vgl. *Hinterhuber* 2004b, S. 206). Abb. 3.54 zeigt den Zusammenhang zwischen strategischer Planung und Durchführungsplanung.

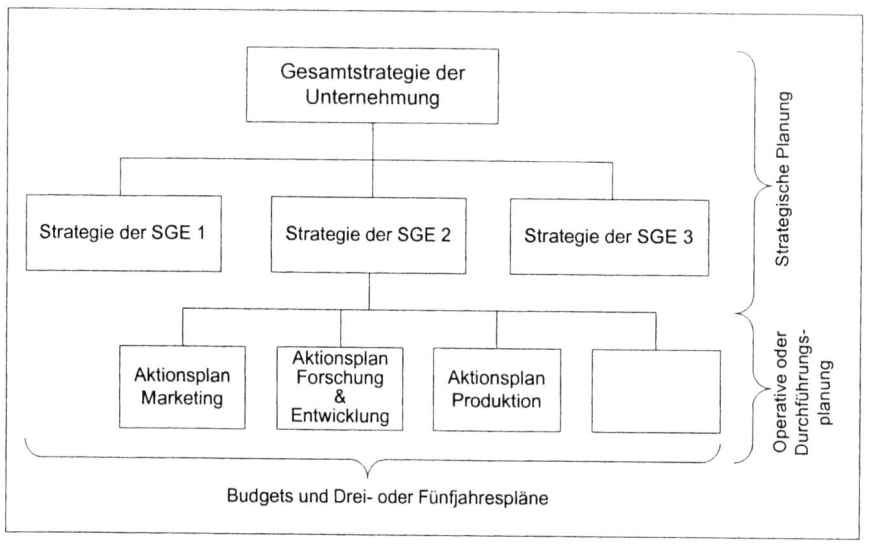

Quelle: Hinterhuber 2004b, S. 208.
Abb. 3.54: Der Zusammenhang zwischen strategischer und operativer Planung

Grundsätzlich besteht ein taktisch-operatives Planungssystem aus folgenden **Elementen** (*Hinterhuber* 2004b, S. 208 f.):
- Zerlegung des Gesamtprojekts in Teilprojekte, Aktionsprogramme und detaillierte Maßnahmenpläne; Ergebnis soll ein vollständiger Aktionenkatalog sein.
- Erstellung eines Terminplans zur Festlegung der zeitlichen Abfolge der Teilprojekte und Aktionen; zu beachten sind hierbei die Interdependenzen zwischen den einzelnen Teiloperationen.
- Zuteilung eines verantwortlichen Leiters für jede Teiloperation sowie ggf. Bildung von bereichsübergreifenden Projektteams.
- Bereitstellung von Ressourcen, damit jeder Projektleiter seine Aufgaben effizient erfüllen kann. Dies umfasst die Festlegung der erforderlichen finanziellen Mittel zur Maßnahmenrealisation wie auch die Zuteilung der Budgets auf die verschiedenen Strategischen Geschäftseinheiten und Funktionsbereiche.

- Festlegung der Zeiten für jedes Teilprojekt (Beginn und jeweilige Dauer), z.B. mit Hilfe der Netzplantechnik.
- Integration der Teilprojekte zu einem konsistenten Gesamtplan und Bewertung in Geldeinheiten („Investitionsbudget").

II. Internationale Marketing-Politik

Im Mittelpunkt der taktisch-operativen internationalen Marketing-Planung, d.h. der internationalen Marketing-Politik, steht neben der taktisch-operativen Zielplanung die Planung der einzelnen Marketing-Instrumente, welche zu einem konsistenten Marketing-Mix zu integrieren sind. Im Einzelnen umfasst die internationale Marketing-Politik folgende Instrumentalbereiche:
- internationale Produkt- und Programmpolitik,
- internationale Kontrahierungspolitik,
- internationale Kommunikationspolitik sowie
- internationale Distributionspolitik.

An dieser Stelle soll lediglich ein Überblick über Ziele und Handlungsmöglichkeiten der internationalen Marketing-Politik gegeben werden; eine ausführliche Darstellung findet sich in *Berndt/Fantapié Altobelli/Sander* 1997.

1. Internationale Produkt- und Programmpolitik

a. Ziele der internationalen Produkt- und Programmpolitik

Grundsätzlich unterscheiden sich die Ziele der internationalen Produkt- und Programmpolitik formal nicht von den nationalen; allerdings sind hierbei einige Besonderheiten zu beachten (vgl. *Berndt/Fantapié Altobelli/Sander* 1997, S. 56 f.):
- **Ökonomische Ziele**, wie das Streben nach Gewinn, Umsatz, Marktanteil, können durch Internationalisierung der Aktivitäten wesentlich gefördert werden, da zusätzliche Märkte erschlossen werden. Auch das Ziel der Kostensenkung kann über die durch Internationalisierung realisierte Mengenausweitung zur Nutzung von Effekten der Kostendynamik beitragen (vgl. Abschnitt B.IV.4.d.).
- Das produktpolitische Ziel der **Beschäftigungsglättung** kann dadurch erreicht werden, dass unterschiedliche saisonale Einflüsse in den einzelnen Ländern genutzt werden.
- Das Ziel der **Qualitätssteigerung** ist Ausdruck einer internationalen Präferenzstrategie (vgl. Abschnitt B.IV.4.d.). Qualität sollte sich allerdings nicht auf das Produkt allein beschränken, sondern alle Stufen der Wertkette einbeziehen.
- Das Ziel der **Risikostreuung** wird durch eine Internationalisierung der Produktpolitik insoweit gefördert, als das Misserfolgsrisiko auf mehrere Ländermärkte verteilt wird, sodass ungünstige Entwicklungen auf einzelnen Ländermarktsegmenten aufgefangen werden können.

b. Handlungsalternativen der internationalen Produkt- und Programmpolitik

(1) Überblick

Die Gestaltung der Produkte und des Leistungsprogramms stellt das Kernstück des internationalen Marketing-Mix dar. Den Kern eines Produkts bildet dessen Grundfunktion, d.h. diejenigen Eigenschaften, welche die reine Funktionserfüllung gewährleisten (z.B. Leuchten, Befördern, Heizen); diese stellt den **Grundnutzen** eines Produkts dar. Da für viele Produktkategorien der Grundnutzen weltweit häufig gleich ist, setzt der internationale Wettbewerb am **Zusatznutzen** an. Dieser resultiert aus Produktattributen wie Marke, Verpackung, Qualität und Design sowie aus Nebenleistungen wie Installation, Garantie, After-Sales-Service; im Normalfall gilt dabei, dass der Produktkern weltweit standardisiert wird, wohingegen eine eventuelle länderspezifische Anpassung im Rahmen einer Differenzierungsstrategie durch Modifikation der ergänzenden Produktattribute und Nebenleistungen erfolgt.

Die Handlungsalternativen der internationalen Produkt- und Programmpolitik umfassen
– die internationale Produktentwicklung,
– die internationale Leistungsprogrammpolitik,
– die internationale Markenpolitik sowie
– die internationale Servicepolitik.

Basisstrategie / Produkt	Standardisierung	Differenzierung
gleiches Produkt (Übertragung)	Übertragung der bisherigen Produktkonzeption auf die Auslandsmärkte	—
verändertes Produkt (Adaption)	Entwicklung einer neuen Produktvariante für den Weltmarkt (Internationale Produktvariation)	Länderspezifische Anpassung der bisherigen Produktkonzeption (Internationale Produktdifferenzierung)
neues Produkt (Kreation)	Entwicklung eines neuen Produkts für den Weltmarkt (globale Produktinnovation)	Entwicklung neuer Produkte für die einzelnen Auslandsmärkte (länderspezifische Produktinnovation)

Quelle: Berndt/Fantapié Altobelli/Sander 1997, S. 59.
Abb. 3.55: Internationale produktpolitische Strategien

(2) Internationale Produktentwicklung

Die typischen Handlungsalternativen der **internationalen Produktentwicklung** umfassen (vgl. *Berndt/Fantapié Altobelli/Sander* 1997, S. 67 f.):
- **Internationale Produktinnovation**
  Diese beinhaltet die Entwicklung und Einführung neuer Produkte für den internationalen Markt.
- **Internationale Produktvariation**
  Eine internationale Produktvariation beinhaltet die Veränderung des heimischen Produkts für den Weltmarkt, d.h. die Einführung einer Produktvariante, welche weltweit die Bedürfnisse einer möglichst breiten Kundschaft anspricht.
- **Internationale Produktdifferenzierung**
  Gegenstand einer internationalen Produktdifferenzierung ist eine länder(segment)spezifische Anpassung einzelner Produkteigenschaften, um unterschiedliche Bedürfnisse in den bedienten Ländermarktsegmenten zu befriedigen.

Unter Berücksichtigung der Basisstrategien „Standardisierung" und „Differenzierung" resultieren die Handlungsalternativen der Abb. 3.55.

Unveränderte Übertragung der Produktkonzeption

Die unveränderte Übertragung der Produktkonzeption vom Ursprungsland auf die Auslandsmärkte stellt in vielen Fällen die erste Stufe im Internationalisierungsprozess eines Unternehmens dar und ist i.d.R. mit einer Exportstrategie verbunden; gerade ein im Inland erfolgreiches Produkt ist oft der erste Anstoß für die Aufnahme von Auslandsaktivitäten. Diese Strategie resultiert i.d.R. – zumindest im Anfangsstadium – aus einer ethnozentrischen Orientierung des Unternehmens: Die Marketingaktivitäten konzentrieren sich auf den Heimatmarkt, das Auslandsgeschäft wird als Mittel zur Stabilisierung bzw. Verbesserung der Wettbewerbsposition im Inland gesehen (vgl. *Meffert/Bolz* 1998, S. 25).

Eine völlig unveränderte Übertragung einer Produktkonzeption auf die Auslandsmärkte ist i.d.R. jedoch nur in Ausnahmefällen möglich; meist sind – wenn auch teilweise geringe – Produktmodifikationen erforderlich, etwa, um unterschiedlichen technischen Standards zu genügen. Der Erfolg dieser Strategie hängt dabei u.a. von folgenden Faktoren ab (vgl. *Berndt/Fantapié Altobelli/Sander* 1997, S. 68):
- weltweite Existenz von ähnlichen Bedürfnissen,
- geringe Kulturgebundenheit der Produktart,
- universelle Markenkenntnis.

Häufig wird ein Produkt dann auf Auslandsmärkten eingeführt, wenn es sich im Inland am Ende des Lebenszyklus befindet, in anderen Ländern jedoch noch ausreichende Nachfragepotenziale vorhanden sind. Damit kann durch die Aufnahme von Auslandsaktivitäten der Lebenszyklus des Produktes verlängert werden, sodass die vorhandenen Produktionskapazitäten weiter genutzt und ein geordneter strategischer Rückzug vorbereitet werden kann. Im Falle von im Inland unterausgelasteten Kapazitäten bietet die unveränderte Übertragung des Produktes auf die Auslandsmärkte darüber hinaus den Vorteil einer besseren Kapazitätsauslastung, was die Kostensituation des Unternehmens verbessern und damit den preispolitischen Spielraum vergrößern kann.

Länderspezifische Anpassung der Produktkonzeption

In vielen Fällen ist eine unveränderte Übertragung eines Produktes vom Heimatland auf die Auslandsmärkte nicht möglich oder nicht sinnvoll, sodass eine Adaption erforderlich wird. In Abhängigkeit von der verfolgten Basisstrategie kann eine Anpassung in Form einer internationalen Produktvariation oder einer internationalen Produktdifferenzierung erfolgen.

Im Rahmen einer **internationalen Produktvariation** wird die bisherige Produktkonzeption so modifiziert, dass sie in allen ausländischen Zielmärkten möglichst breite Käuferschichten anspricht, es wird also gewissermaßen nach einem „gemeinsamen Nenner" für alle Ländermärkte gesucht; Ergebnis ist ein standardisiertes Produkt, das in identischer Form in allen Zielländern angeboten wird. Im einfachsten Fall kann dies dadurch geschehen, dass auf einzelne Produktmerkmale, welche spezifisch auf das Heimatland zugeschnitten sind, verzichtet wird, sofern sie nicht den eigentlichen Produktkern tangieren. Da dies jedoch zu einer „Verarmung" des Produktes führen kann, ist es i.d.R. sinnvoller, eine oder mehrere Produkteigenschaften derart zu modifizieren, dass sie auf dem Weltmarkt auf universelle Akzeptanz stoßen.

Erwägt das Unternehmen eine internationale Produktvariation, so ist zunächst zu ermitteln, welche Kundenbedürfnisse in den einzelnen Zielländern vorherrschen und welche Gemeinsamkeiten und Unterschiede bei den gewünschten Produktmerkmalen gegeben sind. Aus den identifizierten Produkteigenschaften sind anschließend diejenigen herauszufiltern, welche die Mehrheit der internationalen Kundschaft ansprechen; diese Gruppe von Merkmalen bildet die Basis für die Entwicklung einer standardisierten Produktvariante für den Weltmarkt. Gegebenenfalls sind jene Merkmalsausprägungen herauszugreifen, welche zwar nicht unbedingt in der Mehrzahl der Länder präferiert werden, welche jedoch auf den meisten Märkten akzeptable „second-best"-Lösungen darstellen würden.

Ergeben sich aus der Analyse völlig heterogene Präferenzstrukturen, ist allerdings eine **internationale Produktdifferenzierung** zu erwägen. Eine internationale Produktdifferenzierung beinhaltet die Entwicklung unterschiedlicher Produktvarianten für die einzelnen Ländermärkte mit dem Ziel, möglichst genau den Bedürfnissen der einzelnen Zielmärkte zu entsprechen. Eine internationale Produktdifferenzierung kann dabei folgende Ausprägungen annehmen (vgl. *Berndt/Fantapié Altobelli/Sander* 1997, S. 72):

– Anbieten einer länderspezifischen Produktvariante in jedem einzelnen Zielland,
– Anbieten einer begrenzten Zahl von Produktvarianten für in sich relativ homogene Ländergruppen,
– Anbieten mehrerer Produktvarianten für länderübergreifende Zielgruppen mit über Landesgrenzen hinweg ähnlichen Bedürfnissen.

Art und Ausmaß einer erforderlichen Produktdifferenzierung hängen dabei wesentlich von den Ergebnissen der *internationalen Marktsegmentierung* ab (vgl. hierzu ausführlich Abschnitt B.II.3.a in diesem Teil).

Entwicklung eines neuen Produkts für die Auslandsmärkte

Auch im Rahmen einer internationalen Produktinnovation besteht grundsätzlich die Wahl zwischen Standardisierung und Differenzierung: So kann ein globales, für den Weltmarkt konzipiertes Produkt entwickelt werden, oder aber ein Produkt, das in mehreren, länderspezifischen Varianten angeboten wird. Typischerweise umfasst der Entwicklungsprozess neuer Produkte dabei folgende Stufen (vgl. ausführlich *Berndt/Fantapié Altobelli/Sander* 1997, S.76 ff.):
– Ideengewinnung,
– Grobauswahl von Produktideen,
– Wirtschaftlichkeitsanalyse,
– Produktgestaltung,
– Produkt- und Markttests und
– Markteinführung.

Aufgrund der internationalen Dimension sind hierbei einige Besonderheiten zu beachten, die darin begründet liegen, dass die Aktivitäten im Heimatland und in den einzelnen Zielmärkten zu koordinieren sind. Abb. 3.56 zeigt eine mögliche Aufgabenverteilung zwischen der Muttergesellschaft und den ausländischen Tochtergesellschaften.

Unabhängig davon, ob die internationale Produktentwicklung in Form einer unveränderten Übertragung, einer Adaption oder einer Innovation stattfindet, ist für den Markterfolg die **internationale Produktpositionierung** von entscheidender Bedeutung. Hierunter versteht man die aktive Gestaltung der relativen, durch die Nachfrager wahrgenommenen Imageposition des Produktes im Umfeld konkurrierender Angebote (vgl. *Sauter* 2001, S. 141 ff.). Grundsätzlich wird unterschieden in eine gebrauchsnutzenorientierte Positionierung, die auf den funktionalen Produktnutzen abzielt, und eine erlebnisnutzenorientierte Positionierung, die auf emotionalen und psychosozialen Komponenten basiert. Im internationalen Kontext ist darüber hinaus zu entscheiden, ob eine weltweit einheitliche (globale) Positionierung oder eine länderspezifische Positionierung anzustreben ist. Aufgrund der internationalen Angleichung der Produktangebote im Bereich technologischer Innovationen eignet sich in High-Tech-Märkten i.d.R. eine globale Positionierung (vgl. *Sauter* 2001, S. 148); im Consumer-Bereich ist hingegen häufig eine länderspezifische Positionierung sinnvoll. Zur Gewinnung von Informationen für die internationale Produktpositionierung bietet sich dabei die Anwendung des sog. **Perceptual Mapping** an (vgl. *Ganesh/Oakenfull* 1999). Diese Technik basiert darauf, dass die subjektive Wahrnehmung eines Produktes durch die Konsumenten auf einer Vielzahl von Produktattributen beruht; die wahrgenommenen Ausprägungen der Produktmerkmale seitens der Konsumenten werden mit Hilfe statistischer Methoden – z.B. mit Hilfe der Faktorenanalyse oder der Multidimensionalen Skalierung – auf einige wenige Beurteilungsdimensionen reduziert und in einem niedrig dimensionierten geometrischen Raum abgebildet. Dadurch wird es möglich, für das eigene Produkt wie auch für die Konkurrenzprodukte die wahrgenommene Position in den einzelnen Zielländern zu ermitteln; dies kann bei bereits eingeführten Produkten Hinweise über eine erforderliche Veränderung der Produktpositionierung in einzelnen Ländern liefern sowie für neue Produkte Positionierungslücken aufzeigen, welche durch Produktinnovationen besetzt werden können.

Phase des Produktentwicklungsprozesses	Aufgaben	
	Muttergesellschaft	Ausländische Tochtergesellschaften
Ideengewinnung	Ideengenerierung Sammlung der Vorschläge der ausländischen Tochtergesellschaften	Ideengenerierung und Weiterleitung der Vorschläge an die Muttergesellschaft
Grobauswahl der Produktideen	Formulierung von Bewertungskriterien aus Gesamtunternehmenssicht Überprüfung der Produktideen im Hinblick auf Standardisierbarkeit Entwicklung von Bewertungsmodellen (z.B. Scoring-Modellen)	Formulierung von Bewertungskriterien aus Sicht der Tochtergesellschaft Formulierung von länderspezifischen Mindestanforderungen bzgl. der Produktmerkmale
Wirtschaftlichkeitsanalysen	Festlegung der anzuwendenden Methode(n) Wirtschaftlichkeitsanalyse aus gesamtunternehmerischer Sicht	länderspezifische Wirtschaftlichkeitsanalysen
Produktgestaltung	Realisierung der Produktidee Richtlinien für Markierung und Verpackung	bei Differenzierung Realisierung länderspezifischer Produktvarianten
Produkt- und Markttests	Äquivalente Konzeption des Testdesigns Auswertung der Testergebnisse aus Gesamtunternehmenssicht	Tests in den einzelnen Ländermärkten
Markteinführung	Timing der Markteinführung in den einzelnen Ländern Planung der Markteinführungsstrategie(n)	Planung der länderspezifischen Markteinführung Konkretisierung und Umsetzung der Pläne der Muttergesellschaft

Quelle: In Anlehnung an Berndt/Fantapié Altobelli 2002, S. 783.
Abb. 3.56: Planungs- und Entwicklungsprozess internationaler Produktinnovationen

(3) Internationale Leistungsprogrammpolitik

Gegenstand der **internationalen Leistungsprogrammpolitik** ist die Bestimmung des internationalen Sortiments, d.h. die Entscheidung über Art und Anzahl der in den einzelnen Ländermärkten anzubietenden Produkte (vgl. ausführlich *Berndt/*

Fantapié Altobelli/Sander 1997, S. 115 ff.). Auf der Grundlage der im Rahmen der Portfolio-Analyse resultierenden Normstrategien für die einzelnen Leistungen bzw. Geschäftsfelder (vgl. Abschnitt B.IV.2 in diesem Teil) werden die einzelnen Leistungen einer detaillierten Wirtschaftlichkeitsanalyse unterzogen. Im Rahmen der internationalen Sortimentspolitik sind dabei folgende Handlungsalternativen gegeben:
– **Übertragung** des bisherigen Sortiments auf die Auslandsmärkte,
– **Sortimentskürzung**, d.h. das Angebot eines nach Breite und Tiefe im Vergleich zum Heimatmarkt reduzierten Sortiments (z.B. nur „Stars"),
– **Sortimentserweiterung**, d.h. die Ausweitung des bisherigen Sortiments um länderspezifische Produkte bzw. Produktvarianten im Sinne einer internationalen Produktdifferenzierung.

Eine **unveränderte Übertragung** des Leistungsprogramms des Heimatlandes auf die bearbeiteten Auslandsmärkte beinhaltet die Identität aller Ländersortimente nach Breite und Tiefe und ist damit Ausprägung einer standardisierten produktpolitischen Strategie. Eine derartige Vorgehensweise setzt damit eine sehr starke Ähnlichkeit zwischen dem heimischen Markt und den bearbeiteten Auslandsmärkten voraus, insbesondere im Hinblick auf rechtliche Normen, Konsumentenpräferenzen, Bedürfnisse und Kaufgewohnheiten. Denkbar ist eine solche Vorgehensweise für solche Unternehmen,
– welche nur in wenigen, relativ homogenen Ländermärkten operieren,
– vergleichsweise kulturfreie Produkte anbieten und
– über ein relativ begrenztes Leistungsprogramm verfügen (vgl. *Berndt/Fantapié Altobelli/Sander* 1997, S. 116 f.).

Bei vielen Unternehmen fällt das internationale Sortiment kleiner als das heimische aus; dies gilt insbesondere beim erstmaligen Markteintritt und bei solchen Unternehmen, die eine ethnozentrische Grundorientierung besitzen und eine Marktbearbeitung im Wege des Exports praktizieren. Gerade einige wenige erfolgreiche Produkte liefern häufig den ersten Anstoß für eine Internationalisierung der Geschäftstätigkeit; einigen Unternehmen gelingt es sogar, nur „Star"-Produkte im internationalen Programm anzubieten, d.h. Produkte mit großen Wettbewerbsvorteilen auf attraktiven Märkten.

Eine **Erweiterung** des internationalen Sortiments, d.h. das Angebot von im Vergleich zum heimischen Sortiment zusätzlichen Leistungen, kann z.B. durch **Produktneuentwicklungen** erfolgen. Häufig ist dies eine Konsequenz rechtlicher Regelungen oder Verbrauchergewohnheiten im Zielland. Wird eine Erschließung neuer Absatzmärkte angestrebt und verfügt das Unternehmen nicht über die erforderlichen Ressourcen, so kann es mit einem lokalen Partner eine **Vertriebskooperation** eingehen. Stellt der Partner Komplementärprodukte zu den eigenen her, so kann jedes Unternehmen die Produkte des Kooperationspartners in das eigene Absatzprogramm aufnehmen; damit erreichen beide Partner eine wechselseitige Markterschließung bei gleichzeitiger Sortimentserweiterung. Die Kooperation ist eine attraktive Form des Markteintritts insbesondere für Klein- und Mittelbetriebe, da sie auf diese Weise mit geringem Risiko auf internationalen Märkten ein abgerundetes Sortiment anbieten können (vgl. *Mengele* 1994, S. 30 f.). Eine internationale Sortimentserweiterung kann auch durch **Akquisition** vollzogen werden. Zur Abrundung und Ergänzung des eigenen Leistungsprogramms können etablierte, lokale Firmen aufgekauft werden, deren Produkte in das eigene Angebotsprogramm - zumindest teilweise - aufgenommen werden. Durch die Akquisition und Weiterführung lokaler etablierter Marken wird der Markteintritt erleichtert, und das aufkaufende Unternehmen kann sich den vorhandenen Marktanteil dieser Marken auf dem ausländischen Markt sichern. Eine abgeschwächte Form der Sortimentserweiterung durch Akquisition besteht im **Zukauf** von fremderstellten Produkten (vgl. *Stahr* 1993, S. 115 f.). In diesem Falle werden solche Produkte in das Auslandssortiment aufgenommen, für deren Entwicklung und Produktion das Unternehmen über keine ausreichenden technischen Voraussetzungen verfügt, oder aber welche das Unternehmen nicht rentabel selbst herstellen kann; die Produkte können dann beispielsweise aus Niedriglohnländern bezogen werden. Damit eng verbunden ist die Möglichkeit einer systematischen Produktionsverlagerung in das Ausland mit späterem Import von Halb- und Fertigerzeugnissen. Die Gefahr des Produktzukaufs besteht allerdings in einer möglichen Vernachlässigung der eigenen F&E-Anstrengungen; damit wird das Unternehmen von der Innovationskraft seiner aktuellen und potenziellen Konkurrenten abhängig.

(4) Internationale Markenpolitik

Die internationale Markenpolitik umfasst zum einen das **internationale Branding**, d.h. die Gestaltung von Markenzeichen und Markenname (zur internationalen Markenpolitik vgl. ausführlich *Berndt/Fantapié Altobelli/Sander* 1997, S. 132 ff.). Gerade im internationalen Kontext spielen sprachliche Aspekte eine entscheidende Rolle: Negativbeispiele wie das PKW-Modell „Nova" (span.: No va = funktioniert nicht) zeigen, dass die Entwicklung globaler Marken mit äußerster Sorgfalt zu planen ist. Auch grafische und formale Gestaltungselemente (Verwendung von Farben, Bildern, Symbolen) müssen im Einklang mit evtl. vorhandenen kulturellen Besonderheiten in den einzelnen Auslandsmärkten verwendet werden. Voraussetzungen für den erfolgreichen internationalen Einsatz von Marken sind dabei (vgl. *Berndt/Fantapié Altobelli/Sander* 1997, S. 136):
- leichte Aussprechbarkeit des Markennamens in allen relevanten Sprachen,
- prägnanter, leicht zu merkender Markenname,
- internationale Schützbarkeit der Marke,
- geringe Verwechslungsgefahr zu bereits existierenden Marken,
- Weckung positiver bzw. Vermeidung negativer Assoziationen.

Auch die internationale Branding-Strategie kann weltweit standardisiert oder differenziert erfolgen; Abb. 3.57 zeigt die wesentlichen Vor- und Nachteile der beiden Strategien.

Neben dem internationalen Branding sind im Rahmen der internationalen Markenpolitik auch Fragen der **internationalen Markenbewertung** von Bedeutung (zu Fragen der Bewertung internationaler Marken vgl. *Sander* 1994). Insbesondere für internationale Unternehmens- bzw. Markenakquisitionen, für die Festlegung der

Höhe der Lizenzgebühren sowie im Falle der Schadensbemessung bei missbräuchlicher Nutzung der Marke spielt die Kenntnis des Markenwerts eine entscheidende Rolle. Weitere Einsatzgebiete der Markenbewertung finden sich bei der Bilanzierung von Marken sowie im Rahmen der Markenführung und Kontrolle.

Internationale Standardisierung von Markenname und Markenzeichen vorteilhaft, wenn	Internationale Differenzierung von Markenname und Markenzeichen vorteilhaft, wenn
• großer Media-Overspill vorhanden ist • Konvergenztendenzen im Nachfrageverhalten zwischen einzelnen Ländern vorherrschen • hohe Mobilität der Nachfrager gegeben ist • international einheitliches Image und einheitliche Produktpositionierung angestrebt wird • internationale Schützbarkeit der Marke gegeben ist • geozentrische Unternehmensorientierung vorliegt mit der Tendenz zu inhaltlicher und prozessualer Standardisierung der Marketing-Aufgaben	• Gefahr von Reimporten hoch ist (z.B. infolge großer internationaler Preisdifferenzen) • Auf- bzw. Ausbau einer lokalen Marke zu einer internationalen Marke zu ressourcenintensiv und/oder risikobehaftet erscheint • Imitationsgefahr einer international bzw. global erfolgreichen Marke hoch ist (Markenpiraterie) • stark dezentrale Unternehmensstruktur mit geringer Entscheidungszentralisation bei der inländischen Muttergesellschaft • Produkteigenschaften landesspezifisch angepasst werden (müssen) • polyzentrische Unternehmensorientierung gegeben ist mit der Tendenz zur inhaltlichen und prozessualen Ausrichtung der Marketing-Aufgaben an die landesspezifischen Gegebenheiten

Quelle: Berndt/Fantapié Altobelli/Sander 1997, S. 134.
Abb. 3.57: Einflussfaktoren auf die Standardisierung und Differenzierung von Marken

(5) Internationale Servicepolitik

Im Rahmen der **internationalen Servicepolitik** erfolgt die Festlegung all jener Nebenleistungen, welche der Förderung des Absatzes der Hauptleistung dienen (vgl. *Berndt/Fantapié Altobelli/Sander* 1997, S. 143 ff.):
– Information, Beratung und Unterstützung beim Kauf (Pre-Sales-Service),
– Schulung und Einweisung der Benutzer,
– Zustellung und Installation,
– Unterhalt, Reparatur-, Ersatzteil- und Garantiedienste.

In welchem Ausmaß auf den internationalen Märkten Nebenleistungen anzubieten sind, hängt insbesondere vom Grad der angestrebten Marktabdeckung, dem Vorhandensein kompetenter lokaler Fachkräfte wie auch vom Niveau des in einzelnen Ländern vorhandenen technologischen Know-hows ab; im Einzelnen bestehen folgende Optionen (vgl. *Mühlbacher* 1995, S. 156 f.):
– Anbieten von Serviceleistungen in eigener Regie (z.B. durch Errichten von Serviceniederlassungen in den einzelnen Ländern),

– Delegieren von Serviceleistungen im Abnehmerland an Dritte,
– Eingehen von strategischen Partnerschaften mit lokalen Unternehmen.

Auch im Rahmen der internationalen Servicepolitik kann eine Standardisierung oder eine Differenzierung vorgenommen werden. Eine Differenzierung der Serviceleistungen ist z.B. dann erforderlich, wenn Unterschiede in Klima, Nutzungsintensität oder technologischem Know-how eine Vereinheitlichung der Serviceleistungen verhindern.

2. Internationale Kontrahierungspolitik

a. Ziele der internationalen Kontrahierungspolitik

Die typischen Ziele der **internationalen Preispolitik** sind i.d.R. ökonomischer Natur (Gewinn, Marktanteil, RoI). Abb. 3.58 zeigt die Ergebnisse einer empirischen Studie bzgl. der von international tätigen Unternehmen verfolgten preispolitischen Ziele.

Preispolitisches Ziel	U.S.-Unternehmen	In den USA ansässige ausländische Unternehmen
Befriedigender ROI	19,91	22,78
Aufrechterhaltung des Marktanteils	19,40	17,99
Spezifisches Gewinnziel	19,20	14,72
Maximierung des Marktanteils	12,68	11,85
Gewinnmaximierung	9,25	10,68
Spezifisches Verkaufsziel	8,39	11,46
Hohe Preise	4,47	5,97
Sonstige Ziele	4,17	1,25
Maximaler ROI	1,87	1,76
Preise anfänglich hoch ansetzen, später herabsetzen	0,14	1,48

Anm.: Insgesamt waren von jedem Unternehmen 100 Punkte auf die einzelnen Ziele nach deren jeweiliger Wichtigkeit zu verteilen. Die dargestellten Zahlen stellen die resultierenden Mittelwerte dar.

Quelle: Samiee 1987, S. 26.

Abb. 3.58: Von international agierenden Unternehmen verfolgte preispolitische Ziele

Im Rahmen der **internationalen Konditionenpolitik** werden hingegen schwerpunktmäßig folgende Ziele angestrebt (vgl. *Stahr* 1979b, S. 141 f.):
– Erreichung von Umsatzzielen,
– Erhöhung der Kundentreue,
– Minimierung der Finanzierungskosten,
– Rationalisierung der Auftragsabwicklung,
– Senkung der zeitlichen Verteilung des Auftragseingangs sowie

- Imagesicherung von hochpreisigen Produkten durch Gewährung von Rabatten anstelle offener Preisreduktionen.

In Abhängigkeit der konkreten Ausgangssituation in den einzelnen bearbeiteten Ländermarktsegmenten (z.B. Phase im Produktlebenszyklus, Wettbewerbssituation) ist häufig die Verfolgung unterschiedlicher kontrahierungspolitischer Ziele angebracht, was eine differenzierte Ausgestaltung des preis- und konditionenpolitischen Instrumentariums zur Folge hat.

b. *Handlungsalternativen der internationalen Kontrahierungspolitik*

(1) Überblick

Im Rahmen der internationalen Kontrahierungspolitik sind Entscheidungen über die internationale Preispolitik sowie über die internationale Konditionenpolitik zu treffen (vgl. *Berndt/Fantapié Altobelli/Sander* 1997, S. 167 ff. sowie zum internationalen Preismanagement ausführlich *Sander* 1997a). Die **internationale Preispolitik** umfasst dabei folgende Handlungsalternativen:
- Festlegung der Preishöhe in den einzelnen Ländern,
- Entscheidung über landesspezifische Preisvariationen,
- Festlegung der in den einzelnen Ländern zu verfolgenden Preisstrategie,
- Internationale Preisdifferenzierungen,
- Preisdurchsetzung in den bearbeiteten Ländermärkten sowie
- Festlegung von Transferpreisen zwischen Mutter- und Tochtergesellschaften.

Gegenstand der internationalen Konditionenpolitik sind
- die Ausgestaltung der Rabattpolitik,
- die Lieferungs- und Zahlungsbedingungen,
- die Ausgestaltung der Kreditpolitik sowie
- die Gestaltung der Allgemeinen Geschäftsbedingungen.

(2) Internationale Preispolitik

Eine erste wesentliche Aufgabe im Bereich der internationalen Preispolitik ist die Festlegung der **Preishöhe** in den einzelnen Ländern. Entscheidungen über die Preishöhe stellen sich bei Einführung neuer Produkte auf ausländischen Märkten oder aber bei Einführung bereits etablierter Produkte auf noch nicht bearbeiteten Ländermarktsegmenten. Des Weiteren ist im Rahmen der Preislinienpolitik über die Relation der Preise für die Produkte ein und derselben Produktlinie zu befinden.

Bei bereits eingeführten Produkten stellt sich häufig die Frage nach einer **Preisvariation**, d.h. einer Preisanpassung infolge einer Änderung der preisbeeinflussenden Determinanten. Dies ist z.B. dann der Fall, wenn in einem oder mehreren Ländern Kosten-, Konkurrenz- oder Nachfrageänderungen eingetreten sind, welche die bisherigen Preise als nicht mehr angemessen erscheinen lassen. In den Bereich der Preisvariationen fällt auch die Sonderangebotspolitik, d.h. die Gewährung von Preisreduktionen mit dem Ziel der kurzfristigen Absatzsteigerung. Aufgrund der starken lokalen Ausrichtung dieses Instruments existieren sowohl in inhaltlicher Hinsicht als auch hinsichtlich der Intensität des Einsatzes von Sonderangeboten länderübergreifend starke Unterschiede (vgl. Abb. 3.59).

Unterschiedliche Zielsetzungen in den verschiedenen Zielmärkten haben u.U. zur Folge, dass jeweils unterschiedliche **Preisstrategien** verfolgt werden müssen. Eine Preisstrategie beinhaltet allgemein die geplante Abfolge von Preisen über einen bestimmten Planungshorizont; das Spektrum reicht hier von Skimming-Strategien (hohe Einführungspreise, die im Zeitablauf gesenkt werden) bis hin zu Penetration-Strategien (niedrige Einführungspreise, die im Zeitablauf erhöht werden) (vgl. *Sander* 1997a, S. 80 ff.). Dazwischen sind Prämien-, Promotions- und Durchschnittspreisstrategien anzusiedeln. Auch ist hier darüber zu entscheiden, welche Preislagen in den einzelnen Ländern zu besetzen sind und welche Preisentwicklung im Zeitablauf angestrebt wird, um die gewünschte Positionierung zu erreichen.

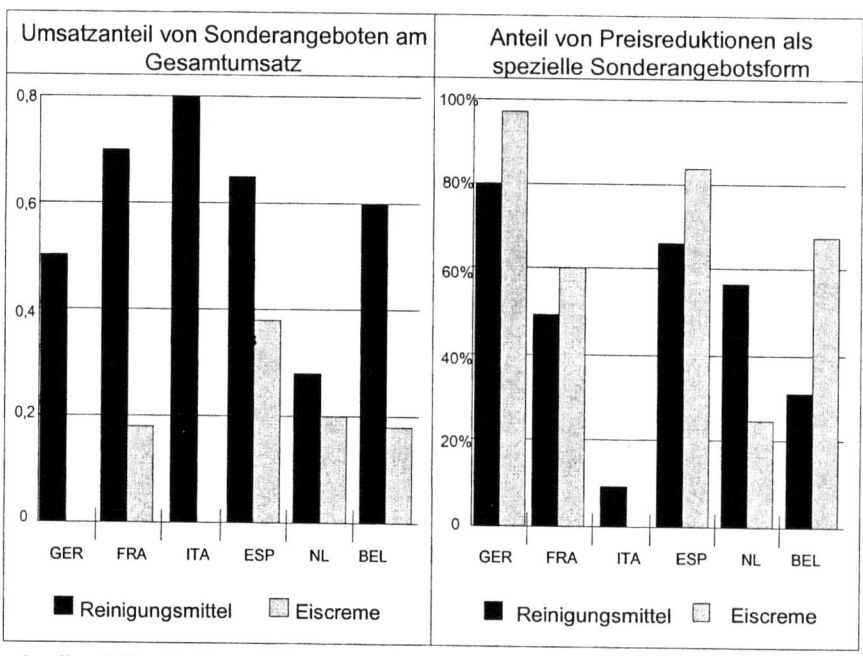

Quelle: Diller/Bukhari 1994, S. 166.

Abb. 3.59: Ausmaß und Formen von Sonderangeboten in verschiedenen europäischen Ländern auf zwei ausgewählten Märkten

Wenn in den einzelnen Zielländern die preispolitisch relevanten Rahmenbedingungen stark divergieren (z.B. Kaufkraft, Konkurrenzverhältnisse, allgemeines Preisniveau), ist häufig eine **internationale Preisdifferenzierung** angeraten. Eine internationale Preisdifferenzierung beinhaltet das Fordern unterschiedlicher Preise für ein und dasselbe Produkt in den einzelnen Ländermärkten. Auf diese Weise kann den jeweiligen landesspezifischen Verhältnissen Rechnung getragen werden.

Eine internationale Preisdifferenzierung findet dabei häufig im Zusammenhang mit einer Produktdifferenzierung statt, um die Preisunterschiede in den einzelnen Ländern zu verschleiern.

Im Rahmen der **Preisdurchsetzung** ist dafür zu sorgen, dass der anvisierte Preis durchgesetzt und vom Markt akzeptiert wird. Schwierigkeiten bei der Preisdurchsetzung können insbesondere auf mehrstufigen Märkten auftreten, wenn die Absatzmittler und Absatzhelfer in einzelnen Ländern über einen hohen Autonomiegrad verfügen. Hier besteht im Regelfall keine direkte Verfügungsgewalt über die von den Absatzmittlern gegenüber den Endabnehmern geforderten Preise.

Multinationalen Unternehmen mit dezentraler Organisationsstruktur und unabhängig operierenden Tochtergesellschaften auf den einzelnen Ländermärkten stellt sich darüber hinaus die Frage nach der **Festlegung von Transferpreisen** für den Leistungsaustausch zwischen Unternehmenseinheiten. Solche Transferpreise haben den Charakter von Verrechnungspreisen (z.B. für Vorprodukte) im Rahmen der Intrakonzern-Preispolitik.

Unabhängig von den oben angeführten Anlässen zur internationalen Preisbestimmung lassen sich für die internationale Preisbestimmung nachfrageorientierte, kostenorientierte und konkurrenzorientierte Ansätze heranziehen (vgl. *Berndt/ Fantapié Altobelli/Sander* 1997, S. 173 ff.).

Die Anwendung **kostenorientierter Kalkulationsschemata** zur Bestimmung von zu fordernden Preisen hat im internationalen Marketing einen besonderen Stellenwert; insbesondere in der **Exportwirtschaft** waren und sind kostenbasierte Preisfindungsmethoden vergleichsweise weit verbreitet. Die konkrete Bestimmung von Preisen auf Basis von Kosten ist im Vergleich zu markt- bzw. nachfrageorientierten Preisen einfach und wenig zeitaufwändig, da auf feststehende Kalkulationsschemata zurückgegriffen werden kann. Im Falle des Exports bildet generell die Summe der relevanten Kosten der Herstellung, des Transports, der eventuellen Kreditgewährung und Risikoübertragung auf Dritte sowie des Gewinnaufschlags den Ausgangspunkt für die Preiskalkulation. Abb. 3.60 zeigt am Beispiel eines Überseegeschäfts, wie eine entsprechende Preiskalkulation vorgenommen werden kann. Grundsätzlich ist bei kostenorientierten Kalkulationsschemata jedoch kritisch anzumerken, dass sie den Nachfrageverhältnissen in den Zielländern nicht Rechnung tragen.

Konkurrenzorientierte Ansätze der Preisbestimmung basieren auf dem Preisverhalten der Konkurrenten; zum einen kann eine Anpassung an die Konkurrenzpreise erfolgen, z.B. durch Orientierung am durchschnittlichen Marktpreis oder an einen sog. Preisführer, zum anderen eine bewusste Abkoppelung vom Angebotsverhalten der Konkurrenten, z.B. durch gezielte Über- oder Unterbietung. Beispiel für ein konkurrenzorientiertes Verfahren zur Preisbestimmung im internationalen Marketing ist die Preisfindung auf Basis von Preis-Leistungsverhältnissen (vgl. *Berndt/ Fantapié Altobelli/Sander* 1997, S. 179 ff.). Diese Möglichkeit der konkurrenzorientierten Preisstellung stellt darauf ab, die Preise in Relation zur Qualität der in einem Land auf einem bestimmten Produktmarkt angebotenen Produkte zu setzen.

1. Herstellkosten für das Exportprodukt + Exportgemeinkosten + Marktbearbeitungskosten
2. = Selbstkosten des Exportprodukts + Gewinnzuschlag + Verpackungskosten Export (seemäßige Verpackung) + Kosten der Warenprüfung + Versicherungskosten (außer Transportversicherung) + "Nützliche Abgaben" zur Akquisition + Vertreterprovision
3. = Verkaufswert des Exportprodukts *("Ab Werk")* + Kosten der Versanddokumente + Rollfuhr bis Abgangsstation + Bahn/LKW-Fracht bis "Längsseite Schiff" + Speditionskosten - Versandspediteur + Speditionsversicherungskosten - Versandspediteur + Lagerkosten (Zwischenlagerung) + evtl. Hafengebühren
4. = Verkaufswert des Exportprodukts *("Frei Längsseite Seeschiff - benannter Verschiffungshafen" - FAS)* + Kosten der Ausfuhrdokumente + Gebühren der Ausfuhrzollabfertigung + ggf. Ausfuhrabgaben + Mieten, Standgelder u.ä. (z.B. Behälter, Container, Transportpaletten) + Lagergeld + Umschlagkosten gem. Umschlagsgebührentarif + Kosten Kai- und Hafenbetriebe + Kosten Seehafenspediteur (FOB-Provision gem. SST)
5. = Verkaufswert des Exportprodukts *("Frei an Bord ... benannter Verschiffungshafen" - FOB)* + Verschiffungsprovision gem. SST + Konnossementgebühren + Seefracht
6. = Verkaufswert des Exportprodukts *("Kosten und Fracht ... benannter Bestimmungshafen" - C&F)* + Seeversicherung
7. = Verkaufswert des Exportprodukts *("Kosten, Versicherung, Fracht ... benannter Bestimmungshafen" - CIF)* + Kosten der Zahlungsabwicklung + Kosten der Forderungsabsicherung + ggf. Finanzierungskosten
8. = Angebotspreis des Exportprodukts *(abhängig von der Lieferbedingung)**
* Das obige Kalkulationsformular ist ggf. für das Überseegeschäft um weitere Kostenpositionen zu verlängern, falls die Lieferbedingungen "Ab Schiff", "Ab Kai (verzollt bzw. unverzollt)" vereinbart worden sind.

Quelle: In Anlehnung an Stahr 1979b, S. 134 f.

Abb. 3.60: Kalkulationsschema für ein zu exportierendes Produkt (Überseegeschäft)

Dadurch wird ersichtlich, welche Preise Konkurrenzprodukte bei dem jeweiligen Niveau an wahrgenommener Produktqualität erzielen. Auf dieser Basis ist es möglich, die eigene Preisposition (bei einer gegebenen eigenen Produktqualität) festzulegen und ggf. anzupassen. Auch für konkurrenzorientierte Preisfindungsansätze gilt jedoch, dass die Nachfrageverhältnisse in den Zielländern keine Berücksichtigung finden.

Nachfrageorientierte Ansätze zur Preisfindung beruhen auf den bei alternativen Preisen jeweils absetzbaren Mengen, d.h. sie legen explizit die Preis-Absatz-Funktionen in den einzelnen Ländermärkten zu Grunde. Diese Gruppe von Ansätzen, welche den im internationalen Marketing besonders wichtigen Aspekt der Entfernungsüberwindung und den damit im Zusammenhang stehenden Kosten berücksichtigen, weisen einen engen Bezug zur räumlichen Preistheorie auf. Im Kern handelt es sich dabei um Modelle der vertikalen Preisdifferenzierung. Die klassischen Modelle der räumlichen Preistheorie analysieren die optimale Preissetzung bei unverbundenen Märkten. Infolge sinkender Transport- und Reisekosten, steigenden Bedarfs nach räumlicher Mobilität sowie eines zunehmenden länderübergreifenden Informations- und Kommunikationsaustausches kann jedoch vielfach die Annahme unverbundener Märkte nicht mehr aufrechterhalten werden; neuere preistheoretische Modelle widmen sich daher zunehmend der Preissetzung bei verbundenen Märkten (zu den einzelnen Verfahren vgl. ausführlich *Berndt/ Fantapié Altobelli/Sander* 1997, S. 182 ff. sowie *Sander* 1997b).

(3) Internationale Konditionenpolitik

Gegenstand der **internationalen Konditionenpolitik** sind vertragliche Regelungen, welche über die reine Preisfestlegung hinausgehen und flankierenden Charakter haben (vgl. hierzu *Berndt/Fantapié Altobelli/Sander* 1997, S. 223 ff.). Diesbezügliche Entscheidungen umfassen:
– die internationalen Lieferungsbedingungen,
– die internationalen Zahlungsbedingungen,
– die internationale Kreditpolitik,
– die internationale Rabattpolitik sowie
– die Gestaltung der Allgemeinen Geschäftsbedingungen
für die auf internationalen Märkten angebotenen Produkte. Gegenüber der nationalen Konditionenpolitik ändert sich das Aufgabenfeld auf internationaler Ebene nicht; zu beachten ist jedoch, dass gerade Konditionen häufig Gegenstand einer Differenzierungsstrategie sind, da sie weniger „durchschaubar" sind als eine Differenzierung der absoluten Preishöhe, welche u.U. die Entstehung „grauer Märkte" zur Folge hat. Überdies kann eine Differenzierung der Konditionen zwingend sein, wenn in den einzelnen Ländern unterschiedliche rechtliche Regelungen - z.B. Rabattgesetze - existieren, aber auch unterschiedliche Geschäftsgepflogenheiten und Handelsusancen gebräuchlich sind.

International Commercial Terms (Incoterms 1990)		
E-Term	Die gehandelten Güter werden dem Käufer, der alle weiteren Kosten und Risiken zu tragen hat, im eigenen Bereich des Verkäufers bereitgestellt	**EXW**: ex works, named place
F-Terms	Die gehandelten Güter werden vom Verkäufer, der die Kosten dafür trägt, einem verantwortlichen Frachtführer übergeben	**FCA**: free carrier, named place
		FAS: free alongside ship, named port of shipment
		FOB: free on board, named port of shipment
C-Terms	Die gehandelten Güter werden vom Verkäufer, der in Abhängigkeit von der jeweils vereinbarten Klausel Kosten und Risiken zu tragen hat, in das Bestimmungsland versendet	**CFR**: cost and freight, named port of destination
		CIF: cost, insurance and freight, named port of destination
		CPT: carriage paid to, named place of destination
		CIP: carriage and insurance paid to, named place of destination
D-Terms	Die gehandelten Güter werden vom Verkäufer, der alle Kosten und Risiken zu tragen hat, im Gebiet des Käufers bereitgestellt	**DAF**: delivered at frontier, named place
		DES: delivered ex ship, named port of destination
		DEQ: delivered ex quay (duty paid), named port of destination
		DDU: delivered duty unpaid, named place of destination
		DDP: delivered duty paid, named place of destination

Quelle: Becker 1991, S. 1249.

Abb. 3.61: Überblick über die 1990 neugefassten International Commercial Terms (INCOTERMS)

Im Rahmen der **Lieferungsbedingungen**, welche Lieferzeit, Lieferort, Lieferart und -menge, Lieferkosten und Lieferrisiken festlegen, spielen im internationalen Marketing insbesondere die Lieferklauseln eine zentrale Rolle. Die bekanntesten Lieferklauseln stellen die sog. INCOTERMS dar (vgl. Abb. 3.61). Gegenstand der **internationalen Zahlungsbedingungen** sind die Zahlungsverpflichtungen des Käufers sowie die Modalitäten von deren Erfüllung; hierbei unterscheidet man zwischen nicht-dokumentären Zahlungsbedingungen (z.B. Bezahlung vor, bei oder nach Erhalt der Ware) und dokumentären Zahlungsbedingungen, bei denen die Zahlung gegen Dokumente erfolgt (z.B. Frachtbriefe oder Handelsrechnungen), mit denen der Verkäufer seine Verfügungsgewalt über die Ware an den Käufer abtritt.

Im Rahmen der **internationalen Kreditpolitik** steht die Finanzierung von Exporten bzw. Importen im Mittelpunkt. Sowohl für den Exporteur als auch für den Importeur existiert ein breites Spektrum an kurz-, mittel- und langfristigen Finanzierungsalternativen (vgl. ausführlich *Berndt/Fantapié Altobelli/Sander* 1997, S. 243 ff.); neben privatwirtschaftlichen Institutionen wie z.B. Kreditinstituten befassen sich auch staatliche Institutionen wie die Kreditanstalt für Wiederaufbau mit der Finanzierung von Außenhandelsgeschäften. Gegenstand der **internationalen Rabattpolitik** sind Preisnachlässe für bestimmte Leistungen der Abnehmer. Von besonderer Bedeutung ist die Tatsache, dass mittels länderspezifisch differenzierter Rabatte eine internationale Preisdifferenzierung durchgesetzt werden kann, ohne dass der Basispreis verändert werden muss. Gegenstand der **Allgemeinen Geschäftsbedingungen** sind schließlich vertragliche Inhalte wie Gerichtsstand, Vertragsstrafen, Lieferungs- und Zahlungsbedingungen, Sachmängelhaftung usw. Diese Geschäftsbedingungen sind i.d.R. nur dann rechtsgültig, wenn sie explizit vom Käufer bzw. Importeur akzeptiert werden.

3. Internationale Kommunikationspolitik

a. *Ziele der internationalen Kommunikationspolitik*

Wie bei der nationalen Kommunikationspolitik lassen sich auch bei internationaler Betätigung ökonomische, psychologische und streutechnische Ziele unterscheiden. Typische **ökonomische Zielinhalte** sind Gewinn, Umsatz, Marktanteil, Kosten. So lassen sich z.B. im Rahmen einer standardisierten internationalen Marketing-Kommunikation bei der Produktion von Werbemitteln erhebliche Kostenersparnisse erzielen. **Psychologische Zielinhalte** sind beispielsweise Aufmerksamkeit, Bekanntheit, Image; im internationalen Kontext ist z.B. die Erzielung eines länderübergreifend einheitlichen Image im Rahmen einer internationalen Corporate-Identity-Policy von entscheidender Bedeutung, um zu verhindern, dass durch ein unterschiedliches Erscheinungsbild des Unternehmens in den einzelnen Ländern Irritationen bei den Konsumenten auftreten. Schließlich beinhalten **streutechnische Ziele** die Erhöhung/Maximierung der Reichweite (Zahl der erzielten Kontakte, Zahl der erreichten Personen). Bedeutsam ist in diesem Zusammenhang die Existenz länderübergreifender Medien - hier insbesondere des Satellitenfernsehens, aber auch des Internets als neues globales Medium -, durch welche die kommunikationspolitischen Maßnahmen in mehreren Ländern - u.U. weltweit - gleichzeitig gestreut werden können, wodurch erhebliche Reichweiten erzielt werden können.

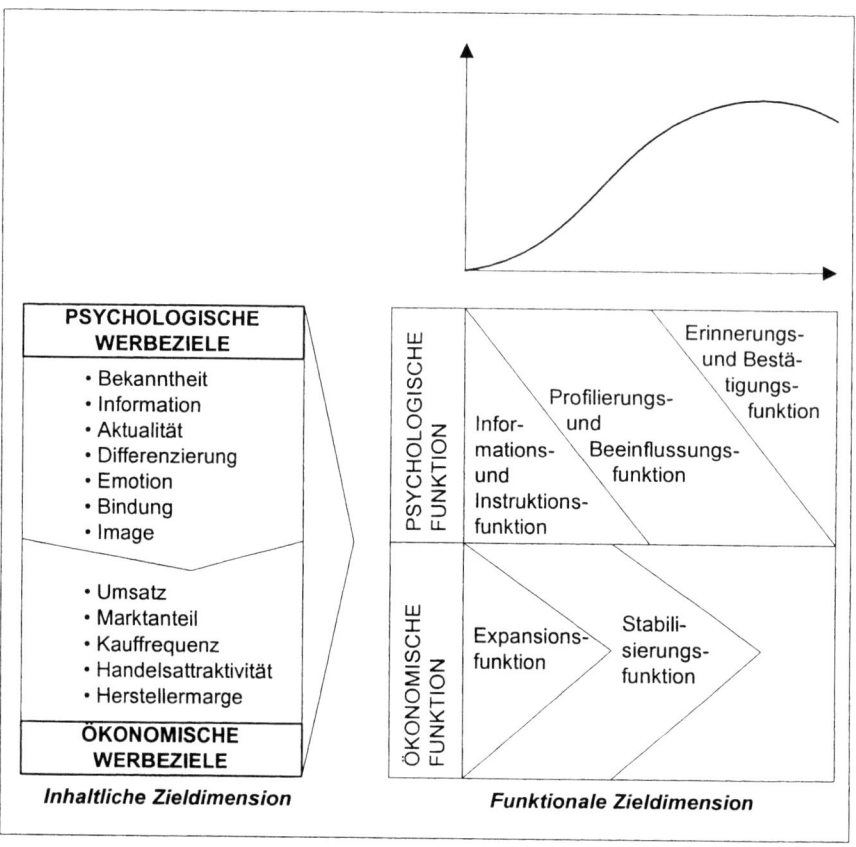

Quelle: Nach Schürmann 1993, S. 54.
Abb. 3.62: Zieldimensionen der Werbung im Produktlebenszyklus

Im Hinblick auf die Zielformulierung stellt sich die Frage, ob in den einzelnen Ländermärkten einheitliche oder unterschiedliche Ziele zu verfolgen sind. In diesem Zusammenhang ist die Phase des Produktlebenszyklus von Bedeutung, in der sich das zu bewerbende Produkt in den einzelnen Ländern befindet (vgl. Abb. 3.62). Während in der Einführungsphase die Kommunikation schwerpunktmäßig auf die Information der Konsumenten abzielt und damit Aufmerksamkeit und Bekanntheit erreicht werden sollen, stehen in den nachfolgenden Phasen „Wachstum" und „Reife" die Profilierung und Beeinflussung im Vordergrund, welche sich insbesondere in Imagezielen niederschlagen. Typisch für die Schrumpfungsphase sind hingegen Erinnerung und Bestätigung mit dem Ziel der Kundenbindung. Auf ökonomischer Ebene wird in der Einführungs- und Wachstumsphase insbesondere eine Expansion i.S. einer Markterschließung und Marktanteilserhöhung angestrebt, während in späteren Phasen eine Stabilisierung und Erhaltung der ökonomischen

Zielgrößen im Vordergrund steht. Deutlich wird, dass eine Verfolgung länderübergreifend einheitlicher Kommunikationsziele nur dann sinnvoll ist, wenn sich das betreffende Produkt in den einzelnen Ländermärkten auch in derselben Lebenszyklus-Phase befindet.

b. Handlungsalternativen der internationalen Kommunikationspolitik

(1) Überblick

Wie bei der nationalen Kommunikationspolitik stehen bei internationaler Betätigung zahlreiche kommunikationspolitische Instrumente zur Verfügung (vgl. Abb. 3.63). Im Einzelnen kann der eingesetzte **Kommunikations-Mix** aus folgenden Instrumenten zusammengestellt werden:
– internationale Corporate-Identity-Policy,
– internationale Werbung,
– internationales Sponsoring,
– internationales Product Placement und Product Publicity,
– internationale Sales Promotions,
– internationale Direct Communications.

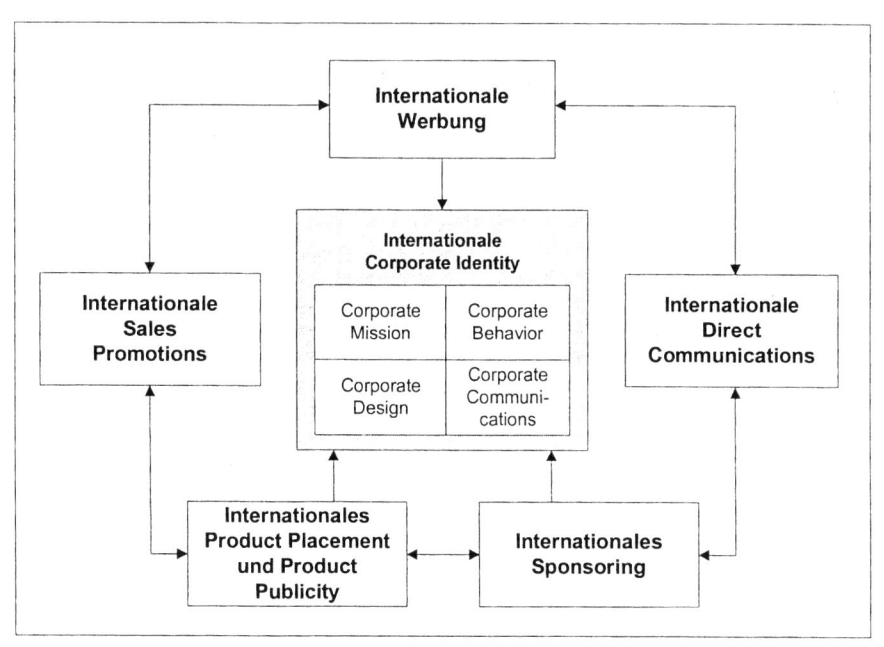

Abb. 3.63: Instrumente der internationalen Kommunikationspolitik

Für die Ausgestaltung des internationalen Kommunikationsmix sind dabei kulturelle Faktoren von erheblicher Relevanz; in diesem Sinne kommt der **interkulturellen Kommunikation**, d.h. den grenzüberschreitenden Interaktions- und Kommunikationsprozessen zwischen Menschen aus verschiedenen Kulturen, im internationalen

Marketing eine entscheidende Rolle zu (zur interkulturellen Kommunikation im Rahmen des internationalen Marketing vgl. insbesondere *Thieme* 2000).

(2) Internationale Corporate-Identity-Policy

Die Corporate-Identity-Policy eines Unternehmens ist als übergeordnetes, integriertes Kommunikationskonzept anzusehen, welches einen strategischen Rahmen für den Einsatz der übrigen kommunikationspolitischen Instrumente festlegt (vgl. zur Corporate-Identity-Policy insbesondere *Schneider* 1991). Unter einer **Corporate Identity** (CI) kann dabei
- ein Ziel,
- eine anzustrebende Eigenart/Einmaligkeit/Persönlichkeit eines Unternehmens,
- welche ein Unternehmen unverwechselbar macht,
- die es damit den relevanten Bezugsgruppen der Umwelt erlaubt, das Unternehmen in seiner Eigenart und Einmaligkeit zu erkennen,
- die es außerdem den Mitarbeitern eines Unternehmens erlaubt, sich mit dem Unternehmen zu identifizieren,
verstanden werden.

Von wesentlicher Bedeutung ist in diesem Zusammenhang, dass die Instrumente der Corporate-Identity-Policy so eingesetzt werden sollen, dass ein länderübergreifend einheitliches Unternehmensimage erreicht wird. Ausgangspunkt für die Formulierung eines anzustrebenden Unternehmensimages ist die im Rahmen der Unternehmenskonzeption herausgearbeitete Unternehmensphilosophie bzw. die Corporate Mission. Folgende **Instrumente der Corporate-Identity-Policy** zur Erreichung eines einheitlichen Erscheinungsbildes des Unternehmens stehen dabei zur Verfügung (vgl. ausführlich *Berndt/Fantapié Altobelli/Sander* 1997, S. 286 ff.):
- das Corporate Design, d.h. die Gestaltung der optisch wahrnehmbaren Elemente der Kommunikation wie Firmenzeichen, Firmenname, Anzeigen, Briefköpfe u.Ä.;
- die Corporate Communications mit den Bestandteilen Corporate Advertising und Public Relations sowie
- das Corporate Behavior, d.h. das Verhalten und Erscheinungsbild der Mitarbeiter.

Im Vordergrund steht hier die Problematik, dass aufgrund von im Regelfall unterschiedlichen Ist-Images in einzelnen Ländern das zur Verfügung stehende Corporate-Identity-Instrumentarium länderspezifisch derart eingesetzt werden muss, dass in allen Ländern, in denen das betreffende Unternehmen präsent ist, ein einheitliches Soll-Image erreicht wird. Konkret bedeutet dies, dass aufgrund unterschiedlicher Ausgangssituationen jeweils ein unterschiedlicher, länderspezifisch angepasster CI-Mix entwickelt werden muss. Dies betrifft einerseits die **instrumentalinhaltliche Ebene**, d.h. die konkrete Auswahl und Ausgestaltung einzelner CI-Instrumente, andererseits die **intensitätsmäßige Ebene** i. S. eines länderspezifisch abgestimmten Ausmaßes des Einsatzes einzelner Instrumente.

(3) Internationale Werbung

Im Rahmen der **internationalen Werbung** werden Werbeträger (Printmedien, elektronische Medien, Medien der Außenwerbung und Medien der Direktwerbung) mit Werbemitteln belegt (z.B. Anzeigen, Fernsehspots, Plakate). Ziel ist das Herantragen der gewünschten Werbebotschaft an die Rezipienten, um bestimmte Werbeziele zu erreichen. Die zentralen Fragen der internationalen Werbung sind zum einen, ob eine Kombination jeweils nationaler Medien oder aber supranationale Medien belegt werden sollen; zum anderen geht es darum, ob Werbemittel und Werbebotschaft länderübergreifend standardisiert oder differenziert werden können oder sollen (vgl. *Berndt/ Fantapié Altobelli/Sander* 1997, S. 292 ff.).

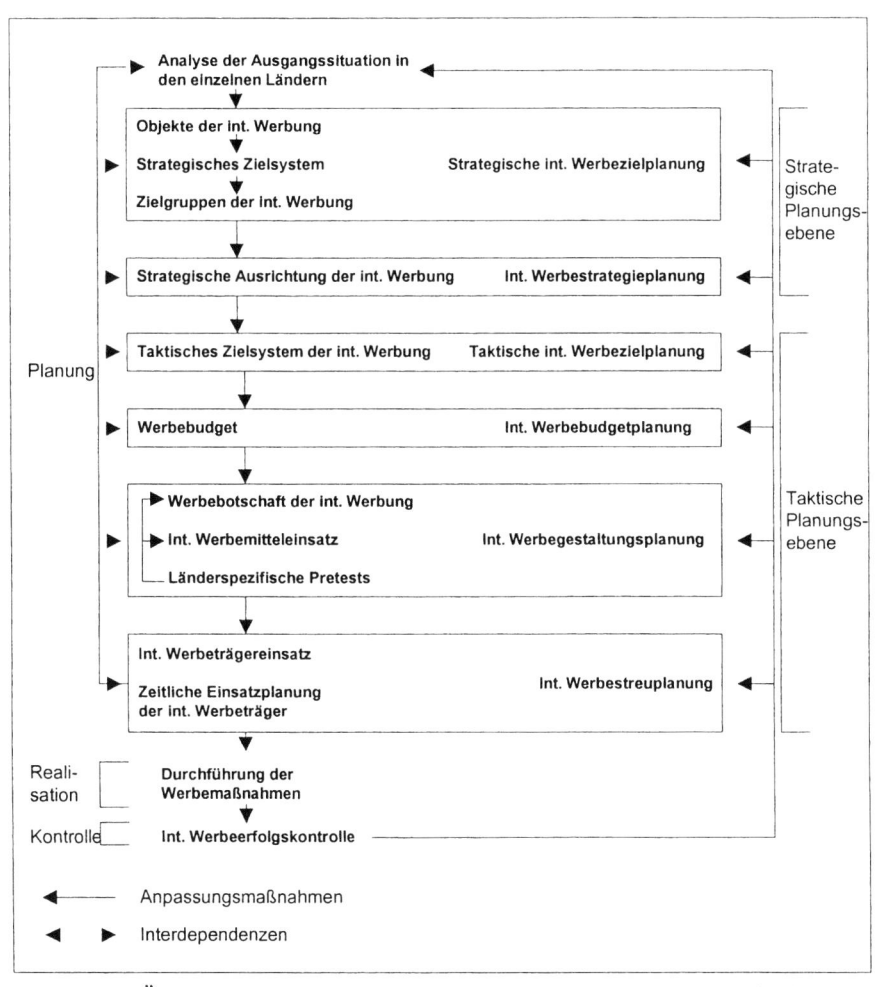

Abb. 3.64: Überblick über den Gesamtprozess der internationalen Werbeplanung, -realisation und -kontrolle

Um den vielfältigen Anforderungen, die an die Werbung im internationalen Kontext gestellt werden, genügen zu können, ist eine systematische zielorientierte Planung der internationalen Werbeaktivitäten notwendig. Im Anschluss an die Planungsaktivitäten ist für die Umsetzung der Werbemaßnahmen zu sorgen sowie eine Kontrolle der erreichten Werbewirkung durchzuführen. Abb. 3.64 zeigt den Gesamtprozess der internationalen Werbeplanung, -realisation und -kontrolle.

Den ersten Schritt der internationalen Werbeplanung stellt die **Analyse der Ausgangssituation** dar. Konkret sind hier Informationen über die wirtschaftlichen, gesellschaftlichen, rechtlichen und technischen bzw. medienspezifischen Rahmenbedingungen in jedem Land einzuholen. Insbesondere ist in diesem Schritt festzustellen, welche kulturellen Einflüsse und Unterschiede zum Tragen kommen, um sie bei der Werbekonzeption angemessen berücksichtigen zu können.

Im Rahmen der **strategischen internationalen Werbezielplanung** ist zunächst darüber zu befinden, für welche Objekte überhaupt geworben werden soll. Voraussetzung für die Möglichkeit der Bewerbung der angebotenen Leistungen des Unternehmens ist dabei die Markierung der jeweiligen Objekte; zudem hängt u.a. von der Art des Objekts ab, ob eine standardisierte Werbung eingesetzt werden kann oder ob eine differenzierte Ausgestaltung notwendig ist. Je größer das Ausmaß an Kulturgebundenheit eines Produktes ist, um so schwieriger wird i.d.R. eine standardisierte Strategie (vgl. *Berekoven* 1985, S. 81).

Die im Rahmen der internationalen Werbung zu verfolgenden **Ziele** sind aus den grundsätzlich möglichen kommunikationspolitischen Zielen abzuleiten. Zu unterscheiden ist hier zwischen strategischen und taktischen Zielen der internationalen Werbeplanung. Während die **strategischen Ziele** die grundsätzliche kommunikative Stoßrichtung vorgeben und langfristig ausgerichtet sind, determinieren die **taktischen internationalen Werbeziele** den kurz- bis mittelfristigen Einsatz werbepolitischer Maßnahmen. Ökonomische, streutechnische und psychologische Werbeziele können dabei sowohl auf der strategischen als auch auf der taktischen Ebene vorkommen.

Die Notwendigkeit der **Zielgruppenbildung** ergibt sich aus der Tatsache, dass im Regelfall nicht alle Konsumenten in den jeweiligen Ländern im gleichen Ausmaß als potenzielle Käufer angesehen werden können. Zudem ist es aufgrund kapazitativer Restriktionen (z.B. finanziell, produktionstechnisch oder personell) oftmals erforderlich, sich bei der werblichen Ansprache auf besonders relevante Konsumentengruppen (z.B. Intensivverwender) zu beschränken. Auf internationaler Ebene ist die Identifikation länderübergreifender Zielgruppen von besonderer Bedeutung; die zunehmende Homogenisierung der Bedürfnisse in vielen Bereichen ist ein Zeichen dafür, dass sich derartige länderübergreifende Zielgruppen immer mehr herauskristallisieren (vgl. die Ausführungen in Abschnitt B.II.3.a. in diesem Teil).

Im Anschluss an die strategische internationale Werbezielplanung mit den Bestandteilen der Werbeobjektwahl, der Zielbestimmung und der Zielgruppenfestlegung hat eine definitive Entscheidung über die grundsätzliche **Ausrichtung der**

internationalen Werbestrategie zu erfolgen (vgl. die Ausführungen in Abschnitt B.IV.3.b.). In diesem Zusammenhang sind zudem nicht nur Überlegungen über eine Standardisierung bzw. Differenzierung der **Werbeinhalte** bzw. der Werbekonzeption anzustellen, sondern auch über die einheitliche und ländermäßig differenzierte Vorgehensweise bei der Konzeption und Umsetzung der Werbeplanung, d.h. hinsichtlich des **Prozesses der Werbeplanung** (vgl. *Kreutzer* 1990, S. 30 ff.).

Im Rahmen der **internationalen Werbebudgetierung** wird die Höhe der finanziellen Mittel festgelegt, welche für werbliche Aktivitäten ausgegeben werden sollen; als Methoden kommen Praktikerverfahren sowie Optimierungsmodelle in Frage (vgl. *Berndt/Fantapié Altobelli/Sander* 1997, S. 296 ff.). Des Weiteren ist über die Aufteilung des Gesamtbudgets auf die einzelnen Ländermärkte zu befinden.

Für die interkulturelle Kommunikation von zentraler Bedeutung ist die **internationale Werbemittelgestaltung**. Dabei geht es zum einen um die Gestaltung formaler Elemente wie Bild, Schrift, Farben usw., zum anderen um die inhaltliche Gestaltung der Werbebotschaft. Eine länderspezifische Anpassung der Gestaltungselemente wird dabei dann erforderlich, wenn unterschiedliche Bedeutungszuweisungen der Konsumenten bzgl. der in der Werbung eingesetzten Farben, Bilder und Symbole vorherrschen, interkulturelle Unterschiede im Umgang mit Humor und Erotik bestehen und kulturbedingt unterschiedliche Stile der Kommunikation gebräuchlich sind (vgl. *Thieme* 2000, S. 293 ff.).

Der letzte Schritt der internationalen Werbeplanung besteht aus der **internationalen Werbestreuplanung**. Im Mittelpunkt steht hier die Entscheidung, welche Werbeträgergruppen (Insertionsmedien, elektronische Medien, Medien der Außenwerbung, Medien der Direktwerbung) heranzuziehen sind und welche konkreten Werbeträger innerhalb der Werbeträgergruppen (z.B. MTV als Fernsehsender, NDR 2 als Hörfunkprogramm, Stern als Zeitschrift) zu belegen sind. Dabei ist natürlich die vorhandene landesspezifische Medieninfrastruktur zu berücksichtigen. Unter anderem ist darüber zu befinden, ob in den einzelnen Zielländern Kombinationen lokaler Medien oder aber supranationale Werbeträger zu belegen sind. Schließlich hat nach der Umsetzung der Maßnahmen eine Werbeerfolgskontrolle stattzufinden, um feststellen zu können, ob die angestrebten Ziele auch erreicht wurden. Im Falle entsprechender Abweichungen sind Korrekturen auf der Ziel- und/oder Maßnahmenebene durchzuführen.

(4) Internationales Sponsoring und internationales Product Placement

Sponsoring ist eine zielbezogene Zusammenarbeit zwischen einem Sponsor und einem Gesponserten. Während der Sponsor dem Gesponserten Geld, Sachzuwendungen oder Dienstleistungen überlässt, gewährt der Gesponserte dem Sponsor eine vertraglich vereinbarte Gegenleistung. Drei Arten des Sponsoring lassen sich unterscheiden:
– das Socialsponsoring,
– das Kultursponsoring und
– das Sportsponsoring.

Ein internationales Sportsponsoring liegt vor, wenn ein Sportler, ein Sportverein, eine Sportart und/oder eine Sportveranstaltung gesponsert wird, über den/die in den Medien in verschiedenen Ländern berichtet wird. Typische Beispiele aus dem Bereich des Sportsponsoring sind Sponsorships im Rahmen einer Olympiade, Welt- oder Europameisterschaft oder von international bekannten und erfolgreichen Sportlern bzw. Teams. Im Bereich des Kultursponsoring ist das Sponsern von Konzerten international bekannter Opernsänger wie Pavarotti (durch Fernet Branca) oder der Popgruppe Genesis (durch Philips und VW) zu nennen.

Auch beim internationalen Sponsoring stehen verschiedene Basisstrategien - vom standardisierten internationalen Sponsoring bis zum differenzierten internationalen Sponsoring - zur Verfügung (vgl. im Einzelnen *Berndt/Fantapié Altobelli/Sander* 1997, S. 319 ff.). Eine Standardisierung beinhaltet das Sponsern internationaler Veranstaltungen oder international bekannter Sportler, Künstler und Organisationen; bei einem differenzierten Einsatz werden hingegen national oder regional unterschiedliche Sponsoring-Maßnahmen durchgeführt. Aufgrund der begrenzten Darstellungsmöglichkeiten eines Produktes bzw. eines Unternehmens und der Art und Weise der Medienberichterstattung ist insbesondere die standardisierte Strategie relevant; eine lokale Differenzierung kann durch zusätzlich eingesetzte Kommunikationsmittel in den einzelnen Ländern erreicht werden. Ähnlich gelagert ist die Situation bei der Planung **internationaler Product Placements**, im Rahmen derer Markenartikel in Spielfilmen, Fernsehserien oder Videoclips platziert werden (vgl. *Berndt/Fantapié Altobelli/Sander* 1997, S. 323 ff.). In Abhängigkeit davon, ob die Objekte des Product Placements eine supranationale oder nur eine jeweils nationale Bedeutung haben, liegt eine standardisierte oder eine differenzierte Strategie vor. **Product Publicity** bedeutet das Hereintragen von Produktinformationen in die redaktionellen Teile der Medien und ist somit eine Schnittstelle zwischen Product Placement und Public Relations; in der Regel ist deren Einsatz lokal ausgerichtet.

(5) Internationale Sales Promotions

Sales-Promotions-Maßnahmen können sich auf Konsumenten, Handel und Außendienstmitarbeiter richten; sie besitzen typischerweise flankierenden Charakter, werden i.d.R. kurzfristig und regional begrenzt eingesetzt und sind in ihrer Gestaltung kaum standardisierbar. Sie entfalten i.d.R. keine länderübergreifende Wirkung und sind daher für die internationale Kommunikationspolitik von eher nachgeordneter Bedeutung. Eine Ausnahme bilden Maßnahmen im Rahmen des Event-Marketing, welche durch die teilweise internationale Medienresonanz zu einer länderübergreifenden Imagebildung beitragen.

(6) Internationale Direct Communications

Direct Communications sind ein wesentliches Element des Direkt-Marketing. Beim medialen Direkt-Marketing erfolgt die Kommunikation mit den Rezipienten über Werbeträger; charakteristisch ist dabei das Vorhandensein eines Antwortmechanismus, z.B. Coupon in einer Anzeige, Bestellkarte in einem Prospekt. Beim personalen

Direkt-Marketing erfolgt die Kommunikation zwischen Käufer und Verkäufer hingegen persönlich. Wie Sales Promotions werden Maßnahmen der Direct Communications i.d.R. national oder regional begrenzt eingesetzt; eine Ausnahme bildet die persönliche Kommunikation im Rahmen **internationaler Messen** (vgl. *Berndt/Fantapié Altobelli/Sander* 1997, S. 325 ff. sowie *Fließ* 1994).

Für den internationalen Einsatz der Direct Communications spielen kulturelle Faktoren eine entscheidende Rolle, insbesondere im Rahmen der persönlichen Kommunikation. So ist der erfolgreiche Abschluss internationaler Geschäftsverhandlungen an das Vorhandensein einer ausgeprägten interkulturellen Kompetenz gebunden, um den ausländischen Geschäftspartner nicht durch einen „unpassenden" Kommunikationsstil zu brüskieren (vgl. ausführlich *Thieme* 2000, S. 328 ff.). Interkulturelle Trainingsprogramme können dazu beitragen, interkulturelle Kompetenz bei den Mitarbeitern zu erzeugen.

4. Internationale Distributionspolitik

a. Ziele der internationalen Distributionspolitik

Wie bei den übrigen Marketing-Instrumenten lassen sich auch bei der internationalen Distributionspolitik **ökonomische Ziele** anführen. Neben den Zielgrößen Gewinn, Umsatz, Marktanteil und Deckungsbeitrag beziehen sich distributionspolitische Ziele auch auf Preisstabilisierung, Logistikkosten, Vertriebs- und Verkaufskosten sowie die Handelsspanne (vgl. z.B. *Meffert/Bolz* 1998, S. 221; *Stahr* 1979b, S. 42 f.). Bei Großflächenstaaten empfiehlt es sich dabei, diese Ziele auf einzelne Absatzregionen aufzugliedern, um eine gezielte Bearbeitung der einzelnen Regionen zu gewährleisten und die ökonomische Entwicklung in den einzelnen Absatzgebieten besser steuern und kontrollieren zu können (vgl. *Stahr* 1993, S. 164).

Typische **außerökonomische Ziele** der Distributionspolitik umfassen folgende Inhalte (vgl. *Stahr* 1993, S. 166; *Meffert/Bolz* 1998, S. 221):
- Unabhängigkeit,
- Image,
- Steuerung bzw. Einflussnahme in den Absatzkanälen,
- Flexibilität,
- Kooperation,
- Aufbaudauer der Vertriebswege,
- Risiko sowie
- Marktabdeckung bzw. Distributionsgrad.

Aufgrund der länderspezifisch oft sehr unterschiedlichen Rahmenbedingungen - insbesondere im Hinblick auf Einkaufsgewohnheiten und vorhandene Distributionsstrukturen in den einzelnen Ländern - wie auch ggf. unterschiedlicher übergeordneter Marketing- bzw. Unternehmensziele differieren die verfolgten distributionspolitischen Ziele von Land zu Land. Des Weiteren ist darauf hinzuweisen, dass auf mehrstufigen Märkten **Zielkonflikte** zwischen den eigenen Zielen und den Zielen der Vertriebspartner auftreten können; dem ist durch Maßnahmen im Rahmen des vertikalen Marketing - z.B. in Form eines institutionalisierten Konfliktmanagements - Rechnung zu tragen.

b. Handlungsalternativen der internationalen Distributionspolitik

(1) Überblick

Die internationale Distributionspolitik umfasst grundsätzlich
- die internationale Vertriebspolitik
- die internationale Verkaufspolitik sowie
- die internationale Distributionslogistik.

Distributionspolitische Entscheidungen sind im internationalen Marketing in zweierlei Hinsicht von besonderer Bedeutung: Einerseits hängt der Erfolg international tätiger Unternehmen wesentlich von der Leistungsfähigkeit der Distributionssysteme ab, mit deren Hilfe die angebotenen Produkte zum Endabnehmer in den jeweiligen Ländern gelangen; mittels einer effizienten Distribution kann ein strategischer Wettbewerbsvorteil geschaffen werden, welcher oftmals von dauerhafter Natur ist als beispielsweise Wettbewerbsvorsprünge aufgrund von Produktionskostenvorteilen (vgl. *Hamel/Prahalad* 1985, S. 146). Andererseits hat die Mehrzahl von Entscheidungen in diesem Bereich langfristig bindenden Charakter; Fehlentscheidungen können daher aufgrund ihrer nur geringen bzw. unmittelbar nicht vorhandenen Revidierbarkeit zu besonders schwerwiegenden Folgen führen.

(2) Internationale Vertriebspolitik

Gegenstand der **internationalen Vertriebspolitik** sind die Gestaltung und das Management der Absatzwege und Absatzmittler in den einzelnen Ländern. Hier existiert ein weites Spektrum an Gestaltungsalternativen im Hinblick auf die Art und die Anzahl der einzuschaltenden Distributionsorgane und damit die Gestaltung der Vertriebswege (vgl. hierzu *Berndt/Fantapié Altobelli/Sander* 1997, S. 347 ff.). **Gestaltungsalternativen** bestehen u.a. zwischen
- ein- und mehrgleisigem Vertrieb, d.h. hinsichtlich der Anzahl unterschiedlicher Absatzkanäle in ein und demselben Land,
- ein- und mehrstufigem Vertrieb, d.h. im Hinblick auf die Länge des Vertriebsweges,
- direktem oder indirektem Vertrieb, also ob betriebsfremde Absatzorgane zwischengeschaltet werden oder nicht,
- individuellem oder kooperativem Vertrieb, d.h. ob distributionspolitische Aktivitäten allein oder in Zusammenarbeit mit einem wirtschaftlich und rechtlich selbstständigen Partner erfolgen.

Abb. 3.65 zeigt alternative Vertriebswege im internationalen Marketing, welche aus der Kombination aus ein- und mehrgleisigen und ein- und mehrstufigen Vertriebswegen entstehen.

Im Hinblick auf das Vertriebsmanagement sind Fragen der Steuerung und Kontrolle sowie der Konfliktbewältigung im Absatzkanal zu beantworten. Wie bei der internationalen Verkaufspolitik (vgl. den folgenden Abschnitt (3)) geht es hier um die **akquisitorische** Seite der Distribution (vgl. *Schneider* 1995, S. 257). Nur durch einen reibungslosen Warenfluss im Distributionssystem des Anbieters besteht die Möglichkeit, diese akquisitorischen Potenziale auch tatsächlich zu nutzen. Die Funktionsfähigkeit der Vertriebskanäle muss daher durch ein effizientes Vertriebsmanagement dauerhaft gewährleistet sein, damit tatsächlich ein strategischer Wettbewerbsvorteil in diesem Bereich herausgearbeitet werden kann.

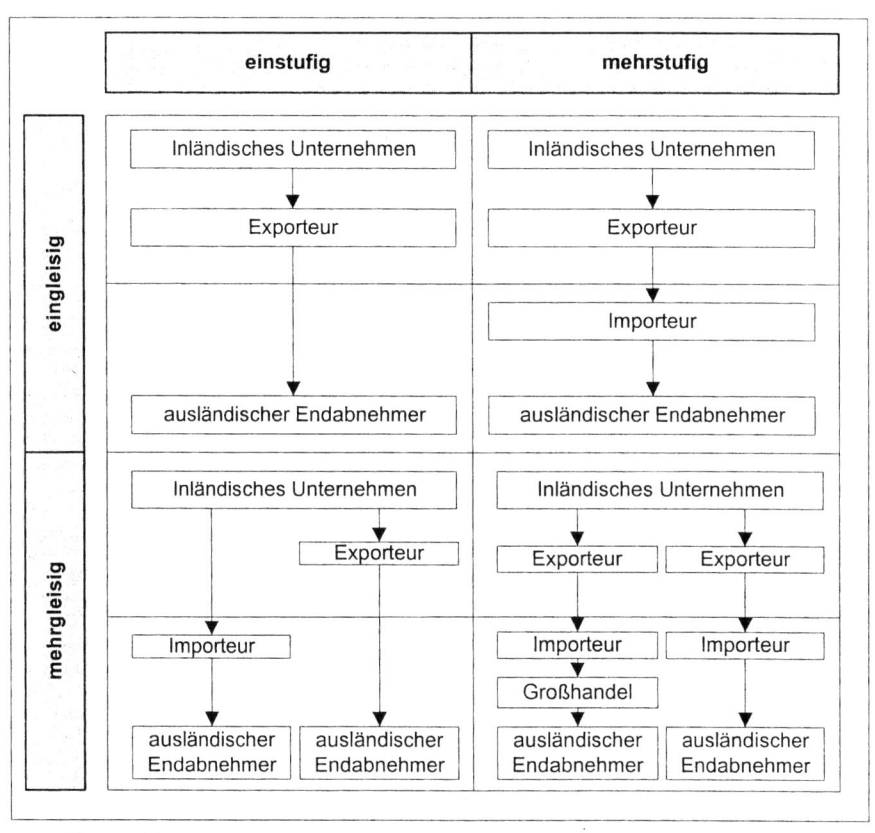

Quelle: Meffert/Bolz 1998, S. 233.
Abb. 3.65: Alternative Absatzwege im internationalen Marketing

Neben dem Warenfluss ist darüber hinaus ein einwandfreier Kommunikationsfluss im Vertriebssystem anzustreben. Im Gegensatz zum Warenfluss hat dieser Kommunikationsfluss zweiseitig zu funktionieren, wobei auch die Letztabnehmerebene miteinzubeziehen ist. Konkret ist darauf zu achten, dass beispielsweise Nachfragerbeschwerden, Verbesserungsvorschläge der Kunden usw. von den Distributionsorganen aufgenommen werden und an die entsprechende Stelle bzw. den Hersteller weitergeleitet werden. Auf diese Weise kann ein weiterer wichtiger Beitrag zur Kundenzufriedenheit geleistet werden.

(3) Internationale Verkaufspolitik

Gegenstand der **internationalen Verkaufspolitik** sind Fragen der internationalen Verkaufsorganisation sowie der Akquisition, Selektion, Schulung und Steuerung betriebseigener Absatzorgane (vgl. *Berndt/Fantapié Altobelli/Sander* 1997, S. 384 ff.). Zu beachten ist hierbei die Tatsache, dass Anbieter und Abnehmer häufig unterschiedlichen Kulturkreisen angehören; in diesem Falle ist es erforderlich, dass das Verkaufspersonal den Handelsusancen und Gepflogenheiten vor Ort entsprechen kann, was ein gewisses Ausmaß an Entscheidungsdelegation und Dezentralisation erfordert. Die Bestimmung des konkreten Ausmaßes der Zentralisation bzw. Dezentralisation stellt dabei eine schwierige Aufgabe dar, da beide Konzepte mit spezifischen Vor- und Nachteilen behaftet sind.

Einsatz von Verkaufspersonal aus dem Stammland (Expatriates)	Einsatz von lokalem Verkaufspersonal (Locals)	Einsatz von Verkaufspersonal aus Drittländern (Third-Country-Nationals)
Vorteile:	**Vorteile:**	**Vorteile:**
- im Regelfall besonders hohe Kompetenz bei komplexen, technisch anspruchsvollen Produkten - positive Imageeffekte aus Sicht des ausländischen Käufers möglich - gute Kenntnisse des Unternehmens und der Unternehmenspolitik	- beste lokale Marktkenntnisse - kultureller "Fit" zwischen Käufer und Verkäufer - im Regelfall kostengünstiger als Expatriates	- positive Imageeffekte i. S. eines "globalen" Unternehmens beim Kunden möglich - evtl. höchste Kompetenz, wenn Zuordnung des Verkaufspersonals zu einem Land unabhängig von der Nationalität, sondern nur nach Qualifikation erfolgt
Nachteile:	**Nachteile:**	**Nachteile:**
- sehr kostenintensiv - u.U. politisch bzw. rechtlich bedingte Restriktionen im Hinblick auf Arbeitsmöglichkeit von Ausländern im Inland (z.B. bei hoher Arbeitslosigkeit im Inland) - geringe lokale Marktkenntnisse - u.U. geringe kulturelle Affinität zwischen Käufer und Verkäufer - häufig geringere Neigung des Verkaufspersonals, in das Ausland umzuziehen	- Entscheidungen u. U. nicht im Sinne der Unternehmenspolitik - häufig geringere Kenntnisse über die Produkte und deren Anwendungsmöglichkeiten	- Verwirrung beim Kunden über die tatsächliche Herkunft bzw. den Stammsitz des Unternehmens möglich - u.U. große kulturelle Divergenz zwischen Käufer und Verkäufer - u.U. politisch bzw. rechtlich bedingte Restriktionen im Hinblick auf Arbeitsmöglichkeit von Ausländern im Inland (z.B. bei hoher Arbeitslosigkeit im Inland)

Abb. 3.66: Vor- und Nachteile des Einsatzes von Verkäufern unterschiedlicher Herkunft

Darüber hinaus ist zu beachten, dass infolge der kulturellen Unterschiede länderübergreifend unterschiedliche Fähigkeiten des Verkaufspersonals erforderlich sein können; diese Tatsache ist bereits bei der Akquisition, Selektion und der Schulung des Verkaufspersonals zu berücksichtigen. Beim Verkaufspersonal ist ein hohes Maß an interkultureller Kompetenz erforderlich. Eine wichtige Maßnahme zur Verbesserung der sog. „Intercultural Skills" der Vertriebsmitarbeiter stellen interkulturelle Trainingsprogramme dar (vgl. *Thieme* 2000, S. 331 ff.). Ziele solcher Programme sind die Erreichung eines besseren Verständnisses fremder Kulturen, das Erzeugen positiver Gefühle gegenüber ausländischen Partnern und eine Verbesserung des Umgangs mit Angehörigen fremder Kulturen. Zudem sind Überlegungen anzustellen, welche Steuerungs- und Motivationssysteme für den Außendienst zu implementieren sind, wenn sich der Außendienstmitarbeiterstamm - z.B. infolge eines Aufkaufs eines ausländischen Unternehmens - aus Personen, welche unterschiedlichen Kulturkreisen angehören, zusammensetzt. So kann es sich als notwendig erweisen, in verschiedenen Ländern unterschiedliche Motivationssysteme einzusetzen.

In diesem Zusammenhang stellt sich auch die Frage nach der **Herkunft** des Verkaufspersonals, konkret, ob Verkaufspersonal aus dem Stammland, aus dem Zielland oder aus Drittländern einzusetzen ist. Abb. 3.66 zeigt die Vor- und Nachteile der einzelnen Alternativen.

(4) Internationale Distributionslogistik

Gegenstand der **internationalen Distributionslogistik** ist die Aufgabe, die nachgefragte Ware in der gewünschten Art, Menge und Zusammenstellung zum erforderlichen Zeitpunkt am gewünschten Ort zur Verfügung zu stellen (vgl. *Berndt/Fantapié Altobelli/Sander* 1997, S. 395 ff.). Im Gegensatz zur internationalen Vertriebs- und Verkaufspolitik steht damit zunächst nicht die akquisitorische Komponente der Distributionspolitik, sondern die **physische Distribution** von Waren im Vordergrund der Betrachtung. In funktionaler Hinsicht geht es dabei um Prozesse wie Verpackung, Versand, Transport, Umschlagen, Lagern usw. (vgl. *Schneider* 1995, S. 257).

Diese logistischen Aktivitäten sind mit der Tatsache zu konfrontieren, dass im internationalen Rahmen häufig mehrere Produktionsstätten, welche z.T. dieselben oder ähnliche Produkte produzieren, in verschiedenen Ländern vorliegen. Hierdurch gewinnen logistische Entscheidungstatbestände an Komplexität, da zusätzlich zu entscheiden ist, welche Länder von welchen Produktions- bzw. Lagerstätten aus bedient werden sollen. Im Regelfall stehen derartige Entscheidungen unter dem Primat der Kostenoptimalität. Daneben ist jedoch auch die Präferenzkomponente logistischer Entscheidungen zu achten, da beispielsweise ein schneller Transport eine geringere Lieferzeit bedeutet mit der Folge, dass auf diese Weise - je nach Situation auf dem betreffenden Produktmarkt - durchaus Präferenzen seitens der Abnehmer geschaffen werden können. Lieferservice und Lieferzuverlässigkeit können erhebliche akquisitorische Wirkungen entfalten. Gerade durch Reengineering-Maßnahmen im Logistik-Bereich kann das Lieferservice-Niveau bedeutend verbessert werden bei gleichzeitiger Reduzierung der Logistikkosten (vgl. hierzu *Fantapié Altobelli/Gaitanides* 1999).

Teil 4: Internationales Marketing-Controlling

A. Controlling im Rahmen des internationalen Marketing-Management

Controlling beinhaltet die (ergebnis-)zielorientierte Koordination der Planung, Kontrolle sowie Informationsversorgung als Teilaufgaben der Führung (vgl. *Horváth* 1989). Controlling ermöglicht es der Unternehmensführung, das Unternehmen durch Planung zielorientiert an Umweltveränderungen anzupassen, indem die dazu erforderlichen Steuerungsaufgaben wahrgenommen werden. Die **Koordinationsaufgabe des Controlling** umfasst zwei Aspekte:
– Einerseits bedeutet sie Entwurf, Weiterentwicklung und Implementierung von Planungs- und Kontrollsystemen sowie von Informationsversorgungssystemen.
– Andererseits sind innerhalb des bestehenden Systems laufend Abstimmungen vorzunehmen, Störungen zu beseitigen und die erforderliche Informationsversorgung ständig sicherzustellen (vgl. Abb. 4.1).

I. Der Planungs- und Kontrollprozess des internationalen Marketing

In Teil 3 ist dargelegt worden, dass der **Planungsprozess des internationalen Marketing** eine Vielzahl aufeinanderfolgender Phasen umfasst, die sich zu den Stufen
– Situationsanalyse und -prognose,
– strategische internationale Marketingplanung sowie
– taktisch-operative internationale Marketingplanung
zusammenfassen lassen; auf die Planung folgen die Stufen
– Realisation und
– Kontrolle der Auslandsaktivitäten.

Im Rahmen der **Kontrollphase** ist zum einen zu überprüfen, in welchem Maße die gesteckten strategischen und taktisch-operativen Zielvorgaben in den einzelnen Ländermärkten erfüllt worden sind. Objekte einer solchen **ergebnisorientierten Marketing-Kontrolle** sind die Resultate der realisierten länderspezifischen Marketing-Strategien und -Politiken; typische Kontrollgrößen sind der länderspezifische Umsatz, Marktanteil oder Gewinn sowie das Image. Dabei werden Soll-Ist-Vergleiche vorgenommen. Die Größen, die im Rahmen der Planung prognostiziert oder als wünschenswert festgelegt worden sind, werden mit den Größen verglichen, die tatsächlich eingetreten bzw. realisiert worden sind. Den Soll-Ist-Vergleichen schließen sich Ursachenanalysen sowie die Planung von Anpassungsmaßnahmen für die Folgeperiode (sowohl bezüglich der Ziele als auch bezüglich der strategischen bzw. taktisch-operativen Pläne) an.

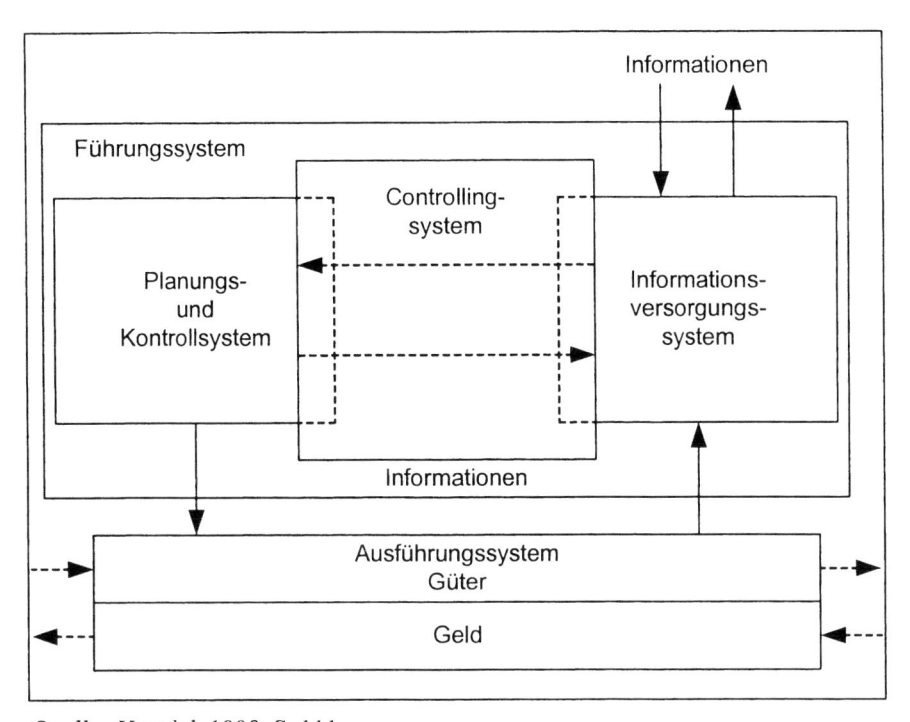

Quelle: Horvàth 1998, S. 111.
Abb. 4.1: Das Controlling-System der Unternehmung

Im Rahmen der Kontrollphase sind zum anderen sog. **Marketing-Audits** durchzuführen; hier wird das Marketing-Planungssystem selbst kontrolliert. Wesentliche Gegenstände entsprechender Prüfungen sind das Unternehmensleitbild, die Planungsprämissen und die Organisation der Planung. Darüber hinaus können im Zusammenhang mit länderspezifischen Marketing-Strategien und -Politiken Audits durchgeführt werden. So kann z.B. der Frage nachgegangen werden, ob eine erwogene länderspezifische Marketing-Strategie für ein bestimmtes Produkt mit den entsprechenden Marketingstrategien für andere Länder im Einklang steht.

II. Integriertes internationales Marketing-Controlling

Die besondere **Komplexität internationaler Marketing-Entscheidungen**, die z.T. im Inland (in der inländischen Zentrale), z.T. im Ausland (in den Auslandsniederlassungen) getroffen werden, macht es erforderlich, dass sowohl Kontrollaktivitäten in der inländischen Zentrale als auch Kontrollaktivitäten in den Auslandsniederlassungen durchgeführt werden. Welche besonderen Probleme in einem multinationalen Unternehmen in den Bereichen Planung, Kontrolle und Informationsversorgung auftreten können, lässt Abb. 4.2 erkennen. So können die strategische Planung und Kontrolle nur gering entwickelt sein, auf die Zentrale beschränkt sein und/oder zu geringe Unterstützung durch das Top-Management erfahren. Außerdem kann in der international tätigen Unternehmung die länderspezifische Informationsbeschaffung und -verarbeitung unvollständig sein.

Planungs- und kontrollsystembezogene Probleme	Informationssystembezogene Probleme
- strategische Planung nur auf die Zentrale beschränkt - strategische Planung erfährt zu geringe Unterstützung durch das Top-Management - strategische Kontrolle nur gering entwickelt - kurzfristige Perspektive der Planungsträger - Anwendung ungeeigneter Kontrollmaßstäbe für Tochtergesellschaften - Übertragung inländischer Planungs- und Kontrollsysteme auf ausländische Töchter - Inkonsistenz zwischen Planungsvorgaben und Kontrollmaßstäben - mangelhafte Integration von operativer und strategischer Planung - Überlastung der Tochtergesellschaften mit Planungsanforderungen - fehlendes Planungs-Know-how in Tochtergesellschaften - kulturell bedingte Planungswiderstände - Koordinationsprobleme der Planungs- und Kontroll-Aktivitäten - erhöhter Zeitaufwand für die Planung - Einhaltung der Zeitpläne für den Planungsprozess	- Beschaffung externer Daten in unterentwickelten Ländern - Datenunsicherheit - unsystematische Umweltanalyse - unvollständige Nutzung externer Informationsquellen - geringer Einsatz von Prognosetechniken - Unternehmenszielstrategische Inhalte werden im Unternehmen nur unzureichend kommuniziert - Auffassungsunterschiede zwischen Planungsträgern bedingt durch unterschiedliche Bezugsrahmen - Informationsüberlastung in der Zentrale führt zu unzureichender Datenauswertung - geringe Beachtung von schriftlichen Berichten - mangelnde Rechtzeitigkeit der Berichte - einseitig vergangenheitsorientierte Perspektive der Berichte - hohes Übergewicht des Zahlenwerkes in den Berichten

Quelle: Ziener 1985, S. 121.

Abb. 4.2: Planungs- und kontroll- sowie informationsbezogene Probleme in der international tätigen Unternehmung

Um diese Probleme in den Griff bekommen zu können, müssen Marketing-Kontroll-Systeme gewisse Anforderungen erfüllen, welche in der Abb. 4.3 zusammengefasst sind. Interaktive, faire und realisierbare Systeme sind erforderlich, die sowohl vom Management in der (inländischen) Zentrale als auch von den Auslandsniederlassungen akzeptiert werden. Alle in- und ausländischen Kontrollaktivitäten müssen zu einem internationalen Kontroll-System integriert werden, wobei die jeweilige Ergebnisverantwortung (und -beeinflussung) von besonderer Bedeutung ist. So sind von den Niederlassungen insbesondere ergebnisorientierte Kontrollen erforderlich, während bei der (inländischen) Zentrale in erster Linie Audits zu veranlassen sind. Für Investitions- und Desinvestitionsentscheidungen sind zusätzlich ergebnisorientierte Kontrollen von Niederlassungen im internationalen Vergleich vonnöten.

Die heranzuziehenden Kontrollverfahren sollten für die zuständigen Niederlassungsleiter verständlich und akzeptabel sein:
- Die Niederlassungsleiter sollten aktiv bei der Auswahl der Kontrollverfahren mitwirken.
- Der Niederlassungsleiter, der bewertet wird, sollte aktiv beim Bewerten teilnehmen.
- Jedem Niederlassungsleiter sollten realistische Ziele gesetzt werden. Diese Ziele sollten die innere und äußere Umwelt einer jeden Niederlassung mit einbeziehen.
- Sowohl finanzielle als auch nichtfinanzielle Daten sollten zur Leistungsbewertung einer Niederlassung hinzugezogen werden.
- Das Kontrollsystem sollte Abweichungen von Niederlassungsplänen sobald wie möglich oder bevor sie passieren entdecken und melden.
- Die Leistung des Niederlassungsleiters sollte nur in jenen Gebieten, die direkter Kontrolle unterliegen, bewertet werden. Die Bewertung sollte jene Faktoren, die die Leistung der Niederlassung beeinflussen, über welche die Niederlassung aber nur wenig oder keine Kontrolle hat, umfassen.
- Das Top-Management muss erbrachte Ergebnisse bewerten, und hervorragende Leistung muss ordentlich belohnt werden.

Quelle: Jain 1990, S. 691 ff.
Abb. 4.3: Anforderungen an ein Controlling-System in einer international tätigen Unternehmung

III. Organisatorische Einbindung des internationalen Marketing-Controlling

Die typische organisatorische Einbindung des Controlling in multinationalen Unternehmen (vgl. *Horváth* 1989, S. 250 f.) lässt sich wie folgt charakterisieren:
- Es gibt eine zentrale Controllingabteilung, deren Leiter Mitglied der Konzernführung ist.
- Daneben existieren dezentrale Controllingabteilungen (Division, Tochtergesellschaft), deren Leiter jeweils im obersten Führungsorgan der Managementebene vertreten sind.
- Die Controller haben beschränkte funktionale Weisungsrechte gegenüber den Linieninstanzen.
- Die dezentralen Controller sind disziplinarisch der Leitungsinstanz der jeweiligen Managementebene zugeordnet. Funktional sind sie der jeweils höheren Controllingebene unterstellt („Dotted-line"-Prinzip).

Quelle: Zieher 1985, S. 183.
Abb. 4.4: Controlling in einer multinationalen Unternehmung (Einlinien-Organisation, produktorientierte Divisionalisierung)

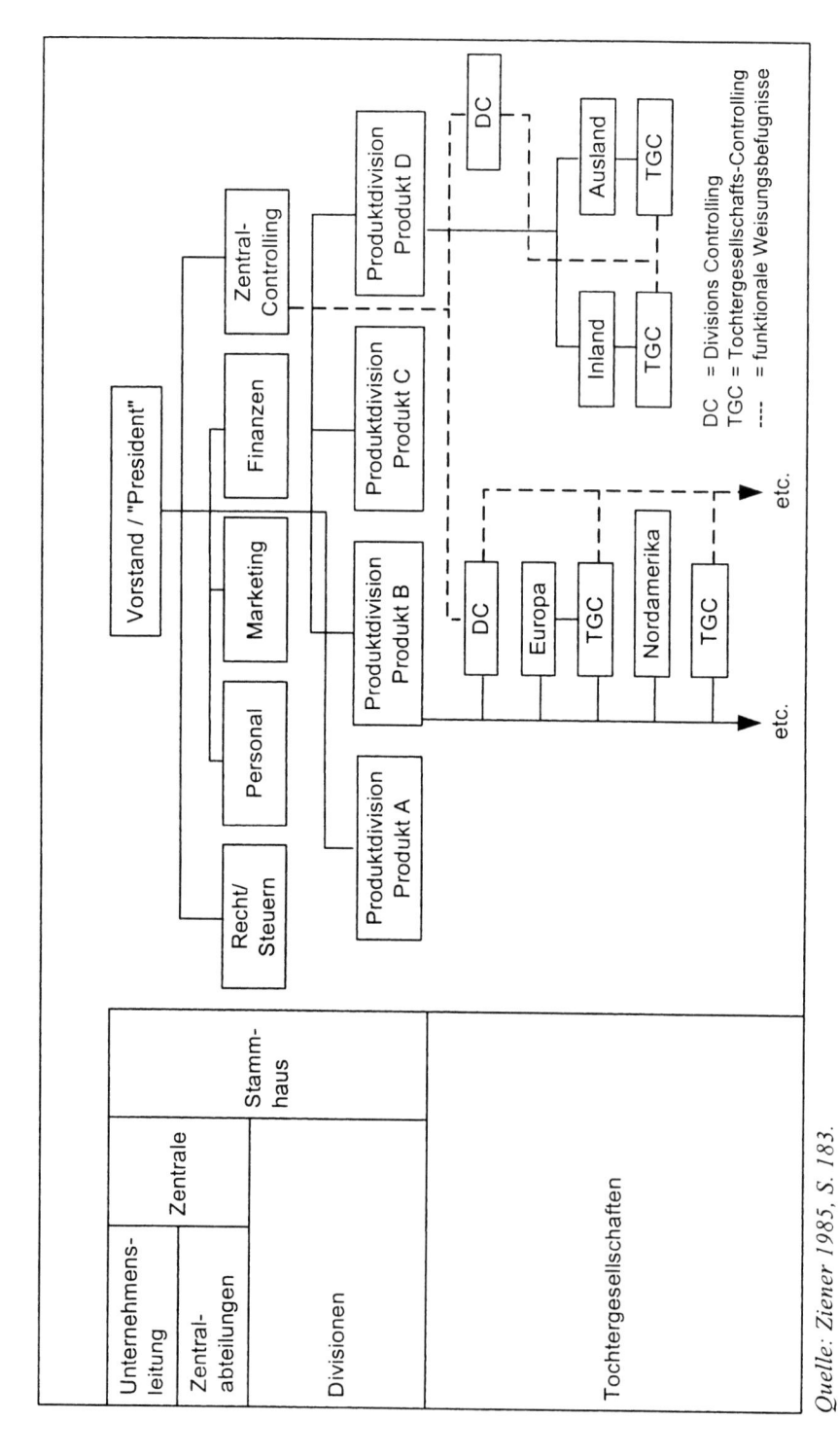

In Abb. 4.4 wird die organisatorische Einbindung des internationalen Marketing-Controlling dargestellt. Auf der Ebene der Zentralabteilungen im inländischen Stammhaus findet sich das Zentralcontrolling, welches gegenüber den Division Controlling-Abteilungen im inländischen Stammhaus weisungsberechtigt ist. Diese wiederum haben funktionale Weisungsbefugnisse gegenüber den (ausländischen) Tochtergesellschafts-Controllern.

B. Internationale Marketing-Audits

I. Kontrolle des internationalen Marketing-Planungssystems

Wesentliche Elemente eines Marketing-Planungssystems sind
- das Unternehmensleitbild (die Unternehmensphilosophie),
- die Planungsprämissen sowie
- die Organisation der Marketing-Planung.

Entsprechend lassen sich als wesentliche **Teilbereiche der Kontrolle** eines Marketing-Planungssystems
- die Strategische Überwachung,
- das Planungsprämissen-Audit und
- das Organisations-Audit

unterscheiden.

Ausgangspunkt der **Strategischen Überwachung** (vgl. *Schreyögg/Steinmann* 1985) ist das Unternehmensleitbild (die Unternehmensphilosophie). Es legt die konstituierenden Merkmale eines Unternehmens, insbesondere die zu verfolgenden Formalziele fest. Wesentliche **Formalziele** eines Unternehmens sind
- die Gewinnerzielung
  (bzw. die Einkommenserzielung für die Anteilseigner) und
- das Streben nach Konsonanz, innerbetrieblich und bezüglich der wesentlichen Gruppen der Umwelt (vgl. *Berndt* 1995a, S.4 ff.).

Derartige Formalziele, die sich im Unternehmensleitbild niederschlagen, werden z.T. explizit formuliert, z.T. sind sie nur implizit gegeben. Für die langfristige Unternehmenssicherung ist dabei entscheidend, dass das Unternehmensleitbild laufend auf dessen Zweckmäßigkeit hin überprüft wird; insbesondere ist zu prüfen, ob die bisherigen Betätigungsfelder weiterhin geeignet sind. Aufgabe der strategischen Überwachung ist es, die bisherigen nationalen und internationalen Betätigungsfelder auf ihre künftige Tragfähigkeit hin zu überprüfen und neue Betätigungsfelder aufzuspüren. Dies kann beispielsweise durch strategische Frühaufklärungssysteme erreicht werden. Die Beobachtungsaktivität ist dabei typischerweise **ungerichtet**, d.h. sie ist nicht auf bestimmte Beobachtungsfelder festgelegt, sondern überwacht generell die Unternehmensumwelt im Hinblick auf ihre Chancen und Bedrohungspotenziale (vgl. *Schreyögg/Steinmann* 1985, S. 404).

Wenn im Rahmen des Marketing eine Planung vorzunehmen ist und damit auch Entscheidungen zu treffen sind, so müssen die entscheidungsrelevanten Merkmale eines Unternehmens, u.a. seine Marktsituation, erfasst werden; dabei sind diverse

Annahmen über die aktuelle Situation und die zu erwartenden Entwicklungen zu treffen. Gegenstand des **Planungsprämissen-Audit** ist es,
- alle relevanten Annahmen (Prämissen) festzustellen und
- deren Angemessenheit zu prüfen,

um zu kontrollieren, ob die einer zu treffenden Entscheidung zugrunde liegende Situation adäquat abgebildet wird. Planungsprämissen können entweder als Tatbestandsbeschreibungen (Bestandsdaten) oder als Wenn-Dann-Aussagen (Reaktionsdaten) in die Marketing-Planung eingehen (vgl. *Böcker* 1988, S. 70). Für das Marketing relevante **Bestandsdaten** sind beispielsweise Annahmen bezüglich des Marktpotenzials, des Verhaltens der Konkurrenten u.Ä.; **Reaktionsdaten** sind Annahmen über die der Marketing-Planung zugrunde zu legenden Reaktionshypothesen, wie z.B. Preis-Absatz- oder Werbeerfolgsfunktionen. Planungsprämissen können im Rahmen verschiedener Informationssituationen, nämlich in
- Sicherheitssituationen,
- Ungewissheitssituationen oder
- Risikosituationen

zu setzen sein; dies hängt von der spezifischen Entscheidungssituation ab.

Grundsätzlich zu fordern ist, dass alle – aktuell und zukünftig – relevanten Prämissen im Rahmen der Marketing-Planung berücksichtigt werden. Daneben ist die Frage zu stellen, welche Einflussfaktoren eine besondere Relevanz haben. Zu suchen ist nach den Schlüsselfaktoren, den Erfolgsfaktoren, welche in besonderem Maße den Erfolg der Marketing-Planung determinieren. Zur **Identifikation der strategischen Erfolgsfaktoren** ist eine Reihe empirischer Untersuchungen, die PIMS-Studie, die Long-Run Economies of Scale, das Erfahrungskurven-Konzept und das Preiserfahrungskurven-Konzept, durchgeführt worden (vgl. *Berndt* 1995b). So macht z.B. die PIMS-Studie deutlich, dass der Marktanteil eines Unternehmens sowie die Produktqualität wesentliche Erfolgsfaktoren sind. Das Erfahrungskurven-Konzept erklärt die Höhe der Stückkosten eines Produktes in Abhängigkeit von der kumulierten Ausbringungsmenge (vgl. auch Abschnitt B.IV.4.d. im 3. Teil). In diesem Zusammenhang ist auch auf die Untersuchung von *Peters/Waterman* (1982) hinzuweisen, welche in einer Langzeitstudie die Merkmale erfolgreicher Unternehmen untersuchten (vgl. *Peters/Waterman* 1982, S. 13 ff.) und darauf aufbauend acht Erfolgsdeterminanten herausarbeiteten. Die auf der Basis derartiger empirischer Studien ermittelten Gesetzmäßigkeiten gehen in die Entwicklung der Planungsprämissen ein.

Im Rahmen des **Organisations-Audit** sind drei Aufgabenbereiche zu unterscheiden:
- die Kontrolle des Marketing-Zielsystems,
- die Kontrolle des Marketing-Informationssystems sowie
- die Kontrolle der Organisation der Marketing-Aufgaben.

Ausgangspunkt der **Kontrolle des Marketing-Zielsystems** sind die bisher verfolgten Marketing-Ziele (vgl. auch Abschnitt B.I. im 3. Teil). Ziele dienen allgemein zur vergleichenden Beurteilung von Handlungsalternativen; deren Inhalt, Ausmaß und zeitlicher Bezug müssen festgelegt werden. Daneben müssen sie vollständig formuliert, stellen- bzw. aufgabengerecht und koordinationsgerecht sein. Bei einer Kontrolle des Marketing-Zielsystems ist erstens zu untersuchen, ob die Marketing-Ziele mit dem Unternehmensleitbild, den verfolgten Unternehmenszielen, abgestimmt sind; gegebenenfalls sind die Marketing-Ziele entsprechend anzupassen. Zweitens ist zu ermitteln, ob die Marketing-Ziele vollständig erfasst sind; unter Umständen sind die bisher verfolgten Ziele zu ergänzen. Drittens ist zu prüfen, ob die Zielvorgaben im betrachteten Zeitraum realistisch sind, tatsächlich erfüllt werden können bzw. nicht zu niedrig sind; gegebenenfalls sind die Zielvorgaben zu revidieren. Viertens ist zu untersuchen, ob die Ziele stellen- bzw. aufgabengerecht sind, damit die Stelleninhaber motiviert werden können. Fünftens ist zu prüfen, ob das Zielsystem es erlaubt, die Tätigkeiten von Stellen verschiedener Funktionsbereiche und (von Stellen) unterschiedlicher hierarchischer Stufen zu koordinieren. Sind diese Bedingungen nicht erfüllt, so ist das Zielsystem zu überdenken.

Im Rahmen der **Kontrolle des Marketing-Informationssystems** ist zu untersuchen, ob die Informationsbeschaffung und -verarbeitung unter Beachtung des Informationsbedarfes und der anfallenden Kosten zweckmäßig sind und ob die benötigten Daten rechtzeitig und differenziert genug zur Verfügung gestellt werden. In diesem Zusammenhang ist auf die Bedeutung elektronischer Medien für den inner- und außerbetrieblichen Informationsaustausch hinzuweisen. Es wird dabei erwartet, dass die diversen derzeit gebräuchlichen Medien in absehbarer Zukunft zu einer Internet-basierten integrierten Gesamtlösung konvergieren werden. Gerade neue Medien wie das Internet – speziell als sog. Intranet und Extranet – erlauben einen „geschützten" Informationsaustausch auf innerbetrieblicher Ebene wie auch mit Lieferanten und Kunden. Abb. 4.5 gibt beispielhaft die wesentlichen elektronischen Medien und mögliche zukünftige Medienkombinationen wieder. Sowohl im Privatkundengeschäft als auch im Business-to-Business-Bereich zeichnen sich vielfältige technische Potenziale als zukünftige Formen des digitalen Handels ab.

Schließlich ist die internationale **Marketing-Organisation** selbst und deren Beziehung zur Organisation der anderen betrieblichen Funktionsbereiche zu prüfen (vgl. auch Teil 5). Die realisierte internationale Marketing-Organisation ist auf ihre Effizienz hin zu untersuchen, insbesondere nach den Kriterien
– Koordinationsaufwand,
– Intensität der Informationssuche und -verarbeitung,
– Innovationsfähigkeit,
– Zielgruppenausrichtung und Anpassungsfähigkeit an internationale Marktveränderungen,
– Belastung der Marketing-Leitung,
– Möglichkeiten der Personalentwicklung,
– Motivation und Zufriedenheit der Mitarbeiter
(vgl. hierzu *Berndt* 1995b). Auch ist zu untersuchen, ob die tatsächlich realisierte Organisationsstruktur der festgelegten formalen Struktur entspricht. Es ist im Einzelnen zu prüfen, ob die durch die Organisationsstruktur festgelegten Instanzenwege, Entscheidungsbefugnisse u.Ä. von den Organisationsmitgliedern eingehalten werden.

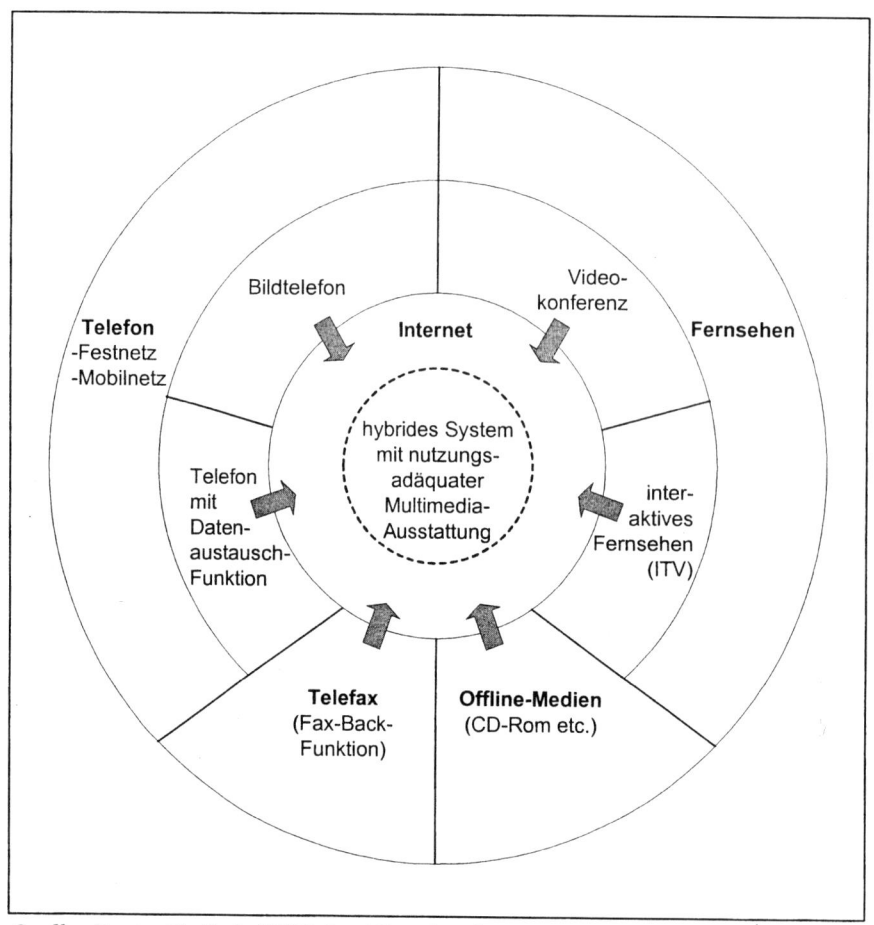

Quelle: *Fantapié Altobelli/Fittkau/Grosskopf 1999, S. 298.*
Abb. 4.5: Konvergenz der elektronischen Medien

II. Internationales Marketing-Strategien-Audit

Im Rahmen des Marketing-Strategien-Audit ist erstens zu prüfen, ob und in welchem Maße die gewählten in- und ausländischen Märkte, Produkte und Technologien mit dem Unternehmensleitbild verträglich sind. Ist beispielsweise im Unternehmensleitbild eine Umweltorientierung festgeschrieben, so ist darauf zu achten, dass nicht nur die Produkte, sondern auch die hierfür verwendeten Technologien diesem Ziel entsprechen. Zweitens muss der Frage nachgegangen werden, ob eine für ein bestimmtes Produkt bzw. für ein bestimmtes Land erwogene Marketing-Strategie mit den anderen Marketing-Strategien des Unternehmens (z.B. für andere Produkte, andere Länder) im Einklang steht. In diesem Zusammenhang ist insbesondere zu prüfen, ob eine standardisierte (globale) oder eine nicht-standardisierte (non-globale) Strategie angemessen ist (vgl. hierzu Abschnitt B.IV.3. im 3. Teil) und jeweils konsequent durchgeführt wird. Das Verfolgen sich widersprechender strategischer Konzepte verhindert das Entstehen eines konsistenten Unternehmensimages und wirkt der Glaubwürdigkeit des Unternehmens entgegen. Drittens ist zu hinterfragen, ob die Planungsprämissen, so z.B. die wesentlichen Erfolgsfaktoren des Unternehmens, überhaupt eine erwogene Strategie als sinnvoll erscheinen lassen. Zum Beispiel kann sich die Frage stellen, ob eine neu erwogene/geplante Produkt-Markt-Kombination mit dem verfügbaren Know-How überhaupt verträglich ist.

Auf der Grundlage des strategischen Planungsprozesses des internationalen Marketing sind insbesondere folgende vier Problembereiche der strategischen Marketing-Kontrolle von besonderer Bedeutung:
– die Kontrolle der Marktselektion,
– die Kontrolle der Markteintrittsstrategie,
– die Kontrolle der Marktbearbeitungsstrategie und
– die Kontrolle der Marktaustrittsstrategie.

Welche (Planungs- und) Kontroll-Instrumente grundsätzlich eingesetzt werden können, zeigt die obere Zeile der Abb. 4.6. Welche Relevanz die Kontroll-Instrumente für die genannten Problembereiche der internationalen strategischen Marketing-Kontrolle besitzen, ist derselben Abbildung zu entnehmen.

Planungs- und Kontrollinstrumente des strategischen Marketing-Controlling / Entscheidungsfelder im strategischen internationalen Marketing	Länderportfolios	BCG-Matrix	McKinsey-Matrix	Chancen/Risiken Analyse	Stärken/Schwächen Analyse	Imageanalyse	PLZ-Analyse	Scoring-Modelle	Kennzahlen/-systeme	Break-even-Analyse
Wahl der zu erschließenden internationalen Märkte	x	x	x	x				x		
Form der Markterschließung					x			x	x	x
Standardisierungsgrad der Marktbearbeitung					x	x	x	x		x
Wettbewerbsstrategisches Verhalten		x	x			x	x			
Austritt aus ausländischen Märkten	x	x	x	x				x	x	

Quelle: Auerbach 1994, S. 238.
Abb. 4.6: Matrix zur Identifikation von Planungs- und Kontrollinstrumenten für die Bewertung strategischer Entscheidungsprobleme im internationalen Marketing

Bei international tätigen Unternehmen werden Transaktionen nicht nur in der heimischen Währung, sondern in mehreren Währungen abgewickelt. Das von der heimischen Muttergesellschaft erreichte Ergebnis wie die von den ausländischen

Niederlassungen erzielten Ergebnisse sollten i.d.R. auf eine einheitliche Bezugsgröße, die Währung der Muttergesellschaft oder den US-Dollar, umgerechnet werden. Im Rahmen der Umrechnung können z.b. **alternative Umrechnungskurse** (vgl. *Welge/Holtbrügge* 1998)
– ein historischer Kurs bzw. der Transaktionskurs,
– der Durchschnittskurs,
– der Stichtagskurs bzw.
– ein abgesicherter Kurs
herangezogen werden. Somit ergeben sich folgende **Währungsumrechnungsverfahren** (vgl. *Welge/Holtbrügge* 1998):
– das Fristigkeitsverfahren,
– das Nominal-Sachwert-Verfahren,
– das Zeitbezugsverfahren,
– das Stichtagskursverfahren und
– das funktionale Umrechnungsverfahren.

Beim **Fristigkeitsverfahren** wird von der Annahme im Zeitablauf stabiler Wechselkurse ausgegangen, sodass Währungsschwankungen sich nur auf kurzfristige, nicht auf langfristige Positionen der Gewinn- und Verlustrechnung bzw. der Bilanz auswirken. Entsprechend werden langfristige Positionen mit historischen Kursen, kurzfristige Positionen hingegen mit dem Stichtagskurs umgerechnet.

Im Rahmen des **Nominal-Sachwert-Verfahrens** sollen inflationäre Tendenzen in ausländischen Niederlassungen eliminiert werden. Nach der Geldwertnähe richtet sich die Umrechnung der einzelnen Positionen. So werden nicht-geldwertnahe Positionen mit historischen Kursen, geldwertnahe Positionen mit Stichtagskursen, Aufwendungen und Erträge mit Durchschnittskursen umgerechnet.

Im Rahmen des **Zeitbezugsverfahrens** werden die ausländischen Niederlassungen so behandelt, als wären sie unselbständige Einheiten der inländischen Muttergesellschaft. Die Umrechnung von Positionen geschieht deshalb so, als ob von vornherein in der Währung der inländischen Muttergesellschaft gebucht worden wäre. Der Umrechnungskurs ist damit vom Zeitpunkt des Wertansatzes der einzelnen Positionen abhängig. Jene Positionen, die mit Anschaffungs- oder Herstellkosten zu bewerten sind, werden mit historischen Kursen umgerechnet. Positionen, die hingegen mit Zeit- oder Zukunftswerten zu bewerten sind, werden mit Stichtagskursen (z.B. zum Bilanzstichtag) umgerechnet.

Beim **Stichtagskursverfahren** wird davon ausgegangen, dass die ausländischen Niederlassungen relativ selbständig sind; deren Absatz- und Beschaffungsmaßnahmen werden (überwiegend) in der jeweiligen Landeswährung abgewickelt. Bei diesem Verfahren werden alle Positionen mit einem einheitlichen Wechselkurs, der sich zu einem bestimmten Stichtag (dem Abrechnungsstichtag) ergibt, bewertet.

Das **funktionale Umrechnungsverfahren** ist eine Mischform des Zeitbezugs- und des Stichtagskursverfahrens. Ausgegangen wird von der Tatsache, dass die Auswirkungen von Wechselkursänderungen wesentlich durch den Abhängigkeitsgrad einer ausländischen Niederlassung von der inländischen Muttergesellschaft bestimmt wird. Die im konkreten Fall anzuwendende Währung wird als funktionale Währung der Tochtergesellschaft bezeichnet. Die anzuwendende Währung wird anhand von Kennzahlen wie z.B. Cash Flow, Intensität der Liefer- und Leistungsbeziehungen bestimmt.

Offensichtlich ist, dass die Vorteilhaftigkeit der heranziehbaren Verfahren zur Währungsumrechung situativ zu beurteilen ist. Deutlich herausgearbeitet sind deren wesentlichen Prämissen. Es wird dabei ersichtlich, dass ein gewisser subjektiver (Bewertungs-) Spielraum gegeben ist.

III. Internationales Marketing-Politiken-Audit

Im Rahmen des Marketing-Politik-Audit ist die inhaltliche Zusammensetzung der länderspezifischen Marketing-Mixe zu prüfen (vgl. zur Bestimmung eines internationalen Marketing-Mix *Berndt/Fantapié Altobelli/Sander* 1997, S. 409 ff.). Zum Beispiel ist zu hinterfragen, ob die herangezogenen Marken-Strategien in benachbarten Ländern sinnvoll aufeinander abgestimmt sind. Des Weiteren ist die Höhe und die Aufteilung des gesamten Marketing-Budgets zu hinterfragen - zu analysieren ist, ob sie der verfolgten Zielsetzung entsprechen. Außerdem ist die Verträglichkeit der Marketing-Politik mit den obersten Unternehmenszielen, den übergeordneten Marketing-Strategien, anderen Marketing-Politiken und den Planungsprämissen zu untersuchen.

Eine weitere Fragestellung im Rahmen des Marketing-Politik-Audits ist, ob ein fertiggestellter Plan tatsächlich durchgeführt worden ist, d.h. ob z.B. eine Werbe-/Verkaufsförderungsmaßnahme, für die sich die Marketing-Leitung entschieden hat, tatsächlich von den Inhabern nachgelagerter Stellen in der Marketing-Abteilung realisiert worden ist.

Ergebniskontrollen, die im Zusammenhang mit Marketing-Politiken durchgeführt werden können, werden im nachfolgenden Kapitel C. in diesem Teil behandelt.

C. Ergebnisorientierte internationale Marketing-Kontrolle

Im Rahmen der **Planung** eines länderspezifischen Marketing-Mix sind die absatzpolitischen Instrumente so aufeinander abzustimmen, dass sich eine optimale Kombination im Hinblick auf die verfolgten Marketing-Ziele ergibt. Im Rahmen der **ergebnisorientierten Kontrolle** des länderspezifischen Marketing-Mix ist zu untersuchen, ob und in welchem Ausmaß die angestrebten optimalen Ergebniswerte der Zielgrößen erreicht worden sind; Abweichungen sind gegebenenfalls zu hinterfragen. Bei der Planung des Marketing-Mix wird von Zielgrößen wie Image, Umsatz, Marktanteil oder Gewinn ausgegangen.

I. Ökonomische Zielgrößen

Bei Zielgrößen wie „Umsatz" oder „Gewinn" ist im Rahmen der internationalen Marketing-Planung und -Kontrolle zu beachten, dass die Umsätze bzw. Gewinne in verschiedenen Währungen anfallen. Quasi als Vorüberlegung können anhand der Abb. 4.7 vier verschiedene Wechselkurse definiert werden. Ausgegangen wird vom Zeitstrahl. Im Planungs-Zeitpunkt t_0 existiert ein **Ist-Kurs** in Höhe von WK_0. Daneben werden (aus der Sicht t_0) ein **Plan-Wechselkurs** WK_1^* sowie ein Prognose-Kurs $\widehat{WK}_1$ für den Kontrollzeitpunkt t_1 aufgeführt. Schließlich existiert für den Zeitpunkt t_1 später ein **Ist-Wechselkurs** in Höhe von WK_1.

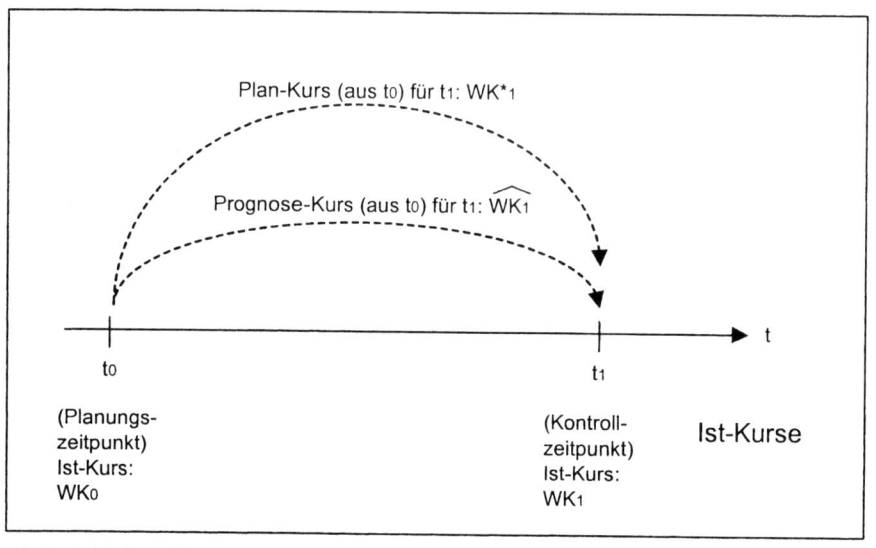

Abb. 4.7: Ist-, Plan- und Prognosewechselkurse

Bei internationalen Soll-Ist-Vergleichen können nun **Planabweichungen** (z.B. Abweichungen vom angestrebten Preis bzw. von der erwarteten Menge) sowie **Wechselkursabweichungen** (Abweichungen vom Plan-Wechselkurs bzw. vom Prognose-Wechselkurs) hinterfragt werden (vgl. Abb. 4.8). Näher zu analysieren sind die grundsätzlich denkbaren **Wechselkurs-Abweichungen**. In der Abb. 4.9 werden für die Ist-Werte wie für die Soll-Werte die denkbaren Umrechnungswerte (Plan-Kurs, Progonose-Kurs, Ist-Kurs) angegeben; insgesamt neun Kombinationen von Ist- und Soll-Kursen fallen an. *Welge/Holtbrügge* (1998) analysieren ausführlich die grundsätzlich möglichen **Kombinationen aus Ist- und Soll-Werten** und arbeiten heraus, dass insbesondere zwei Kombinationen von besonderer Bedeutung sind:
– die Kombination E
  (Soll- und Ist-Werte zu Prognosekurs) und
– die Kombination F
  (Soll-Wert zu Prognosekurs und Ist-Wert zu Ist-Kurs).

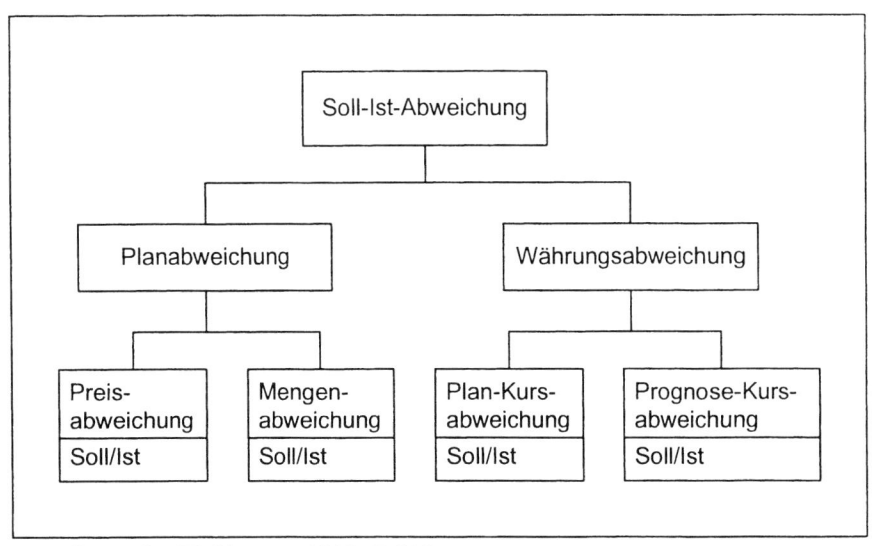

```
                    ┌─────────────────────┐
                    │ Soll-Ist-Abweichung │
                    └──────────┬──────────┘
                ┌──────────────┴──────────────┐
        ┌───────┴────────┐          ┌─────────┴─────────┐
        │ Planabweichung │          │ Währungsabweichung│
        └───────┬────────┘          └─────────┬─────────┘
          ┌─────┴─────┐                ┌──────┴──────┐
```

Preis- abweichung	Mengen- abweichung	Plan-Kurs- abweichung	Prognose-Kurs- abweichung
Soll/Ist	Soll/Ist	Soll/Ist	Soll/Ist

Quelle: Welge/Holtbrügge 1998, S. 239.
Abb. 4.8: Plan- und Währungsabweichungen im Rahmen von internationalen Soll-Ist-Vergleichen

Umrechnung der Ist-Werte Umrechnung der Soll-Werte	Plankurs	Prognosekurs	Istkurs
Plankurs	Soll-Werte zu Plankurs **A** Ist-Werte zu Plankurs	Soll-Werte zu Plankurs **B** Ist-Werte zu Prognosekurs	Soll-Werte zu Plankurs **C** Ist-Werte zu Istkurs
Prognosekurs	Soll-Werte zu Prognosekurs **D** Ist-Werte zu Plankurs	Soll-Werte zu Prognosekurs **E** Ist-Werte zu Prognosekurs	Soll-Werte zu Prognosekurs **F** Ist-Werte zu Istkurs
Istkurs	Soll-Werte zu Istkurs **G** Ist-Werte zu Plankurs	Soll-Werte zu Istkurs **H** Ist-Werte zu Prognosekurs	Soll-Werte zu Istkurs **I** Ist-Werte zu Istkurs

Quelle: Welge/Holtbrügge 1998, S. 240.
Abb. 4.9: Wechselkurskombinationen im Rahmen von Soll-Ist-Vergleichen

Im Falle E werden die Tochtergesellschaften durch die Zentrale dazu bewegt, erwartete Wechselkursänderungen bei der Planung zu berücksichtigen. Auch bei der Kombination F werden die vorhersehbaren Wechselkursänderungen in der

Planung berücksichtigt; zusätzlich werden jedoch die tatsächlichen Wechselkursänderungen in die Erfolgsbeurteilung einbezogen. Empirische Untersuchungen (vgl. *Pausenberger/Roth* 1997; *Czechowicz/Choi/Bavishi* 1982; *Demirag* 1992) kommen zu entsprechenden Ergebnissen in der Praxis.

Die bisherigen Überlegungen zur Kontrolle länderspezifischer Marketing-Mixe sollen anhand einer **Beispielrechnung** verdeutlicht werden. Von folgenden **Prognose-Kursen** für t_1 (auf der Basis t_0) wird ausgegangen:

1 US $	$\hat{=}$	1,142 Euro	bzw.	1 Euro	$\hat{=}$	0,876	US $
1 £	$\hat{=}$	1,626 Euro	bzw.	1 Euro	$\hat{=}$	0,615	£
1 SFr	$\hat{=}$	0,685 Euro	bzw.	1 Euro	$\hat{=}$	1,460	SFr
1 Yen	$\hat{=}$	0,009 Euro	bzw.	1 Euro	$\hat{=}$	111,110	Yen.

In der Abb. 4.10 sind für die vier Länder USA, Großbritannien, Schweiz und Japan zunächst die **Soll-Werte** des Umsatzes (in 1000 Euro) nach Kundenklassen ausgewiesen. Außerdem finden sich in der Abb. 4.10 die entsprechenden Soll-Werte des Umsatzes in ausländischer Währung, umgerechnet mittels des Prognosekurses.

Land	Soll-Werte (in 1000 Euro)				Soll-Werte (in 1000 Geldeinheiten ausländischer Währung zu Prognosekursen t_0)			
	Kundenklassen				Kundenklassen			
	A	B	C	D	A	B	C	D
1 (USA)	10.000	8.000	6.000	5.000	8.760	7.008	5.256	4.380
2 (GB)	5.000	4.000	3.500	3.000	3.075	2.460	2.153	1.845
3 (CH)	6.000	5.000	4.000	4.000	8.760	7.300	5.840	5.840
4 (J)	8.000	7.000	5.000	3.000	934.080	817.320	583.800	350.280
Σ	29.000	24.000	18.500	15.000	-	-	-	-

Abb. 4.10: Umsatz-Soll-Werte nach Ländern und Kundenklassen (in 1000 Euro und in 1000 Geldeinheiten ausländischer Währung zu Prognosekursen)

Nach Ablauf der Planungsperiode stellen sich im Zeitpunkt t_1 folgende (hypothetische) **Ist-Kurse** für die vier Länder ein:

1 US $	$\hat{=}$	1,198 Euro	bzw.	1 Euro	$\hat{=}$	0,835	US $
1 £	$\hat{=}$	1,580 Euro	bzw.	1 Euro	$\hat{=}$	0,633	£
1 SFr	$\hat{=}$	0,656 Euro	bzw.	1 Euro	$\hat{=}$	1,525	SFr
1 Yen	$\hat{=}$	0,010 Euro	bzw.	1 Euro	$\hat{=}$	98,750	Yen.

Außerdem gelten die **Ist-Werte** des Umsatzes gemäß Abb. 4.11; sie werden zunächst in ausländischen Währungen, des Weiteren in 1000 Euro zum einen auf der Basis der Prognosekurse für t_1, zum anderen auf der Basis der Ist-Kurse in t_1 ausgewiesen (vgl. Abb. 4.11).

Land	Ist-Werte (in 1000 Geldeinheiten ausländischer Währung im Kontrollzeitpunkt t_1)			
	Kundenklassen			
	A	B	C	D
1	8.000	7.000	4.000	4.000
2	1.500	1.400	1.300	1.000
3	25.000	18.000	10.000	11.000
4	500.000	450.000	400.000	250.000
Σ	-	-	-	-

Land	Ist-Werte in 1000 Euro (Basis: Prognosekurs)			
	Kundenklassen			
	A	B	C	D
1	9.136	7.994	4.568	4.568
2	2.439	2.276	2.114	1.626
3	17.125	12.330	6.850	7.535
4	4.500	4.050	3.600	2.250
Σ	33.200	26.650	17.132	15.979

Land	Ist-Werte in 1000 Euro (Basis: Ist-Kurs t_1)			
	Kundenklassen			
	A	B	C	D
1	9.584	8.386	4.792	4.791
2	2.370	2.212	2.054	1.580
3	16.400	11.808	6.560	7.216
4	5.000	4.500	4.000	2.500
Σ	33.354	26.906	17.406	16.088

Abb. 4.11: Umsatz-Ist-Werte nach Ländern und Kundenklassen in ausländischen Währungen und in Euro (Basis: Prognosekurse bzw. Ist-Kurse in t_1)

Die eigentlichen **Soll-Ist-Vergleiche** finden sich in Abb. 4.12. Ausgewiesen sind die Ergebnisänderungen in ausländischer Währung, die Wechselkursänderungen sowie die Ergebnisänderungen in inländischer Währung. So zeigt sich z.B. für das Land 3, dass die sehr guten Ergebnisse für alle Kundenklassen durch die negative Wechselkursentwicklung nur leicht negativ berührt werden und die Ergebnissituation in inländischer Währung nur wenig verschlechtert wird. Die durchweg unterdurchschnittlichen Ergebnisse in ausländischer Währung für das Land 2 werden durch die negative Wechselkursentwicklung zusätzlich verschlechtert, wohingegen die schlechte Ergebnisentwicklung für das Land 4 durch die sehr günstige Wechselkursentwicklung zumindest teilweise aufgefangen werden kann.

	Ergebnisänderungen in ausländischen Währungen $\frac{\text{Ist}}{\text{Soll}} \cdot 100$ (in %) Ist-Wert in ausl. Währung, Soll-Wert (ausl. Währung) zum Prognosekurs aus t_0				Wechselkursänderungen $\frac{\text{Istkurs}}{\text{Sollkurs}} \cdot 100$ (in %)	Ergebnisänderungen in inländischer Währung $\frac{\text{Ist}}{\text{Soll}} \cdot 100$ (in %) Ist-Wert (ausl. Währung, umgerechnet auf Basis Ist-Kurs in t_1); Soll-Werte (in 1000 Euro)			
Land	Kundenklassen					Kundenklassen			
	A	B	C	D		A	B	C	D
1	91,3	99,9	76,1	91,3	104,9	95,8	104,8	79,8	95,8
2	48,8	56,9	60,4	54,2	97,2	47,4	55,3	58,7	52,7
3	285,4	246,6	171,2	188,4	95,8	273,4	236,2	164,0	180,5
4	53,5	55,1	68,5	71,4	111,1	62,5	64,3	80,0	83,3

Abb. 4.12: Ergebnisänderungen nach Ländern und Kundenklassen in ausländischen Währungen, Wechselkursänderungen und Ergebnisänderungen in inländischer Währung

Bei einer allgemeinen Beurteilung der **internationalen Marketing-Kontrolle auf Umsatz-Basis** ist auf folgende Punkte hinzuweisen:
- Positiv zu vermerken ist, dass der Umsatz einfach prognostizierbar ist bzw. als Sollwert vorgegeben werden kann.
- Auch die Feststellung des Ist-Umsatzes ist einfach, wenn entsprechende Statistiken im betrieblichen Rechnungswesen geführt werden.
- Geeignete Wechselkurse zur Umrechnung von Umsätzen in ausländischen Währungen können herausgefunden und festgelegt werden.
- Negativ zu vermerken ist, dass bei dieser Kontrollmethode keine Umsätze der Konkurrenz berücksichtigt werden.
- Auch die Kosten von Marketing-Maßnahmen werden nicht in die Analyse einbezogen.

Ein Nachteil der Marketing-Kontrolle auf der Basis des Umsatzes, die fehlende Konkurrenzorientierung, kann behoben werden, indem der **Marktanteil als Kontrollgröße** herangezogen wird. Der (wertmäßige) Marktanteil eines Unternehmens ergibt sich als eigener Umsatz dividiert durch den Gesamtumsatz der Branche.

Änderungen des Marktanteils und seiner Bestimmungsfaktoren lassen erkennen, ob Umsatzänderungen durch eine falsche Marketing-Politik oder durch externe Faktoren bewirkt werden. So zeigt ein sinkender Marktanteil generell Schwächen der eigenen Marketing-Politik an. Ist hingegen der Ist-Umsatz kleiner als der Soll-Umsatz, obwohl der Marktanteil konstant bleibt oder sogar steigt, so ist die gesamte Branche einem negativen Einfluss (z.B. einem veränderten Nachfragerverhalten) ausgesetzt. Wie der Umsatz sollte auch der Marktanteil als Kontrollgröße aufgegliedert werden; so kann der Marktanteil
– nach Regionen (Ländern),
– nach Produktmarken, -linien bzw. -klassen oder
– nach Kundengruppen
errechnet und ausgewiesen werden. Folgende **Eignung** weist der Marktanteil als Kontrollgröße aus:
– Zunächst lässt er die eigene Marktposition, d.h. die relative Bedeutung eines Unternehmens im Vergleich zu den Konkurrenten, erkennen.
– Darüber hinaus ist der Marktanteil eines Unternehmens ein wesentlicher strategischer Erfolgsfaktor; Unternehmen mit hohen Marktanteilen verfügen in der Regel über ein höheres Kostensenkungspotenzial.
– Andererseits ist eine Kontrolle des Marktanteils schwieriger als eine Umsatzkontrolle, da neben Informationen über den eigenen Umsatz (aus dem betrieblichen Rechnungswesen) auch Informationen über die Umsätze der Branche erforderlich sind; hier muss gegebenenfalls auf die amtliche Statistik bzw. auf Verbrauchsstatistiken zurückgegriffen werden.

Wie der Umsatz zählt der **Gewinn** zu den nicht-konkurrenzorientierten Kontrollgrößen der Marketing-Politik; im Gegensatz zum Umsatz werden bei dieser Kontrollgröße neben dem erzielten Umsatz auch die Kosten der Produktion und des Marketing berücksichtigt. Wie bei den zuvor behandelten Kontrollgrößen bestehen verschiedene Möglichkeiten einer Aufgliederung nach Produkten, Perioden, Kundenklassen usw. In der Abb. 4.13 findet sich eine mehrstufige internationale Deckungsbeitragsanalyse nach Produkten und Ländern. Dabei sind den Bruttoerlösen der verschiedenen Produkte zunächst die direkt zurechenbaren Rabatte, Skonti und Erlösschmälerungen gegenübergestellt; es resultieren die Nettoerlöse zunächst in ausländischer Währung, dann – nach geeigneter Umrechnung – in inländischer Währung. Davon ausgehend, dass alle Kosten in inländischer Währung anfallen, können dann schrittweise die Deckungsbeiträge I und II und der Gewinn des Unternehmens ermittelt werden.

Grundsätzlich gilt, dass die auf jeder Stufe ermittelten Deckungsbeiträge Gegenstand einer Kontrolle sein können; sie sind mit den im Rahmen der Planung ermittelten Soll-Deckungsbeiträge zu vergleichen. Die mehrstufige Deckungsbeitragsanalyse erlaubt es, Kontrollen auf stark disaggregierter Ebene durchzuführen, was sich im Hinblick auf die Aussagekraft der Ergebnisse vorteilhaft auswirkt.

Der Gewinn als Kontrollgröße ist ähnlich wie der Umsatz als Kontrollgröße zu beurteilen:

- Gewinn-Vorgaben erscheinen als nicht allzu schwierig; die Feststellung des Ist-Gewinns kann im Rahmen eines geeigneten Rechnungswesens erfolgen.
- Es fehlt eine Relativierung anhand entsprechender Kennziffern der Konkurrenz.

Produkte	1			2			3		
Länder	1	2	3	1	2	3	1	2	3
Bruttoerlöse ./. direkt zurechenbare	B_{11}	B_{12}	B_{13}	B_{21}	B_{22}	B_{23}	B_{31}	B_{32}	B_{33}
Rabatte, Skonti, sonst. Erlösschmälerungen	R_{11}	R_{12}	R_{13}	R_{21}	R_{22}	R_{23}	R_{31}	R_{32}	R_{33}
= **Nettoerlöse** (in ausländischen Währungen)	N_{11}	N_{12}	N_{13}	N_{21}	N_{22}	N_{23}	N_{31}	N_{32}	N_{33}
Wechselkurse	WK_1	WK_2	WK_3	WK_1	WK_2	WK_3	WK_1	WK_2	WK_3
Nettoerlöse (in inländ. Währung)	N^*_{11}	N^*_{12}	N^*_{13}	N^*_{21}	N^*_{22}	N^*_{23}	N^*_{31}	N^*_{32}	N^*_{33}
./. variable Produktionskosten	K^*_{11}	K^*_{12}	K^*_{13}	K^*_{21}	K^*_{22}	K^*_{23}	K^*_{31}	K^*_{32}	K^*_{33}
= **DB I der Produkte**	D^{I*}_{11}	D^{I*}_{12}	D^{I*}_{13}	D^{I*}_{21}	D^{I*}_{22}	D^{I*}_{23}	D^{I*}_{31}	D^{I*}_{32}	D^{I*}_{33}
./. Fixkosten der Produkte	F^*_{11}	F^*_{12}	F^*_{13}	F^*_{21}	F^*_{22}	F^*_{23}	F^*_{31}	F^*_{32}	F^*_{33}
= **DB II der Produkte**	D^{II*}_{11}	D^{II*}_{12}	D^{II*}_{13}	D^{II*}_{21}	D^{II*}_{22}	D^{II*}_{23}	D^{II*}_{31}	D^{II*}_{32}	D^{II*}_{33}
DB der Produktgruppen	D^*_1			D^*_2			D^*_3		
./. Fixkosten des Unternehmens				F^*					
= **Gewinn des Unternehmens**				G^*					

Abb. 4.13: Produkt- und länderbezogene internationale Deckungsbeitragsanalyse

Eine explizite Berücksichtigung der Konkurrenten erfolgt im Rahmen des sog. **Benchmarking**. Unter Benchmarking versteht man eine Methode, bei der Produkte, Verfahren und Prozesse des eigenen Unternehmens mit denen des „best practice"-Unternehmens verglichen werden, d.h. desjenigen Unternehmens, das eine bestimmte Aktivität im Vergleich zu anderen Unternehmen am besten erfüllt (vgl. *Horváth/Herter* 1992). Benchmarking umfasst dabei folgende Schritte (vgl. *Bea/Haas* 2001, S. 231):
- Wahl des Analyseobjekts,
- Identifikation geeigneter Benchmarking-Partner,
- Analyse der Aktivitäten (Feststellung vorhandener Leistungsdiskrepanzen und Identifikation möglicher Ursachen),
- Planung und Durchführung von Maßnahmen zum Abbau der vorhandenen Leistungsdifferenzen.

Grundsätzlich kann Benchmarking sowohl Unternehmen aus derselben Branche wie auch branchenfremde einbeziehen. Für multinationale Benchmarking-Maßnahmen ist darüber hinaus festzulegen, ob länderspezifische Benchmarks als Vergleichsgrößen heranzuziehen sind, oder aber der über alle Länder hinweg jeweils „beste" Benchmark im betrachteten Bereich.

II. Image als Zielgröße

Ein **Image** kann allgemein als Erscheinungsbild/Ruf/Ansehen eines Unternehmens (oder eines Produktes) in der allgemeinen Öffentlichkeit oder bei bestimmten Zielgruppen angesehen werden. Zur **Messung von Images** ist es sinnvoll, auf die Modelle der Einstellungstheorie (vgl. *Berndt* 1996) zurückzugreifen. Im Zusammenhang mit der Kontrolle eines Images sind insbesondere mehrdimensionale Einstellungsmodelle wie z.B. das Imagedifferenzial relevant. Bei einem Imagedifferenzial wird z.B. eine Produktmarke mit Hilfe diverser Rating-Skalen, an deren Skalenenden jeweils Wortgegensatzpaare stehen, charakterisiert.

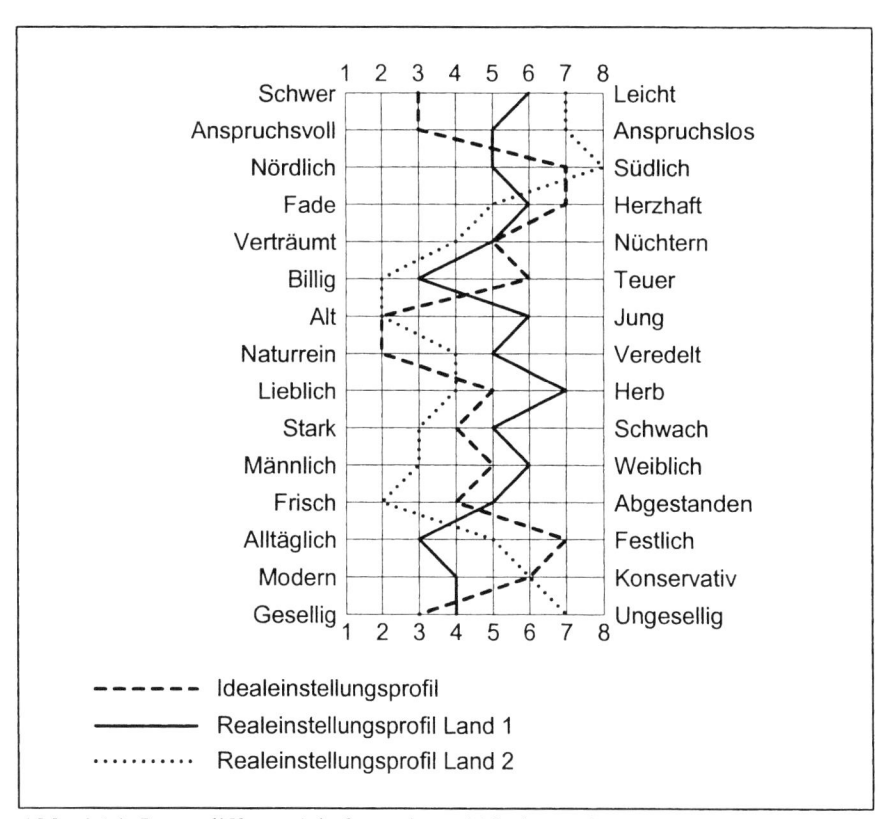

Abb. 4.14: Imagedifferenziale für reale und ideale Marken im Rahmen einer globalen Strategie

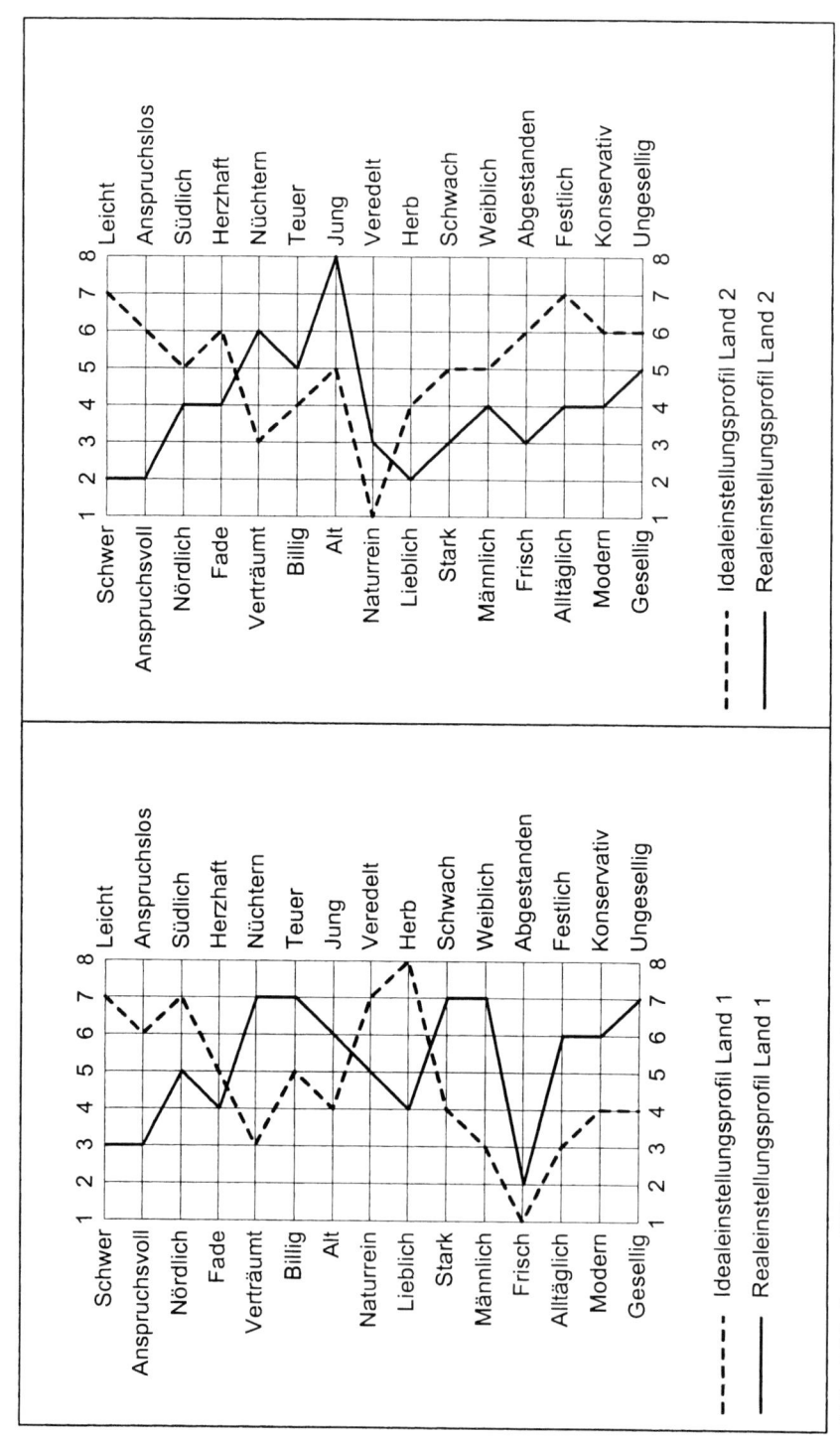

Abb. 4.15: Imagedifferenziale für reale und ideale Marken im Rahmen einer non-globalen Strategie

In der Abb. 4.14 werden – ausgehend vom Fall einer globalen (standardisierten) internationalen Marketing-Politik – neben dem Ideal-Image die Real-Images für die Länder 1 und 2 wiedergegeben. Bei der Abb. 4.15 hingegen wird von einer non-globalen (differenzierten) internationalen Marketing-Politik ausgegangen; für die einzelnen Länder sind jeweils Real- und Ideal-Image aufgeführt.

Eine **Image-Kontrolle** ist auf mehrere Arten möglich: Zunächst können länderspezifische Abweichungen zwischen der realen und der idealen Produktmarke bei den einzelnen Merkmalen gesucht, der Höhe nach festgestellt und gegebenenfalls analysiert werden. Des Weiteren können die länderspezifischen Imagedifferenziale für die reale und die ideale Marke analysiert werden, indem der Korrelationskoeffizient zwischen den beiden Ergebnisreihen errechnet und analysiert wird (vgl. *Berndt* 1996).

Ausgangspunkt des **Einstellungsmodells von Trommsdorff** sind die wahrgenommenen Ausprägungen aller relevanten Merkmale einer Produktmarke, welche zu den idealen Ausprägungen der Merkmale in Beziehung gesetzt werden. Die Einstellung einer Person i zur Marke j im Land l ergibt sich dann als

$$E^*_{ijl} = \sum_{k=1}^{n} \left| B_{ijkl} - I_{ikl} \right|,$$

wobei der Index k die relevanten Merkmale, B_{ijkl} die von der Person i wahrgenommene Ausprägung des Merkmales k bei der Marke j und I_{ikl} die von der Person i als ideal empfundene Ausprägung des Merkmals k im Land l bezeichnet. Durch eine Mittelwertbildung bei den einzelnen Merkmalen (über alle Personen) kann die (durchschnittliche) Einstellung gegenüber der Marke j ermittelt werden. Basis der Image-Kontrolle bei dem Trommsdorff-Modell ist der resultierende länderspezifische Einstellungswert E^*_{ijl} selbst: Je geringer der Einstellungswert, je geringer also die Distanz zwischen einer realen Marke und der idealen Marke in einem bestimmten Land, desto besser ist das Image der Realmarke; im Idealfall erreicht der Einstellungswert einen numerischen Wert in Höhe von Null.

Zu beachten ist, dass im Rahmen einer internationalen Image-Kontrolle auch die Images der Wettbewerber in die Betrachtung einbezogen werden können. Es besteht die Möglichkeit, Realeinstellungsprofile der Konkurrenten zu ermitteln und mit den eigenen Realeinstellungsprofilen bzw. dem Idealeinstellungsprofil zu vergleichen. Dabei können zum einen die Hauptkonkurrenten in den Vergleich einbezogen werden, zum anderen die sog. „best practice"-Unternehmen i.S. eines Benchmarking (vgl. den vorangegangenen Abschnitt C.I. in diesem Teil).

Teil 5: Internationale Marketing-Organisation

A. Grundlagen

Die simultane Bearbeitung mehrerer Ländermärkte stellt besondere Anforderungen an die Organisation international tätiger Unternehmen. Unter „**Organisation**" kann der Ordnungsrahmen verstanden werden, welcher die vielfältigen und arbeitsteiligen Aktivitäten im Rahmen des Wertschöpfungsprozesses eines Unternehmens zielgerichtet zusammenführen soll. Dieser Rahmen liefert damit die strukturelle Basis für das Zusammenwirken von Personen, Sachmitteln und Informationen im Beziehungsgefüge zwischen Unternehmen und Umwelt (vgl. *Macharzina* 1999, S. 349). Konkret handelt es sich um ein System von organisatorischen Einheiten (Stellen, Abteilungen, Sparten usw.), welche durch Beziehungen (kommunikativer, hierarchischer, sonstiger Art) miteinander verbunden sind und Aufgaben nach bestimmten Regeln erfüllen (vgl. *Hünerberg* 1994, S. 438).

Bei international tätigen Unternehmen sind diese organisatorischen Einheiten über mehrere Länder verteilt. Die oftmals große räumliche Entfernung erhöht dabei die Komplexität der Aufgabenerfüllung mit der Folge, dass entsprechende Organisationsstrukturen, insbesondere aber auch Koordinationskonzepte, zu entwickeln sind, welche den jeweiligen Anforderungen genügen (vgl. hierzu auch Kapitel F. in diesem Teil). Die Anforderungen leiten sich dabei aus den organisatorischen **Zielen** ab. Wie für jede Organisation sind in erster Linie Effizienzziele i.S. von Kostenzielen sowie Effektivitätsziele i.S. von Wirkungszielen von Relevanz. Darüber hinaus können – evtl. als Unterziele – Anforderungen an die Schnelligkeit der in der Unternehmensorganisation ablaufenden Prozesse sowie an die Flexibilität der organisatorischen Strukturen gestellt werden (vgl. *Hünerberg* 1994, S. 441 f.). Diese Kriterien sind insofern von Bedeutung, als einerseits international agierende Unternehmen häufig eine entsprechende Größe aufweisen mit der Tendenz zur Schwerfälligkeit, welche durch die entfernungsbedingten zusätzlichen Zeiterfordernisse unterstützt wird, andererseits sind gerade auf internationalen bzw. globalen Märkten vielfach intensive Wettbewerbsbeziehungen vorzufinden, welche eine schnelle Anpassungsfähigkeit des Unternehmens bzw. ein unmittelbares Treffen und Durchsetzen unternehmerischer Entscheidungen notwendig machen. Erforderlich sind in diesem Zusammenhang Informations- und Kommunikationsinstrumente bzw. -prozesse, welche einen möglichst kostengünstigen und reibungslosen Informationsaustausch ermöglichen. Dieses Erfordernis ist vor dem Hintergrund eines erhöhten Informationsbedarfs der Inlandsorganisation infolge der geringeren Vertrautheit mit den Gegebenheiten auf den Auslandsmärkten zu sehen; entfernungsbedingte Informationsgefälle zwischen Inlands- und Auslandsorganisationen mit der Folge von Fehlentscheidungen bzw. Missverständnissen zwischen den Gesellschaften im In- und Ausland sind daher möglichst zu vermeiden. Des Weiteren spielen gerade in einem internationalen Kontext Synergieziele eine Rolle, welche sowohl in unternehmensinterner Hinsicht z.B. zwischen Organisationseinheiten in verschiedenen Ländern verfolgt werden, als auch unternehmensextern zwischen dem Unternehmen und Dritten (Distributionsorgane, Marktforschungsinstitute, Werbeagenturen usw.) angestrebt werden können (vgl. *Köhler* 1995, Sp. 1649 ff.).

Vor dem Hintergrund einer internationalen Tätigkeit sind folgende organisatorische Aspekte näher zu analysieren:
– die Determinanten der internationalen Marketing-Organisation,
– die Art der Einbindung der Auslandsaktivitäten in ein internationales Unternehmen,
– die Organisationsform der Marketing-Abteilung bzw. des Marketing-Bereichs eines internationalen Unternehmens,
– das Ausmaß der Zentralisierung bzw. Dezentralisierung von Entscheidungskompetenzen in einem länderübergreifend tätigen Unternehmen,
– die Art der einzusetzenden Koordinationskonzepte sowie
– die Organisationsentwicklung in internationalen Unternehmen.

Auf diese Aspekte wird in den folgenden Kapiteln näher eingegangen. In Abhängigkeit vom jeweils diskutierten Sachverhalt sowie der eingeschlagenen Betrachtungsebene wird „Marketing" dabei entweder als betriebliche Teilfunktion gesehen oder als Führungskonzeption, welche nicht nur die Marketing-Abteilung, sondern das gesamte Unternehmen betrifft. Letztere Sichtweise impliziert, dass eine Denkhaltung zur gesamtbetrieblichen Steuerung im Unternehmen existiert, welche sich in einer Kundenorientierung in allen Unternehmensteilen äußert und die Erlangung von Wettbewerbsvorteilen auf allen Hierarchieebenen im Unternehmen anstrebt (vgl. auch *Köhler* 1995, Sp. 1636 f.).

B. Determinanten der internationalen Marketing-Organisation

Die Organisationsstruktur international tätiger Unternehmen wird von einer Vielzahl von Variablen beeinflusst. In einem ersten Schritt können diese Variablen in interne und externe Determinanten aufgeteilt werden. Abb. 5.1 zeigt wesentliche Determinanten im Überblick auf.

Im Hinblick auf die **externen** Faktoren lassen sich folgende Aussagen treffen:

Die **Konkurrenzstruktur** und das **Konkurrenzverhalten** beeinflussen die organisatorische Gestaltung von Unternehmen insofern, als zu unterscheiden ist, ob globale oder multinationale Wettbewerbsstrukturen vorliegen (vgl. *Porter* 1989, S. 20 f.). Liegen global orientierte Branchen vor, so hängen die Marktpositionen einzelner Unternehmen in verschiedenen Ländern jeweils voneinander ab; beispielsweise besteht die Möglichkeit, dass ein Unternehmen aufgrund unterschiedlicher Wettbewerbsverhältnisse im Land A die Position des Marktführers innehat, im Land B jedoch nur eine untergeordnete Rolle spielt. Gilt für den Hauptkonkurrenten die umgekehrte Konstellation – starke Position in Land B und schwache Position in Land A – so ist die Wahrscheinlichkeit hoch, dass auf Marketing-Aktionen des einen Unternehmens Marketing-Reaktionen des anderen Unternehmens folgen, jedoch im jeweils anderen Land. Es liegt damit eine länderübergreifende Reaktionsverbundenheit vor, wie sie für oligopolistisch strukturierte Märkte typisch ist; gerade im internationalen Kontext sind derartige oligopolistische Marktstrukturen häufig anzutreffen (vgl. *Sander* 1997a, S. 39). Offensichtlich sind bei einer derartigen Konstellation Organisationsstrukturen angemessen, welche die Zentralisierung von Entscheidungsbefugnissen unterstützen. Bei multinationalen Wettbewerbsstrukturen hingegen ist der Wettbewerb in jedem Land unabhängig vom Wettbewerb in anderen Ländern; ein international agierendes Unternehmen stößt in diesem Fall auf jeweils national bzw. lokal orientierte Wettbewerber. Bei derartigen Wettbewerbsstrukturen besteht die Tendenz zur Dezentralisierung von Entscheidungskompetenzen (vgl. *Toyne/Walters* 1993, S. 667 sowie Kapitel E. in diesem Teil).

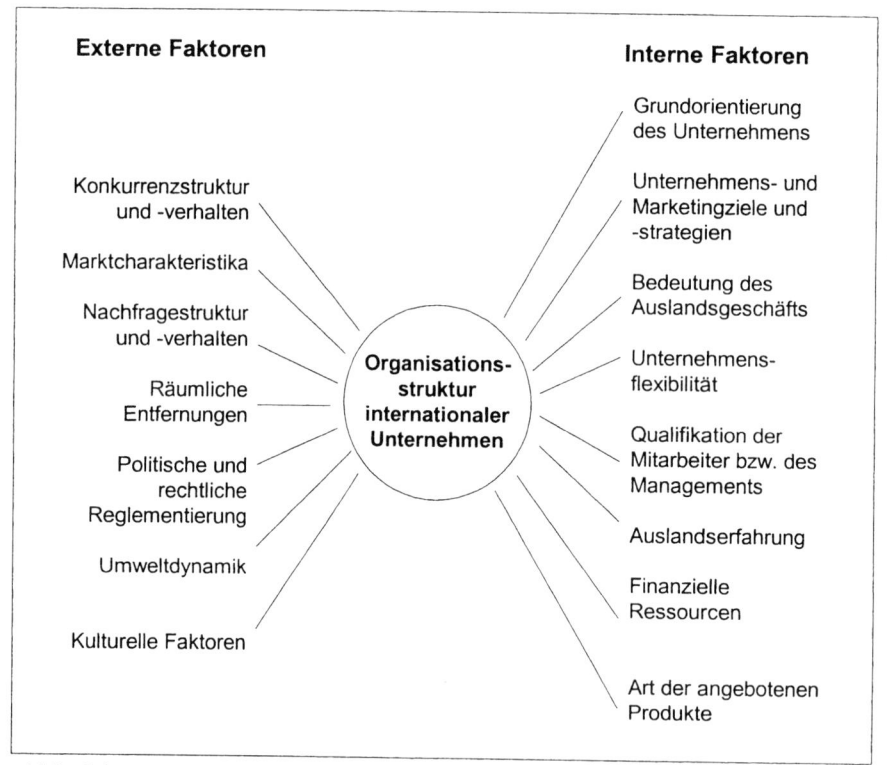

Abb. 5.1: Determinanten der Organisationsstruktur internationaler Unternehmen

Marktcharakteristika umfassen Strukturvariablen wie Marktgröße, Marktwachstum, Marktpotenzial sowie die Innovationsintensität eines Marktes. Je nachdem, wie dynamisch sich diese Größen entwickeln bzw. welche Ausprägung sie annehmen, hat sich die Organisation des international tätigen Unternehmens entsprechend anzupassen z.b. im Hinblick auf die Größe von Organisationseinheiten (z.B. Abteilungen, Auslandsniederlassungen) und deren Flexibilität.

Bedeutende Größen aus Marketing-Sicht im Hinblick auf die Organisationsstruktur international tätiger Unternehmen stellen die **Nachfragerstruktur** und das **Nachfragerverhalten** dar. Ausgehend von der Überlegung, dass die Kundenorientierung ein wesentliches Merkmal vieler Unternehmen ist, muss die Organisationsstruktur des Unternehmens so angelegt sein, dass sie Antworten auf Fragen wie „Wer sind unsere Kunden? Wo sind unsere Kunden geografisch angesiedelt? Existieren Zielgruppen mit länderübergreifend identischen oder ähnlichen Bedürfnissen? Welche Bedürfnisse existieren überhaupt?" generiert. Die Kundenorientierung muss sich also in der Organisationsstruktur niederschlagen, indem beispielsweise Kunden- oder Informationscenter eingerichtet werden, eine entsprechende Außendienstorganisation implementiert wird, Beschwerdeabteilungen aufgebaut werden u.Ä. Im Falle gewerblicher Abnehmer ist zu analysieren, wie diese Unternehmen ihrerseits ihre Geschäftstätigkeit organisieren; besteht beispielsweise die Tendenz, nur bei wenigen Anbietern, dafür aber in großen Mengen zu kaufen, so sind Überlegungen anzustellen, ob nicht ein Key-Account-Management als Organisationseinheit einzurichten ist.

Räumliche Entfernungen ziehen häufig Kommunikationsprobleme nach sich, auch wenn neue Informations- und Kommunikationstechnologien wie Fax, e-mail, Videokonferenzen usw. inzwischen zur Verfügung stehen. Aufgrund fehlender Kommunikationsinfrastrukturen (z.B. leistungsfähige Kommunikationsnetze) insbesondere in Entwicklungs- und Schwellenländern sind derartige Technologien vielfach nicht einsetzbar (vgl. *Jeannet/Hennessey* 2001, S. 638 f.). Von Bedeutung sind in diesem Zusammenhang zudem räumlich bedingte Zeitdifferenzen aufgrund verschiedener Zeitzonen, die eine sofortige Abstimmung zwischen Organisationseinheiten in verschiedenen Ländern verhindern können; häufig können definitive Entscheidungen in derartigen Fällen erst am nächsten Tag getroffen werden, da die Arbeitszeiten in den einzelnen Organisationseinheiten bzw. Landesgesellschaften sich aufgrund verschiedener Zeitzonen u.U. nur gering überlappen. Werden persönliche Meetings als Organisationsinstrument eingesetzt, so ist der erhebliche Kosten- und Zeitaufwand zur Überwindung größerer Entfernungen zu berücksichtigen.

Politische und rechtliche Reglementierungen haben insofern organisationalen Einfluss, als sie bei entsprechend investitionsfreundlichen Regelungen den Aufbau einer eher umfangreichen Organisationseinheit in einem Land bzw. deren Ausbau fördern. Gesetzliche Regelungen über Mindestbeteiligungen eines Landes an Investitionen ausländischer Unternehmen, Local-Content-Vorschriften, Reglementierungen über den Einsatz und die Ausbildung heimischer Arbeitskräfte usw. wirken unmittelbar auf die zu implementierende Organisationstruktur ein. Bei entsprechend starker Unterschiedlichkeit derartiger Regelungen in einzelnen Ländern ist u.U. ein höheres Maß an Entscheidungsdelegation an die Stellen vor Ort angezeigt, um den örtlichen Gegebenheiten entsprechen zu können (zur Entscheidungszentralisation bzw. -dezentralisation vgl. auch Kapitel E. in diesem Teil).

Einen direkten Einfluss auf organisatorische Strukturen hat das Ausmaß an **Umweltdynamik**, welche in den jeweiligen Ländern bzw. auf den Märkten, die ein Unternehmen bearbeitet, herrscht (zur Umwelt von Unternehmen vgl. i.E. *Sander* 1998). Dynamische Entwicklungen im politischen Geschehen und bei rechtlichen Rahmenbedingungen, sich schnell ändernde Konsumentenpräferenzen und häufige technologische Fortschritte ziehen in der Tendenz „schlanke" Organisationsstrukturen mit nur wenigen Hierarchieebenen nach sich. Gleichzeitig sind flexible Planungs- und Entscheidungsstrukturen erforderlich, um sich den veränderten Rahmenbedingungen anpassen zu können (vgl. *Toyne/Walters* 1993, S. 667 f.).

Kulturelle Faktoren sind in organisatorischer Hinsicht sowohl in unternehmensinterner als auch in unternehmensexterner Hinsicht von Bedeutung. Werden im Rahmen eines länderübergreifenden Job-Rotation-Prinzips Mitarbeiter unterschiedlicher Kulturkreise in einzelnen Organisationseinheiten nebeneinander eingesetzt, so kann von einem „echten" multikulturellen Unternehmen gesprochen werden. Unterschiedliche kulturell bedingte Sichtweisen verschiedener Sachverhalte bzw. Problemkreise können Problemlösungen durchaus fördern, andererseits sind Reibungsverluste bspw. durch unterschiedliche Auffassungen gegenüber Fleiß bzw. Ehrgeiz, Zeitbewusstsein und Sozialverhalten durchaus möglich. In unternehmensexterner Hinsicht ist die kulturelle Dimension im Rahmen der Verkaufspolitik relevant; konkret ist darüber zu befinden, ob Verkaufspersonal aus dem Stammland (Expatriates), aus Drittländern (Third-Country-Nationals) oder lokales Verkaufspersonal (Locals) eingesetzt werden soll. Im Sinne eines bestmöglichen kulturellen „Fit" zwischen Käufer und Verkäufer, welcher für die Wahrscheinlichkeit eines erfolgreichen Verkaufsgesprächs von entscheidender Bedeutung sein kann, liegt es nahe, „Locals" einzusetzen; andererseits besteht dann die Gefahr, dass Entscheidungen u.U. nicht im Sinne der übergeordneten Unternehmenspolitik der Muttergesellschaft im Stammland gefällt werden (zu den jeweiligen Vor- und Nachteilen des Einsatzes von Locals, Expatriates und Third-Country-Nationals vgl. i.E. *Berndt/Fantapié Altobelli/Sander* 1997, S. 390 f.).

Aus den **internen** Faktoren, welche im Gegensatz zu den externen Faktoren – zumindest weitgehend – dem Einfluss des Unternehmens unterliegen, lassen sich folgende Aussagen im Hinblick auf ihren Einfluss auf die Organisationsstruktur eines Unternehmens ableiten:

Von grundsätzlicher Bedeutung für das organisationale Gefüge in einem international operierendem Unternehmen ist die **Grundorientierung des Unternehmens** (vgl. hierzu i.E. Kapitel B. im 1. Teil). Im Mittelpunkt steht hier die Frage, in welchem Ausmaß eine ethno-, poly-, regio- oder geozentrische Orientierung die Organisation eines Unternehmen beeinflussen. So zieht eine ethnozentrische Orientierung, bei welcher das Marketing-Konzept im Stammland das Leitkonzept darstellt, eine weitgehende Konzentration der Aktivitäten im Heimatland nach sich

mit entsprechend geringer Bedeutung von Organisationseinheiten im Ausland im Hinblick auf ihre Größe und Entscheidungsbefugnisse. Umgekehrt können Organisationseinheiten im Ausland bei einer polyzentrischen Orientierung, bei welcher das Marketing-Konzept auf das jeweils zu bearbeitende Land zugeschnitten wird, mit weitgehender Entscheidungsautonomie und damit auch mit einer entsprechenden Bedeutung aus Sicht der Muttergesellschaft im Stammland rechnen. Eine regiozentrische, insbesondere aber eine geozentrische Orientierung, bei welcher der Weltmarkt als Ausgangspunkt für Zielformulierungen herangezogen wird, impliziert wiederum eine länderübergreifende Arbeitsteilung und Spezialisierung der einzelnen Organisationseinheiten; im Gegensatz zur polyzentrischen Orientierung wird hier eine länderübergreifende Optimierung unter bewusster Inkaufnahme national suboptimaler Ergebnisse angestrebt. Offensichtlich bedürfen insbesondere eine regio- bzw. geozentrische Orientierung einer leistungsfähigen Koordination der Aktivitäten im Unternehmen (vgl. hierzu auch die Ausführungen im Kapitel F. in diesem Teil). Die Grundorientierung eines international tätigen Unternehmens steht in engem Zusammenhang mit den Unternehmensgrundsätzen bzw. der Corporate Mission; konkret stehen dabei Fragen des Unternehmenszwecks, Handlungsrichtlinien für die Unternehmenspolitik und die Mitarbeiter sowie die Funktion des Unternehmens in der Gesellschaft im Mittelpunkt der Betrachtung (vgl. *Schneider* 1991, S. 15 f.).

Darüber hinaus stehen die **Unternehmens- und Marketingziele sowie -strategien** in engem Zusammenhang mit der Grundorientierung eines Unternehmens. So zieht eine geozentrische Orientierung häufig – aber nicht zwangsläufig – eine Standardisierungsstrategie nach sich, während eine polyzentrische Ausrichtung vielfach mit einer differenzierten Marktbearbeitung zusammenfällt (vgl. zu diesen Basisstrategien im internationalen Marketing auch Abschnitt B.IV.3. im 3. Teil). Angesprochen ist damit der organisatorische Grundsatz „Structure follows Strategy" (vgl. *Chandler* 1962), wobei in der Realität manchmal jedoch auch der umgekehrte Zusammenhang vermutet werden darf (vgl. *Hünerberg* 1994, S. 439 f.). Konkret geht es bspw. darum, ob die Organisationsstrukturen auf mittleren und unteren Hierarchieebenen länderübergreifend identisch aufgebaut sein sollen oder nicht; damit verbunden sind Fragen, ob bestimmte Stellen in anderen Ländern ebenfalls vorzufinden sind, ob die Kompetenzverteilung international einheitlich ist, ob die Kommunikationsflüsse in allen Ländern gleich funktionieren usw. Im Hinblick auf die verfolgten Unternehmens- bzw. Marketingziele ist zu beachten, dass organisationale Entscheidungen häufig bindenden Charakter mit vergleichsweise geringer Reversibilität besitzen; die Organisationsstruktur sollte daher die Erreichung von insbesondere mittel- bis langfristigen Zielen unterstützen. Werden bspw. Wachstumsziele verfolgt, so sind die organisatorische Struktur sowie das Ausmaß an Entscheidungsdelegation möglichst von vornherein so auszurichten, dass auch umfangreiche Aktivitäten von organisatorischen Einheiten in den einzelnen Ländern abgewickelt werden können. Im Hinblick auf die Personalauswahl bedeutet dies, dass Stellen von Personen zu besetzen sind, welche fähig sind, auch umfassende Verantwortung zu tragen (vgl. hierzu auch Kapitel C. im 6. Teil). Als typische Ziele, welche einen unmittelbaren Einfluss auf die organisationale Struktur haben, können in diesem Zusammenhang gelten (vgl. *Macharzina* 1992, S. 6):

– die Ermöglichung der Steuerung und Kontrolle der Auslandsgesellschaften,
– die Kanalisierung der Kommunikationsbeziehungen zwischen den internationalen Unternehmenseinheiten sowie
– die Erzielung von Skaleneffekten im internationalen Unternehmensverbund.

Ein weiterer Faktor, welcher einen Einfluss auf Organisationsentscheidungen in international tätigen Unternehmen hat, ist die **Bedeutung des Auslandsgeschäfts** aus Sicht des jeweiligen Unternehmens. Spielen Auslandsaktivitäten eine nur untergeordnete Rolle oder befindet sich ein Unternehmen am Anfang einer Internationalisierungsstrategie, so wird häufig der Export als Markteintrittsstrategie gewählt. In organisatorischer Hinsicht bedeutet dies die Einrichtung einer Exportabteilung. Unternehmen mit umfangreichen bzw. bereits etablierten Auslandsaktivitäten hingegen bedürfen im Regelfall komplexerer Organisationsstrukturen wie z.B. eigenen Auslandsniederlassungen oder Produktionsstätten vor Ort, welche organisatorisch in die Gesamtstruktur des Unternehmens einzubinden sind. Gleichwohl ist darauf hinzuweisen, dass umfangreiche Auslandsaktivitäten auch per Export abgewickelt werden können; allerdings besteht ab einem bestimmten Ausmaß vielfach das Bestreben, Organisationseinheiten im jeweiligen Land zu errichten (vgl. *Toyne/Walters* 1993, S. 668 f.). Von Bedeutung ist in diesem Zusammenhang auch die Anzahl und Verschiedenheit der einzelnen bearbeiteten Märkte bzw. Länder; grundsätzlich ist davon auszugehen, dass bei gegebenem Niveau der Auslandsaktivitäten (z.B. gemessen als Anteil der Auslandsumsätze am Gesamtumsatz des Unternehmens) die Anzahl der benötigten Mitarbeiter mit der Anzahl und der Verschiedenheit der bearbeiteten Länder steigt, um adäquate Marketing-Strategien entwickeln und umsetzen zu können).

Das gewünschte Ausmaß an **Unternehmensflexibilität** im Hinblick auf Änderungen der Unternehmensumwelt (z.B. Änderung von Kundenbedürfnissen, Dynamik des Konkurrenzverhaltens, Häufigkeit rechtlicher Änderungen) tangiert die Organisationsstruktur insofern, als bei hoher Markt- und Umweltdynamik verstärkt flexible Strukturen z.B. in Form einer Projektorganisation realisiert werden können (vgl. hierzu auch Abschnitt D.IV.1. in diesem Teil). Auch im Hinblick auf die Notwendigkeit einer zukünftigen Reorganisation bzw. Organisationsentwicklung erweisen sich flexible Organisationsstrukturen als besonders vorteilhaft (vgl. auch Kapitel G. in diesem Teil). Allerdings ist mit flexiblen Strukturen stets ein gewisses Ausmaß an Instabilität verbunden, welche zu Effizienzverlusten im Unternehmen (z.B. Doppelarbeit infolge von Intransparenz aufgrund häufiger organisatorischer Änderungen) führen kann.

Die erfolgreiche Implementierung jeglicher Organisationsstruktur sowie deren Weiterentwicklung ist unmittelbar abhängig von der **Qualifikation der Mitarbeiter bzw. des Management** (vgl. *Toyne/Walters* 1993, S. 671). Sind Mitarbeiter mit der geforderten Qualifikation nicht in ausreichendem Maße verfügbar, so lassen sich bestimmte Organisationsformen nicht oder nur schwerlich realisieren; ist ein Unternehmen beispielsweise stark produkt- bzw. technologieorientiert und weniger marktorientiert, so lässt sich eine funktionale Organisationsstruktur vergleichsweise einfach, eine objekt- bzw. marktorientierte Struktur jedoch nur schwierig umsetzen. Es ist daher nicht verwunderlich, dass viele internationale Unternehmen die Struktur des Unternehmens – zumindest in Teilbereichen – von der Verfügbarkeit qualifizierter Mitarbeiter abhängig machen (vgl. *Jeannet/Hennessey* 2001, S. 641). Umgekehrt stellen einzelne Organisationsformen spezifische Anforderungen an die Mitarbeiter. Organisationsformen mit stark regionaler bzw. landesspezifischer Ausrichtung aufgrund einer polyzentrischen Orientierung bedürfen entsprechend Manager mit spezifischen Landeskenntnissen. Eine geozentrische Ausrichtung des Unternehmens mit einer Orientierung des Unternehmens am Weltmarkt hingegen zieht einen Bedarf an international erfahrenen Managern nach sich, welche vielfach ein „Cross-Cultural-Training" z.B. durch häufige länderübergreifende Job Rotations in Ländern mit unterschiedlicher Kulturkreiszugehörigkeit absolviert haben. Wie deutlich wird, lassen sich gewisse Qualifikationsdefizite durch interne Schulungs- und Weiterbildungsmaßnahmen kompensieren; viele Unternehmen verfolgen daher die Strategie, hierarchisch hoch angesiedelte Positionen nur mit eigenen Mitarbeitern zu besetzen, welche die vorgesehenen internen Qualifizierungsmaßnahmen durchlaufen haben und somit die gewünschte Qualifikation aufweisen (vgl. hierzu auch Kapitel E im 6. Teil).

Das Ausmaß an **Auslandserfahrung** prägt das organisationale Gefüge insofern, als bei geringer Auslandserfahrung und entsprechend hohen Marktunsicherheiten im Ausland aus Sicht des Unternehmens häufig lediglich Exportabteilungen eingerichtet werden. Angesprochen sind in diesem Zusammenhang die einzelnen Markteintrittsstrategien, welche jeweils unterschiedliche organisatorische Anforderungen nach sich ziehen (vgl. hierzu auch Abschnitt B.III.1. im 3. Teil). Eine wesentliche Determinante ist dabei das Ausmaß des notwendigen Investitionsvolumens für die Umsetzung der jeweiligen Markteintrittsstrategie und deren organisatorischen Implikationen.

Unmittelbar angesprochen sind damit auch die vorhandenen **finanziellen Ressourcen**, die einem Unternehmen zur Verfügung stehen. Aufwändige Organisationsstrukturen z.B. als Folge einer Direktinvestition im Ausland verbieten sich daher u.U. von selbst. Der Alternativenraum im Hinblick auf organisatorische Gestaltungsansätze für die Auslandsaktivitäten wird daher mehr oder weniger durch finanzielle Restriktionen beschränkt.

Die **Art der von einem Unternehmen angebotenen Produkte** beeinflusst die Organisationsstruktur durch ihr Ausmaß an Erklärungsbedürftigkeit und notwendiger Serviceintensität. Stehen keine leistungsfähigen Partner im jeweiligen Land zur Verfügung, welche Beratung und Verkauf sowie Serviceleistungen (Garantieabwicklung, Reparaturen usw.) kompetent übernehmen können, so sind unternehmenseigene Organisationseinheiten (Außendienstmitarbeiter, Reparaturstätten o.Ä.) im jeweiligen Land vor Ort zu implementieren, welche u.U. durch Aktivitäten der Muttergesellschaft im Stammland (z.B. telefonische Hot-Line) unterstützt werden können. Angesprochen ist damit das Outsourcing-Ausmaß, welches jeweils zur Verfügung steht. Existiert überhaupt keine (nennenswerte) Infrastruktur wie z.B. häufig in Entwicklungsländern der Fall, so müssen die einzelnen Aufgaben von dem Unternehmen selbst übernommen werden mit entsprechenden Auswirkungen auf die Organisationsstruktur des Unternehmens. Sind grundsätzlich potenzielle Partner vorhanden, so ist deren Leistungsfähigkeit zu überprüfen und u.U. in Schulungen dem geforderten Niveau anzupassen.

In welchem Ausmaß die einzelnen aufgezeigten internen und externen Faktoren tatsächlich für die Organisationsstruktur eines internationalen Unternehmens relevant sind, kann nur im jeweiligen Einzelfall geklärt werden (vgl. auch die Ergebnisse von *Workman/Homburg/Gruner* 1998). Diese Tatsache deutet auf den **situativen Ansatz** hin, welcher seit geraumer Zeit in der Organisationsforschung diskutiert wird (vgl. z.B. *Kieser/Walgenbach* 2003, S. 43 ff.). Dieser Ansatz unterliegt allerdings nicht unerheblicher Kritik. Insbesondere fehlt eine klare theoretische Grundlegung, aus welcher sich organisationale Gestaltungsempfehlungen ableiten ließen. Vielmehr ist der situative Ansatz als gedanklicher Bezugsrahmen für empirische Untersuchungen zu verstehen, deren Ergebnisse für vorwiegend induktiv gebildete Organisationsvorschläge herangezogen werden können (vgl. *Köhler* 1995, Sp. 1638). Darüber hinaus ist auf **institutionenökonomische Ansätze** hinzuweisen, welche mit Bezug auf Marketingfragen u.a. im Bereich Outsourcing (vgl. *Fischer* 1993) oder bei Außendienstaspekten (vgl. *Bergen/Dutta/Walker* 1992) – allerdings bisher ohne Berücksichtigung speziell internationaler Besonderheiten – Anwendung gefunden haben (zu institutionenökonomischen Aspekten der Organisation vgl. auch *Ebers/Gotsch* 2001).

C. Organisatorische Einbindung der Auslandsaktivitäten in ein internationales Unternehmen

Die Einbindung der Auslandsaktivitäten in ein international tätiges Unternehmen kann auf verschiedene Art und Weise vorgenommen werden. Grundsätzlich können drei Arten identifiziert werden (vgl. *Pausenberger* 1992, Sp. 1054 ff.):
– unspezifische Organisationsformen,
– differenzierte bzw. segregierte Organisationsformen und
– integrierte Organisationsformen.

Diese Einteilung stellt auf den Grad der realisierten Integration des Auslandsgeschäfts in die Gesamtorganisation des Unternehmens ab. Jede Form der Einbindung ist mit spezifischen Vor- und Nachteilen behaftet. Sowohl auf die Darstellung der einzelnen Formen, die als Idealtypen zu verstehen sind, als auch deren Beurteilung wird im Folgenden näher eingegangen. Dabei gilt, dass die eigentlichen Strukturierungsprinzipien bei internationalen Unternehmen dieselben sind wie bei national tätigen Unternehmen (vgl. *Macharzina/Oesterle* 1995, S. 312); je nach Anwendung eines Spezialisierungskriteriums auf der zweiten Hierarchieebene unterhalb der Unternehmensleitung entstehen funktionale Organisationen (Spezialisierung nach Verrichtungen) oder divisionale Organisationen (Spezialisierung nach Produkten, Regionen, Kundengruppen). Überlagerungen dieser Gliederungsprinzipien führen demgemäß wie bei nationalen Unternehmen zu Matrix- oder Tensororganisationen. Die Argumentation erfolgt dabei jeweils aus der Perspektive der Zentrale bzw. Muttergesellschaft, wobei zumeist das Spezialisierungskriterium auf der zweiten Hierarchieebene als Differenzierungsmerkmal herangezogen wird.

I. Unspezifische Organisationsformen

Wird das Auslandsgeschäft lediglich unsystematisch, d.h. sporadisch bis zufällig, betrieben, so erfolgt weder eine Ausrichtung der formalen Gesamtorganisation noch der Marketingabteilung auf die Auslandsaktivitäten. Es liegt dann eine **unspezifische** Form i.S. einer informalen Regelung der Auslandsaktivitäten im Unternehmen vor. Derartige Organisationsformen sind häufig zu Beginn des Internationalisierungsprozesses eines Unternehmens zu beobachten (vgl. *Meffert/Bolz* 1998, S. 257); konkret bedeutet dies, dass länderübergreifende Aktivitäten von den jeweiligen Organisationseinheiten mehr oder weniger „nebenher" miterledigt werden.

Auch die Neugründung bzw. der Aufkauf einer Tochtergesellschaft im Ausland kann als unspezifische Organisationsform angesehen werden, wenn dem Geschäftsführer im Ausland sehr weitgehende Entscheidungsbefugnisse eingeräumt werden und auf eine strikte Steuerung durch die Muttergesellschaft im Stammland verzichtet wird (vgl. *Pausenberger* 1992, Sp. 1054); eine Koordination der Auslandsaktivitäten erfolgt in diesem Fall häufig auf informeller Basis zwischen dem Geschäftsführer im Ausland und einem Vorstandsmitglied der Muttergesellschaft im Inland. Grund für die hohe der ausländischen Tochtergesellschaft zugestandenen Autonomie ist im Regelfall die Unkenntnis des Marktes und der Bedingungen „vor Ort" sowie die damit verbundene Unsicherheit der Muttergesellschaft gegenüber den im Ausland herrschenden Umweltverhältnissen. Es ist allerdings davon auszugehen, dass eine derartige unspezifische Organisationsform einer stärkeren Integration der Auslandsaktivitäten in die Gesamtorganisation weicht, wenn die Muttergesellschaft im Zeitablauf zunehmend Kenntnisse über die Markt- und Umweltverhältnisse im Ausland erwirbt.

Im Hinblick auf die Marketing-Aktivitäten eines Unternehmens bedeutet diese Organisationsform, dass entweder keine systematische Marketing-Aktivität im Ausland stattfindet oder die Marketing-Aktivitäten der Tochtergesellschaft im Ausland nur peripher mit den Marketing-Aktivitäten der Muttergesellschaft im Stammland abgestimmt werden; eine intensive länderübergreifende Koordination der Marketing-Aktivitäten findet nicht statt. Abb. 5.2 verdeutlicht die dargestellten unspezifischen Organisationsformen am Beispiel einer funktional ausgerichteten Organisation.

Als **Kritik** an dieser Organisationsform ist auf die hohe Gefahr der Verselbständigung der ausländischen Tochtergesellschaft hinzuweisen; dadurch, dass Entscheidungen und Vorgehensweisen nicht länderübergreifend abgestimmt werden, kann ein uneinheitliches Unternehmensbild bzw. -image entstehen. Entscheidungen zwischen Mutter- und Tochtergesellschaften sind nicht konsistent, d.h. dieselben Situationen werden unterschiedlich gehandhabt. Darüber hinaus ist diese Organisationsform nur praktikabel, solange die Anzahl der Auslandstöchter gering ist und damit auch das Auslandsgeschäft insgesamt von vergleichsweise untergeordneter

Bedeutung ist; andernfalls stellt sich rasch eine Überlastung der Unternehmensleitung durch häufige Beschäftigung mit nachrangigen Detailfragen ein (vgl. *Pausenberger* 1992, Sp. 1054 f.). Bei längerfristiger Beibehaltung dieses Konzeptes besteht zudem die Gefahr, die gesamtunternehmensbezogene Sichtweise aus den Augen zu verlieren und lediglich die Perspektive der jeweiligen Tochtergesellschaften einzunehmen. Die Entwicklung adäquater Strategien für das Gesamtunternehmen gerät damit ins Hintertreffen.

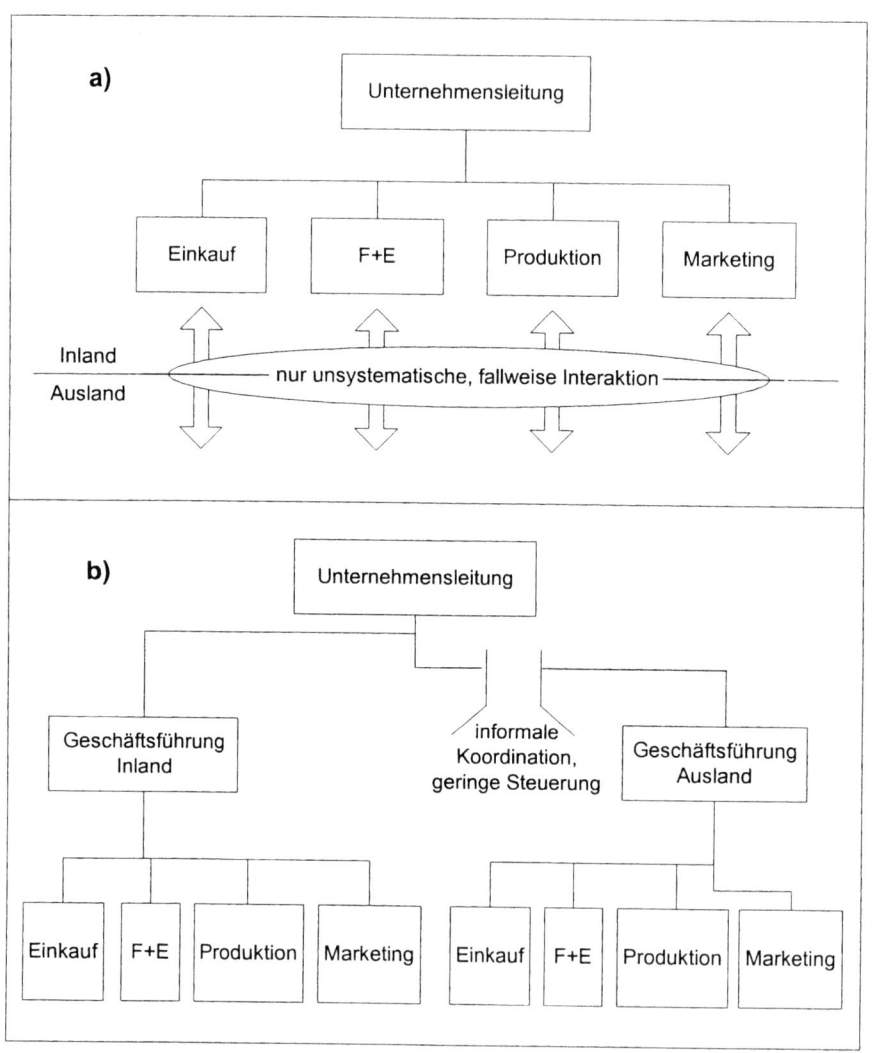

Abb. 5.2: Unspezifische Organisationsformen

Andererseits erlaubt der hohe Autonomiegrad eine sehr gute Ausrichtung auf die Verhältnisse im jeweiligen Land; dies gilt sowohl gegenüber den Marktpartnern wie Abnehmern und Zulieferern als auch gegenüber Behörden, Kapitalgebern und

Mitarbeitern im Unternehmen. Gleichzeitig ermöglicht der hohe Autonomiegrad eine schnelle Anpassung an Umweltveränderungen; flexible Reaktionen schaffen auf diese Weise einen ständigen „Fit" zwischen Umwelt und Unternehmen.

Wird das Auslandsgeschäft hingegen nicht per Tochtergesellschaft vor Ort abgewickelt, sondern lediglich als unsystematisches Zusatzgeschäft im Inland betrieben, so werden erhebliche Potenziale verschenkt; mit einer derartigen Vorgehensweise können lediglich geringe Teile des Marktpotenzials abgeschöpft werden, da geplante, zielorientierte Auslandsaktivitäten nicht stattfinden. Dass hierbei keine bzw. nur geringe Ressourcen für die Auslandsmarktbearbeitung gebunden werden, kann die entstehenden Nachteile bzw. die hohen Opportunitätskosten keinesfalls kompensieren.

II. Segregierte Organisationsformen

Segregierte bzw. differenzierte Organisationsformen zeichnen sich dadurch aus, dass das internationale Geschäft in einer eigenen organisatorischen Einheit zusammengefasst wird; auf diese Weise wird eine deutliche Trennung von Inlands- und Auslandsaktivitäten erreicht. Häufig folgt eine segregierte Organisationsform einer unspezifischen Organisationsform, wenn das Auslandsgeschäft ein bestimmtes Ausmaß überschritten hat. Im Gegensatz zu unspezifischen Organisationsformen wird das Auslandsgeschäft bei segregierter bzw. differenzierter Struktur unter Vorgabe expliziter Zielformulierungen systematisch und geplant abgewickelt. Typische Ausprägungen einer segregierten Organisation sind (vgl. *Macharzina/Oesterle* 1995, S. 313 ff.)

- die Exportabteilung,
- die internationale Division sowie
- die Holding.

Die **Exportabteilung** ist häufig die erste Organisationsstruktur, welche eingerichtet wird, wenn die Auslandsaktivitäten ein Ausmaß erreicht haben, welches eine unspezifische Organisationsform nicht mehr angemessen erscheinen lässt. Sie ist aber auch in Unternehmen zu finden, welche seit geraumer Zeit bereits international tätig sind; in diesen Fällen dient sie häufig der Abwicklung von Intrakonzerngeschäften sowie der Bedienung von Märkten, in denen das betreffende Unternehmen keine eigenen Produktionsstätten besitzt (vgl. *Toyne/Walters* 1993, S. 676). Ist das Auslandsgeschäft im Hinblick auf Umfang und Kontinuität weniger stark ausgeprägt, so lassen sich als weitere Möglichkeiten die Mitbetreuung des Auslandsgeschäfts durch Mitglieder der Geschäftsführung oder die Einrichtung der Stelle eines Exportreferenten nennen; der Exportreferent wird dabei vielfach der Marketingabteilung zugeordnet (vgl. *Macharzina/Oesterle* 1995, S. 313). Abb. 5.3 zeigt zwei denkbare Organisationsstrukturen auf.

Nachteilig an derartigen Strukturen ist die Tatsache, dass sich bei steigender Exportintensität die Konflikträchtigkeit zwischen den mit dem Auslandsgeschäft und dem Inlandsgeschäft Beteiligten erhöht, weil der Export gegenüber dem Inlandsgeschäft, welches das eigentliche (dominante) Stammgeschäft darstellt, häufig zweitrangig behandelt wird; treten Outputengpässe auf, so wird nicht selten zunächst das Inland und dann erst das Ausland beliefert (vgl. *Toyne/Walters* 1993, S. 678). Verschärft wird die Situation zusätzlich, wenn die Koordination zwischen Inlands- und Auslandsgeschäft – z.B. im Hinblick auf die Produktionsplanung – mangelhaft ist.

Segregierte Organisationsstruktur bei funktionaler Organisation

Segregierte Organisationsstruktur bei divisionaler Organisation

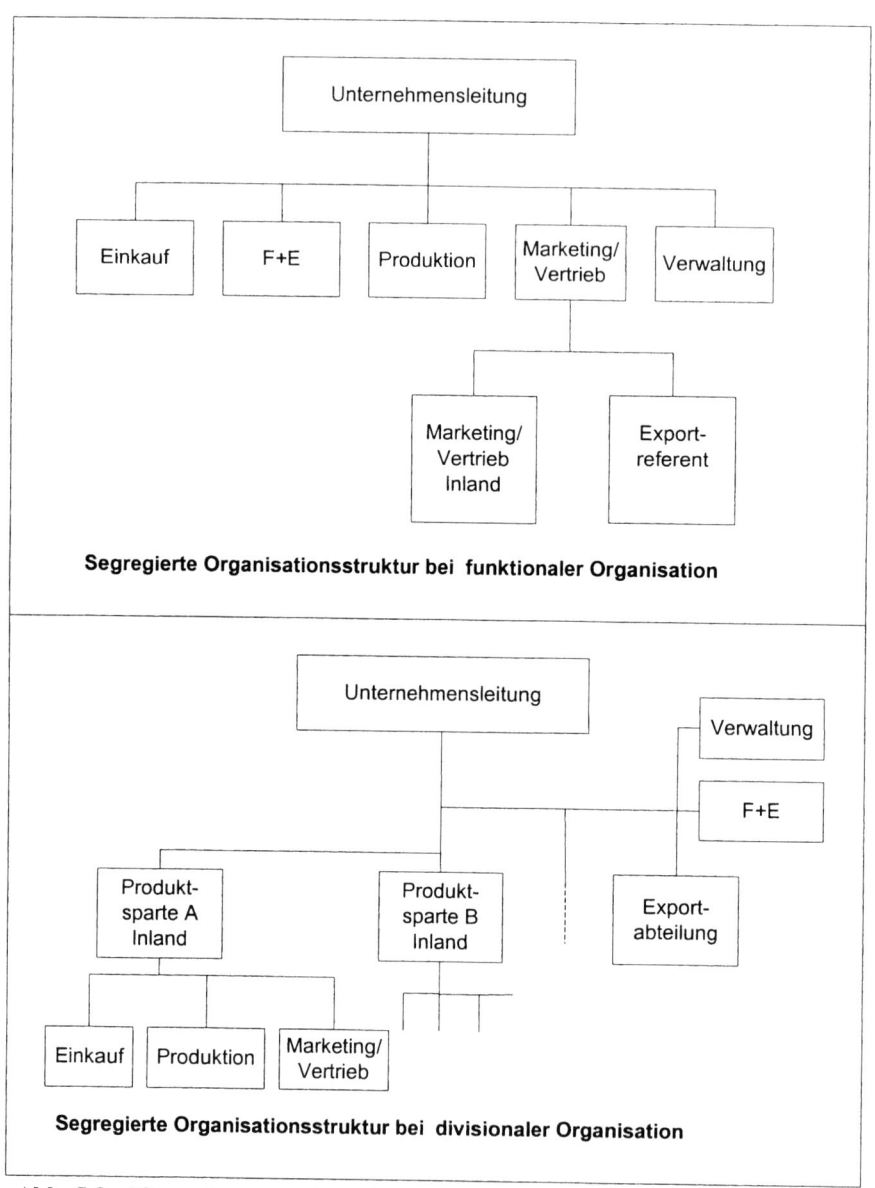

Abb. 5.3: Alternative segregierte Organisationsstrukturen bei geringer Auslandsaktivität

Nimmt das Auslandsgeschäft an Umfang zu, so werden häufig – insbesondere US-amerikanische Unternehmen verfolgten in der Vergangenheit diese Strategie – **internationale Divisionen** eingerichtet. Derartige Organisationseinheiten stellen rechtlich in die Muttergesellschaft eingebundene Funktionseinheiten dar, welche speziell für die Betreuung und Abwicklung des Auslandsgeschäfts zuständig sind (vgl. *Macharzina/Oesterle* 1995, S. 314). Sie gehen oft aus der Exportabteilung hervor und sind im Regelfall mit Direktinvestitionen, die für die Produktion und den Vertrieb der Produkte im jeweiligen Land getätigt werden, verbunden. Aber auch alle anderen Auslandsaktivitäten wie Export, Lizenzvereinbarungen, Managementverträge usw. werden von der internationalen Division abgewickelt. Die Bedeutung internationaler Divisionen lässt sich u.a. daran erkennen, dass der Divisionsleiter im Regelfall direkt an die Unternehmensleitung berichtet (vgl. *Toyne/Walters* 1993, S. 678). Abb. 5.4 zeigt, wie eine internationale Division in eine divisionale Organisationsstruktur eingebunden werden kann.

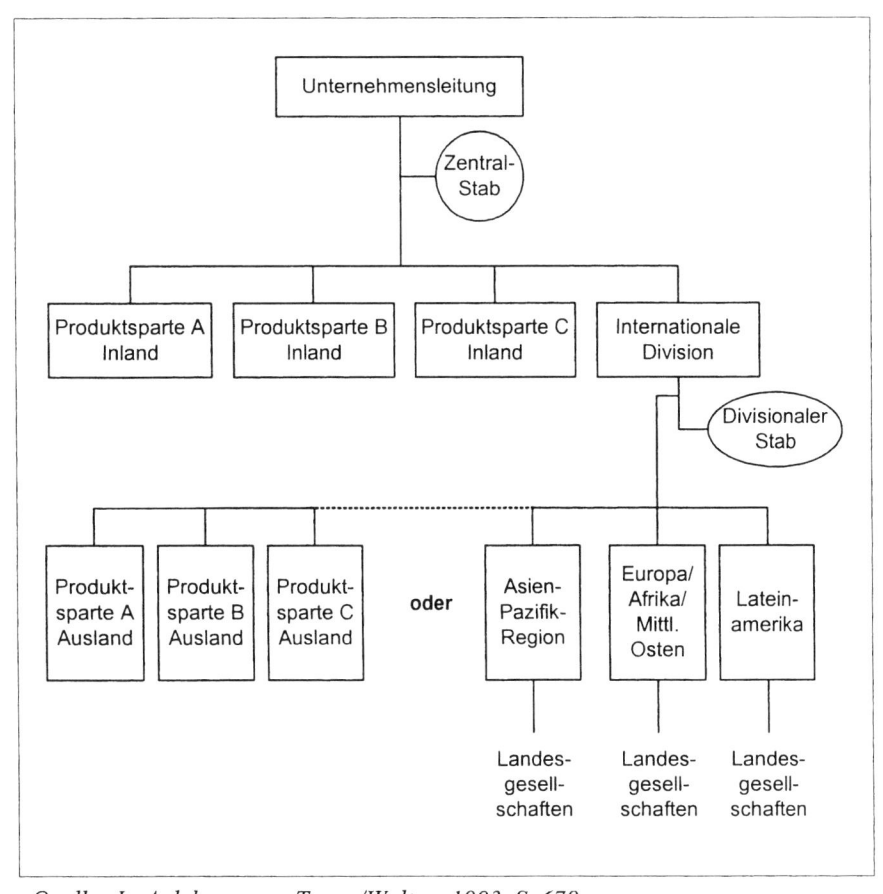

Quelle: In Anlehnung an Toyne/Walters 1993, S. 679.

Abb. 5.4: Einordnung einer internationalen Division in einer Spartenorganisation

Die Einrichtung einer internationalen Division ist insofern vorteilhaft, als die gesamte im Unternehmen vorhandene Auslandserfahrung organisatorisch gebündelt wird (vgl. *Welge* 1989, Sp. 1595). Zudem besteht durch die strikte Trennung von Inlands- und Auslandsgeschäft eine klare Kompetenzabgrenzung. Als weiterer Vorteil können die kurzen Kommunikationswege innerhalb der Zentrale gelten (vgl. *Macharzina/Oesterle* 1995, S. 315). Andererseits obliegt die Neuproduktentwicklung oftmals der Muttergesellschaft mit der Folge, dass die Produkte nicht an den Präferenzen der ausländischen Nachfrager ausgerichtet sind. Darüber hinaus stellt die internationale Division insofern ein instabiles Element dar, als sie z.T. eine organisatorische Übergangslösung zu einer integrierten Struktur darstellt (vgl. zu integrierten Strukturen den folgenden Abschnitt C.III.).

Generell ist davon auszugehen, dass zwischen der internationalen Division und den nationalen Organisationseinheiten (z.B. als Profit Center organisierte Produktsparten) ein nicht unerhebliches Konfliktpotenzial im Hinblick auf die Verteilung finanzieller Ressourcen, Zuständigkeiten, Vorgehensweisen usw. existiert (vgl. *Terpstra/Sarathy* 2000, S. 646); von dieser Situation ist insbesondere dann auszugehen, wenn sich die internationale Division von einer kleinen organisatorischen Einheit zu einem bedeutenden Teil des Unternehmens entwickelt hat, welcher einen signifikanten Anteil am Gesamtumsatz des Unternehmens erwirtschaftet. Ständige Konflikte verstärken zudem die durch die Trennung von Inlands- und Auslandsgeschäft ohnehin gegebene Tendenz zur Nichtausschöpfung von Synergiepotenzialen. Schließlich ist darauf hinzuweisen, dass die Festlegung von Transferpreisen für Lieferungen aus dem Stammhaus an die ausländischen Tochtergesellschaften durch Interessenkonflikte und das Machtgefälle zwischen inländischen Organisationseinheiten und der internationalen Division belastet sein kann (vgl. *Pausenberger* 1992, Sp. 1056 f.). Grundsätzlich bleibt festzuhalten, dass eine internationale Division dann vorteilhaft erscheint, wenn (vgl. *Welge* 1989, Sp. 1595)
- die Auslandsaktivitäten im Vergleich zu dem Inlandsgeschäft (noch) von untergeordneter Bedeutung sind,
- der Diversifikationsgrad des Auslandsgeschäftes gering ist und
- nur wenige Führungskräfte mit internationaler Erfahrung zur Verfügung stehen.

Ist die internationale Division rechtlich selbständig und damit kein integrierter Bestandteil des Unternehmens, so liegt eine **Holding** vor. Die Holding ist an anderen rechtlich selbständigen Unternehmen maßgeblich und dauerhaft beteiligt, wobei sie allerdings wichtige betriebliche Funktionen nicht selbst, sondern über ihre Beteiligungsunternehmen ausübt (vgl. *Macharzina* 1992, S. 7). Das breite Spektrum unterschiedlicher Typen von Holdinggesellschaften reicht von einer reinen Finanzholding bis zur Managementholding; während erstere sich mit dem Erwerb sowie der finanziellen Kontrolle und Koordination der Beteiligungsgesellschaften beschäftigt, gibt letztere den strategischen Rahmen sowie die geschäftspolitischen Grundsätze für die einzelnen Beteiligungsgesellschaften vor. Aufgrund der weitgehenden organisationalen Identität von internationalen Divisionen und Holdinggesellschaften treten bei der Holding i.W. dieselben Vor- und Nachteile wie bei der internationalen Division auf.

III. Integrierte Organisationsformen

Bei integrierten Organisationsformen wird die organisatorische Dichotomie von Inlands- und Auslandsgeschäft aufgehoben; es werden also organisatorische Einheiten bzw. Geschäftssegmente gebildet, deren Leitung sowohl für das Inlands- als auch das Auslandsgeschäft zuständig ist. Derartige Strukturen sind vorwiegend bei Unternehmen anzutreffen, welche in erheblichem Ausmaß international tätig sind bzw. deren Hauptgeschäft im internationalen Bereich liegt. Darüber hinaus fördert eine geozentrische Ausrichtung des Unternehmens integrierte Organisationsformen. Abb. 5.5 zeigt die möglichen integrierten Organisationsformen im Überblick auf.

```
                    Integrierte Organisationsformen
           ┌────────────────┬─────────────────┐
      eindimensional    mehrdimensional    Mischtypen
                                           (Hybrid-
                                           strukturen)
   ┌──────┬──────┬──────┐   ┌──────┬──────┐
integrierte integrierte integrierte integrierte  integrierte integrierte
Funktional- Produkt- Kunden- Regional-  Matrix- Tensor-
strukturen strukturen strukturen strukturen  strukturen strukturen
```

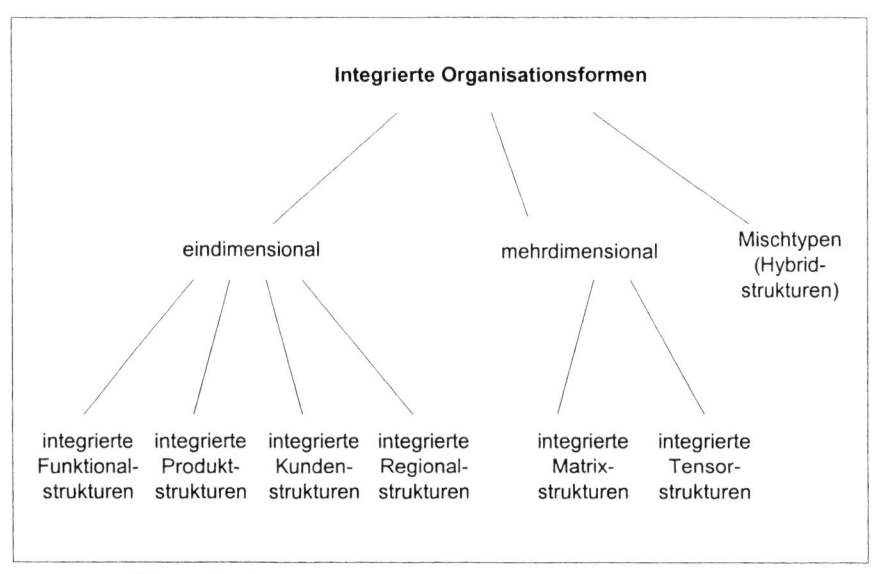

Abb. 5.5: Übersicht über die integrierten Organisationsformen

1. Eindimensionale Modelle

Integrierte Funktionalstrukturen liegen vor, wenn die Leiter der einzelnen Funktionsbereiche (z.B. Einkauf, Forschung und Entwicklung, Produktion, Marketing, Verwaltung) sowohl für die Inlands- als auch die Auslandsaktivitäten verantwortlich sind; die internationalen Aktivitäten werden also in die zugehörigen Funktionsbereiche integriert. Derartige Strukturen bieten sich an, wenn ein enges, recht homogenes Produktprogramm vorliegt und funktionsübergreifende Produktkenntnisse nicht von entscheidender Bedeutung sind, sondern die Funktion bzw. Verrichtung als solche im Vordergrund steht (vgl. *Terpstra/Sarathy* 2000, S. 649). Ebenfalls förderlich für integrierte Funktionalstrukturen sind vergleichsweise homogene Absatzmärkte, welche sich im Hinblick auf die absatzrelevanten Kriterien (z.B. Käuferverhalten) nicht wesentlich unterscheiden. Abb. 5.6 zeigt beispielhaft eine integrierte Funktionalstruktur auf.

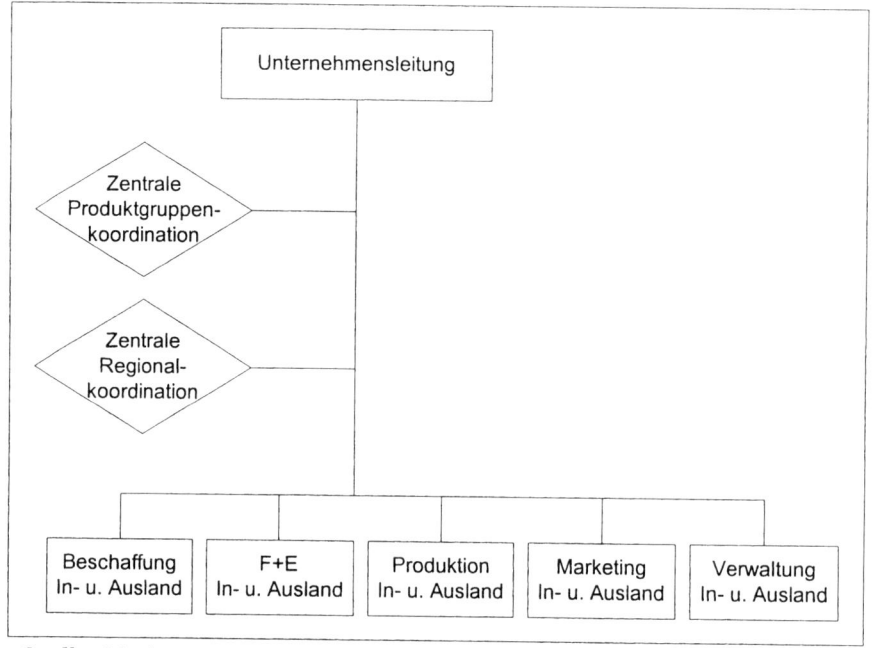

```
                    ┌──────────────────────┐
                    │  Unternehmensleitung │
                    └──────────┬───────────┘
        ╱╲                     │
       ╱  ╲ Zentrale           │
      ╱    ╲Produktgruppen-    │
      ╲    ╱koordination       │
       ╲  ╱                    │
        ╲╱─────────────────────┤
        ╱╲                     │
       ╱  ╲ Zentrale           │
      ╱    ╲Regional-          │
      ╲    ╱koordination       │
       ╲  ╱                    │
        ╲╱─────────────────────┤
   ┌────────┬────────┬─────────┼────────┬────────┐
┌──┴───┐┌───┴──┐┌────┴───┐┌────┴───┐┌───┴────┐
│Besch.││ F+E  ││Produkt.││Marketing││Verwalt.│
│In-u. ││In-u. ││ In-u.  ││ In- u. ││ In-u.  │
│Ausl. ││Ausl. ││ Ausl.  ││ Ausl.  ││ Ausl.  │
└──────┘└──────┘└────────┘└────────┘└────────┘
```

Quelle: Macharzina/Oesterle 1995, S. 317.

Abb. 5.6: Integrierte Funktionalstruktur

Folgende **Vor- und Nachteile** sind mit integrierten Funktionalstrukturen verbunden (vgl. auch *Pausenberger* 1992, Sp. 1058; *Meffert/Bolz* 1998, S. 259):

– Es bestehen gute Möglichkeiten der Durchsetzung abgestimmter Aktivitäten auf den Auslandsmärkten.
– Die Gefahr einer starken „in-house"-Konkurrenz auf den Auslandsmärkten existiert nicht.
– Funktionalstrukturen sind verbunden mit einer Zentralisierung von Autorität und Verantwortung in der Stelle des jeweiligen Funktionsbereichsleiters. Hierdurch wird die Unternehmensleitung von funktionalen Entscheidungen entlastet.
– Selbst bei nur mäßiger Internationalisierung ergibt sich ein recht hoher Koordinationsbedarf zwischen den einzelnen Funktionsbereichen. Es besteht die Tendenz zur Überlastung der Unternehmensleitung mit rein koordinativen Aufgaben („Kamineffekt").
– Durch die starke Inanspruchnahme der Unternehmensleitung mit Koordinationsaktivitäten wird die strategische Unternehmensgesamtplanung vernachlässigt.
– Die mit funktionsorientierten Organisationsstrukturen einhergehende Zentralisierung von Entscheidungsbefugnissen und Verantwortung kann auch auf nachgeordneten Hierarchieebenen (z.B. Funktionsbereichsleiter) zur Überlastung führen.
– Nicht immer besteht Eindeutigkeit dahingehend, welchem Funktionsbereich die jeweiligen Auslandsaktivitäten zugeordnet werden sollen.

- Lange Kommunikationswege, wie sie für Funktionalstrukturen typisch sind, erschweren den Informationsfluß und schränken die Flexibilität der Organisation ein.
- Mit zunehmender Diversifikation werden die Koordinationserfordernisse immer schwieriger.

Bei der **integrierten Produktstruktur** werden die Auslandsaktivitäten der Verantwortlichkeit der Produktdivisionen übertragen; jeder Spartenleiter ist für die Herstellung und Vermarktung der in seinen Bereich fallenden Produkte weltweit bzw. national und international verantwortlich. Derartige Strukturen sind wesentlich häufiger anzutreffen als funktionsintegrierte Strukturen (vgl. *Welge* 1989, Sp. 1596). Sie bieten sich insbesondere bei einem im In- und Ausland stark diversifizierten Produktprogramm an, da die Heterogenität des Programms zu einer großen Vielfalt und Unterschiedlichkeit der Ressourcenkombinationen sowie des Produkt- und Verfahrens-Know-how führt (vgl. *Pausenberger* 1992, Sp. 1059). In idealtypischer Hinsicht entstehen durch die Spartenorientierung „Unternehmen im Unternehmen", welche ihrerseits auf tiefer liegenden Hierarchieebenen Funktionalbereiche aufweisen. Für das Marketing bedeutet dies, dass jede Sparte ihre eigene Marketingabteilung besitzt. Von allen Sparten genutzte Bereiche (z.B. EDV, Verwaltung) werden dabei als Zentralabteilungen ausgegliedert. Abb. 5.7 zeigt eine produktintegrierte Organisationsstruktur auf, wobei auf der dritten Hierarchieebene funktional gegliedert wurde; überwiegt die Heterogenität der Absatzmärkte die Heterogenität der Produkte, so ist auf der dritten Ebene auch eine nach Regionen gegliederte Organisationsstruktur denkbar, welche erst auf der vierten Ebene eine funktionale Einteilung aufweist.

Die integrierte Produktstruktur weist folgende **Vor- und Nachteile** auf (vgl. *Meffert/Bolz* 1998, S. 259 f.; *Macharzina* 1992, S. 7 f.; *Welge* 1989, Sp. 1596 f.):

- Die Produktorientierung führt zu einer hinreichenden Flexibilität, um sich an dynamische Märkte anpassen zu können.
- Durch die direkte Zurechenbarkeit von Kosten und Erlösen können Profit-Center gebildet werden. Hierdurch ist die Einrichtung einer erfolgsabhängigen Entlohnung möglich. Motivation und Kreativität der Mitarbeiter werden gefördert.
- Die weltweite Produktkoordination wird erleichtert, einer Programmzersplitterung in internationaler bzw. globaler Hinsicht wird entgegengewirkt.
- Es kommt zur Akkumulation von internationalen Marktkenntnissen bei den heimischen Produktdivisionen.
- Es besteht die Gefahr, regionale Besonderheiten nicht ausreichend zu berücksichtigen.
- Hohe „in-house"-Konkurrenz und Spartenegoismus können zu Ineffizienzen (z.B. Doppelarbeit) und aus übergeordneter Gesamtunternehmenssicht zu suboptimalen Entscheidungen führen. Synergiepotenziale werden häufig nicht genutzt.
- Es können Koordinationsprobleme auftreten, wenn Mehrspartentochtergesellschaften im Verbund mit einem reinen Auslandssparte-Heimatsparte-Berichtssystem existieren, da in diesem Falle die Rolle der Geschäftsleitung der ausländischen Tochtergesellschaften unterhöhlt wird.

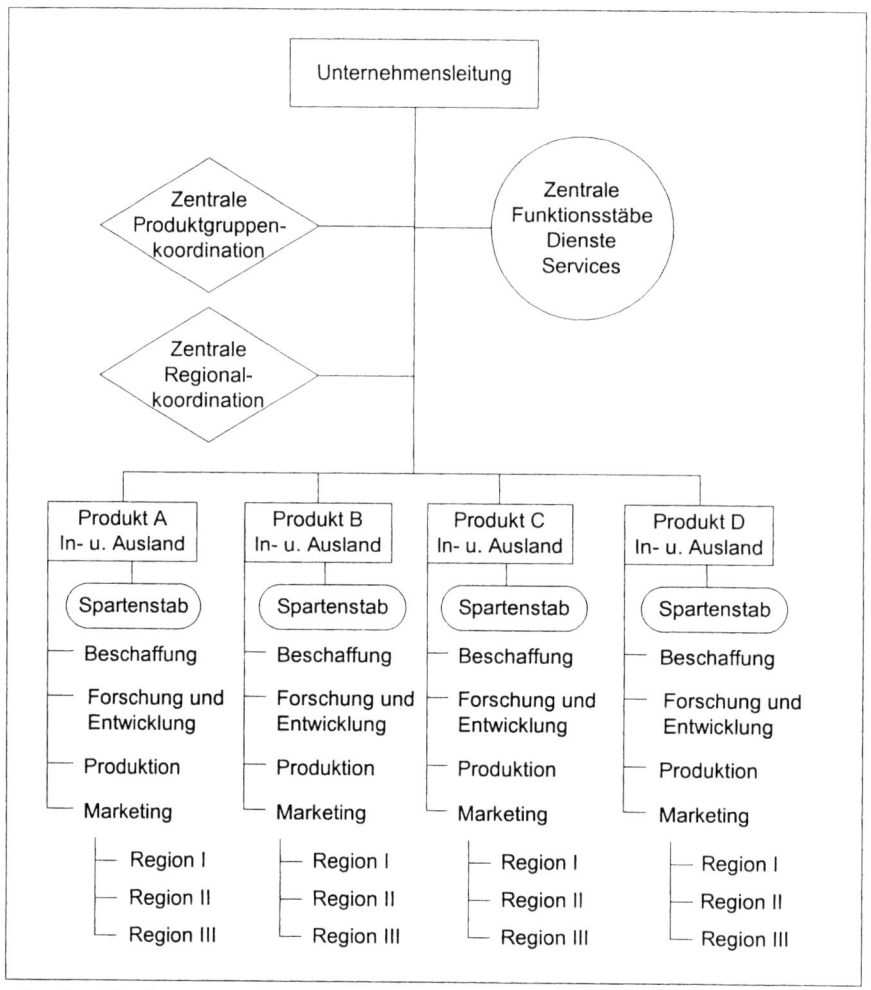

Quelle: Macharzina/Oesterle 1995, S. 319.
Abb. 5.7: Integrierte Produktstruktur

Integrierte Kundenstrukturen richten sich organisatorisch an den Belangen einzelner (Groß-)Kunden, welche international operieren, aus. Durch eine Orientierung an diesen „Key Accounts" wird dem Marketinggedanken am weitestgehenden entsprochen. Besonders für Unternehmen, welche Handelsorganisationen als Hauptabnehmer besitzen und ihre Produkte somit indirekt vertreiben, kann eine derartige Organisationsstruktur aufgrund der verstärkt in der jüngsten Vergangenheit im Handel zu beobachtenden internationalen Zusammenschlüsse sinnvoll sein. Ist die Anzahl von Großkunden nur gering bzw. das mit den Großkunden insgesamt abgewickelte Geschäftsvolumen in Relation zum gesamten Umsatz (noch) bescheiden, so ist zu überlegen, ob nicht parallel zur integrierten Produktstruktur Organisationseinheiten eingerichtet werden, welche sich ausschließlich mit diesen Großkunden befassen. Die strukturelle Ähnlichkeit einer kundenorientierten Organisationsstruktur mit einer produktorientierten Struktur führt dazu, dass die Vor- und Nachteile gleich gelagert sind.

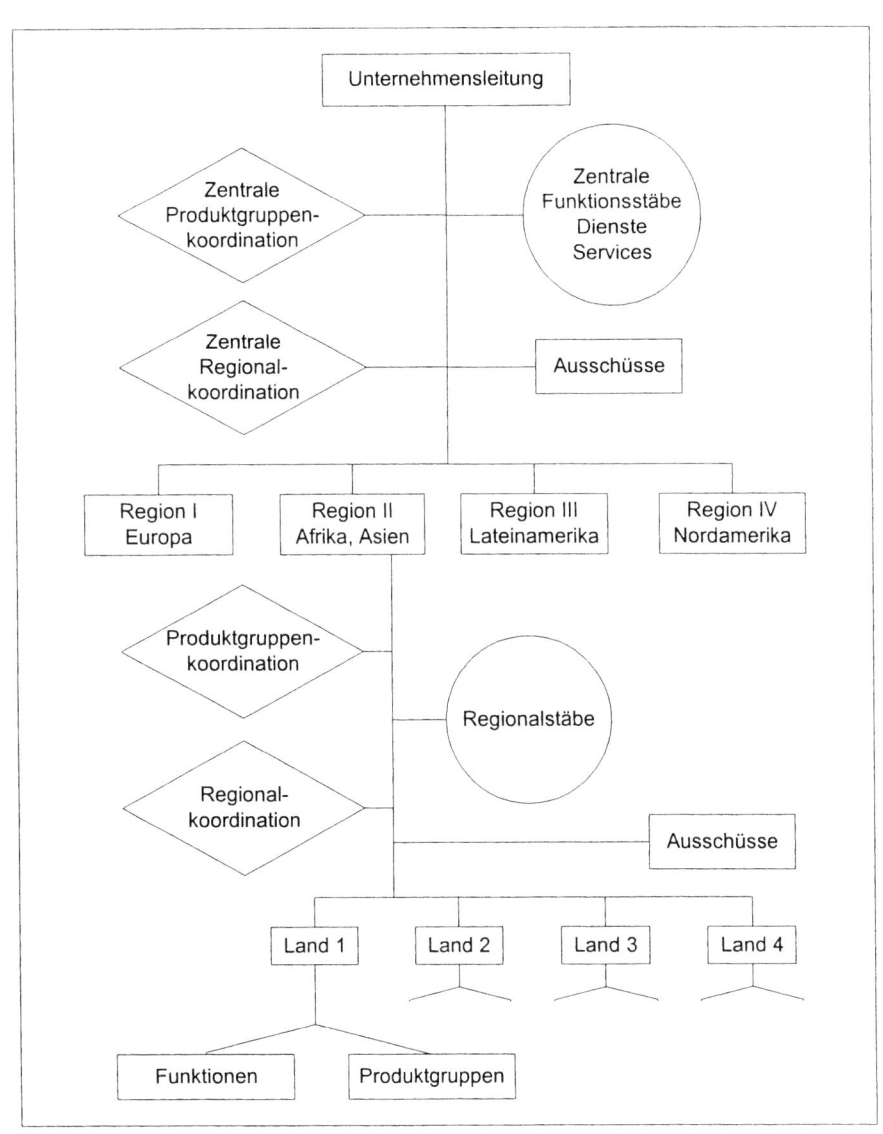

Quelle: Macharzina/Oesterle 1995, S. 321.
Abb. 5.8: Integrierte Regionalstruktur

Weisen die einzelnen Absatzgebiete eines international tätigen Unternehmens eine starke Heterogenität auf, so empfiehlt sich die Errichtung einer **integrierten Regionalstruktur**. Auch die Regionenorientierung ist offensichtlich Ausdruck einer besonderen Betonung des Marketinggedankens. Regionalmanager sind bei dieser

Organisationsform verantwortlich für sämtliche Aktivitäten bzgl. aller Produkte, welche in dem betreffenden Gebiet vermarktet werden. Je nach Definition kann eine Region dabei ein einzelnes Land oder – wie im Regelfall zu beobachten – eine Ländergruppe mit in sich (weitgehend) homogenen Nachfragerstrukturen umfassen (z.B. Region „Lateinamerika"). Abb. 5.8 zeigt eine integrierte Regionalstruktur.

Folgende **Vor- und Nachteile** weisen integrierte Regionalstrukturen auf (vgl. *Pausenberger* 1992, Sp. 1059 f.; *Welge* 1989, Sp. 1597 f.; *Meffert/Bolz* 1998, S. 261):

- Auf die Bedürfnisse spezifischer Länder bzw. Regionen kann bestmöglich eingegangen werden. Die „Lokalisierungsvorteile" werden höher eingeschätzt als die Vorteile eines international bzw. weltweit einheitlichen Marketing.
- Die Integration von nationalem und internationalem Geschäft wird erleichtert, eine globale Perspektive somit gefördert.
- Die Regionalmanager erwerben detaillierte Marktkenntnisse in den von ihnen betreuten Gebieten z.B. über Kunden, Konkurrenten, Markt- bzw. Handelsusancen usw. Die Marketingaktivitäten lassen sich dann entsprechend ausrichten.
- Die Übertragung von neuen Ideen auf andere Märkte wird erschwert („not-invented-here-Problem").
- Es besteht die Gefahr, dass die Produktkoordination und die Abstimmung der Forschungs- und Entwicklungsaktivitäten sowie anderer Funktionalbereiche vernachlässigt wird. Die Erlangung von Synergieeffekten wird hierdurch erschwert.

2. Mehrdimensionale Modelle

Wie bei lediglich nationaler Betätigung von Unternehmen lassen sich auch in internationalen Unternehmen mehrere Strukturierungskriterien simultan verwenden. Werden zwei (drei) Strukturierungskriterien verwendet, so entstehen Matrix- (Tensor-)organisationen als zwei-(drei)dimensionale Gridstrukturen. Bei **Matrixorganisationen** ist häufig eine Kombination von Gebieten und Produkten, z.T. auch von Produkten und Funktionen zu beobachten (vgl. *Toyne/Walters* 1993, S. 683; *Meffert/Bolz* 1998, S. 261). Bei **Tensororganisationen** findet eine gleichzeitige und gleichberechtigte Anwendung von Produkt-, Funktions- und Gebietsorientierung statt; sie verkörpert eine Verknüpfung von koordinierenden Produktzuständigkeiten bei gleichzeitiger Regionalverantwortung und beratenden, aber faktisch weisungsbefugten funktional gegliederten Zentralstäben (vgl. *Welge* 1989, Sp. 1598). Abb. 5.9 zeigt eine Matrixstruktur, welche auf Basis der Kriterien „Produkt" und „Region" aufgespannt wird; der funktionelle Aspekt wird dabei durch Zentralabteilungen repräsentiert.

Mit derartige Matrixstrukturen wird versucht, die regelmäßig bei den eindimensionalen Modellen auftretenden Koordinationsprobleme in denjenigen Bereichen aufzufangen, welche nicht primäres Gliederungskriterium sind. So besteht bei integrierten Produktstrukturen die Gefahr, dass in den verschiedenen Ländern einerseits den regionenspezifischen Anpassungsnotwendigkeiten nicht ausreichend

Rechnung getragen wird, andererseits jene Synergieeffekte nicht ausgeschöpft werden, welche durch produktspartenübergreifende Standardisierungsmaßnahmen erreichbar sind (vgl. *Pausenberger* 1992, Sp. 1060). Produktorientierte Organisationsformen sind daher auf koordinative Tätigkeiten in regionaler und funktionaler Hinsicht angewiesen.

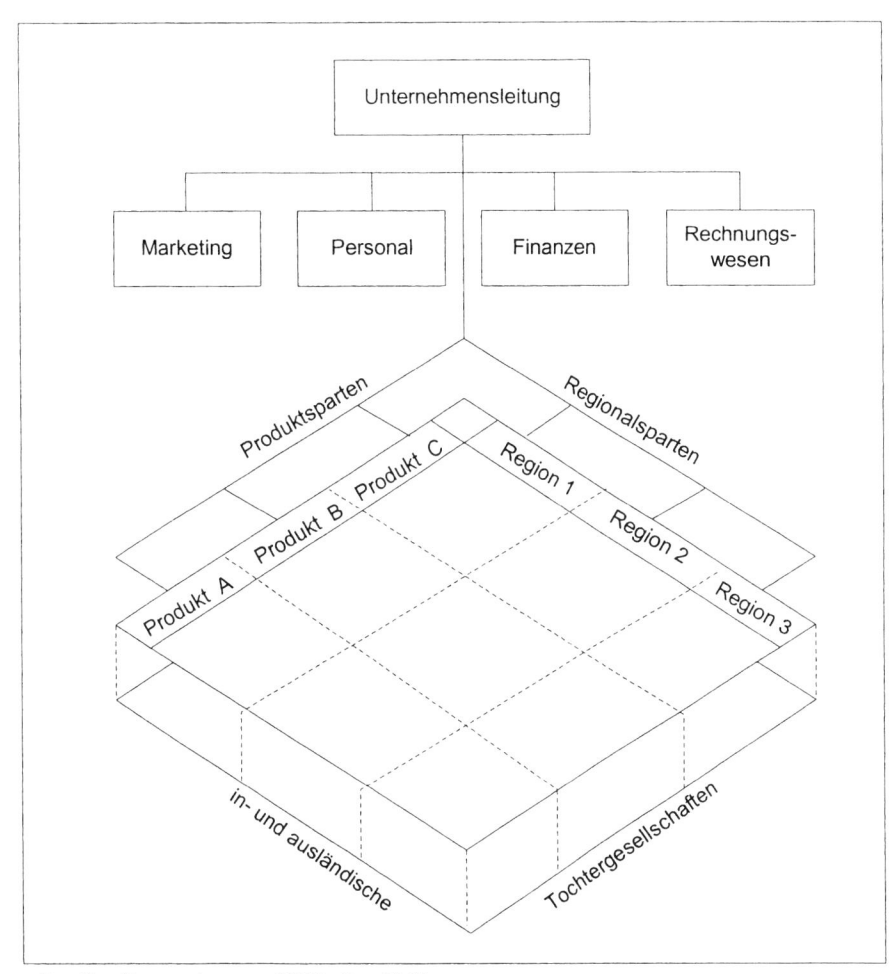

Quelle: Pausenberger 1992, Sp. 1061.
Abb. 5.9: Integrierte Matrixstruktur

Mehrdimensionale Modelle sind vor dem Hintergrund folgender **Vor- und Nachteile** zu beurteilen (vgl. *Toyne/Walters* 1993, S. 682 ff.; *Meffert/Bolz* 1998, S. 261; *Macharzina* 1992, S. 8):
- Desintegrationstendenzen wird durch eine gleichzeitige und im Regelfall auch gleichberechtigte Berücksichtigung mehrerer Gliederungskriterien entgegenge-

wirkt. Der Koordinationsaufgabe wird in mehrdimensionalen Modellen angemessen entsprochen.
- Unterschiedliche Problemdimensionen einer komplexen Aufgabe können in mehrdimensionalen Strukturen infolge der organisatorisch gleichberechtigten Behandlung mehrerer Strukturierungskriterien nahezu simultan (und nicht sukzessiv) behandelt werden mit der Folge, dass die Lösungsqualität steigt. Angesichts der Komplexität der Aufgabe, internationale Märkte adäquat bearbeiten zu können, erscheinen gerade mehrdimensionale Modelle für international tätige Unternehmen besonders geeignet.

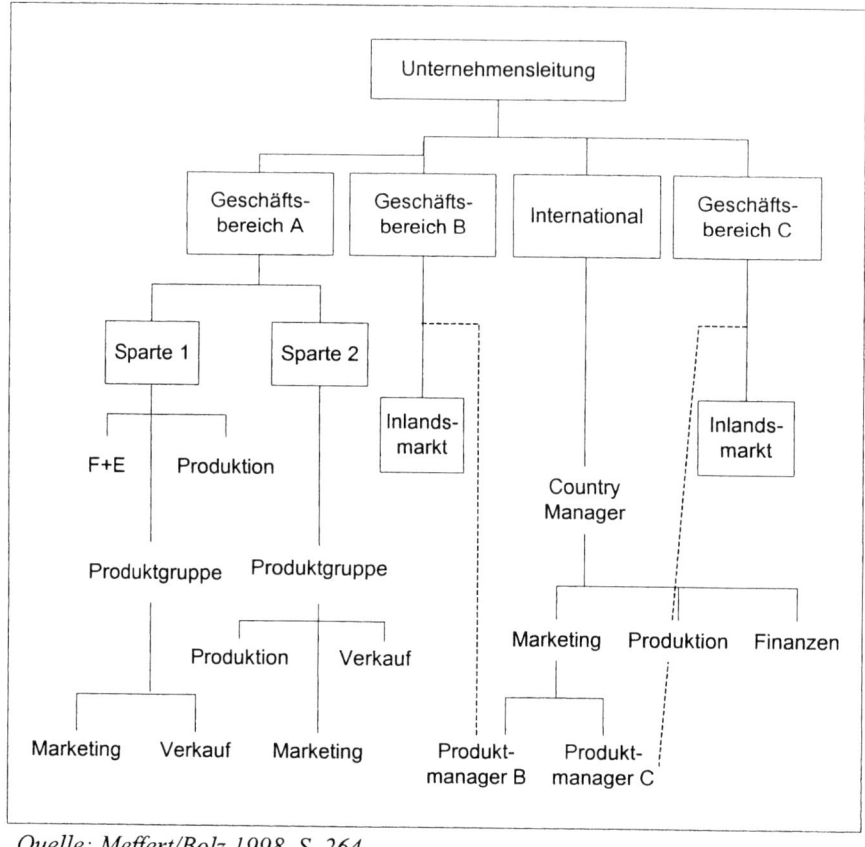

Quelle: Meffert/Bolz 1998, S. 264.
Abb. 5.10: Hybride Organisationsstruktur

- Die mehrdimensionalen Strukturen innewohnende Komplexität der Abstimmungsprozesse sowie ihre geringe Flexibilität können allerdings auch dazu führen, dass keine echte Problemlösung durch die Implementierung derartiger Strukturen erreicht wird. Sie führen vielmehr zu einer breiten, oft oberflächlichen Zusammenarbeit. Um dies zu vermeiden, hat eine entsprechende Unternehmenskultur Platz zu greifen, welche impliziert, dass Führungskräfte die ei-

nem mehrdimensionalen Modell unterliegenden Prämissen (z.B. im Hinblick auf Entscheidungsprozesse, Berichtswesen) erkennen und akzeptieren.
- Es treten sämtliche Nachteile eines Mehrliniensystems wie problematische Kompetenzabgrenzung, erhöhte Konfliktintensität sowie gesteigerte Anforderungen an Führungskräfte auf.

Neben den erörterten ein- und mehrdimensionalen Modellen existieren darüber hinaus verschiedene **Mischtypen** (Hybrid-Strukturen), welche auf die unternehmensindividuellen Anforderungen zugeschnitten sind. Hierzu gehört bspw. die Zwischenschaltung von regionalen Headquarters zwischen der Muttergesellschaft und den Auslandsgesellschaften; hierdurch kann im Falle umfangreicher, regional abgrenzbarer Geschäftsvolumina den besonderen Bedingungen der jeweiligen Marktgebiete entsprochen werden (vgl. *Macharzina/Oesterle* 1995, S. 320 f.). Die Aufgabe der Headquarters kann u.a. darin bestehen, Problemlösungen für komplexe Probleme, welche mehrere einzelne Regionen in ähnlicher Weise betreffen, zu erarbeiten und an die Auslandsgesellschaften weiterzuleiten. Denkbar sind zudem Kombinationen der dargestellten Strukturierungsmodelle; so kann das Geschäft mit erfolgreich eingeführten, im Markt etablierten Produkten bspw. in Form einer produkt- oder gebietsintegrierten Struktur abgewickelt werden, während Produkte, die sich im Einführungs- oder Wachstumsstadium befinden, über internationale Divisionen geführt werden (vgl. *Toyne/Walters* 1993, S. 685). Auch die gleichzeitige Berücksichtigung von produkt- und gebietsspezifischer Strukturierung ohne komplexe Matrixstrukturen zu entwickeln, ist Ausdruck einer hybriden Lösung. Abb. 5.10 zeigt ein derartiges Organigramm auf.

IV. Empirische Befunde

Empirische Untersuchungen haben gezeigt, dass die nationale oder regionale Herkunft eines Unternehmens im Hinblick auf organisatorische Gestaltungsfragen von Relevanz ist (vgl. *Macharzina* 1992, S. 8 f.). US-amerikanische Unternehmen, die im Inland nach Produktsparten organisiert sind, wählen zu Beginn der Internationalisierung häufig die internationale Division als Organisationsmodell. Europäische Unternehmen hingegen bevorzugen weitgehend unabhängige Tochterunternehmen mit enger Beziehung zwischen den Leitungsspitzen von Mutter- und Tochtergesellschaft. Begründet wird diese Vorgehensweise mit den vergleichsweise geringen räumlichen Entfernungen im europäischen Markt, in verwandten Produktlinien sowie der Existenz von Handelsbarrieren.

Internationale Divisionen werden von europäischen Unternehmen erst bei Orientierung der Unternehmen an weltweiten Strukturen bzw. Operationen eingerichtet, d.h. bei einer relativ großen räumlichen Streuung der Unternehmensaktivitäten. Bemerkenswert ist die Tatsache, dass Organisationsstrukturen in europäischen Unternehmen häufig erst bei Veränderungen der Wettbewerbssituation, d.h. Anstößen von außen, vorgenommen werden, während bei amerikanischen Unternehmen eine Strategievariation (z.B. von einer internationalen Orientierung zu einer Weltmarktorientierung) unmittelbar eine Anpassung der Organisationsstruktur zur Folge hat; hierdurch kann den Wettbewerbserfordernissen unmittelbar entsprochen werden. Die „Structure follows Strategy"-Hypothese hat in diesem Zusammenhang für europäische Unternehmen offensichtlich nur eingeschränkte Gültigkeit.

Strategie- elemente \ Organisations- struktur	Weltweit funktional	Internat. Division	Weltweit geografisch	Weltweite Produktsparten
Ausländische Produktdiversifikation	niedrig			hoch
Grad der internationalen Produktmodifikation	niedrig			
Produktveränderungsrate				hoch
Umfang internationaler Tätigkeiten		relativ gering	relativ hoch	relativ hoch
Umfang ausländischer Produktion			hoch	
Anzahl ausländischer Gesellschaften	wenige	wenige	viele	viele
Umfang fremder Beteiligungen an Auslandsgesellschaften	gering			
Anzahl ausländischer Akquisitionen	wenige			

Quelle: Macharzina 1992, S. 8.
Abb. 5.11: Relevante Fits zwischen Strategieelementen und Formen der Organisationsstruktur

Darüber hinaus lassen sich aus der **Fit-Hypothese**, nach welcher Abstimmungen zwischen Strategie-, Struktur- und Umweltvariablen zu höherer Effizienz führen, die in Abb. 5.11 dargelegten empirischen Untersuchungsergebnisse ableiten (wobei die Umweltdimension vereinfachend ausgeblendet wurde). Selbst bei Betrachtung nur von Strategie- und Strukturvariablen zeigt die Vielzahl der weißen Felder, dass weitere Forschungsbemühungen notwendig sind. Weitere Unternehmensmerkmale wie Planungs- und Kontrollsysteme, Managementinformationssysteme sowie die Nutzung von Stäben beeinflussen darüber hinaus neben der Organisationsstruktur den Fit zwischen Strategie und Struktur (vgl. *Macharzina* 1992, S. 9). Ergebnisse zweier weiterer Studien zum Struktur-Strategie-Zusammenhang zeigt Abb. 5.12.

Neben der Herkunft von Unternehmen spielt zudem auch die Branchenzugehörigkeit eine Rolle im Hinblick auf organisationale Gestaltungsentscheidungen. Aus empirischen Untersuchungen lassen sich dabei folgende **Ergebnisse** ableiten (vgl. *Pausenberger* 1992, Sp. 1058 ff.; *Welge* 1989, Sp. 1594 ff.):
- Integrierte Funktionalstrukturen finden sich vermehrt in der Mineralölindustrie sowie bei gering diversifizierten Automobilunternehmen. Insgesamt tritt dieser Typus aber recht selten auf.
- Großunternehmen der Elektro- bzw. Elektronikbranche sowie aus dem Chemiebereich präferieren oftmals die integrierte Produktstruktur, sofern nicht bereits

mehrdimensionale Organisationsstrukturen vorliegen. Integrierte Produktstrukturen sind bei internationalen Unternehmen vergleichsweise häufig vorzufinden, insbesondere im Vergleich mit integrierten Funktionalstrukturen.
- Beispiele für integrierte Regionalstrukturen hingegen finden sich vor allem im Konsumgüterbereich, insbesondere in den Wirtschaftszweigen Nahrungsmittel, Getränke und Kosmetika.
- Mehrdimensionale Organisationsmodelle werden – zumindest im Hinblick auf deutsche Unternehmen – insbesondere in Großunternehmen der Elektrotechnik und Chemie verwirklicht, wobei der Produktdimension eine besondere Bedeutung zukommt.

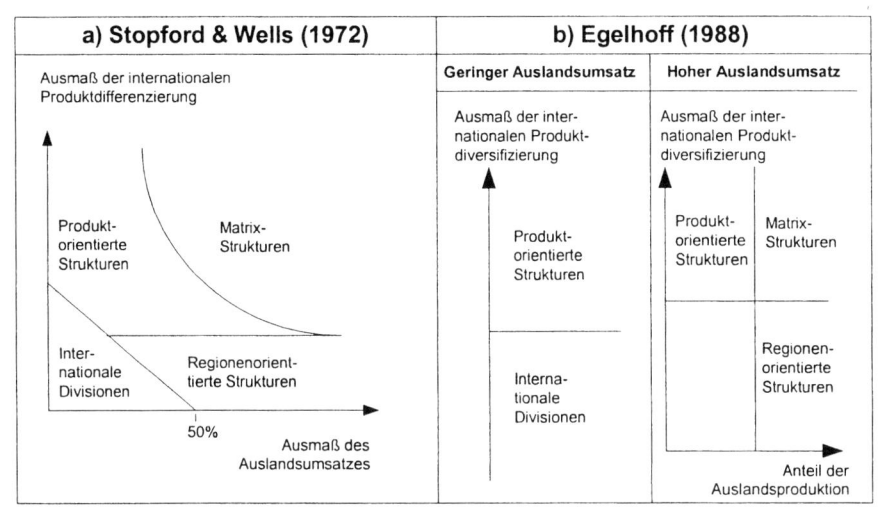

Quelle: Meffert/Bolz 1998, S. 263.
Abb. 5.12: Ergebnisse der empirischen Untersuchungen von Stopford und Wells sowie Egelhoff zum Strategie-Struktur-Zusammenhang

D. Organisationsformen der Marketing-Abteilung eines internationalen Unternehmens

Neben der organisatorischen Einbindung der Auslandsaktivitäten eines international tätigen Unternehmens sind Überlegungen hinsichtlich des organisatorischen Aufbaus der einzelnen Funktionsbereiche – in diesem Fall speziell der Marketing-Abteilung – anzustellen. Grundsätzlich kann wie bei nationaler Tätigkeit zwischen funktions- und objektorientierten Ausrichtungen unterschieden werden (vgl. auch *Berndt* 1995b, S. 156 ff.).

I. Funktionsorientierte Marketing-Abteilung

Bei **funktionsorientierten Marketing-Abteilungen** bilden die Marketing-Tätigkeitsfelder die Kriterien für die Stellenbildung innerhalb der Marketing-Abteilung. Konkret können Unterteilungen in Tätigkeitsbereiche wie bspw. Marktforschung,

Kommunikation – u.U. unterteilt in Instrumentalbereiche wie Werbung, Public Relations, Sponsoring usw. –, Verkauf und Vertrieb sowie Kundendienst bzw. Service vorgenommen werden.

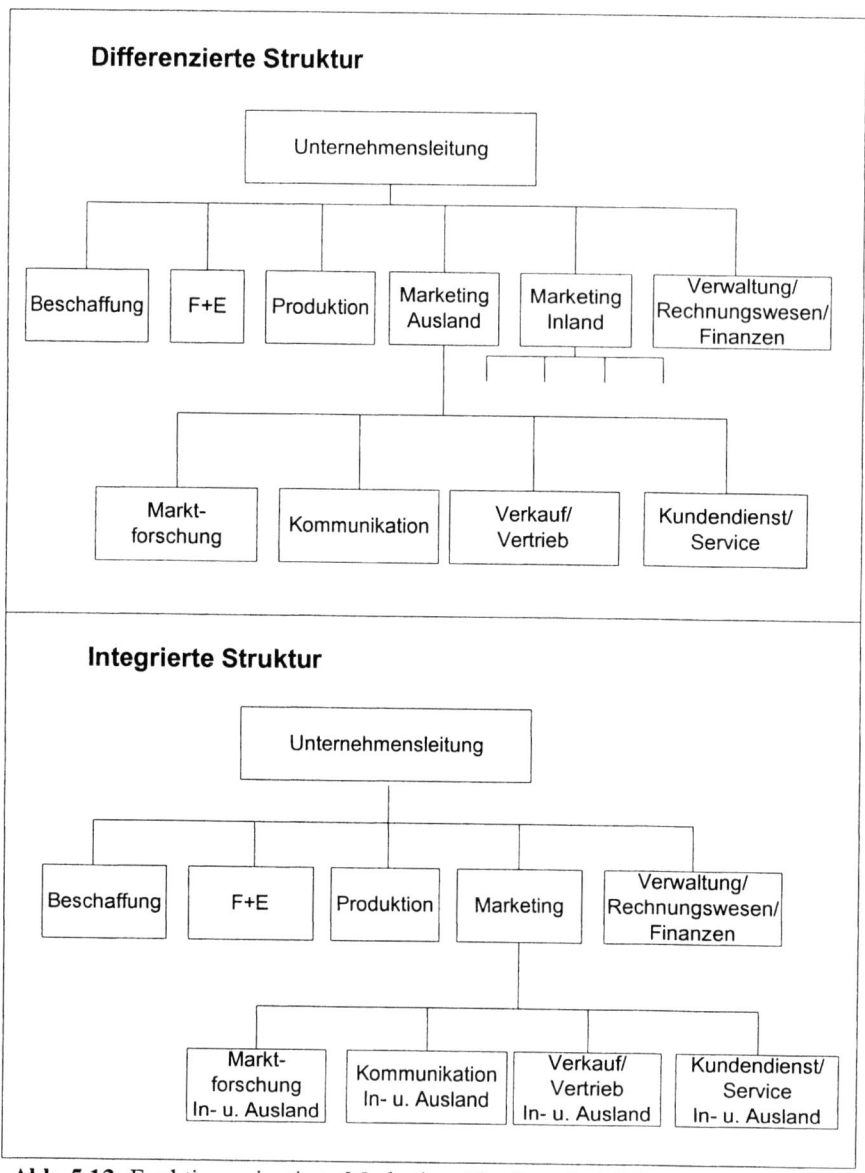

Abb. 5.13: Funktionsorientierte Marketing-Abteilung bei differenzierter und integrierter Unternehmensstruktur

Abb. 5.13 stellt eine funktionsorientierte Marketing-Abteilung sowohl für den Fall einer differenzierten als auch einer integrierten Struktur dar. Ob die Auslandsmarketing-Abteilung bei der differenzierten Struktur im Inland oder im Ausland angesiedelt ist, spielt dabei keine Rolle.

Vorteilhaft an derartigen funktionsorientierten Marketing-Abteilungen ist die Tatsache, dass infolge der strukturimmanenten Zentralisierungstendenz eine Verringerung des Koordinationsbedarfs zu erwarten ist; diese Aufgabe obliegt der jeweiligen Instanz bzw. dem Abteilungsleiter der Marketing-Abteilung. Insbesondere bei der integrierten Struktur ist von einem vergleichsweise geringen Koordinationsaufwand auszugehen. **Erschwert** wird die Koordinationsaufgabe allerdings im Falle eines heterogenen Produktionsprogramms, welches unterschiedliche Anforderungen an die einzelnen Marketing-Tätigkeiten stellt (z.B. Kommunikationsmaßnahmen für Produkte mit sehr unterschiedlichen Zielgruppen bei einem stark diversifizierten Unternehmen). Auch ist auf die bei funktionsorientierten Organisationsstrukturen häufig gegebenen langen Kommunikationswege hinzuweisen sowie auf eine vergleichsweise geringe Marktorientierung bzw. Zielgruppenausrichtung (vgl. *Köhler* 1993, S. 203). Darüber hinaus wirkt die Funktionsorientierung eher wenig innovationsfördernd als Folge der Konzentration auf bestimmte Aufgaben bzw. Fähigkeiten, wenngleich die Durchsetzung von Innovationen durch die Zentralisierung durchaus gefördert wird (vgl. *Berndt* 1995b, S. 176). Angebracht erscheint eine Funktionsorientierung daher, wenn das betreffende Unternehmen auf Märkten mit geringer Marktdynamik agiert.

Hinsichtlich der Belastung der Marketing-Leitung ist als weitere Folge der Zentralisierung eine starke Beschäftigung mit dem operativen (Alltags-)Geschäft zu konstatieren; die strategische Ausrichtung ist als gering zu bezeichnen. Schließlich behindert die Funktionsorientierung die Entwicklung eines qualifizierten Management und sorgt aufgrund einer häufig engen Aufgabenzuweisung für Demotivation bei den Mitarbeitern. Aufgefangen bzw. abgeschwächt werden können derartige Wirkungen funktionsorientierter Marketing-Abteilungen durch intensives Job Rotation.

II. Objektorientierte Marketing-Abteilung

Strukturierungskriterien von objektorientierten Marketing-Abteilungen können Produkte bzw. Produktgruppen, Regionen sowie Kundengruppen sein (vgl. *Hünerberg* 1994, S. 463 ff.; *Köhler* 1995, Sp. 1641 ff.). Entsprechend ergeben sich produkt-, regionen- oder kundenorientierte Marketing-Abteilungen.

1. Produktorientierte Marketing-Abteilung

Wird eine stellenmäßige Gliederung der Marketing-Abteilung nach Produkten bzw. Produktgruppen vorgenommen, so liegt die klassische Form eines **Produktmanagement** vor (vgl. *Berndt* 1995b, S. 158 ff.). Diese Gliederung ist nicht zu verwechseln mit einer Sparten-Organisation, bei welcher auf der zweiten Hierarchieebene eine Aufgabengliederung ebenfalls nach Produkten bzw. Produktgruppen erfolgt. Vielmehr existieren beim Produktmanagement Spezialisten („Produkt-

Differenzierte Struktur

```
                    Unternehmensleitung
    ┌──────┬──────┬──────┬──────┬──────┬──────┐
Beschaffung  F+E  Produktion  Marketing  Marketing  Verwaltung/
                              Ausland    Inland     Rechnungswesen/
                                                    Finanzen
                              ┌──────────┴──────────┐
                      Produktgruppen-        Produktgruppen-
                      Manager I              Manager II
                      ┌──────┴──────┐        ┌──────┴──────┐
                  Marketing-    Verkauf/  Marketing-    Verkauf/
                  Services I    Vertrieb I Services II  Vertrieb II
```

Integrierte Struktur

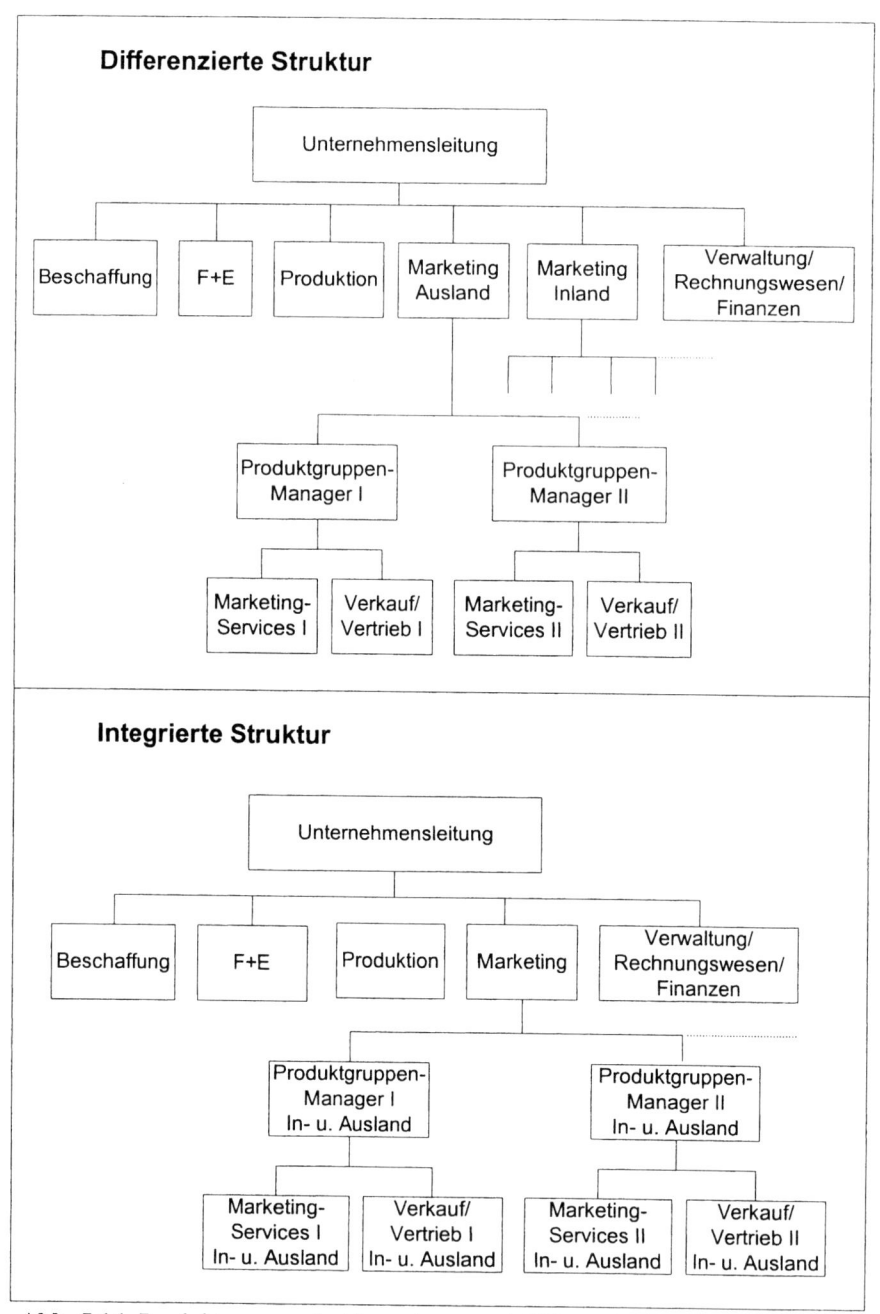

```
                    Unternehmensleitung
    ┌──────┬──────┬──────┬──────┬──────┐
Beschaffung  F+E  Produktion  Marketing  Verwaltung/
                                         Rechnungswesen/
                                         Finanzen
                              ┌──────────┴──────────┐
                      Produktgruppen-        Produktgruppen-
                      Manager I              Manager II
                      In- u. Ausland         In- u. Ausland
                      ┌──────┴──────┐        ┌──────┴──────┐
                  Marketing-    Verkauf/  Marketing-    Verkauf/
                  Services I    Vertrieb I Services II  Vertrieb II
                  In- u. Ausland In- u. Ausland In- u. Ausland In- u. Ausland
```

Abb. 5.14: Produktmanager bei integrierter und differenzierter Unternehmensstruktur

Manager"), welche zuständig sind für die Planung, Koordination und Kontrolle aller mit einem Produkt oder einer Produktgruppe zusammenhängenden Aktivitäten. Diese Produkt-Manager werden häufig der Marketing-Leitung als Linieninstanz unterstellt oder als Stabstelle der Marketing-Leitung zugeordnet. In Konsumgüterunternehmen findet sich in diesem Zusammenhang auch häufig die Bezeichnung „Brand Manager" bzw. „Brand Management". Abb. 5.14 zeigt produktorientierte Marketing-Abteilungen für differenzierte und integrierte Unternehmensstrukturen auf. Dabei wird davon ausgegangen, dass der Verkauf bzw. Vertrieb von den übrigen Marketing-Aktivitäten, welche zu „Marketing-Services" zusammengefasst werden, ausgegliedert wird. Abb. 5.15 hingegen stellt eine Stabslösung für das Produktmanagement bei integrierter Struktur dar. Hier besitzt der Produkt-Manager bzw. Brand Manager lediglich Entscheidungsvorbereitungs- und Beratungsaufgaben im Gegensatz zu den in Abb. 5.14 dargestellten Organigrammen; Weisungsrechte gegenüber anderen Stellen der Marketing-Abteilung hat er als Stabstelleninhaber nicht.

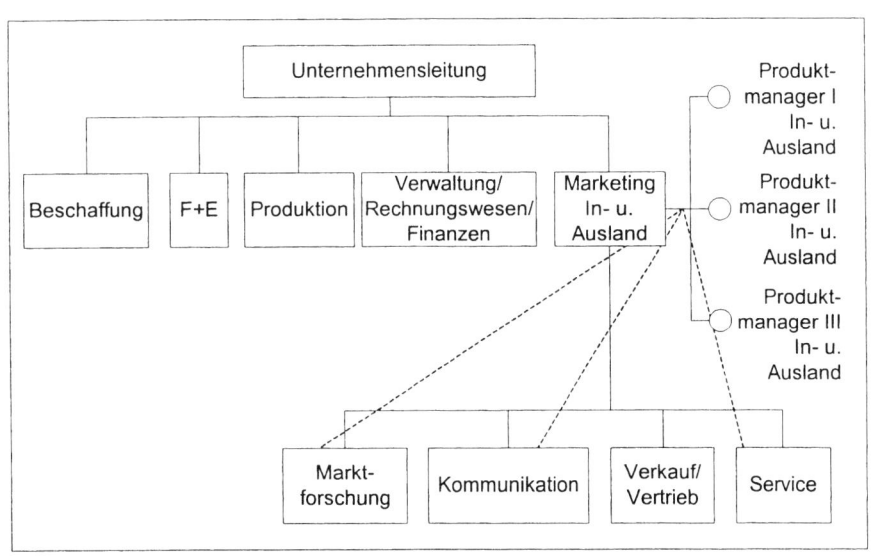

Abb. 5.15: Produkt-Manager als Stäbe bei integrierter Unternehmensstruktur

Produktmanagementlösungen sind **vorteilhaft**, wenn ein heterogenes Produktprogramm gegeben ist, welches unterschiedliche Anforderungen an die Vermarktung der Produkte stellt. Durch das Produktmanagement ist für jedes einzelne Produkt bzw. Produktprogramm die bestmögliche, spezifisch auf diese Produkte zugeschnittene Unterstützung möglich. Auch existiert eine höhere Flexibilität im Vergleich zu funktionsorientierten Marketing-Abteilungen, da eine größere Marktnähe gegeben ist; auf neue Entwicklungen im Marktgeschehen kann unmittelbar reagiert werden. Allerdings verlangt das Produktmanagement eine übergeordnete Koordination, damit Doppelarbeit zwischen den Produktgruppen und daraus resultierende Ineffizienzen vermieden werden. Sinnvoll ist daher häufig die Auslagerung von

Tätigkeiten, welche in ähnlicher Weise in mehreren bzw. allen Produktbereichen anfallen (z.B. EDV, Marktforschung); diese können dann zu Zentralabteilungen zusammengefasst werden.

Im Hinblick auf die Personalentwicklung ist das Produktmanagement-Konzept insofern vorteilhaft, als dass der Produkt-Manager für alle mit dem Produkt bzw. der Produktgruppe zusammenhängenden Aktivitäten verantwortlich ist. Die hieraus resultierenden Kenntnisse im Hinblick auf Produkt- bzw. Markenführung qualifizieren ihn für Tätigkeiten auf hierarchisch höherer Ebene. Sofern keine Stabstellen-Lösung vorliegt, welche aufgrund fehlender Weisungsbefugnisse und geringer Verantwortung im Regelfall wenig positiv auf die Motivation der Stelleninhaber einwirkt, ist durch das Zusammentreffen von Kompetenzausstattung und Verantwortung beim Produkt-Manager als Linieninstanz von einer positiven Motivationswirkung auszugehen.

Werden in einem Produktbereich von einem Unternehmen mehrere Marken parallel angeboten, so empfiehlt sich die Unterstellung des Produkt-Management unter ein **Kategorie-Management** (Category Management) (vgl. *Köhler* 1995, Sp. 1642 f.). Auf diese Weise können Synergien besser genutzt und Ressourcen wirtschaftlicher eingesetzt werden; gleichzeitig findet eine Koordination der Aktivitäten durch das Category Management statt. Diese organisatorische Lösung findet sich bei mehreren namhaften Markenartikelherstellern des Konsumgüterbereichs (z.B. Colgate, Procter & Gamble, Wella AG).

2. Regionenorientierte Marketing-Abteilung

Aufgrund der Heterogenität von Ländermärkten bietet es sich bei internationaler Geschäftstätigkeit an, die Marketing-Aktivitäten regionen- bzw. länderspezifisch zu gestalten und die Marketing-Abteilung entsprechend nach einzelnen Ländern oder Ländergruppen zu gliedern. Ländergruppen können als Gliederungskriterium angesetzt werden, wenn die in der Gruppe enthaltenen Länder weitgehend homogen sind (z.B. Südamerika, asiatisch-pazifischer Raum). Ob bzw. in welchem Ausmaß dies der Fall ist, kann mittels einer Cluster-Analyse geprüft werden. Bei dieser organisatorischen Lösung sind die für die jeweiligen Länder oder Ländergruppen zuständigen Unternehmensmitglieder häufig direkt vor Ort tätig (z.B. in Regionalniederlassungen oder Verkaufsbüros). Abb. 5.16 zeigt eine typische **regionale Marketing-Organisation** eines international tätigen Unternehmens.

Bei der regionenorientierten Marketing-Organisation besteht die Möglichkeit, intensive Kontakte zu Behörden, Banken o.Ä. aufzubauen und umfangreiche Marktkenntnisse zu erlangen. Die Marketing-Aktivitäten werden dabei spezifisch auf die Anforderungen des jeweiligen Landes angepasst. Offensichtlich korrespondiert diese Vorgehensweise mit einer differenzierten internationalen Marketing-Strategie. Zwar wird auf diese Weise den landesspezifischen Bedürfnissen der Nachfrager am weitestgehenden entsprochen, die Kosten der Marktbearbeitung sind allerdings höher als bei einer internationalen Standardisierungsstrategie (vgl. hierzu auch die Ausführungen im Abschnitt B.IV.3. im 3. Teil). Konflikte mit der Marketing-Leitung, welche die Marketing-Aktivitäten an den übergeordneten Zielen des Gesamtunternehmens auszurichten hat, sind daher vergleichsweise häufig möglich.

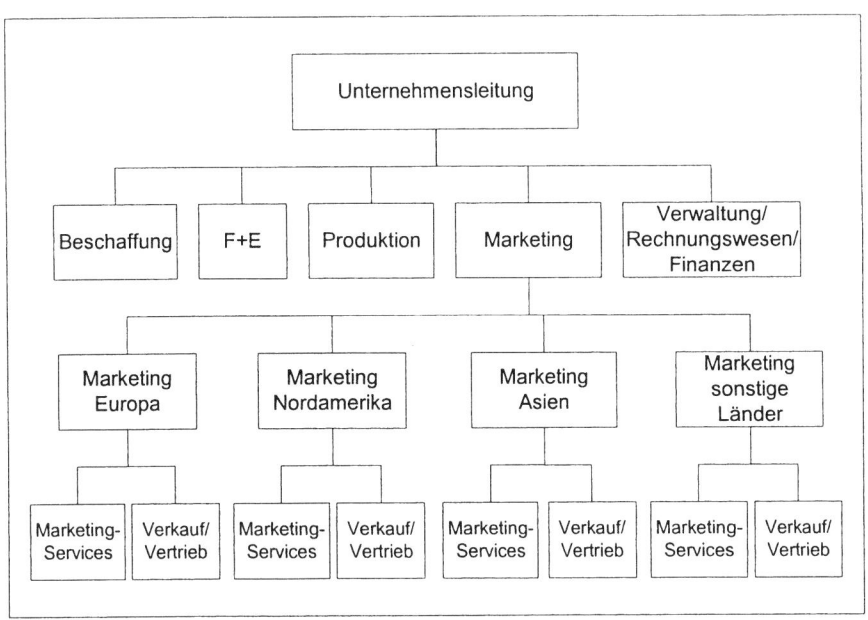

```
                        Unternehmensleitung
    ┌──────────┬──────────┬──────────┼──────────┬──────────────────┐
 Beschaffung  F+E     Produktion  Marketing   Verwaltung/
                                              Rechnungswesen/
                                              Finanzen
            ┌──────────────┬──────────────┬──────────────┐
         Marketing      Marketing      Marketing      Marketing
          Europa       Nordamerika       Asien        sonstige
                                                       Länder
         ┌───┴───┐     ┌───┴───┐     ┌───┴───┐     ┌───┴───┐
      Marketing- Verkauf/ Marketing- Verkauf/ Marketing- Verkauf/ Marketing- Verkauf/
      Services  Vertrieb  Services  Vertrieb  Services  Vertrieb  Services  Vertrieb
```

Abb. 5.16: Regionenorientierte Marketing-Abteilungen

Eine **Mischstrategie** ist dadurch gegeben, dass lediglich der Vertrieb bzw. Verkauf landesspezifisch organisiert wird und die Marketing-Services (Marktforschung, Kommunikation, Kundendienst usw.) als Zentralabteilung bei der Muttergesellschaft im Stammland verbleiben. Kosten-Nutzen-Abwägungen unterschiedlicher Marketing-Strategien (standardisiert vs. differenziert) lassen sich so zentral durchführen, und eine Entscheidung im Hinblick auf die Vorteilhaftigkeit für das Gesamtunternehmen – und nicht im Hinblick auf die einzelnen Länder bzw. Ländergruppen – kann abgeleitet werden. Abb. 5.17 stellt das zugehörige Organigramm dar.

3. Kundenorientierte Marketing-Abteilung

Spezifisch kundenorientierte Organisationsformen erweisen sich dann als geeignet, wenn auf der Abnehmerseite ein kombinierter Bedarf an verschiedenen Produkten des jeweiligen Unternehmens vorliegt (vgl. *Köhler* 1995, Sp. 1643). Ein einzelner Produktmanager erkennt im Regelfall nicht den komplexen, produktlinienübergreifenden Bedarf eines Abnehmers, sodass den Wünschen und Bedürfnissen eines derartigen Abnehmers durch ein Produktmanagement nicht in dem Maße entsprochen werden kann wie bei einer **kundenorientierten Organisationsform** bzw. einem Kundenmanagement. Handelt es sich um bedeutende Großabnehmer (Key Accounts bzw. Schlüsselkunden), so wird z.T. ein Key-Account-Management eingerichtet, um dem Anforderungsprofil dieses Kunden so weit wie möglich entsprechen zu können. Der Großkunde besitzt dann einen Ansprechpartner im anbietenden Unternehmen, welcher sich um sämtliche Belange kümmert, um so eine Lösung „aus einer Hand" garantieren zu können. Besonders für Handelsunternehmen wird bei vielen Herstellern – insbesondere bei der Markenartikelindustrie der Konsumgüterbranche – ein Key-Account-Management eingerichtet, da gerade im internationalen Bereich durch Fusionen und Akquisitionen im Handel große Handelsunternehmen mit entsprechender Nachfragemacht entstanden sind; die Nachfragemacht kann durch Key-Account-Manager organisatorisch besser abgefedert werden als durch rein funktions- oder produktorientierte Organisationsstrukturen. Bei Investitionsgüterherstellern hingegen steht eher die Erarbeitung individueller Problemlösungen für den Kunden im Vordergrund.

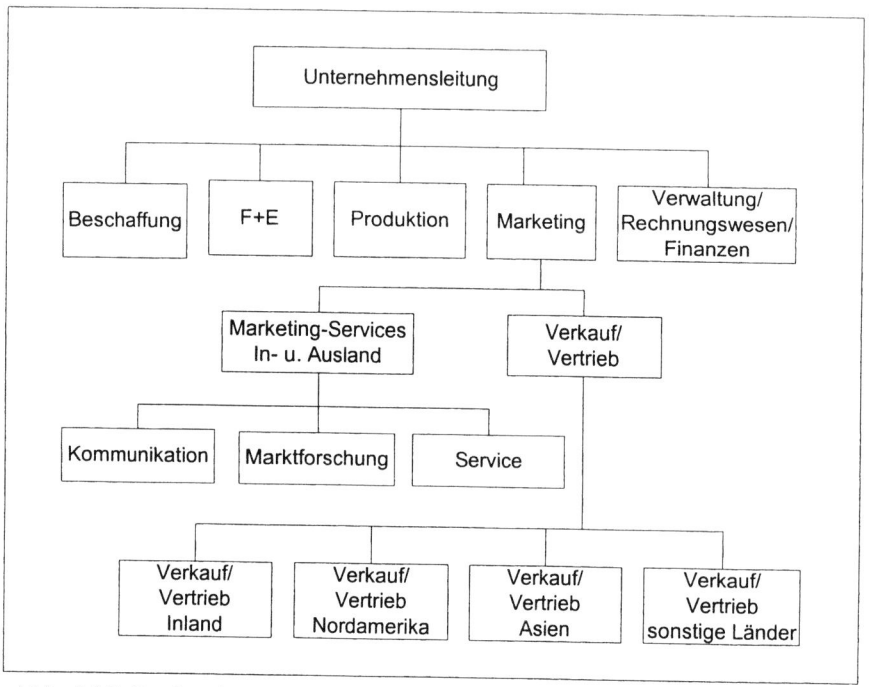

Abb. 5.17: Regionale Verkaufs- bzw. Vertriebsorganisation

Werden mehrere Nachfrager zu Nachfragergruppen bzw. Marktsegmenten zusammengefasst, so spricht man von einem **Kundengruppen- bzw. Markt-Management** (vgl. *Berndt* 1995b, S. 162 f.). Im Regelfall sind die Markt-Manager der Marketing-Abteilung als Linieninstanz zugeordnet; durchaus üblich ist jedoch auch die Eingliederung des Markt-Management als Stabstelle der Marketing-Leitung. Abb. 5.18 zeigt eine Markt-Management-Organisation mit Stabstellen für die Markt-Manager bei einer differenzierten Unternehmensstruktur.

Das Markt-Management ist – wie die regionenorientierte Marketing-Abteilung – Ausdruck einer stärkeren Kundenorientierung. Insofern wird dem Marketing-Gedanken bei diesen Organisationsformen in besonderer Weise Rechnung getragen. Da jedoch bei entsprechend differenziertem Produktionsprogramm Produktgruppen häufig nicht einem bestimmten Marktsegment zugeordnet werden können mit der Folge von Produkt-Markt-Überschneidungen, ist ein Ein-Linien-System wie in Abb. 5.18 nicht mehr sinnvoll; vielmehr ist in diesem Fall auf ein Mehr-Linien-System (z.B. Matrixorganisation) überzugehen, bei welchem sich Markt- und Produkt-Manager gegenüberstehen (vgl. auch *Berndt* 1995b, S. 164 f. sowie die folgenden Ausführungen im Abschnitt D.III.).

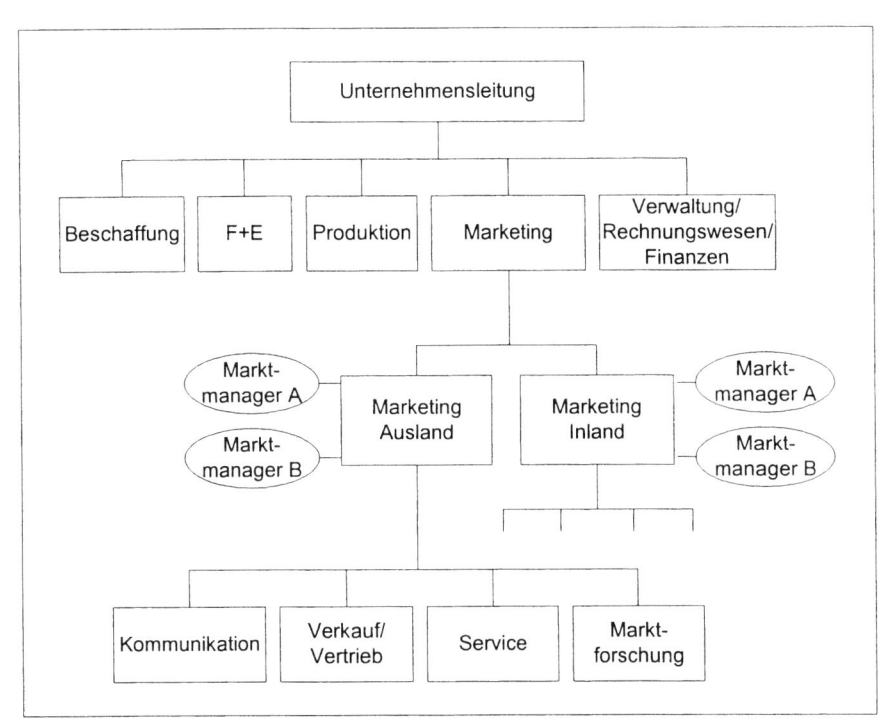

Abb. 5.18: Markt-Manager als Stäbe der Marketing-Abteilung bei differenzierter Unternehmensstruktur

Grundsätzlich gilt, dass sich die Kundenorientierung eines Unternehmens nicht in der Einrichtung eines Key-Account-Management oder Kundengruppen- bzw. Marktmanagement erschöpfen soll; vielmehr hat die Kundenorientierung als übergeordnetes Leitbild in allen unternehmensinternen Abteilungen Platz zu greifen. Ist ein Key-Account- oder Kundengruppen-Management eingerichtet worden, so dürfen diese Stellen daher keine Alibi-Funktion für die Kundenorientierung des Gesamtunternehmens erhalten.

III. Mehrdimensionale Organisationsstrukturen

Mehrdimensionale Strukturen liegen vor, wenn auf einer Hierarchieebene mehrere Kriterien zur organisatorischen Strukturierung eines Unternehmens gleichzeitig

Anwendung finden; im Regelfall bedient man sich dabei zwei- oder dreidimensionaler Konzepte.

1. Marketing-Abteilung als Matrixorganisation

Matrixorganisationen können im Fall der Marketing-Abteilung durch die zweifache Kombination der Gliederungskriterien „Produkt, Region, Funktion und Markt bzw. Kundengruppe" aufgespannt werden. Hierdurch werden mehrere organisationsrelevante Aspekte simultan berücksichtigt. Abb. 5.19 zeigt eine Matrixstruktur für den Fall der Kombination „Funktion" und „Region".

Kennzeichnend für Matrixstrukturen ist die Gleichwertigkeit beider Gliederungskriterien. Als Folge dieser Gleichwertigkeit ist ein hohes **Konfliktpotenzial** z.B. zwischen dem Regionalmanager und dem Funktionsbereichsleiter gegeben, welches zwar durchaus produktiv (z.B. im Sinne von kreativitätsfördernd) sein kann, im Falle destruktiver Wirkungen aber begrenzt werden muss; spezielle Stellen zum Ausgleich von Konfliktsituationen können daher notwendig werden (vgl. *Hünerberg* 1994, S. 469).

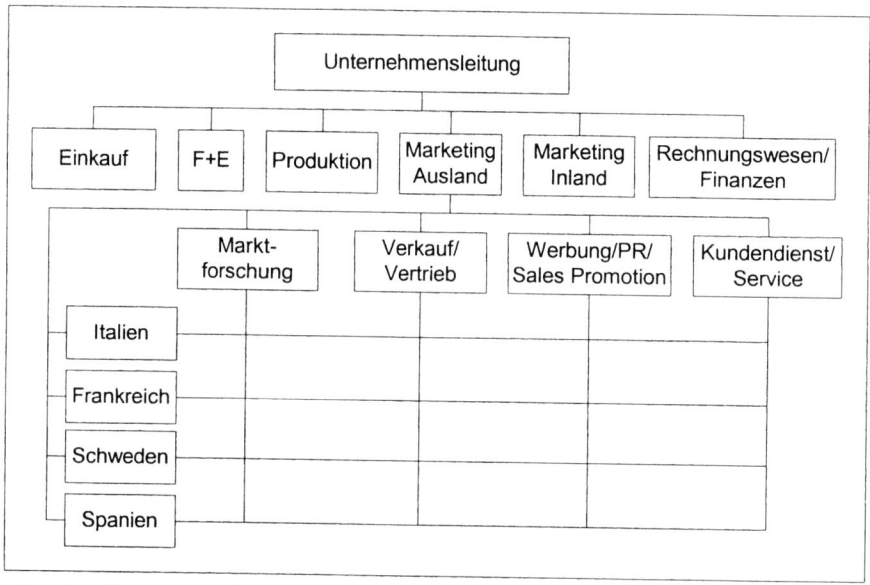

Quelle: Hünerberg 1994, S. 468.

Abb. 5.19: Marketing-Abteilung als Matrixorganisation bei differenzierter Unternehmensstruktur

Ein weiteres **Problem** von Matrixstrukturen besteht in der letztlich gemeinsamen Ergebnisverantwortlichkeit der kooperierenden Stellen; eine eindeutige Zuordnung von Gewinn- oder Verlustbeiträgen auf bestimmte Organisationseinheiten ist dann nur schwerlich möglich (vgl. *Köhler* 1995, Sp. 1645 f.). Dies schließt dann auch die Führung der Marketing-Abteilung als Profit Center aus.

Als **positiv** ist zu werten, dass durch die Mehrdimensionalität der Organisationsstruktur Probleme aus verschiedenen Perspektiven beleuchtet werden, da die Stelleninhaber jeweils ihre eigene Sichtweise (funktional, regionenorientiert usw.) einnehmen. Auf diese Weise werden Lösungsansätze geschaffen, welche bei eindimensionalen Strukturen nur schwerlich bzw. gar nicht zustande gekommen wären.

Hinzuweisen ist allerdings auch auf die der Matrixstruktur immanente **Schwerfälligkeit und Inflexibilität**. Diese rührt aus der Tatsache her, dass die Gleichberechtigung der Gliederungskriterien häufig schwierige Abstimmungsprozesse nach sich zieht (vgl. *Berndt/Fantapié Altobelli/Sander* 1997, S. 383).

2. Marketing-Abteilung als Tensororganisation

Tensororganisationen stellen insbesondere für multinationale Unternehmen das organisatorische Grundmodell dar. Aufgespannt wird diese Organisationsstruktur durch Heranziehung der Kriterien „Funktion, Produkt und Region", wobei allerdings im Regelfall ein Kriterium je nach Situation dominieren wird (vgl. *Hünerberg* 1994, S. 469). Abb. 5.20 zeigt eine derartige Tensororganisation für den Marketing-Bereich.

Die Notwendigkeit von Tensororganisationen lässt sich damit begründen, dass bei stark diversifizierten Unternehmen mit einem breiten Produktionsprogramm über viele Länder die Bildung von Sparten bzw. Divisionen durch produktübergreifende, an Weltregionen orientierte Organisationsstrukturen sowie durch funktionsorientierte Zentralbereiche ausbalanciert werden muss, um globale Standardisierungsvorteile über Länder und Produktgruppen hinweg erzielen zu können (vgl. *Hünerberg* 1994, S. 469). Je nach Sachlage kann dabei die Bedeutung der Gliederungskriterien flexibel variiert werden, um der jeweiligen Situation gerecht werden zu können.

Grundsätzlich treten bei Tensororganisationen dieselben **Probleme** wie bei Matrixorganisationen auf (vgl. den vorangegangenen Abschnitt D.III.1.). Durch die höhere Dimensionalität der Tensorstruktur werden die Schwachpunkte z.T. noch verschärft; so ist das Konfliktpotenzial noch höher einzustufen und eine eindeutige Ergebniszurechnung nahezu unmöglich. Gleichwohl besteht die Stärke einer Tensororganisation insbesondere darin, eine adäquate Bearbeitung von Märkten durch umfassende und simultane Berücksichtigung verschiedener Organisationskriterien zu ermöglichen. In diesem Zusammenhang ist darauf hinzuweisen, dass Tensororganisationen häufig bei stark integrierten Unternehmensstrukturen eingesetzt werden; die Bearbeitung von Auslandsmärkten wird also nicht einfach organisatorisch an die bestehende Organisationsstruktur „angehängt", sondern gleichwertig in die Gesamtunternehmensstruktur eingefügt.

```
                    ┌──────────────────────┐
                    │  Unternehmensleitung │
                    └──────────────────────┘
```

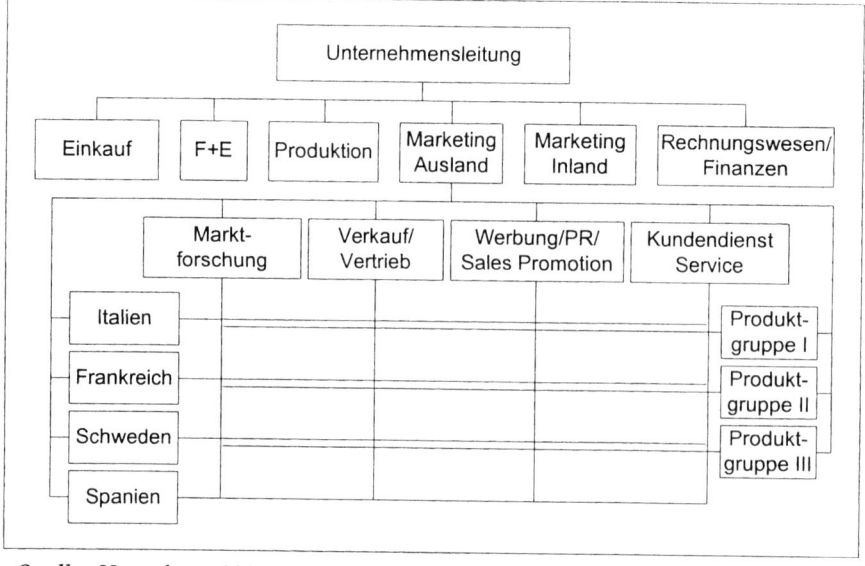

Quelle: Hünerberg 1994, S. 468.
Abb. 5.20: Marketing-Abteilung als Tensororganisation bei differenzierter Unternehmensstruktur

IV. Sekundärorganisationsformen im internationalen Marketing

Sekundärorganisationen im internationalen Marketing kommen in erster Linie in Form des Projektmanagement sowie in Form von Teams vor. Darüber hinaus besteht auch die Möglichkeit, klar abgrenzbare Produkt-Markt-Kombinationen als Strategische Geschäftseinheiten organisatorisch zu verankern.

1. Projektorganisationsformen

Projekte können als Aufgabenkomplexe definiert werden, welche durch die Merkmale zeitliche Befristung, Komplexität sowie relative Neuartigkeit charakterisiert sind (vgl. *Frese* 2000, S. 500 f.). Besonders bei internationaler Geschäftstätigkeit bietet sich die Einrichtung von Projekten aufgrund der Komplexität und Neuartigkeit vieler Fragestellungen, die die Bearbeitung nicht vertrauter Länder mit sich bringt, vielfach an. Im Mittelpunkt steht dabei die Frage, ob man die Organisation temporär auf die Anforderungen des Projektes ausrichten oder das Projekt innerhalb der bestehenden Organisationsstruktur abwickeln soll. Diese Frage steht in Zusammenhang mit der besonderen **Problematik**, dass Projekte zeitlich begrenzt sind und insofern eine Quelle „organisatorischer Unruhe" darstellen.

Darüber hinaus ist zu beachten, dass Projekte aufgrund ihres einmaligen Charakters und der komplexen, neuartigen Aufgabenstellung einem hohen **Risiko** unterworfen sind. Auch besteht eine weitere organisatorische Problematik darin, dass Projekte häufig **interdisziplinär** angelegt sind und daher die Zusammenarbeit mehrerer Spezialisten aus verschiedenen Unternehmensbereichen erfordern. Vor dem Hintergrund einer internationalen Betätigung des betrachteten Unternehmens kann dies die Zusammenarbeit über große Entfernungen bzw. die Rekrutierung von Projektmitgliedern aus Unternehmensteilen, welche u.U. sehr weit entfernt sind, bedeuten. Hier wird deutlich, dass Projekte im Regelfall **erhebliche technische und finanzielle Ressourcen** binden.

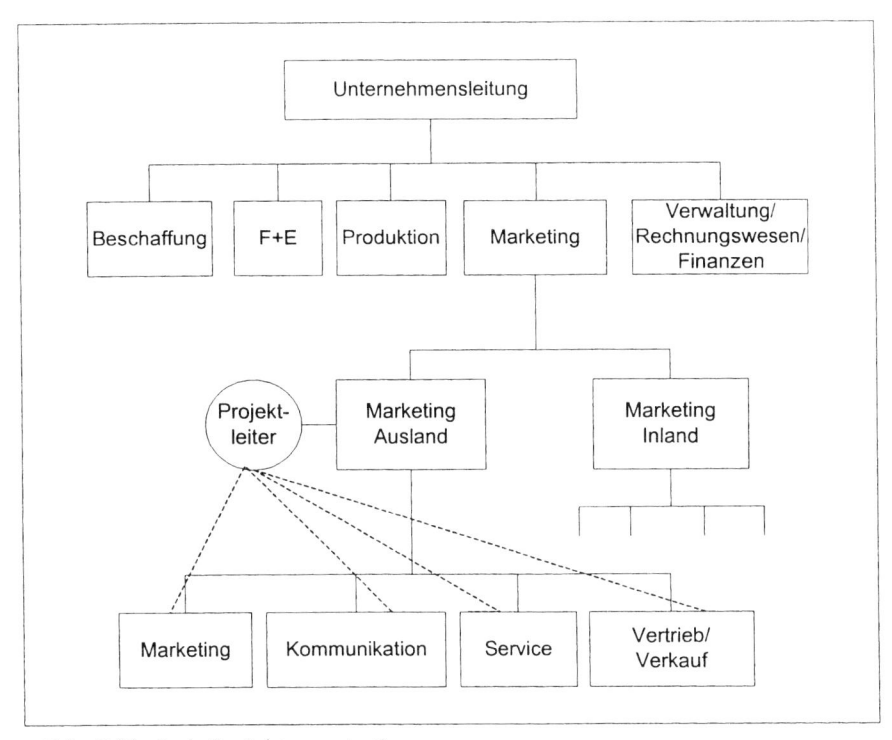

Abb. 5.21: Stab-Projektorganisation

Im Hinblick auf die Ausgestaltung von Projekten lassen sich folgende Projektformen identifizieren (vgl. *Berndt* 1995b, S. 166 ff.):
- Stab-Projektorganisation,
- Matrix-Projektorganisation und
- reine Projektorganisation.

Bei der **Stab-Projektorganisation** besitzt der Projektleiter formal keine Weisungsbefugnis gegenüber den am Projekt beteiligten Stellen. Die Stabsprojektstelle wird dabei unabhängig von der bestehenden Organisation eingerichtet. Je nach Bedeutung des Projektes ist die Stabsprojektstelle entsprechend hierarchisch anzusiedeln. Abb. 5.21 zeigt die Einrichtung einer Stabsprojektstelle bei der Leitung der Auslandsmarketing-Abteilung. Bei übergeordneter Bedeutung des Projektes – also nicht nur für das Ausland – ist die Projektstelle bei der Marketing-Leitung oder sogar bei der Unternehmensleitung anzusiedeln.

Die **Vorteile** dieser Organisationsform liegen darin, dass die Primärorganisation unverändert bleibt und daher auch nahezu kein Einfluss auf die im Unternehmen ablaufenden Prozesse ausgeübt wird. Je nach Auslastung des Projektleiters und der am Projekt Beteiligten besteht auch die Möglichkeit, an mehreren internationalen Projekten gleichzeitig mitzuarbeiten; in organisatorischer Hinsicht ist dies unproblematisch. **Nachteilig** wirkt sich allerdings die fehlende Weisungsbefugnis und Entscheidungskompetenz des Projektleiters aus; er ist lediglich beratend tätig, übt jedoch aufgrund seines Expertenwissens und des Informationsvorsprunges faktisch doch einen mehr oder weniger starken Einfluss auf die Projektaktivitäten aus. Darüber hinaus sind die Entscheidungsprozesse oft langwierig, da die endgültigen Entscheidungen von Lineninstanzen getroffen werden, die Projektbeschlüsse häufig zunächst zurückstellen.

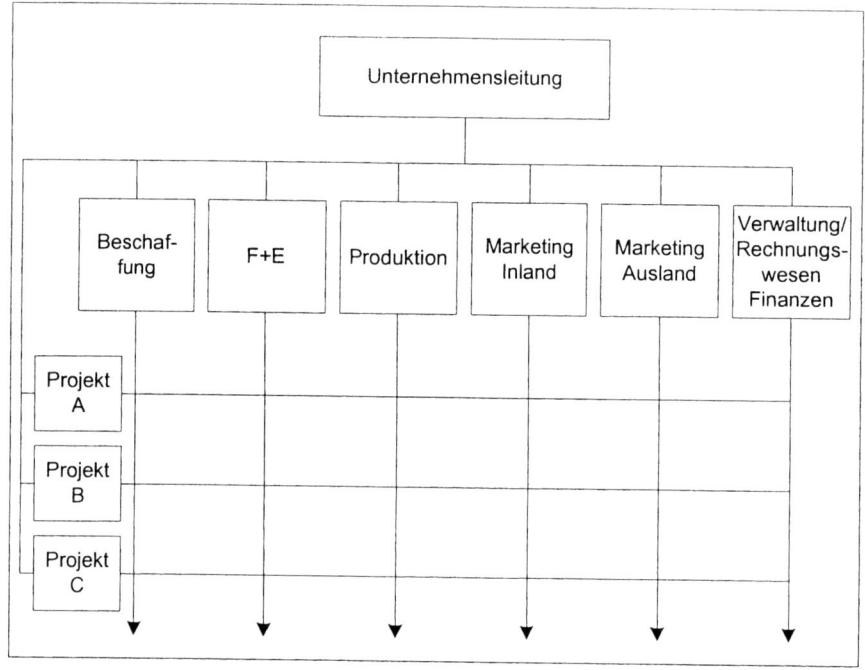

Abb. 5.22: Matrix-Projektorganisation

Bei der **Matrix-Projektorganisation** werden ein oder mehrere Projektleiter horizontal in die bestehende Struktur der betroffenen Unternehmensbereiche eingebunden. Im Regelfall ist hiervon nicht nur der Marketing-Bereich, sondern weitere Funktionsbereiche betroffen. Damit erfolgt eine Kompetenzaufteilung zwischen den Projektleitern und den Funktionsbereichsleitern. Abb. 5.22 stellt das zugehörige Organigramm dar.

Vorteilhaft ist die bei dieser Organisationsform gegebene Entscheidungskompetenz und Weisungsbefugnis des Projektleiters gegenüber den Projektmitarbeitern. Zudem kann die Verantwortung für das Projekt eindeutig dem Projektleiter zugeordnet werden. **Nachteilig** ist hingegen die Tatsache, dass aufgrund der Zu- bzw. Unterordnung der Projektmitglieder sowohl unter den Projekt- als auch unter den Funktionsbereichsleiter Irritationen und Unstimmigkeiten im Hinblick auf Zuständigkeiten auftauchen können. Auch ist auf die generellen Probleme von Matrixstrukturen wie das hohe Konfliktpotenzial und die häufig schwerfälligen Abstimmungsprozesse hinzuweisen.

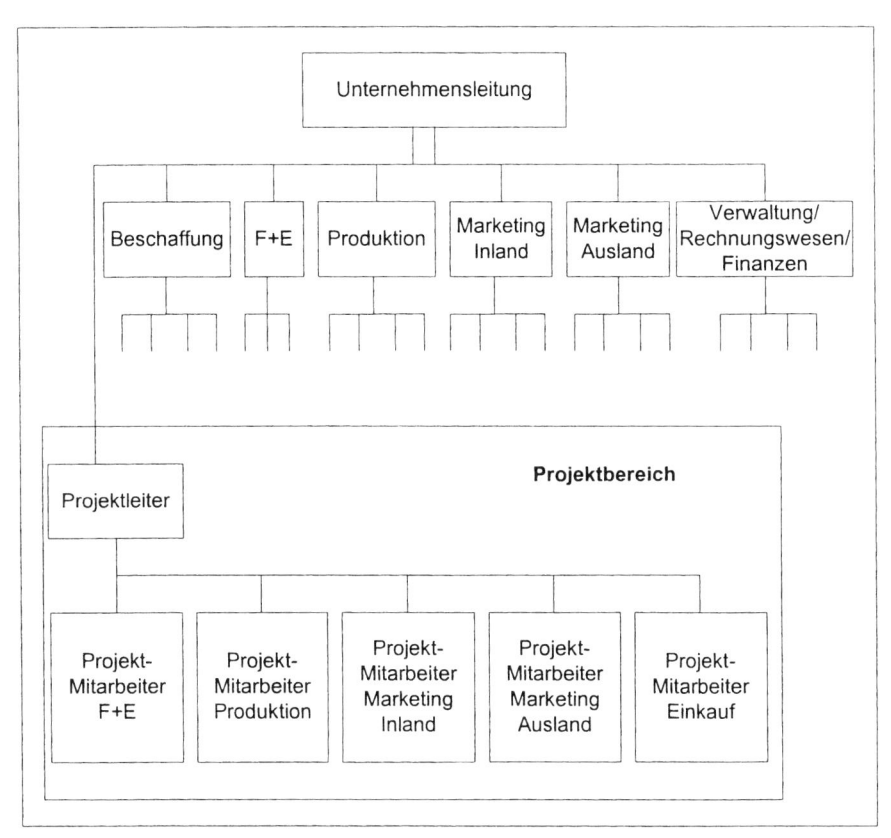

Abb. 5.23: Reine Projektorganisation

Bei der **reinen Projektorganisation** wird eine Projektgruppe aus der Primärorganisation ausgegliedert und der Leitung eines Projektleiters unterworfen. Das Projekt wird damit eigenständig und unabhängig von der bestehenden Organisationsstruktur abgewickelt. Für die Zeit ihrer Tätigkeit im Projekt werden die Projektmitarbeiter von ihrer ursprünglichen Aufgabe entbunden. Das Projekt entspricht damit einem Objekt bei einer objektorientierten Organisationsform (vgl. Abb. 5.23).

Der wesentliche **Vorteil** dieser Organisationsform liegt darin, dass die Projektmitarbeiter aufgrund ihrer Ausgliederung aus ihrer bisherigen Aufgabe sich völlig auf das Projekt konzentrieren können; damit geht im Regelfall auch eine höhere Identifikation mit dem Projekt einher. Zudem ist die Koordination, insbesondere im Vergleich mit der Matrix-Projektorganisation, einfacher. Dies zieht auch eine höhere Flexibilität bei sich ändernden Rahmenbedingungen nach sich. Als besonderer **Nachteil** gilt hingegen die Tatsache, dass es häufig zu Reintegrationsproblemen nach Beendigung des Projekts kommt, wenn die Projektmitarbeiter ihre ursprüngliche Stelle wieder einnehmen. Zudem müssen andere Mitarbeiter häufig die Arbeit des für das Projekt abgestellten Mitarbeiters mit übernehmen, was zu Überlastungen und Demotivation führen kann.

2. Weitere Sekundärorganisationsformen

Eine weitere typische Sekundärorganisationsform sind Teams. **Teams** können als interdisziplinäre Arbeitsgruppen bezeichnet werden, welche im Regelfall keine Weisungsbefugnis und Entscheidungskompetenzen aufweisen und zur Erarbeitung von Problemlösungen bei repetitiven Routineaufgaben herangezogen werden (vgl. *Hünerberg* 1994, S. 471). **Vorteilhaft** bei dieser Organisationsform ist die flexible Arbeitsweise sowie die Möglichkeit der Erarbeitung von aktuellen Problemlösungen unter Einbringung von interdisziplinärem Know-how. Des Weiteren sind die entstehenden Kosten als gering zu bezeichnen und die Primär- bzw. Grundstruktur des Unternehmens wird durch die Einrichtung von Teams nicht tangiert. Als **nachteilig** hingegen erweisen sich die fehlende Entscheidungsbefugnis, welche sich demotivierend auswirken kann, sowie die langen Reaktions- und Umsetzungszeiten der Linieninstanzen für die von den Teams erarbeiteten Vorschläge.

Ein sehr gutes Beispiel für die Einsetzung von Teams sind die Eurobrand Teams von Procter & Gamble (vgl. *Bartlett/Ghoshal* 1987). Diese Eurobrand Teams gehen allerdings von ihrer Bedeutung her über herkömmliche Teams deutlich hinaus. Für jede wichtige Marke wurde ein Management-Team gebildet, welches zuständig für die Entwicklung und Koordination einer europaweiten Marketing-Strategie war. Geleitet wurden die Teams dezentral von derjenigen Landesgesellschaft aus, welche sich im Hinblick auf das betreffende Produkt bzw. die betreffende Marke in der Vergangenheit als besonders kreativ, engagiert und erfolgreich erwiesen hat. Unterstützende Aufgaben wurden von Markenmanagern aus anderen Landesgesellschaften, Funktionsmanagern aus der Hauptverwaltung und anderen an der Strategie des Produktes beteiligten Führungskräften übernommen. Diese Struktur führt zu einer gegenseitigen Abhängigkeit der Landesgesellschaften, da jede Landesgesellschaft für das jeweilige Produkt auch in den anderen Ländern verantwortlich zeichnet; offensichtlich ist damit der koordinative Charakter dieser Organisationsform, da eine wechselseitige Kooperation erforderlich war. Die Einrichtung dieser Teams führte zu einem durchschlagenden Erfolg; so konnte das Produkt „Vizir" innerhalb eines Jahres mit großem Erfolg auf sechs Märkten eingeführt werden, mehr als je zuvor in derart kurzer Zeit. Neu war zudem, dass das Unternehmen zwischen verschiedenen Tochtergesellschaften einen Konsens über eine einzige Produktformel, ein einheitliches Werbe-Argument, eine Standardverpackung und eine zentrale Fertigung erzielen konnte.

Eine weitere Sekundärorganisationsform besteht in der Bildung von **Strategischen Geschäftseinheiten**. Je nach Bedeutung der jeweiligen Geschäftseinheit existiert auch die Möglichkeit, sie als Bestandteil der Primärorganisation in der Grundstruktur des Unternehmens zu verankern. Grundsätzlich handelt es sich bei Strategischen Geschäftseinheiten um klar definierte und disjunkte Produkt-Markt-Kombinationen, welche organisatorisch zu Planungs- und/oder Umsetzungseinheiten zusammengefasst werden (vgl. *Hünerberg* 1994, S. 471). Die **Vorteile** dieses Konzeptes liegen in der hohen Marktnähe sowie der Möglichkeit der Erarbeitung klarer Positionierungs- und Wettbewerbsstrategien und deren schneller, konsequenter Umsetzung. **Nachteilig** erweist sich beim Konzept Strategischer Geschäftseinheiten die Gefahr von Redundanzen bzw. Doppelarbeit sowie die häufig mangelhafte Ausnutzung von Synergieeffekten zwischen den einzelnen Strategischen Geschäftseinheiten; derartige Schwachpunkte lassen sich jedoch durch eine intensivere Koordination der Aktivitäten eliminieren bzw. zumindest abmildern.

E. Zentralisierung versus Dezentralisierung von Entscheidungskompetenzen in internationalen Unternehmen

Eng mit der Frage der organisatorischen Strukturierung eines international tätigen Unternehmens ist der Problemkreis der **Zentralisierung bzw. Dezentralisierung von Entscheidungskompetenzen** verbunden. Unter Zentralisierung kann dabei allgemein das Ausmaß verstanden werden, mit dem Planungs- und Entscheidungskompetenzen auf eine oder wenige Stellen konzentriert werden (vgl. *Schanz* 1994, S. 213 f.). Der im deutschsprachigen Raum häufig verwendete Begriff der Delegation von Entscheidungskompetenzen steht dabei offensichtlich in inverser Beziehung zur Zentralisierung der Entscheidungsbefugnisse. Vor dem Hintergrund einer länderübergreifenden Tätigkeit steht konkret das Problem im Mittelpunkt, wieviel Entscheidungskompetenzen an Organisationseinheiten (z.B. Tochtergesellschaften) im Ausland abgegeben werden sollen bzw. wieviel Entscheidungskompetenzen sich die Muttergesellschaft im Stammland vorbehalten sollte.

Grundsätzlich kann in diesem Zusammenhang von einem Kontinuum gesprochen werden, welches sich von völliger Dezentralisierung von Entscheidungskompetenzen auf der einen Seite bis zur absolut zentralen Ausstattung einer Organisationseinheit (z.B. des Stammsitzes des Unternehmens) mit Entscheidungskompetenz auf der anderen Seite erstreckt. In der Realität werden sich Lösungen an den Endpunkten dieses Kontinuums nur selten – wenn überhaupt – finden lassen. Wo auf diesem Kontinuum das adäquate Ausmaß an Entscheidungsdelegation bzw. -zentralisierung liegt, lässt sich nicht allgemein beantworten. Sowohl für eine zentralisierte Entscheidungsfindung mit dominanter Beteiligung der Muttergesellschaft als auch für eine dezentralisierte Entscheidungsfindung in ausländischen Unternehmenseinheiten vor Ort lässt sich eine Vielzahl von situativen Gegebenheiten finden, welche jeweils die eine oder andere Alternative vorteilhaft erscheinen lässt. Wesentliche Determinanten der Entscheidungszentralisierung bzw. -dezentralisierung zeigt Abb. 5.24.

Die einzelnen in Abb. 5.24 dargestellten Faktoren lassen allerdings nur unabhängig voneinander eine Aussage im Hinblick auf Entscheidungszentralisierung bzw. -dezentralisierung zu. Aufgrund des Zusammenwirkens mehrerer Faktoren muss die Vorteilhaftigkeit der Delegation von Entscheidungskompetenzen für jeden Einzelfall überprüft werden. Neben der Art des beeinflussenden Faktors ist dabei auch dessen Einflussstärke bzw. Ausprägung zu berücksichtigen. Darüber hinaus ist davon auszugehen, dass die einzelnen **betrieblichen Funktionsbereiche** eines Unternehmens unterschiedliche Zentralisierungs- bzw. Dezentralisierungspotenziale besitzen.

Tendenz zur	
Zentralisierung von Entscheidungskompetenzen	**Dezentralisierung von Entscheidungskompetenzen**
– Auslandsgeschäft wird lediglich als Zusatzgeschäft angesehen	– große Bedeutung des Auslandsgeschäfts für das Unternehmen
– hohe Gefahr unerwünschter Parallel- bzw. Reimporte	– Gewinnverantwortung ausländischer Niederlassungen bzw. Tochtergesellschaften
– länderübergreifend stark ähnliche Marktstrukturen	– große Auslandsniederlassung bzw. Tochtergesellschaft mit Einflusspotenzial auf Muttergesellschaft
– Standardisierung als internationales Strategiekonzept	
– straffe Unternehmensorganisation mit Weisungsbefugnis gegenüber ausländischen Niederlassungen bzw. Tochtergesellschaften	– hohe Marktdynamik im Ausland
	– keine hinreichenden Auslandsmarktkenntnisse der Muttergesellschaft
– starkes Gefälle der Mitarbeiterqualifikation und -motivation zwischen In- und Ausland	– große räumliche Entfernungen zu ausländischen Zielmärkten
	– Differenzierung als internationales Strategiekonzept
– erwarteter hoher Koordinationsaufwand bei Dezentralisierung preispolitischer Entscheidungen	– intensive Konkurrenz auf Auslandsmärkten
– Auslandsgeschäft unterliegt einer neugegründeten Gesellschaft	– Auslandsgeschäft wird lediglich von Beteiligungsgesellschaften wahrgenommen (z.B. Joint Ventures)
	– Auslandsgeschäft erfolgt über aufgekaufte erfolgreiche Unternehmenseinheit

Quelle: Sander 1997a, S. 64

Abb. 5.24: Determinanten für das Ausmaß der Entscheidungszentralisierung im internationalen Marketing

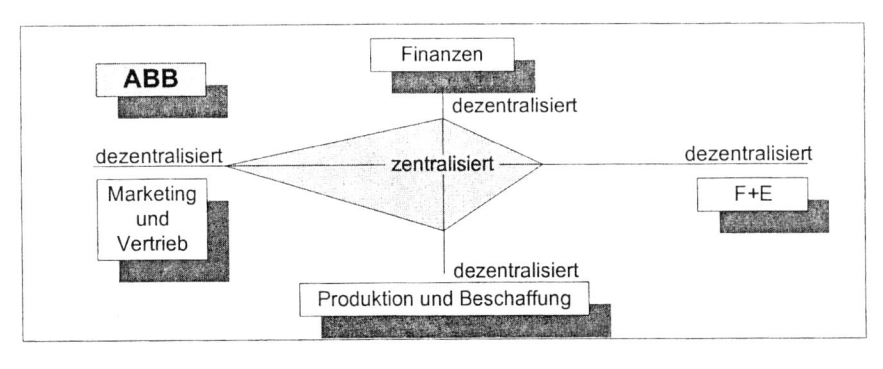

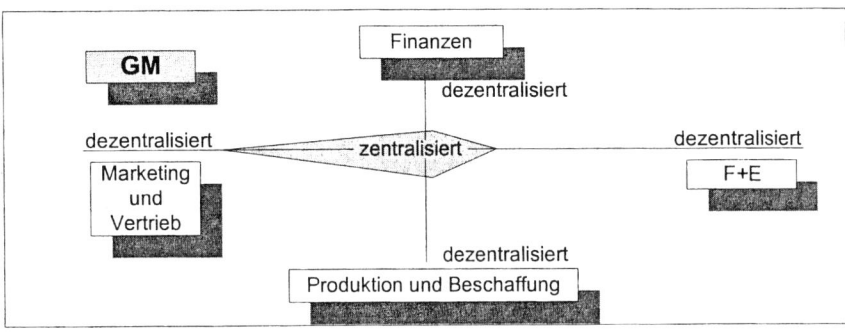

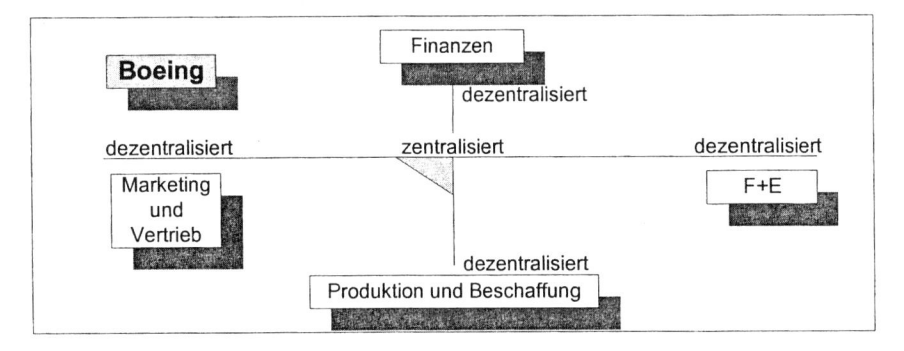

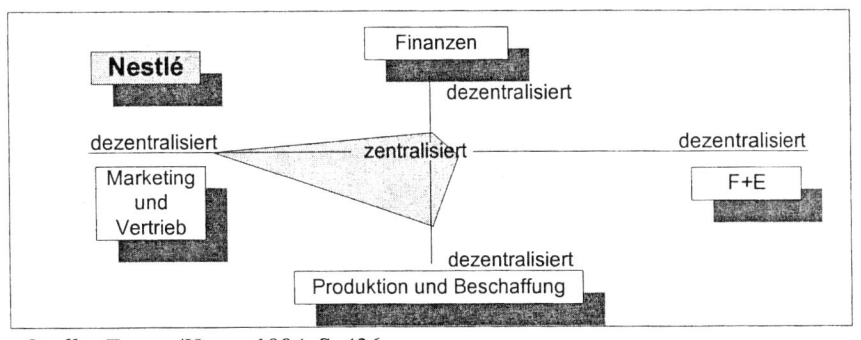

Quelle: Turner/Henry 1994, S. 426
Abb. 5.25: Zentralisierungsgrade ausgewählter Funktionen und Unternehmen

Abb. 5.25 zeigt als Ergebnis einer empirischen Studie, dass insbesondere im Funktionsbereich „Marketing und Vertrieb" ein besonders hohes Dezentralisierungspotenzial besteht. Auch wenn diese Ergebnisse nicht als repräsentativ angesehen werden können, so besteht doch die Vermutung, dass zumindest im Vergleich mit anderen Funktionsbereichen der Bereich Marketing und Vertrieb einer gewissen Entscheidungsautonomie bedarf, um lokalen Markterfordernissen vor Ort gerecht werden zu können.

Ähnliche Ergebnisse zeigen weitere empirische Studien; in einer Analyse von 20 international tätigen Unternehmen konnte *Pausenberger* (1992, Sp. 1063 f.) feststellen, dass marktnahe Funktionen wie Beschaffung und Absatz bzw. Marketing den höchsten Dezentralisierungsgrad besitzen, die Funktionsbereiche Personal und Produktion eine mittlere Position einnehmen und die Funktionen Finanzwirtschaft sowie Forschung und Entwicklung (F&E) als nicht unmittelbar marktverbundene Bereiche den niedrigsten Dezentralisierungsgrad bzw. die höchste Entscheidungszentralisation aufweisen. Als Grund für die hohe Entscheidungszentralisation in den Funktionen Finanzwirtschaft und F&E wird die Tatsache angeführt, dass es sich um Entscheidungen über zentrale Ressourcen mit zumeist hoher Bindungswirkung handelt. Als weiteres Ergebnis konnte festgestellt werden, dass innerhalb der einzelnen Funktionsbereiche allerdings z.T. erhebliche Streuungen im Hinblick auf die Entscheidungsautonomie auftreten; während beispielsweise im Funktionsbereich „Personal" eine geringe Zentralisation im Hinblick auf den Abschluss von Tarifverträgen ermittelt wurde, ist der Zentralisationsgrad bei Entscheidungen für die Besetzung von Führungspositionen der ersten Ebene extrem hoch.

Zentralisierungs-dimensionen \ Studien	Wiechmann 1976	Hedlund 1981	Ahn et al. 1986	Beutelmeyer & Mühlbacher 1986
Produkteigenschaften	4,62	3,77	3,26	3,24
Markenname	4,62	./.	4,10	./.
Verpackung	4,72	./.	2,82	./.
Preis	2,54	4,19	1,77	2,14
Konditionen	./.	4,25	1,57	1,92
Werbebotschaft	3,00	4,35	1,71	2,50
Verkaufsförderung	1,94	./.	1,55	./.
Werbeträger	1,94	./.	1,59	./.
Außendienst	2,04	./.	1,25	./.
Betriebsform	2,34	3,79	1,27	./.
(5 = hoch, 1 = niedrig)				

Quelle: Bolz 1992, S. 198.
Abb. 5.26: Zentralisierungsgrad von Marketingentscheidungen

Abb. 5.26 zeigt eine Übersicht von Studien, welche sich mit der Zentralisierung von Entscheidungskompetenzen ausschließlich im Marketing-Bereich von international tätigen Unternehmen beschäftigt haben. Zwar sind die Ergebnisse nicht einheitlich, als Tendenzaussage lässt sich jedoch festhalten, dass hohe Zentralisierungsgrade in der Produktpolitik, gefolgt von der Kommunikationspolitik, auftreten, preis- und distributionspolitische Entscheidungen eher dezentralisiert sind.

Gemäß der These von *Chandler* (1962) „Structure follows Strategy" ergibt sich die interessante Frage, in welchem Zusammenhang die jeweils verfolgte **Marketing-Strategie** mit dem Zentralisierungsgrad von Entscheidungen steht. Beispielsweise liegt auf der Hand, dass eine Standardisierungsstrategie von Marketing-Programmen und -Prozessen durch eine zentralisierte Entscheidungsstruktur gefördert wird; andererseits liegt die Vermutung nahe, dass Differenzierungsstrategien mit einer Dezentralisierung von Entscheidungskompetenzen einhergehen. In diesbezüglichen empirischen Studien konnten derartige Zusammenhänge nicht eindeutig festgestellt werden. Sicherlich spielt hier die verschiedenartige und häufig unzureichende Operationalisierung des Begriffs „Zentralisierung" eine Rolle (vgl. *Meffert/Bolz* 1998, S. 268).

Abschließend ist darauf hinzuweisen, dass als weiteres Ergebnis empirischer Studien offensichtlich auch die **Nationalität der Muttergesellschaft** einen Einfluss auf den Zentralisierungsgrad von Entscheidungen ausübt. Obwohl auch hier die Ergebnisse widersprüchlich sind, liefern sie in überwiegendem Maße eine Bestätigung für die Annahme, dass US-amerikanische Unternehmen im Durchschnitt zentralistischer geführt werden als westeuropäische und japanische Unternehmen (vgl. *Pausenberger* 1992, Sp. 1064 f.); es gibt Hinweise darauf, dass die Entscheidungsautonomie bei japanischen Unternehmen im Vergleich mit US-amerikanischen und deutschen am höchsten ist.

F. Koordinationskonzepte in internationalen Unternehmen

Zur Überwindung des Zentralisierungs-Dezentralisierungskonfliktes sind spezifische organisatorische Regelungen vorgeschlagen worden, welche als Weiterentwicklung formaler Koordinationskonzepte gelten können. Diskutiert werden im Folgenden
– regelmäßige Konferenzen,
– globale Koordinationsgruppen,
– das Lead-Country-Konzept,
– das Profit-Center-Prinzip sowie
– Netzwerkkonzepte und virtuelle Unternehmen.

I. Regelmäßige Konferenzen

Regelmäßige Konferenzen zwischen lokalen Produktmanagern, Marktforschern, F&E-Mitarbeitern, Controllern und Produktionsleitern mit den entsprechenden Managern aus dem Stammhaus stellen einen ersten Schritt zur Koordination der Aktivitäten im In- und Ausland dar (vgl. *Raffée/Kreutzer* 1986, S. 13). Für die jeweiligen Sitzungen sind dabei konkrete Aufgabenstellungen vorzugeben, welche innerhalb einer vorgegebenen Zeit möglichst zu lösen sind. Die Zusammenarbeit bezieht sich jeweils auf die unmittelbaren Verantwortungsträger der betroffenen Bereiche. Neben dem persönlichen Kennenlernen und dem damit verbundenen Abbau eventueller Vorurteile entwickeln derartige Treffen durchaus partizipative Kräfte (vgl. *Macharzina/Oesterle* 1995, S. 330). So kann beispielsweise die erfolgreiche Strategie einer Ländernniederlassung aufgegriffen werden und auf Einsatzmöglichkeiten in anderen Ländern bei gleichzeitiger Festlegung der Adaptionsfreiräume überprüft werden.

Wesentliche **Vorteile** regelmäßiger Konferenzen mit internationaler Beteiligung liegen in dem Abbau des „Not-invented-here"-Syndroms sowie in den kurzen, unkomplizierten Kommunikationswegen, welche die Möglichkeit zu einem intensiven Informationsaustausch mit sich bringen. Darüber hinaus wird die Komplexität der Zusammenarbeit in Grenzen gehalten, da im Mittelpunkt der Zusammenarbeit ausschließlich die jeweiligen Verantwortungsträger stehen. Auch können auf kooperative Art und Weise Flexibilitätsspielräume ausgelotet werden, welche den Organisationseinheiten im Ausland zur Verfügung gestellt werden sollen. Schließlich ist darauf hinzuweisen, dass persönliche Treffen mit Kollegen aus anderen Unternehmensteilen durchaus positive motivationale Wirkung entfalten können; neben dem Kennenlernen von neuen Verhaltensweisen, Kulturen usw. in einem oftmals interessanten Umfeld besteht in der Regel auch die Möglichkeit, auf informalem Wege neue Erfahrungen über Vorgehens- und Verhaltensweisen bei bestimmten Problemen im Unternehmen zu machen.

Nicht zu übersehen ist allerdings die **Gefahr**, dass die regelmäßigen Konferenzen zu kontraproduktiven, ressourcenverschwendenden Routinesitzungen degenerieren (vgl. *Raffée/Kreutzer* 1986, S. 13). Bei entsprechend langen Sitzungsintervallen, welche zwar kostenmindernd wirken, ist zudem ein gewisses Trägheitsmoment gegeben; flexible Marktreaktionen sind dann häufig nicht möglich, weil die nächste Konferenz, auf welcher die jeweilige Problematik zu besprechen ist, erst zu einem späten Zeitpunkt anberaumt wurde. Sofern Zuständigkeiten und Verantwortungsbereiche nicht eindeutig abgegrenzt sind, kann zudem eine Koordination über derartige Konferenzen zeitaufwändig werden (vgl. *Macharzina/Oesterle* 1995, S. 330).

II. Globale Koordinationsgruppen

Ein erweiterter Ansatz zur Koordination internationaler Aktivitäten eines Unternehmens liegt in Form **globaler Koordinationsgruppen** vor. Derartige Koordinationsgruppen setzen sich sowohl aus Mitarbeitern sämtlicher Landesniederlassungen als auch aus Delegierten der Muttergesellschaft zusammen. Anstatt einer einseitigen Ausrichtung der Planung von der Muttergesellschaft zu den Landesgesellschaften oder umgekehrt soll dabei das Gegenstromprinzip zwischen Stammhaus und Landesniederlassungen verwirklicht werden (vgl. zum Gegenstromprinzip auch *Berndt* 1995b, S. 14 f.). Auf diese Weise werden Entscheidungen erwirkt, welche sowohl von Mutter- als auch Landesgesellschaften getragen werden; damit wird ein besonders hoher Partizipationsgrad der ausländischen Organisationseinheiten erreicht. Neben Planungsaufgaben besitzen die globalen Koordinationsgruppen zudem die Aufgabe, auch für die Umsetzung der erarbeiteten Konzepte sowie die damit zusammenhängende Koordination zu sorgen. Diese Aufgabe grenzt sie wesentlich von den regelmäßigen Konferenzen als Koordinationsinstrument ab.

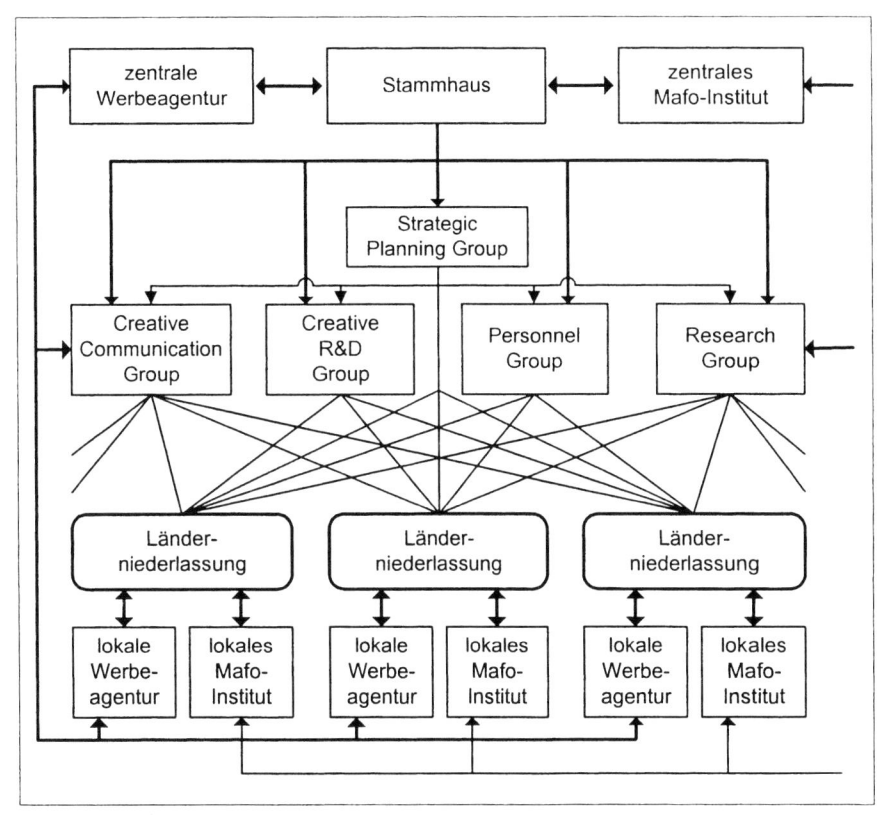

Quelle: Raffée/Kreutzer 1986, S. 14.
Abb. 5.27: Einsatzmöglichkeiten globaler Koordinationsgruppen

Inhaltlich können die Koordinationsgruppen als Strategic Planning Groups, Creative Communication Groups, Research Groups, Creative R&D-Groups sowie Personnel Groups ausgestaltet sein (vgl. i.E. *Raffée/Kreutzer* 1986, S. 13 ff.). Den anderen Gruppen vorgelagert ist dabei die Strategic Planning Group, deren Aufgabe zunächst darin besteht, die globalen Ausgangsziele sowie die strategischen Stoßrichtungen des Unternehmens festzulegen; nach umfassenden Analyse- und Prognoseaktivitäten sind dann diese Globalziele und Stoßrichtungen in maßnahmenbezogene Zielkonzeptionen und Strategien umzuformen. Die auf diese Weise erarbeiteten Rahmenbedingungen stellen dann grundsätzliche Vorgaben für die anderen Koordinationsgruppen dar, deren Aufgabe in der Entwicklung internationaler bzw. globaler Kommunikationskampagnen, dem Design internationaler Marktstudien und der Aufbereitung der auf diese Weise gewonnenen Informationen, dem Erfahrungsaustausch in Bezug auf Neuproduktentwicklungen und Produktverbesserungen sowie der Erarbeitung einheitlicher Personalauswahlverfahren, Beförderungsprinzipien und Management-Development-Programme liegt. Im Kern gilt es, innerhalb der einzelnen Gruppen den notwendigen Standardisierungsgrad der einzelnen Maßnahmen vor dem Hintergrund lokaler Heterogenitäten festzustellen (vgl. *Macharzina/Oesterle* 1995, S. 331). Abb. 5.27 zeigt die Einsatzmöglichkeiten der globalen Koordinationsgruppen in einem international tätigen Unternehmen.

Im Hinblick auf eine **Beurteilung** globaler Koordinationsgruppen ist zunächst die Leitidee der länderübergreifenden Partizipation positiv hervorzuheben, welche einseitige stammhaus-dominierte Machtpositionen abzubauen hilft (vgl. *Raffée/ Kreutzer* 1986, S. 15 f.). Gleichzeitig wird auf diese Weise Fachkompetenz aus vielen Ländern akkumuliert, sodass Entscheidungen rational und im weitestgehenden Maße wissensbasiert getroffen werden können. Ebenfalls wird der Know-how-Transfer im Unternehmensverbund gefördert und eine hohe Leistungsmotivation erzielt (vgl. *Meffert/Bolz* 1998, S. 275). Negativ wirkt sich allerdings eine gewisse Entfernung vom Tagesgeschäft aus, welche durch die Mitarbeit in derartigen Koordinationsgruppen auftreten kann; Probleme werden dann nur noch verzerrt bzw. gar nicht mehr wahrgenommen. Durch Rotation der Mitgliedschaft in den Arbeitsgruppen und Verankerung der Gruppenmitglieder im Tagesgeschäft der Landesniederlassungen kann diesem Problem jedoch entgegengewirkt werden; gleichzeitig wird hierdurch das Routinisierungsrisiko mit der Folge der Degeneration der Koordinationsgruppen zu Debattierveranstaltungen reduziert (vgl. *Raffée/Kreutzer* 1986, S. 16).

III. Lead-Country-Konzept

Die Grundidee des **Lead-Country-Konzeptes** besteht darin, dass eine organisatorische Einheit – z.B. eine Tochtergesellschaft im Ausland oder das Stammhaus im Inland – für eine größere regionale Einheit (z.B. den asiatisch-pazifischen Raum) oder sogar den Weltmarkt selbst die Rolle des Koordinators und „Primus inter pares" übernimmt (vgl. *Schröder* 1996, S. 183 ff.). Einzelne Unternehmensteile können so ihre besonderen Kompetenzen in das Gesamtunternehmen einbringen. Kennzeichnend ist dabei die Tatsache, dass sich die Führungsposition des jeweiligen Landes bzw. der dort angesiedelten Unternehmenseinheit nur auf einzelne Produkte oder eine bzw. mehrere (homogene) Produktgruppen und damit nur auf einen eng umgrenzten Teil des angebotenen Gesamtprogramms bezieht. Unter der Leitung dieses Lead-Country wird für die jeweils zugeordneten Länder ein Orientierungsrahmen für die Marketing-Aktivitäten vorgegeben. Länderspezifische Adaptionen der Marketing-Konzepte sind nur bei gravierenden Hindernissen (z.B. stark unterschiedliches Käuferverhalten) möglich und haben sich an den vorgegebenen Richtlinien zu orientieren. Abb. 5.28 zeigt beispielhaft eine denkbare Umsetzung des Lead-Country-Konzeptes auf.

	Produkt A	Produkt B	Produkt C	Produkt D	Produkt E
Stammhaus BRD	●	LC	●	●	●
Länderniederlassung Frankreich	LC	●	●	LC	●
Länderniederlassung Großbritannien	●	■	●	●	LC
Länderniederlassung Italien	●	●	LC	●	●
Länderniederlassung USA	●	●	LC	LC	□
Länderniederlassung Kanada	●	LC	●	□	●
Länderniederlassung Brasilien	□	■	●	●	●
Länderniederlassung Japan	●	●	■	LC	●
Länderniederlassung Singapore	●	■	●	●	●

LC Lead-Country
● Produkt eingeführt
■ Produkt noch nicht eingeführt
□ Realisierung eines länderspezifischen Ansatzes

⬭ Bereich, auf den sich die Lead-Funktion bezieht

Quelle: Raffée/Kreutzer 1986, S. 16.
Abb. 5.28: Beispielhafte Umsetzung des Lead-Country-Konzeptes

Im Hinblick auf die Frage, welche Unternehmenseinheit federführend sein und damit die Position des Lead-Country übernehmen sollte, sind folgende **Faktoren** ausschlaggebend (vgl. *Meffert/Bolz* 1998, S. 274):
– Marketing-Kompetenz und Länder-Know-how der Tochtergesellschaften,
– räumliche Nähe zu den Produktionsanlagen,
– strategische Bedeutung der jeweils bearbeiteten Märkte,
– Länderimage (z.B. zur Nutzung von Country-of-origin-Effekten),
– Bedeutung der einbezogenen Produkte (derzeitiger und langfristiger Stellenwert im Rahmen des Leistungsprogramms des Unternehmens),
– rechtliche Anforderungen und Restriktionen der gegenwärtigen Standorte sowie der zu bearbeitenden Länder,

– firmenpolitische Erwägungen, z.B. zur Aufwertung einzelner Tochtergesellschaften durch Übertragung der Lead-Funktion.

Eine Anwendung hat das Lead-Country-Konzept auch im Kommunikationsbereich gefunden. Auf seiten der Werbeagenturen wurde es im Form eines **Lead-Agency-Konzeptes** umgesetzt. Hier übernimmt die Zentrale oder eine nationale Niederlassung der international tätigen Werbeagentur die weltweite oder zumindest länderübergreifende Betreuung eines Produktes bzw. einer Produktfamilie (vgl. *Raffée/Kreutzer* 1986, S. 18 f.). Dabei ist die Anwendung des Lead-Agency-Konzeptes nicht auf den Fall festgelegt, dass auch auf seiten des auftraggebenden Unternehmens ein Lead-Country-Konzept vorliegt. Gleichwohl wird in diesem Fall ein international einheitlicher kommunikativer Auftritt des werbetreibenden Unternehmens erleichtert und eine größere Ausschöpfung von Synergiepotenzialen sichergestellt.

Die **Vorteile** des Lead-Country-Konzepts liegen darin, dass grundsätzlich jede Unternehmenseinheit die Möglichkeit hat, Lead-Country zu werden und damit die Koordinationsaufgaben zwischen den beteiligten Ländern zu übernehmen. Auf diese Weise wird einer zu starken Machtkonzentration im Stammhaus entgegengewirkt. Im Hinblick auf die Motivation der Mitarbeiter sind zudem positive Effekte aufgrund des hohen Partizipationsgrades zu erwarten. Dies gilt nicht nur für das Lead-Country, sondern auch für die übrigen jeweils betroffenen Länder, da diese für die jeweilige Marketingkonzeption entwicklungsbezogene Teilaufgaben selbständig zu erfüllen haben (vgl. *Macharzina/Oesterle* 1995, S. 332). Auch hieran wird deutlich, dass das Lead-Country-Konzept im Vergleich mit anderen Koordinationskonzepten in internationalen Unternehmen dem partizipativen Gedanken am weitestgehenden Rechnung trägt. Gleichzeitig wird hierdurch die Komplexität im Hinblick auf die Umsetzung des Lead-Country-Konzeptes in Grenzen gehalten. Durch die unmittelbare Eingebundenheit des Lead-Country nicht nur in die produktbezogene strategische Planung, sondern auch in das operative Tagesgeschäft, besteht zudem nicht die Gefahr einer mangelhaften Problemorientierung (vgl. *Raffée/Kreutzer* 1986, S. 18).

Probleme wirft das Lead-Country-Konzept insofern auf, als die Verantwortungsbereiche bei Einführung dieses Konzeptes entsprechend restrukturiert werden müssen. Getreu dem Prinzip, dass für Erfolge bzw. Misserfolge nur dann eine Belohnung bzw. Sanktion erfolgen sollte, wenn eine maßgebliche Beteiligung hieran tatsächlich stattgefunden hat, müssen etwaige Autonomieverluste der Länder-Produktmanager durch Einführung des Lead-Country-Konzepts berücksichtigt werden; es muss die Möglichkeit einer eindeutigen Lokalisation der Ursachen für den Erfolg bzw. Misserfolg von Marketing-Konzepten entweder beim Lead-Country oder bei den Managern im betreffenden Land angestrebt werden. Unternehmensweite Planungs- und Kontrollsysteme sind in diesem Sinne dem Lead-Country-Konzept anzupassen, indem klar abgegrenzte Verantwortungsbereiche zugrunde gelegt werden (vgl. *Macharzina/Oesterle* 1995, S. 332).

Darüber hinaus sind Vorkehrungen zu treffen, dass alle Unternehmensteile angemessen berücksichtigt werden. Problematisch hierbei ist die Tatsache, dass die

Angemessenheit sich nicht nur auf bisherige Ergebnisse bezieht, sondern auch zukünftiges Potenzial, Ressourcenverteilung u.ä. in Rechnung zu stellen sind (vgl. *Hünerberg* 1994, S. 459).

IV. Profit-Center-Prinzip

Das **Profit-Center-Prinzip** ist eine weitere Form der Steuerung von Aktivitäten der einzelnen Organisationseinheiten bzw. Landesgesellschaften in international tätigen Unternehmen. Hier wird den Gesellschaften in den einzelnen Ländern die Eigenverantwortung für Produktion und Vertrieb der Produkte zugestanden; gleichzeitig sind sie damit gegenüber der Muttergesellschaft im Stammland zur Rechenschaft im Hinblick auf den erwirtschafteten Erfolg verpflichtet. Offensichtlich wird auf diese Weise eine Koordination der Aktivitäten innerhalb des Unternehmensverbundes durch den Markt erreicht. Von den Landesgesellschaften zu verfolgende Zielgrößen, welche von der Muttergesellschaft vorgegeben werden bzw. mit ihr auszuhandeln sind, betreffen im Regelfall Gewinn-, RoI-, Marktanteils-, Umsatz- oder Kostenziele oder eine Kombination von ihnen.

Vorteilhaft ist diese Koordinationsform aufgrund des geringen Koordinationsaufwandes aus Sicht der Muttergesellschaft, da die Steuerung der Aktivitäten über Preise bzw. den Markt quasi „automatisch" erreicht wird. Gleichzeitig steigert die Eigenverantwortlichkeit die Motivation der Mitarbeiter in den Auslandsniederlassungen. Dem geringeren Koordinationsaufwand steht allerdings ein erhöhter Kontrollaufwand anhand der realisierten Ergebnisse seitens der Muttergesellschaft gegenüber. **Probleme** tauchen darüber hinaus auf, wenn Leistungen bzw. Ergebnisse nicht eindeutig den Landesgesellschaften zugerechnet werden können. Auch widerspricht das Profit-Center-Prinzip dem Integrationsgedanken (vgl. *Meffert/ Bolz* 1998, S. 275); jede Landesgesellschaft agiert weitgehend unabhängig von den anderen Unternehmenseinheiten. Auf diese Weise werden einerseits Synergiepotenziale verschenkt bzw. nicht ausgenutzt, andererseits führt eine landesspezifische Optimierung der Aktivitäten nicht auch zum Optimum für das Gesamtunternehmen. Ursächlich hierfür ist die Interdependenz der Ländermärkte, welche auf Faktoren wie zunehmende Mobilität der Bevölkerung, steigende Markttransparenz infolge neuer Kommunikationstechniken (z.B. Internet) sowie die Internationalisierung der Konsumenten bzw. Abnehmer zurückzuführen ist. Eine Vernachlässigung dieser Interdependenzen zwischen einzelnen Ländern führt zu Fehlentscheidungen im Rahmen des Marketing-Management mit der Folge einer unzureichenden Ausschöpfung des Gewinnpotenzials.

Die Möglichkeit der Umgehung der geschilderten Problematik besteht in der Einrichtung einer globalen Produktverantwortung (vgl. *Raffée/Kreutzer* 1986, S. 19 f.). Die **globale Produktverantwortung** impliziert eine Rückverlagerung von Entscheidungskompetenz aus den Länderniederlassungen in das Stammhaus. Organisatorisch bedeutet dies, dass eine Zentralisation von Aufgaben bezüglich des jeweiligen Produkts bzw. der betroffenen Produktgruppe in einer einzigen Abteilung in der Muttergesellschaft erfolgt; die weltweite Ergebnisverantwortung liegt in diesem Fall bei dem dieser Abteilung vorstehenden Global-Product-Manager.

Voraussetzung für das Funktionieren dieses Ansatzes ist ein effizientes und leistungsfähiges Informations- und Kommunikationssystem zwischen der Muttergesellschaft und den Auslandsniederlassungen vor Ort. Problematisch ist allerdings, dass bei nicht ausreichender Beteiligung der Gesellschaften vor Ort an Planungs- und Entscheidungsprozessen demotivierende Wirkungen entfaltet werden sowie die Gefahr des „Not-invented-here-Syndroms" besteht. Eine gewisse Entscheidungsautonomie innerhalb genau definierter Entscheidungsbereiche muss daher bei den Landesgesellschaften verbleiben, um eine Funktionsfähigkeit des Systems gewährleisten zu können; für diese Entscheidungsbereiche haben die Landesgesellschaften auch die Verantwortung zu tragen. Dabei sollte es sich um Bereiche handeln, die der Umsetzung der von dem Global-Product-Manager vorgegebenen Marketing-Konzeption dienen; während von der Muttergesellschaft beispielsweise die Produktpositionierung eines Produkts im Wettbewerbsumfeld sowie die daraus abgeleitete Kommunikationsstrategie vorgegeben wird, haben die Landesgesellschaften z.B. über den Media-Mix zur Umsetzung dieser strategischen Vorgaben zu entscheiden.

V. Netzwerkkonzepte und virtuelle Unternehmen

Eine besonders enge Verflechtung der Zentrale mit den Tochtergesellschaften im Ausland lässt sich mit sog. **Netzwerken** sicherstellen. Hier ergeben sich „transnationale" Unternehmen, bei denen die Rolle der Zentrale denen der Tochtergesellschaften angeglichen wird und alle Organisationseinheiten potenziell gleichartige Aufgaben übernehmen können (vgl. *Hünerberg* 1994, S. 459). Es handelt sich dabei um eine auf gegenseitigen Abhängigkeiten basierende Organisationsstruktur; auf diese Weise können die im Unternehmen vorhandenen Ressourcen bestmöglich genutzt werden. Durch einen intensiven Austausch von Produkten und Material, Personal und Informationen werden die Ressourcen dort eingesetzt, wo sie am effizientesten verwertet werden können. Der Zentrale obliegt dabei die Koordination der Prozesse zwischen den einzelnen Organisationseinheiten. Ziel ist es, die **Integration und Kooperation von Aktivitäten** im Gesamtunternehmen zu verstärken. Abb. 5.29 zeigt eine derartige Netzwerkstruktur.

Offensichtlich ist die Interdependenz der Beziehungen ein wesentliches Charakteristikum von Netzwerken. Dieses bedeutet einen entscheidenden Vorteil, da sich in der Vergangenheit gezeigt hat, dass weder vollkommen unabhängige noch völlig abhängige ausländische Organisationseinheiten den heutigen Bedingungen genügen können (vgl. *Bartlett/Ghoshal* 1990, S. 122 ff.). Unabhängige Niederlassungen sind im Nachteil, wenn die Konkurrenz durch die Koordinierung ihrer Aktivitäten strategische Vorteile erzielt und Verluste auf bestimmten Märkten durch Gewinne in anderen Märkten ausgleichen kann. Dieses „cross-subsidization" kann dazu führen, dass unternehmensweit gesehen die Gewinnpotenziale besser ausgeschöpft werden (vgl. hierzu auch *Hamel/Prahalad* 1985, S. 144). Umgekehrt kann völlige Abhängigkeit der Auslandsniederlassungen dazu führen, dass auf lokale Marktchancen oder auf die Vorstöße der Konkurrenz nur unzureichend oder zu spät reagiert werden kann.

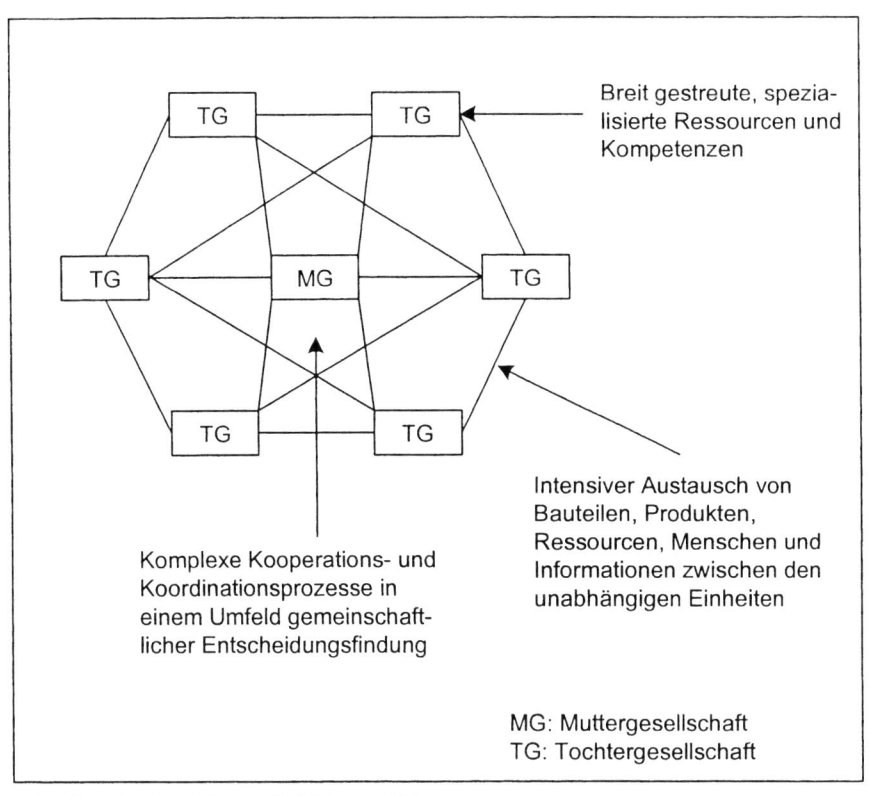

Quelle: Bartlett/Ghoshal 1990, S. 119
Abb. 5.29: Globale Netzwerkstruktur

Die bereits an anderer Stelle erwähnten Eurobrand Teams weisen ebenfalls Netzwerkstrukturen auf. Auch hier dominieren Integration und Kooperation der Aktivitäten auf Basis der gegenseitigen Abhängigkeit der Landesgesellschaften. Insofern können die Eurobrand Teams durchaus als „kleine" Netzwerke bezeichnet werden, die allerdings von der Organisationsstruktur des Gesamtunternehmens überlagert werden.

Die Netzwerkstruktur lässt sich darüber hinaus auch über die Grenzen des eigenen Unternehmens erweitern (vgl. *Hünerberg* 1994, S. 461 ff.). Aufgrund der zunehmend engen Verknüpfung eigener Aktivitäten mit denen der Zulieferer (z.B. in der Automobilindustrie) macht es Sinn, vertikale Geschäftsbeziehungen in der Organisationsstruktur zu berücksichtigen. Neben **vertikalen Beziehungen** lassen sich aber auch **horizontale Verknüpfungen** in Netzwerke integrieren, insbesondere bei Joint Ventures oder strategischen Allianzen. Abb. 5.30 zeigt eine erweiterte Netzwerkstruktur.

Vorteilhaft an Netzwerkstrukturen sind die integrativen Momente, welche durch die gegenseitige Abhängigkeit geschaffen werden; gleichzeitig werden bestimmte Aufgaben dort wahrgenommen, wo sie am besten erfüllt werden können. Da – im

Idealfall – die einzelnen Organisationseinheiten jedoch gleichartige Aufgaben wahrnehmen können, können die Aktivitäten innerhalb der Gesamtorganisation flexibel geändert werden, wenn sich das Umfeld in einem oder mehreren Ländern ändert (z.B. starke Währungsabwertung, schwache ökonomische Entwicklung, stärkerer Regierungseinfluss auf wirtschaftliche Geschehnisse u.Ä.). Insofern bergen Netzwerkstrukturen eine erhebliche Flexibilität in sich. **Nachteilig** hingegen ist der hohe Koordinationsaufwand, welcher durch die Zentrale zu leisten ist. Zudem ist eine permanente Kontrolle notwendig im Hinblick auf die Angemessenheit der Netzwerkstruktur auch im Zeitablauf; Netzwerke sind daher als dynamische Organisationsstrukturen anzusehen, welche häufigen Veränderungen unterliegen.

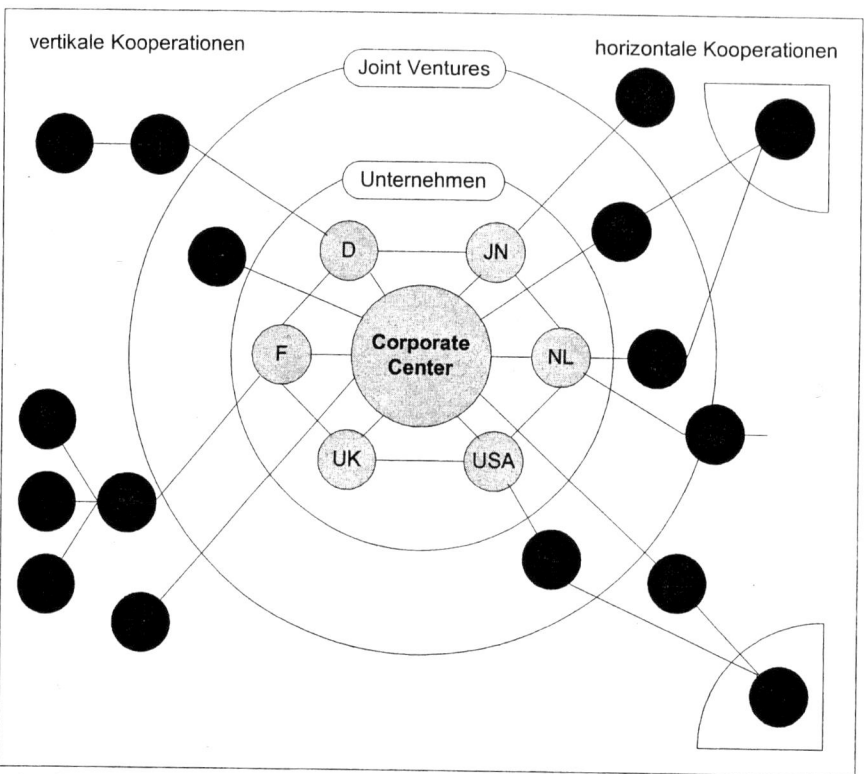

Quelle: Rall 1993, S. 82.
Abb. 5.30: Erweiterte Netzwerkstruktur

In engem Zusammenhang mit Netzwerkkonzepten stehen virtuelle Unternehmen. Ein **virtuelles Unternehmen** kann als ein zeitlich begrenztes und kooperierendes Netzwerk rechtlich selbstständiger Unternehmen, welche ihre jeweiligen Kernkompetenzen in die gemeinsame Organisation einbringen, bezeichnet werden (vgl. *Bea/Haas* 2001, S. 430). Derartige Unternehmen können dabei auch als kooperative Form zur Erschließung von internationalen Märkten fungieren (vgl. Abschnitt B.III.1.e im 3. Teil). Typischerweise werden in derartigen virtuellen Unternehmen

Projekte bearbeitet (vgl. auch Abschnitt D.IV.1 in diesem Teil). Zur länderübergreifenden Kooperation zwischen den beteiligten Partnern wird dabei auf modernste Informations- und Kommunikationstechnologien zurückgegriffen. Eine besondere Rolle spielt hier das Internet, mit dessen Hilfe ein gemeinsames, in sich geschlossenes und verbindliches Erscheinungsbild des virtuellen Unternehmens gegenüber den Abnehmern vermittelt werden kann. Weitere Kennzeichen virtueller Unternehmen sind die hohe Flexibilität sowie die optimale Nutzung der vorhandenen Ressourcen, da jedes beteiligte Unternehmen sich auf seine Kernkompetenzen konzentriert. Es besteht so die Möglichkeit, auftrags- und situationsspezifische Problemlösungen für die Kunden anzubieten (vgl. *Becker* 2001, S. 854 f.). Im Vergleich zu Netzwerken handelt es sich aber um eine Organisationsform mit deutlich geringerer Stabilität; der Grad der Institutionalisierung ist gering und auf vertragliche Regelungen wird weitgehend verzichtet. Auch sind opportunistisches Denken und Handeln weit ausgeprägter als bei Netzwerken.

G. Organisationsentwicklung in internationalen Unternehmen

Die (Weiter-)Entwicklung der strukturellen Organisation eines international tätigen Unternehmens stellt eine unabdingbare Notwendigkeit dar, um die Aufgaben innerhalb des Unternehmens auch im Zeitablauf effizient abwickeln zu können. Besonders vor einem internationalen Kontext ergeben sich hierbei Umsetzungsschwierigkeiten, welche zu nicht unerheblichen Verzögerungen bei der Durchführung eines „organizational change" sowie zu Wirkungsverlusten der organisatorischen Neuausrichtung führen können. Nachfolgend wird daher zunächst auf die Notwendigkeit organisatorischer Änderungen eingegangen; anschließend werden Hemmnisse der Organisationsentwicklung sowie Möglichkeiten ihrer Umgehung aufgezeigt.

I. Notwendigkeit der Organisationsentwicklung

Die Notwendigkeit organisatorischer Adaptionen ergibt sich aus der Veränderung der die Organisationsform beeinflussenden Determinanten (vgl. hierzu Kapitel B. in diesem Teil). Konkret bedeutet dies, dass die Notwendigkeit eines „**organizational change**" sowohl fremdbestimmt aufgrund der Änderung externer Determinanten als auch eigenbestimmt bspw. durch Variation der eingeschlagenen Unternehmensstrategie sein kann. Abb. 5.31 zeigt ausgewählte Anlässe für eine organisatorische Neuausrichtung.

Die situative Bedeutung der einzelnen Organisationsdeterminanten deutet bereits daraufhin, dass die Organisationsentwicklung international tätiger Unternehmen ein höchst individueller Prozess ist. Gleichwohl lassen sich idealtypische Verläufe identifizieren, welche zumindest einen Rahmen für organisatorische Änderungen abgeben. Abb. 5.32 zeigt den idealtypischen Verlauf von Organisationsformen international tätiger Unternehmen in Abhängigkeit von der Zeit bzw. Intensität der Auslandsmarktbearbeitung auf.

Wichtige Anlässe	Potenzielle Auswirkungen
Marktstrategie-änderungen	• Anpassung der Organisation an die formulierte Strategieausrichtung zur Schaffung von Umsetzungsvoraussetzungen • Stärkere Zentralisierung von Entscheidungen zur besseren Koordination und Kontrolle der Aktivitäten bei Standardisierung von Auslandsaktivitäten • Einführung dezentraler Organisationsstruktur mit einer Streuung der Entscheidungskompetenz und Verantwortung bei zunehmender länderspezifischer Orientierung
Akquisitionen	• Integration des Akquisitionsobjekts in die bestehende Organisationsstruktur (Absorptionsakquisition) • Umwandlung des Akquisitionsobjekts in selbständige Niederlassung/Tochtergesellschaft (Erhaltungsakquisition) • Integration des Akquisitionsobjekts als Netzwerkbestandteil (symbiotische Akquisition)
Fusionen	• Einführung völlig neuer Organisationsstruktur • Beibehaltung der gleichen Organisationsstruktur bei veränderten Eigentumsverhältnissen und Stellen-/Positionsbesetzungen • Teilweise Änderungen der Organisationsstruktur
Kooperationen/ Beteiligungen	• Anpassung der Organisation an Partneranforderungen • Eigenständige Organisation ohne Anpassung an und Integration in Unternehmensorganisation • Integration des Partnerunternehmens in Organisation
Technologie-änderungen	• Veränderung von Arbeitsabläufen, Informations- und Kommunikationswegen durch neue Techniken und Verfahren • Veränderungen von Mitarbeiterqualifikationen und Stellenbesetzungen • Wegfall von Arbeitsgängen und eventuell von Stellen und Hierarchien
Eintritt in neue Märkte	• Zusätzliche eigenständige oder integrierte Organisationseinheiten • Bildung von regionalen Competence-Centern • Erhöhung der internationalen Organisationskomplexität

Quelle: Hünerberg 1994, S. 472 f.

Abb. 5.31: Ausgewählte Anlässe für organisatorische Änderungen und deren Auswirkungen auf das internationale Marketing

Markt-veränderungen	• Abbau von Hierarchien zur Schaffung von mehr Markt- und Kundennähe und Einrichtung eines Markt-/Kundenmanagements • Dezentralisierung von Entscheidungskompetenzen zur Durchsetzung von mehr Marktnähe • Einsatz von internationalen Task-Force-Gruppen und Projektmanagement zur Analyse von Marktveränderungen und Erarbeitung von neuen Problemlösungen
Wettbewerbs-veränderungen	• Schaffung von internationalem Produkt- und/oder Marktmanagement • Einrichtung von internationalen Task-Force-Gruppen zu globaler Wettbewerbsanalyse und Benchmarking-Aktivitäten • Stärkere Koordination der einzelnen Länderaktivitäten zur Ausnutzung von Kosten- und Synergieeffekten
Veränderungen der Unternehmenskultur	• Abbau/Aufbau von Hierarchien in Muttergesellschaft und Niederlassungen/Tochterunternehmen • Änderung des Führungsstils • Einführung/Abbau von internationaler Teamarbeit und Projektmanagement
Unternehmens-entwicklung/ -dynamik und -wachstums-schwellen	• Stärkere Dezentralisation und Differenzierung von Auslandsaktivitäten und Entscheidungskompetenzen bei zunehmendem Unternehmenswachstum • Verstärkt kooperative Führung per MbO mit Entscheidungsdelegation • Zusätzliche Organisationseinheiten für Auslandsaktivitäten/Niederlassungen/Tochtergesellschaften

Abb. 5.31 (Forts.)

Maßnahmen der Organisationsentwicklung zielen im Regelfall auf einen relativ umfassenden und langfristigen Wandel (vgl. *Weber* 1989, Sp. 1564). Derartige Maßnahmen können als Lernprozess sowohl der Organisation als auch der Prozessbeteiligten interpretiert werden. Als wesentliches **Ziel** wird dabei häufig die Verbesserung der Effizienz der Organisation genannt. Überwiegend wird davon ausgegangen, dassdie höchste Produktivität dann erreicht wird, wenn in gleicher Weise sowohl organisatorische als auch individuelle Bedürfnisse befriedigt werden.

Besondere Bedeutung erfahren im Hinblick auf einen „organizational change" die beiden Determinanten „Unternehmensgröße" sowie „Art bzw. Änderung der internationalen Marktbearbeitung". Im Hinblick auf die Unternehmensgröße sind Wachstums- und Schrumpfungsprozesse von Bedeutung, wobei in der einschlägigen Literatur insbesondere Wachstumsprozesse besonderes Interesse gefunden haben. Leitlinie der organisatorischen Gestaltung ist die Idee, dass größere Gebilde – in Analogie zu den Erkenntnissen aus den Naturwissenschaften bzw. der

Biologie – andere Strukturen für eine effiziente Aufgabenerfüllung benötigen als kleinere Einheiten. Beispielsweise wird die Schwerfälligkeit funktionaler Organisationsstrukturen durch ein Unternehmenswachstum noch unterstützt. Die Bedeutung der Unternehmensgröße für die organisatorische Struktur des Unternehmens gilt dabei unabhängig von dem Internationalisierungsgrad des Unternehmens und stellt daher keinen spezifisch internationalen Aspekt dar – auch wenn mit dem Ausmaß der internationalen Betätigung häufig ein bestimmtes Unternehmenswachstum verbunden ist.

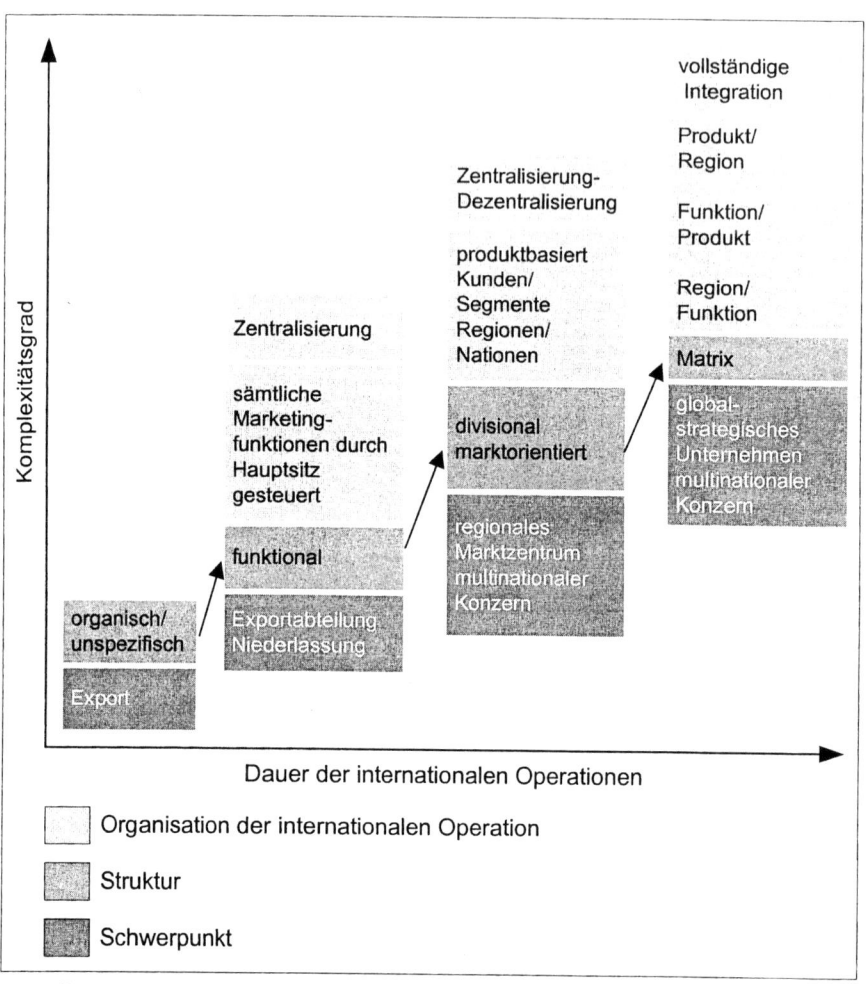

Quelle: Jeannet/Hennessey 2004, S. 665.

Abb. 5.32: Zeitliche Entwicklung von Organisationstrukturen international tätiger Unternehmen

Die Art bzw. die Änderung der Auslandsmarktbearbeitung hingegen als spezifisch internationale Komponente zieht weitreichende Konsequenzen nach sich, welche sich aus der bekannten „Structure-follows-strategy-Hypothese" (*Chandler* 1962) ableitet (vgl. hierzu auch Kapitel E. in diesem Teil). Strategieänderungen sind daher stets mit umfassenden strukturellen Veränderungen im Unternehmen verbunden, welche wiederum eine Abstimmung mit den Human Resource des Unternehmens erfordern (vgl. *Weber* 1989, Sp. 1567). Veränderungen auf personaler Ebene umfassen z.B. die Rekrutierung geeigneten Personals für die jeweilige (neue) Aufgabenstellung, Abstimmung von Karrierewegen sowie spezifische Trainings- und Personalentwicklungsmaßnahmen (vgl. i.E. Teil 6 in diesem Buch). Die Abhängigkeit der Elemente „Strategie", „Struktur" und „Human Resource" bei gleichzeitiger Ausrichtung dieser Elemente auf die jeweilige Umweltkonstellation ist damit offensichtlich.

Empirische Untersuchungen zeigen, dass international tätige Unternehmen auf verschiedene Art und Weise versuchen, durch organisatorischen Wandel den Umwelt- und Marktgegebenheiten gerecht zu werden. Bei einem Vergleich von europäischen und amerikanischen Unternehmen hat *Franko* (1976) sehr verschiedenartige Sequenzen struktureller organisatorischer Änderungen feststellen können. Abb. 5.33 zeigt auf, wie sich Unternehmen aus beiden Regionen entwickelt haben; die Zahlen in Klammern geben dabei die Anzahl von Unternehmen an, welche die jeweilige Entwicklung nachvollzogen haben. Die Stichprobe umfasste insgesamt 60 europäische und 170 amerikanische Unternehmen. Offensichtlich haben die europäischen Unternehmen die Phase der International Division weitgehend übersprungen. Auch wird deutlich, dass mit Ausnahme von drei Fällen bei den europäischen Unternehmen nationale und internationale Reorganisationsprozesse simultan vollzogen worden sind und bei der Implementierung globaler Strukturen ein Wechsel von der funktionalen zur divisionalen (produktorientierten) Ausrichtung erfolgte. Bei amerikanischen Unternehmen hingegen fand diese Umorientierung von funktionalen zu divisionalen Strukturen statt, ohne gleichzeitig globale Strukturen einzuführen. Gleichwohl erheben die Ergebnisse der Abb. 5.33 keinen Anspruch auf Allgemeingültigkeit; so zeigen *Daniels et al.* (1984) anhand von Daten aus amerikanischen Unternehmen, dass Unternehmen mit einer International-Division-Struktur einen höheren Internationalisierungsgrad aufweisen als Unternehmen mit einer integrierten (globalen) Produktstuktur. Diese Aussage steht offensichtlich im Widerspruch zur Abb. 5.33. Folglich existiert kein allgemeingültiges Modell der strukturellen Organisationsentwicklung im internationalen Marketing. Begründet liegen die Ergebnisse von *Daniels et al.* darin, dass in hoch diversifizierten Unternehmen mit internationaler Betätigung wichtige Funktionen wie F&E, Marketing, Personal, Finanzen u.Ä. zentralisiert sind, sodass die ausländischen Gesellschaften auf diese zentralen Funktionen zurückgreifen können und nicht so sehr der Unterstützung der Geschäftsbereiche bedürfen (vgl. auch *Welge* 1989, Sp. 1600).

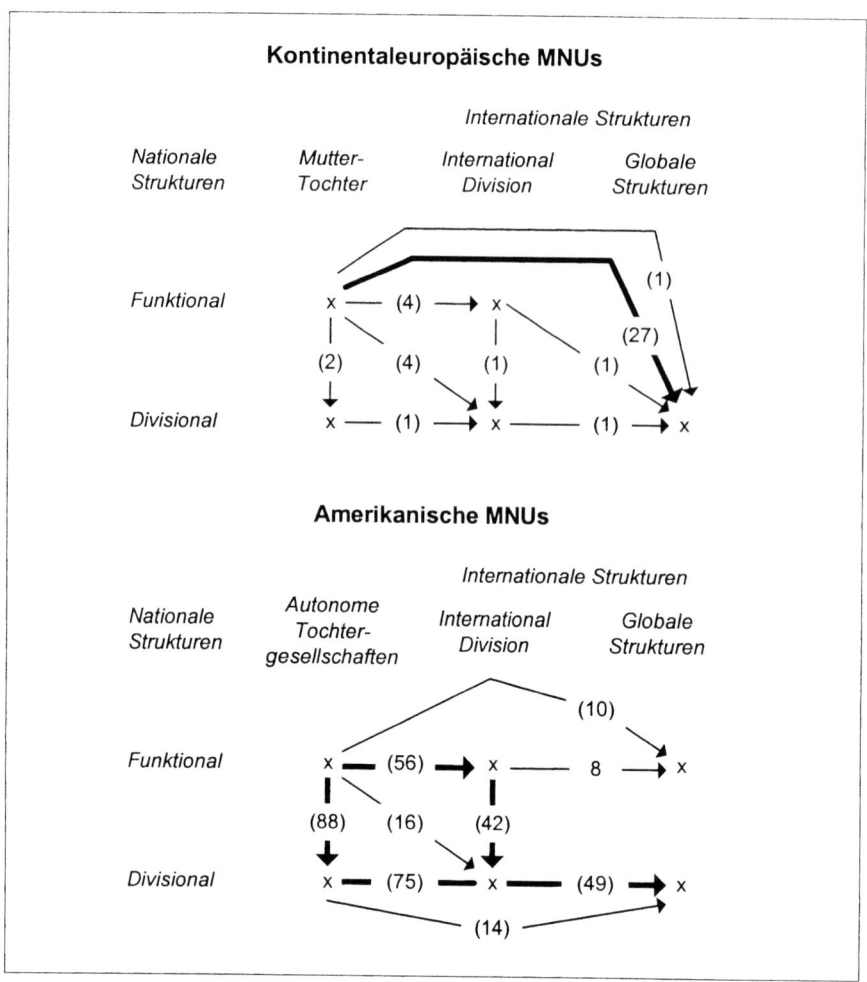

Quelle: Franko 1976, S. 203.

Abb. 5.33: Entwicklung der Organisationsstrukturen von kontinentaleuropäischen und amerikanischen multinationalen Unternehmen (MNU)

II. Hemmnisse der Organisationsentwicklung und Ansätze zu ihrer Umgehung

Organisatorische Änderungen stoßen regelmäßig auf spezifische Schwierigkeiten, welche zum großen Teil verhaltensbedingter Natur sind und mit Anpassungs- und Veränderungsnotwendigkeiten der Mitarbeiter zusammenhängen (vgl. *Hünerberg* 1994, S. 473). Besonders bei länderübergreifenden organisatorischen Änderungen sind Widerstände seitens der Mitarbeiter zu erwarten, wenn das Spannungsverhältnis unterschiedlicher Kulturen im Unternehmen oder die Eigenständigkeit von Tochtergesellschaften berührt werden. Eine Integrationsstrategie, bei welcher Ziele, Wertvorstellungen, Managementpraktiken usw. von der Muttergesellschaft im Inland in die organisatorischen Einheiten im Ausland exportiert werden, stößt daher im Regelfall auf Ablehnung bzw. führt zumindest zu zeitlichen Verzögerungen bei ihrer Umsetzung. Aus Sicht der Muttergesellschaft ist es daher wichtig, dass das Gleichgewicht zwischen dem Bedürfnis nach Koordination und Kontrolle im Hinblick auf das Gesamtunternehmen einerseits und der Gewährung einer gewissen Eigenständigkeit der ausländischen Organisationseinheiten andererseits gewahrt wird. Wird tatsächlich eine Integrationsstrategie angestrebt, so empfiehlt sich eine **inkrementale Vorgehensweise**, welche eher evolutorischen als revolutionären Charakter hat. Unterstützt wird die Durchführung einer Integrationsstrategie durch die Schaffung einer einheitlichen Unternehmenskultur, verstanden als Summe von Wertvorstellungen, Denkweisen und Normen, von denen sich die Mitarbeiter leiten lassen und die das Erscheinungsbild des Unternehmens nach innen und außen prägen. Von wesentlicher Bedeutung sind in diesem Zusammenhang Maßnahmen im Rahmen der Corporate-Identity-Policy; konkret ist hier auf die Instrumente Corporate Design, Corporate Communications sowie Corporate Behavior zurückzugreifen, welche zur Schaffung einer Corporate Identity und damit auch zur Erzielung einer einheitlichen Unternehmenskultur beitragen (vgl. i.E. *Berndt/Fantapié Altobelli/Sander* 1997, S. 285 ff.).

Typische **Hemmnisse,** welche bei der Organisationsentwicklung gerade vor einem multikulturellen Hintergrund auftreten können, sind (vgl. Weber 1989, Sp. 1569 f.)
– unterschiedliche Denk- und Reaktionsmuster,
– divergierende Wertvorstellungen und Einstellungen,
– Sprach- und Kommunikationsprobleme,
– unterschiedliche Lebens- und Arbeitsgewohnheiten,
– abweichende Rollenverständnisse,
– Zieldivergenzen zwischen den Maßnahmen der Organisationsentwicklung und den persönlichen Zielen der Mitarbeiter,
– Beharrungstendenzen bzgl. bestehender Strukturen,
– Unsicherheit und Zurückhaltung im Hinblick auf die aktive Teilnahme am Organisationsentwicklungsprozess,
– Ängste vor neuen Herausforderungen, Ungewissheit vor der Zukunft und Verlusten von Privilegien.

Zur Umgehung dieser Hemmnisse existiert ein weites Spektrum an **Maßnahmen** (vgl. *Hünerberg* 1994, S. 474; *Weber* 1989, Sp. 1570). Generell sollten die betroffenen Mitarbeiter frühzeitig am Prozess der Organisationsentwicklung beteiligt werden, um einerseits Verständnis für die Maßnahmen entwickeln zu können, andererseits auch selbst Vorschläge für den „organizational change" formulieren zu können. Darüber hinaus besteht die Möglichkeit, externe Berater (Change Agent) hinzuzuziehen, welche den Vorteil haben, eine unabhängige Position zu besitzen; Vorschläge des Change Agent sind daher nicht mit dem Problem behaftet, organisatorische Veränderungen von vornherein zugunsten bzw. zulasten bestimmter Mitarbeiter oder Mitarbeitergruppen auszurichten. Weitere Maßnahmen bestehen in der Entsendung von Führungskräften (Managementtransfer), internationalem Job-Rotation sowie der Einrichtung von regelmäßigen Gesprächskreisen; auch sind in diesem Zusammenhang die Entwicklung eines innerbetrieblichen

Trainings bzw. Maßnahmen der innerbetrieblichen Weiterbildung zu nennen, welche insbesondere die multikulturelle Bildung umfassen. Diese in erster Linie auf Kommunikation bzw. Austausch aufbauenden Maßnahmen dienen sämtlich der Schaffung von Einsicht und Verständnis für Maßnahmen der Organisationsentwicklung vor einem multikulturellen Hintergrund. Gleichzeitig soll die Anpassungsbereitschaft seitens der Betroffenen durch diese Maßnahmen gesteigert werden.

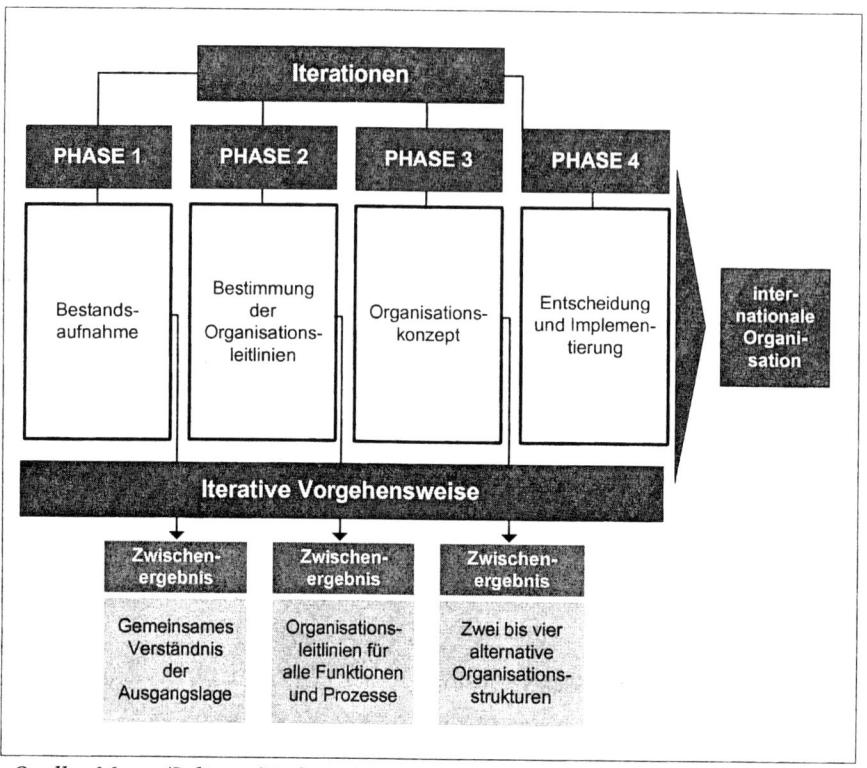

Quelle: Mayer/Soliman/Niehues 1994, S. 124.

Abb. 5.34: Phasenschema zur Umsetzung von Organisationsentwicklungsmaßnahmen

Als **generelles Konzept** zur Umsetzung eines „organizational change" kann die in Abb. 5.34 gezeigte Vorgehensweise herangezogen werden. Nach der Analyse der Ausgangssituation und der Formulierung von Organisationsleitlinien werden ein bzw. mehrere alternative Organisationskonzepte entwickelt, von denen schließlich ein Konzept ausgewählt und implementiert wird. Nochmals wird auf die umfassende und frühzeitige Beteiligung der Prozessbetroffenen hingewiesen, da andernfalls die geplanten positiven Wirkungen des „organizational change" verpuffen bzw. infolge von Demotivation und Unsicherheit negative Wirkungen resultieren.

H. Prozessorganisatorische Ansätze in internationalen Unternehmen

Die bisherigen Ausführungen zur Organisation international tätiger Unternehmen bzw. deren Marketing-Abteilungen in diesem Teil bezogen sich im Wesentlichen auf die **Struktur** der jeweils betrachteten Organisationseinheit. Im Folgenden soll herausgearbeitet werden, dass neben strukturellen Überlegungen insbesondere in jüngerer Vergangenheit die in den Unternehmen ablaufenden Prozesse eine besondere Rolle spielen. Hierzu werden zunächst die Spezifika prozessorganisatorischer Ansätze herausgearbeitet. Anschließend werden verschiedene Arten von Prozessen vorgestellt. Am Beispiel des Total Quality Management wird schließlich die konkrete Bedeutung einer prozessorganisatorischen Sichtweise von Unternehmen dargestellt.

I. Charakterisierung prozessorganisatorischer Ansätze

Charakteristisch für prozessorganisatorische Ansätze ist die Tatsache, dass **Prozesse** Gegenstand der Strukturierung von Unternehmen sind, d.h. es werden organisatorische Einheiten mit Prozessverantwortung geschaffen (vgl. *Bea/Haas* 2001, S. 403). Unter einem **(Geschäfts-)Prozess** können dabei sämtliche Tätigkeiten und Aktivitäten verstanden werden, welche in unmittelbarem Zusammenhang miteinander stehen und in ihrer Summe den betriebswirtschaftlichen, verwaltungstechnischen, produktionstechnischen und finanziellen Erfolg des Unternehmens bestimmen (vgl. *Striening* 1988). Gerade diese prozessorientierte Betrachtung von Unternehmen hat in der jüngeren Vergangenheit zu einer Vielzahl von Konzepten geführt, welche eine große Resonanz in Theorie und Praxis gefunden haben. Hierzu gehört z.B. das Total Quality Management, Business Reengineering, Benchmarking, Lean Production sowie der Wertkettenansatz (zum Wertkettenansatz vgl. auch die Ausführungen in Abschnitt B.IV.4.d im 3. Teil). Generell zeichnen sich prozessorganisatorische Ansätze durch folgende Charakteristika aus (vgl. *Bea/Haas* 2001, S. 406 f.):

- **Prozessbeschleunigung**: Durch die stellen- und abteilungsspezifische Strukturierung von Leistungs- und Informationsprozessen nach den Anforderungen des Ablaufs ist eine schnellere Abwicklung von Prozessen möglich. Die Zeitersparnis führt zu Kostenersparnissen oder erhöht die Preisbereitschaft der Nachfrager (z.B. schnellere und pünktlichere Auslieferung des Produktes).
- **Übernahme von Gesamtverantwortung**: Durch die Übertragung von Verantwortung und Kompetenz nach dem Subsidiaritätsprinzip auf die Prozessausführenden werden Freiräume für Selbstorganisation und Selbstkontrolle geschaffen. Hierdurch ergeben sich positive motivationale Effekte.
- **Reduktion der Schnittstellenproblematik**: Durch Zusammenfassung von Aufgabenkomplexen führt die Prozessorganisation zur Verringerung von Interdependenzen. Die Anzahl von Schnittstellen wird dadurch reduziert.
- **Stärkere Kundenorientierung**: Sowohl Lieferanten als auch Kunden werden stärker als Teil eines überbetrieblichen Gesamtprozesses integriert. Verstärkter Informationsaustausch und intensivere Zusammenarbeit führen zur besseren Wahrnehmung der Bedürfnisse des jeweils anderen Partners mit der Folge höherer Produktqualität. Durch Einbeziehung der Zulieferer in den Wertschöpfungs-

prozess beginnt die Kundenorientierung bereits auf dieser Ebene (Beispiel: Zulieferungsunternehmen im Automobilbau).

Offensichtlich ist die Tatsache, dass entgegen der vertikalen Betrachtung bei der strukturellen Organisationsanalyse prozessorientierte Ansätze eine horizontale Sichtweise implizieren. Konkret steht die Verkettung von Teilprozessen zu einem Gesamtprozess im Mittelpunkt der Betrachtung. Hierin kann auch der Versuch gesehen werden, die bei strukturellen Organisationsansätzen stets präsente Schnittstellenproblematik zu reduzieren.

II. Arten von Prozessen

Prozesse können Aktivitäten unterschiedlichster Komplexität umfassen. Prozesse können unternehmensintern sowie unternehmens- und/oder länderübergreifend sein. Abb. 5.35 zeigt Beispiele für unterschiedliche **Prozessarten** auf. Insbesondere bei unternehmens- und länderübergreifenden Prozessen ist von hoher Komplexität auszugehen, da einerseits weitere Geschäftspartner oder Kunden einbezogen sind mit der Folge einer erhöhten Schnittstellenproblematik und gleichzeitig die u.U. stark voneinander abweichenden ökonomischen, rechtlichen, kulturellen, sprachlichen und politischen Rahmenbedingungen unterschiedlicher Länder berücksichtigt werden müssen (vgl. zu den Rahmenbedingungen unterschiedlicher Länder auch Kapitel A im 2. Teil). Von besonderer Bedeutung sind in diesem Zusammenhang sog. **Kernprozesse**. Kernprozesse stellen strategisch bedeutsame Prozesse dar (vgl. *Hammer/Stanton* 1999). Sie ragen damit aus der Vielzahl der in und zwischen Unternehmen, Kunden und Geschäftspartnern stattfindenden Prozesse heraus. Gleichwohl stellen sie nur eine geringe Teilmenge der insgesamt stattfindenden Prozesse dar. Gemäß den ressourcenbasierten Ansätzen des strategischen Managements wird von Kernprozessen gesprochen, wenn sie folgende Eigenschaften aufweisen (vgl. *Osterloh/Frost* 1996, S. 34 ff.):

- Nicht-Imitierbarkeit: Prozesse dürfen aufgrund ihrer Eigenheiten nicht leicht von Wettbewerbern imitierbar sein.
- Wahrnehmbarer Kundennutzen: Prozesse müssen für die Kunden zu einem aus ihrer Sicht wahrnehmbaren Nutzen führen, für den die Kunden zu zahlen bereit sind.
- Nicht-Substituierbarkeit: Prozesse dürfen nach Möglichkeit nicht durch andere Problemlösungen, insbesondere nicht durch Problemlösungen der Konkurrenz, ersetzt werden können.
- Unternehmungsspezifität: Prozesse müssen aufgrund der Nutzung unternehmensspezifischer Ressourcen einmalig sein.

Prozessart	Symbolisierung	Beispiel
Unternehmensinterne Prozesse	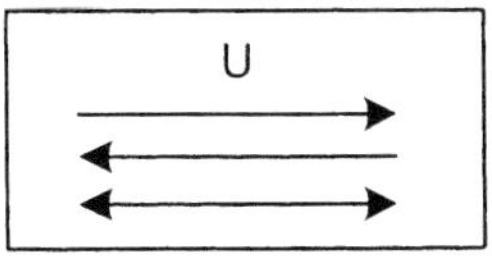 U (interne Pfeile)	Unternehmensinterne Forschungs- und Entwicklungsaktivitäten
Unternehmensübergreifende Prozesse	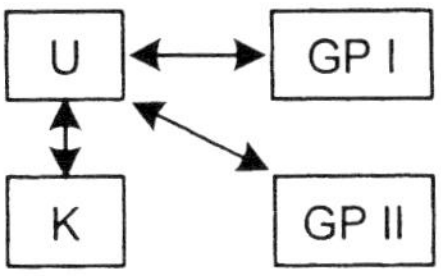 U ↔ GP I, K, GP II	Kundenakquisitionsaktivitäten; Wertschöpfungsgemeinschaften mit Zulieferunternehmen
Länderübergreifende, unternehmensinterne Prozesse	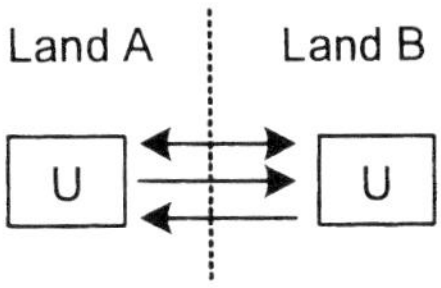 Land A ↔ Land B (U ↔ U)	Innerbetriebliche internationale Lieferverflechtungen
Länderübergreifende, unternehmensübergreifende Prozesse	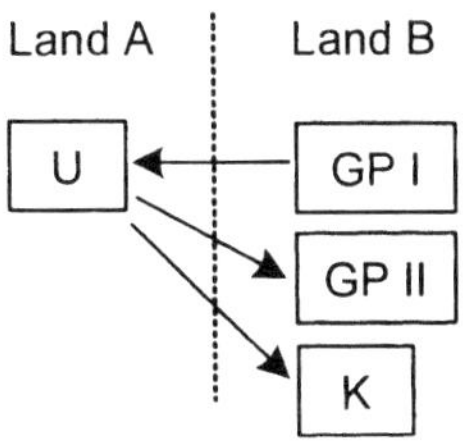 Land A — Land B (U ← GP I, GP II, K)	Länderübergreifender Bezug von Vorleistungen oder Verkauf von Produkten

U: Unternehmung
GP: Geschäftspartner (z.B. Zulieferer)
K: Kunde

Abb. 5.35: Verschiedene Prozessarten

Liegen derartige Kernprozesse vor, so ist hierdurch die Basis für nachhaltige Wettbewerbsvorteile gegenüber der Konkurrenz gegeben. In welchem Ausmaß die genannten Eigenschaften vorliegen müssen und ob sämtliche Eigenschaften simultan gegeben sein müssen, um nachhaltige Wettbewerbsvorteile erringen zu können, kann nur im Einzelfall beantwortet werden.

III. Beurteilung prozessorganisatorischer Ansätze

Statt vertikaler, hierarchischer Strukturen betonen prozessorientierte Ansätze die horizontale Sichtweise. Aber auch prozessorganisatorische Ansätze können nicht auf Strukturen verzichten, laufen sie selbst doch in einem mehr oder weniger strukturierten Unternehmen bzw. zwischen Unternehmen und Geschäftspartnern oder Kunden ab. Darüber hinaus besitzen Prozesse selbst, insbesondere bei wiederholter Anwendung, gewisse Strukturen bzw. durch ihre wiederholte Anwendung bilden sich Prozessstrukturen heraus (vgl. *Kutschker/Schmid* 2002, S. 639). Insofern lösen strukturelle und prozessuale Betrachtungen von Organisationen nicht einander ab, sie ergänzen sich. Der Unterschied liegt in der jeweiligen Schwerpunktsetzung auf Prozesse bzw. Strukturen. Diese Erkenntnis ist durchaus nicht neu, wird doch seit Jahrzehnten auf den engen Zusammenhang zwischen Aufbau- und Ablauforganisation hingewiesen. Bei den prozessorganisatorischen Ansätzen verhält es sich dabei so, dass die Aufbauorganisation an der Ablauforganisation ausgerichtet wird und nicht umgekehrt (vgl. *Gaitanides* 1983, S. 64 ff.).

Kritisch ist anzumerken, dass auch prozessorganisatorische Ansätze nicht in der Lage sind, Schnittstellen gänzlich zu vermeiden. Darüber hinaus besteht die Gefahr, dass durch die starke Fokussierung auf einzelne Prozesse eine zu starke Zersplitterung der Unternehmens- und Marketingaktivitäten in international tätigen Unternehmen erfolgt und funktionale Synergien nicht ausgeschöpft werden (vgl. *Meffert* 2000, S. 1087).

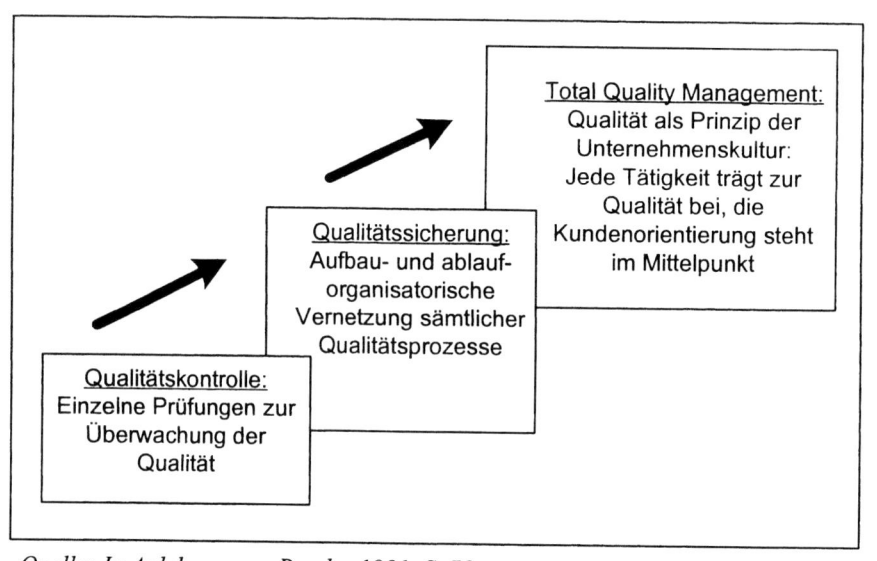

Quelle: In Anlehnung an Bender 1991, S. 79.
Abb. 5.36: Von der Qualitätskontrolle zum Total Quality Management

IV. Total Quality Management als Beispiel für eine prozessorganisatorische Betrachtung internationaler Unternehmen

Total Quality Management (TQM) ist als ganzheitliche Strategie aufzufassen, welche neben der Qualität eines Produktes als Leisungsergebnis auch die Qualität des Leistungserstellungsprozesses sowie der Potentialfaktoren und Vorleistungen in die Betrachtung einbezieht (vgl. *Engelhardt/Schütz* 1991, S. 394 ff. sowie Abschnitt B.IV.4.d im 3. Teil). Damit geht TQM deutlich über eine herkömmliche Qualitätskontrolle hinaus (vgl. Abb. 5.36). Vielmehr setzt das TQM-Konzept ein umfassendes

Qualitätsverständnis voraus, welches auch die – u.U. im Ausland ansässigen – Zulieferbetriebe berücksichtigt, um eine entsprechende Qualität bereits bei den Inputfaktoren zu gewährleisten. Abb. 5.37 stellt die einzelnen Qualitätsdimensionen im Rahmen des TQM dar.

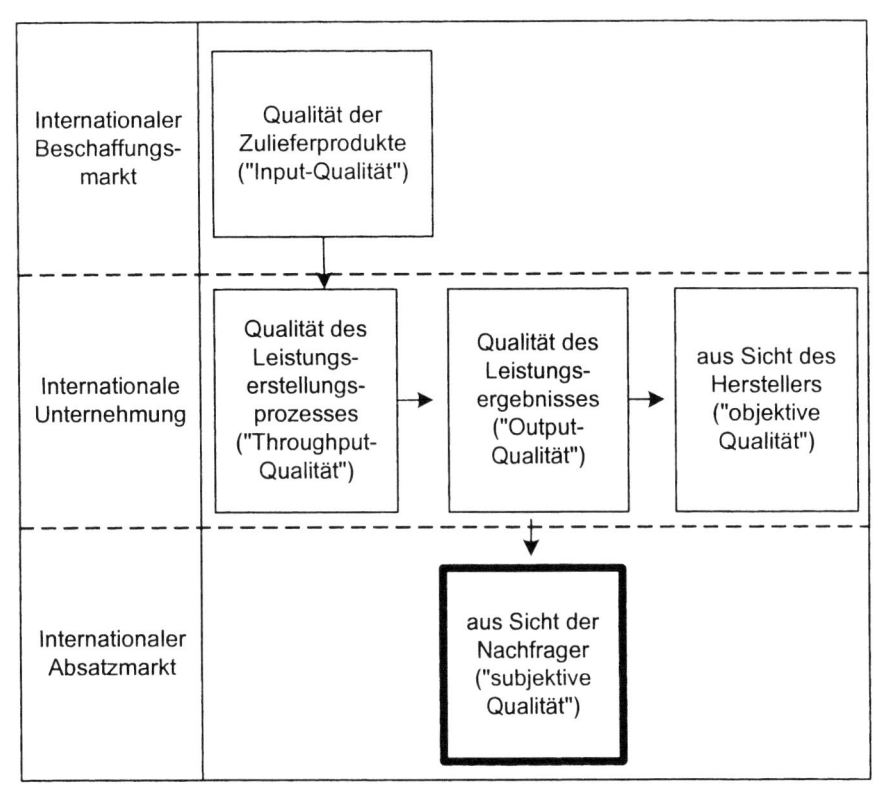

Internationaler Beschaffungsmarkt	Qualität der Zulieferprodukte ("Input-Qualität")		
Internationale Unternehmung	Qualität des Leistungserstellungsprozesses ("Throughput-Qualität")	Qualität des Leistungsergebnisses ("Output-Qualität")	aus Sicht des Herstellers ("objektive Qualität")
Internationaler Absatzmarkt		aus Sicht der Nachfrager ("subjektive Qualität")	

Quelle: In Anlehnung an Sander 2004, S. 848.
Abb. 5.37: Qualitätsdimensionen im Rahmen des TQM einer internationalen Unternehmung

Dabei ist zu beachten, dass für den Anbieter objektive Produktmerkmale im Sinne intersubjektiv überprüfbarer Eigenschaften von Produkten bzw. deren Ausprägungen im Vordergrund stehen („objektive Qualität"). Der Nachfrager bzw. Konsument hingegen bildet sich auf Basis einer eigenen gestalthaft-ganzheitlichen Produktwahrnehmung ein Gesamturteil über die Güte eines Produktes und entscheidet damit über den Absatzerfolg („subjektive Qualität"). Häufig wird diese subjektive Qualität eines Produktes aus Sicht des Nachfragers auch als Nutzen – bzw. nach Abzug des zu bezahlenden Produktpreises als Nettonutzen – interpretiert. Der wahrgenommene Nutzen bzw. die subjektive Qualität eines Produktes kann dabei länderübergreifend stark variieren mit der Folge, dass Produkte an die landesspezifischen Verhältnisse angepasst werden müssen (differenziertes internationales Marketing).

Kennzeichnend für das TQM ist ferner die Einbindung mehrerer bzw. aller innerbetrieblichen Funktionsbereiche in das TQM-Konzept. Qualitätsbemühungen sind damit nicht nur auf den Produktionsbereich beschränkt, sondern erstrecken sich auch auf Bereiche wie Forschung und Entwicklung, Beschaffung, Marketing und Vertrieb: daher ist Qualitätsmanagement immer auch Schnittstellenmanagement (vgl. *Baltes/ Schütz* 1991, S. 52). Dies ist insbesondere für international tätige Unternehmen eine große Herausforderung, da das Schnittstellenmanagement bei länderübergreifender Betätigung an Komplexität gewinnt.

Oberste **Ziele** des TQM bestehen neben der Verbesserung der Kostensituation durch konsequente Analyse der im und zwischen Unternehmen ablaufenden Prozesse in einer konsequenten Ausrichtung auf die Kundenbedürfnisse sowie einer hohen Kundenzufriedenheit als Ergebnis qualitätssteigernder Maßnahmen (vgl. *Witcher* 1990, S. 3 ff.; *Oess* 1991, S. 98 f.). Als wesentliche **Instrumente** zur Erreichung dieser Ziele sind zu nennen:
– organisatorische Änderungen (z.B. Quality Circles),
– Maßnahmen zur Mitarbeitermotivation mit dem Ziel eines stärkeren Qualitätsbewusstseins,
– neue Fertigungsmethoden,
– qualitätsorientierte Aus- und Weiterbildungsmaßnahmen sowie
– eine verstärkte Input-, Prozess- und Outputkontrolle.

Teil 6: Human Resource Management in international tätigen Unternehmen

A. Grundlagen

I. Human Resource Management im Rahmen des strategischen Management

Aufgrund veränderter Umweltbedingungen (z.B. globaler Wettbewerb) ist die Personalpolitik der Unternehmen wesentlich bedeutsamer geworden. Internationale Produkt- und Marktstrategien müssen mit internationalen Personalstrategien abgestimmt werden. Mitarbeiter eines Unternehmens sind zukünftig als ein strategischer Wettbewerbsfaktor anzusehen.

Human Resource Management ist also ein integraler Bestandteil des strategischen Management. Das strategische Management umfasst drei Elemente, welche aus der Abb. 6.1 ersichtlich sind:

– Die **Strategie:** Das Unternehmen hat eine langfristige Ausrichtung zu entwickeln, mit welchen Produkten auf welchen Märkten agiert werden soll (vgl. auch Kapitel B. im 3. Teil).
– Die **Struktur:** Im Rahmen einer strategiekonformen Organisationsstruktur sind angemessene Prozesse der Leistungserstellung und -verwertung durchzuführen, die sich in bestimmten Formen der Produktions- und Vertriebsorganisation konkretisieren (vgl. hierzu Teil 5).
– Das **Personal:** Die Aktivitäten des Personalmanagement sind darauf zu richten, das für die Umsetzung der Strategie in der entsprechenden Struktur quantitativ und qualitativ erforderliche Personal zu gewinnen, zu halten, weiterzuentwickeln und wirtschaftlich einzusetzen.

Die Entscheidungen über Strategie, Organisation und Personal sind möglichst simultan zu treffen. Dabei sind die relevanten wirtschaftlichen, politischen und kulturellen Einflussfaktoren zu beachten. Zu den **wirtschaftlichen Rahmenbedingungen** zählen z.B. Bevölkerungsentwicklung, Bruttoinlandsprodukt, Inflation, Kaufkraft, Arbeitskosten. Typische **politische Bedingungen** sind politische Konflikte, Wirtschaftssystem oder Handelshemmnisse. **Kulturelle Einflussfaktoren** sind z.B. Sprache, Werte und Normen oder Sozialverhalten (vgl. i.E. Kapitel A. im 2. Teil).

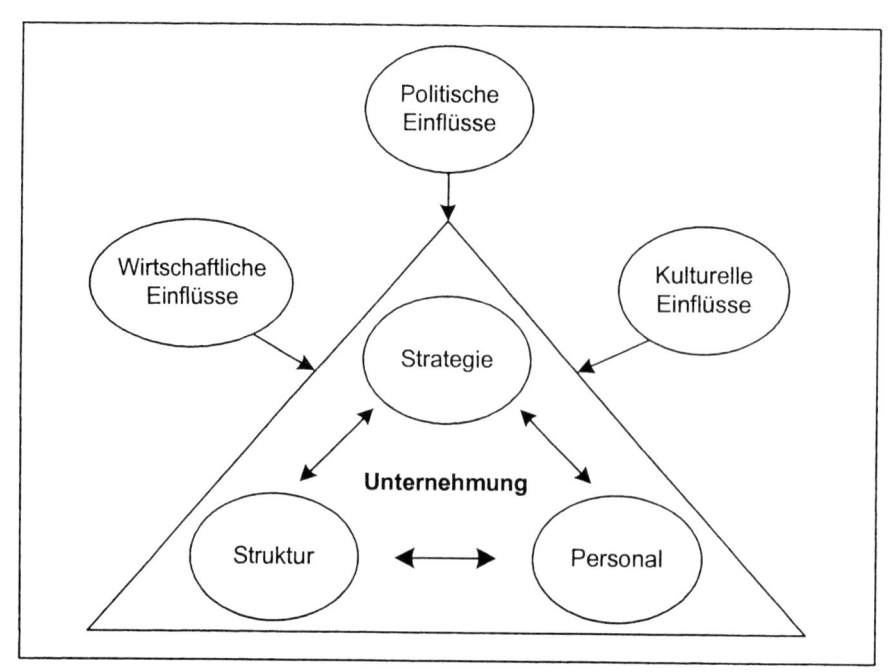

Quelle: Oechsler 1997, S. 247.

Abb. 6.1: Integration von Unternehmensstrategie, Unternehmensstruktur und Personal

In empirischen Erhebungen ist *Hofstede* (1980, 1997) der Frage nachgegangen, in welcher Weise das kulturelle Umfeld von Mitarbeitern deren Arbeitsmotivation bestimmt. Befragt wurden 1968 und 1972 insgesamt 116.000 Mitarbeiter von Tochtergesellschaften des IBM-Konzerns in 72 Ländern auf der Basis standardisierter Fragebögen. Faktorenanalytische Auswertungen ließen folgende fünf relevante Dimensionen der Kultur erkennen:

- **die Machtdistanz**
  (Ausmaß, in welchem eine Gesellschaft akzeptiert, dass Macht in Organisationen ungleich verteilt ist),
- **die Unsicherheitsvermeidung**
  (Ausmaß, in welchem eine Gesellschaft sich durch unsichere Situationen bedroht fühlt, und wie sie versucht, solche Situationen durch formale Regeln und Programme zu vermeiden),
- **der Individualismus**
  (Ausmaß, in welchem in einer Gesellschaft Eigeninitiative und Selbstversorgung betont werden),
- **die Maskulinität**
  (Ausmaß, in welchem in einer Gesellschaft maskuline, materielle Werte gegenüber femininen Werten dominieren),
- **die langfristige Orientierung**
  (Ausmaß, in welchem in einer Gesellschaft langfristige Planungen angestellt werden).

Dimensionen Länder	Macht-distanz	Unsicherheitsvermeidung	Individualismus	Maskulinität	langfristige Orientierung
Deutschland	35	65	67	66	31
Niederlande	38	53	80	14	44
Großbritannien	35	35	89	66	25
Frankreich	68	86	71	43	-
Italien	50	75	76	70	-
Schweden	31	29	71	5	33
USA	40	46	91	62	29
Japan	54	92	46	95	80
Südkorea	60	85	18	39	75
Südafrika	49	49	65	63	-
Indien	77	40	48	56	61
Mexiko	81	82	30	69	-
Brasilien	69	76	38	49	65
Mittelwert	52	64	50	50	-
Standardabweichung	20	24	25	20	-

Quelle: Hofstede 1980, 1997
Abb. 6.2: Ausprägungen der fünf Kulturdimensionen in ausgewählten Ländern

Die Bedeutung dieser kulturellen Dimensionen in ausgewählten Ländern lässt die Abb. 6.2 erkennen (maximale Punktzahl pro Dimension = 100). Ausgewiesen sind auch die jeweiligen Mittelwerte und Standardabweichungen (über alle in die Untersuchung einbezogenen Länder). So ist tendenziell zu vermerken, dass
– in kollektivistisch orientierten Ländern den sozialen Bedürfnissen eine größere Bedeutung als dem Bedürfnis nach Selbstverwirklichung zukommt,
– in Kulturen, in denen das Bedürfnis nach Unsicherheitsvermeidung von besonderer Bedeutung ist, Arbeitsplatzgarantien und die Mitarbeit in Teams präferiert werden,
– das Ausmaß der Machtdistanz die Höhe der Einkommensunterschiede determiniert,
– der vorherrschende Grad an Maskulinität die präferierte Anreizform beeinflusst und
– in kulturellen Bereichen, in denen eine Langfrist-Orientierung vorherrscht, die Personalentwicklung und die Entgeltpolitik von besonderer Bedeutung sind.

II. Internationale Personalmanagementstrategien

Die Ausgestaltung des **internationalen Personalmanagement** hängt von der spezifischen internationalen Personalmanagementstrategie ab; sie kann
– international,
– multinational,
– global oder
– transnational

Personal- management- Strategie Merkmale	International	Multinational	Global	Transnational
Unternehmungskultur	ethnozentrisch	polyzentrisch	geozentrisch	synergetisch
Nationalität der Führungskräfte	Inländer	Gastlandangehöriger und wenige Inländer	Inländer und im Inland ausgebildete Gastlandangehörige	ohne Bedeutung (beyond passport)
Entsendungsziele	Know-how-Transfer, Kompensation fehlender inländischer Führungskräfte	Kontrolle, Schutz vor ungewollter Know-how-Diffusion	weltweite Koordination	weltweite Koordination, Integration, Personal- und Organisationsentwicklung
Anforderungsmerkmale	technische und kaufmännische Kenntnisse, ausreichende Englischkenntnisse	kulturelle Sensibilität für das Gastland und Kenntnis der Gastlandsprache	Offenheit für fremde Kulturen, Durchsetzungsvermögen, sehr gute Englischkenntnisse	interkulturelle Flexibilität, umfangreiche Auslandserfahrung, Kenntnis mehrerer Sprachen
Anforderungen an die Mobilität	ohne große Bedeutung	Bereitschaft zu längeren Auslandsaufenthalten	Bereitschaft zu häufigen Auslandsreisen	Bereitschaft zu längeren Auslandsaufenthalten und häufigen Ortswechseln
Führungskräfte-Typ	Funktionsspezialist	Gastlandspezialist	*one world-* Manager	transnationaler Grenzgänger
Vorbereitung	keine	kurz und landesspezifisch	kurz und landesübergreifend	kontinuierlich und landesübergreifend
Entgeltgestaltung	stammhausorientiert	gastlandorientiert	unternehmungseinheitliche Regelung	gesamtunternehmungsorientiert (hybrid)
Reintegration	teilweise schwierig	sehr schwierig	weniger schwierig	*professionally easy*
Bedeutung für die Karriere	negativ	eher hinderlich	wichtig für Top-Positionen	essentiell

Quelle: Welge/Holtbrügge 1998, S. 213.

Abb. 6.3: Idealtypische Gestaltungsalternativen des Personalmanagement in multinationalen Unternehmen

sein, je nach dem, in welchem Ausmaß Vorteile der Globalisierung (bzw. Standardisierung) bzw. Vorteile der Lokalisierung (bzw. Differenzierung) wahrgenommen werden. Eine ausführliche Charakterisierung der vier Personalmanagementstrategien findet sich in Abb. 6.3. Die idealtypische Beurteilung gilt im Prinzip für Mitarbeiter aus allen betrieblichen Funktionsbereichen.

B. Personalbedarfsplanung in international tätigen Unternehmen

I. Der Prozess der Personalbedarfsplanung

Der generelle **Prozess der Personalbedarfsplanung** findet sich in der Abb. 6.4. Für eine Planungsperiode ist der Personalbedarf in qualitativer, quantitativer und zeitlicher Hinsicht zu ermitteln. Ein Vergleich mit dem vorhersehbaren Personal-Istbestand der Planungsperiode zeigt, ob ein – negativer oder positiver – Netto-Personalbedarf vorliegt. Im ersten Fall ist eine Personalfreisetzung angezeigt, welche in Form eines Personalabbaus bzw. einer Personalentwicklung stattzufinden hat; im zweiten Fall ist eine externe (ggf. interne) Personalbeschaffung erforderlich.

Für ein international tätiges Unternehmen ist der Prozess der Personalbedarfsplanung (zumindest) länderspezifisch durchzuführen. Auch die sich als Konsequenzen zeigenden personalpolitischen Maßnahmen sind länderspezifisch durchzuführen.

II. Qualitative Bedarfsermittlung

Bei der **qualitativen Bedarfsermittlung** sind die Anforderungen, die an potenzielle Stelleninhaber zu richten sind, von besonderer Bedeutung. Typische Bestandteile einer Anforderungsstruktur sind positionsrelevante Anforderungen bezüglich individueller Fähigkeiten und der Persönlichkeit sowie unternehmensrelevante Anforderungen, die unternehmens- sowie mitarbeiterorientiert sein können. Zu den individuellen Fähigkeiten zählen Faktoren wie Wissen, Intelligenz, Erfahrung, Können. Typische Elemente einer Persönlichkeit sind geistige Beweglichkeit und Verantwortungsbewusstsein. Als mitarbeiterorientierte Anforderungen sind soziale Anforderungen wie Teamfähigkeit oder die Bereitschaft, soziale Verantwortung zu übernehmen, zu nennen; unternehmensorientierte Anforderungen leiten sich aus den Unternehmenszielen bzw. der Unternehmenspolitik ab oder sind unternehmenskulturell bedingt (vgl. i.E. *Bisani* 1995, S. 225).

Im internationalen Management sind insb. die Beherrschung ausländischer Sprachen, Kenntnisse über spezifische Gebräuche und Verhaltensweisen sowie allgemein ein angemessenes Kulturverständnis von besonderer Bedeutung. Den im Marketing-Bereich tätigen Vorgesetzten und Mitarbeitern müssen die Besonderheiten des jeweiligen Konsumverhaltens bekannt sein. Dabei kann z.B. auf die supranationalen Marktsegmentierungen zurückgegriffen werden (vgl. Abschnitt B.II.3.a. im 3. Teil).

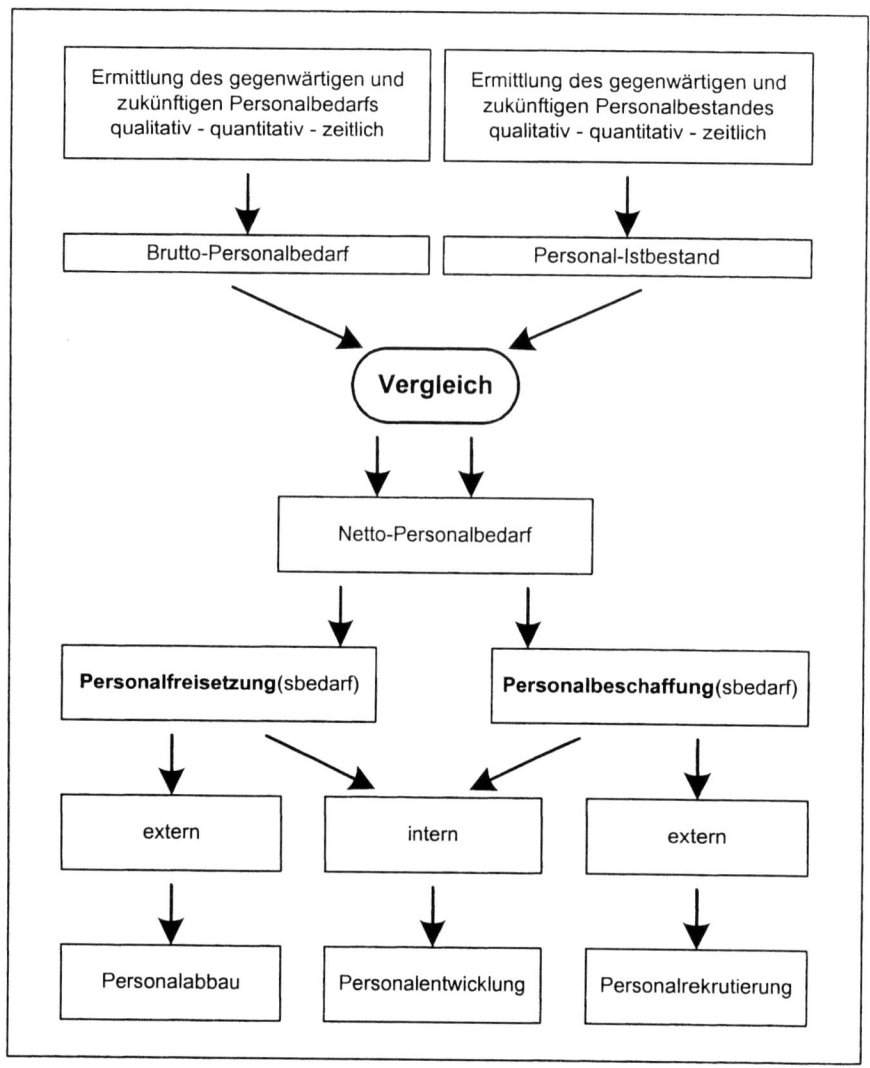

```
┌─────────────────────────────────────────────────────────────────┐
│  ┌──────────────────────────┐   ┌──────────────────────────┐   │
│  │ Ermittlung des gegen-    │   │ Ermittlung des gegen-    │   │
│  │ wärtigen und zukünftigen │   │ wärtigen und zukünftigen │   │
│  │ Personalbedarfs          │   │ Personalbestandes        │   │
│  │ qualitativ - quantitativ │   │ qualitativ - quantitativ │   │
│  │ - zeitlich               │   │ - zeitlich               │   │
│  └────────────┬─────────────┘   └────────────┬─────────────┘   │
│               ▼                              ▼                  │
│  ┌──────────────────────────┐   ┌──────────────────────────┐   │
│  │  Brutto-Personalbedarf   │   │   Personal-Istbestand    │   │
│  └────────────┬─────────────┘   └────────────┬─────────────┘   │
│                \                            /                   │
│                 ▶       ( Vergleich )      ◀                    │
│                         ┌───────────┐                           │
│                         │           │                           │
│                         ▼           ▼                           │
│              ┌──────────────────────────┐                       │
│              │   Netto-Personalbedarf   │                       │
│              └─────────┬────────┬───────┘                       │
│                        ▼        ▼                               │
│  ┌──────────────────────────┐  ┌──────────────────────────┐    │
│  │Personalfreisetzung(sbedarf)│ │Personalbeschaffung(sbedarf)│  │
│  └──────┬──────────┬────────┘  └──────┬──────────┬───────┘     │
│         ▼          ▼                  ▼          ▼              │
│  ┌──────────┐ ┌──────────┐       ┌──────────┐ ┌──────────┐     │
│  │  extern  │ │  intern  │       │  extern  │ │          │     │
│  └────┬─────┘ └────┬─────┘       └────┬─────┘ └──────────┘     │
│       ▼            ▼                  ▼                         │
│  ┌──────────┐ ┌──────────────┐  ┌────────────────┐              │
│  │Personal- │ │  Personal-   │  │   Personal-    │              │
│  │ abbau    │ │ entwicklung  │  │  rekrutierung  │              │
│  └──────────┘ └──────────────┘  └────────────────┘              │
└─────────────────────────────────────────────────────────────────┘
```

Quelle: Berthel 1997, S. 163.
Abb. 6.4: Ablauf der Personalbedarfsplanung

In empirischen Studien untersuchte *Horsch* (1995), welche Anforderungen an international tätige Mitarbeiter gestellt werden – zum einen aus der Sicht der Unternehmen, zum anderen aus der Sicht der Mitarbeiter. Es zeigte sich, dass aus Unternehmenssicht folgende Faktoren (mit prozentualer Häufigkeit der Nennungen) bedeutsam sind:
- hervorragendes Fachwissen (90%),
- Sprachkenntnisse (85%),
- kulturelle Anpassungsfähigkeit (65%),
- Führungsfähigkeit (45%),

- Motivation (25%),
- Kommunikationsfähigkeit (15%),
- Unternehmensspezifika (15%),
- Flexibilität (10%),
- guter Gesundheitszustand (10%).

Ähnliche Ergebnisse zeigten sich bei der Befragung von Mitarbeitern; die Datenerhebung erfolgte jetzt auf einer 5-stufigen Rating-Skala (mit 1 = geringe Bedeutung; 5 = hohe Bedeutung). Folgende Faktoren mit zugehörigen Bedeutungsfaktoren ergaben sich:
- Fachwissen (4,37),
- Anpassungsfähigkeit (4,22),
- Kenntnisse der Unternehmensspezifika (4,03),
- Psychische Belastbarkeit (4,0),
- Konfliktfähigkeit (3,87),
- Fremdsprachenkenntnisse (3,69),
- Fähigkeit zur Mitarbeiterführung (3,66),
- Gesundheit/Physische Belastbarkeit (3,55),
- Alter (2,57),
- Familiensituation (2,56).

Sinnvollerweise sind bei der qualitativen Bedarfsermittlung derartige Faktoren heranzuziehen.

III. Quantitative und zeitliche Bedarfsermittlung

Bei der **quantitativen Personalbedarfsermittlung** können zwei verschiedene Vorgehensweisen gewählt werden. Zum einen besteht die Möglichkeit, den Personalbedarf aus der geplanten Geschäftätigkeit abzuleiten (dies entspricht der programmorientierten Bedarfsermittlung im Rahmen der Materialwirtschaft). Zum anderen kann eine Prognose des Personalbedarfs vorgenommen werden. Dabei ist das geeignete Prognoseverfahren herauszufinden. Bei einem konstanten Verlauf des Bedarfs im Zeitablauf (nur Zufallsschwankungen um ein gewisses Bedarfsniveau) können Verfahren wie
– arithmetisches Mittel,
– gleitende Durchschnitte,
– gewogene gleitende Durchschnitte oder
– exponentielle Glättung 1. Ordnung
herangezogen werden. Im Falle eines trendförmigen Bedarfsverlaufes kann die Trendprojektion Anwendung finden. Durch Heranziehen eines geeigneten Maßes zur Bestimmung der Prognosegüte der verschiedenen Verfahren (z.B. mittlere absolute Abweichung) kann das am besten geeignete Prognoseverfahren herausgefunden werden (zur Bedarfsprognose vgl. im einzelnen *Berndt* 1996). Liegen keine Daten aus der Vergangenheit vor, so müssen Expertenschätzungen vorgenommen werden.

Im Rahmen der **zeitlichen Bedarfsermittlung** ist sicherzustellen, dass der jeweilige Personalbedarf zu den relevanten Zeitpunkten bzw. Zeiträumen festgestellt wird.

C. Stellenbesetzungsstrategien, Entlohnungssysteme und Planung von Auslandseinsätzen in international tätigen Unternehmen

I. Stellenbesetzungsstrategien

Die möglichen Strategien, die bei der Besetzung von vakanten Stellen in ausländischen Tochtergesellschaften herangezogen werden können, zeigt die Abb. 6.5. Die **ethnozentrische Besetzungspolitik** beinhaltet die Besetzung von ausländischen Führungspositionen mit Mitarbeitern aus dem inländischen Stammhaus. Bei der **polyzentrischen Besetzungspolitik** hingegen werden ausländische Führungspositionen mit (ausländischen) Einheimischen besetzt. Im Rahmen einer **geozentrischen Besetzungspolitik** spielen Nationalität und Herkunft von Mitarbeitern keine Rolle. Die Vor- und Nachteile einer ethno-, poly- und geozentrischen Besetzungspolitik werden in der Abb. 6.6 zusammengefasst (vgl. hierzu auch Kapitel B. im 1. Teil).

Orientierung →	Merkmale
Ethnozentrisch →	- Stammhausphilosophie, -politik, -strategie, -struktur und -kultur wird auf alle Unternehmenseinheiten übertragen - Besetzung von Führungspositionen mit Stammhausmitarbeitern
Polyzentrisch →	- Starke Gewichtung lokaler/nationaler Unternehmens- und Umweltbedingungen - Besetzung von Führungspositionen mit Einheimischen
Geozentrisch →	- Weltweite Unternehmenspolitik - Nationalität und Herkunft spielen bei der Besetzung von Führungspositionen keine Rolle

Quelle: Perlmutter 1969.
Abb. 6.5: Alternative Stellenbesetzungsstrategien

Auskünfte über die verfolgten Stellenbesetzungsstrategien in den USA bzw. in Deutschland geben zwei empirische Studien. *Dowling* (1988) stellte für die USA eine relativ gleichmäßige Verbreitung der ethno-, poly- und geozentrischen Strategien fest. *Wunderer* (1992) ließ die Bedeutung der Strategien für die Jahrtausendwende prognostizieren; es zeigt sich, dass eine stärkere Verbreitung der polyzentrischen Strategie und eine gleiche Bedeutung der ethno- und der geozentrischen Strategie erwartet wurden.

In diesem Zusammenhang sind auch die **Karrieremuster im internationalen Vergleich** von besonderem Interesse. In der Abb. 6.7 werden
– das japanische Modell,

- das deutsche Modell,
- das romanische Modell und
- das englisch-niederländische Modell

unterschieden. Hierbei handelt es sich um idealtypische Karrieremuster in Japan, Deutschland, den romanischen Ländern sowie in Großbritannien/Niederlande.

ethnozentrische Besetzungspolitik	polyzentrische Besetzungspolitik	geozentrische Besetzungspolitik
Vorteile: ➔ leichtere Durchsetzung einer einheitlichen Unternehmenspolitik ➔ problemlose Kommunikation und Koordination zwischen Mutter- und Tochtergesellschaft ➔ leichterer Transfer von technischem und Management-Know-how ➔ Erweiterung der Erfahrungen der Stammhausmitarbeiter ➔ bessere Kenntnis der Muttergesellschaft ➔ höhere Loyalität der Entsandten gegenüber der Muttergesellschaft	Vorteile: ➔ zumeist geringere Personalkosten ➔ leichtere Integration der Tochtergesellschaft in das Gastland ➔ Motivationssteigerung bei den lokalen Mitarbeitern, da sie auch Spitzenpositionen erreichen können ➔ höhere Kontinuität in der Tochtergesellschaft ➔ positive Auswirkungen auf die Stellung der Tochtergesellschaft in der Öffentlichkeit des Gastlandes	Vorteile: ➔ größeres Potenzial an qualifizierten Kandidaten ➔ höhere Flexibilität in der Personalbeschaffung, da auf nationale Interessen keine Rücksicht mehr genommen werden muss ➔ befruchtender Austausch von Informationen durch den hohen Entsendungsanteil
Nachteile: ➔ Demotivierung der inländischen Mitarbeiter durch Bevorzugung der Stammhausdelegierten ➔ erschwerte Anpassung des Führungsstils an Gastlandbedingungen ➔ Gefährdung der Kontinuität und des Betriebsklimas bei häufig wechselnden Stammhausdelegierten	Nachteile: ➔ erschwerte Abstimmung zwischen Mutter- und Tochtergesellschaft ➔ höhere Kommunikationskosten ➔ Gefahr, dass bei Konflikten aufgrund mangelnder Loyalität den Gastlandinteressen zum Schaden der Gesamtunternehmung Vorrang eingeräumt wird	Nachteile: ➔ sehr hohe Entsendungskosten ➔ zumeist geringe Vertrautheit mit den Gastlandbedingungen ➔ hoher Koordinationsaufwand ➔ hohe Anforderungen an internationale Manager ➔ erschwerter Aufbau einer corporate identity

Quelle: Welge/Holtbrügge 1998, S. 196.

Abb. 6.6: Vor- und Nachteile einer ethno-, poly- und geozentrischen Besetzungspolitik nach Perlmutter

In den Dreiecken werden im oberen Bereich die Potenzialentwicklungsphase, im unteren Bereich die Potenzialidentifikationsphase wiedergegeben. Die Pfeile von rechts symbolisieren den Eintritt in ein Unternehmen, jene nach links den Austritt aus einem Unternehmen. Besonders auffällig ist das deutsche Modell – die Potenzialentwicklungsphase ist sehr ausgebreitet, spätere Außeneinstiege erfolgen nicht. Die Gegensätze insb. zum romanischen Modell sind offensichtlich. Dort treten Manager erst in der Potenzialentwicklungsphase in ein Unternehmen ein, um dann schrittweise im Unternehmen aufzusteigen oder das Unternehmen wieder zu verlassen. Einschränkend muss aber gesagt werden, dass diese Karrieremuster idealtypisch sind.

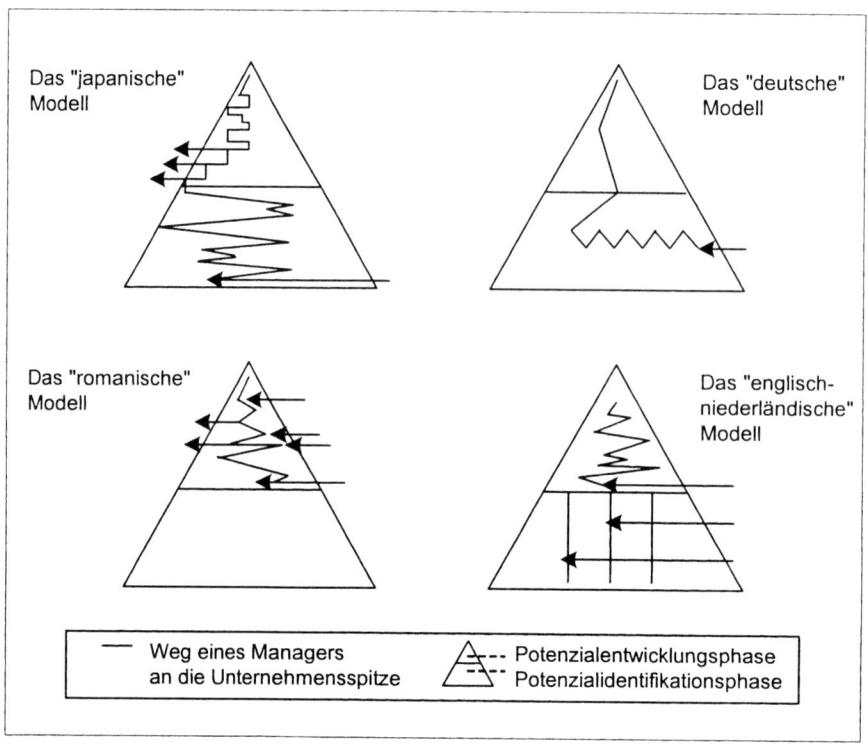

Quelle: Evans/Lank/Farquhar 1989, S. 126 f.

Abb. 6.7: Idealtypische Karrieremuster im internationalen Vergleich

II. Entlohnungssysteme

Ein wesentlicher Einflussfaktor für die internationale Entgeltpolitik sind die **Lebenshaltungskosten** im jeweiligen Ausland. Für ausgesuchte Städte in verschiedenen Ländern galten 1997 folgende Index-Werte (London = 100):

- Ankara (Türkei)   77,61
- Warschau (Polen)   83,61
- Lissabon (Portugal)   89,73
- Neu Delhi (Indien)   94,99
- London (GB)   100,00
- New York (USA)   102,23
- Brüssel (Belgien)   105,67
- Wien (Österreich)   107,13
- Mailand (Italien)   109,64
- Paris (Frankreich)   110,11
- Berlin (Deutschland)   118,08

- Oslo (Norwegen)   130,33
- Genf (Schweiz)   134,22.

Bei der **Ermittlung des Entgeltes**, das ein Mitarbeiter für seinen Auslandseinsatz erhalten soll, wird von dem Ziel ausgegangen, dass der Mitarbeiter keine finanziellen Verluste erleiden soll. Hierfür wird daher ein Kaufkraftvergleich mittels einer **Nettovergleichsrechnung** durchgeführt (Balance Sheet Approach, vgl. Abb. 6.8).

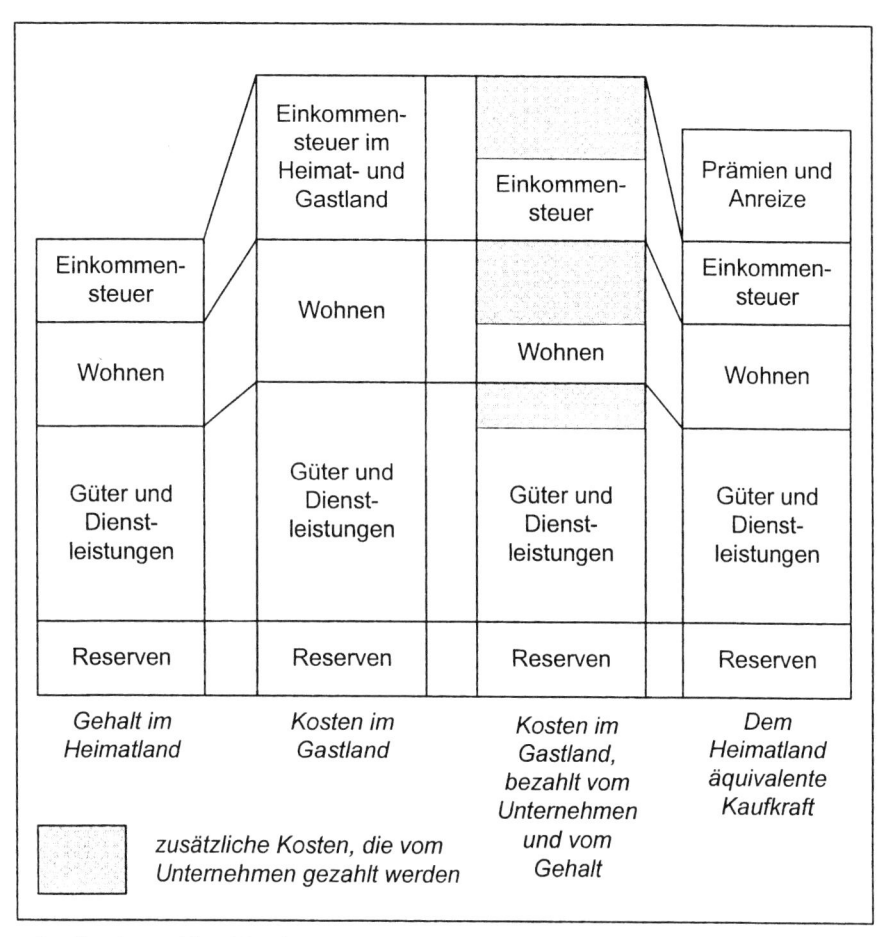

Einkommen-steuer	Einkommen-steuer im Heimat- und Gastland	Einkommen-steuer	Prämien und Anreize
Wohnen	Wohnen	Wohnen	Einkommen-steuer
			Wohnen
Güter und Dienst-leistungen	Güter und Dienst-leistungen	Güter und Dienst-leistungen	Güter und Dienst-leistungen
Reserven	Reserven	Reserven	Reserven
Gehalt im Heimatland	*Kosten im Gastland*	*Kosten im Gastland, bezahlt vom Unternehmen und vom Gehalt*	*Dem Heimatland äquivalente Kaufkraft*
	zusätzliche Kosten, die vom Unternehmen gezahlt werden		

Quelle: Reynolds 1986, S. 51.
Abb. 6.8: Nettovergleichsrechnung zur Ermittlung des Gehalts bei Auslandstätigkeit

Ein differenzierteres **Zahlenbeispiel** findet sich in Abb. 6.9. Betrachtet werden zwei extreme Beispiele der Auslandstätigkeit – in den USA bzw. in Japan. Zusätzlich können Währungskurssicherungsklauseln berücksichtigt werden.

	Gehaltsbestandteile	USA	Japan
1	Bruttoinlandsgehalt	150 T €	150 T €
2	- Einkommensteuer in Deutschland	- 40 T €	- 40 T €
3	- Sozialabgaben in Deutschland	- 16 T €	- 16 T €
4	- Wohnkosten in Deutschland (ca.15 % von 1)	- 23 T €	- 23 T €
5	Verfügbares Nettoeinkommen in Deutschland	71 T €	71 T €
6	-/+ Kaufkraftausgleich	- 8 T €	+ 71 T €
7	+ Auslandszulage (auf 1-2)	+ 11 T €	+ 33 T €
8	+ Mieteigenanteil (15 % von 1)	+ 23 T €	+ 23 T €
9	Nettoanspruch im Ausland	97 T €	198 T €
10	+ Sozialabgaben in Deutschland	+ 12,5 T €	+ 12,5 T €
11	+ Einkommensteuer im Gastland	+ 34,5 T €	+ 45,5 T €
12	Bruttovergütung im Ausland	144 T €	256 T €

Quelle: Nach Weber et al. 2001, S. 234.
Abb. 6.9: Beispiel für eine Nettovergleichsrechnung in T € (Tausend Euro)

Daneben sind **Erschwerniszulagen** (in% des Nettogehaltes) für verschiedene Länder auf verschiedenen Kontinenten zu beachten (vgl. *Weber et al.* 2001, S. 237). Keine Erschwernis gilt für die EU sowie Nordamerika; mittlere Erschwernis (Zuschlag 20%) für Ägypten, Brasilien, Thailand, große Erschwernis (Zuschlag 30%) für VR China (Städte), Libyen, Saudi-Arabien und höchste Erschwernis (Zuschlag 40%) z.B. VR China (Land), Bangladesch, Mozambique.

Hinsichtlich der **Entgeltpraktiken im europäischen Vergleich** sind mehrere empirische Studien durchgeführt worden. *Kienbaum und Partner* haben ermittelt, welche variablen Vergütungen und welche Zusatzleistungen im europäischen Vergleich gewährt werden. Abb. 6.10 zeigt deutlich, dass die Höhe und Häufigkeit der **variablen Vergütung** im europäischen Vergleich in Deutschland mit am größten ist. Die Bedeutung variabler Vergütungen ist Belgien und den Niederlanden sowie in Spanien am geringsten. Aus Abb. 6.11 ist die empirische Relevanz verschiedener **Zusatzleistungen** im europäischen Vergleich erkennbar.

Quelle: Nach Lymberopoulos 2000, S. 302.
Abb. 6.10: Häufigkeit und Höhe von variablen Vergütungen im europäischen Vergleich

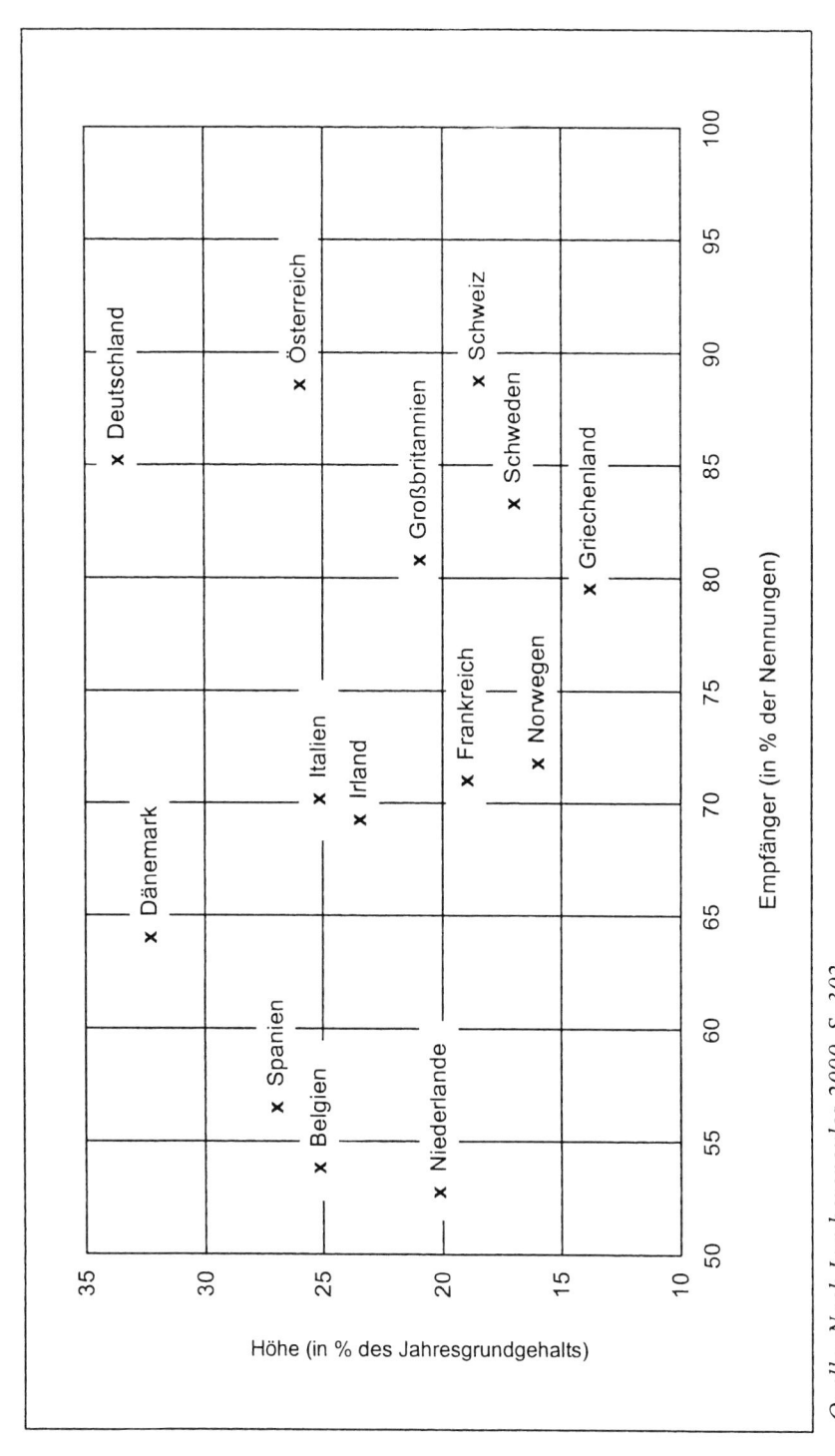

Ausgewählte Zusatzleistungen dargestellt am Beispiel des Geschäftsführers	Belgien	Dänemark	Deutschland	Frankreich	Griechenland	Großbritannien	Irland	Italien	Norwegen	Niederlande	Österreich	Schweden	Schweiz	Spanien
Firmenwagen zur privaten Nutzung	72	96	97	98	76	93	77	85	93	84	92	96	77	50
davon Privatnutzung unbegrenzt gestattet	49	85	79	69	71	72	89	42	98	51	86	88	76	68
Betriebliche Altersversorgung	50	64	89	36	44	99	93	26	84	88	72	72	70	32
Unfallversicherung auch für den privaten Bereich	80	72	76	73	78	79	88	53	88	72	60	59	89	54
Zusatz-/ Private Krankenversicherung	76	52	54	68	72	74	85	21	62	73	28	39	51	26
Invaliditätsversicherung	77	61	67	62	76	78	81	50	64	61	71	44	89	45
Firmendarlehen	12	14	26	23	26	6	11	22	21	12	26	9	20	31

Häufigkeit	Bedeutung für das einzelne Unternehmen: "Die Gewährung dieser Leistung für den Mitarbeiter ist...
≥85%	...von größter Relevanz."
60 - < 85%	...sehr zu empfehlen."
40 - < 60%	...in Betracht zu ziehen."
20 - < 40%	...nicht zu empfehlen."
< 20%	...zu vernachlässigen."

Quelle: Nach Lymberopoulos 2000, S. 300.

Abb. 6.11: Häufigkeit und Höhe von Zusatzleistungen im europäischen Vergleich

Die umfangreiche Cranfield-Studie lässt erkennen, welche **Erfolgs- und Kapitalbeteiligungen** Führungskräften in Europa geboten werden. Es zeigt sich – nach den verschiedenen europäischen Regionen – ein uneinheitliches Bild (vgl. Abb. 6.12). Erfolgsbeteiligungen für Führungskräfte sind insb. in Frankreich, Schweiz, Österreich und Deutschland, Kapitalbeteiligung – in deutlich geringerem Maße – insb. in Großbritannien, Frankreich, Irland, Belgien und den Niederlanden zu verzeichnen.

Land	Erfolgsbeteiligung von Führungskräften (in %)	Kapitalbeteiligung von Führungskräften (in %)
Frankreich	85,2	39,0
Schweiz	78,8	26,3
Österreich	66,4	10,3
Deutschland	63,4	17,8
Tschechien	58,2	7,1
Niederlande	34,1	28,0
Großbritannien	30,6	41,7
Finnland	30,0	25,4
Irland	21,8	34,2
Schweden	20,8	20,8
Belgien	20,7	30,8
Spanien	20,5	21,9
Bulgarien	20,4	20,4
Portugal	20,2	5,6
Griechenland	18,9	23,0
Norwegen	15,2	25,3
Türkei	14,8	7,0
Dänemark	14,6	16,9
Italien	3,8	15,1
Mittelwert	34,6	22,4

Quelle: Weber et al. 2001, S. 223 f.
Abb. 6.12: Erfolgs- und Kapitalbeteiligung von Führungskräften in international tätigen Unternehmen

III. Personaleinsatz im Ausland

Mit der Entsendung von Mitarbeitern eines Unternehmens in das Ausland werden i.A. folgende **Ziele** verfolgt (vgl. *Scherm/Süß* 2001, S. 238):
- Wissenstransfer
  (Transfer von technologischem Wissen bzw. Management-Wissen in das Ausland),
- Koordinierung und Kontrolle der Unternehmenseinheiten
  (in methodischer Sicht bzw. personenorientiert),
- Entwicklung der Mitarbeiter
  (Sammlung internationaler Erfahrungen).

Wesentliche Phasen (nebst Einflussfaktoren) des Auslandseinsatzes werden in Abb. 6.13 dargestellt.

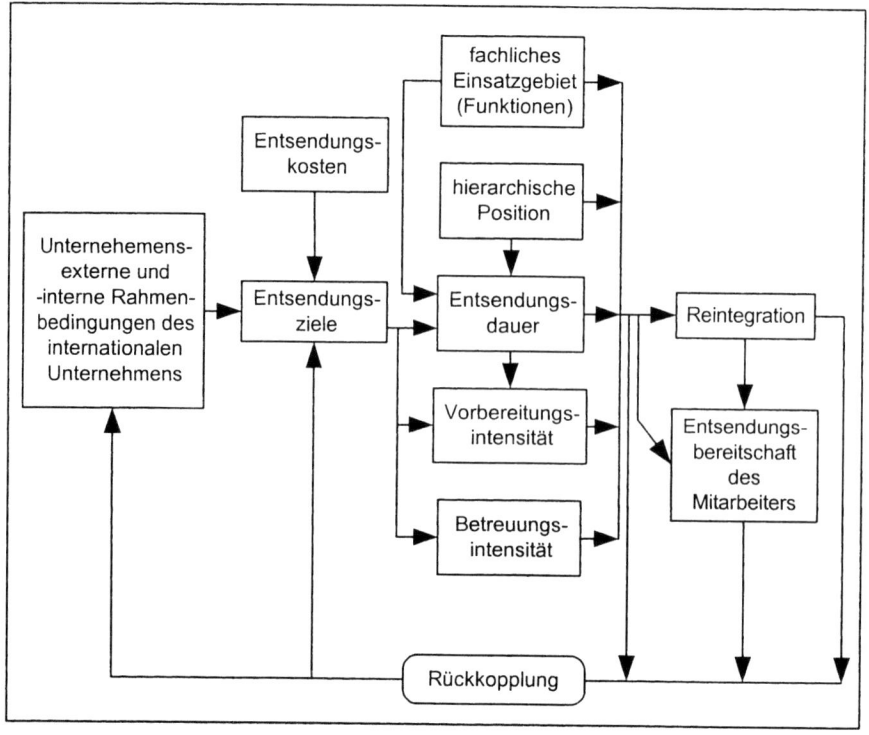

Quelle: Nach Kenter 1989.
Abb. 6.13: Phasen und Einflussfaktoren des internationalen Personaleinsatzes

Bei der Entscheidung über die Entsendung von Mitarbeitern ins Ausland (vgl. z.B. *Perlitz* 2000, S. 444 ff.; *Scherm/Süß* 2001, S. 241 ff.) werden i.A.
- die Auswahlphase,
- die Vorbereitungsphase,
- die Einsatzphase und
- die Reintegrationphase

unterschieden. Im Rahmen der **Auswahlphase** ist von den spezifischen Auswahlkriterien (wie Anpassungsfähigkeit, Kommunikationsfähigkeit, physische und psychische Belastbarkeit) auszugehen; mittels geeigneter Auswahltechniken (wie Potenzialbeurteilung, psychologische Tests oder Assessment-Center) sind geeignete Mitarbeiter zu selektieren. Die **Vorbereitungsphase** umfasst Schulung und Training sowie Fixierung des Vertrages (vgl. Abschnitt C.II. über internationale Entlohnungssysteme). Im Zusammenhang mit der **Einsatzphase** sind Einsatzdauer sowie spezifische Betreuung zu planen. Schwerpunkt der **Reintegrationsphase** ist die Integration in das berufliche und private Umfeld (wieder) im Heimatland. Von großer Bedeutung ist es, ein neues, angemessenes berufliches Tätigkeitsfeld zu finden.

D. Personalführung in international tätigen Unternehmen

I. Grundlagen der Führung

Führung kann als gezielte Beeinflussung sowohl von Verhalten und Einstellungen der Einzelpersonen in einem Unternehmen als auch von Interaktionen innerhalb und zwischen Mitarbeitergruppen verstanden werden. Führung basiert auf einer hierarchischen Strukturierung eines Unternehmens in Mitarbeiter und Vorgesetzte, wobei der Vorgesetzte die Tätigkeit bzw. Einstellung des Mitarbeiters – im Wesentlichen mittels kommunikativer Aktivitäten – beeinflusst bzw. steuert. Die beiden grundlegenden Aufgaben der Führung sind in
- der Motivation der Mitarbeiter und
- der zielorientierten Koordination des Handelns der einzelnen Mitarbeiter

zu sehen. Die Motivation eines Mitarbeiters bestimmt neben dessen Qualifikation seine individuelle Leistung. Koordination ist in dem Sinne erforderlich, dass individuelle Ziele und Unternehmensziele aufeinander abgestimmt werden.

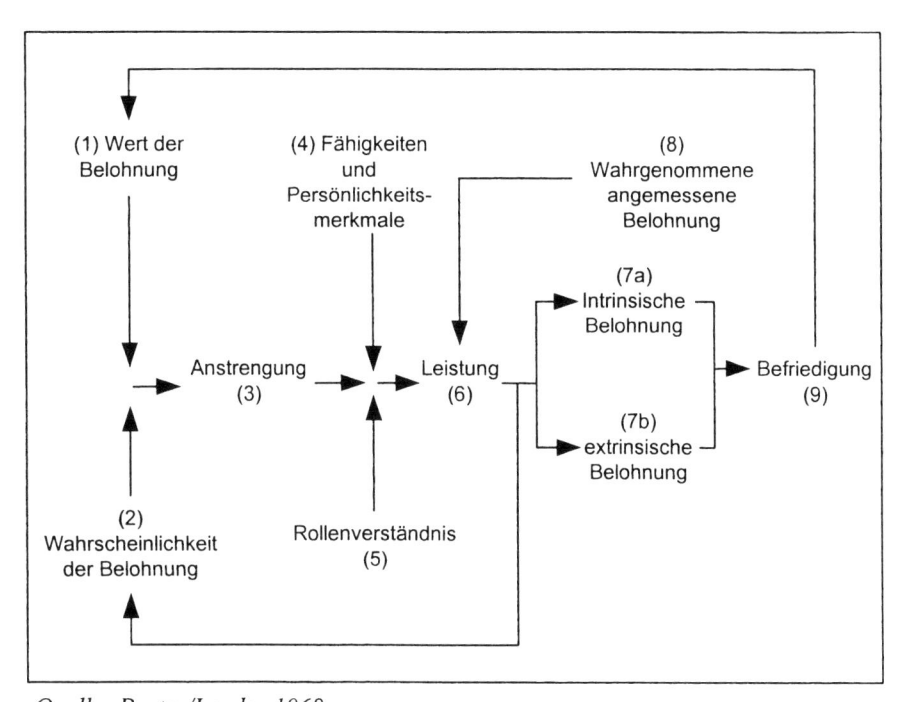

Quelle: Porter/Lawler 1968.
Abb. 6.14: Das Motivationsmodell von Porter/Lawler

Ein umfassendes Strukturmodell der individuellen Motivation ist von *Porter/Lawler* (1968) entwickelt worden; es wird in Abb. 6.14 wiedergegeben. Kernstück des Motivationsmodells sind die Beziehungen zwischen Anstrengung, Leistung und Befriedigung unter Beachtung von deren Einflussfaktoren. Anstrengung (3) beinhaltet die Energie, die ein Individuum aufzuwenden bereit ist, um ein bestimmtes Ziel zu erreichen; sie ist abhängig von dem Wert, den das Individuum einer Belohnung (1) zuweist, und der Wahrscheinlichkeit (2), mit der die Anstrengung die erhoffte Belohnung nach sich zieht. Leistung (6) entspricht dem Ergebnis der Anstrengung. Einflussfaktoren der Leistung sind neben der Höhe der Anstrengung die Fähigkeiten (z.B. fachlicher, methodischer und sozialer Art) und Persönlichkeitsmerkmale (4) sowie das Rollenverständnis (5), die wahrgenommenen Erwartungen der Umwelt an das Individuum. Der Leistung folgt in der Regel eine Belohnung intrinsischer (7a) bzw. extrinsischer (7b) Art. Während letztere durch Dritte erfolgt, sind bei der intrinsischen Belohnung die Tätigkeit selbst und das damit verbundene Erfolgserlebnis zu nennen. Die damit verbundene Befriedigung wird außerdem durch die wahrgenommene Gerechtigkeit der Belohnung (8) determiniert. Sie bestimmt die für zukünftige Handlungen unternommenen Anstrengungen.

II. Die alternativen Führungsstile

Im Rahmen der Führung eines Unternehmens können verschiedene **Führungsstile** herangezogen werden. In der Abb. 6.15 finden sich verschiedene eindimensionale Führungsstile, die auf dem Merkmal „Entscheidungsspielraum des Vorgesetzten und der Mitarbeiter" basieren. Die Endpunkte des Kontinuums sind der autoritäre und der demokratische Führungsstil.

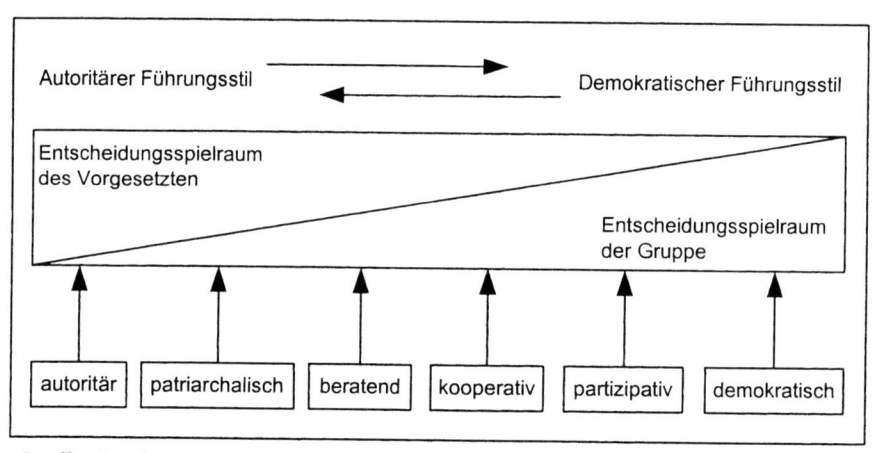

Quelle: Nach Tannenbaum/Schmidt 1958, S. 96.
Abb. 6.15: Kontinuum der Führungsstile nach dem Kriterium „Entscheidungsspielraum"

Der **autoritäre Führungsstil** zeichnet sich dadurch aus, dass der Vorgesetzte Entscheidungen alleine trifft und sie über klare Ausführungsanweisungen durchsetzt. Der Mitarbeiter wird streng sachlich kontrolliert; es besteht eine klare Unterstellung des Mitarbeiters zum Führenden. Ein Vorgesetzter verhält sich **patriarchalisch**, wenn er zwar weiterhin alleine entscheidet, dabei aber versucht, die Untergebenen von seiner Entscheidung zu überzeugen. Gestattet der allein entscheidende Vorgesetzte die Abgabe von Stellungnahmen über den zu entscheidenden Sachverhalt, kann der betreffende Führungsstil als „**beratend**" bezeichnet werden. Beim **kooperativen** Führungsstil ist die Einflussmöglichkeit von Untergebenen auf Entscheidungen schon wesentlich größer: Untergebene werden von Entscheidungsvorhaben unterrichtet; es wird die Möglichkeit der Diskussion eingeräumt; der Vorgesetzte behält sich allerdings die Entscheidung vor. Der **partizipative** Führungsstil zeichnet sich dadurch aus, dass Mitarbeiter Problemlösungsvorschläge mit erarbeiten, wobei wiederum der Vorgesetzte letztendlich die Entscheidungsgewalt besitzt. Ein Führungsstil wird als **demokratisch** bezeichnet, wenn die Gruppe insgesamt entscheidet, nachdem der Vorgesetzte das Problem aufgezeigt und die Grenzen des Entscheidungsspielraumes abgesteckt hat. Im Extremfall fungiert der Vorgesetzte nur noch als Koordinator.

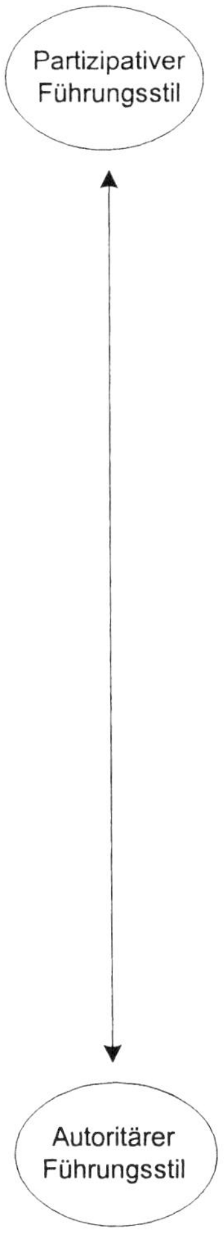

	Länder	Führungsstilmerkmale
Partizipativer Führungsstil ↑ ↓ Autoritärer Führungsstil	USA	- Führung durch gemeinsame Entscheidungsvorbereitung
	Niederlande, Flamen, Schweden	- Entscheidungs- und Führungsinstanzen durch formelle Normen am Machtmissbrauch weitgehend gehindert
	Großbritannien	- geringe Sicherheitsbedürfnisse bei den Unterstellten
	Belgien, Frankreich	- Führung überwiegend am Rat und der Meinung der Mitarbeiter interessiert/orientiert
	Dänemark, Norwegen, Australien, Japan	- mittlerer Delegationsgrad
	Spanien, Deutschland, Italien	- Unterstellte erwarten keinen hohen Grad an Entscheidungsautonomie
	Griechenland, Türkei, südamerikanische Länder	- sehr geringer Delegationsgrad, zentralistische Entscheidungen
	Malaysia, Indonesien, Thailand u.a.	- Statussymbole und Privilegien für Führungskräfte sichtbar und legitim
	arabische Länder	- Autorität wird nicht hinterfragt, sondern akzeptiert
	Indien, Pakistan	- kaum Informationen zwischen den Ebenen

Quelle: von Keller 1987, Sp. 1287 f.
Abb. 6.16: Führungsstilpräferenzen in unterschiedlichen Kulturen

Welche Bedeutung die Führungsstile im **internationalen Vergleich** aufweisen, zeigt die Abb. 6.16. Deutliche Unterschiede sind zwischen den westlichen Industrieländern und den Schwellen- und Entwicklungsländern zu verzeichnen – bedingt durch unterschiedliche Kulturen. Ein partizipativer Führungsstil wird insb. von Mitarbeitern aus den westlichen Industrieländern bevorzugt. Autoritäre Führungsstile werden hingegen von Mitarbeitern aus Schwellen- und Entwicklungsländern präferiert; ein Grund hierfür liegt in dem Glauben an die Schicksalsbedingtheit der menschlichen Existenz.

III. Situative Ermittlung optimaler Führungsstile im europäischen Vergleich

Vroom/Yetton (1973; vgl. auch *Vroom/Jago* 1988, 1991) gehen bei ihrem Führungsmodell davon aus, dass kein Führungsstil in dem Sinne überlegen ist, dass er für alle Führungssituationen geeignet ist. Ein erfolgreicher Führer muss vielmehr den von ihm angewandten Führungsstil der jeweiligen Führungssituation anpassen. Ziel des Vroom-Yetton-Modells ist es, den situativ optimalen Führungsstil, d.h. den situativ optimalen Partizipationsgrad der Mitarbeiter an Führungsentscheidungen herauszufinden.

Das Vroom/Yetton-Modell hat folgenden **Aufbau** (vgl. z.B. *Reber et al.* 2000, S. 154 ff.):

(1) Anhand folgender sieben **diagnostischer Fragen** (A)-(G), die jeweils nur die Antwort „ja" oder „nein" zulassen, werden Führungssituationen zunächst allgemein erfasst:

A: Gibt es ein Qualitätserfordernis: „Ist vermutlich besser als eine andere"?

B: Habe ich genügend Informationen, um eine qualitativ hochwertige Entscheidung treffen zu können?

C: Ist das Problem strukturiert?

D: Ist die Akzeptanz der Entscheidung durch die Mitarbeiter für die effektive Ausführung wichtig?

E: Wenn ich die Entscheidung selbst treffe, würde sie dann von den Mitarbeitern akzeptiert werden?

F: Teilen die Mitarbeiter die Organisationsziele (Betriebsziele), die durch die Lösung dieses Problems erreicht werden sollen?

G: Wird es zwischen den Mitarbeitern vermutlich zu Konflikten kommen, welche Lösung zu bevorzugen ist?

(2) Es wird ein **vollständiger Entscheidungsbaum** auf der Basis der sieben Fragen in der angegebenen Reihenfolge und unter Berücksichtigung der „ja"- bzw. „nein"-Antworten erstellt (vgl. Abb. 6.17).

(3) Ergebnis des Entscheidungsbaumes sind dreizehn Problemtypen (Typen von Führungsproblemen), denen zulässige Führungsstile (zulässige Strategien) zugeordnet werden.

345

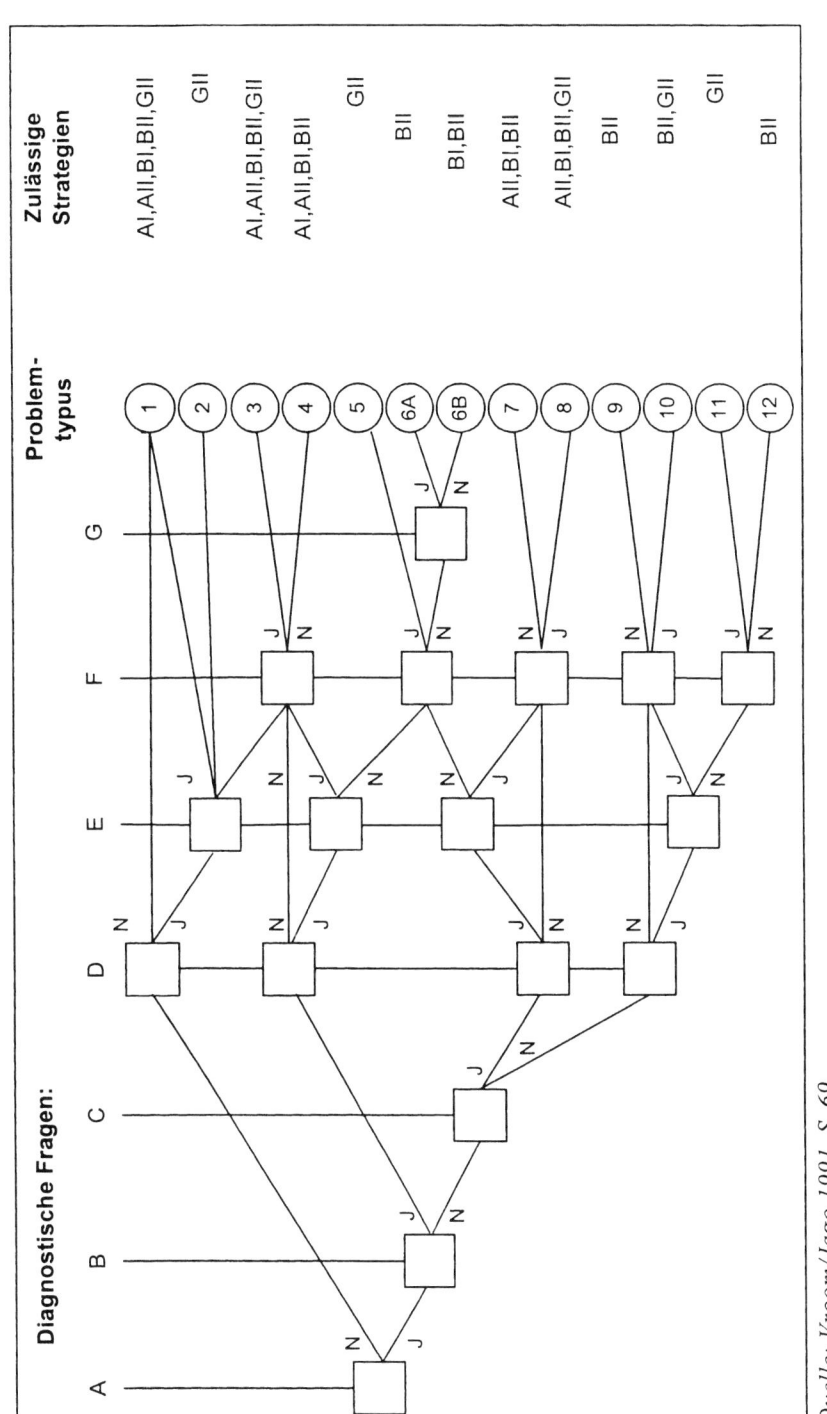

Problemtyp	Zulässige Strategien
1	AI,AII,BI,BII,GII
2	GII
3	AI,AII,BI,BII,GII
4	AI,AII,BI,BII
5	GII
6A	BII
6B	BI,BII
7	AII,BI,BII
8	AII,BI,BII,GII
9	BII
10	BII,GII
11	GII
12	BII

Quelle: Vroom/Jago 1991, S. 69.
Abb. 6.17: Der Entscheidungsbaum von Vroom/Yetton

Gekennzeichnet werden die **Führungsstile** durch Buchstaben/Ziffern-Kombinationen. Dabei bedeuten:

A: autokratisch

B: beratend

G: konsensuale Gruppenentscheidung

sowie

I : Konzentration auf eine Person
(z.B. A I: Führer allein, B I: Einbezug eines Mitarbeiters)

II: Mitwirkung mehrerer Mitarbeiter.

Die fünf Führungsstile lauten dann:

AI: Sie lösen das Problem selbst und treffen dabei die Entscheidung alleine. Grundlage bilden dabei die im Moment verfügbaren Informationen.

AII: Sie verschaffen sich die Ihrer Ansicht nach notwendigen Informationen von Ihren Mitarbeitern; dann entscheiden Sie selbst, wie das Problem zu lösen ist. Die Rolle Ihrer Mitarbeiter besteht eindeutig nur in der Beschaffung der speziellen Informationen.

BI: Sie besprechen das Problem mit einzelnen Mitarbeitern, ohne sie als Gruppen zusammenzubringen. Sie holen deren Ideen und Vorschläge ein und treffen dann selbst die Entscheidung. Diese Entscheidung kann die Vorschläge oder Ideen Ihrer Mitarbeiter berücksichtigen, muss aber nicht.

BII: Sie diskutieren das Problem mit Ihren Mitarbeitern in einer Gruppenbesprechung. In dieser Gruppenbesprechung holen Sie deren Ideen und Vorschläge ein, entscheiden aber selbst über die Lösung des Problems.

GII: Sie diskutieren das Problem zusammen mit ihren Mitarbeitern als Gruppe. Alle zusammen entwickeln Alternativen, wägen sie ab und versuchen, Übereinstimmung (Konsens) für eine Lösung zu finden. Ihre Rolle entspricht mehr der eines Moderators. Sie sind bereit, jede Entscheidung zu übernehmen und zu verantworten, die von der gesamten Mitarbeitergruppe gewünscht und unterstützt wird.

Im Rahmen einer umfangreichen europäischen empirischen Erhebung (*Reber et al.* 2000), in welcher insgesamt mehr als 4.100 Manager befragt worden sind, ist u.a. der Frage nachgegangen worden, ob sich die Einsatzhäufigkeiten der verschiedenen Führungsstile in verschiedenen europäischen Ländern unterscheiden. Die Befragungsergebnisse sind in Abb. 6.18 zusammengefasst. Deutlich wird, dass der Führungsstil AI – Alleinentscheidung – in Polen und Tschechien wesentlich häufiger eingesetzt wird als in allen anderen Ländern. Der verwandte Führungsstil AII – Alleinentscheidung mit Informationsbeschaffung durch Mitarbeiter – wird am geringsten in Deutschland eingesetzt. Der Führungsstil BI – d.h. Beratungsgespräche unter vier Augen – wird am stärksten von Finnen bevorzugt. Für die Präferenz von BII – Beratung in Gruppen – bilden sich drei Ländergruppen mit zunehmender Akzeptanz heraus: Polen/Tschechien; Finnland/Frankreich/Schweiz und Österreich/Deutschland. Der Gebrauch des Führungsstils GII – Gruppenentscheidung - ist am populärsten in Deutschland, Österreich und der Schweiz. Finnische, französische und polnische Manager zeigen in etwa übereinstimmende geringe Präferenzen.

Länder	Führungsstile				
	AI	AII	BI	BII	GII
A	19,2	15,3	15,3	30,4	19,8
CH	20,0	15,1	17,0	28,6	19,2
CZ	26,0	20,4	16,3	22,9	14,4
D	19,5	13,7	16,1	30,7	20,1
F	21,3	17,1	17,6	28,0	16,2
FIN	18,7	17,1	19,5	27,5	17,3
PL	24,9	18,9	17,8	22,4	16,0

Quelle: Reber et al. 2000, S. 160 f.
Abb. 6.18: Häufigkeiten der Führungsstile (in %) im europäischen Vergleich

E. Personalentwicklung in international tätigen Unternehmen

I. Personalentwicklung im europäischen Vergleich

Die umfangreiche Cranfield-Studie (vgl. *Weber et al.* 2001, S. 162 ff.) lässt erkennen, welche Bedeutung die Personalentwicklung in verschiedenen europäischen Ländern hat. Gemessen wurden
- die Anteile international tätiger Unternehmen, die regelmäßig Auslandseinsätze praktizieren,
- die Anteile der in Weiterbildung involvierten Mitarbeiter international tätiger Unternehmen,
- die Anteile der Aus- und Weiterbildungskosten an der jährlichen Lohn- und Gehaltssumme international tätiger Unternehmen.

Abb. 6.19 zeigt folgende Ergebnisse: Rund ein Drittel der (befragten) Unternehmen in der Stichprobe gaben an, Mitarbeiter regelmäßig in das Ausland zu entsenden; im Vergleich zu einer 5 Jahre älteren Studie hat der Anteil der Unternehmen, die regelmäßig Auslandseinsätze praktizieren, um etwa 30% zugenommen. Der Durchschnittswert für deutsche Unternehmen liegt mit 19,6% besonders niedrig, jene für norwegische Unternehmen mit 72,2% besonders hoch.

Was die Anzahl der Mitarbeiter angeht, die innerhalb eines Jahres an mindestens einer Weiterbildungsmaßnahme teilgenommen haben, zeigt die Studie einen Durchschnittswert von 45%. Im länderspezifischen Vergleich lassen sich große Unterschiede erkennen: So nehmen über 60% der Mitarbeiter in Schweden und Finnland, aber nur 12% der Mitarbeiter in Bulgarien an mindestens einer Weiterbildungsmaßnahme teil. Auffallend niedrig ist auch der Wert für Deutschland.

Land	Anteile internationaler Unternehmen, die regelmäßig Auslandseinsätze praktizieren in %	Anteile der in der Weiterbildung involvierten Mitarbeiter internationaler Unternehmen in %	Anteile der Aus- und Weiterbildungskosten an der jährlichen Lohn- und Gehaltssumme internationaler Unternehmen in %
Finnland	45,1	64	2,8
Schweden	37,4	63	3,8
Irland	28,6	53	3,5
Tschechien	30,2	53	2,5
Türkei	43,7	52	3,8
Großbritannien	31,4	51	3,1
Norwegen	72,2	51	4,4
Dänemark	30,3	50	3,2
Spanien	33,9	50	2,1
Frankreich	50,0	48	4,2
Belgien	52,7	46	3,0
Schweiz	48,4	46	2,8
Niederlande	34,2	44	4,1
Griechenland	57,1	41	2,5
Portugal	18,9	38	3,8
Italien	28,9	37	2,2
Österreich	23,2	34	2,2
Deutschland	19,6	31	2,7
Bulgarien	25,6	12	3,0
Mittelwerte	34,3	45	3,1

Quelle: Nach Weber et al. 2001, S. 163 ff.
Abb. 6.19: Personalentwicklung im europäischen Vergleich

Dieses Ergebnis für Deutschland zeigt sich auch bei den Anteilen der Aus- und Weiterbildungskosten an der jährlichen Lohn- und Gehaltssumme; mit 2,7% wird ein unterdurchschnittlicher Wert erreicht. Führend ist hier Norwegen vor Frankreich und den Niederlanden.

II. Das Konzept der multikulturellen Personalentwicklung

Das extensive Konzept der **multikulturellen Personalentwicklung** (insb. Führungskräfteentwicklung) lässt die Abb. 6.20 erkennen. Ausgangspunkt sind die multikulturell zusammengesetzten Projektgruppen, die typischen Schlüsselqualifikationen, die vorhandenen Erfahrungen und die relevanten institutionellen Gegebenheiten. In einem ersten Schritt sind die relevanten Methoden der Führungskräfteentwicklung festzustellen. Im zweiten Schritt sind die in Frage kommenden Führungskräfte zu identifizieren. Gegenstand der Schritte 3 und 4 ist die Durchführung der Maßnahmen der Führungskräfteentwicklung. Die Schritte 5 und 6 (Controlling und Verbesserung/Fortschritt) erlauben, in der Zukunft verbesserte Maßnahmen der Personalentwicklung durchzuführen.

III. Die alternativen Personalentwicklungsmethoden

Im Rahmen der **Personalentwicklung** kann eine Vielzahl von Methoden angewandt werden. Grundsätzlich lassen sich die Methoden
– into the job,
– on the job,
– near the job,
– off the job und
– out of the job
unterscheiden. Zur Methode „**into the job**" kann z.B. die Berufsausbildung gezählt werden, welche die Teilbereiche
– Ausbildung,
– Vorbereitungsphase,
– Einführung in die neue Kultur,
– Einarbeitung am Arbeitsplatz
umfasst. Im Rahmen der Personalentwicklung „**on the job**" können viele, z.T. recht unterschiedliche Methoden wie
– internationale Assignments,
– job enlargement,
– job enrichment,
– job rotation,
– Projektarbeit,
– Stellvertretung,
– Sonderaufgaben,
– Coaching,
– Mentoring,
– Counseling,
– Führungsstil,
– gelenkte Erfahrungsvermittlung,
– teilautonome Arbeitsgruppen

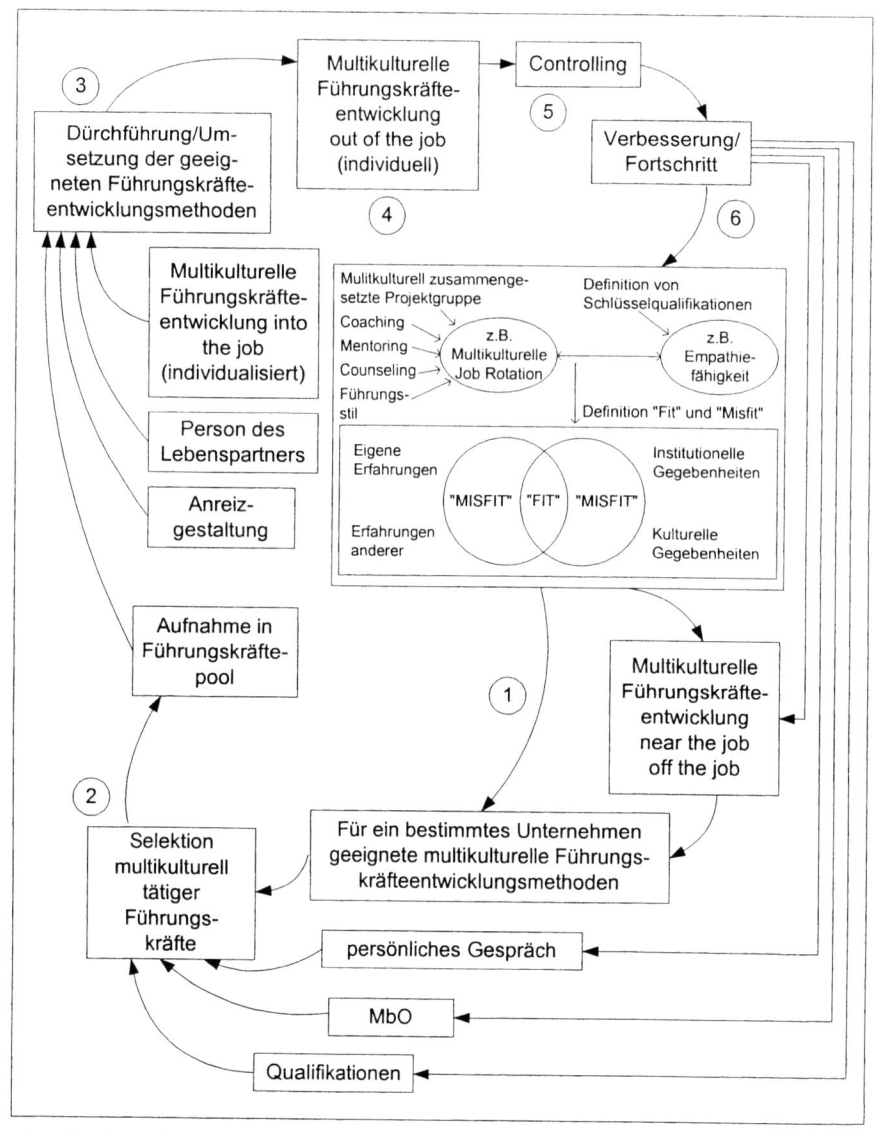

Quelle: Sciuchetti 1994, S. 249.
Abb. 6.20: Ganzheitliches Konzept multikultureller Führungskräfteentwicklung

herangezogen werden. „**Near the job**" kann eine Personalentwicklung z.B.
– in einer Lernstatt bzw.
– an einem Entwicklungsarbeitsplatz
erfolgen. Eine Personalentwicklung „**off the job**" kann im Rahmen von
– Internationalen Konferenzen,
– Internationalen General Management-Seminaren,
– Erfahrungsaustauschgruppen,

- Fallstudien,
- Unternehmensplanspiele

stattfinden. **"Out of the job"** kann mittels
- Reintegration bzw.
- Outplacement

erfolgen.

Im Rahmen der **Personalentwicklungsmethoden "off the job"** spielt die MBA-Ausbildung eine besondere Rolle. Vom **Internationalen Forschungsinstitut (IFMA)** ist eine umfangreiche empirische Studie durchgeführt worden, welche ergab, dass
- das Middle-Management vor allem in einer Kombination aus internen und externen Maßnahmen geschult werden soll, während
- für das Top-Management eine externe Weiterbildung vorzuziehen ist (vgl. z.B. *Stähli* 1993).

Eine Aufstellung der besten MBA-Programme in Europa findet sich in der Abb. 6.21; zugrunde liegen zwei empirische Erhebungen aus den Jahren 1998 und 2002.

2002	1998	MBA-Rangliste	
1	(2)	London Business School	Großbritannien
2	(1)	INSEAD, Fontainebleau	Frankreich
3	(5)	Instituto de Empresa, Madrid	Spanien
4	(6)	GSBA Zürich	Schweiz
5	(18)	Judge/Cambridge	Großbritannien
6	(15)	HEC, Jouy-en-Josas	Frankreich
7	(4)	Manchester Business School	Großbritannien
8	(13)	Rotterdam SM	Niederlande
9	(8)	IESE, Barcelona	Spanien
10	(19)	ESADE, Barcelona	Spanien
11	(7)	Cranfield	Großbritannien
12	(3)	IMD, Lausanne	Schweiz

Quelle: The Wall Street Journal Europe, 06.10.98; vgl. auch The Times, 06.10.98, S. 2; Handels-Zeitung, 06.03.02.

Abb. 6.21: Die Top 12 MBA Programme in Europa

Literaturverzeichnis

ADM Arbeitskreis Deutscher Markt- und Sozialforschungsinstitute e.V. (2004): Zahlen über den Markt für Marktforschung, Ausgabe 3/2004, http://www.adm-ev.de/zahlen.html, Verfügbarkeitsdatum 14.1.2005.

Agarwal, S.; Ramaswami, S. (1992): Choice of Foreign Market Entry Mode: Impact of Ownership, Location and Internalization Factors, in: Journal of International Business Studies, First Quarter 1992, S. 1-27.

Albaum G.; Tse, D.K. (2001): Adaptation of International Marketing Strategy Components, Competitive Advantage, and Firm Performance: A Study of Hong Kong Exporters, in: Journal of International Marketing, Vol. 9 (2001), No. 4, S. 59-81.

Auerbach, H. (1994): Internationales Marketing-Controlling, Stuttgart 1994.

Backhaus, K. et al. (2000): Multivariate Analysemethoden, 10. Aufl., Berlin u.a. 2003.

Backhaus, K.; Büschken, J.; Voeth, M. (2001): Internationales Marketing, 4. Aufl., Stuttgart 2001.

Backhaus, K.; Meyer, M. (1984): Internationale Risiko-Barometer, in: absatzwirtschaft, 27. Jg. (1984), Nr. 10, S. 64-71.

Backhaus, K.; Meyer, M. (1986): Ansätze zur Beurteilung von Länderrisiken, in: Zeitschrift für betriebswirtschaftliche Forschung, Sonderheft Nr. 20, 1986, S. 39-60.

Baltes, H.; Schütz, P. (1991): Mit Qualität in die Offensive, in: Absatzwirtschaft, Oktober 1991, Sondernummer, S. 46-52.

Bartlett, C.A.; Ghoshal, S. (1987): Arbeitsteilung bei der Globalisierung, in: Harvard Business Manager, 9. Jg. (1987), Nr. 2, S. 49-59.

Bartlett, C.A.; Ghoshal, S. (1990): Internationale Unternehmensführung. Innovation, globale Effizienz, differenziertes Marketing, Frankfurt a.M., New York 1990.

Bauer, E. (1995): Internationale Marktforschung, München, Wien 1995.

Bea, F.X.; Beutel, R. (1992): Die Bedeutung des Exports für die Entwicklung der Kosten und die Gestaltung der Preise, in: Dichtl, E.; Issing, O. (Hrsg.): Exportnation Deutschland, 2. Aufl., München 1992, S. 243-261.

Bea, F.X.; Haas, J. (2001): Strategisches Management, 3. Aufl., Stuttgart 2001.

Becker, J. (1991): Besonderheiten der Kalkulation von Außenhandelsaufträgen, in: Zeitschrift für Betriebswirtschaft, 61. Jg. (1991), Nr. 11, S. 1243-1265.

Becker, J. (2001): Marketing-Konzeption - Grundlagen des strategischen und operativen Marketing-Managements, 7. Aufl., München 2001.

Belz, C.; Müllner, M.; Senn, C. (1999): Die Implementierung globaler Marketingstrategien in Industriegüterunternehmen. Ergebnisse einer explorativen Untersuchung, THEXIS Fachbericht für Marketing, 1999, Nr. 1, St. Gallen 1999.

Bender, U. (1991): Die Wiederentdeckung des Kunden, in: Absatzwirtschaft, Oktober 1991, Sondernummer, S. 72-79.

Berekoven, L. (1985): Internationales Marketing, 2. Aufl., Herne, Berlin 1985.

Berekoven, L.; Eckert, W.; Ellenrieder, P. (2001): Marktforschung, 10. Aufl., Wiesbaden 2004.

Bergen, M.; Dutta, S.; Walker, O.C. (1992): Agency Relationships in Marketing, in: Journal of Marketing, Vol. 56 (1992), No. 3, S. 1-24.

Berndt, R. (1991): Risk-Management im Rahmen des internationalen Marketing, in: Marketing ZFP, 13. Jg. (1991), Nr. 1, S. 5-10.

Berndt, R. (1996): Marketing 1. Käuferverhalten, Marktforschung und Marketing-Prognosen, 3. Aufl., Berlin u.a. 1996.

Berndt, R. (2004): Marketingstrategie und Marketingpolitik, 4. Aufl., Berlin u.a. 2004.
Berndt, R.; Fantapié Altobelli, C. (2002): Internationales Produktmanagement, in: Albers, S.; Herrmann, A. (Hrsg.): Handbuch Produktmanagement, 2. Aufl., Wiesbaden 2002, S. 773-797.
Berndt, R.; Fantapié Altobelli, C.; Sander, M. (1995): Internationale Kommunikationspolitik, in: Hermanns, A.; Wißmeier, U.K. (Hrsg.): Internationales Marketing-Management – Grundlagen, Strategien, Instrumente, Kontrolle und Organisation, München 1995, S. 176-224.
Berndt, R.; Fantapié Altobelli, C.; Sander, M. (1997): Internationale Marketing-Politik, Berlin u.a. 1997.
Berndt, R.; Sander, M. (2002): Betriebswirtschaftliche, rechtliche und politische Probleme der Internationalisierung durch Lizenzerteilung, in: Macharzina, K.; Oesterle, M.J. (Hrsg.): Handbuch Internationales Management, Wiesbaden 2002, S. 601-624.
Berthel, J. (1997): Personal-Management, 5. Aufl., Stuttgart 1997.
Bisani, F. (1995): Personalwesen und Personalführung, 4. Aufl., Wiesbaden 1995.
Böck, R. (2002): Personalmanagement, München, Wien 2002.
Böcker, F. (1988): Marketing-Kontrolle, Stuttgart 1988.
Böhler, H. (1977): Methoden und Modelle der Marktsegmentierung, Stuttgart 1977.
Böhler, H. (1992): Marktforschung, 3. Aufl., Stuttgart u.a. 2004.
Bolz, J. (1992): Wettbewerbsorientierte Standardisierung der internationalen Marktbearbeitung. Eine empirische Analyse in europäischen Schlüsselmärkten, Darmstadt 1992.
Bortz, J. (1993): Statistik für Sozialwissenschaftler, 6. Aufl., Berlin u.a. 2005.
Bridgewater; S.; Egan, C. (2002): International Marketing Relationships, Basingstoke, New York 2002.
Brockmeyer, R.B. (1987): Markteintrittsstrategien mittelständischer deutscher Unternehmen auf dem japanischen Markt, Bonn 1987.
Buzzell, R.P. (1968): Can You Standardize Multinational Marketing? in: Harvard Business Review, Vol. 46 (1968), November/December, S. 102-113.
Cateora, P.R.; Graham, J.L. (2002): International Marketing, 12. Aufl., Boston u.a. 2005.
Cavusgil, S. T.; Zou, S. (1994): Marketing Strategy – Performance Relationships: an Investigation of the Empirical Link in Export Market Venture, in: Journal of Marketing, Vol. 58 (1994), No. 1, S. 1-21.
Chan Kim, W.; Hwang, P. (1992): Global Strategy and Multinationals Entry Mode Choice, in: Journal of International Business Studies, First Quarter 1992, S. 29-53.
Chandler, A.D. (1962): Strategy and Structure – Chapters in the History of the American Industrial Enterprise, Cambridge/Mass. 1962.
Churchill, G. A.; Iacobucci, D. (2002): Marketing Research, Methodological Foundations, 8th ed., Mason, Ohio 2002.
Clark, R.; Maynard, M. (1998): Research Methodology. Using Online Technology for Secondary Analysis of Survey Research Data, in: social science computer review, Vol. 16 (1998), Nr. 1, S. 58-71.
Clermont, A. u.a. (Hrsg.) (2001): Strategisches Personalmanagement in Globalen Unternehmen, München 2001.
Cochran, W.G. (1972): Stichprobenverfahren, Berlin, New York 1972.
Conradi, P. (1983): Personalentwicklung, Stuttgart 1983.
Craig, C.S.; Douglas, S.P. (2001): Conducting international marketing research in the twenty-first century, in: International Marketing Review, Vol. 18 (2001), No. 1, S. 80-90.

Craig, C.S.; Douglas, S.P. (2002): International Marketing Research, 2. Aufl. (Reprint), Chichester u.a. 2002.
Czechowicz, I.J.; Choi, F.D.S.; Bavishi, U.B. (1982): Assessing Foreign Subsidiary Performance, New York 1982.
Czinkota, M.R.; Ronkainen, I.A. (2004): International Marketing, 7. Aufl., Fort Worth 2004.
Dahm, M.H. (1995): Strategische Marktbearbeitungsentscheidungen internationaler Markenartikelunternehmen am Beispiel Ungarns, in: der markt, 34. Jg. (1995), Nr. 3, S. 122-132.
DaimlerChrysler (2004): Menschen bewegen. Geschäftsbericht 2003 – Kurzbericht, Stuttgart 2004.
Daniels, J.B.; Pitts, R.A.; Tretter, M.J. (1984): Strategy and Structure of U.S. Multinationals: An Exploring Study, in: Academy of Management Journal, Vol. 27 (1984), No. 2, S. 292-307.
Delios, A.; Makino, S. (2003): Timing of Entry and the Foreign Subsidiary Performance of Japanese Firms, in: Journal of International Marketing, Vol. 11 (2003), No. 3, S. 83-105.
Demirag, I.S. (1992): The State of the Art in Assessing Foreign Currency Operations, in: Managerial Finance, Vol. 18 (1992), S. 21-40.
Diller, H.; Bukhari, I. (1994): Pricing Conditions in the European Common Market, in: European Management Journal, Vol. 12 (1994), No. 2, S. 163-170.
Douglas, S.P.; Craig, C.S. (1984): Estabilishing Equivalence in Comparative Consumer Research, in: Kaynak, E.; Savitt, R. (eds.): Comparative Marketing Systems, New York 1984, S. 93-113.
Douglas, S.P.; Craig, C.S. (1995): Global Marketing Strategy, New York u.a. 1995.
Dowling, P.J. (1988): International and Domestic Personnel/Human Resource Management, in: Schuler, R.S. et al. (ed.): Readings in Personnel and Human Resource Management, 3. Aufl., St. Paul 1988, S. 456-462.
Dunning, J. H. (1995): Reappraising the Eclectic Paradigm in an Age of Alliance Capitalism, in: Journal of International Business Studies, Vol. 26 (1995), No. 3, S. 461-491.
Ebers, M.; Gotsch, W. (2001): Institutionenökonomische Theorien der Organisation, in: Kieser, A. (Hrsg): Organisationstheorien, 4. Aufl., Stuttgart u.a. 2001, S. 199-252.
Engelhardt, J.; Blei, C. (1996): Markteintrittsstrategien deutscher Unternehmen in der ehemaligen UdSSR, in: Welge, M.K.; Holtbrügge, D. (Hrsg.): Wirtschaftspartner Rußland, Wiesbaden 1996, S. 181-206.
Engelhardt, J.; Eckert, S. (1993): Markteintrittsverhalten deutscher Unternehmen in Osteuropa, in: der markt, 32. Jg. (1993), Nr. 127, S. 172-188.
Engelhardt, W.H.; Schütz, P. (1991): Total Quality Management, in: WiSt, 20. Jg. (1991), Nr. 8, S. 394 – 399.
Erramilli, M.K.; Rao, C.P. (1993): Service Firms' International Entry-Mode Choice: A Modified Transaction-cost Analysis Approach, in: Journal of Marketing, Vol. 57 (1993), No. 3, S. 19-38.
ESOMAR (2005): MR expenditure worldwide up by 5,1 % in 2003, http://www.esomar.org/esomar/show/id=148285, Verfügbarkeitsdatum 14.1.2005.
Evans, P.; Lank, E.; Farquahr, A.: (1989): Managing Human Resources in the International Firm, in: Evans, P. et al. (eds.), Human Resource Management in the International Firm, London 1989, S. 113-143.

Famularo, J.J. (ed.) (1986): Handbook of Human Resources Administration, 2. Aufl., New York 1986.
Fantapié Altobelli, C. (1994a): Kompensationsgeschäfte im internationalen Marketing. Eine Analyse von Handelsformen auf Gegenseitigkeit und Möglichkeiten ihrer optimalen Gestaltung, Heidelberg 1994.
Fantapié Altobelli, C. (1994b): Internationale Kompensationsgeschäfte als Antwort auf Rezession und Krise, in: Berndt, R. et al. (Hrsg.): Management-Qualität contra Rezession und Krise, Berlin u.a. 1994, S. 165-175.
Fantapié Altobelli, C. (1995): Wertkettenanalyse, Schnittstellen-Management und TQM, in: Berndt, R. et al. (Hrsg.): Total Quality Management als Erfolgsstrategie, Berlin u.a. 1995, S. 135-155.
Fantapié Altobelli, C. (1996): Herausforderung Osteuropa. Markteintritts- und Marktbearbeitungsstrategien, in: Berndt, R. et al. (Hrsg.): Global Management, Berlin u.a. 1996, S. 97-111.
Fantapié Altobelli, C. (1998): Umwelt- und Marktinformationen, in: Berndt, R.; Fantapié Altobelli, C.; Schuster, P. (Hrsg.): Springers Handbuch der Betriebswirtschaftslehre, Bd. 2, Berlin u.a. 1998, S. 305-353.
Fantapié Altobelli, C. (2004): Kompensationshandel als Sonderform des Außenhandels. Erscheinungsformen und Perspektiven des internationalen Tauschhandels, in: Zentes, J.; Morschett, D.; Schramm-Klein, H. (Hrsg.): Außenhandel. Marketingstrategien und Managementkonzepte, Wiesbaden 2004, S. 83-100.
Fantapié Altobelli, C.; Fittkau, S.; Grosskopf, A.-K. (1999): Electronic Commerce 2000, in: Berndt, R. et al. (Hrsg.): Management Strategien 2000, Berlin u.a. 1999, S. 293-307.
Fantapié Altobelli, C.; Gaitanides, M. (1999): Prozeßorganisation und Logistik, in: Weber, J. (Hrsg.): Handbuch Logistik, Stuttgart 1999, S. 590-606.
Fantapié Altobelli, C.; Sander, M (2001): Internet Branding. Marketing und Markenführung im Internet, Stuttgart 2001.
Farley, J.U.; Lehmann, D.R. (2001): The important role of meta-analysis in international research in marketing, in: International Marketing Review, Vol. 18 (2001), No. 1, S. 70-79.
Ferring, N. (2001): Marktbearbeitungsstrategien international tätiger Handelsunternehmen, Wiesbaden 2001.
Fischer, M. (1993): Make-or-Buy-Entscheidungen im Marketing – Neue Institutionenlehre und Distributionspolitik, Wiesbaden 1993.
Fließ, S. (1994): Messeselektion - Entscheidungskriterien für Investitionsgüteranbieter, Wiesbaden 1994.
Franko, L.G. (1976): The European Multinationals. A Renewed Challenge to American and British Big Business, London u.a. 1976.
Fraser, C.; Hite, R.E. (1990): Impact of International Marketing Strategies on Performance in Diverse Global Markets, in: Journal of Business Research, Vol. 20 (1990), S. 249-262.
Frese, E. (2000): Grundlagen der Organisation, 8. Aufl., Wiesbaden 2000.
Freter, H. (1983): Marktsegmentierung, Stuttgart u.a. 1983.
Funke, J.; Haen, T. de (1994): Stark international tätige Unternehmen haben Marktzugang weiter optimiert, in: Handelsblatt vom 29.4.1994, S. B 3.
Gabrielesson, M.; Gabrielsson, P. (2003): Global Marketing Strategies of Born Globals and Globalising Internationals in the ICT Field, in: Journal of Euromarketing, Vol. 12, No. 3/4, S. 123-145.

Gaitanides, M. (1983): Prozeßorganisation: Entwicklung, Ansätze und Programme prozeßorientierter Organisationsgestaltung, München 1983.

Ganesh, J.; Oakenfull, G. (1999): International Product Positioning: An Illustration Using Perceptual Mapping Techniques, in: Journal of Global Marketing, Vol. 13 (1999), No. 2, S. 85-111.

GfK (1997): Euro-Socio-Styles, Nürnberg 1997.

GfK (1998): Euro-Socio-Styles 1998, Nürnberg 1998.

GfK (2002a): Euro-Socio-Styles. Zielgruppenorientierung für strategische Marketingplanung, o.O. 2002.

GfK (2002b): Euro-Socio-Styles im Kaffemarkt, o.O. 2002.

Gilbert, K.; Strebel, P. (1987): Strategies to Outpace the Competition, in: Journal of Business Strategy, Vol. 8 (1987), S. 28 - 36.

Glaister, K. (1991): International Success - Company Strategy and National Advantage, in: European Management Journal, Vol. 9 (1991), No. 3, S. 334-338.

Green, P.E.; Srinivasan, V. (1990): Conjoint-Analysis in Marketing - New Developments with Implications for Research and Practice, in: Journal of Marketing, Vol. 54 (1990), No. 10, S. 3-19.

Haedrich, G.; Jenner, T. (1995): Erfolgreiche internationale Marktbearbeitungsstrategien – Ergebnisse einer empirischen Untersuchung. Arbeitspapier Nr. 30 des Instituts für Marketing der FU Berlin, Berlin 1995.

Haedrich, G.; Tomczak, T.; Kaetzke, P. (2003): Strategische Markenführung, 3. Aufl., Bern, Stuttgart 2003.

Haedrich, H.; Holz, S. (1995): Eintritt von Small Multinationals in den chinesischen Markt, in: Thexis, 12. Jg. (1995), Nr. 2, S. 48-52.

Hamel, G.; Prahalad, C.K. (1985): Do You Really Have a Global Strategy?, in: Harvard Business Review, Vol. 63 (1985), July-August, S. 139-148.

Hammann, B.; Erichson, P. (2000): Marktforschung, 4. Aufl., Stuttgart 2000.

Hammer, M.; Stanton, S. (1999): How Process Enterprises Really Work, in: Harvard Business Review, 77. Jg. (1999), Nov.-Dec., s. 108-118.

Heckel, M. (1997): Gewinnen im Osten, in: Wirtschaftswoche, Nr. 31 vom 24.07.1997, S. 16-22.

Heenan, D.A.; Perlmutter, H.V. (1979): Multinational Organization Development - A Systems Approach, Reading M.A. 1979.

Heinemann, F. et al. (1997): Der südostasiatische Raum als deutscher Absatzmarkt, Baden-Baden 1997.

Hellwig, H.J. (1989): Joint-Venture-Verträge, internationale, in: Macharzina, K.; Welge, M.K. (Hrsg.): Handwörterbuch Export und internationale Unternehmung, Stuttgart 1989, Sp. 1064-1072.

Helm, R. (1997): Internationale Markteintrittsstrategien - Einflußfaktoren auf die Wahl der optimalen Form des Markteintritts in Exportmärkte, Köln 1997.

Hermanns, A. (1995): Aufgaben des internationalen Marketing-Managements, in: Hermanns, A.; Wißmeier, U.K. (Hrsg.): Internationales Marketing-Management – Grundlagen, Strategien, Instrumente, Kontrolle und Organisation, München 1995, S. 23-68.

Hermanns, A.; Wißmeier, U.K. (1995): Entwicklung, Bedeutung und theoretische Aspekte des internationalen Marketing-Managements, in: Hermanns, A.; Wißmeier, U.K. (Hrsg.): Internationales Marketing-Management – Grundlagen, Strategien, Instrumente, Kontrolle und Organisation, München 1995, S. 1-23.

Hildebrand, L.; Weiss, C. (1997): Internationale Markteintrittsstrategien und der Transfer von Marketing-Know-how, in: Zeitschrift für betriebswirtschaftliche Forschung, 49. Jg. (1997), Nr. 1, S. 3-25.
Hinterhuber, H.H. (1997): Strategische Unternehmensführung II. Strategisches Handeln, 6. Aufl., Berlin, New York 1997.
Hinterhuber, H.H. (2004): Strategische Unternehmensführung I. Strategisches Denken, 7. Aufl., Berlin, New York 1996.
Hinterhuber, H.H. (2004): Strategische Unternehmensführung II. Strategisches Handeln, 7. Aufl., Berlin, New York 2004.
Hofstede, G. (1980): Culture's Consequences. International Differences in Work-Related Values, Beverly Hills, London 1980.
Hofstede, G. (1997): Lokales Denken, globales Handeln, München 1997.
Holzmüller, H. (1986): Zur Strukturierung der grenzüberschreitenden Konsumentenforschung und spezifischen Methodenproblemen in der Datengewinnung, in: Jahrbuch der Absatz- und Verbrauchsforschung, 32. Jg. (1986), Nr. 1, S. 42-70.
Horsch, J. (1995): Auslandseinsatz von Stammhaus-Mitarbeitern, Frankfurt u.a. 1995.
Horváth, P. (1989): Controlling, internationales, in: Macharzina, K.; Welge, M.K. (Hrsg.): Handwörterbuch Export und internationale Unternehmung, Stuttgart 1989, Sp. 241-254.
Horváth, P. (1998): Controlling, 7. Aufl., München 1998.
Horváth, P.; Herter, R.N. (1992): Benchmarking - Vergleich mit den Besten der Besten, in: Controlling, 4. Jg. (1992), Nr. 3, S. 142-150.
Hoßfeld, D. (1994): Joint Ventures als Markteintrittsstrategie, in: Das Wirtschaftsstudium, 24. Jg. (1994), Nr. 4, S. 302-306.
Hummel, T. (1994): Internationales Marketing, München, Wien 1994.
Hünerberg, R. (1993): Nischenstrategien im Europäischen Marketing – eine aktuelle Neubewertung eines klassischen Konzepts, in: Betriebswirtschaftliche Forschung und Praxis, 45. Jg. (1993), Nr. 6, S. 666-684.
Hünerberg, R. (1994): Internationales Marketing, Landsberg a.L. 1994.
Hüttner, M.; Schwarting, U. (2002): Grundzüge der Marktforschung, 7. Aufl., München 2002.
Institut der deutschen Wirtschaft (Hrsg.) (2001): Deutschland im globalen Wettbewerb. Internationale Wirtschaftszahlen 2002, Köln 2001.
Institut der deutschen Wirtschaft (Hrsg.) (2004): Deutschland in Zahlen, Ausgabe 2004, Köln 2004.
Jain, S. (1989): Standardization of International Marketing Strategy: Some Research Hypotheses, in: Journal of Marketing, Vol. 53 (1989), No. 1, S. 70-79.
Jain, S. (1996): International Marketing Management, 5. Aufl., Boston 1990.
Jalloh, S.B. (1990): Countertrade. Kompensations- und Offsetgeschäfte erfolgreich abwickeln, Landsberg a.L. 1990.
Jeannet, J.-P.; Hennessey, H.D. (2004): Global Marketing Strategies, 6. Aufl., Boston u.a. 2004.
Jenner, T. (1994): Internationale Marktbearbeitung, Wiesbaden 1994.
Jenner, T. (1996): Erfolgsdeterminanten internationaler Marktbearbeitungsstrategien, in: Thexis, 13. Jg. (1996), Nr. 1, S. 54-57.
Johnston, W.J.; Lewin, J.E.; Spekman, R.E. (1999): International Industrial Marketing Interactions: Dyadic and Network Perspectives, in: Journal of Business Research, Vol. 46 (1999), S. 259-271.
Jung, H. (1997): Vor der Weltwährung, in: absatzwirtschaft, 40. Jg. (1997), Nr. 2, S. 42-45.

Kalish, S.; Mahajan, V.; Muller, E. (1995): Waterfall and Sprinkler New-product Strategies in Competitive Global Markets, in: International Journal of Research in Marketing, Vol. 12 (1995), No. 2, S. 105-119.

Kanso, A. (1992): International Advertising Strategies - Global Commitment to Local Vision, in: Journal of Advertising Research, Vol. 32 (1992), No. 1, S. 10-14.

Kashani, K. (1989): Beware the Pitfalls of Global Marketing, in: Harvard Business Review, Vol. 67 (1989), No. 5, S. 91-98.

Kashani, K. (1990): Why Does Global Marketing Work – or Not Work?, in: European Marketing Journal, Vol. 8 (1990), No. 2, S. 150-156.

Keegan, W.J.; Schlegelmilch, B.B. (2002): Global Marketing Management, 7. Aufl., Harlow u.a. 2002.

Keller, E. von (1987): Kulturabhängigkeit der Führung, in: Kieser, A. et al. (Hrsg.), Handwörterbuch der Führung, Stuttgart 1987, Sp. 1285-1294.

Kenter, M. (1989): Entsendung von Stammhausdelegierten, in: Macharzina, K.; Welge, M.K. (Hrsg.): Handwörterbuch Export und internationale Unternehmung, Stuttgart 1989, Sp. 1925-1936.

Kepper, G. (2000): Methoden der qualitativen Marktforschung, in: Herrmann, A.; Homburg, C. (Hrsg.): Marktforschung, 2. Aufl., Wiesbaden 2000, S. 159-202.

Kieser, A.; Walgenback, P. (2003): Organisation, 4. Aufl., Stuttgart 2003.

Klimecki, R.G.; Gmür, M. (2001): Personalmanagement, 2. Aufl., Stuttgart 2001.

Köhler, R. (1993): Beiträge zum Marketing-Management, 3. Aufl., Stuttgart 1993.

Köhler, R. (1995): Marketing-Organisation, in: Tietz, B.; Köhler, R.; Zentes, J. (Hrsg.): Handwörterbuch des Marketing, 2. Aufl., Stuttgart 1995, Sp. 1636-1652.

Köhler, R.; Hüttemann, R. (1989): Marktwahl, in: Macharzina, K.; Welge, M.K. (Hrsg.): Handwörterbuch Export und internationale Unternehmung, Stuttgart 1989, Sp. 1428-1440.

König, W. (1998): Beziehungskiste, in: auto, motor und sport, o. Jg. (1998), Nr. 26, S. 17-21.

Kotabe, M.; Okoroafo, S.C. (1990): A Comparative Study of the European and Japanese Multinational Firms' Marketing Strategy and Performance in the United States, in: Management International Review, Vol. 30 (1990), No. 4, S. 353-370.

Kramer, S. (1991): Europäische Life-Style-Analysen zur Verhaltensprognose von Konsumenten, Hamburg 1991.

Kreilkamp, E. (1987): Strategisches Management und Marketing, Berlin, New York 1987.

Kreutzer, R. (1985): Reif für Global Marketing?, in: absatzwirtschaft, 28. Jg. (1985), Sonderausgabe 10/1985, S. 144-156.

Kreutzer, R. (1987): Prozeßstandardisierung im Rahmen eines Global Marketing, in: Marketing ZFP, 9. Jg. (1987), Nr. 3, S. 167-176.

Kreutzer, R. (1990): Global Marketing – Konzeption eines länderübergreifenden Marketing, Nachdruck der 1. Auflage, Wiesbaden 1990.

Kreutzer, R. (1991): Länderübergreifende Segmentierungskonzepte – Antwort auf die Globalisierung der Märkte, in: Jahrbuch der Absatz- und Verbrauchsforschung, 37. Jg. (1991), Nr. 1, S. 4-28.

Kulhavy, E. (1993): Internationales Marketing, 5. Aufl., Linz 1993.

Kuß, A.; Tomczak, T. (2004): Marketingplanung - Einführung in die marktorientierte Unternehmens- und Geschäftsplanung, 4. Aufl., Wiesbaden 2004.

Kutschker, M. (1992): Die Wahl der Eigentumsstrategie der Auslandsniederlassung in kleineren und mittleren Unternehmen, in: Kumar, B.N.; Haussmann, H. (Hrsg.): Handbuch der internationalen Unternehmenstätigkeit, München 1992, S. 497-530.

Kutschker, M.; Schmid, S. (2002): Internationales Management, 2. Aufl., München, Wien 2002.
Lambin, J. (1987): Grundlagen und Methoden strategischen Marketings, Hamburg u.a. 1987.
Lamont, D. (1992): Internationales Marketing – Zehn Erfolgsstrategien, Frankfurt a.M. 1992.
Langner, H. (1996): Marketing und Marktforschung in Europa, in: planung & analyse, 1996, Nr. 4, S. 9-14.
Lausenmeyer, M. (2002a): Das große Fressen im europäischen Handel, in: ScanLine, 2002, Nr. 1, o.S.
Lausenmeyer, M. (2002b): Handel fest in europäischer Hand, in: ScanLine, 2002, Nr. 2, o.S.
Levitt, T. (1983): The Globalization of Markets, in: Harvard Business Review, Vol. 61 (1983), May – June, S. 92-102.
Liebeman, M. B.; Montgomery, D. B. (1998): First Mover (Dis)Advantages: Retrospective and Link with the Resource-based View, in: Strategic Management Journal, Vol. 19 (1998), No. 12, S. 1111-1125.
Lim, J.-S.; Sharkey, T.W.; Kim, K.I. (1993): Determinants of International Marketing Strategy, in: Management International Review, Vol. 33 (1993), No. 2, S. 103-120.
Lymberopoulos, N. (2000): Entgeltelemente als Anreizinstrumente im europäischen Vergleich, in: Regnet, E., Hofmann, L.M. (Hrsg.): Personalmanagement in Europa, Göttingen 2000, S. 293-303.
Macharzina, K. (1992): Internationalisierung und Organisation, in: Zeitschrift Führung und Organisation, 61. Jg. (1992), Nr. 1, S. 4-11.
Macharzina, K. (2004): Unternehmensführung: Das internationale Managementwissen – Konzepte, Methoden, Praxis, 4. Aufl., Wiesbaden 2004.
Macharzina, K.; Oesterle, M.-J. (1995): Organisation des internationalen Marketing-Management, in: Hermanns, A.; Wißmeier, U.K. (Hrsg.): Internationales Marketing-Management – Grundlagen, Strategien, Instrumente, Kontrolle und Organisation, München 1995, S. 309-338.
Mahefa, A. (1998): Internationales Marketing-Management, in: Schoppe, S.G. (Hrsg.): Kompendium der Internationalen Betriebswirtschaftslehre, 4. Aufl., München u.a. 1998, S. 503 - 563.
Malhotra, N. K. (2004): Marketing Research, 4th ed., Upper Saddle River 2004.
Malhotra, N. K.; Agarwal, J.; Ulgado, F. (2003): Internationalization and Entry Models: A Multitheoretical Framework and Research Propositions, in: Journal of International Marketing, Vol. 11 (2003); No. 4, S. 1-31.
Manguel, A. (1991): Prisoner in a Modern Babel, in: World Press Review, Nov. 1991, S. 30.
Mayer, A.G.; Soliman, P.; Niehues, A. (1994): Im nächsten Zug – die Europa-Organisation, in: Harvard Business Manager, 16. Jg. (1994), Nr. 4, S. 116-125.
Meffert, H. (1985): Zur Typologie internationaler Marketingstrategien – ein situativer Ansatz, in: Thexis, 2. Jg. (1985), Nr. 2, S. 3-7.
Meffert, H. (1989): Globalisierungsstrategien und ihre Umsetzung im internationalen Wettbewerb, in: Die Betriebswirtschaft, 49. Jg. (1989), Nr. 4, S. 445-463.
Meffert, H. (1991): Wettbewerbsstrategien auf globalen Märkten, in: Betriebswirtschaftliche Forschung und Praxis, 43. Jg. (1991), Nr. 5, S. 399-415.
Meffert, H. (1992): Marketingforschung und Käuferverhalten, 2. Aufl., Wiesbaden 1992.

Meffert, H. (2000): Marketing – Grundlagen marktorientierter Unternehmensführung, 9. Aufl., Wiesbaden 2000.

Meffert, H. et al. (1986): Globale oder nationale Marktkommunikation? Eine empirische Studie aus der Sicht weltweit tätiger Werbeagenturen. Arbeitspapier Nr. 29 der Wiss. Gesellschaft für Marketing und Unternehmensführung e.V., Münster 1986.

Meffert, H.; Bolz, J. (1995): Erfolgswirkungen der internationalen Marketingstandardisierung, in: Marketing ZFP, 17. Jg. (1995), Nr. 2, S. 99-109.

Meffert, H.; Bolz, J. (1998): Internationales Marketing-Management, 3. Aufl., Stuttgart 1998.

Meissner, H.G. (1995): Strategisches Internationales Marketing, 2. Aufl., München, Wien 1995.

Mengele, J. (1994): Horizontale Kooperation als Markteintrittsstrategie im internationalen Marketing, Wiesbaden 1994.

Metro AG (Hrsg.) (2004): metro-Handelslexikon 2004/2005: Daten, Fakten und Adressen zum Handel in Deutschland, Europa und weltweit, Düsseldorf 2004.

Meyer, M. (1987): Die Beurteilung von Länderrisiken der internationalen Unternehmung, Berlin 1987.

Morin, K.P. (1997): Expandieren mit Franchise, in: Pro Firma – Die Zeitschrift für Kleinunternehmer und Selbständige, 1997, Nr. 6, S. 44-47.

Mühlbacher, H. (1995): Internationale Produkt- und Programmpolitik, in: Hermanns, A.; Wißmeier, U.K. (Hrsg.): Internationales Marketing-Management, – Grundlagen, Strategien, Instrumente, Kontrolle und Organisation, München 1995, S. 139-175.

Müller, S. (2000): Grundlagen der qualitativen Marktforschung, in: Herrmann, A.; Homburg, C. (Hrsg.): Marktforschung, 2. Aufl., Wiesbaden 2000, S. 127-157.

Müller, S.; Kornmeier, M. (1995): Abhängigkeit internationaler Markteintrittsstrategien von Merkmalen des Auslandsmarktes – Der in der deutschsprachigen Literatur dokumentierte Erkenntnisstand, Dresden 1995.

Müller, S.; Kornmeier, M. (1996): Global Marketing: Mythos oder reale Handlungsperspektive?, in: planung & analyse, 1996, Nr. 4, S. 14-23.

Müschen, J. (1998): Markterschließungsstrategien in Mittel- und Osteuropa, Bergtheim 1998.

Nienaber, K. (2002): Internationalisierung mittelständischer Unternehmen. Theoretische Grundlagen und empirische Befunde zur Strategiewahl und –umsetzung, Diss. Hamburg 2002.

o.V. (1989a): Euro-Styles: Eine europaweite „Landkarte" mit 16 sozio-kulturellen Typen, in: Marketing-Journal, 22. Jg. (1989), Nr. 2, S. 106-111.

o.V. (1989b): Marken – How much in Dollar? In: absatzwirtschaft, 32. Jg. (1989), Nr. 8, S. 50-54.

o.V. (1991): How Apple Introduced Three New Computers in Many Markets at Once, in: Business International, Vol. 14 (1991), January, S. 15-19.

o.V. (1997a): VW will aus China exportieren, in: Süddeutsche Zeitung, Nr. 148 vom 1.7.1997, o.S.

o.V. (1997b): VW setzt auf das Volksauto für China, in: Handelsblatt, Nr. 123 vom 1.7.1997, o.S.

o.V. (1997c): „Ruhe wäre in unserer Industrie tödlich", in: Die Welt, Nr. 125 vom 2.6.97, o.S.

o.V. (1997d): Maximale Kapitalnutzung, in: Wirtschaftswoche, Nr. 31 vom 24.7.97, S. 22.

o.V. (2001): Die Welt antwortet. Internet-Umfrage „Planet Project" abgeschlossen, http://www.x-bay.de./Archiv/feb01/answer.html, Erstellungsdatum: Februar 2001, Verfügbarkeitsdatum: 28.5.2002.

Oechsler, W. A. (2002): Verfahren zur Auswahl, Vorbereitung und Entsendung von Stammhausdelegierten ins Ausland, in: Macharzina, K.; Oesterle, M. J. (Hrsg.), Handbuch Internationales Management, Wiesbaden 2002, S. 865-880.

Oelsnitz, D.; Heinecke, A. (1997): Auch der Zweite kann gewinnen, in: io-Management Zeitschrift, 66. Jg. (1997), Nr. 3, S. 35-39.

Oess, A.(1991): Total Quality Management, 2. Aufl., Wiesbaden 1991.

Oman, Ch. (1984): New Forms of Investments in Developing Countries, Paris 1984.

Osterloh, M.; Frost, J. (1996): Prozessmanagement als Kernkompetenz. Wie Sie Business Reengineering strategisch nutzen können, Wiesbaden 1996.

Özsomer, A.; Prussia, G.E. (2000): Competing Perspectives in International Marketing Strategy: Contingency and Process Models, in: Journal of International Marketing, Vol. 8 (2000), No. 1, S. 27-50.

Paliwoda, S.J.; Thomas, M. J. (1998): International Marketing, 3. Aufl., Oxford u.a. 1998.

Papadopoulos, N., Chen, H., Thomas, D. R. (2002): Towards a Tradeoff Model for International Market Selection, in: International Business Review, Vol. 11, No. 2, S. 165-192.

Pausenberger, E. (1992): Organisation der internationalen Unternehmung, in: Frese, E. (Hrsg.): Handwörterbuch der Organisation, 3. Aufl., Stuttgart 1992, Sp. 1052-1066.

Pausenberger, E.; Roth, A. (1997): Störfaktoren im internationalen Controlling, in: Schmalenbachs Zeitschrift für betriebswirtschaftliche Forschung, 49. Jg. (1997), Nr. 6, S. 580-596.

Pennings, E., Sleuwaegen, L. (2004): The Choice and Timing of Foreign Direct Investment under Uncertainty, in: Economic Modelling, Vol. 21 (2004), S. 1101-1115.

Perlitz, M. (2004): Internationales Management, 5. Aufl., Stuttgart 2004.

Perlmutter, H. (1969): The Tortuous Evolution of the Multinational Corporation, in: Columbia Journal of World Business, Vol. 4 (1969), No. 4, S. 9-18.

Peters, T.J.; Waterman, R.H. (1982): In Search of Excellence, New York 1982.

Pokropp, F. (1996): Stichproben - Theorie und Verfahren, 2. Aufl., München, Wien 1996.

Pope, J. (1991): How Cultural Differences Affect Multi-Country Research, Minneapolis 1991.

Porter, L.W.; Lawler, E.E. (1968): Managerial Attitudes and Performance, Homewood, Ill. 1968.

Porter, M.E. (1980): Competitive Strategy, New York, London 1980.

Porter, M.E. (1989): Der Wettbewerb auf globalen Märkten. Ein Rahmenkonzept, in: Porter, M. (Hrsg.): Globaler Wettbewerb. Strategien der neuen Internationalisierung, Wiesbaden 1989, S. 17-68.

Porter, M.E. (2000): Wettbewerbsvorteile (Competitive Advantage). Spitzenleistungen erreichen und behaupten, 6. Aufl., Frankfurt a.M. 2000.

Pues, C. (1993): Marktorientierte Unternehmensführung in Osteuropa – Eine Bestandsaufnahme, Arbeitspapier Nr. 29 der Wiss. Gesellschaft für Marketing und Unternehmensführung e.V., Münster 1993.

Punnett, B.J.; Shenkar, O. (eds.) (2004): Handbook for International Management Research, 2. Aufl., Cambridge, Mass. 2004.

Quack, H. (1995): Internationales Marketing, München 1995.

Raffée, H.; Kreutzer, R. (1986): Organisatorische Verankerung als Erfolgsbedingung eines Global Marketing, in: Thexis, 3. Jg. (1986), Nr. 2, S. 10-21.

Rall, W. (1993): Flexible Formen internationaler Organisations-Netze, in: Schmalenbach Gesellschaft – Deutsche Gesellschaft für Betriebswirtschaft e.V. (Hrsg.), Internationalisierung der Wirtschaft, Stuttgart 1993, S. 73-93.

Reber, G. et al. (2000): Führungsstile in sieben Ländern Europas. Ein interkultureller Vergleich, in: Regnet, E., Hofmann, L.M. (Hrsg.): Personalmanagement in Europa, Göttingen 2000, S. 154-173.

Regnet, E.; Hofmann, C.M. (Hrsg.) (2000): Personalmanagement in Europa, Göttingen u.a. 2000.

Reiter, G. (1995): Formen des Auslandsengagements internationaler Unternehmen, in: Das Wirtschaftsstudium, 24. Jg. (1995), Nr. 1, S. 31-33.

Rentrop, N. (1996): Franchise-Chancen für Deutschland 1998/99 – Selbständigmachen als Partner erfolgreicher Unternehmen, Bonn 1996.

Reynolds, C. (1986): Compensation of Overseas Personnel, in: Famularo, J.J. (ed.): Handbook of Human Resources Administration, 2. Aufl., New York 1986.

Richter, T. (2002): Marketing Mix Standardisation in International Marketing, Frankfurt a.M. u.a. 2002.

Root, F.J. (1987): Entry Strategies for International Markets, Toronto 1987.

Rühli, E. (1989): Zielsystem der internationalen Unternehmung, in: Macharzina, K.; Welge, M.K. (Hrsg.): Handwörterbuch Export und internationale Unternehmung, Stuttgart 1989, Sp. 2315 - 2331.

Ryans, J. K. Jr., Griffith, D. A., White, D. S. (2003): Standardization / adaptation of international Marketing Strategy. Necessary Conditions for the Advancement of Knowledge, in: International Marketing Review, Vol. 20 (2003), No. 6, S. 588-603.

Samiee, S. (1987): Pricing in Marketing. Strategies of U.S.- and Foreign-Based Companies, in: Journal of Business Research, Vol. 15 (1987), No. 1, S. 17-30.

Sander, M. (1993): Der Planungsprozeß der Werbung, in: Berndt, R.; Hermanns, A. (Hrsg.): Handbuch Marketing-Kommunikation - Strategien, Instrumente, Perspektiven, Wiesbaden 1993, S. 261-264.

Sander, M. (1994): Die Bewertung internationaler Marken auf Basis der hedonischen Theorie, in: Marketing ZFP, 16. Jg. (1994), Nr. 4, S. 339-360.

Sander, M. (1997a): Internationales Preismanagement. Eine Analyse preispolitischer Handlungsalternativen im internationalen Marketing unter besonderer Berücksichtigung der Preisfindung bei Marktinterdependenzen, Heidelberg 1997.

Sander, M. (1997b): Optimale Preissetzung auf verbundenen internationalen Märkten bei standardisierten und differenzierten Produkten, in: Zeitschrift für Betriebswirtschaft, Ergänzungsheft Nr. 1/1997, S. 135-155.

Sander, M. (1998): Unternehmen und Umwelt, in: Berndt, R.; Fantapié Altobelli, C.; Schuster, P. (Hrsg.): Springers Handbuch der Betriebswirtschaftslehre, Bd. 1, Berlin u.a. 1998, S. 41-67.

Sander, M. (1999): Die Bedeutung des Euro für das Marketing, in: Berndt, R. et al. (Hrsg.): Management Strategien 2000, Berlin u.a. 1999, S. 161 – 174.

Sander, M. (2004): Marketing-Management. Märkte, Marktinformationen und Marktbearbeitung , Stuttgart 2004.

Sauter, M (2001): Internationale Markteinführung technologischer Innovationen – eine Management-Konzeption, Aachen 2001.

Schanz, C. (1994): Organisationsgestaltung, 2. Aufl., München 1994.

Schanz, K.U. (1995): Internationale Unternehmensstrategien in der neuen WTO-Welthandelsordnung, Zürich 1995.

Scharrer, J. (2001): Internationalisierung und Länderselektion: Eine empirische Analyse mittelständischer Unternehmen in Bayern, München 2001.
Scherm, E.; Süß, S. (2001): Internationales Management, München 2001.
Schneider, D.J.G. (1995): Internationale Distributionspolitik, in: Hermanns, A.; Wißmeier, U.K. (Hrsg.): Internationales Marketing-Management – Grundlagen, Strategien, Instrumente, Kontrolle und Organisation, München 1995, S. 256-280.
Schneider, F. (1991): Corporate-Identity-orientierte Unternehmenspolitik. Eine Untersuchung unter besonderer Berücksichtigung von Corporate Design und Corporate Advertising, Heidelberg 1991.
Scholz, C. (2000): Personalmanagement, 5. Aufl., München 2000.
Schopphoven, I. (1991): Marktforschung für das internationale Marketing, in: Jahrbuch der Absatz- und Verbrauchsforschung, 37. Jg. (1991), Nr. 1, S. 28-47.
Schreyögg, G.; Steinmann, H. (1985): Strategische Kontrolle, in: Schmalenbachs Zeitschrift für betriebswirtschaftliche Forschung, 37. Jg. (1985), Nr. 5, S. 391-410.
Schröder, H.U. (1996): Globales Produktmanagement - Eine empirische Analyse des Instrumenteeinsatzes in ausgewählten Branchen der Konsumgüterindustrie, Frankfurt a.M. 1996.
Schuh, A.; Trefzger, D. (1991): Internationale Marktwahl – Ein Vergleich von Länderselektionsmodellen in Wissenschaft und Praxis, in: Journal für Betriebswirtschaft, 41. Jg. (1991), Nr. 2/3, S. 111-129.
Schuh, G.; Katzy, B.R.; Eisen, S. (1997): Virtuelle Unternehmen. Der Praxistest ist bestanden, in: Gablers Magazin, 1997, Nr. 3, S. 8-11.
Schulz, W. (1991): Low-Interest-Produkte mit Service-Qualität bestrahlt, in: absatzwirtschaft, 34. Jg. (1991), Sondernummer 10/1991, S. 80-84.
Schurawitzki, W. (1995): Praxis des internationalen Marketing, Wiesbaden 1995.
Schürmann, U. (1993): Erfolgsfaktoren der Werbung im Produktlebenszyklus - Ein Beitrag zur Werbewirkungsforschung, Frankfurt a.M. u.a. 1993.
Schuster, F. (1988): Countertrade professionell. Barter-, Offset- und Switchgeschäfte im globalen Markt, Wiesbaden 1988.
Sciuchetti, G.C. (1994): Multikulturelle Führungskräfteentwicklung on the job, St. Gallen 1994.
Seidel, H. (1977): Erschließung von Auslandsmärkten. Auswahlkriterien, Handlungsalternativen, Entscheidungshilfen, Berlin 1977.
Simmet-Blomberg, H. (1998): Interkulturelle Marktforschung im europäischen Transformationsprozeß, Stuttgart 1998.
Simon, H. (1992): Preismanagement - Analyse, Strategie, Umsetzung, 2. Aufl., Wiesbaden 1992.
Sinus Sociovision (2004): Lebenswelt-Segmente Westeuropa, http://www.sinus-milieus.de, 2004 (Verfügbarkeitsdatum: 19.1.2005).
Sorenson, R.Z.; Wiechmann, U.E. (1975): How Multinationals View Marketing Standardization, in: Harvard Business Review, Vol. 53 (1975), May-June, S. 38-54 und S. 166-167.
Soussanov, Dimitri (2002): Statistical Data Choice in Country Risk Analysis, in: Journal of Investing, Vol. 11 (Winter 2002), No. 4, S. 39-42.
Stähli, A. (1993): Management-Weiterbildung - Ziele, Inhalte, Methoden, Lernorte, Neuwied 1993.
Stähli, A. (1999): Management Andragogik in der Business School 2000, in: Berndt, R. et al. (Hrsg.): Management Strategien 2000, Berlin u.a. 1999, S. 19-39.
Stahr, G. (1979a): Auslandsmarketing, Bd. 1: Marktanalyse, Stuttgart u.a. 1979.
Stahr, G. (1979b): Auslandsmarketing, Bd. 2: Marketingstrategien, Stuttgart u.a. 1979.

Stahr, G. (1981a): Risiken im Auslandsgeschäft und Maßnahmen zu ihrer Absicherung (I), in: Das Wirtschaftsstudium, 10. Jg. (1981), Nr. 3, S. 115-123.

Stahr, G. (1981b): Risiken im Auslandsgeschäft und Maßnahmen zu ihrer Absicherung (II), in: Das Wirtschaftsstudium, 10. Jg. (1981), Nr. 4, S. 167-171.

Stahr, G. (1993): Internationales Marketing, 2. Aufl., Ludwigshafen 1993.

Stahr, G.; Backes, S. (1995): Marktforschung und Informationsmanagement im internationalen Marketing, in: Hermanns, A.; Wißmeier, U.K. (Hrsg.): Internationales Marketing Management – Grundlagen, Strategien, Instrumente, Kontrolle und Organisation, München 1995, S. 69-100.

Statistisches Bundesamt (Hrsg.) (1998a): Statistisches Jahrbuch für die Bundesrepublik Deutschland 1998, Stuttgart 1998.

Statistisches Bundesamt (Hrsg.) (1998b): Statistisches Jahrbuch für das Ausland 1998, Stuttgart 1998.

Statistisches Bundesamt (Hrsg.) (2001a): Statistisches Jahrbuch für die Bundesrepublik Deutschland 2001, Stuttgart 2001.

Statistisches Bundesamt (Hrsg.) (2001b): Statistisches Jahrbuch für das Ausland 2001, Stuttgart 2001.

Statistisches Bundesamt (Hrsg.) (2004a): Statistisches Jahrbuch für die Bundesrepublik Deutschland 2004, Stuttgart 2004.

Statistisches Bundesamt (Hrsg.) (2004b): Statistisches Jahrbuch für das Ausland 2004, Stuttgart 2004.

Stauss, B. (1994): Markteintrittsstrategien im internationalen Dienstleistungsmarketing, in: Thexis, 11. Jg. (1994), Nr. 3, S. 10-16.

Stegmüller, B. (1995a): Internationale Marktsegmentierung, in: Jahrbuch der Absatz- und Verbrauchsforschung, 41. Jg. (1995), Nr. 4, S. 366-386.

Stegmüller, B. (1995b): Internationale Marktsegmentierung als Grundlage für internationale Marketing-Konzeptionen, Bergisch Gladbach u.a. 1995.

Steinmann, H.; Kumar, B.; Wasner, A. (1981): Der Internationalisierungsprozeß von Mittelbetrieben – Überlegungen zum Entwurf eines Forschungskonzepts -, in: Pausenberger, E. (Hrsg.): Internationales Management, Stuttgart 1981, S. 107-127.

Steinmann, H.; Schreyögg, G. (2000): Management. Grundlagen der Unternehmensführung – Konzepte, Funktionen, Fallstudien, 5. Aufl., Wiesbaden 2000.

Stewart, D.W.; Kamins, M.A. (1993): Secondary Research - Information Sources and Methods, 2. Aufl., Newbury Park 1993.

Störmer, W. (1993): Dr. Oetker in Osteuropa – Ein Markt mit mehr Chancen als Risiken, in: Markenartikel, 55. Jg. (1993), Nr. 7, S. 350-353.

Striening, H.-D. (1988): Prozeß-Management – Versuch eines integrierten Konzeptes situationsadäquater Gestaltung von Verwaltungsprozessen – dargestellt am Beispiel in einem multinationalen Unternehmen – IBM Deutschland GmbH, Frankfurt/M. u.a., 1988.

Stroht, F. (1987): Internationales Marketing, München 1987.

Stumpf, H.; Groß, M. (1998): Der Lizenzvertrag, 7. Aufl., Heidelberg 1998.

Swoboda, B., Schwarz, S. (2004): Internationale Marktauswahl: Konzepte und Methoden, in: Zentes, J., Morschett, D. Schramm-Klein, H. (Hrsg.): Außenhandel, Wiesbaden 2004, S. 255-280.

Szymanski, D.M.; Bharadwaj, S.G.; Vaharadajan, P.R. (1993): Standardization vs. Adaptation of International Marketing Strategy: An Empirical Investigation, in: Journal of Marketing, Vol. 57 (1993), No. 4, S. 1-17.

Tannenbaum, R.; Schmidt, W. H. (1958): How to choose a Leadership Pattern, in: Harvard Business Review, Vol. 36 (1958), S. 95-101.

tecCHANNEL.DE (2000): 3Com will mit Planet Project die Welt befragen, http:/www.tecchannel.de/news/20001005/thema20001005-2671.html, Erstellungsdatum: 5. 10. 2000, Verfügbarkeitsdatum: 28.5.2002.
Terpstra, V.; Sarathy, R. (2000): International Marketing, 8. Aufl., Fort Worth 2000.
Theobald, A.; Dreyer, M.; Starsetzki, T. (Hrsg.) (2003): Online-Marktforschung. Theoretische Grundlagen und praktische Erfahrungen, 2. Aufl., Wiesbaden 2003.
Theodosiou, M., Leonidou, L. C. (2003): Standardization versus Adaptation of International Marketing Strategy: An Integrative Assessment of the Empirical Research, in: International Business Review, Vol. 12 (2003), No. 2, S. 141-171.
Thieme, W.M. (2000): Interkulturelle Kommunikation und Internationales Marketing, Frankfurt a.M. u.a. 2000.
Tietz, B.; Zentes, J. (1993): Ost Marketing, Düsseldorf 1993.
Tomczak, T. (1989): Situative Marketingstrategien, Berlin, New York 1989.
Töpfer, A.; Hünerberg, R. (1990): Wettbewerbsstrategien im Europäischen Binnenmarkt, in: Marketing ZFP, 12. Jg. (1990), Nr. 2, S. 77-90.
Toyne, B.; Walters, P.G.P. (1993): Global Marketing Management - A Strategic Perspective, 2. Aufl., Boston u.a. 1993.
Turner, I.; Henry, I. (1994): Managing International Organisations: Lessons from the Field, in: European Management Journal, 12. Jg. (1994), Nr. 4, S. 417-431.
Usunier, J.C. (2000): Marketing Across Cultures, 3. Aufl., London u.a. 2000.
Vroom, V.H.; Jago, A.G. (1988): The New Leadership, Englewood Cliffs 1988.
Vroom, V.H.; Jago, A.G. (1991): Flexible Führungsentscheidungen, Stuttgart 1991.
Vroom, V.H.; Yetton, P.Q. (1973): Leadership and Decision-Making, Pittsburgh 1973.
Walldorf, E. (1987): Auslands-Marketing - Theorie und Praxis des Auslandsgeschäfts, Wiesbaden 1987.
Waning, T. (1994): Markteintritts- und Marktbearbeitungsstrategien im globalen Wettbewerb, Münster 1994.
Weber, P. (1997): Internationalisierungsstrategien mittelständischer Unternehmen, Wiesbaden 1997.
Weber, W. (1989): Organisationsentwicklung, in: Macharzina, K.; Welge, M.K. (Hrsg.): Handwörterbuch Export und internationale Unternehmung, Stuttgart 1989, Sp. 1563-1573.
Weber, W. et al. (2001): Internationales Personalmanagement, 2. Aufl., Wiesbaden 2001.
Weiss, C.A. (1996): Die Wahl internationaler Markteintrittsstrategien, Wiesbaden 1996.
Welge, M.K. (1989): Organisationsstrukturen, differenzierte und integrierte, in: Macharzina, K.; Welge, M.K. (Hrsg): Handwörterbuch Export und internationale Unternehmung, Stuttgart 1989, Sp. 1590-1602.
Welge, M.K.; Holtbrügge, D. (2003): Internationales Management, 3. Aufl., Stuttgart 2003.
Wesnitzer, M. (1993): Markteintrittsstrategien in Osteuropa – Konzepte für die Konsumgüterindustrie, Wiesbaden 1993.
Wiegand, E. (2002): Internationale Qualitätsstandards in der Marktforschung, in: Statistisches Bundesamt (Hrsg.): Aspekte internationaler und interkultureller Umfragen, Stuttgart 2002, S. 97-100.
Wilkes, M.W. (1977): Farbe kann verkaufen helfen, in: Marketing Journal, 1977, Nr. 2, S. 111-114.
Wimmer, F.; Wesnitzer, M. (1993): Markteintrittsstrategien in Osteuropa: Die Perspektive der Konsumgüterindustrie, in: Engelhardt, J. (Hrsg.): Ungarn im neuen Europa – Integration, Transformation, Markteintrittsstrategien, Wiesbaden 1993, S. 233-248.

Wißmeier, U.K. (1992): Strategien im internationalen Marketing - Ein entscheidungsorientierter Ansatz, Wiesbaden 1992.

Wißmeier, U.K. (1995): Strategisches internationales Marketing-Management, in: Hermanns, A.; Wißmeier, U.K. (Hrsg.): Internationales Marketing-Management – Grundlagen, Strategien, Instrumente, Kontrolle und Organisation, München 1995, S. 101-137.

Witcher, B.J. (1990): Total Marketing: Total Quality and the Marketing Concept, in: The Quarterly Review of Marketing, Winter 1990, S. 1-6.

Wolff, B.; Lazear, E.P. (2001): Einführung in die Personalökonomik, Stuttgart 2001.

Workman, J.P.; Homburg, C.; Gruner, K. (1998): Marketing Organization - An Integrative Framework of Dimensions and Determinants, in: Journal of Marketing, Vol. 62 (1998), No. 3, S. 21-41.

Wunderer, R. (1992): Internationalisierung als strategische Herausforderung für das Personalmanagement, in: Zeitschrift für Betriebswirtschaft, Ergänzungsheft Nr. 2/1992, S. 161-181.

Zanger, C. (1995): Markteintrittsstrategien von Anbietern innovativer Güter aus den Neuen Bundesländern auf osteuropäischen Märkten, in: Schweikart, K.; Witt, R. (Hrsg.): Systemtransformation in Osteuropa, Dresden 1995, S. 179-187.

Ziener, M. (1985): Controlling in multinationalen Unternehmen, Landsberg a.L. 1985.

Zimmermann; A. (1992): Spezifische Risiken des Auslandsgeschäfts, in: Dichtl, E.; Issing, O. (Hrsg.): Exportnation Deutschland, 2. Aufl., München 1992, S. 71-100.

Sachverzeichnis

Äquivalenz 45 ff.
- Auswahl- 49
- befragungstaktische 47
- Definitions- 48 f.
- erhebungsmethodische 47
- funktionale 46
- Interaktions- 50
- kategoriale 47
- konzeptionelle 47
- messmethodische 48
- Übersetzungs- 48
- zeitliche 49 f.

Akquisition 147 f.
Auslandsaktivitäten, Kontrolle der 95
Auslandsaktivitäten, Realisation der 95
Auslandsmärkte, Auswahl von 102 ff.
 (s.a. Länderselektion)
Auslandsmarkteintritt 139 ff.
- Formen des 139 ff.
- Sonderformen des 149 ff.
- Strategien des 139 ff.
- Timing des 154 ff.

Auslandsrisiken s. Länderrisiken

Barter-Geschäft 151 ff.
Befragung 70 ff.
Benchmarking 252 f.
Beobachtung 77 f.
BERI-Index 108 ff.
Buy-back-Geschäft 152 f.
Buying Center 198

Category Management 286
Checklist-Verfahren 113
Clearing-Geschäft 152 f.
Clusteranalyse 83
Code Law 27
Common Law 27
Conjoint-Analyse 85 f.
Controlling, internationales s. Marketing-Controlling, internationales
Corporate-Identity-Policy, internationale 224
Cross-cultural-research 42
Cross-national-research 42

Datenanalyse 81 ff.
Datenbanken, internationale 58 f.
Datenerhebung 69 ff.
Defensivstrategie 189 ff.
Differenzierung 170, 173 ff.
- der Distributionspolitik 177 f.
- der Marketing-Instrumente s. Programmdifferenzierung
- der Kommunikationspolitik 177, 224

- der Preispolitik 176 f., 216 f.
- der Produktpolitik 176, 206 f.
- Programmdifferenzierung 173 ff.
- Prozessdifferenzierung 178 ff.

Direct Communications 228 f.
Direktinvestitionen 4 f., 147 f., 158 ff., 164 ff.
Diskriminanzanalyse 83 f.
Distributionslogistik, internationale 233
Distributionspolitik, internationale 229 ff.
- Handlungsalternativen der 230 f.
- Ziele der 229 f.

Division, internationale 269 f., 279 f.

Economies of Scale 193 f., 240
Entlohnungssysteme, internationale 334 ff.
Entscheidungsdelegation 297 ff.
Entscheidungskompetenz,
 (De-)Zentralisierung der 297 ff.
EPRG-Konzept 10 ff.
Erfahrungskurven-Effekt 190 f., 194 f., 240
Ethnozentrismus 11 ff., 39, 103, 174, 260 f., 332 f.
Eurobrand-Teams 296 f.
Euro-Socio-Styles 124 ff.
 (s.a. Marktsegmentierung, integrale)
Experiment 78 ff.
Export 141 ff., 163 f.
- direkter 142 ff.
- indirekter 141 f.
- Exportabteilung 267 f.
- Exportagent 142
- Exporteigenhändler 142
- Exportkooperation 142

Faktorenanalyse 82 f.
Finanzkompensation 150 ff.
Fit-Hypothese 280 f.
Folger-Strategie 157 f., 191 f.
Franchise-Lizenz 146 f.
Führungsstile 342 ff.

Geozentrismus 13 f., 39, 96 f., 103, 260 f., 332 f.
Gesamtmarktabdeckung, internationale 198 f.
Geschäftsfeld s. Strategische Geschäftseinheiten
Geschäftsfeldstrategien, internationale 185 ff.
Global Player 6
Globale Strategie s. Globalisierung
Globales Marketing 13
Globalisierung 13, 34, 174, 190, 200 f.
Grundorientierung, internationale 10 ff., 260 f., 332 f.
- ethnozentrische s. Ethnozentrismus

- geozentrische s. Geozentrismus
- polyzentrische s. Polyzentrismus
- regiozentrische s. Regiozentrismus

Handel 37 f.
Handel, internationaler s. Welthandel
Handelskompensation 150 ff.
Holding 270
Human Resources Management, internationales 325 ff.

Imagemessung, internationale 253 ff.
INCOTERMS 221
Industriekompensation 150 ff.
Institutionenökonomische Ansätze 264
   (s.a. Principal-Agent-Ansatz; Transaktionskostenansatz)
Internalisierungstheorie 158 f.
Internationalisierung, Theorien der 158 ff.
Internet 72 f., 241 f.
   (s.a. Online-Datenbanken)

Joint Venture 147 f.
Junktim-Geschäft 151 ff.

Kapitalwertmethode 134 ff., 163 ff.
Karrieremuster, internationale 332 ff.
Kennzahlensysteme 243
Kernprozess 320 f.
Key-Account-Management 287 ff.
Know-how-Lizenz 145 f.
Kommunikationspolitik, internationale 221 ff.
   - Handlungsalternativen der 223 ff.
   - Ziele der 221 ff.
Kompensationsgeschäfte, internationale 150 ff.
Kompensationsquote 150
Konditionenpolitik, internationale 215, 219 ff.
Konferenzen, internationale 301 f.
Kontingenzanalyse 85
Kontrahierungspolitik, internationale 215 ff.
   - Handlungsalternativen der 215 ff.
   - Ziele der 214 f.
Kooperationen, internationale 149 f., 161
Koordinationsgruppen, globale 302 ff.
Koordinationskonzepte, internationale 301 ff.
Korrelationsanalyse 85 f.
Kostenführerschaft s. Preis-Mengen-Strategie
Kultur 326 f.
   (s.a. Rahmenbedingungen, soziokulturelle)

Länderattraktivität 104
Länderrisiken 105 ff.
   - Konzepte zur Beurteilung der 106 ff.
Länderselektion 103 ff.
   - Kriterien der 103 ff.
   - Methoden zur 112 ff.

Lead-Agency-Konzept 306
Lead-Country-Konzept 304 ff.
Leistungsprogrammpolitik, internationale 210 ff.
Life-Style-Typologien 123 ff.
Lizenzvergabe, internationale 144 ff., 166 ff.
Long-Run Economies of Scale 193 f.

Markenpolitik, internationale 212 f.
Marketing-Abteilung, Organisationsformen der 281 ff.
Marketing-Audits 235, 239 ff.
Marketing-Controlling, internationales 234 ff.
   - integriertes 235 ff.
   - organisatorische Einbindung des 237 ff.
Marketing-Informationssystem 178 f.
   - Kontrolle des 241 ff.
Marketing-Kontrolle, ergebnisorientierte 234 f., 245 ff.
   - Kontrollgrößen 246 ff.
Marketing-Management, internationales 6 f., 8 ff.
Marketing-Organisation, internationale 256 ff.
   - Determinanten der 257 ff.
   - Kontrolle der 241
Marketing-Planung, internationale 91 ff.
   - Planungsprozess 91 ff., 179, 234
   - Situationsanalyse und -prognose 91 ff.
   - strategische 93 f., 96 ff.
   - taktisch-operative 202 ff.
Marketing-Politik, internationale 205 ff.
   - Planung der 94 f.
Marketing-Politiken-Audit, internationales 245
Marketingstrategie, internationale 174 f.
   (s.a. Marktbearbeitungsstrategie, internationale)
Marketingstrategie, multinationale 175
Marketing-Strategien-Audit, internationales 242 ff.
Marktbarrieren 104 f.
Marktbearbeitungsstrategien, internationale 170 ff.
   - Globalisierungsstrategie 174 f.
   - multinationale Marketingstrategie 175
Markteintritt s. Auslandsmarkteintritt
Markteintrittsbarrieren 33
Markteintrittsstrategie 161 ff.
   - Einflussfaktoren der 168 ff.
   - Feinauswahl der 163 ff.
   - Grobauswahl der 161 f.
   - Wahl der 158 ff.
Marktforschung, internationale 41 ff.
   - Besonderheiten der 42 ff.
   - dezentralisierte 88
   - Funktionen der 41 f.
   - koordinierte 88 ff.
   - Organisation der 86 ff.

– zentralisierte 87 f.
Marktforschungsinformationen, Anforderungen an internationale 44 f.
Marktsegmentierung, internationale 83, 114 ff., 188
– Benefit-Segmentierung 121 ff.
– Klassische Segmentierung 121 ff.
– integrale 124 ff., 189
– intranationale 121 ff., 188 f.
Marktselektion, internationale 114 ff.,
(s.a. Auswahl von Auslandsmärkten)
– Methoden der 130 ff.
Matrixorganisation 276 ff., 290 f.
Messen, internationale 229 f.
Meta-Analyse 61 f.
Motive der Internationalisierung 7 f.
(s.a. Ziele der Internationalisierung)
Multidimensionale Skalierung 84

Nachfragerverhalten 35 ff., 258
Netzwerkkonzepte 308 ff.
Nischenstrategie, internationale 199 ff.
Normstrategien 170 ff.

Offensivstrategie 190 ff.
Offset-Geschäft 151 f.
Online-Befragungen 72
Online-Datenbanken 58 ff.
Organisation s. Marketing-Organisation, internationale
Organisations-Audit 240 ff.
Organisationsentwicklung 311 ff.
– Hemmnisse der 316 ff.
– Umsetzung der 318
Organisationsformen 264 ff.
– divisionale 273 ff., 283 ff.
– funktionale 271 ff., 281 ff.
– hybride 278 f.
– integrierte 271 ff., 280 f.
– kundenorientierte 274 f., 287 ff.
– mehrdimensionale 276 ff., 280 f., 289 ff.
– produktorientierte 273 f., 283 ff.
– projektorientierte 292 ff.
– regionale 275 f., 286 f.
– segregierte 267 ff.
– Sekundär- 292 ff.
– teamorientierte 296 f.
– unspezifische 265 ff.
Organizational change 311 ff.
Orientierungssystem, internationales s. Grundorientierung, internationale
Outpacing-Strategien 197 f.

Parallelgeschäft 151 ff.
Personalauswahl, internationale 179 f., 232
Personalbedarfsplanung 329 ff.
– Prozess der 329 ff.

Personaleinsatz, internationaler 339 f.
Personalentwicklung, internationale 179 f., 347 ff.
– Konzept der 349
– Methoden der 349 ff.
Personalführung, internationale 341 ff.
Personalmanagement 327 ff.
Personalpolitik 40
(s.a. Personalmanagement)
Pionier-Strategie 157 f., 190 ff.
Planungsprämissen-Audit 239 f.
Planungssystem, Kontrolle des 239 ff.
Planungssystem, taktisch-operatives 202 ff.
Polyzentrismus 11 f., 39, 96, 175, 260 f., 332 f.
Portfolio-Analyse 11 f., 130 ff., 170 ff.
Positionierung 188 f.
– Neupositionierung, 189
– Umpositionierung 188
Präferenzstrategie 192 f., 195 ff.
(s.a. Qualitätsorientierung)
Preisbestimmung, internationale 217 ff.
Preisdifferenzierung, internationale 216 f.
Preisdurchsetzung, internationale 217
Preis-Mengen-Strategie 192 ff., 199 f.
Preispolitik, internationale 215 ff.
Preisschirm 190
Preisstrategie, länderspezifische 215 f.
Preisvariation, internationale 215
Primärforschung, internationale 64ff.
– Auswahl der Erhebungseinheiten 67 f.
– Befragung 70 ff.
– Beobachtung 77 ff.
– Datenanalyse 81 ff.
– Datenerhebung 69 ff.
– Experiment 78 ff.
– Prozess der 65 f.
– Kontrolle der 80
Principal-Agent-Ansatz 161
Product Placement, internationales 228
Produkt- und Programmpolitik, internationale 205 ff.
– Handlungsalternativen der 205 ff.
– Ziele der 205
Produktdifferenzierung, internationale 86, 206 ff.
Produktinnovation, internationale 207 ff.
Produktmanagement 283 ff.
Produktvariation, internationale 207 ff.
Profit-Center-Prinzip 307 f.
Programmdifferenzierung s. Differenzierung
Programmstandardisierung s. Standardisierung
Projektorganisation 292 ff.
Prozess 5 f., 9 f., 48, 51 ff., 60, 64 ff., 88 f., 91, 101, 112, 170, 173 f., 178 ff., 197 f., 207 ff., 223, 226 f., 233, 234 ff., 243, 252, 256, 265, 278 f., 291, 294 f., 301, 308, 311 ff., 319 ff., 329

Prozessarten 320 f.
Prozessdifferenzierung s. Differenzierung
Prozessorganisation 319 f.
Prozessstandardisierung s. Standardisierung

Qualitätsorientierung 195 ff.

Rahmenbedingungen, internationale 14 ff.
- Branche und Wettbewerb 33 ff.
- geografische 32 f.
- ökonomische 16 ff.
- organisatorische 258 ff.
- politisch-rechtliche 24 ff.
- soziokulturelle 28 ff., 237
- unternehmensspezifische 3 ff.

Regiozentrismus 11 f., 260 f.
Regressionsanalyse 85
Repräsentanzbüro 143
Risikoanalyse 135 ff.

Sales Promotions, internationale 228
Schutzrechtslizenz 144 f.
Scoring-Modell 113 ff.
Sekundärforschung, internationale 50 ff.
- Anwendungsmöglichkeiten der 59 ff.
- Grenzen der 62 ff.
- Prozess der 51 ff.
- Quellen der 54 ff.

Servicepolitik, internationale 213
Situativer Ansatz 264
Sortimentspolitik, internationale s.
  Leistungsprogrammpolitik, internationale
Sponsoring, internationales 227 f.
Sprinkler-Strategie 154 ff.
Standardisierung 170 f., 173 ff.
- der Distributionspolitik 177
- der Kommunikationspolitik 177, 223 ff.
- der Marketing-Instrumente s.
  Programmstandardisierung
- der Preispolitik 176 f., 215 f.
- der Produktpolitik 41, 176, 206f.
- Programmstandardisierung 174 ff.
- Prozessstandardisierung 178 ff.

Stellenbesetzungsstrategien, internationale 332 ff.
Strategie-Feld 171 f., 198 ff.
Strategie-Stil 162 f., 190 ff.
Strategie-Substanz 170 f., 192 ff.
Strategie-Variation 170 f., 187 ff.
Strategische Geschäftseinheiten 131, 171 ff., 198, 297
Strategische Überwachung 239 f.
Switch-Geschäft 151 f.

Teamorganisation 296 f.
Tensororganisation 276 ff., 291 f.
Total Quality Management 197, 319, 322 ff.
Transaktionskostenansatz 159 f.

Transferpreise 217

Übernahme s. Akquisition
Unternehmenskultur 39

Varianzanalyse 85
Verkaufspolitik, internationale 232 f.
Vertriebsgesellschaft 143 f.
Vertriebsmanagement, internationales 230 f.
Vertriebspolitik, internationale 230 f.
Virtuelle Unternehmen 150, 301, 308 ff.

Währungsrisiko s. Länderrisiken
Währungsumrechnungsverfahren 244 f.
Wasserfall-Strategie 154 ff.
Wassertropfen-Strategie 155 f.
Wechselkurs 21 f., 246 ff.
Wechselkursrisiko s. Länderrisiken
Welthandel 1 ff.
Werbung, internationale 225 ff.
Wertkette 196
Wirtschaftlichkeitsanalyse 134 ff., 163 ff.

Zahlungsrisiko s. Länderrisiken
Zentralisierungsgrad 297 ff.
Ziele der Internationalisierung 96 ff.
- allgemeine 97 ff.
- Marketingziele 101 f., 205, 214, 221 ff., 229 f.
- Marktziele 100 f.
- organisatorische 261 f.

Zielgruppen, internationale 120 ff.
  (s.a. Marktsegmentierung, internationale)
- transkulturelle 124
- transnationale 124

Zielplanung, strategische internationale 96 ff.
Zielsystem, internationales 96 f.
- Kontrolle des 240 f.

Zweigniederlassung 143